L'Officiel des prénoms

Stéphanie Rapoport et Claire Tabarly Perrin

2022

FIRST
ÉDITIONS

ISBN : 978-2-412-07022-2
Dépôt légal : septembre 2021
Imprimé en Espagne

Correction : Natacha Kotchetkova
Mise en page : Ma petite FaB – Laurent Grolleau
Illustrations : Anne-Laure Varoutsikos

Éditions First
92, avenue de France, 75 013 Paris
Tél. : 01 44 16 09 00
Fax : 01 44 16 09 01
E-mail : firstinfo@efirst.com
Site Internet : www.editionsfirst.fr

Sommaire

Palmarès, idées et thématiques

Prénoms de fille ou de garçon : à lire avant de choisir

Les focus prénoms féminins

Les focus prénoms masculins

Introduction

Le choix du prénom d'un enfant est l'une des premières grandes responsabilités que doivent assumer les parents. Ceux-ci le font souvent avec enthousiasme, mais non sans mal... Et pour cause ! Jamais le prénom n'a été autant utilisé pour désigner l'individu, qu'il soit à l'école, au travail, ou dans un cadre plus privé. Le prénom, plus que le nom, est désormais l'élément central de notre identité. Le choix des parents n'en est que plus décisif. Or, dans le même temps, le stock des prénoms recensés n'a jamais été aussi vaste : le répertoire national compte **vingt fois plus** de prénoms aujourd'hui qu'il y a un siècle. Les parents ont littéralement... l'embarras du choix !

MeilleursPrenoms.com et *L'Officiel des prénoms*

C'est parce que la quête d'un prénom peut se révéler exigeante, mais passionnante que MeilleursPrenoms.com a été conçu en février 2000, quelques années avant la parution du premier *Officiel des prénoms*. L'idée du site internet était d'aider des parents français et francophones dans leur recherche de prénoms.

Les encouragements, témoignages, suggestions et remerciements des parents ayant trouvé le prénom de leur enfant sur le site ont convaincu Stéphanie Rapoport d'approfondir ses recherches et d'écrire *L'Officiel des prénoms*, dont la première édition est parue en 2003 aux éditions First.

En presque 20 ans, *L'Officiel des prénoms* est devenu un guide de référence. Mis à jour et enrichi chaque année avec les dernières statistiques de l'Insee, il passe au crible les dernières tendances et actualités. Au travers du prisme des prénoms, il offre une photographie évolutive de la société française, année après année. Et depuis 2018, une autre passionnée de prénoms, Claire Tabarly Perrin, s'est jointe au projet. L'aventure continue. Les deux autrices vous souhaitent un bon voyage et de belles découvertes dans le monde des prénoms !

Une sélection de plus de 12 000 prénoms réellement portés en France

Cette sélection de plus de 12 000 prénoms, mise à jour chaque année, a pour but d'offrir des données objectives aux parents. Les prénoms rarissimes sont signalés par les pictogrammes ou associés de la mention - de 30 (- de 100) Français(es).

Dans leur grande majorité, ces prénoms sont d'origine latine, sémitique (hébraïque et arabe), germanique ou grecque, sans oublier les prénoms régionaux, basques, bretons et corses, très en vogue actuellement. Cet ensemble constitue la base de la grande famille des prénoms « français ». Mais, avec l'assouplissement de la législation en 1993, une nouvelle génération de prénoms est apparue, engendrant des sonorités venues du monde entier. On voit aujourd'hui fleurir dans les maternités des petits noms aux accents celtes, scandinaves, indiens, italiens, anglophones, russes, arabes, perses, polynésiens, japonais ou chinois.

Nouveau : le carnet bullet de vos prénoms préférés

Vous trouverez, à la fin de cet ouvrage, un cahier détachable conçu pour vous accompagner dans votre recherche de prénoms. Prenez un stylo et laissez-vous guider par les questions et les petits jeux pour trouver le prénom de vos rêves.

Les variantes et les accents

Les déclinaisons les moins répandues sont référencées avec le prénom auquel elles se rapportent. Cateline apparaît sous la forme d'une variante de Catheline, la première étant portée par une trentaine de Françaises, la seconde, par environ 300. Notons que le classement de ces dérivés a été effectué de manière phonétique. Suivant ce principe, Alissia et Licia se trouveront classées avec Alicia plutôt qu'Alice.

En matière d'accents, nous avons orthographié les prénoms, quelles que soient leurs origines, selon la forme la plus utilisée en France. De cette manière, un prénom comme Lucia apparaît une seule fois et non trois (Lúcia en portugais et Lucía en espagnol). Dans le cas de Léna, nous avons retenu la forme accentuée, car elle est plus fréquente (deux tiers des naissances), mais le nombre de Françaises portant ce prénom prend en compte le nombre total de ses attributions (avec et sans accent).

Notons que les adjectifs « français », « anglais », « espagnol », « allemand » et « portugais » associés aux prénoms renvoient respectivement aux mondes francophone, anglophone, hispanophone, germanophone et lusophone, en englobant l'ensemble des régions dans lesquelles ces prénoms sont répandus.

Les projections

Les informations basées sur des chiffres (graphiques, fréquences, tendances, prénoms par départements) se fondent sur les données statistiques les plus récentes de l'Insee (Fichier des prénoms, édition 2020). Des données statistiques des instituts nationaux de nombreux pays ont également été utilisées pour analyser l'évolution globale des pratiques d'attributions.

Les prénoms recensés dans cet ouvrage ont fait l'objet d'une étude approfondie et de projections statistiques. Elles permettent d'estimer le nombre d'attributions d'un prénom et d'anticiper leur positionnement dans le palmarès français pour les mois à venir.

Les graphiques

Les prénoms faisant l'objet d'un encadré approfondi sont indiqués par le picto . Notons que l'échelle utilisée pour les graphiques diffère selon la spécificité du prénom. Ainsi, le graphique consacré à Liam commence en 1980, car ce jeune prénom a commencé à émerger durant cette décennie. Au contraire, celui de Louis remonte aux années 1900 afin de refléter sa plus longue carrière.

Les fréquences

La fréquence associée à chaque prénom est précédée du pictogramme ; elle indique le nombre estimé de personnes portant ce prénom en France. Ces dernières sont nées en France et étaient toujours vivantes au moment où les statistiques de l'Insee ont été compilées.

Le niveau de popularité

La mention TOP 50 signifie que le prénom figure parmi les 50 premiers rangs des attributions. La mention TOP 100 signifie qu'il se place entre le 51e et le 100e rang des attributions. Et ainsi de suite jusqu'à l'indication TOP 2 000 qui indique un classement entre le 1 001e et le 2 000e rang des attributions. Lorsqu'un prénom figure dans le top 2 000 des attributions estimées pour 2022 en France, l'information est indiquée.

Lorsqu'un prénom ne figure pas dans les 2 000 premiers rangs des attributions estimées pour 2022, aucun « top » ne lui est associé. C'est le cas de Yves, classé 2 001e.

Comme le montre le tableau ci-dessous, le niveau d'attribution des prénoms chute fortement dès lors que le prénom ne figure pas dans le top 50 national.

Classement féminin			Classement masculin		
Rang	**Prénom**	**Estimations pour 2022**	**Rang**	**Prénom**	**Estimations pour 2022**
1er	Jade	3 700	1er	Léo	5 050
51e	Lyna	1 100	51e	Malo	1 350
101e	Emna	650	101e	Younès	730
201e	Octavia	350	201e	Lino	350
301e	Abby	220	301e	Louison	200
501e	Siana	110	501e	Manoa	100
701e	Hope	70	701e	Artur	70
901e	Ainhoa	50	901e	Jahel	50
1 001e	Millie	45	1 001e	Edmond	40

Les tendances

Les tendances ont été calculées d'après l'évolution suivie par chaque prénom sur une période de 6 ans (on compare l'évolution du prénom au cours des 3 dernières années par rapport aux 3 années précédentes). Les prénoms portés par plus de 200 personnes entrent dans le champ d'application. Si l'on prend les exemples d'Iris et Marceau (p. 123 et 442), on peut lire que ces prénoms sont en forte croissance. En se référant au tableau ci-dessous, on conclut que leur progression a été supérieure à 50 % au cours de ces 3 dernières années.

À noter : les prénoms qui ne montrent pas d'évolution statistiquement significative n'ont pas de tendance indiquée (exemple : Philibert n'est quasiment pas attribué depuis de nombreuses années ; aucune tendance ne lui est associée).

Tendance	**Signification**
↑ en forte croissance	progression supérieure à 50 %
↗ en croissance modérée	progression de 5 à 50 %
→ stable	état stationnaire
↘ en décroissance modérée	diminution de 5 à 50 %
↓ en forte décroissance	diminution supérieure à 50 %

La caractérologie

Les prénoms de *L'Officiel des prénoms* ont fait l'objet d'une étude caractérologique. Fondée sur la numérologie, cette analyse permet d'associer à chaque prénom 5 traits de caractère principaux.

Nos conseils pour choisir le bon prénom

In nomen omen, disaient les Romains. Traduction : le nom est un présage. Loin de nous l'idée de vous mettre la pression, mais prénommer n'est pas un acte anodin. Il s'agit purement et simplement de donner une identité civique et sociale à votre enfant. Du *casus belli* au *statu quo*, le processus est chaotique, mais on finit toujours par trouver le prénom parfait.
Subtil mélange entre excitation et angoisse, c'est le premier frisson de la responsabilité parentale. Heureusement, vous avez le temps ! 9 mois, c'est à la fois trop long et trop court. Question de préparation... Nous avons pris le soin de détailler toutes les étapes nécessaires, et les questions à se poser avant de se déterminer.

De la diplomatie ***Un choix à deux... égalitaire de préférence***
Le choix du prénom de votre bébé, c'est un peu votre vie de couple en accéléré, vous allez passer de l'enthousiasme au compromis.
Dès les premiers mois de grossesse, commencez une liste chacun de votre côté. Attention, il ne s'agit pas de la to do list avec répartition des tâches. « Moi, les filles, toi les garçons », comme on se partagerait les courses ou les factures.
Il est important que chacun puisse exprimer ses propres goûts. Nous avons tous une histoire personnelle avec les prénoms. C'est une façon nouvelle d'échanger, de raconter son vécu, sa famille, ses amitiés... Ou tout simplement d'exprimer ses préférences, verbaliser ses attentes et écouter celles de son partenaire. Excellent exercice conjugal.
Vient le moment de la confrontation de vos sélections. Parfois, des miracles se produisent et des doublons apparaissent dans vos listes respectives ! Mais pour la majorité des parents, c'est le moment d'entrer dans le vif du sujet...

De la stratégie ***De la valeur sûre à l'originalité en passant par « l'air du temps »***
Commencent déjà les tractations (n'attendez pas les contractions...). Elles seront stimulantes mais parfois épuisantes sur la durée. Autant prendre les devants et s'en remettre à ce que certains nomment la « science des prénoms »*. Chaque stratégie a ses avantages et inconvénients, tout est question de pondération.

- La valeur sûre
Cela revient à choisir des prénoms intemporels qui plairont à toutes les générations, des copains aux beaux-parents. Du rétro au classique en passant par les prénoms oubliés, il y en a pour tous les goûts.

- L'originalité
Tant que votre choix ne porte pas préjudice à l'enfant (*cf.* La législation française, p. 278), votre champ d'inspiration est libre. *L'Officiel des prénoms* a sélectionné plus de 2 000 prénoms attribués à moins de 30 nouveau-nés par an. Vous devriez y trouver la perle rare. Mais attention aux prénoms inventés ou compliqués à prononcer. N'oubliez jamais que votre enfant va vivre avec, le prononcer et l'épeler un nombre incalculable de fois. Soyez charitable avec lui !

- L'air du temps
Inconsciemment, vous aimez ce prénom sans pouvoir en expliquer la raison. Il faut parfois se méfier « des goûts et des couleurs »... Nos envies du moment peuvent virer subrepticement du rose magenta au gris acier. Passer du « pattes d'éléphant » au « taille basse », c'est facile ! Mais porter un prénom daté, c'est tous les jours et pour la vie... Attention à l'effet d'usure !

De l'ouverture d'esprit *Ayez l'esprit nomade et alerte*
Les occasions de croiser des noms qui vous plaisent sont infinies. Vous pouvez trouver l'inspiration dans les univers que vous aimez : sport, littérature, séries, films, généalogie, voyages... Pendant 9 mois, soyez aux aguets et fiez-vous à vos intuitions et aux signes du destin. Mais validez toujours votre coup de cœur en testant la sonorité, les références historiques, familiales ou culturelles.

De la curiosité *Ne vous cantonnez pas à l'aspect esthétique*
À ce stade, nous espérons que vous avez déjà éliminé les intrus dans vos listes respectives. Il convient désormais de faire des recherches sur les finalistes de votre sélection. *L'Officiel des prénoms* vous aidera à connaître l'étymologie, l'histoire et les tendances des prénoms retenus, ainsi que leurs traits de caractère associés. Il est important que vous vous sentiez en phase avec l'univers qu'ils véhiculent. Le prénom et le processus de choix, c'est aussi une histoire que votre enfant vous demandera sûrement de lui raconter en grandissant.

Un peu de secret *Gardez intact votre libre arbitre*
C'est vous qui allez l'appeler tous les jours pour venir à table ou faire ses devoirs, ne laissez pas votre entourage vous influencer indûment. Même si la question « Vous avez choisi le prénom ? » revient sans cesse. Seuls quelques élus peuvent partager la confidence. Choisissez-les avec soin et préparez-vous à entendre des réflexions parfois hors contexte (« Mon ennemi juré au collège portait le même nom ! », etc.). Certaines de ces considérations pourront vous faire réviser votre choix à bon escient (ancêtres disparus dans des circonstances dramatiques, ou expressions usuelles ridicules dont vous ignoriez l'existence).

De la flexibilité *« La tête de son prénom »*
Conservez plusieurs options. Il ne s'agit pas de se déterminer au moment où les contractions ne vous laissent pas de répit ou quand l'officier d'état civil passe la porte de votre chambre. Juste laisser du temps au temps, profiter de ce moment qui ne se reproduira pas si souvent... Alors pourquoi ne pas arriver avec une short list à la maternité et voir si la prunelle de vos yeux aura « la tête de son prénom » ?
Vous connaissez désormais la stratégie à adopter, il ne vous reste plus qu'à trouver les réponses à toutes les questions qui suivent.

* Anne Laure Sellier, *La Science des prénoms*, Héliopoles, 2019.

Les bonnes questions à se poser avant de choisir

La réponse à des questions toutes simples peut guider votre processus de choix. À discuter à deux pour progresser dans votre démarche et ne pas brûler les étapes.

Quel est votre style ?

- ☐ Classique
- ☐ Intemporel
- ☐ Chic
- ☐ International
- ☐ Rétro
- ☐ Intello
- ☐ Créa
- ☐ Bobo

Est-ce un choix partagé par mon/ma conjoint(e) ?

Discutez ensemble de **l'orthographe du prénom**. Choisissez de préférence l'orthographe la plus répandue et usuelle. Cela évitera à votre enfant de devoir l'épeler auprès de ses interlocuteurs tout au long de sa vie.

Quand je prononce le prénom **à haute voix**, **sa sonorité** me séduit-elle ? Soyez vigilant, *a fortiori* si vous vivez à l'étranger et que le prénom sera prononcé dans une autre langue que la vôtre.

Le prénom sera-t-il facile à porter à l'âge adulte ?

Quel est le critère le plus important pour vous ?

- ☐ La sonorité
- ☐ La signification
- ☐ La longueur du prénom
- ☐ Son originalité
- ☐ Son harmonie avec votre nom de famille
- ☐ Vos origines familiales

Avez-vous pensé aux diminutifs ?

Quelles **associations d'idées** véhicule-t-il ? Seront-elles faciles à assumer pour l'enfant ? Y a-t-il **des expressions ou des moqueries malencontreuses** qui pourraient ôter à votre enfant toute envie de prononcer son prénom ?

Ai-je connaissance de sa signification étymologique ? A-t-il une portée positive ?

Si le prénom a **déjà été porté dans la famille**, ai-je de l'affection ou de l'admiration pour cette personne ? Est-elle morte prématurément ? Dans quelles circonstances ?

Quels sont **les personnages historiques ou littéraires, ou autres**, auxquels il renvoie ? Ont-ils eu un destin enviable ou une fin dramatique ?

Ce prénom favorisera-t-il la confiance en soi ?

Est-il en phase avec les autres prénoms de la fratrie ?

Est-il **harmonisé avec le nom de famille** ? Y compris les initiales ? En cette ère digitale, les entreprises attribuent souvent des adresses mail en fonction des initiales.

Si à la fin de ce marathon du choix des prénoms, vous doutez encore, n'hésitez pas à vous rendre sur le site **MeilleursPrenoms.com**. Ce site fourmille d'informations et de conseils complémentaires qui vous aideront dans cette course d'endurance.

Prénoms féminins

A

Abby
2 000 TOP 400

Source de joie (hébreu). Abby est très répandu dans les pays anglophones. *Variantes :* Abbie, Abi, Abie. *Caractérologie :* sociabilité, optimisme, pragmatisme, communication, créativité.

Abélia
- de 100

Souffle, respiration (hébreu). *Variantes :* Abela, Abelie, Abella, Abelle, Abelia, Abellia. *Caractérologie :* organisation, enthousiasme, pratique, communication, détermination.

Abeline
- de 100

Souffle, respiration (hébreu). Dans l'Hexagone, Abeline est plus traditionnellement usité au Pays basque. *Variantes :* Abelina, Abelone. *Caractérologie :* organisation, résolution, pragmatisme, optimisme, communication.

Abigaël
2 500 TOP 600

Source de joie (hébreu). *Variantes :* Abygaël, Abygaëlle. *Caractérologie :* énergie, détermination, innovation, autorité, bonté.

Abigaëlle
2 500 TOP 400

Source de joie (hébreu). Féminin français. *Variantes :* Avigaël, Gaïl. *Caractérologie :* résolution, rectitude, humanité, sympathie, rêve.

Abigaïl
2 500 TOP 600

Source de joie (hébreu). Féminin anglais et allemand. *Caractérologie :* indépendance, curiosité, dynamisme, courage, organisation.

Abriana
- de 30

Féminin italien d'Abraham : père des nations (hébreu). *Caractérologie :* dynamisme, direction, détermination, indépendance, assurance.

Aby
750 TOP 700

Source de joie (hébreu). *Caractérologie :* direction, audace, indépendance, assurance, dynamisme.

Acacia
- de 100

Fleur protectrice du mal (grec). *Caractérologie :* humanité, rectitude, générosité, rêve, ouverture d'esprit.

Ada
700 TOP 1 000

Ornement (hébreu). *Caractérologie :* bienveillance, conscience, paix, sagesse, conseil.

Adama
950 TOP 2 000

Fait de terre rouge (hébreu). Féminin anglais et sénégalais. *Caractérologie :* diplomatie, loyauté, réceptivité, sociabilité, bonté.

Adara
- de 30

Feu (hébreu). *Caractérologie :* sagacité, philosophie, connaissances, spiritualité, originalité.

Addison
- de 100

Fils d'Adam (anglais). Addison est très en vogue au féminin aux États-Unis. *Caractérologie :* optimisme, communication, pragmatisme, volonté, résolution.

Adélaïde
8 500 TOP 500

De noble lignée (germanique). Cette forme médiévale d'Alice fut portée par deux reines de France et plusieurs souveraines européennes. Sainte Adélaïde, épouse d'Otton Ier, fit notamment rayonner le nom en devenant impératrice des Romains au Xe siècle. Après une longue parenthèse, Adélaïde connaît une petite vogue en France, en Italie et dans les pays anglophones au XIXe siècle. La

Adèle

Fête :
24 décembre

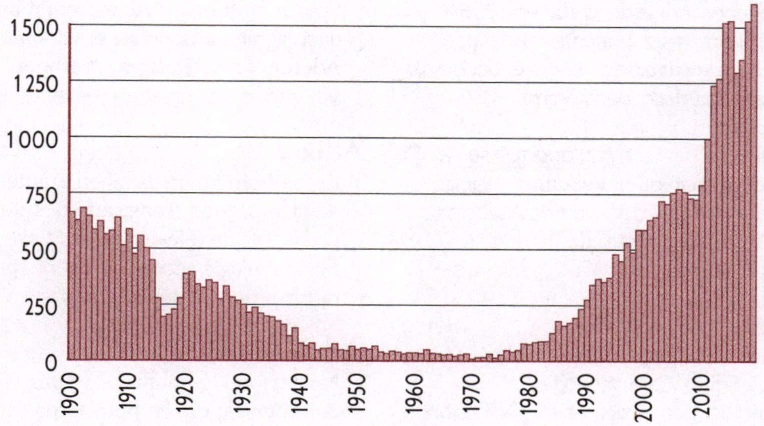

Étymologie

Du germain *adal*, « noble ». En usage dès le Moyen Âge, ce vieux prénom fut porté par la fille du roi Dagobert II, la sainte fondatrice de l'abbaye de Pfalzel au VIIe siècle. Mais c'est Guillaume le Conquérant qui propage le prénom outre-Manche en l'attribuant à sa fille au début de la conquête normande (1066). Au fil des siècles, Adèle et ses différentes graphies (Adela, Adelle, Adelina, Adelia) se répandent en Europe et connaissent une renaissance au XIXe siècle.

Après avoir failli disparaître des radars dans les années 1970 (moins de 10 attributions annuelles), Adèle anticipe le retour du rétro et prend un nouveau départ au milieu des années 1980. Son ascension est lente, mais elle lui permet de percer au moment où la chanteuse britannique Adèle sort *19*, son premier album au succès retentissant (en 2008). En attendant de briller à l'échelle planétaire, ce prénom évolue dans le top 20 parisien et les 30 premiers choix nationaux.

En dehors de l'Hexagone, Adèle confirme sa place dans les tops 50 québécois, suisse et wallon.

Adèle de Champagne, troisième épouse de Louis VII, fut reine de France au XIIe siècle. Elle met au monde le prince que les premières épouses du roi n'avaient pas pu engendrer, lequel régnera sous le nom de Philippe Auguste.

Au cinéma

Les amours tragiques d'**Adèle Hugo**, fille de Victor Hugo, ont inspiré le film de François Truffaut *L'Histoire d'Adèle H.* en 1975.

Personne célèbre

Adele Laurie Blue Adkins, dite simplement **Adele**, née le 5 mai 1988 à Londres, est une autrice-compositrice-interprète britannique.

Statistiques

Adèle est le 64e prénom féminin le plus donné en France depuis l'an 2000. Ce prénom est attribué à près d'une fille sur 200 aujourd'hui.

popularité de la reine anglaise Adélaïde (reine consort, épouse de William IV) a peut-être donné des ailes au prénom. Elle est à l'origine du nom de la ville australienne Adélaïde, créée en 1836 en son hommage. *Variantes :* Adelaida, Adelaig. *Caractérologie :* énergie, décision, originalité, audace, découverte.

Adèle
31 000 TOP 50

Noble (germanique). *Variantes :* Adela, Adélia, Adelise, Adelle. *Caractérologie :* rêve, humanité, rectitude, tolérance, générosité.

Adelice
\- de 100

Forme médiévale d'Alice : noble (germanique). *Caractérologie :* communication, pragmatisme, décision, créativité, optimisme.

Adélie
2 500 TOP 600

Noble (germanique). *Caractérologie :* humanité, rectitude, tolérance, rêve, résolution.

Adelina
1 100 TOP 2 000

Noble (germanique). *Caractérologie :* ambition, innovation, décision, autorité, énergie.

Adeline
49 000 TOP 2 000

Noble (germanique). Féminin français et anglais. *Variantes :* Adelyne, Adine, Édeline. *Caractérologie :* dynamisme, curiosité, indépendance, décision, courage.

Adelphine
\- de 30

Noble, loup (germanique). *Variantes :* Adelphia, Adelphina, Adolpha. *Caractérologie :* réussite, sociabilité, réceptivité, diplomatie, action.

Adena
\- de 30

Noble, parée de bijoux (grec), ou forme anglophone d'Éden. *Variantes :* Aderia, Adina. *Caractérologie :* originalité, spiritualité, connaissances, philosophie, sagacité.

Adenora
\- de 100

Forme bretonne d'Éléonore. En breton, *enor* signifie « honneur ». *Variante :* Adenor. *Caractérologie :* méthode, volonté, détermination, ténacité, fiabilité.

Adixia
200

Ce prénom né en 2013 en France est aussi le pseudo d'une des stars de l'émission de télé-réalité *Les Ch'tis*. *Caractérologie :* communication, pratique, optimisme, adéquation, partage.

Adolphine
250

Noble, loup (germanique). *Caractérologie :* communication, enthousiasme, réalisation, pratique, raisonnement.

Adonie
\- de 30

Seigneur (hébreu). *Variante :* Adonia. *Caractérologie :* habileté, ambition, management, passion, volonté.

Adriana
3 000 TOP 600

Habitant d'Adria, Italie (grec). Adriana est très répandu en Italie, dans les pays hispanophones et lusophones. C'est aussi un choix traditionnel basque et occitan. *Variantes :* Adria, Adriane, Adrianna, Adrianne, Hadria. *Caractérologie :* décision, communication, pragmatisme, optimisme, créativité.

Adrienne
6 500

Habitant d'Adria, Italie (grec). Féminin français. On peut estimer que moins de 30 enfants seront prénommés ainsi en 2022. *Caractérologie :* connaissances, sagacité, originalité, spiritualité, décision.

Aela
900 TOP 600

Forme bretonne d'Ange : messagère (grec). *Variantes :* Aelaïg, Aélie, Aelig, Aeline, Aelez.

Caractérologie : dynamisme, direction, audace, indépendance, assurance.

Aélia
950 TOP 700

Messagère (grec). Ancien prénom romain. *Variante :* Aélya. *Caractérologie :* direction, raisonnement, audace, détermination, dynamisme.

Aelis
350

Forme occitane d'Alice : de noble lignée (germanique). *Caractérologie :* dynamisme, direction, résolution, indépendance, audace.

Aëlle
160

Forme bretonne d'Ange : messagère (grec). *Caractérologie :* ambition, management, passion, force, habileté.

Aelys
1 300 TOP 500

Forme occitane d'Alice : de noble lignée (germanique). *Variante :* Aelis. *Caractérologie :* dynamisme, direction, audace, indépendance, détermination.

Aéna
- de 100

Aube (grec), violette (latin). *Caractérologie :* communication, générosité, pratique, adaptation, enthousiasme.

Aenor
300

Forme bretonne d'Éléonore. En breton, en or signifie « honneur ». *Variante :* Aanor. *Caractérologie :* habileté, ambition, passion, décision, force.

Aéris
250 TOP 2 000

Nom porté par une héroïne du jeu vidéo *Final Fantasy*. *Caractérologie :* savoir, intelligence, indépendance, détermination, sagesse.

Agathe
50 000 TOP 50

Bonté (grec). *Variantes :* Agata, Agate, Agatha. *Caractérologie :* paix, conseil, conscience, sensibilité, bienveillance.

Aglaé
1 500 TOP 1 000

D'une beauté rayonnante (grec). Féminin français. Dans la mythologie grecque, Aglaé est la plus jeune des trois Grâces tant célébrées par les poètes. Ces divinités symbolisent la beauté, la générosité, la douceur et la sagesse. *Variantes :* Aglaée, Aglaïa, Aglaïane. *Caractérologie :* achèvement, ardeur, amitié, stratégie, vitalité.

Agnès
92 000 TOP 600

Chaste, pure (grec). Jeune Romaine du IVe siècle, Agnès refusa de renier sa foi et se laissa conduire au martyre. En dehors de l'Hexagone, Agnès est répandu dans les pays anglophones, en Suède et en Allemagne. *Variantes :* Anessa, Agnela, Enès, Nese, Neza. *Caractérologie :* autonomie, innovation, énergie, autorité, ambition.

Aïcha
16 000 TOP 100

Forme francisée d'Aisha : celle qui vivra, vitalité (arabe). Fille d'Abou Bakr, Aïcha fut la troisième épouse de Mahomet. Ce prénom est répandu dans les cultures musulmanes. *Variante :* Aïsha. *Caractérologie :* ténacité, méthode, fiabilité, sens du devoir, engagement.

Aïda
3 500 TOP 500

Récompense (arabe), celle qui ornera (hébreu). Féminin anglais et espagnol. *Caractérologie :* exigence, famille, équilibre, influence, responsabilité.

Aïko
180

Enfant de l'amour (japonais). *Caractérologie :* idéalisme, altruisme, réflexion, dévouement, intégrité.

Aimée
7 500 TOP 700

Qui est aimée (latin). Féminin français. *Variante :* Aymée. *Caractérologie :* conseil, paix, bienveillance, résolution, conscience.

A

Agathe

Fête :
5 février

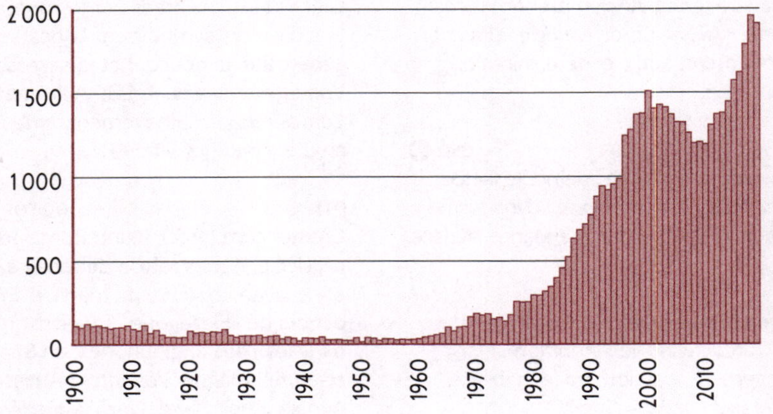

Étymologie
Agathe tire son origine du grec *agathos*, « bonté ». C'est sans doute au nom de cette sollicitude originelle qu'elle est devenue la patronne des nourrices.

Son histoire n'a pourtant pas toujours été placée sous les auspices de la douceur. En 251, sainte Agathe de Catane, réputée fort belle et vertueuse, fut martyrisée sur ordre de Quintien, le consul de Sicile, pour avoir refusé sa demande en mariage. La légende prétend qu'au moment de sa mort, la terre trembla. Un an plus tard, l'Etna entra en éruption, menaçant la ville de Catane. Les habitants s'emparèrent alors du voile de sépulture d'Agathe et les rubans de lave se tarirent immédiatement.

Heureusement, le prénom a connu une carrière moins tumultueuse. Appartenant à la catégorie des prénoms chics et intemporels, Agathe n'a jamais vraiment quitté les registres, mais son vrai retour en grâce date du début des années 1980. En 40 ans, elle a tranquillement, mais inexorablement, balayé les obstacles sur son parcours. Elle a pris l'ascenseur du top 20 national et sa progression ne fait que commencer. Avis aux amateurs de prénoms classiques non dépourvus d'originalité, ni d'une certaine distinction « à la française » !

Dans les pays francophones, sa carrière est moins assurée. À l'international, elle est quasiment inexistante. Les variantes Agatha et Agata séduisent surtout les parents des pays d'Europe de l'Est (Pologne ou République tchèque) ainsi que la Russie.

Personnes célèbres
Agathe Backer (1847-1907), pianiste norvégienne ; Agatha Christie (1890-1976), femme de lettres britannique ; Agathe Bonitzer, actrice, née en 1989 ; Agathe Lecaron, animatrice des « Maternelles », née en 1974.

Statistiques
Agathe est le 46ᵉ prénom féminin le plus donné en France depuis l'an 2000. Ce prénom est attribué à près d'une fille sur 170 aujourd'hui.

Aimy
1 600 TOP 600 ➔

Travailleuse (germanique). Féminin anglais. *Variante :* Aimie. *Caractérologie :* pratique, communication, réalisation, adaptation, enthousiasme.

Aina
1 300 TOP 500 ↗

Toujours (scandinave), amour (japonais), vie (malgache), forme catalane et occitane d'Anne. La forme malgache, Aïna, signifie « vie ». *Caractérologie :* volonté, philosophie, connaissances, sagacité, originalité.

Ainara
190

Hirondelle (basque). *Caractérologie :* ambition, passion, habileté, décision, force.

Aines
- de 100

Forme basque et occitane d'Agnès : chaste, pure (grec). *Caractérologie :* décision, communication, pragmatisme, créativité, optimisme.

Ainhoa
1 500 TOP 1 000 ↘

Prénom basque qui désigne la Vierge Marie. *Variantes :* Ainoa, Idoia, Idoya. *Caractérologie :* communication, optimisme, pragmatisme, créativité, décision.

Airelle
- de 100

Se rapporte à l'airelle, un petit arbuste montagnard de la famille des éricacées, et son fruit, une baie comestible de couleur rouge ou noir bleuté. *Variante :* Erelle. *Caractérologie :* réflexion, détermination, humanité, intégrité, générosité.

Aitana
180

Père de tous les Basques (mythologie basque). *Caractérologie :* audace, direction, indépendance, décision, dynamisme.

Akiko
- de 30

L'enfant de l'automne (japonais). *Caractérologie :* relationnel, intuition, fidélité, adaptabilité, médiation.

Akila
650 TOP 2 000 ↑

Intelligente (arabe). *Caractérologie :* savoir, intelligence, organisation, méditation, indépendance.

Alaia
400 TOP 600 ↑

Vertueuse (arabe), bonheur, joie (basque). *Caractérologie :* bienveillance, sagesse, conseil, paix, conscience.

Alaïs
1 100 TOP 1 000 ↘

De noble lignée (germanique). Féminin occitan. *Caractérologie :* paix, conseil, conscience, sagesse, bienveillance.

Alana
2 500 TOP 500 ➔

Belle, calme (celte). Alana est plus traditionnellement usité en Angleterre, en Écosse et en Bretagne. *Variante :* Alanis. *Caractérologie :* réceptivité, sociabilité, loyauté, diplomatie, bonté.

Alara
- de 100

Reine de tous (germanique). Féminin breton. *Variante :* Elara. *Caractérologie :* conscience, paix, bienveillance, sagesse, conseil.

Alba
2 500 TOP 200 ↑

Blanc (latin). Alba, qui signifie « aube » en espagnol et en italien, est plus particulièrement usité dans les régions du monde où ces langues sont parlées. Alva est sa variante portugaise. *Caractérologie :* sagacité, originalité, connaissances, spiritualité, organisation.

Albane
11 000 TOP 200 ➔

Blanc (latin). Féminin français. *Variantes :* Albana, Albanie, Albanna, Albanne, Albannie. *Caractérologie :* passion, ambition, organisation, force, habileté.

Alberte
4 000

Noble, brillante (germanique). En dehors de l'Hexagone, Alberte est

A

particulièrement usité dans les pays scandinaves. On peut estimer que moins de 30 enfants seront prénommés ainsi en 2022. *Variante :* Alberta. *Caractérologie :* idéalisme, intégrité, altruisme, décision, gestion.

Albertine
4 000 ↗

Noble, brillante (germanique). Ce prénom français a connu une certaine faveur dans l'Hexagone au XIXᵉ siècle. Il s'est raréfié à partir des années 1940 mais pourrait bien renaître prochainement. *Variantes :* Albertina, Albéria, Albérie, Aubertine. *Caractérologie :* découverte, énergie, organisation, résolution, audace.

Albina
200

Blanc (latin). Albina est plus traditionnellement usité en Allemagne et en Bretagne. *Caractérologie :* enthousiasme, pratique, communication, gestion, décision.

Alda
300

Noble (germanique). Prénom corse. *Variante :* Alderine. *Caractérologie :* rêve, humanité, ouverture d'esprit, rectitude, générosité.

A

Aldora
- de 30

Cadeau (grec). *Caractérologie :* bienveillance, conscience, paix, conseil, analyse.

Alena
750 **TOP 1 000** →

Éclat du soleil (grec). Forme corse d'Hélène. *Caractérologie :* paix, bienveillance, conscience, conseil, sagesse.

Aléria
- de 30

Comme un aigle (latin). Aleria est le nom d'une cité antique corse qui fut conquise par les Grecs puis les Romains. C'est aujourd'hui une ville très visitée pour ses vestiges historiques. *Caractérologie :* direction, décision, audace, indépendance, dynamisme.

Alesia
350 **TOP 2 000** ↑

Défense de l'humanité (grec). *Caractérologie :* intuition, relationnel, médiation, décision, fidélité.

Alessandra
800 **TOP 2 000** →

Défense de l'humanité (grec). *Caractérologie :* engagement, méthode, fiabilité, ténacité, sens du devoir.

Alessia
3 000 **TOP 400** ↗

Défense de l'humanité (grec). Alessia est un prénom italien. *Caractérologie :* communication, pratique, enthousiasme, adaptation, décision.

Aleth
650

Ailée (latin), vérité (grec). Située sur une presqu'île proche de Saint-Malo, en Bretagne, la cité d'Aleth fut la première capitale du peuple gaulois des Coriosolites. Elle fut ensuite conquise par les Romains puis devint une ville fortifiée au Moyen Âge. Variantes : Alette, Alet. *Caractérologie :* dynamisme, organisation, finesse, indépendance, assurance.

Alethia
- de 30

Vérité (grec). *Caractérologie :* médiation, intuition, résolution, relationnel, finesse.

Alexa
2 000 **TOP 2 000** →

Défense de l'humanité (grec). Féminin anglais. *Caractérologie :* savoir, intelligence, indépendance, méditation, sagesse.

Alexandra
91 000 **TOP 500** ↘

Défense de l'humanité (grec). En dehors de l'Hexagone, Alexandra est particulièrement répandu dans les pays anglophones et scandinaves. *Variantes :* Aléandra, Aleksandra, Alessandra, Alexandréa, Alexandria. Forme basque : Xandra. *Caractérologie :* achèvement, stratégie, caractère, vitalité, logique.

Le top 20 en 2022

Ci-dessous les projections du top 20 des prénoms féminins. Le classement a été effectué par ordre décroissant d'attribution.

1. Jade
2. Emma
3. Louise
4. Mia
5. Alice
6. Lina
7. Ambre
8. Rose
9. Chloé
10. Anna
11. Julia
12. Léa
13. Inès
14. Mila
15. Romy
16. Iris
17. Elena
18. Léna
19. Agathe
20. Juliette

Après avoir régné pendant près de 16 ans et avoir si bien incarné la gloire des prénoms rétro, la reine Emma s'incline au 2e rang en 2022. C'est à Jade, son ancienne et redoutable rivale, qu'elle devrait remettre sa couronne. Le rebond de cette dernière était d'autant plus inattendu que le style rétro fait briller d'autres prétendantes au trône. Ainsi, Alice, Anna et Rose poursuivent leur ascension vers le sommet. Et si Eva et Manon s'éclipsent, d'autres se pressent déjà pour prendre la relève, à l'image de Victoire et Victoria, qui n'ont jamais aussi bien porté leur nom. Agathe ne les a pas attendues et devrait intégrer le top 20 cette année.

Les prénoms de la Belle Époque n'éclipsent pas l'essor d'une autre tendance, multiculturelle cette fois. Ainsi, Lina, Inès et Ambre font recette avec leurs origines cosmopolites qui séduisent les parents de tous horizons. On remarque qu'ils sont courts. Et pour cause : pas de prénoms à rallonge dans la cour des grands, les stars donnent le *la* avec 1 à 2 syllabes et 5 lettres en moyenne.

Les terminaisons en « a », apparues avec force au début des années 2000, ne sont pas en reste. De Léa à Anna, en passant par Mila, ces désinences sont incontournables. Parmi elles, on note la remarquable percée d'Elena : malgré ses 3 syllabes, cette variante internationale d'Hélène a gravi plus de 40 places en 3 ans.

Mais les désinences en « a » pourraient être menacées par l'envol des « ia », dont Mia et Julia sont les fers de lance. La première, Mia, était inconnue en France avant les années 1990. Tout le contraire de Julia qui peut se targuer d'une longue histoire. Mais ce duo, nouveau ou ancien, a joué l'atout d'une sonorité moderne et internationale pour s'imposer dans le top 20. Il fait des émules parmi les prénoms du top 50 : Inaya, Giulia et Olivia connaissent une croissance vigoureuse.

À contre-courant de ces sonorités tendance, Iris et Romy ont misé sur leur « is » et leur « y » pour se distinguer avec brio. Cela n'a pas échappé à Nour qui tente sa chance…

Alexandrine
6 000

Défense de l'humanité (grec). Féminin français. On peut estimer que moins de 30 enfants seront prénommés ainsi en 2022. *Caractérologie :* habileté, ambition, volonté, analyse, force.

Alexane
3 500 TOP 2 000

Contraction d'Alex et Anne. *Variantes :* Alexana, Alexanna, Alexanne. *Caractérologie :* habileté, ambition, force, passion, management.

Alexia
37 000 TOP 400

Défense de l'humanité (grec). Féminin grec, anglais, français et allemand. *Variantes :* Alexe, Alexide, Alexya, Olessia. *Caractérologie :* savoir, intelligence, méditation, analyse, résolution.

Alexiane
2 000

Défense de l'humanité (grec). On peut estimer que moins de 30 enfants seront prénommés ainsi en 2022. *Caractérologie :* détermination, habileté, ambition, force, raisonnement.

Alexie
1 400 TOP 700

Défense de l'humanité (grec). *Caractérologie :* intuition, relationnel, raisonnement, médiation, détermination.

Alexine
1 100

Défense de l'humanité (grec). Féminin anglais. On peut estimer que moins de 30 enfants seront prénommés ainsi en 2022. *Variante :* Alexina. *Caractérologie :* intelligence, décision, savoir, logique, méditation.

Aleyna
2 500 TOP 600

Éclat du soleil (grec). *Caractérologie :* ténacité, méthode, fiabilité, engagement, bonté.

Alfreda
1 400

Noble paix (germanique). On peut estimer que moins de 30 enfants seront prénommés ainsi en 2022. *Variantes :* Alfredine, Frédine, Elfrida. *Caractérologie :* réceptivité, caractère, sociabilité, diplomatie, logique.

Alia
4 000 TOP 300

Noble, admirable (arabe), qui monte (hébreu). *Variantes :* Allia, Aliya, Aliye. *Caractérologie :* dynamisme, curiosité, courage, indépendance, charisme.

Alice
109 000 TOP 50

De noble lignée (germanique). *Variantes :* Adelice, Aelis, Alis. *Caractérologie :* communication, pragmatisme, optimisme, résolution, créativité.

Alicia
50 000 TOP 100

De noble lignée (germanique). Alicia s'envole en France et dans de nombreux pays européens, anglophones et hispanophones aujourd'hui. Voir Alice. *Variantes :* Allissia, Licia, Lissia. *Caractérologie :* stratégie, ardeur, achèvement, leadership, vitalité.

Alida
650

Noble (germanique). *Caractérologie :* rêve, humanité, ouverture d'esprit, rectitude, générosité.

Aliénor
4 500 TOP 300

Compassion (grec). Duchesse d'Aquitaine, Aliénor épousa Louis VII et devint reine de France en 1137. Mais l'union s'avéra malheureuse et Aliénor s'empressa d'obtenir son annulation. En épousant en secondes noces Henri Plantagenêt, la belle Aliénor devint reine d'Angleterre le 18 mai 1152. Les plus connus de ses huit enfants sont Richard Cœur de Lion et Jean sans Terre. Alienor est plus particulièrement usité en Occitanie (surtout en Provence)

A

Alice

Fête :
16 décembre

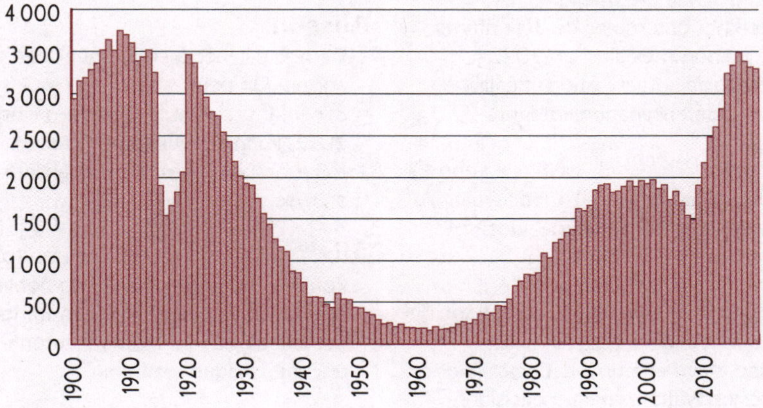

Étymologie

Cet ancien dérivé d'Adélaïde vient du germain *adal*, « noble », et *heit*, « lignée », d'où la signification : « de noble lignée ». Il est fréquent dès le Moyen Âge en France et en Europe, ce qui facilite l'essor de nombreuses variantes. Dans l'Hexagone, Alaïs, Alis, Alix, Alison et les formes régionales bretonne (Adelice) et occitane (Aelis) connaissent alors une belle progression. Alice est très usité jusqu'au XVIIe siècle, puis se fait oublier jusqu'à ce que le roman de Lewis Carroll, *Alice au pays des merveilles*, contribue à sa renaissance à la fin du XIXe siècle.

Ce prénom se raréfie dans les années 1930, mais revient discrètement à la fin des années 1990. Il brille aujourd'hui dans les tops 5 national et parisien. On observe son retour en Europe, du nord jusqu'au sud. Il triomphe en Suède depuis plus de 10 ans et séduit de plus en plus de parents italiens ou portugais. Alice a réalisé un triplé francophone en s'imposant dans les tops 5 québécois, romand et wallon. Ces succès profitent à Alicia qui prospère dans de nombreux palmarès occidentaux.

Issue d'une famille aisée à Remiremont, dans les Vosges, **sainte Alice** se convertit à l'âge de 21 ans et fonda plusieurs pensionnats destinés à l'éducation des jeunes filles. Leur fonctionnement perdura des siècles après sa mort, en 1622.

Personnes célèbres

Alice Coltrane, musicienne et compositrice de jazz américaine (1937-2007) ; Alice Munro, femme de lettres canadienne, née en 1931 ; Alice Ferney, écrivaine française, née en 1967.

Statistiques

Alice est le 21e prénom féminin le plus donné en France depuis l'an 2000. Ce prénom est attribué à près d'une fille sur 100 aujourd'hui.

A

et au Pays basque. *Caractérologie :* logique, diplomatie, sociabilité, décision, réceptivité.

Aliette
2 500

De noble lignée (germanique). On peut estimer que moins de 30 enfants seront prénommés ainsi en 2022. *Caractérologie :* organisation, idéalisme, altruisme, détermination, intégrité.

Alima
850 TOP 2 000

Sage, raisonnable (arabe). *Caractérologie :* réflexion, intégrité, altruisme, idéalisme, dévouement.

Alina
2 000 TOP 500

Noble (germanique). Féminin italien, allemand, slave et roumain. *Caractérologie :* autorité, innovation, énergie, décision, ambition.

Aline
66 000 TOP 400

Noble (germanique). Féminin français et portugais. *Variante :* Alyne. *Caractérologie :* dynamisme, courage, curiosité, indépendance, détermination.

Aliona
200

Mon Dieu est lumière (hébreu). Prénom russe. *Variante :* Éliona. *Caractérologie :* analyse, méditation, résolution, intelligence, savoir.

Alison
16 000 TOP 900

De noble lignée (germanique). En dehors de l'Hexagone, cette forme médiévale d'Alice est répandue dans les pays anglophones. *Variante :* Alisonne. *Caractérologie :* détermination, intelligence, raisonnement, savoir, méditation.

Alissa
2 000 TOP 2 000

De noble lignée (germanique). Féminin anglais. *Variante :* Alisa. *Caractérologie :* sagacité, connaissances, spiritualité, philosophie, originalité.

Alissia
1 000

De noble lignée (germanique). *Caractérologie :* originalité, connaissances, spiritualité, philosophie, sagacité.

Alisson
4 500

De noble lignée (germanique). Féminin anglais. On peut estimer que moins de 30 enfants seront prénommés ainsi en 2022. *Variante :* Alissone. *Caractérologie :* force, ambition, résolution, habileté, analyse.

Alix
24 000 TOP 50

Forme médiévale d'Alice : de noble lignée (germanique). Féminin français. *Caractérologie :* innovation, autorité, énergie, logique, ambition.

Alixe
850 TOP 2 000

De noble lignée (germanique). *Variante :* Alixen. *Caractérologie :* paix, bienveillance, conscience, détermination, raisonnement.

Alixia
450

De noble lignée (germanique). *Caractérologie :* sociabilité, réceptivité, diplomatie, loyauté, analyse.

Aliya
5 500 TOP 200

Noble, admirable (arabe), qui monte (hébreu). *Variantes :* Aaliyah, Aliyah, Allya, Aliye. *Caractérologie :* communication, pragmatisme, optimisme, créativité, sociabilité.

Alizé
2 000

De noble lignée (germanique). Cette forme d'Alice se rapporte également au nom du vent qui souffle sur les îles des Caraïbes. On peut estimer que moins de 30 enfants seront prénommés ainsi en 2022. *Variantes :* Alise, Aliséa, Alisée, Aliza, Alize, Alizia. *Caractérologie :* achèvement, vitalité, stratégie, ardeur, résolution.

A

Alizéa
750 TOP 2 000 ↘

De noble lignée (germanique). Voir Alizé. *Variante :* Aliséa. *Caractérologie :* idéalisme, détermination, altruisme, intégrité, réflexion.

Alizée
13 000 TOP 400 →

De noble lignée (germanique). Voir Alizé. Féminin français. *Caractérologie :* persévérance, structure, sécurité, efficacité, détermination.

Allison
5 500

De noble lignée (germanique). Féminin anglais. On peut estimer que moins de 30 enfants seront prénommés ainsi en 2022. *Variantes :* Allisson, Allyson. *Caractérologie :* détermination, autorité, innovation, énergie, raisonnement.

Allyn
- de 30

Belle, calme (celte). *Caractérologie :* innovation, autorité, énergie, amitié, ambition.

Alma
4 000 TOP 100 ↑

Nourrissant (latin). Au VIe siècle, Alma, ou Almeda, fut assassinée par le prétendant qu'elle refusait d'épouser au pays de Galles. Prénom italien. *Caractérologie :* rectitude, rêve, humanité, ouverture d'esprit, générosité.

Almarine
- de 30

Gouverner, travailler (germanique). *Variante :* Almerine. *Caractérologie :* audace, dynamisme, direction, résolution, indépendance.

Almeda
- de 30

Ambitieuse (latin). Voir Alma. *Variante :* Almida. *Caractérologie :* rêve, rectitude, ouverture d'esprit, humanité, générosité.

Almeria
- de 30

Princesse (espagnol, arabe). *Caractérologie :* dynamisme, indépendance, curiosité, courage, résolution.

Aloïse
600 TOP 2 000 →

Très sage (vieil allemand). *Variantes :* Aloïs, Aloyse, Aloysia. *Caractérologie :* raisonnement, méditation, intelligence, détermination, savoir.

Aloyse
130

Très sage (vieil allemand). Aloyse est plus particulièrement recensé au Luxembourg. *Caractérologie :* curiosité, dynamisme, courage, indépendance, sympathie.

Alphanie
- de 30

Se rapporte au patronyme italien Alfani, du latin *elephantus* (« éléphant »). *Variantes :* Alphania, Alphéna, Phania. *Caractérologie :* communication, générosité, amitié, adaptation, action.

Alphonsine
1 400

Noble, vive (germanique). Féminin français. On peut estimer que moins de 30 enfants seront prénommés ainsi en 2022. *Variante :* Alphie. *Caractérologie :* découverte, énergie, audace, ressort, analyse.

Althea
350 ↗

Guérisseuse (grec), mauve (latin). Dans la mythologie grecque, Althée est l'épouse d'Œnée, le roi de Calydon. *Caractérologie :* diplomatie, sensibilité, réceptivité, sociabilité, organisation.

Alvina
600 ↑

Elfe, amie (vieil anglais). *Variantes :* Alvia, Alvie, Alvana, Alvine, Alvira. *Caractérologie :* découverte, énergie, résolution, audace, originalité.

Alwena
1 200 TOP 2 000 ↘

Elfe, amie (vieil anglais). *Variante :* Alwina. *Caractérologie :* médiation, fidélité, adaptabilité, intuition, relationnel.

Alya
7 000 TOP 100 ↑

Noble, admirable (arabe), qui monte (hébreu). *Variante :* Alyah. *Caractérologie :* enthousiasme, pratique, adaptation, communication, générosité.

Alycia
5 500 TOP 500 ↘

De noble lignée (germanique). *Caractérologie :* équilibre, famille, responsabilité, influence, exigence.

Alyson
3 000 TOP 2 000 →

De noble lignée (germanique). *Variante :* Alysone. *Caractérologie :* curiosité, dynamisme, courage, sympathie, indépendance.

Alyssa
11 000 TOP 300 ↘

De noble lignée (germanique). Alyssa est très répandu dans les pays anglophones, notamment aux États-Unis. *Caractérologie :* dynamisme, indépendance, curiosité, charisme, courage.

A

Alyssia
4 000 TOP 700 →

De noble lignée (germanique). *Caractérologie :* découverte, énergie, séduction, audace, originalité.

Alysson
1 400

De noble lignée (germanique). On peut estimer que moins de 30 enfants seront prénommés ainsi en 2022. *Caractérologie :* conscience, paix, bienveillance, amitié, conseil.

Alyzée
650 TOP 2 000 →

De noble lignée (germanique). Voir Alizé. *Variantes :* Alyséa, Alysée. *Caractérologie :* intuition, médiation, fidélité, relationnel, cœur.

Ama
- de 100

Mère (basque), variante provençale d'Amadia, née un samedi (ghanéen). *Caractérologie :* responsabilité, équilibre, exigence, famille, influence.

Amadea
- de 30

Amour de Dieu (latin). *Variante :* Amadia. *Caractérologie :* spiritualité, sagacité, philosophie, originalité, connaissances.

Amaëlle
500 ↘

Variante moderne de Maëlle : chef, prince (celte). *Caractérologie :* efficacité, structure, persévérance, sécurité, honnêteté.

Amaia
1 400 TOP 600 →

Fin (basque). *Caractérologie :* connaissances, spiritualité, sagacité, philosophie, originalité.

Amal
3 500 TOP 800 →

Espoir (arabe), travail (hébreu). *Caractérologie :* réflexion, idéalisme, intégrité, altruisme, dévouement.

Amale
600

Espoir (arabe), forme basque d'Amélie. *Caractérologie :* découverte, originalité, audace, énergie, séduction.

Amalia
3 500 TOP 300 →

Travailleuse (germanique). Féminin allemand, finlandais, néerlandais, espagnol, italien, grec et roumain. Aux Pays-Bas, la naissance de Catharina-Amalia (la fille du prince Willem et de Maxima) a donné des ailes à cette composition. *Caractérologie :* audace, direction, dynamisme, indépendance, assurance.

Amalie
- de 30

Travailleuse (germanique). Féminin allemand. *Caractérologie :* découverte, résolution, énergie, audace, originalité.

Amalys
- de 30

Resplendir (grec). Féminin anglais. *Variante :* Amelys. *Caractérologie :* ambition, force, management, passion, habileté.

Amance
200

Aimée (latin). *Caractérologie :* ténacité, méthode, fiabilité, engagement, sécurité.

Amanda
6 000 TOP 900 →

Aimée (latin). En dehors de l'Hexagone, ce prénom est particulièrement porté dans les pays anglophones. *Variante :* Manda. *Caractérologie :* méditation, savoir, indépendance, sagesse, intelligence.

Amandine
95 000 TOP 500 ↘

Aimée (latin). Féminin français. *Variantes :* Amande, Amandyne, Amantine. *Caractérologie :* méditation, décision, savoir, indépendance, intelligence.

Amane
170

Maternité (basque). *Caractérologie :* savoir, intelligence, méditation, sagesse, indépendance.

Amani
1 300 TOP 600 →

Qui aspire à quelque chose (arabe). *Variante :* Amany. *Caractérologie :* relationnel, fidélité, intuition, décision, médiation.

Amanza
- de 30

Aimée (latin). Amanza est plus particulièrement usité en Italie et en Corse. *Caractérologie :* bonté, diplomatie, sociabilité, loyauté, réceptivité.

Amara
500 TOP 1 000 ↑

Immortelle (sanscrit). Amara est plus particulièrement usité en Arménie et en Inde. *Variante :* Amaria. *Caractérologie :* savoir, intelligence, méditation, sagesse, indépendance.

Amarande
- de 100

Aimer (latin). Féminin français. *Caractérologie :* pragmatisme, communication, créativité, décision, optimisme.

Amaranthe
- de 30

Plante ornementale dont le nom vient du latin *amaranthus*, et du grec *anthos* (« fleur »). Amaranthe est fêté avec Fleur, le 5 octobre. *Variantes :* Amarante, Amarantha. *Caractérologie :* humanité, rectitude, générosité, sensibilité, volonté.

Amaria
450 ↗

Dieu a parlé (hébreu), bâtisseuse (arabe). *Caractérologie :* sagesse, indépendance, intelligence, savoir, méditation.

Amarine
- de 100

Aimer (latin). *Caractérologie :* savoir, analyse, méditation, indépendance, sagesse.

Amaris
- de 30

Promise par Dieu (hébreu). *Caractérologie :* savoir, intelligence, méditation, sagesse, indépendance.

Amaryllis
300 →

Resplendir (grec). Les poètes Virgile, Théocrite et Ovide ont en commun d'avoir loué la beauté légendaire d'Amaryllis. Ce prénom français est fêté avec Fleur, le 5 octobre. *Variantes :* Amarillis, Amarylise. *Caractérologie :* relationnel, intuition, médiation, fidélité, réalisation.

Amaya
1 700 TOP 400 ↑

Aimée (latin), fin (basque). Amaya est plus traditionnellement usité en Espagne et au Pays basque. *Caractérologie :* découverte, énergie, audace, originalité, réalisation.

A

Amayelle
- de 100

Dans la saga fantastique Les Chevaliers d'Émeraude, d'Anne Robillard, Amayelle est la princesse des elfes. *Caractérologie :* réalisation, diplomatie, loyauté, sociabilité, décision.

Ambérine
- de 30

Voir Ambre. *Caractérologie :* méthode, fiabilité, sécurité, détermination, résolution.

Ambre
50 000 TOP 50

Cette forme féminine d'Ambroise tire ses origines du grec *ambrosios*, « immortel ». *Variantes :* Ambar, Amber, Ambra. *Caractérologie :* optimisme, pragmatisme, communication, créativité, détermination.

Ambrine
2 500 TOP 1 000

Voir Ambre. Née en 1991, cette variante d'Ambre a prénommé une centaine de Françaises par an au tournant des années 2010, mais elle reste peu connue. *Caractérologie :* vitalité, ardeur, achèvement, stratégie, décision.

Ambroisine
400

Voir Ambre. *Variante :* Ambrosine. *Caractérologie :* conscience, bienveillance, volonté, paix, détermination.

Amel
12 000 TOP 500

Espoir (arabe). *Caractérologie :* structure, efficacité, sécurité, persévérance, honnêteté.

Amele
450

Espoir (arabe). *Caractérologie :* altruisme, intégrité, idéalisme, réflexion, dévouement.

Amélia
12 000 TOP 100

Travailleuse (germanique). Grâce à la popularité de la princesse anglaise du même nom, Amelia a connu une certaine faveur en Angleterre au XVIIIe siècle. Depuis, ce prénom s'est largement répandu en Italie, en Allemagne et dans les pays anglophones, hispanophones et lusophones. Ce choix traditionnel basque et corse pourrait prochainement supplanter Amélie dans le classement français. *Caractérologie :* dynamisme, courage, indépendance, résolution, curiosité.

Amélie
81 000 TOP 400

Travailleuse (germanique). Peu attribué par le passé, Amélie bourgeonne au XVIIe siècle grâce à la popularité de la princesse anglaise Amelia. Ce prénom fait des émules dans les familles royales et prénomme d'autres têtes couronnées (incluant quelques Marie-Amélie) avant de se répandre plus largement en France. Il revient à lui après un long sommeil, à la fin des années 1980, s'imposant dans les 20 premiers rangs à son dernier pic, en 1991. *Variantes :* Amelia, Amellia, Amélya, Amely, Amelys, Amilia. *Caractérologie :* réflexion, altruisme, résolution, intégrité, idéalisme.

Ameline
2 500

Travailleuse (germanique). Féminin français. On peut estimer que moins de 30 enfants seront prénommés ainsi en 2022. *Variantes :* Amelina, Amelyne. Formes basques et corses : Ameli, Amelia. *Caractérologie :* originalité, énergie, découverte, résolution, audace.

Amelle
1 500

Espoir (arabe). On peut estimer que moins de 30 enfants seront prénommés ainsi en 2022. *Caractérologie :* enthousiasme, pratique, adaptation, générosité, communication.

Aménis
- de 100

Se rapporte à Améni, pharaon de la XIIIe dynastie égyptienne. *Caractérologie :* résolution, connaissances, sagacité, spiritualité, originalité.

A

Ambre

Fête :
7 décembre

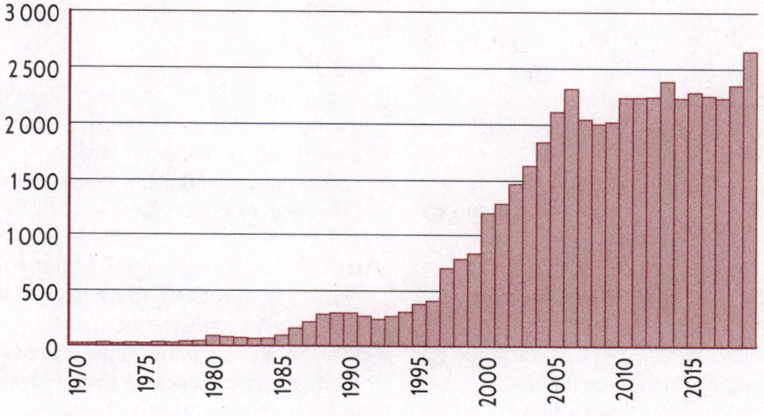

Étymologie

Cette forme féminine d'Ambroise tire ses origines du grec *ambrosios*, « immortel ». Dans la mythologie, les dieux de l'Olympe se nourrissent de l'ambroisie, gage d'immortalité. L'ambre est également une substance végétale sécrétée par les conifères, il est utilisé comme bijou ou talisman.

Au cours de l'histoire, les Latins appelaient l'ambre jaune *succinum* et les Arabes nommaient l'ambre gris *ambar*. Cet héritage multiculturel fait d'Ambre un prénom prisé par les couples mixtes.

Amber, la forme anglophone du prénom, émerge dès le XIXe siècle. Mais c'est le roman *Forever Amber*, de Kathleen Winsor, paru en 1944, qui lance sa carrière. Amber atteint son pic de popularité aux États-Unis à la fin des années 1980 (top 15), avant d'obtenir un succès comparable en Angleterre.

Ambre, la version française, apparaît pour la première fois dans l'Hexagone en 1952, mais passe inaperçue, avec 3 attributions seulement. Elle ne fait guère d'émules avant les années 1990, où son destin change soudainement. Happée par la vague des prénoms inspirés de la nature et la gloire d'une autre pierre précieuse (Jade), Ambre supplante Océane et gravit les échelons de la postérité. On a pu croire un moment à son reflux. Fausse piste, elle vient de rebondir dans le top 10 et a fait son entrée dans le top 40 parisien.

En dehors de la France, ce prénom se fait plutôt discret. Il ne convainc pas les Québécois mais séduit davantage en Wallonie (top 40) et en Romandie (top 100).

Apparue en 1991 dans l'Hexagone, la variante Ambrine est désormais portée par près de 2 500 Françaises. Ce joli succès n'a pas entraîné l'éclosion des très discrètes Ambérine, Ambrosia, Ambroisine et Ambrosine.

Personnes célèbres

Amber Heard, actrice américaine, née en 1986 ; Amber Valetta, top model et actrice américaine, née en 1974.

Statistiques

Ambre est le 24e prénom féminin le plus donné en France depuis l'an 2000. Ce prénom est attribué à près d'une fille sur 120 aujourd'hui.

Amicie
550 TOP 2 000 →

Aimée (latin). *Caractérologie :* engagement, méthode, fiabilité, ténacité, sens du devoir.

Amina
13 000 TOP 200 →

Loyale, digne de confiance (arabe). *Variante :* Amine. *Caractérologie :* relationnel, intuition, médiation, fidélité, décision.

Aminata
7 500 TOP 200 →

Loyale, digne de confiance (arabe). *Caractérologie :* curiosité, courage, résolution, dynamisme, indépendance.

Amira
8 000 TOP 200 ↗

Prince (arabe), proclamée (hébreu). *Caractérologie :* paix, bienveillance, conscience, conseil, sagesse.

Amy
3 500 TOP 400 →

Qui est aimée (latin). Féminin anglais. *Caractérologie :* optimisme, pragmatisme, créativité, communication, réussite.

Ana
11 000 TOP 200 →

Grâce (hébreu). Ana est très répandu dans les pays hispanophones, lusophones et slaves méridionaux. C'est aussi un choix traditionnel basque. *Variantes :* Ane, Ani. *Caractérologie :* connaissances, spiritualité, sagacité, originalité, philosophie.

Anabel
600 ↘

Grâce (hébreu). Prénom espagnol. *Caractérologie :* organisation, force, ambition, habileté, passion.

Anabelle
2 500

Grâce (hébreu). On peut estimer que moins de 30 enfants seront prénommés ainsi en 2022. *Variantes :* Anabela, Anabella. *Caractérologie :* savoir, intelligence, indépendance, méditation, organisation.

Anaé
9 000 TOP 200 →

Contraction d'Anne et Hanaé. Féminin français et japonais. *Variante :* Naé. *Caractérologie :* adaptation, communication, pratique, enthousiasme, générosité.

Anaël
1 700

Grâce (hébreu). On peut estimer que moins de 30 enfants seront prénommés ainsi en 2022. *Variante :* Annaël. *Caractérologie :* équilibre, responsabilité, influence, exigence, famille.

Anaëlle
24 000 TOP 200 →

Grâce (hébreu). Cette forme bretonne d'Anne peut également être orthographiée sans tréma. *Variantes :* Anaële, Enaëlle. *Caractérologie :* curiosité, dynamisme, indépendance, courage, charisme.

Anaia
400 TOP 2 000 ↗

Dieu a répondu (hébreu), frère (basque). Bien que ce nom apparaisse au masculin dans l'Ancien Testament, Anaia est uniquement attribué aux filles dans l'Hexagone. *Caractérologie :* force, ambition, habileté, résolution, passion.

Anaïg
160

Grâce (hébreu). Cette forme bretonne d'Anne peut également être orthographiée sans tréma. *Variantes :* Anaïck, Anaïk. *Caractérologie :* découverte, énergie, audace, originalité, résolution.

Anaïs
130 000 TOP 100 ↘

Grâce (hébreu). Ce dérivé d'Anne fleurit en France dans les années 1980 alors que le parfum du même nom connaît un succès fulgurant. Anaïs atteint très vite son zénith, s'imposant au 4e rang du classement en 1993, avant de décliner. Ce prénom rendu célèbre par Anaïs Nin, écrivaine américaine d'origine cubaine (1903-1977), est peu répandu dans les pays anglophones. Dans l'Hexagone, il est plus particulièrement usité dans le Pays basque et en Occitanie. *Variante :* Annaïs. *Caractérologie :* habileté, ambition, force, passion, détermination.

Analia
200 TOP 2 000

Contraction espagnole d'Ana et Lia. *Caractérologie :* résolution, diplomatie, loyauté, réceptivité, sociabilité.

Anastasia
7 500 TOP 200

Résurrection (grec). Anastasia est plus particulièrement répandu en Grèce, en Russie, dans les pays anglophones et hispanophones. C'est aussi un choix traditionnel occitan. *Variantes :* Anastassia, Anasthasia, Nasia, Nasya. *Caractérologie :* fiabilité, ténacité, méthode, engagement, décision.

Anastasie
950

Résurrection (grec). *Variante :* Anasthasie. *Caractérologie :* vitalité, achèvement, stratégie, décision, ardeur.

Anathilde
- de 30

Contraction d'Anna et Mathilde. *Caractérologie :* autorité, innovation, décision, attention, autonomie.

Anatolie
- de 100

Aube, soleil levant (grec). *Variantes :* Anatolia, Anatoline. *Caractérologie :* audace, énergie, découverte, résolution, analyse.

Anaya
1 200 TOP 400

Unique, inégalée (sanscrit), variante d'Anaia. Prénom indien d'Asie. Anaya est également un nom de lieu et un patronyme espagnol. *Caractérologie :* conscience, bienveillance, conseil, paix, sagesse.

Anceline
- de 100

Servante (latin). *Caractérologie :* ouverture d'esprit, rêve, décision, humanité, rectitude.

Andréa
30 000 TOP 100

Force, courage (grec). Andrea apparaît dans les pays anglophones dès le XVIIe siècle, mais ses attributions restent modestes jusque dans les années 1950, où il connaît un boom de popularité. Son succès se propage en France, et lui permet en 1995 de s'imposer dans le top 60 féminin. Une fortune qui a permis de révéler Andrea au masculin. Ce prénom est également répandu en Allemagne, en Hongrie, dans les pays scandinaves, au Pays basque et en Occitanie. *Variantes :* Andréane, Andréanne, Andria, Andreva. *Caractérologie :* intelligence, savoir, méditation, indépendance, décision.

Andréanne
120

Contraction d'Andrée et Anne. *Caractérologie :* sécurité, persévérance, efficacité, résolution, structure.

Andrée
77 000

Force, courage (grec). Ce féminin d'André se révèle au début du XXe siècle et culmine au 10e rang féminin en 1919. Bien qu'il ait grandi dans le sillon d'André, ce prénom a été trois fois moins attribué que son masculin au siècle dernier. On peut estimer que moins de 30 enfants seront prénommés ainsi en 2022. *Variantes :* Andrèse, Andrésia, Andrésine, Andrette, Andrey, Andrèze. *Caractérologie :* intuition, relationnel, médiation, résolution, fidélité.

Andreia
700 TOP 2 000

Force, courage (grec). Ce prénom est particulièrement répandu au Portugal. *Caractérologie :* connaissances, spiritualité, originalité, sagacité, détermination.

Andria
- de 30

Forme anglophone d'Andrée : force, courage (grec). Au masculin, Andria

A

est une forme italienne et corse d'André. Une ville italienne située dans la région des Pouilles s'appelle ainsi. *Caractérologie :* relationnel, médiation, fidélité, intuition, détermination.

Andriana
- de 100

Force, courage (grec). Féminin scandinave. *Variantes :* Andriane, Andrianna, Andrianne, Andrina, Andrienne, Drina. *Caractérologie :* stratégie, motivation, management, passion, ambition.

Andriette
- de 30

Force, courage (grec). Féminin scandinave. *Variante :* Andrietta. *Caractérologie :* équilibre, conscience, volonté, influence, exigence.

Andrine
- de 30

Diminutif scandinave d'Alexandrine ou d'Andrée. *Caractérologie :* décision, diplomatie, fidélité, adaptabilité, intuition.

Anémone
160

Nom de fleur (grec). *Caractérologie :* structure, persévérance, sécurité, efficacité, volonté.

Ange
1 800 TOP 2 000

Messagère (grec). *Caractérologie :* humanité, rectitude, rêve, générosité, tolérance.

Angel
850 TOP 2 000

Messagère (grec). Angel est très attribué aux États-Unis. *Caractérologie :* optimisme, communication, sympathie, pragmatisme, créativité.

Angéla
8 500 TOP 700

Messagère (grec). Féminin anglais, allemand, grec, néerlandais, roumain, russe et slave. *Variante :* Angella. *Caractérologie :* efficacité, structure, persévérance, amitié, sécurité.

Angèle
26 000 TOP 300

Messagère (grec). Prénom français. Sainte Angèle de Merici, fondatrice de l'ordre des Ursulines, vécut en Italie au XVIe siècle. *Variantes :* Angélia, Angélie, Angelle. *Caractérologie :* habileté, ambition, cœur, passion, force.

Angelica
1 400

Messagère (grec). Féminin italien, roumain, espagnol et portugais. On peut estimer que moins de 30 enfants seront prénommés ainsi en 2022. *Caractérologie :* sagacité, connaissances, spiritualité, résolution, sympathie.

Angelina
19 000 TOP 400

Messagère (grec). Angelina est plus particulièrement répandu en Italie, en Russie, en Pologne, en Allemagne et dans les pays anglophones. *Caractérologie :* rectitude, humanité, détermination, amitié, rêve.

Angeline
11 000 TOP 900

Messagère (grec). Féminin français. *Caractérologie :* résolution, structure, sécurité, persévérance, sympathie.

Angélique
88 000 TOP 2 000

Messagère (grec). Féminin français. *Caractérologie :* autorité, innovation, action, énergie, cœur.

Angie
2 500

Messagère (grec). Féminin anglais. On peut estimer que moins de 30 enfants seront prénommés ainsi en 2022. *Variante :* Angy. *Caractérologie :* résolution, humanité, tolérance, rêve, rectitude.

Anh
110

Reflet, rayon lumineux (vietnamien). *Caractérologie :* découverte, énergie, séduction, originalité, audace.

Ania
1 700 TOP 400

Grâce (hébreu). Ania est très répandu en Pologne et en Russie. *Caractérologie :* savoir, intelligence, méditation, indépendance, détermination.

Anicette
500

Invincible (grec). *Variantes :* Anicée, Anicet, Nicette. *Caractérologie :* détermination, dynamisme, audace, gestion, séduction.

Anie
500

Grâce (hébreu). *Caractérologie :* intuition, médiation, relationnel, fidélité, décision.

Aniela
300

Messagère (grec). Dans l'Hexagone, Aniela est plus traditionnellement usité au Pays basque. *Caractérologie :* éthique, famille, influence, équilibre, détermination.

Anissa
19 000 TOP 500

Sociable, sympathique (arabe). Ce prénom est particulièrement répandu dans les cultures musulmanes francophones. *Variantes :* Anicia, Anise, Annissa, Anissia, Anyse, Anysia, Anyssa, Anyssia. *Caractérologie :* décision, réflexion, altruisme, idéalisme, intégrité.

Anita
26 000 TOP 800

Grâce (hébreu). Féminin espagnol, portugais, anglais, français, néerlandais et scandinave. *Caractérologie :* humanité, rêve, rectitude, détermination, tolérance.

Ann
550

Grâce (hébreu). Féminin anglais. *Caractérologie :* relationnel, intuition, médiation, fidélité, adaptabilité.

Anna
67 000 TOP 50

Grâce (hébreu). *Caractérologie :* adaptation, communication, enthousiasme, pratique, générosité.

Annabel
2 500

Grâce (hébreu). Féminin anglais. On peut estimer que moins de 30 enfants seront prénommés ainsi en 2022. *Caractérologie :* structure, persévérance, sécurité, organisation, efficacité.

Annabella
700

Grâce (hébreu). Féminin anglais. *Variante :* Anabella. *Caractérologie :* ambition, force, organisation, habileté, passion.

Annabelle
18 000 TOP 700

Grâce (hébreu). En dehors de l'Hexagone, Annabelle est répandu dans les pays anglophones. *Caractérologie :* pragmatisme, communication, optimisme, créativité, organisation.

Annaëlle
5 500 TOP 500

Contraction d'Anne et Maëlle. *Caractérologie :* innovation, autonomie, énergie, autorité, ambition.

Annaïck
1 000

Grâce (hébreu). *Caractérologie :* habileté, organisation, force, ambition, détermination.

Annaïg
1 000

Forme bretonne d'Anne : grâce (hébreu). *Caractérologie :* décision, audace, direction, dynamisme, indépendance.

Annalie
- de 30

Contraction d'Anne et Nathalie. *Caractérologie :* médiation, relationnel, fidélité, adaptabilité, intuition.

Anne
240 000 TOP 600

Grâce (hébreu). Anne et ses formes dérivées sont très attribuées dans les pays occidentaux du haut Moyen Âge au début du XIXe siècle. Ses occurrences fléchissent ensuite mais se maintiennent à un niveau élevé, de sorte qu'Anne a peu d'efforts à fournir pour s'imposer dans le top 20

A

français de 1960 à 1973. En France comme dans les pays anglophones, Anne se replie plus nettement depuis le début des années 2000. La formidable ascension d'Anna n'est pas étrangère à ce reflux (voir le focus sur ce prénom). ◇ Plusieurs têtes couronnées illustrèrent ce prénom. Au XVIIe siècle, Anne d'Autriche assura la régence de la France pendant treize ans jusqu'à ce que Louis XIV soit en âge de gouverner. Sainte Anne, épouse de saint Joachim, fut la mère de Marie et la grand-mère de Jésus. La tradition bretonne dit qu'elle serait née en Bretagne, qu'elle serait allée en Judée pour y épouser Joachim, et qu'elle serait revenue terminer ses jours dans son pays natal. *Caractérologie :* connaissances, sagacité, spiritualité, philosophie, originalité.

Anne-Cécile

4 000

Forme composée d'Anne et Cécile. Féminin français. On peut estimer que moins de 30 enfants seront prénommés ainsi en 2022. *Caractérologie :* vitalité, achèvement, stratégie, décision, ardeur.

Anne-Charlotte

4 000

Forme composée d'Anne et Charlotte. Féminin français. On peut estimer que moins de 30 enfants seront prénommés ainsi en 2022. *Caractérologie :* innovation, énergie, autorité, attention, logique.

Anne-Claire

6 000

Forme composée d'Anne et Claire. Féminin français. On peut estimer que moins de 30 enfants seront prénommés ainsi en 2022. *Caractérologie :* énergie, innovation, résolution, autorité, ambition.

Anne-Élisabeth

650

Forme composée d'Anne et Élisabeth. Féminin français. *Caractérologie :* connaissances, sagacité, détermination, spiritualité, sensibilité.

Anne-Laure

20 000

Forme composée d'Anne et Laure. Féminin français. On peut estimer que moins de 30 enfants seront prénommés ainsi en 2022. *Caractérologie :* résolution, innovation, autorité, ambition, énergie.

Anneliese

450

Contraction d'Anne et Élisabeth. Anneliese est plus particulièrement répandu en Allemagne. *Caractérologie :* communication, pratique, enthousiasme, adaptation, détermination.

Anne-Lise

8 000

Forme composée d'Anne et Lise. Féminin français. On peut estimer que moins de 30 enfants seront prénommés ainsi en 2022. *Caractérologie :* intelligence, savoir, méditation, détermination, indépendance.

Annelyse

650

Grâce (hébreu). *Caractérologie :* audace, découverte, énergie, originalité, cœur.

Anne-Lyse

750 **TOP 2 000**

Forme composée d'Anne et Lyse. Féminin français. *Caractérologie :* courage, dynamisme, curiosité, indépendance, cœur.

Anne-Marie

84 000

Forme composée d'Anne et Marie. Féminin français. On peut estimer que moins de 30 enfants seront prénommés ainsi en 2022. *Caractérologie :* force, ambition, habileté, passion, détermination.

Anne-Sophie

32 000

Forme composée d'Anne et Sophie. Féminin français. On peut estimer que moins de 30 enfants seront prénommés ainsi en 2022. *Caractérologie :* intelligence, résolution, méditation, savoir, ressort.

A

Anna

Fête :
26 juillet

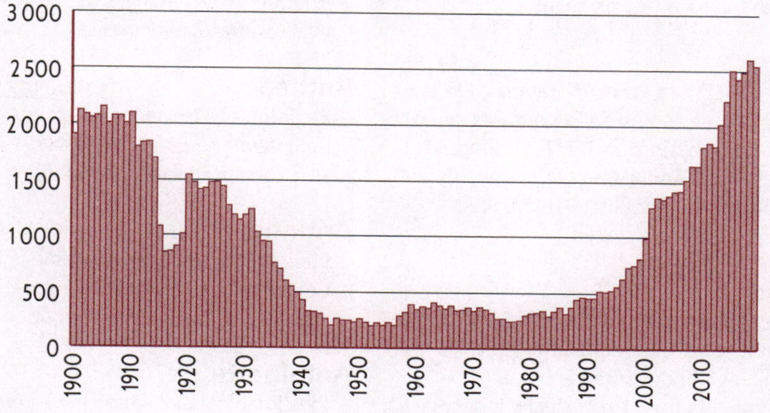

Étymologie

De l'hébreu *hannah*, « grâce ». La tradition bretonne dit que sainte Anne serait née en Bretagne, qu'elle serait allée en Judée pour y épouser Joachim, et qu'elle serait revenue terminer ses jours dans son pays natal. Avant qu'elle ne devienne la très populaire patronne de la Bretagne, et bien avant les débuts du christianisme, les Gaulois vénéraient Ana, la déesse mère de la Fertilité et des dieux celtes. Son assimilation à sainte Anne, la mère de Marie dans la Bible, a épaissi la part de mystère qui lui est associée.

Ce prénom employé en Orient aux premiers siècles est très attribué au Moyen Âge dans le monde chrétien. La forme Anna se diffuse à partir du XVIIIe siècle dans les pays occidentaux et dispute rapidement la suprématie d'Anne dans les pays anglophones. Aujourd'hui, cette valeur sûre revient un peu partout en Europe, en Russie et dans les pays hispanophones. Anna conforte sa position dans les 10 choix préférés des Parisiens et pourrait faire de même au niveau national en 2022. Elle s'est également hissée dans les 30 premiers rangs des palmarès romand et wallon.

Dans l'histoire

De nombreuses saintes, princesses et reines illustrèrent ce prénom. **Anne d'Autriche**, épouse de Louis XIII, fut reine de France en 1615. À la mort de son époux, elle prit la régence du royaume de 1643 à 1651, jusqu'à la majorité de son fils Louis XIV. **Anne Boleyn**, dont le mariage avec Henri VIII est à l'origine du schisme anglican, fut reine d'Angleterre jusqu'à ce que le roi la fasse décapiter pour adultère, haute trahison et inceste, à Londres le 19 mai 1536. **Anna Ivanovna** fut également impératrice de Russie de 1730 à 1740.

Ce prénom fut, par le passé, employé au masculin, mais il n'est plus que marginalement attribué à des garçons. **Anne-Louis Girodet**, peintre français (1767-1824), et **Anne de Montmorency** (1493-1567), figure influente de la Renaissance française, ont illustré ce prénom.

Personnes célèbres

Anna Freud, psychanalyste britannique d'origine autrichienne (1895-1982) ; **Anne Brontë**, femme de lettres britannique (1820-1849).

Statistiques

Anna est le 35e prénom féminin le plus donné en France depuis l'an 2000. Ce prénom est attribué à près d'une fille sur 130 aujourd'hui (contre une fille sur 5 000 pour Anne).

A

Annette
22 000 ↑

Grâce (hébreu). Féminin français. *Caractérologie :* intelligence, méditation, indépendance, savoir, sagesse.

Annick
114 000

Grâce (hébreu). Féminin français. On peut estimer que moins de 30 enfants seront prénommés ainsi en 2022. *Variantes :* Anick, Anik, Annik. *Caractérologie :* organisation, résolution, spiritualité, sagacité, connaissances.

Annie
185 000

Grâce (hébreu). Ce diminutif d'Anne atteint son pic de popularité dans les pays anglophones peu après avoir émergé à la fin du XIXe siècle. Il décolle dans les années 1930 en France et bondit au 8e rang féminin en 1947, son point culminant. On peut estimer que moins de 30 enfants seront prénommés ainsi en 2022. *Caractérologie :* intelligence, indépendance, savoir, méditation, décision.

Anny
7 500

Grâce (hébreu). Féminin français. On peut estimer que moins de 30 enfants seront prénommés ainsi en 2022. *Caractérologie :* altruisme, idéalisme, réflexion, dévouement, intégrité.

Anouchka
1 500

Grâce (hébreu). Féminin russe et polonais. On peut estimer que moins de 30 enfants seront prénommés ainsi en 2022. *Caractérologie :* sensibilité, sociabilité, réceptivité, diplomatie, organisation.

Anouck
3 000 TOP 700 ↘

Grâce (hébreu). Féminin français. *Variante :* Annouck. *Caractérologie :* organisation, diplomatie, réceptivité, sociabilité, loyauté.

Anouk
10 000 TOP 300 →

Grâce (hébreu). Ce prénom français est très attribué aux Pays-Bas. *Variante :* Annouk. *Caractérologie :* achèvement, vitalité, stratégie, organisation, ardeur.

Anthéa
1 500 TOP 2 000 →

Fleur (grec). Forme corse : Antea. *Caractérologie :* sécurité, persévérance, structure, efficacité, attention.

Antinea
120

Fleur (grec). *Variante :* Anthinéa. *Caractérologie :* innovation, énergie, autorité, ambition, détermination.

Antoinette
22 000

Inestimable (latin), fleur (grec). Féminin français. On peut estimer que moins de 30 enfants seront prénommés ainsi en 2022. *Caractérologie :* équilibre, responsabilité, famille, influence, détermination.

Antonella
1 300 TOP 2 000 →

Inestimable (latin), fleur (grec). *Caractérologie :* méthode, ténacité, engagement, fiabilité, gestion.

Antonia
4 500 TOP 700 →

Inestimable (latin), fleur (grec). Féminin italien, espagnol, anglais, allemand, scandinave, roumain, polonais, basque et corse. *Variante :* Antonie. *Caractérologie :* résolution, intuition, relationnel, fidélité, médiation.

Antonie
- de 100

Inestimable (latin), fleur (grec). *Caractérologie :* famille, influence, équilibre, détermination, responsabilité.

Antonina
350 ↑

Inestimable (latin), fleur (grec). *Caractérologie :* méditation, intelligence, savoir, décision, indépendance.

A

Antonine
750

Inestimable (latin), fleur (grec). *Caractérologie :* intuition, médiation, fidélité, relationnel, résolution.

Anwen
- de 100

Très belle, blanche, heureuse (gallois). *Caractérologie :* communication, pratique, enthousiasme, adaptation, générosité.

Any
500

Grâce (hébreu). *Caractérologie :* structure, sécurité, persévérance, honnêteté, efficacité.

Anya
1 600 TOP 500

Grâce (hébreu). Prénom russe. *Caractérologie :* énergie, audace, séduction, originalité, découverte.

Apolline
17 000 TOP 100

Qui vient d'Apollonie (grec). Dans la mythologie grecque, Apolline se rapporte à Apollon, le dieu de la Lumière. Féminin français. *Variantes :* Apoline, Apollonie, Appolonie, Appollonie, Polonia, Polonie. *Caractérologie :* pragmatisme, optimisme, communication, sympathie, analyse.

Appoline
1 400 TOP 900

Qui vient d'Apollonie (grec). *Caractérologie :* intelligence, méditation, sympathie, savoir, analyse.

April
1 300 TOP 400

Qui bourgeonne (latin). Féminin anglais. *Caractérologie :* relationnel, adaptabilité, médiation, intuition, fidélité.

Araia
- de 30

Nom de rivière (basque). *Caractérologie :* communication, pragmatisme, créativité, optimisme, sociabilité.

Arana
- de 30

Nid d'oiseau (tahitien). *Caractérologie :* habileté, ambition, management, passion, détermination.

Araxie
- de 30

De l'Araxe, fleuve arménien (arménien). Féminin arménien. *Caractérologie :* fiabilité, méthode, engagement, décision, ténacité.

Arcadia
- de 30

Qui vient d'Arcadie (latin). L'Arcadie est une zone montagneuse du Péloponnèse située en Grèce. *Variante :* Arcadie. *Caractérologie :* innovation, énergie, autorité, autonomie, ambition.

Argane
- de 100

Argent (celte). Féminin breton. *Caractérologie :* énergie, autorité, ambition, innovation, décision.

Aria
2 500 TOP 200

Le mot italien aria désigne un air de musique. *Variante :* Arya. *Caractérologie :* intuition, médiation, relationnel, fidélité, adaptabilité.

Ariana
1 000 TOP 500

Sacré (grec). Dans l'Hexagone, Ariana est plus particulièrement usité en Corse et en Occitanie. *Variante :* Arianna. *Caractérologie :* stratégie, achèvement, détermination, ardeur, vitalité.

Ariane
10 000 TOP 300

Sacré (grec). Féminin français et allemand. *Variante :* Arianne. *Caractérologie :* communication, enthousiasme, pratique, adaptation, décision.

Aricie
- de 30

La meilleure (grec). Dans la mythologie grecque, la princesse Aricie est l'épouse d'Hippolyte, le fils du roi d'Athènes.

Caractérologie : humanité, rectitude, rêve, tolérance, résolution.

Arielle
3 500 TOP 700

Lionne de Dieu (hébreu). Féminin français. *Variante :* Ariel. *Caractérologie :* achèvement, vitalité, ardeur, stratégie, décision.

Arima
- de 30

L'âme (basque). *Caractérologie :* conscience, bienveillance, paix, conseil, sagesse.

Aristée
- de 30

Le meilleur objectif (grec). *Caractérologie :* indépendance, curiosité, dynamisme, courage, décision.

Arlène
400

Promesse (irlandais). Féminin anglais. *Variantes :* Arlena, Arlina, Arline. *Caractérologie :* indépendance, audace, direction, dynamisme, résolution.

Arlette
55 000

Promesse (irlandais). Féminin français. On peut estimer que moins de 30 enfants seront prénommés ainsi en 2022. *Variante :* Arletty. *Caractérologie :* détermination, rêve, rectitude, humanité, organisation.

Armance
750 TOP 2 000

Forte, armée (germanique). *Caractérologie :* direction, audace, indépendance, dynamisme, détermination.

Armande
3 500

Forte, armée (germanique). Féminin français. On peut estimer que moins de 30 enfants seront prénommés ainsi en 2022. *Variante :* Armanda. *Caractérologie :* sociabilité, décision, diplomatie, loyauté, réceptivité.

Armandine
850

Forte, armée (germanique). *Variante :* Armantine. *Caractérologie :* sagacité, originalité, connaissances, spiritualité, résolution.

Armantine
- de 100

Forte, armée (germanique). *Variantes :* Armantia, Armentine. *Caractérologie :* audace, énergie, originalité, décision, découverte.

Armelle
24 000 TOP 2 000

Prince, ours (celte). Féminin français et breton. *Variantes :* Armel, Armeline. *Caractérologie :* pragmatisme, créativité, décision, communication, optimisme.

Artéa
- de 30

Arbre, verdure (basque). *Caractérologie :* humanité, rectitude, ouverture d'esprit, rêve, détermination.

Arthémise
- de 100

Artémis, la fille de Zeus et Léto dans la mythologie grecque, est la déesse de la Chasse. Elle est l'équivalent grec de la déesse romaine Diane. *Caractérologie :* achèvement, vitalité, stratégie, détermination, sensibilité.

Arthurine
- de 30

Ours (celte). Féminin français. *Variante :* Arthuria. *Caractérologie :* finesse, conscience, paix, bienveillance, résolution.

Arwa
700 TOP 800

Chèvre de montagne (arabe). *Caractérologie :* intelligence, savoir, méditation, indépendance, décision.

Arwen
1 600 TOP 800

Surnommée « Étoile du Soir », Arwen est l'elfe immortelle du *Seigneur des Anneaux*, de Tolkien. *Caractérologie :*

A

Les plus portés aujourd'hui

Les prénoms les plus portés en France ne sont pas ceux qui y sont les plus attribués aujourd'hui. Le tableau ci-dessous nous en fait la démonstration. Ces prénoms sont classés par ordre décroissant, du 1er au 50e prénom le plus porté en 2021.

Les dates entre parenthèses indiquent les années record d'attribution de chaque prénom pour la période de 1900 à 2021.

1. Marie *(1901)*
2. Nathalie *(1966)*
3. Isabelle *(1965)*
4. Sylvie *(1964)*
5. Catherine *(1963)*
6. Françoise *(1949)*
7. Monique *(1946)*
8. Martine *(1954)*
9. Christine *(1963)*
10. Valérie *(1969)*
11. Nicole *(1947)*
12. Anne *(1971)*
13. Sandrine *(1971)*
14. Sophie *(1971)*
15. Stéphanie *(1974)*
16. Jacqueline *(1946)*
17. Véronique *(1963)*
18. Céline *(1979)*
19. Chantal *(1954)*
20. Patricia *(1961)*
21. Julie *(1987)*
22. Christiane *(1947)*
23. Brigitte *(1959)*
24. Camille *(1998)*
25. Annie *(1947)*
26. Léa *(2001)*
27. Aurélie *(1983)*
28. Émilie *(1980)*
29. Manon *(1995)*
30. Hélène *(1920)*
31. Laurence *(1966)*
32. Sarah *(2000)*
33. Virginie *(1974)*
34. Chloé *(2000)*
35. Élodie *(1988)*
36. Corinne *(1963)*
37. Michèle *(1947)*
38. Dominique *(1955)*
39. Christelle *(1972)*
40. Jeanne *(1920)*
41. Laura *(1988)*
42. Caroline *(1978)*
43. Emma *(2006)*
44. Laetitia *(1982)*
45. Florence *(1968)*
46. Lucie *(1998)*
47. Audrey *(1984)*
48. Cécile *(1971)*
49. Danielle *(1947)*
50. Pauline *(1991)*

Durant des décennies, **Marie** a été l'unique prénom féminin porté par plus d'un million de Françaises, mais, depuis cette année, il figure sous le seuil du million. Cette évolution était attendue, car l'âge moyen des Marie est supérieur à 60 ans. Le répertoire des prénoms attribués augmente de telle sorte qu'aucun autre prénom ne devrait, à l'avenir, connaître un tel destin.

Largement distancés, les prénoms allant de **Nathalie** à **Monique** se placent dans la tranche des 300 000 personnes. Viennent ensuite les prénoms qui, de **Martine** à **Patricia**, désignent plus de 200 000 femmes. Au 50e rang, **Pauline** est porté par un peu plus de 134 000 Françaises.

indépendance, méditation, savoir, intelligence, résolution.

Arya
2 500 TOP 100

Noble, honorée (sanscrit), variante d'Aria. Arya est également une héroïne de la très célèbre série américaine *Game of Thrones*. Féminin anglais, indien d'Asie. *Caractérologie :* rêve, générosité, tolérance, intégrité, humanité.

Arzu
500

Ours (celte). Prénom breton. *Caractérologie :* enthousiasme, communication, pratique, générosité, adaptation.

Asha
- de 100

Espoir (sanskrit). Asha est répandu en Inde. *Caractérologie :* médiation, intuition, fidélité, adaptabilité, relationnel.

Ashley
5 000 TOP 400

Frênes dans un pré (anglais). Ce prénom mixte est très en vogue aux États-Unis. En France, Ashley est plus fréquemment attribué aux filles. *Caractérologie :* intelligence, méditation, savoir, amitié, indépendance.

Asia
550

Celle qui guérit (arabe), résurrection (grec). Féminin anglais. *Variante :* Azia. *Caractérologie :* pragmatisme, communication, optimisme, créativité, sociabilité.

Asma
8 500 TOP 300

Sublime, de haut rang (arabe). *Variantes :* Asmaa, Assma, Smahen. *Caractérologie :* spiritualité, philosophie, connaissances, sagacité, originalité.

Asmin
350 TOP 2 000

Prénom arabe emprunté au persan signifiant « fleur de jasmin ». *Caractérologie :* intuition, loyauté, adaptabilité, médiation, détermination.

Assia
18 000 TOP 100

Celle qui guérit (arabe). Dans la tradition islamique, Assia est l'épouse du pharaon qui recueillit Moïse du Nil et en fit son fils adoptif. Ce prénom est attribué de longue date dans les cultures musulmanes. *Variantes :* Assa, Hassya, Essia, Essya. *Caractérologie :* ténacité, sens du devoir, méthode, fiabilité, engagement.

Assya
4 000 TOP 300

Celle qui guérit (arabe). *Caractérologie :* intuition, relationnel, médiation, fidélité, adaptabilité.

Astrid
17 000 TOP 400

Divine (vieux norrois). Ce prénom a été illustré par Astrid, la très populaire reine des Belges au début du XXe siècle. *Variante :* Astrée. *Caractérologie :* ambition, force, habileté, management, passion.

Asya
1 500 TOP 800

Celle qui guérit (arabe), résurrection (grec). *Caractérologie :* autorité, innovation, énergie, ambition, autonomie.

Athalie
- de 30

Dieu est exalté (hébreu). *Variante :* Athalia. Forme basque : Atalia. *Caractérologie :* sociabilité, réceptivité, diplomatie, attention, décision.

Athéna
1 800 TOP 400

Dans la mythologie grecque, Athéna est la déesse de la Sagesse, des Sciences et des Arts. En 2012, la princesse Marie et le prince Joachim de Danemark ont prénommé leur fille Athena. *Variantes :* Athène, Athénéa, Athina. *Caractérologie :* finesse, méthode, fiabilité, ténacité, engagement.

A

Athénaïs
3 500 TOP 400 ↑

Contraction d'Athéna et Anaïs. Féminin français. La plus célèbre des Athénaïs est sans aucun doute la marquise de Montespan. Longtemps favorite de Louis XIV, avec lequel elle eut sept enfants, Athénaïs de Montespan veilla à établir une cour fastueuse, raffinée et dominée par le bel esprit (Molière, La Fontaine). Libre d'esprit, elle choisit d'être appelée par son deuxième prénom, Athénaïs, au détriment du premier (Françoise). *Variantes :* Athanaïs, Athanasia, Athanase, Athanaïse, Athanasie, Athénaïse. *Caractérologie :* audace, découverte, décision, attention, énergie.

Atika
650 →

Noble, pure, d'une grande beauté (arabe). *Caractérologie :* paix, bienveillance, conscience, sagesse, conseil.

Aubane
850 TOP 2 000 ↘

Blanc (latin). *Variantes :* Aubana, Aube, Aubina. *Caractérologie :* organisation, achèvement, vitalité, stratégie, ardeur.

Aube
- de 100

Blanc (latin). *Caractérologie :* sociabilité, réceptivité, loyauté, organisation, diplomatie.

Aubeline
120

Blanc (latin). *Caractérologie :* organisation, responsabilité, équilibre, famille, détermination.

Aude
31 000 TOP 2 000 ↘

Richesse (germanique). Féminin français. *Variantes :* Audélia, Audélie, Audeline, Haude. Formes occitanes : Auda, Audeta, Audia. *Caractérologie :* ténacité, méthode, engagement, fiabilité, sens du devoir.

Audren
- de 100

Au-dessus, royal (celte). *Caractérologie :* altruisme, idéalisme, réflexion, résolution, intégrité.

Audrey
140 000 TOP 2 000 ↘

Noble, puissante (germanique). Ce prénom est apparu au VIIe siècle, mais il ne s'est pas vraiment propagé avant le XXe siècle. Sa gloire, portée par la lumineuse actrice Audrey Hepburn, est venue d'outre-Atlantique. Elle a propulsé Audrey au 6e rang français en 1984, son point culminant. ◊ Au VIIe siècle, sainte Audrey rompit le mariage royal auquel on l'avait contrainte et fonda l'abbaye d'Ely, en Angleterre. *Variantes :* Aodrena, Audray, Audréane, Audrée, Audren, Audrenn, Audrena, Audrène, Audrina, Audrine, Audrie, Audry. *Caractérologie :* relationnel, intuition, cœur, médiation, réussite.

Audrina
200

Au-dessus, royal (celte). *Caractérologie :* patience, foyer, constance, détermination, confiance.

Augusta
2 500 ↑

Vénérable, grande (latin). Féminin allemand, italien, portugais et anglais. *Caractérologie :* idéalisme, réflexion, intégrité, altruisme, gestion.

Augustine
7 000 TOP 200 ↗

Consacré par les augures (latin). Féminin français. *Variantes :* Agustina, Augustina. *Caractérologie :* altruisme, idéalisme, intégrité, détermination, bonté.

Aurane
550 ↗

Contraction d'Aurélie et Anne. *Caractérologie :* responsabilité, équilibre, influence, décision, famille.

Aure
600 ➔

En or (latin). *Variantes :* Aura, Auréa. *Caractérologie :* intégrité, idéalisme, réflexion, détermination, altruisme.

Aurégane
140

De haute naissance (celte). Prénom breton. *Variante :* Aurégan. *Caractérologie :* altruisme, idéalisme, intégrité, détermination, bonté.

Aurélia
17 000 TOP 800 ➔

En or (latin). Féminin français, anglais, hongrois, italien et roumain. *Variantes :* Aurela, Orélia. *Caractérologie :* détermination, ténacité, fiabilité, méthode, engagement.

Auréliane
250

Contraction d'Aurélie et Anne. *Variantes :* Aurélienne, Aurelne. *Caractérologie :* curiosité, dynamisme, indépendance, courage, détermination.

Aurélie
176 000 TOP 2 000 ↘

En or (latin). Adopté par les puritains anglophones au XVIe siècle, Aurelia est, comme l'Aurélie française, peu visible dans l'Hexagone avant la fin du XXe siècle. Au terme d'une envolée fulgurante, Aurélie s'impose au 1er rang national de 1983 à 1986, entre les règnes de Céline et Julie. Le palmarès féminin est alors nettement dominé par les terminaisons en « ie ». Sa chute, aussi vertigineuse que son ascension, ne s'explique pas vraiment. ◇ Fille d'Hugues Capet et sœur du roi Robert le Pieux, sainte Aurélie échappa au mariage en se retirant dans un ermitage construit par l'évêque de Ratisbonne (XIe siècle). *Variantes :* Aurèle, Aurelle, Aurely, Aurielle. Forme bretonne : Aourell. *Caractérologie :* détermination, ardeur, stratégie, vitalité, achèvement.

Auréline
800

Contraction d'Aurélie et Line. *Caractérologie :* efficacité, persévérance, structure, sécurité, détermination.

Auria
250 ➔

En or (latin). Dans l'Hexagone, Auria est plus traditionnellement usité au Pays basque. *Caractérologie :* découverte, audace, séduction, énergie, originalité.

Auriana
300 ➔

En or (latin). *Caractérologie :* intuition, médiation, fidélité, détermination, relationnel.

Auriane
5 500 TOP 1 000 ↘

En or (latin). *Variantes :* Auriana, Aurianna, Aurianne. *Caractérologie :* responsabilité, famille, influence, détermination, équilibre.

Aurora
750 TOP 800 ↑

En or (latin). Dans la mythologie romaine, Aurora est la déesse du Matin. Aurora est plus traditionnellement usité en Espagne, dans les pays anglophones, au Pays basque et en Occitanie. *Caractérologie :* intuition, relationnel, raisonnement, fidélité, médiation.

Aurore
65 000 TOP 300 ➔

En or (latin). Voir Aurora. Féminin français. *Caractérologie :* équilibre, famille, responsabilité, analyse, résolution.

Automne
300 ↗

L'automne désigne évidemment la saison qui succède à l'été, mais c'est aussi un prénom moderne. Apparu dans les années 1990, ce petit nom grandit au fil des saisons. *Caractérologie :* force, passion, volonté, loyauté, ténacité.

A

Les thématiques tendance

Une vague de prénoms courts déferle en France depuis la fin des années 1990. Qu'ils soient anciens, nouveaux, issus du terroir français ou du monde entier, ces choix enrichissent le répertoire collectif de sonorités inédites. Alors que les très internationales Mia, Sophia et Victoria font monter les terminaisons en « ia », l'engouement des Français pour les prénoms régionaux est sans précédent. Celui-ci a répandu des sonorités jusqu'alors spécifiques à la Bretagne, au Pays basque ou à l'Occitanie (voir l'encadré sur les prénoms régionaux, p. 101). Cela n'empêche pas les prénoms rétro de briller avec insolence dans le top 20 (Alice, Anna, Emma, Iris, Louise, Rose et Agathe).

Les tendances qui influencent la mode des prénoms peuvent être rassemblées autour de plusieurs thématiques. En voici un aperçu, qui prend en compte des perles rares tout juste apparues en France.

Les courts (1 à 2 syllabes)

Alix, Ambre, Anna, Ava, Aya, Camille, Charlie, Chloé, Éden, Emma, Em(m)y, Éva, Flora, Inès, Iris, Jade, Julia, Kenza, Lana, Léna, Lila, Lilou, Lily, Lina, Loane, Lola, Lou, Louane, Louison, Louna, Lucie, Luna, Lya, Maya, Mia, Mila, Nina, Nora(h), Nour, Romy, Rose, Sara(h), Sasha, Sofia, Tess, Thaïs, Théa, Zélie, Zoé.

Les celtes et les irlandais

Alana, Allyn, Arlene, Armaëlle, Armelle, Brenda, Brianna, Ciara, Clervie, Cliona, Dara, Edna, Éloane, Erin, Érine, Évana, Falone, Fiona, Glenda, Iseult, Isolde, Kacie, Kelly, Kiara, Kyla, Loane, Lou, Louane, Maé, Maëlle, Maëlys, Mahé, Maylis, Nara, Nola, Nuala, Olwen, Orla, Rihana, Shannon, Tara, Youna.

Les rétro

Adèle, Agathe, Aimée, Alice, Angèle, Anna, Antoinette, Apolline, Augustine, Blanche, Céleste, Célie, Clarisse, Églantine, Élise, Émilie, Emma, Eugénie, Félicie, Hortense, Irène, Jeanne, Joséphine, Juliette, Léontine, Léopoldine, Louise, Lucie, Madeleine, Marguerite, Mathilde, Ophélie, Pauline, Rose, Sidonie, Suzanne, Victoria, Victorine, Zélie, Zoé.

Les médiévaux

Adélaïde, Adèle, Agathe, Alice, Aliénor, Alix, Aloyse, Anne, Bathilde, Béatrice, Beatrix, Berthe, Blanche, Clémence, Clothilde, Colombe, Constance, Éléonore, Élisabeth, Florie, Hélène, Héloïse, Irène, Isabeau, Iseult, Isolde, Jeanne, Jehanne, Mahaut, Margot, Marguerite, Mathilde, Mélissande, Pétronille, Yolande.

Les prénoms de source biblique (Ancien Testament)

Abigaël, Dana, Daria, Déborah, Dinah, Éden, Élisabeth, Élona, Esther, Ève (Éva), Hannah, Héléa, Ilana, Jessica, Judith, Léa, Liorah, Myriam, Noa, Noémie, Rachel, Rébecca, Ruth, Salomé, Sarah, Sharon, Talia, Yaël, Yona.

A

Divinités et prénoms issus des différentes mythologies

Aglaé, Altea, Apolline, Artémise, Athéna, Aurora, Brigitte, Calliope, Cassandre, Chloé, Clio, Cliona, Cyané, Cybèle, Cynthia, Dalia, Danaé, Daphné, Diane, Éolia, Épona, Flora, Gaïa, Hélène, Iara, Indira, Indra, Iris, Ismène, Kali, Lorelei, Luna, Maïa, Mélusine, Nia, Nymphéa, Pénélope, Phoebé, Rhéa, Rihana, Sia, Silvia, Sybille, Thalie, Théïa, Thémis, Uma, Uranie, Vénus, Viviane, Ysia.

La tendance éco-green

Vous trouverez des suggestions variées p. 352 « Les prénoms de l'après 2020 ».

Auxane
1 000 TOP 2 000 ➔

Hospitalier (grec). *Variantes :* Auxanne, Euxane. *Caractérologie :* communication, pratique, enthousiasme, adaptation, générosité.

Ava
6 000 TOP 200 ↗

Vie, donner la vie (hébreu). Ava est plus particulièrement attribué dans les pays anglophones. *Variantes :* Avelina, Aveline. *Caractérologie :* sagesse, bienveillance, conscience, conseil, paix.

Avara
- de 30

La plus jeune (sanscrit). Féminin indien d'Asie. *Caractérologie :* connaissances, sagacité, originalité, philosophie, spiritualité.

Aveline
190

Variante d'Évelyne. *Variantes :* Avaline, Évaline, Évalyn. *Caractérologie :* énergie, décision, découverte, audace, originalité.

Aventine
- de 30

Avènement (latin). *Caractérologie :* intégrité, réflexion, altruisme, détermination, sagesse.

Avia
- de 30

Aïeule (latin). Féminin anglais. *Caractérologie :* famille, responsabilité, équilibre, influence, exigence.

Aviva
150

Printemps (hébreu). *Caractérologie :* direction, audace, dynamisme, indépendance, assurance.

Avril
800 TOP 900 ↑

Qui bourgeonne (latin). Féminin français et anglais. *Caractérologie :* achèvement, stratégie, ardeur, vitalité, leadership.

Awa
3 500 TOP 400 ↗

Vie, donner la vie (hébreu). *Variante :* Ava. *Caractérologie :* sagacité, connaissances, spiritualité, originalité, philosophie.

Awen
200

Noble amie (irlandais). Awen est plus traditionnellement usité en Irlande et en Bretagne. *Variante :* Aven. *Caractérologie :* intelligence, sagesse, savoir, méditation, indépendance.

Awena
650 TOP 2 000 ➔

Noble amie (irlandais). Awena est plus traditionnellement usité en Irlande et en Bretagne. *Caractérologie :* force, habileté, passion, ambition, management.

Axelle
24 000 TOP 300 ↘

Mon père est paix (hébreu). Voir Axel. *Variantes :* Axelane, Axele, Axelia, Axeliane, Axeline, Axella, Axellane. *Caractérologie :* énergie, audace, découverte, originalité, séduction.

Aya
16 000 TOP 50 ➔

Soie tissée, couleur (japonais), merveilleuse, miracle, verset (arabe), petit oiseau, buse (hébreu). Dans les pays scandinaves, notamment en Suède, Aya est une variante d'Aja qui signifie « tante maternelle ». Ce prénom est également usité au Ghana et en Côte d'Ivoire pour désigner les filles nées un jeudi. Ajoutons à cette reconnaissance internationale des racines bibliques : Aya est le nom d'un personnage cité dans l'Ancien testament. Voir le focus sur Inaya. *Variantes :* Ayah, Ayana. *Caractérologie :* altruisme, idéalisme, dévouement, réflexion, intégrité.

Ayame
- de 100

Iris (japonais). *Caractérologie :* intégrité, idéalisme, altruisme, réalisation, réflexion.

Ayana
1 300 TOP 500 ↗

En route (sanscrit), et variante d'Aya. *Caractérologie :* paix, bienveillance, conscience, conseil, sagesse.

A

Ayla 1 500 TOP 300
Gazelle (hébreu). *Caractérologie :* pragmatisme, créativité, sociabilité, communication, optimisme.

Aylin 3 000 TOP 500
Clair de lune (turc). *Caractérologie :* amitié, méditation, savoir, détermination, intelligence.

Ayline 2 000 TOP 300
Variante francisée d'Aylin. *Caractérologie :* enthousiasme, communication, décision, pratique, cœur.

Ayna 850 TOP 500
Variante d'Aina ; prénom turc signifiant « miroir ». *Caractérologie :* découverte, dynamisme, charisme, originalité, courage.

Ayse 2 500 TOP 2 000
Forme turque d'Aïcha : celle qui vivra, vitalité (arabe). Ayse est également le nom d'une commune française située en Haute-Savoie. Cette forme turque d'Aïsha est répandue en Turquie. *Caractérologie :* originalité, audace, séduction, énergie, découverte.

Azélie 700 TOP 600
Sec (grec), forme dérivée de Zélie. *Variante :* Azéline. *Caractérologie :* résolution, sécurité, persévérance, structure, efficacité.

Azeline 450
Jeune âne (latin). Prénom breton. *Variante :* Aseline. *Caractérologie :* humanité, rectitude, détermination, ouverture d'esprit, rêve.

Aziliz 1 000 TOP 2 000
Forme bretonne de Cécile : aveugle (latin). *Variantes :* Azilis, Azylis. *Caractérologie :* fidélité, relationnel, adaptabilité, intuition, médiation.

Azora - de 30
Ciel bleu (persan). *Caractérologie :* indépendance, intelligence, savoir, méditation, sagesse.

B

B

Babette 200
Dieu est serment (hébreu). Féminin français. Forme occitane : Babet. *Caractérologie :* direction, indépendance, dynamisme, audace, assurance.

Bahia 800
D'une beauté resplendissante (arabe). *Caractérologie :* créativité, pragmatisme, communication, optimisme, sociabilité.

Baptistine 700
Immerger (grec). *Variantes :* Baptista, Baptistelle, Baptistina. *Caractérologie :* sagacité, spiritualité, connaissances, originalité, détermination.

Barbara 25 000 TOP 2 000
Étrangère (grec). Féminin anglais, italien, français, allemand, corse et occitan. *Caractérologie :* intelligence, savoir, indépendance, méditation, sagesse.

Bathilde 250
Audacieuse, combattante (germanique). *Variante :* Bathilda. *Caractérologie :*

connaissances, sagacité, sensibilité, spiritualité, détermination.

Baya
1 700 TOP 600

Noble, distinguée (turc), d'une beauté resplendissante (arabe). *Variante :* Bahia. *Caractérologie :* relationnel, adaptabilité, intuition, médiation, fidélité.

Béatrice
123 000 TOP 800

Heureuse, qui rend heureuse (latin). Nièce d'une reine de Castille au XVe siècle, sainte Béatrice de Silva quitta la Cour et ses prétendants pour fonder une congrégation dédiée à l'Immaculée Conception. En dehors de l'Hexagone, Beatrice est plus particulièrement répandu en Italie et dans les pays anglophones. Forme diminutive : Béa. *Caractérologie :* rectitude, humanité, organisation, rêve, détermination.

Beatrix
1 800

Heureuse, qui rend heureuse (latin). Féminin anglais et néerlandais. On peut estimer que moins de 30 enfants seront prénommés ainsi en 2022. *Caractérologie :* originalité, connaissances, sagacité, spiritualité, résolution.

B

Beatriz
850 TOP 2 000

Heureuse, qui rend heureuse (latin). Féminin italien, portugais, breton et occitan. Variante occitane : Beatris. *Caractérologie :* intégrité, détermination, altruisme, sensibilité, idéalisme.

Belinda
4 000 TOP 2 000

Belle (italien), doux (germanique). Féminin italien et anglais. *Variante :* Béline. *Caractérologie :* intuition, médiation, organisation, détermination, relationnel.

Bella
1 500 TOP 500

Dieu est serment (hébreu), belle (latin). Féminin italien et anglais. *Variante :* Belle. Formes basques : Bela, Belen. *Caractérologie :* audace, découverte, énergie, originalité, gestion.

Bénédicte
33 000

Bénie (latin). Féminin français. On peut estimer que moins de 30 enfants seront prénommés ainsi en 2022. *Variantes :* Benedetta, Benedite, Benita. Forme basque : Benedita. Forme occitane : Beneta. *Caractérologie :* engagement, ténacité, méthode, fiabilité, sens du devoir.

Benjamine
500

Fils du Sud (hébreu). Féminin français. *Caractérologie :* indépendance, direction, détermination, audace, dynamisme.

Benoîte
500

Bénie (latin). Féminin français. *Caractérologie :* intelligence, indépendance, savoir, sagesse, méditation.

Bérangère
6 500

Esprit, ours (germanique). Féminin français. On peut estimer que moins de 30 enfants seront prénommés ainsi en 2022. *Caractérologie :* pratique, communication, adaptation, enthousiasme, résolution.

Bérengère
8 000

Esprit, ours (germanique). Féminin français. On peut estimer que moins de 30 enfants seront prénommés ainsi en 2022. *Caractérologie :* savoir, intelligence, méditation, sagesse, indépendance.

Bérénice
11 000 TOP 400

Qui apporte la victoire (grec). Féminin français, anglais et italien. *Variante :* Bernice. *Caractérologie :* méditation, savoir, intelligence, indépendance, sagesse.

Bergamote
- de 30

Nom du fruit du bergamotier. *Caractérologie :* habileté, ambition, management, passion, épanouissement.

Bernadette
105 000

Force, ours (germanique). Féminin français et anglais. On peut estimer que moins de 30 enfants seront prénommés ainsi en 2022. *Variantes :* Bernarde, Bernadeta. *Caractérologie :* ténacité, fiabilité, méthode, engagement, décision.

Bernardine
300

Force, ours (germanique). Féminin français. *Caractérologie :* altruisme, réflexion, idéalisme, intégrité, résolution.

Bertha
350

Brillant (germanique). Forme basque : Berta. *Caractérologie :* altruisme, résolution, idéalisme, intégrité, finesse.

Berthe
8 000

Brillant (germanique). Reine des Francs et mère de Charlemagne, Berthe de Laon eut une grande influence sur les décisions de son époux, Pépin le Bref, puis sur celles de ses fils lorsqu'ils accédèrent au pouvoir. C'est son pied-bot qui lui valut le surnom de « Berthe au grand pied ». Ce prénom ancien a connu son dernier apogée au XIXe siècle. On peut estimer que moins de 30 enfants seront prénommés ainsi en 2022. *Variantes :* Berthéa, Bertheline, Berthina, Berthine, Bertina, Bertine, Bertie, Berty. *Caractérologie :* persévérance, sécurité, finesse, structure, efficacité.

Bertille
5 000 TOP 600 →

Qui brille au combat (germanique). Féminin français. *Variantes :* Berthilda, Berthilde, Berthile, Berthilie, Berthille, Bertile, Bertilie. *Caractérologie :* médiation, intuition, relationnel, fidélité, adaptabilité.

Bertrande
110

Brillant, corbeau (germanique). Féminin français. *Variante :* Bertrane. *Caractérologie :* bienveillance, paix, conscience, détermination, conseil.

Béryl
900 TOP 2 000 ↑

Pierre précieuse vert pâle (grec). Féminin anglais. *Caractérologie :* stratégie, vitalité, ardeur, achèvement, bonté.

Béthanie
120

Maison de la pauvreté (araméen). *Caractérologie :* direction, résolution, dynamisme, audace, finesse.

Betsy
250

Dieu est serment (hébreu). Féminin anglais. *Caractérologie :* ardeur, vitalité, achèvement, stratégie, leadership.

Bettina
3 000

Dieu est serment (hébreu). Féminin italien et allemand. On peut estimer que moins de 30 enfants seront prénommés ainsi en 2022. *Caractérologie :* passion, ambition, force, habileté, décision.

Betty
14 000

Dieu est serment (hébreu). En dehors de l'Hexagone, ce prénom est particulièrement porté dans les pays anglophones. On peut estimer que moins de 30 enfants seront prénommés ainsi en 2022. *Variantes :* Bess, Besse, Bessie, Bessy, Beth, Bettina, Bettie. *Caractérologie :* ouverture d'esprit, générosité, rectitude, rêve, humanité.

Beverly
1 100 TOP 2 000 ↘

À proximité de castors (anglais). Féminin anglais. *Variante :* Beverley. *Caractérologie :* habileté, ambition, passion, force, cœur.

Bianca
2 500 TOP 400 →

Clair (germanique). Bianca est très répandu en Italie et dans les pays slaves. C'est aussi un choix traditionnel corse. *Variante :* Bianka. Variante occitane : Banca. *Caractérologie :* pratique, communication, gestion, décision, enthousiasme.

Bintou
2 500 TOP 600 ➔

Fille (arabe). Prénom africain. *Caractérologie :* humanité, rêve, rectitude, raisonnement, ouverture d'esprit.

Blanca
110

Clair (germanique). Blanca est répandu dans les pays hispanophones. C'est aussi un choix traditionnel basque et occitan. *Variante :* Blanka. *Caractérologie :* organisation, équilibre, famille, éthique, influence.

Blanche
10 000 TOP 300 ➔

Clair (germanique). Deux reines de France ont illustré ce prénom au XIIIe siècle. Blanche de Castille assuma la régence du royaume à la mort de Louis VIII jusqu'à ce que son fils, le futur Saint Louis, soit en âge de gouverner. Blanche de Bourgogne ne régna que quelques mois : elle fut enfermée dans la forteresse de Château-Gaillard pour cause d'infidélité, et son mariage avec le roi Charles IV fut rapidement dissous. *Variante :* Blanchette. *Caractérologie :* humanité, rêve, rectitude, organisation, sensibilité.

Blandine
26 000 TOP 2 000 ↘

Caressant, flatteur (latin). Féminin français. *Caractérologie :* intelligence, méditation, détermination, organisation, savoir.

Bleuenn
1 500 TOP 900 ➔

Fleur blanche (celte). Féminin breton. Selon la tradition du pays bigouden, Bleunienn était la cuisinière de Santez Berc'hed (Brigitte d'Irlande). Une chapelle aurait porté son nom à Peumeurit. *Caractérologie :* audace, direction, dynamisme, indépendance, assurance.

Bleuette
350

Nom courant du bleuet (latin). *Variante :* Bluette. *Caractérologie :* ténacité, engagement, méthode, fiabilité, sens du devoir.

Blondine
130

Caressant, flatteur (latin). *Caractérologie :* caractère, communication, optimisme, pragmatisme, logique.

Blue
- de 100

Bleu (anglais). *Caractérologie :* sécurité, efficacité, patience, structure, honnêteté.

Boécia
- de 30

Qui vient de la Béotie (latin). *Caractérologie :* logique, achèvement, vitalité, stratégie, décision.

Bonnie
750 TOP 2 000 ↗

Belle (écossais/anglais). Féminin anglais. *Variante :* Bonny. *Caractérologie :* originalité, énergie, découverte, séduction, audace.

Brandy
180

Princesse (celte), épée (vieux norrois). Féminin anglais. *Caractérologie :* innovation, autorité, énergie, détermination, réalisation.

Brenda
4 000

Princesse (celte), épée (vieux norrois). Brenda est très répandu en Suède, en Norvège et dans les pays anglophones. On peut estimer que moins de 30 enfants seront prénommés ainsi en 2022. *Variantes :* Branda, Brandana, Brendana. *Caractérologie :* résolution, achèvement, vitalité, stratégie, ardeur.

Briana
500 TOP 2 000 ↘

Puissance, noblesse, respect (celte). Féminin anglais. *Variantes :* Brianna, Brianne. *Caractérologie :* réflexion, décision, intégrité, idéalisme, altruisme.

Brigitte
186 000

Force (celte). Ce prénom émerge au XIXe siècle dans plusieurs pays européens, mais il reste longtemps invisible en France. Il se révèle dans les années 1930 et s'envole si haut qu'il met fin au règne

B

Les sonorités actuelles

Penchons-nous sur les sonorités, les rythmes et les parcours empruntés par les prénoms dont la gloire est confirmée ou dont l'existence est à découvrir. Composés de 2 syllabes ou moins (Louise, Jade et Rose se contentent d'une seule), les prénoms qui triomphent depuis la fin des années 1990 sont courts. Le millésime 2022 confirme leur formidable longévité. Les terminaisons en « a » tiennent le haut du pavé, mais de nouvelles sonorités pourraient bientôt leur voler la vedette.

Les « a »
Après l'apogée d'Emma, l'avènement d'Anna, Lina et Mila confirme la domination des terminaisons en « a ». Pour ne laisser aucune place au doute, 7 désinences en « a » se sont imposées dans le top 20 féminin. Leur triomphe est conforté par l'essor d'Éléna, Eva, Nina et Luna, pour ne citer que quelques étoiles montantes du moment.

Les « ia »
Qu'elles soient rares ou répandues, anciennes ou nouvelles, les désinences qui riment avec Julia gravissent des montagnes. Et pas seulement en France. Du moderne branché (Lya, Mia, Tia, Zia) au plus traditionnel ou international (Alicia, Amelia, Julia, Olivia, Sonia, Sofia et Victoria), la montée des « ia » s'observe à l'échelle planétaire. Restent des perles plus ou moins rares dont la prospérité est plus spécifiquement française. Ainsi, Alia, Inaya, Izia, Lia, Malia, Naïa et Nelya rencontrent un engouement national croissant. Giulia, le prénom attribué par Carla Bruni et Nicolas Sarkozy à leur fille en 2011, continue, pour sa part, sa progression dans le top 50 féminin. Quant à l'étoile montante Arya, inspirée par la série *Game of Thrones*, elle s'affiche désormais dans les 80 premiers rangs.

Les « l »
L'engouement pour les prénoms en « L » a propulsé des petites nouvelles au firmament : un quart des prénoms du top 20 arborent cette première lettre. Avant les années 1960, seules Lucienne, Louise et Liliane avaient occasionnellement percé dans l'élite. Mais jamais en même temps. Il a fallu attendre 1997 pour que Léa, Laura et Lucie marchent ensemble vers la gloire. Aujourd'hui, la vague des « L » se nourrit du succès de Léna, Lina et Lola... sans oublier le triomphe de Louise !

Les « ie »
Marie a chuté à la 89e place du classement féminin, mais cela n'empêche pas les désinences en « ie » de s'épanouir : Léonie et Noémie se sont envolées dans le top 100, encourageant de jeunes pousses comme Ellie, Noélie ou Evie à prospérer. La renaissance de Charlie, qui vient de se hisser dans le top 30, y est sans doute pour quelque chose. À quand le rebond de Rosalie et Sophie ?

La fronde des autres sons
Dans ce concert de sonorités bien orchestrées, des rebelles clament leur différence. Avec succès, à en juger par l'essor croissant d'Héloïse, Candice, Joy, Nour, Thaïs et Roxane dans le top 100 français. Ces graines de stars feront l'actualité de demain.

B

incontesté de Marie en 1959. Il surfe ensuite sur la vague de Brigitte Bardot, actrice sex-symbol des années 1960, avant de s'éclipser. ◇ Déesse de la Forge, de la Poésie, de la Médecine et de la Fertilité dans la mythologie celtique, Brigid, sous ses nombreuses graphies, est vénérée en Irlande, en Écosse et en Bretagne aux premiers siècles. Son culte fut si important qu'au VIe siècle, les évangélisateurs chrétiens nommèrent ainsi une sainte homonyme, fondatrice du couvent de Kildare, qui devint la sainte patronne de l'Irlande. Une sainte du XIVe siècle, Brigitte de Suède, a également été désignée comme l'une des trois patronnes de l'Europe. On peut estimer que moins de 30 enfants seront prénommés ainsi en 2022. *Variantes :* Brigit, Brigite, Brigitta, Bridget. Forme bretonne : Berched. Formes basques : Brigita, Brita. *Caractérologie :* humanité, rectitude, rêve, générosité, tolérance.

Brina
- de 30

Protection (slave). Féminin slave et anglophone. *Caractérologie :* ambition, force, habileté, passion, résolution.

Brine
- de 30

Puissance, noblesse, respect (celte). *Caractérologie :* pragmatisme, communication, créativité, optimisme, sociabilité.

Britany
600 ↘

Qui vient de Grande-Bretagne (latin). *Caractérologie :* vitalité, décision, stratégie, ardeur, achèvement.

Britney
350 →

Qui vient de Grande-Bretagne (latin). Cette forme familière de Brittany a été attribuée pour la première fois dans l'Hexagone en 1999. La chanteuse britannique Britney Spears a indéniablement contribué à sa découverte. *Caractérologie :* communication, pragmatisme, créativité, optimisme, sociabilité.

Brittany
600 ↘

Qui vient de Grande-Bretagne (latin). Brittany et ses formes dérivées furent très en vogue dans le monde anglophone au XVIIIe siècle. Aujourd'hui, Britany (avec un seul « t ») est sur le point de devenir aussi répandu que sa sœur dans l'Hexagone. *Variantes :* Britanie, Britany, Britanny, Brittanie. *Caractérologie :* innovation, ambition, autorité, énergie, décision.

Brooklyn
200 TOP 2 000

Ruisseau (anglais). Ce nom désigne également l'un des cinq arrondissements de la ville de New York, aux États-Unis. C'est le prénom choisi par David et Victoria Beckham pour leur fils aîné. *Caractérologie :* persévérance, structure, sécurité, sympathie, analyse.

Bruna
1 300

Armure, couleur brune (germanique). Féminin italien, portugais et occitan. On peut estimer que moins de 30 enfants seront prénommés ainsi en 2022. *Variante :* Brunaëlle. *Caractérologie :* relationnel, intuition, médiation, organisation, détermination.

Brune
2 000 TOP 300 ↑

Armure, couleur brune (germanique). *Variantes :* Brunette, Brunella, Brunelle. *Caractérologie :* équilibre, exigence, famille, responsabilité, influence.

Brunehilde
250 →

Armure, couleur brune (germanique). Dans l'Hexagone, Brunehilde est plus traditionnellement usité en Alsace. *Variantes :* Brunhild, Brunhilde. *Caractérologie :* ambition, force, habileté, passion, finesse.

B

C

Caitlin
400

Pure (grec). Caitlin est une forme irlandaise et galloise de Catherine. *Variantes :* Catriona, Caitline, Kaitlin, Riona. *Caractérologie :* organisation, détermination, audace, énergie, découverte.

Caledonia
- de 30

Se rapporte à un ancien lieu-dit en Grèce. *Caractérologie :* direction, dynamisme, volonté, audace, analyse.

Calie
5 000 **TOP 200**

Qui a une belle voix (grec), énergie (sanscrit). Prénom indien d'Asie. *Variantes :* Cali, Calia. *Caractérologie :* détermination, pragmatisme, communication, optimisme, créativité.

Caline
- de 100

Victoire du peuple (grec). *Caractérologie :* ardeur, achèvement, vitalité, résolution, stratégie.

Calista
1 800 **TOP 800**

La plus belle (grec). *Variantes :* Calisté, Calistée, Calysta. *Caractérologie :* organisation, relationnel, fidélité, gestion, affection.

Callie
1 500 **TOP 600**

Qui a une belle voix (grec), énergie (sanscrit). *Caractérologie :* influence, équilibre, exigence, famille, détermination.

Calliope
180

Fille de Zeus et de Mnémosyne (déesse de la Mémoire), Calliope est la Muse de la Poésie épique. *Caractérologie :* dynamisme, direction, raisonnement, indépendance, assurance.

Callista
500

La plus belle (grec). *Variante :* Calixte. *Caractérologie :* découverte, énergie, audace, originalité, organisation.

Calypso
1 400 **TOP 900**

Qui dissimule (grec). Dans *L'Odyssée* d'Homère, la nymphe Calypso, reine d'Ogygie, recueillit Ulysse lorsqu'il fit naufrage sur son île. Éperdument amoureuse du héros, elle tenta de lui faire oublier son royaume (Ithaque) et son épouse (Pénélope). Elle alla jusqu'à lui promettre l'immortalité pourvu qu'il reste auprès d'elle, en vain. Résignée, elle relâcha son prisonnier au bout de sept ans. *Variante :* Calipso. *Caractérologie :* ambition, autorité, innovation, énergie, autonomie.

Camélia
9 500 **TOP 200**

Jeune assistante de cérémonies (étrusque). Camelia est très répandu en Roumanie. *Variantes :* Camélie, Camellia. *Caractérologie :* ambition, force, passion, habileté, décision.

Caméo
- de 30

Pierre précieuse sculptée, portée comme bijou (italien). Féminin anglais. *Caractérologie :* autorité, innovation, ambition, volonté, énergie.

Cameron
450

Nez crochu (écossais). Cameron est très répandu dans les pays anglophones. *Variante :* Camerone. *Caractérologie :* volonté, raisonnement, équilibre, responsabilité, famille.

Camilia
2 000 **TOP 500**

Jeune assistante de cérémonies (étrusque). *Variantes :* Camila, Camilla,

C

Kamilia. *Caractérologie :* générosité, communication, pratique, adaptation, enthousiasme.

Camille
185 000 TOP 50

Jeune assistante de cérémonies (étrusque). *Variante :* Cammie. *Caractérologie :* énergie, innovation, ambition, résolution, autorité.

Camillia
550

Jeune assistante de cérémonies (étrusque). *Caractérologie :* paix, bienveillance, conscience, conseil, sagesse.

Candice
23 000 TOP 100

D'un blanc éclatant (latin). En dehors de l'Hexagone, ce prénom est particulièrement porté dans les pays anglophones. *Variantes :* Candyce, Kandys. *Caractérologie :* pragmatisme, communication, créativité, optimisme, détermination.

Candie
350

D'un blanc éclatant (latin). Féminin anglais. *Caractérologie :* humanité, ouverture d'esprit, rectitude, rêve, décision.

Candy
2 500

D'un blanc éclatant (latin). Féminin anglais. On peut estimer que moins de 30 enfants seront prénommés ainsi en 2022. *Caractérologie :* médiation, relationnel, sympathie, réalisation, intuition.

Cannelle
1 100

Substance aromatique contenue dans l'écorce du cannelier (français). On peut estimer que moins de 30 enfants seront prénommés ainsi en 2022. *Variante :* Canelle. *Caractérologie :* pratique, adaptation, communication, enthousiasme, générosité.

Capucine
24 000 TOP 100

Cape, capuchon (latin). Originaire des montagnes d'Amérique du Sud, cette plante à feuilles rondes et à fleurs orangées fut remarquée par les conquistadores au XVIe siècle. L'éperon de la fleur, qui rappelait l'habit à capuche des moines capucins, est à l'origine du nom. Le calendrier révolutionnaire aurait pu faire figurer Capucine aux côtés d'Anémone, de Jasmin ou Valériane, mais son concepteur, le poète Fabre d'Églantine, en a jugé autrement. C'est bien plus tard, en 1868, qu'un chansonnier communard la place au cœur d'une comptine populaire, *Dansons la capucine*. Si son succès n'a pas transformé le nom en prénom, celui de la chanson, encore chantée de nos jours, a transcendé les siècles. Nées dans les années 1960, les premières Capucine de France font peu d'émules avant les années 1980, où ce prénom décolle véritablement. Il s'impose dans le top 100 français au début des années 2000 et perce dans le top 50 parisien à son apogée. *Caractérologie :* rêve, rectitude, humanité, cœur, décision.

Cara
350 TOP 2 000

Chère à quelqu'un, bien-aimée (latin). Cara est plus particulièrement usité dans les pays anglophones. C'est aussi un choix traditionnel occitan. *Variantes :* Kara, Karah. *Caractérologie :* énergie, audace, séduction, découverte, originalité.

Carène
450

Pure (grec). *Variantes :* Caren, Carenne. *Caractérologie :* ambition, autorité, innovation, énergie, résolution.

Carina
950

Pure (grec). Carina est répandu en Allemagne, dans les pays scandinaves et anglophones. C'est aussi un choix

C

Camille

Fête :
14 juillet

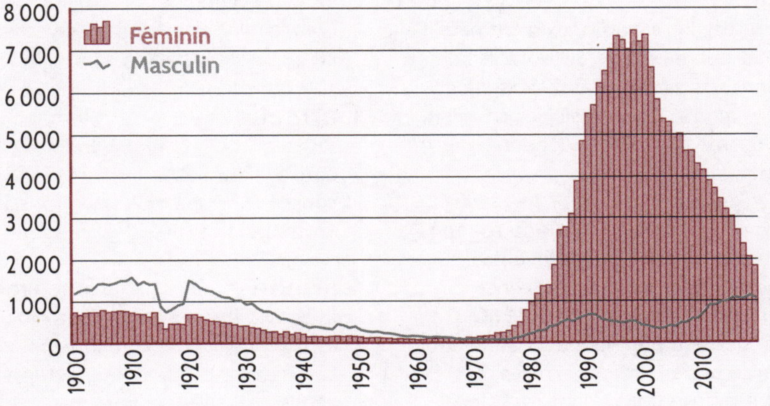

Étymologie

L'étymologie de Camille est incertaine, mais on lui attribue généralement une origine étrusque. À Rome, *camillus* était le nom donné au jeune assistant des prêtres pendant les cérémonies. Après deux décennies de carrière glorieuse, Camille chute dans le top 40 national.

Devrions-nous préciser qu'il s'agit du classement féminin ? D'aucuns se le rappellent, Camille est mixte. Ce vieux prénom a même longtemps désigné une majorité de garçons, comme au XIXe siècle et au début du XXe, où Camille était attribué à deux tiers des Français. Il a fallu attendre le début des années 1960 pour que la parité soit atteinte, puis 1965 pour que la version féminine prédomine. Mais Camille n'a pas fini de nous surprendre. En effet, alors que cette étoile des années 1990 poursuit son reflux, une proportion grandissante de garçons naît sous ce nom (40 % en 2022). La renaissance de Camille au masculin est désormais confirmée...

En attendant son changement de sexe, Camille se maintient dans les tops 25 féminins wallon, suisse romand et québécois.

Dans l'histoire

Journaliste et membre du club des Cordeliers, Camille Desmoulins appela le peuple aux armes le 14 juillet 1789, incitant la foule à se rassembler devant les portes de la Bastille. Il fut guillotiné le même jour que Danton à Paris en 1794.

Dans la littérature

Camille est le prénom choisi par Corneille pour incarner l'héroïne forte et passionnée. Petite fille modèle ou jeune fille pure et distinguée, il s'agit d'un personnage récurrent des romans de la comtesse de Ségur.

Personnes célèbres

Camille Pissarro, peintre français (1830-1903) ; Camille Dalmais, connue sous le nom de Camille, compositrice et chanteuse française, née en 1978 ; Camille Lacourt, nageur français, champion du monde dans plusieurs épreuves de dos, né en 1985 ; Camille Bazbaz, auteur-compositeur-interprète français, né en 1967.

Statistiques

Camille est le 6e prénom féminin le plus donné en France depuis l'an 2000. Ce prénom est attribué à près d'une fille sur 190 (contre un garçon sur 320) aujourd'hui.

C

traditionnel corse et occitan. *Caractérologie :* résolution, direction, audace, dynamisme, indépendance.

Carine
45 000

Pure (grec). Féminin français. On peut estimer que moins de 30 enfants seront prénommés ainsi en 2022. *Variantes :* Carin, Carinne. *Caractérologie :* décision, dynamisme, curiosité, indépendance, courage.

Carla
26 000 TOP 200

Force (germanique). Ce dérivé italien de Charlotte émerge en Provence et en Corse dans les années 1980. L'engouement pour ce nouveau venu ne tarde pas à faire des émules, et Carla s'impose dans le top 50 français de 2001 à 2005. Carla est très répandu en Italie, en Corse, dans les pays lusophones et hispanophones, mais on le rencontre également en Allemagne et dans les pays anglophones. *Caractérologie :* force, passion, ambition, management, habileté.

Carline
550

Force (germanique). *Variantes :* Carlana, Carlène, Carlia, Carlie. Forme corse et italienne : Carlina. *Caractérologie :* ambition, habileté, force, passion, décision.

Carlotta
250

Force (germanique). Carlotta est plus traditionnellement usité en Italie et en Corse. *Variante :* Carlota. *Caractérologie :* humanité, rêve, organisation, rectitude, raisonnement.

Carlyne
250

Force (germanique). *Variantes :* Carley, Carly, Carlyn. *Caractérologie :* bienveillance, paix, conscience, sympathie, résolution.

Carmela
1 400

Vigne divine (hébreu). Féminin italien et espagnol. On peut estimer que moins de 30 enfants seront prénommés ainsi en 2022. *Variantes :* Carmélia, Carmella. *Caractérologie :* vitalité, achèvement, ardeur, détermination, stratégie.

Carmelle
140

Vigne divine (hébreu). *Variantes :* Carmel, Carmeline. *Caractérologie :* conseil, bienveillance, paix, conscience, résolution.

Carmen
18 000 TOP 500

Chanson, hymne (latin). Féminin espagnol et occitan. *Variante :* Carmina. *Caractérologie :* idéalisme, détermination, altruisme, réflexion, intégrité.

Carol
3 000

Force (germanique). Féminin anglais. On peut estimer que moins de 30 enfants seront prénommés ainsi en 2022. *Variante :* Caroll. *Caractérologie :* fiabilité, ténacité, engagement, méthode, logique.

Carola
- de 100

Force (germanique). *Caractérologie :* audace, découverte, énergie, originalité, analyse.

Carolane
1 300

Contraction de Carole et Anne. Féminin anglais et français. On peut estimer que moins de 30 enfants seront prénommés ainsi en 2022. *Variantes :* Carol-Ann, Carolann, Carolanne, Carole-Anne, Karolane. *Caractérologie :* famille, équilibre, responsabilité, détermination, raisonnement.

Carole
103 000

Force (germanique). Féminin français et anglais. On peut estimer que moins de 30 enfants seront prénommés

C

ainsi en 2022. *Caractérologie :* intégrité, détermination, altruisme, idéalisme, raisonnement.

Carolina
1 200 **TOP 900**

Force (germanique). *Caractérologie :* résolution, direction, audace, analyse, dynamisme.

Caroline
146 000 **TOP 800**

Force (germanique). *Caractérologie :* courage, curiosité, dynamisme, raisonnement, détermination.

Carolyn
350

Force (germanique). *Caractérologie :* finesse, sagacité, amitié, connaissances, raisonnement.

Cassandra
24 000 **TOP 500**

Qui aide les hommes (grec). Ce prénom a surgi en France dans les années 1980 et s'est imposé dans le top 50 national en 1993. Il est bien plus rarement attribué dans l'Hexagone aujourd'hui. Cassandra est très répandu dans les pays anglophones. *Variantes :* Casandra, Cass, Cassendra. *Caractérologie :* ambition, force, résolution, habileté, passion.

Cassandre
13 000 **TOP 300**

Qui aide les hommes (grec). Dans la mythologie grecque, la belle Cassandre avait le don de prophétie, mais elle rejeta Apollon qui, pour se venger, la condamna à ne jamais être crue. C'est ainsi que les Troyens, faisant fi de ses prédictions, ouvrirent les portes de la ville au cheval de bois piégé qui entraîna la destruction de Troie. Cassandre renaît dans les années 1990 au moment de la percée de l'anglophone Cassandra. Il talonne ce dernier dans le classement français aujourd'hui. *Caractérologie :* communication, optimisme, pragmatisme, créativité, résolution.

Cassidy
1 200 **TOP 2 000**

Se rapporte au patronyme gaélique O'Caiside. *Variantes :* Cassie, Kassidy. *Caractérologie :* vitalité, achèvement, stratégie, ardeur, réalisation.

Cassie
4 000 **TOP 300**

Qui aide les hommes (grec). Voir Cassandre. Cassie est répandu dans les pays anglophones. *Variantes :* Casia, Cassia, Kasia, Kassia. *Caractérologie :* intuition, relationnel, fidélité, médiation, résolution.

Cassiopée
1 100 **TOP 600**

Large constellation d'étoiles dans la Voie lactée (grec). Féminin français. *Caractérologie :* réceptivité, sociabilité, sympathie, analyse, diplomatie.

Cassis
- de 100

Nom du fruit. *Caractérologie :* caractère, attention, méditation, liberté, décision.

Cassy
2 000 **TOP 700**

Qui aide les hommes (grec). Voir Cassandre. Féminin anglais. *Caractérologie :* engagement, méthode, ténacité, sens du devoir, fiabilité.

Castille
1 200 **TOP 400**

Patronyme, prénom et nom qui désigne une région d'Espagne. *Caractérologie :* altruisme, détermination, organisation, réflexion, générosité.

Catalina
1 200 **TOP 400**

Pure (grec). Catalina est plus particulièrement répandu dans les pays hispanophones, en Corse, en Occitanie et au Pays basque. *Variante :* Catalin. *Caractérologie :* savoir, intelligence, méditation, organisation, résolution.

Catheline
300

Pure (grec). Cette variante française de Catherine était recensée dès le Moyen Âge

C

en France. *Variantes :* Catarina, Cateline, Caterina, Caterine, Catharina, Catharine, Cathel, Cathelle, Cathelyne, Catherina, Catrina, Katrina. *Caractérologie :* énergie, finesse, audace, découverte, résolution.

Catherine
344 000 TOP 2 000

Pure (grec). Durant le Moyen Âge, les croisés de retour d'Orient ravivent le culte de sainte Catherine, vierge d'Alexandrie martyrisée au IVe siècle pour avoir tenté de convertir l'empereur Maximien. Porté par cette ferveur, Catherine (Katherine, Katharine, etc.) se répand dans toute l'Europe et en France, où le prénom est largement attribué jusqu'au début du XIXe siècle. Catherine revient en force dans les années 1950 et s'impose au 1er rang français en 1960. Il est alors attribué à une fille sur 23 et reste massivement choisi jusqu'à la fin de cette décennie. ◇ Dans l'histoire, plusieurs reines ont porté ce prénom, dont trois épouses du roi d'Angleterre Henri VIII. Patronne de l'Europe, sainte Catherine de Sienne lutta pour la restauration de l'unité de l'Église au XIVe siècle. Elle incita notamment le pape Grégoire à quitter Avignon pour s'installer à Rome. *Caractérologie :* diplomatie, sociabilité, réceptivité, détermination, sensibilité.

Cathia
1 500

Pure (grec). On peut estimer que moins de 30 enfants seront prénommés ainsi en 2022. *Variantes :* Catia, Cathya. *Caractérologie :* organisation, famille, équilibre, responsabilité, influence.

Cathie
2 000

Pure (grec). Féminin français. On peut estimer que moins de 30 enfants seront prénommés ainsi en 2022. *Caractérologie :* audace, direction, attention, dynamisme, décision.

Cathleen
250

Pure (grec). Féminin anglais et irlandais. *Caractérologie :* courage, curiosité, gestion, dynamisme, attention.

Cathy
27 000

Pure (grec). Féminin anglais et français. On peut estimer que moins de 30 enfants seront prénommés ainsi en 2022. *Variantes :* Cati, Catie, Catty, Caty. *Caractérologie :* pratique, communication, enthousiasme, adaptation, organisation.

Cécile
136 000 TOP 1 000

Aveugle (latin). Le nom Caecilii, dont Cécile est dérivé, était celui d'une puissante famille romaine. Issue de cette famille, celle qui est devenue sainte Cécile aurait refusé de renier sa foi et subi le martyre aux premiers siècles. Sa légende fut véhiculée par de nombreux tableaux, dont un très célèbre de Raphaël. Le prénom, peu attribué au Moyen Âge, se diffuse plus largement du XVe au XVIIIe siècle. Moyennement attribué au XIXe siècle, Cécile prend tout son temps pour décoller dans les années 1960. Le succès de *Cécile ma fille*, chanté par Claude Nougaro, accélère son envol jusqu'aux portes du top 20 féminin dans les années 1970. Aujourd'hui encore, Cécile est connue pour être la patronne des musiciens. *Caractérologie :* autorité, innovation, ambition, autonomie, énergie.

Cécilia
19 000 TOP 1 000

Aveugle (latin). Voir Cécile. Cecilia est un prénom anglais, italien, espagnol, portugais, français et scandinave. C'est aussi un choix traditionnel occitan. *Variantes :* Cecila, Cecillia. *Caractérologie :* résolution, responsabilité, équilibre, famille, influence.

Céléna
1 300

Lune (grec). On peut estimer que moins de 30 enfants seront prénommés ainsi

C

en 2022. *Caractérologie :* structure, persévérance, sécurité, honnêteté, efficacité.

Céleste
8 500 TOP 100

Qui se rapporte au ciel (latin). Ce prénom français est également recensé dans les pays anglophones. *Caractérologie :* éthique, équilibre, influence, gestion, famille.

Célestine
6 000 TOP 200

Qui se rapporte au ciel (latin). Féminin anglais. *Caractérologie :* résolution, relationnel, intuition, organisation, médiation.

Célia
60 000 TOP 100

Aveugle (latin). Voir Cécile. Ce diminutif de Cecilia est apparu au XVIIe siècle dans les pays anglophones et a sombré dans l'oubli après un pic de popularité au XIXe siècle. Son succès est beaucoup plus récent en Italie, dans les pays hispanophones et lusophones. Son envol français, concomitant au déclin de Cécile, a débuté dans les années 1980, et n'a sans doute pas atteint son apogée. *Variantes :* Cellia, Celya, Cilia, Selia, Selya. *Caractérologie :* communication, pratique, adaptation, enthousiasme, décision.

Céliane
900

Contraction de Célia et Anne. *Variantes :* Céliana, Cyliane. *Caractérologie :* engagement, ténacité, méthode, fiabilité, décision.

Célie
1 100 TOP 2 000

Aveugle (latin). Voir Cécile. Féminin français. *Caractérologie :* sagacité, philosophie, originalité, spiritualité, connaissances.

Célina
3 500 TOP 2 000

Lune (grec). Féminin russe, allemand, anglais, italien et polonais. *Caractérologie :* habileté, force, ambition, détermination, passion.

Céline
224 000 TOP 400

Lune (grec). Peu usité par le passé, Céline connaît un miniboom durant la première moitié du XIXe siècle. Alors qu'il était en voie de disparition, ce prénom renaît dans les années 1960 et croît de manière exponentielle en 1967, un an après le succès de *Céline*, chanté par Hugues Aufray. Céline détrône Stéphanie en 1978 et gardera sa couronne jusqu'en 1981 pour la céder à Aurélie. ◇ Sainte Céline fut la mère de saint Remi, évêque de Reims au Ve siècle. *Variantes :* Célimène, Célanie, Célenie, Célinie, Celinda, Celynda, Celyne, Ceylin. Forme basque : Ismene. *Caractérologie :* enthousiasme, pratique, communication, générosité, adaptation.

Célya
3 000 TOP 700

Aveugle (latin). Voir Cécile. *Variante :* Céllya. *Caractérologie :* autorité, innovation, énergie, ambition, sympathie.

Cendrine
3 000

Défense de l'humanité (grec). On peut estimer que moins de 30 enfants seront prénommés ainsi en 2022. *Caractérologie :* rêve, humanité, tolérance, rectitude, générosité.

Cerise
1 200

Ce prénom issu du calendrier révolutionnaire renvoie au fruit du cerisier. On peut estimer que moins de 30 enfants seront prénommés ainsi en 2022. *Caractérologie :* énergie, découverte, audace, originalité, décision.

Césarine
300

Tête aux cheveux longs (latin). *Variantes :* Cesaria, Césarie, Cézarina, Cézarine. *Caractérologie :* intuition, relationnel, médiation, fidélité, détermination.

Ceylan
200

Ce nom, qui désignait le Sri Lanka avant 1972, est également un prénom turc d'origine perse signifiant « gazelle ». *Caractérologie :* conseil, conscience, amitié, bienveillance, paix.

Cézanne
- de 100

Origine possible : clown (italien). Nom du célèbre peintre impressionniste français Paul Cézanne (1839-1906). *Caractérologie :* énergie, découverte, audace, séduction, originalité.

Chadia
1 100

Au chant mélodieux (arabe). On peut estimer que moins de 30 enfants seront prénommés ainsi en 2022. *Caractérologie :* force, habileté, passion, management, ambition.

Chahinez
1 800 TOP 2 000

Prénom perse d'origine arabe signifiant « la préférée ». *Variantes :* Chahinaz, Chahinaze, Chahines, Chahinese, Chahineze, Chahnez, Chaïna, Chaïnaze, Chaïnes, Chaïnese, Chaïness, Chaïnesse, Chaïnez. *Caractérologie :* sociabilité, décision, diplomatie, loyauté, réceptivité.

C

Chaïma
8 000 TOP 600

D'une grande beauté (arabe). *Variantes :* Chaimaa, Chaimae, Chama, Shayma, Sheyma. *Caractérologie :* achèvement, ardeur, vitalité, stratégie, leadership.

Chandra
- de 30

Lune (sanscrit). Chandra est répandu en Inde. *Caractérologie :* sécurité, structure, persévérance, résolution, efficacité.

Chanel
2 000 TOP 2 000

Patronyme devenu prénom. Gabrielle « Coco » Chanel, la fondatrice de la célèbre maison de couture française, et saint Pierre Chanel, un missionnaire parti évangéliser l'île de Futuna au XIXe siècle, ont porté ce nom. Féminin anglais et français. *Variantes :* Chanael, Chanaelle, Chanele, Channel, Shanel. *Caractérologie :* sagesse, intelligence, savoir, méditation, indépendance.

Chanelle
900 TOP 2 000

Voir Chanel. *Caractérologie :* équilibre, influence, famille, responsabilité, exigence.

Chantal
211 000

Pierre (occitan). Ce prénom provençal est peu connu sur le plan national lorsqu'il s'élance dans les années 1930. Il s'envole si vigoureusement qu'il atteint le firmament en deux décennies. Rivalisant avec Marie et Martine, Chantal se place 3e pendant deux ans et figure parmi les 10 premiers choix français de 1946 à 1959. Il est démodé aujourd'hui. Chantal est également un nom de famille ancien. ◊ Aristocrate née à Dijon en 1572, sainte Jeanne-Françoise Frémyot de Chantal fonda l'ordre de la Visitation-Sainte-Marie, congrégation destinée aux femmes de santé fragile. On peut estimer que moins de 30 enfants seront prénommés ainsi en 2022. *Caractérologie :* organisation, découverte, audace, énergie, sensibilité.

Chantale
3 500

Voir Chantal. On peut estimer que moins de 30 enfants seront prénommés ainsi en 2022. *Caractérologie :* autorité, innovation, énergie, finesse, organisation.

Charleen
300

Force (germanique). Féminin anglais. *Caractérologie :* pratique, enthousiasme, communication, résolution, adaptation.

Charlène
32 000 TOP 2 000

Force (germanique). En dehors de l'Hexagone, Charlene est répandu dans les pays anglophones. *Variantes :* Charlaine, Charleyne, Charlette. *Caractérologie :* communication, pragmatisme, optimisme, décision, créativité.

Charlie
12 000 **TOP 50** ➔

Force (germanique). Surgi dans le sillon de son homographe masculin dans les années 2000, Charlie s'est envolé comme une fusée. Il a, dès 2014, atteint le seuil des 1 000 attributions, mais l'attentat contre Charlie Hebdo, en janvier 2015, a coupé son élan : en 2015, le nombre de ses attributions a chuté de 40 %. Sa croissance a repris depuis 2016, et la féminisation de ce prénom se poursuit (Charlie est désormais féminin dans 63 % de ses attributions). *Variante :* Charly. *Caractérologie :* médiation, relationnel, intuition, fidélité, détermination.

Charline
31 000 **TOP 200** ➔

Force (germanique). Féminin français. *Caractérologie :* méditation, savoir, indépendance, intelligence, détermination.

Charlotte
117 000 **TOP 50** ➔

Force (germanique). Attribué dès le Moyen Âge, ce féminin de Charles est devenu très courant en France et dans les pays anglophones du XVIIe au XIXe siècle. Après une période moins faste, Charlotte revient parmi les 30 premiers choix français dans les années 1980, et s'y maintient encore aujourd'hui. Ce prénom classique est très répandu dans l'ensemble des pays occidentaux. C'est en l'honneur de la reine consort Charlotte de Mecklembourg-Strelitz (1744-1818), épouse de George III, que le dessert du même nom aurait été créé. ◇ Épouse de Louis XI, Charlotte de Savoie n'eut guère l'existence dorée d'une reine. Elle donna la vie à sept enfants, mais seuls trois d'entre eux survécurent à leur naissance. Elle se consacra à l'éducation de ces derniers et vécut simplement à Amboise, loin de la Cour et de son mari distant. Elle mourut en 1483 à l'âge de 38 ans. Une sainte portant ce nom fut guillotinée avec les sœurs du carmel de Compiègne en 1794, sous la Terreur. *Variantes :* Charmaine, Lote, Lotte, Lottie. *Caractérologie :* optimisme, communication, pragmatisme, attention, logique.

Charlyne
3 000 **TOP 2 000** ↘

Force (germanique). Féminin anglais. *Caractérologie :* énergie, audace, cœur, action, découverte.

Chayma
2 000 **TOP 2 000** ↘

D'une grande beauté (arabe). Ce prénom est particulièrement répandu dans les cultures musulmanes francophones. *Variante :* Chaymaa. *Caractérologie :* responsabilité, famille, réalisation, influence, équilibre.

Chelsea
2 000 **TOP 200** ➔

Port de mer (anglais). Chelsea est aussi le nom d'un quartier branché de la ville de New York. *Variante :* Chelsy. *Caractérologie :* stratégie, achèvement, vitalité, ardeur, leadership.

C

Chérazade
400

Femme de la haute ville (prénom arabe d'origine perse). *Variante :* Charazed. *Caractérologie :* achèvement, stratégie, résolution, vitalité, ardeur.

Cherine
2 000 **TOP 2 000** ↘

Charmante, agréable (arabe, perse). *Variante :* Cheryne. *Caractérologie :* leadership, achèvement, vitalité, stratégie, ardeur.

Cheryl
750 ↘

Cerise (latin). Féminin anglais. *Caractérologie :* force, ambition, sympathie, habileté, ressort.

Cheyenne
2 500 TOP 2 000

Langage inintelligible (amérindien). *Variante :* Sheyenne. *Caractérologie :* originalité, sympathie, spiritualité, connaissances, sagacité.

Chiara
9 000 TOP 300

Illustre (latin). Féminin italien et corse. *Caractérologie :* méthode, ténacité, fiabilité, sens du devoir, engagement.

Chimène
700

Forme francisée du prénom féminin espagnol Jimena, équivalent de Simone (« qui est exaucée » en hébreu). Ce prénom, rendu célèbre par la pièce de Corneille *Le Cid*, est inspiré d'un personnage réel de l'histoire espagnole, Doña Jimena, issue de l'illustre famille des rois de León. *Caractérologie :* dialogue, créativité, communication, optimisme, pragmatisme.

Chloé
158 000 TOP 50

Jeune pousse (grec). *Variantes :* Chloée, Chloélia, Cloélia, Kloé. *Caractérologie :* savoir, méditation, intelligence, indépendance, sagesse.

Chris
170

Diminutif des prénoms formés avec Christ. Féminin anglais et néerlandais. *Caractérologie :* pratique, communication, enthousiasme, adaptation, générosité.

Christa
1 000

Messie (grec). *Caractérologie :* bienveillance, paix, conscience, conseil, organisation.

Christel
21 000

Messie (grec). En dehors de l'Hexagone, ce prénom est particulièrement porté dans les pays anglophones. On peut estimer que moins de 30 enfants seront prénommés ainsi en 2022. *Variante :* Christal. *Caractérologie :* méthode, fiabilité, ténacité, décision, attention.

Christèle
13 000

Messie (grec). Féminin français. On peut estimer que moins de 30 enfants seront prénommés ainsi en 2022. *Caractérologie :* décision, idéalisme, altruisme, intégrité, attention.

Christelle
153 000

Messie (grec). Si Crystal apparaît dans les pays anglophones dès le XIXe siècle, les premières Christelle de France voient le jour en 1940. Ce prénom met une vingtaine d'années à émerger avant de s'envoler dans les années 1960. Il figure parmi les 10 premiers prénoms féminins dans les années 1970 et s'éclipse nettement depuis le début du IIIe millénaire. On peut estimer que moins de 30 enfants seront prénommés ainsi en 2022. *Variante :* Cristelle. *Caractérologie :* pragmatisme, optimisme, communication, détermination, sensibilité.

Christiana
650 TOP 2 000

Messie (grec). Christiana est plus particulièrement répandu dans les pays anglophones et en Grèce. *Caractérologie :* décision, communication, pratique, attention, enthousiasme.

Christiane
190 000

Messie (grec). Quasi inconnu avant le XXe siècle, Christiane s'élance dans les années 1920 et s'impose avec force dans les 10 premiers rangs féminins de 1935 à 1952. Sa gloire entraîne celle de Christian, qui se maintient dans les choix prisés bien après que son féminin a disparu des radars, dans les années 1980. On peut estimer que moins de 30 enfants seront prénommés ainsi en 2022. *Variante :* Chrystiane. *Caractérologie :* méditation, intelligence, savoir, résolution, finesse.

Christianne
5 000

Messie (grec). Féminin français. On peut estimer que moins de 30 enfants seront

Chloé

Fête :
5 octobre

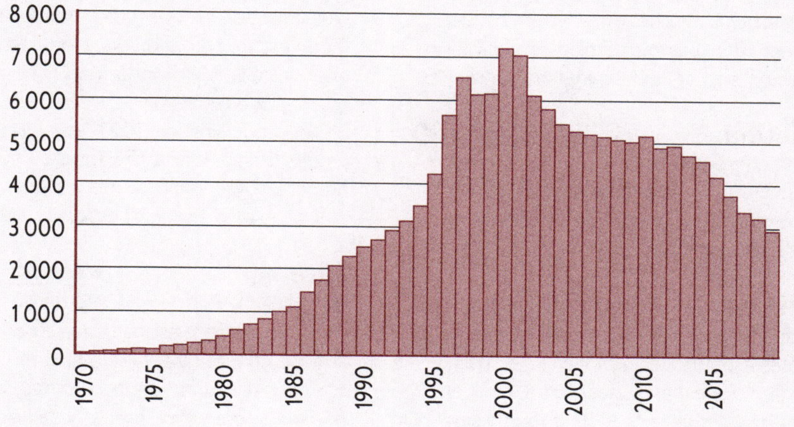

Étymologie

Du grec *chloê*, « jeune pousse ». Dans la mythologie grecque, Chloé était l'autre nom de Déméter, la déesse protectrice des Moissons. C'est en son honneur que les Athéniens célébraient la fête des *Chloeïa* à la fin de chaque hiver. Les parents anglais et américains font renaître ce prénom antique au XIXe siècle, bien avant que Boris Vian l'attribue à l'héroïne de *L'Écume des jours*. Et c'est le succès posthume de l'œuvre qui lance la carrière française du prénom dans les années 1960. En 2012, Chloé culmine au 2e rang national. Elle se maintient, à Paris comme dans l'ensemble de l'Hexagone, dans les 10 premiers rangs féminins aujourd'hui.

En dehors de l'Hexagone, Chloé est en vogue en pays wallon, romand et québécois. Au début des années 2010, elle a connu une grande popularité dans le monde anglophone, notamment aux États-Unis, au Canada et en Australie, où elle a rejoint l'élite. Mais elle s'est un peu essoufflée. C'est désormais dans le sud de l'Europe, en Italie et en Espagne notamment qu'elle s'implante. À noter : les variantes Kloé, Cloé et Cléo sont passées à côté de l'occasion, et l'heure de gloire de Cléa au début des années 2010 a été éphémère.

Littérature

Longus, auteur grec du IIe siècle, écrivit *Les Amours de Daphnis et Chloé*. Ce roman, retraduit au XIXe siècle, inspira Maurice Ravel lorsqu'il composa *Daphnis et Chloé* pour les Ballets russes.

Personnes célèbres

Chloé Sainte-Marie, chanteuse contemporaine canadienne, née en 1962 ; Chloé Delaume, écrivaine française, née en 1973.

Statistiques

Chloé est le 3e prénom féminin le plus donné en France depuis l'an 2000. Ce prénom est attribué à près d'une fille sur 120 aujourd'hui.

C

prénommés ainsi en 2022. *Caractérologie :* communication, pragmatisme, optimisme, détermination, sensibilité.

Christie
850 ➔

Messie (grec). Féminin anglais. *Variantes :* Chrislaine, Chrislène, Chryslène, Chrissie, Chrissy, Christy. *Caractérologie :* innovation, autorité, énergie, détermination, sensibilité.

Christina
7 500 TOP 2 000 ↘

Messie (grec). Féminin anglais, allemand, scandinave, grec et néerlandais. *Caractérologie :* médiation, intuition, décision, relationnel, attention.

Christine
263 000

Messie (grec). Ce prénom porté par plusieurs saintes est attribué au Moyen Âge, mais son âge d'or est bien plus récent. C'est en effet dans les années 1950 qu'une vague venue d'Angleterre accroît fortement son essor. Christine se hisse en peu de temps au 5e rang français, et reste un choix prisé jusqu'à son repli dans les années 1980. ◇ Christine l'Admirable, mystique flamande en Belgique, aurait été à l'origine de plusieurs miracles au XIIIe siècle. Elle est fêtée le 24 juillet. On peut estimer que moins de 30 enfants seront prénommés ainsi en 2022. *Caractérologie :* paix, bienveillance, conscience, décision, attention.

Chrystel
4 000

Messie (grec). On peut estimer que moins de 30 enfants seront prénommés ainsi en 2022. *Variantes :* Chrystal, Crystelle. *Caractérologie :* relationnel, sensibilité, intuition, action, médiation.

Chrystelle
10 000

Messie (grec). Féminin français. On peut estimer que moins de 30 enfants seront prénommés ainsi en 2022. *Caractérologie :* innovation, autorité, action, énergie, attention.

Ciara
1 200 TOP 1 000 ↘

Brune (irlandais). Ciara est très répandu en Irlande. *Caractérologie :* dynamisme, charisme, courage, indépendance, curiosité.

Cindy
64 000

Qui vient de Kynthos (grec). Voir Cynthia. Cindy est très répandu dans les pays occidentaux et anglophones. On peut estimer que moins de 30 enfants seront prénommés ainsi en 2022. *Variantes :* Cindie, Cindel, Cinderella, Cindia, Cinnie. *Caractérologie :* dynamisme, audace, indépendance, cœur, direction.

Claire
131 000 TOP 400 ↘

Illustre (latin). Forme française dérivée du latin Clarus, Claire est particulièrement attribué en France durant le haut Moyen Âge. À partir du XIIe siècle, plusieurs saintes portant ce prénom alimentent sa popularité, comme sainte Claire, la disciple de saint François d'Assise fondatrice de l'ordre des Clarisses. Après une période de retrait, Claire renaît dans les années 1950 et devient en 1984 l'un des 20 prénoms préférés des Français. En dehors de l'Hexagone, ce prénom est essentiellement porté dans les pays anglophones. *Variantes :* Claira, Clairette, Clare, Clarie, Clarine, Clarinda. Forme bretonne : Clair. *Caractérologie :* communication, pragmatisme, créativité, optimisme, résolution.

Claire-Marie
1 100

Forme composée de Claire et Marie. Féminin français. On peut estimer que moins de 30 enfants seront prénommés ainsi en 2022. *Caractérologie :* engagement, méthode, ténacité, décision, fiabilité.

Clara
95 000 TOP 100 ↘

Illustre (latin). Cette forme latine de Claire connaît une faveur particulière au XIIIe siècle grâce à la popularité d'une sainte qui illustra ce nom. Disciple de saint François d'Assise,

C

cette dernière renonça à une vie privilégiée pour fonder l'ordre des Clarisses, ou ordre des Pauvres Dames. Au XIXe siècle, ce prénom est répandu dans de nombreux pays européens, mais il reste très discret en France. Il prend son envol dans les années 1980, au moment où Claire termine sa carrière. La vogue des prénoms courts en « a » l'élève de telle sorte qu'il culmine à la 3e place du classement en 2006. Clara est très répandu en Allemagne, en Italie et dans de nombreux pays occidentaux aujourd'hui. Variante occitane : Claramonda. *Caractérologie :* ambition, passion, force, habileté, management.

Clarence

900 ↓

Illustre (latin). Féminin anglais. *Caractérologie :* sagacité, connaissances, spiritualité, originalité, résolution.

Clarice

600 ↘

Illustre (latin). Féminin anglais. *Variantes :* Clarie, Clarine. *Caractérologie :* équilibre, influence, famille, décision, responsabilité.

Clarissa

550 →

Illustre (latin). *Caractérologie :* ambition, autorité, innovation, autonomie, énergie.

Clarisse

27 000 TOP 300 ↘

Illustre (latin). Ce prénom attesté au Moyen Âge connaît une modeste résurgence au XIXe siècle dans l'Hexagone et les pays anglo-saxons. Son dernier pic de popularité le plaçait au 77e rang féminin français en 2001. ◇ Au VIe siècle, sainte Clarisse fonda dans les Vosges un monastère dont elle fut la première abbesse. *Variantes :* Clarys, Clarysse, Klarissa. *Caractérologie :* courage, dynamisme, indépendance, curiosité, décision.

Clarys

450 ↘

Illustre (latin). *Variante :* Clarysse. *Caractérologie :* bienveillance, paix, conseil, sagesse, conscience.

Claude

43 000

Boiteuse (latin). Féminin français. On peut estimer que moins de 30 enfants seront prénommés ainsi en 2022. *Caractérologie :* audace, direction, indépendance, dynamisme, assurance.

Claudette

36 000

Boiteuse (latin). Féminin français. On peut estimer que moins de 30 enfants seront prénommés ainsi en 2022. *Variante :* Clodette. *Caractérologie :* autorité, innovation, énergie, ambition, organisation.

Claudia

13 000 TOP 2 000 →

Boiteuse (latin). En dehors de l'Hexagone, Claudia est particulièrement porté en Italie, en Espagne, en Roumanie, et dans les pays anglophones et germanophones. *Caractérologie :* conscience, paix, sagesse, conseil, bienveillance.

Claudie

22 000

Boiteuse (latin). Féminin français. On peut estimer que moins de 30 enfants seront prénommés ainsi en 2022. *Caractérologie :* ambition, innovation, énergie, autorité, décision.

Claudine

132 000

Boiteuse (latin). Ce prénom français émerge au début du XXe siècle. Son essor est contrarié lorsque Claudine devient l'héroïne d'une série de romans de Colette qui font scandale. Ce faux départ est vite oublié lorsque l'écrivaine est élue à l'académie Goncourt. Coïncidence ou non, l'année suivant sa consécration (en 1946), les attributions du prénom se trouvent multipliées par deux. Claudine atteint les portes du top 10 féminin en 1949 avant de décliner lentement. ◇ Religieuse au XVIIIe siècle, sainte Claudine fut prise dans la tourmente de la Révolution ; elle fonda plus tard,

C

en 1818, la Congrégation de Jésus-Marie. On peut estimer que moins de 30 enfants seront prénommés ainsi en 2022. *Variantes :* Claudelle, Claudiane, Claudina, Clodia, Clodine, Gladie, Klaudia. Forme occitane : Glaudia. *Caractérologie :* bienveillance, paix, conscience, conseil, résolution.

Claudy
700

Boiteuse (latin). *Variantes :* Cladie, Clady. *Caractérologie :* pratique, communication, adaptation, réalisation, enthousiasme.

Cléa
11 000 TOP 200

Clef (latin). Féminin français. *Caractérologie :* adaptation, communication, pratique, enthousiasme, générosité.

Clélia
6 500 TOP 600

Clef (latin). Féminin italien. *Caractérologie :* bienveillance, paix, conscience, conseil, résolution.

Clélie
900

Clef (latin). *Caractérologie :* direction, dynamisme, audace, assurance, indépendance.

C

Clémence
73 000 TOP 100

Douceur, bonté (latin). À l'exception d'une brève envolée au XIXe siècle, la diffusion de Clémence a toujours été modeste. Ou insignifiante, comme dans les années 1950, où elle a failli disparaître des registres d'état civil. Ce qui ne l'a pas empêchée de renaître quelques décennies plus tard dans le sillon de Clément. Si elle semble en perte de vitesse aujourd'hui, elle a frôlé la gloire en 2006 en s'imposant dans le top 25 français. À l'international, Clémence peine à s'imposer en dehors de l'Hexagone. Ce prénom, courant en Angleterre au Moyen Âge, s'est raréfié dans les pays anglophones. Il est plus visible, sous ses différentes formes (Clementina, Klementina ou leur version abrégée Tina), dans les pays méditerranéens ou en Amérique du Sud. *Caractérologie :* paix, conscience, bienveillance, conseil, sagesse.

Clémentine
28 000 TOP 300

Douceur, bonté (latin). Féminin français. *Variantes :* Clémente, Clemmie. *Caractérologie :* audace, direction, indépendance, assurance, dynamisme.

Cléo
5 000 TOP 400

Gloire, célébrité (grec). En dehors de l'Hexagone, Cleo est recensé dans les pays anglophones. *Variante :* Cléonice. *Caractérologie :* achèvement, leadership, vitalité, stratégie, ardeur.

Cléophée
1 200 TOP 800

Célébrer (grec). *Caractérologie :* amitié, bienveillance, paix, conseil, conscience.

Cléore
- de 100

Gloire, célébrité (grec). *Caractérologie :* raisonnement, ténacité, précision, organisation, fiabilité.

Clervie
300

Pierre précieuse, bijou (celte). Féminin breton. *Caractérologie :* sociabilité, réceptivité, loyauté, diplomatie, bonté.

Clio
350

Gloire, célébrité (grec). Dans la mythologie grecque, Clio, fille de Zeus et de Mnémosyne (déesse de la Mémoire), est la Muse de l'Histoire. Prénom italien. *Caractérologie :* optimisme, communication, créativité, logique, pragmatisme.

Cliona
- de 30

Dans la légende irlandaise, Cliona est une déesse d'une grande beauté qui s'éprend d'un mortel, Ciabhan, et quitte pour lui la Terre promise. *Caractérologie :* rectitude, humanité, rêve, logique, décision.

Cloé
17 000 **TOP 400**

Jeune pousse (grec). En dehors de l'Hexagone, Cloé est recensé dans les pays lusophones et hispanophones. *Variante :* Cloée. *Caractérologie :* achèvement, vitalité, ardeur, stratégie, leadership.

Clothilde
5 000 **TOP 2 000**

Célèbre, combattante (germanique). Féminin français. *Caractérologie :* finesse, connaissances, sagacité, spiritualité, analyse.

Clotilde
15 000 **TOP 800**

Célèbre, combattante (germanique). Peu après avoir épousé Clovis, le roi des Francs, Clotilde convainquit son époux de se convertir avec son armée au christianisme. Clovis fut baptisé par l'évêque de Reims en 496 et devint le premier roi chrétien de France. Dans l'Hexagone, Clotilde est plus traditionnellement usité dans les Flandres. *Variante :* Clotilda. *Caractérologie :* force, volonté, ambition, analyse, habileté.

Coleen
1 500

Victoire du peuple (grec). On peut estimer que moins de 30 enfants seront prénommés ainsi en 2022. *Caractérologie :* réflexion, dévouement, intégrité, idéalisme, altruisme.

Colette
121 000 **TOP 500**

Victoire du peuple (grec). Ce dérivé de Nicole est usité au Moyen Âge, mais il se révèle véritablement au début du XXe siècle. Il monte dans la vague des Ginette, Odette, Paulette et Yvette, s'imposant dans le top 20 féminin peu avant de les dominer du haut de son 6e rang (en 1937). Il disparaîtra du groupe de tête en 1951, non sans avoir tenu compagnie au deuxième flux des désinences en « ette » (Josette, Bernadette). ◇ Née en Picardie en 1381, sainte Colette de Corbie réforma l'ordre des Clarisses au moment où le grand schisme d'Occident opposait les partisans du pape de Rome et de celui d'Avignon. *Caractérologie :* achèvement, stratégie, ardeur, vitalité, leadership.

Coline
22 000 **TOP 200**

Victoire du peuple (grec). *Variantes :* Colline, Collyne, Colyne. *Caractérologie :* méthode, engagement, fiabilité, ténacité, raisonnement.

Colleen
1 700

Victoire du peuple (grec). Féminin anglais. On peut estimer que moins de 30 enfants seront prénommés ainsi en 2022. *Caractérologie :* pragmatisme, communication, créativité, optimisme, sociabilité.

Colombe
3 000 **TOP 900**

Colombe (latin). *Caractérologie :* relationnel, intuition, médiation, volonté, fidélité.

Colombine
250

Colombe (latin). Forme corse et occitane : Colomba. *Caractérologie :* intelligence, méditation, savoir, volonté, raisonnement.

Constance
21 000 **TOP 100**

Constante (latin). Prénom français et anglais. Aussi belle que revêche, Constance d'Arles devint reine de France en épousant Robert II le Pieux en 1003. Mère du futur roi Henri Ier, elle manigança en vain pour que son second fils Robert accède au trône (il devint duc de Bourgogne). Pour sa part, Constance de Castille prit la succession d'Aliénor d'Aquitaine à la tête du royaume en

C

épousant Louis VII en 1154. *Variante :* Connie. Forme portugaise et occitane : Constancia. *Caractérologie :* méthode, engagement, ténacité, fiabilité, gestion.

Constantine
- de 100

Constante (latin). *Variante :* Constantina. *Caractérologie :* ambition, force, habileté, décision, logique.

Consuelo
350

Consolation (latin). Féminin espagnol. *Caractérologie :* audace, découverte, énergie, originalité, séduction.

Coqueline
- de 30

Ce prénom inventé a été rendu célèbre par Coqueline Courrèges, couturière et co-fondatrice de la maison de couture du même nom. Coqueline Courrèges est née le 25 juillet 1935 à Hendaye. *Caractérologie :* famille, exigence, raisonnement, équilibre, influence.

Cora
550 ↑

Jeune fille (grec). Féminin anglais et allemand. *Caractérologie :* direction, audace, dynamisme, analyse, indépendance.

C

Coralie
55 000 TOP 800 ↘

Jeune fille (grec). Féminin français. *Variantes :* Coralia, Corélia, Corélie, Koralie. *Caractérologie :* altruisme, idéalisme, intégrité, décision, logique.

Coraline
9 000 TOP 2 000 ↘

Jeune fille (grec). Féminin français. *Variante :* Coralyne. *Caractérologie :* courage, curiosité, détermination, dynamisme, raisonnement.

Coraly
700

Jeune fille (grec). *Caractérologie :* sociabilité, réceptivité, diplomatie, loyauté, logique.

Corantine
- de 30

Amie (celte). Féminin français. *Caractérologie :* rectitude, humanité, rêve, raisonnement, détermination.

Cordelia
200

Cœur (latin). *Caractérologie :* persévérance, sécurité, analyse, volonté, structure.

Corentine
900

Amie (celte). Féminin français. *Caractérologie :* engagement, méthode, ténacité, fiabilité, raisonnement.

Corina
120

Jeune fille (grec). Féminin anglais, allemand, roumain et occitan. *Caractérologie :* famille, décision, logique, équilibre, responsabilité.

Corine
16 000

Jeune fille (grec). Féminin français. On peut estimer que moins de 30 enfants seront prénommés ainsi en 2022. *Caractérologie :* innovation, énergie, autorité, ambition, logique.

Corinne
157 000

Jeune fille (grec). Corinne est le nom d'une poétesse grecque du VIe ou Ve siècle avant J.-C. C'est aussi le nom d'une femme à laquelle Ovide adressait ses poèmes au Ier siècle après J.-C. C'est toutefois le succès littéraire de Madame de Staël (*Corinne ou l'Italie*, paru en 1807), qui sort le prénom de l'anonymat. Devenant relativement usité à la fin du XIXe siècle dans les pays anglophones, il émerge en France avec un temps de décalage, dans les années 1940. Corinne atteint le sommet de sa carrière dans les années 1960 et se maintient durant sept années dans le top 10 féminin. On peut estimer que moins de

Prénoms qui montent et perles rares

Qu'on le veuille ou non, la mode influence la façon dont nous prénommons nos enfants. Tel un baromètre qui prédit le temps, elle désigne les prénoms les plus tendance, et par défaut ceux qui ne le sont pas. Source d'inspiration pour les uns, elle est aussi indispensable aux parents qui souhaitent attribuer un prénom original ou à contre-courant.

Les choix de prénoms rares ne dérogent pas à cette emprise invisible. De nombreuses variantes profitent du succès de leurs homophones pour voir le jour (exemples : Ema, Lyna, Mya, etc.). Des prénoms originaux parviennent également à se démarquer, comme Lilwenn et Auxane, qui jouent sur des répertoires de sonorités peu communes. Mais ce phénomène de distinction n'est-il pas lui-même devenu « branché » ?

Difficile donc d'échapper à la mode... Heureusement que celle-ci laisse une place à la créativité ! La marmite des prénoms de demain mitonne bien des saveurs, voyons d'un peu plus près les tendances qui s'en dégagent.

Les prénoms en forte croissance dans le top 100

Dans les choix féminins, Alma, Candice, Céleste, Emna, Joy, Lyana, Nour, Roxane et Théa sont les étoiles montantes de l'année. Certaines d'entre elles évoluent dans le top 50 et pourraient prochainement s'imposer dans l'élite.

Les prénoms de demain

Dans le top 200, Alba, Aria, Ava, Elya, Emna, Jana et Jennah, ambitionnent d'intégrer les 100 premiers rangs et grandissent vigoureusement. Elles devancent Maddy, Kamila et Suzanne qui se profilent à l'horizon.

Les choix originaux

Vous recherchez des prénoms rares aux sonorités variées ? Ci-dessous un bouquet de prénoms qui devraient être attribués à moins de 30 Françaises en 2022.

Abbie, Aelis, Aëlle, Airelle, Amaryllis, Annabelle, Ariella, Aurianne, Avril, Bruyere, Calliopée, Clarence, Cypriane, Déotille, Doris, Dorothée, Dulcie, Edmée, Florence, Frida, Giada, Gisèle, Guillemette, Imaé, India, Ingrid, Isadora, Isae, Iseult, Larissa, Léonce, Marthe, Mirabelle, Naïg, Nellie, Odelia, Olympia, Oxane, Poéma, Prunelle, Rhéa, Rubis, Siena, Thanaïs, Théoline, Vinciane, Vivienne, Zazie, Zelda.

La génération 2000

Nés dans les années 2000 en France, ces petits noms grandissent au fil des saisons :

Aéva, Amayel, Anaée, Anaya, Arwen, Arya, Azia, Baia, Blue, Coco, Éléonie, Éliséa, Emna, Érelle, Esmée, Florès, Framboise, Gala, Hadria, Iara, Iloa, Inaïa, Inoa, Isalie, Izéa, Izzie, Jazz, Laurella, Laya, Léolia, Léonella, Lillie, Lilo, Lilwenn, Linoa, Lisanne, Liséa, Lissia, Lizéa, Lomane, Lou-Éva, Maelyn, Mailey, Manoli, Maoline, Maonie, Meï, Mélana, Naëlys, Nany, Nao, Naoline, Nela, Neya, Noelya, Nymphéa, Octavia, Oliane, Ona, Orchidée, Rihanna, Ryane, Selenya, Shai, Sidra, Sohane, Tahira, Thana, Thelia, Thia, Zaïg, Zilia.

30 enfants seront prénommés ainsi en 2022. *Variantes :* Coria, Corie, Cory, Corianne, Corinna, Corrinne, Korine. *Caractérologie :* bienveillance, paix, conseil, conscience, logique.

Corisande

- de 100

Corisande est l'héroïne du roman de chevalerie *Amadis de Gaule*, écrit par Garci Rodríguez de Montalvo et paru en 1508. Diane d'Andoins (1554-1620), comtesse de Guiche, dite « la belle Corisande » prit ce surnom après avoir lu le roman. Henri IV tomba follement amoureux d'elle. *Caractérologie :* raisonnement, philosophie, décision, connaissances, originalité.

Cornélia
450

Cornue, corneille (latin). Féminin italien et anglais. *Variantes :* Cornélia, Cornélie, Cornellia. *Caractérologie :* curiosité, analyse, dynamisme, résolution, courage.

Corrine
650

Jeune fille (grec). *Caractérologie :* autorité, énergie, innovation, logique, ambition.

Cosette
1 300

Victoire du peuple (grec). On peut estimer que moins de 30 enfants seront prénommés ainsi en 2022. *Caractérologie :* conscience, conseil, bienveillance, paix, organisation.

Cosima
200 TOP 2 000

Univers (grec). Prénom italien. *Caractérologie :* famille, raisonnement, influence, équilibre, responsabilité.

C

Coumba
2 000 TOP 700 ➔

La deuxième-née (soninké). *Caractérologie :* audace, gestion, indépendance, vision, raisonnement.

Courtney
120

Enclos (latin). Plus fréquent sous forme de patronyme anglophone. Féminin anglais. *Caractérologie :* fiabilité, sympathie, méthode, ténacité, analyse.

Cristel
700

Messie (grec). *Variante :* Crystel. *Caractérologie :* audace, découverte, énergie, détermination, organisation.

Cristina
3 000

Messie (grec). Féminin espagnol, corse et occitan. On peut estimer que moins de 30 enfants seront prénommés ainsi en 2022. *Caractérologie :* pratique, communication, gestion, enthousiasme, décision.

Crystal
1 400 TOP 2 000 ➔

Messie (grec). Aux États-Unis, Crystal est plus particulièrement attribué dans la communauté noire américaine. *Variante :* Cristal. *Caractérologie :* vitalité, achèvement, stratégie, gestion, réalisation.

Cybélia
350

Prophétesse (grec). *Caractérologie :* communication, pragmatisme, amitié, créativité, sociabilité.

Cylia
1 500 TOP 2 000 ↘

Aveugle (latin). Voir Cécile. *Variante :* Cyliane. *Caractérologie :* énergie, originalité, séduction, audace, découverte.

Cyndel
200

Qui vient de Kynthos (grec). Voir Cynthia. *Variante :* Cyndelle. *Caractérologie :* ouverture d'esprit, rectitude, humanité, rêve, bonté.

Cyndie
1 700

Qui vient de Kynthos (grec). Voir Cynthia. On peut estimer que moins de 30 enfants seront prénommés ainsi en 2022. *Variantes :* Cyndia, Cyndy. *Caractérologie :* responsabilité, cœur, équilibre, famille, influence.

Cynthia
22 000 TOP 2 000 ↘

Forme latine du grec *kynthia* signifiant « qui vient de Kynthos ». Dans la mythologie grecque, le mont Kynthos étant le lieu de naissance de la déesse Artémis, Cynthia est devenu l'un de ses nombreux surnoms. Ce prénom fleurit dès la Renaissance dans les pays anglophones, mais il se révèle véritablement en France à partir des années 1960. *Variantes :* Cinthia, Cinthya, Cyntia, Sindy, Syndie, Synthia. *Caractérologie :* achèvement, vitalité, stratégie, attention, action.

Cyprienne
300

Qui vient de Chypre (grec). *Variantes :* Cipriana, Cypriane, Cyprielle, Cyprine. *Caractérologie :* dynamisme, audace, indépendance, direction, sympathie.

Cyra
- de 30

Soleil (persan), seigneur (grec). *Variantes :* Kira, Kyra. *Caractérologie :* relationnel, médiation, fidélité, adaptabilité, intuition.

Cyriane
550

Seigneur (grec). *Variantes :* Cyrianne, Cyrienne, Cyrine, Cyrinne. *Caractérologie :* communication, enthousiasme, pratique, résolution, sympathie.

Cyrielle
11 000 TOP 2 000 ↘

Seigneur (grec). Féminin français. *Variantes :* Cyriel, Cyriele. *Caractérologie :* cœur, achèvement, stratégie, ardeur, vitalité.

Cyrille
1 400

Seigneur (grec). On peut estimer que moins de 30 enfants seront prénommés ainsi en 2022. *Variantes :* Cirila, Cyrilla. *Caractérologie :* communication, pragmatisme, optimisme, cœur, créativité.

Cyrine
1 200 TOP 2 000 →

Seigneur (grec). *Caractérologie :* fidélité, bonté, médiation, relationnel, intuition.

D

D

Dagmar
- de 100

Servante de jour (scandinave). *Caractérologie :* force, ambition, passion, habileté, réalisation.

Dahlia
1 200 TOP 700 ↗

Cette fleur tire son nom du botaniste suédois Anders Dahl qui l'a introduite en Europe en 1789. Ce prénom est particulièrement recensé dans les pays anglophones. *Caractérologie :* passion, force, management, ambition, habileté.

Daïna
400 →

Sagesse, jugement (hébreu), nom donné aux chansons folkloriques lettonnes. Féminin letton et lituanien. *Variante :* Daïana. *Caractérologie :* fidélité, relationnel, médiation, détermination, intuition.

Daisy
4 500 TOP 2 000 →

Fleur (anglais). Féminin anglais et néerlandais. *Caractérologie :* méthode, fiabilité, engagement, réussite, ténacité.

Dalia
2 000 TOP 500 →

Rameau en fleur (hébreu), fleur, vigne (arabe). Nom de la déesse de la Maternité et de la Destinée dans la mythologie lituanienne. *Variantes :* Dalie, Dalhia,

Dalya, Daly. *Caractérologie :* humanité, rectitude, rêve, générosité, tolérance.

Dalila
11 000 **TOP 2 000**

Guide (arabe), coquette (hébreu). Ce prénom est particulièrement répandu dans les cultures musulmanes francophones. *Variante :* Dalilah. *Caractérologie :* adaptation, pratique, enthousiasme, générosité, communication.

Damaris
350 **TOP 1 000**

Mollet (grec). *Caractérologie :* relationnel, fidélité, médiation, intuition, adaptabilité.

Damia
140

Dompter (grec). Dans la mythologie grecque, Damia est la déesse de la Terre et de la Fertilité. *Caractérologie :* dynamisme, audace, direction, indépendance, assurance.

Damienne
500

Dompter (grec). *Variantes :* Damiana, Damiane, Damielle. *Caractérologie :* intuition, médiation, relationnel, fidélité, résolution

D

Dana
2 000 **TOP 800**

Les origines de ce prénom répandu en Israël, dans les pays slaves, scandinaves et anglophones sont multiples. Dana est un lointain dérivé de Dan, d'où son origine hébraïque : « Dieu fait justice ». C'est une variante probable de Danu, déesse celte de l'Eau dont la notoriété fut si grande qu'elle inspira le nom du fleuve Danube en Europe. Dana(h) désigne également la perle précieuse en arabe alors que Dane signifie « qui vient du Danemark » en vieux norrois. Notons que Dana est usité pour les deux sexes dans les cultures persanes. *Variantes :* Danaëlle, Danna. *Caractérologie :* réceptivité, loyauté, sociabilité, diplomatie, bonté.

Danaé
1 700 **TOP 1 000**

Dans la mythologie grecque, Danaé est la mère de Persée. *Variante :* Danaée. *Caractérologie :* connaissances, spiritualité, originalité, sagacité, philosophie.

Dania
1 600 **TOP 300**

Dieu est mon juge (hébreu). Prénom espagnol. Forme basque : Dani. *Caractérologie :* sociabilité, loyauté, diplomatie, décision, réceptivité.

Danica
- de 100

L'étoile du matin (slave). Féminin serbe, croate, slovaque, tchèque et macédonien. *Caractérologie :* découverte, originalité, résolution, audace, énergie.

Danie
500

Dieu est mon juge (hébreu). Féminin français. *Variante :* Dannie. *Caractérologie :* paix, conscience, conseil, bienveillance, détermination.

Daniela
2 500 **TOP 800**

Dieu est mon juge (hébreu). Féminin allemand, slave, roumain, italien, portugais, espagnol et anglais. *Caractérologie :* direction, audace, indépendance, dynamisme, détermination.

Danièle
73 000

Dieu est mon juge (hébreu). Danièle a grandi en même temps que Danielle, mais son succès, avec un seul « l », a été beaucoup plus modeste. Néanmoins, Danièle est parvenu à s'imposer dans le top 20 féminin en 1947. On peut estimer que moins de 30 enfants seront prénommés ainsi en 2022. *Caractérologie :* courage, dynamisme, curiosité, indépendance, détermination.

Daniella
1 800 **TOP 2 000**

Dieu est mon juge (hébreu). Féminin anglais. *Caractérologie :*

Les tops 20 québécois, romand et wallon

Les palmarès ci-dessous sont fondés sur les données les plus récentes des instituts statistiques du Québec (Régie des rentes du Québec), de la Suisse (Office fédéral suisse de la statistique), et de la Belgique (Institut national de statistique de la Belgique). Les prénoms sont classés par ordre décroissant d'attribution.

Le top québécois (2020)

1. Olivia
2. Alice
3. Emma
4. Charlie
5. Charlotte
6. Léa
7. Florence
8. Livia
9. Romy
10. Clara
11. Zoé
12. Béatrice
13. Chloé
14. Rosalie
15. Rose
16. Victoria
17. Mia
18. Juliette
19. Eva
20. Mila

Le top suisse romand (2019)

1. Emma
2. Éva
3. Chloé
4. Alice
5. Mia
6. Sofia*
7. Olivia
8. Victoria
9. Alicia
10. Charlotte
11. Louise
12. Nina
13. Camille
14. Lara
15. Nora
16. Léa
17. Clara
18. Zoé
19. Mila
20. Mathilde

Le top wallon (2019)

1. Olivia
2. Emma
3. Louise
4. Alice
5. Lucie
6. Léa
7. Mia
8. Camille
9. Zoé
10. Mila
11. Giulia
12. Chloé
13. Juliette
14. Rose
15. Victoria
16. Jade
17. Nina
18. Julia
19. Eva**
20. Sofia

Les terminaisons en « a » et « ia » luttent au coude-à-coude. Outre-Atlantique, Olivia sort triomphante, pour la 2e année consécutive, de son combat acharné avec Emma. S'agit-il d'un simple sursis ? Les internationales Mia, Sofia, Victoria, portées par un vent transcontinental, s'envolent dans les pays francophones après avoir conquis l'Occident. Dans ce contexte, les prénoms italiens et corses font merveille. Au Québec, Livia s'invite au 8e rang pour la 3e année consécutive. Quant à Giulia, elle perce dans l'élite wallonne !

À l'instar du classement français, Emma demeure au firmament du palmarès romand, mais elle a perdu sa couronne en Wallonie et au Québec. Mais ne tirons pas de conclusions hâtives car la concurrence fait rage. Sa gloire est plus longue que celle de Léa, reine du début des années 2000, qui s'éclipse lentement. Clara, Eva ou Nora et Lara (deux exceptions suisses romandes) confortent leur position dans le top 20 et nous promettent une compétition serrée.

Le souffle du changement n'affecte pas la cote du rétro. Louise, Rose ou Julia n'en finissent pas de séduire. Alice et Juliette continuent leur progression. De leur côté, Léa et Zoé, bien enracinées, résistent aux assauts des jeunes pousses.

Cette année encore, c'est vers le Québec qu'il faut se tourner pour débusquer des perles oubliées. Certaines constituent des choix pionniers. Ainsi, Charlie n'a pas attendu de séduire les Français pour s'emparer du 4e rang. Elle y ravive les terminaisons en « ie », à l'image de Rosalie, qui brille outre-Atlantique et nulle part ailleurs. Mais d'autres prénoms au charme désuet tirent également leur épingle du jeu. Ainsi, Florence et Béatrice séduisent les cœurs des Québécois alors que ces prénoms sont donnés à moins de 60 Françaises par an aujourd'hui.

* Dans le palmarès suisse romand, si l'on prenait en compte le nombre d'attributions de Sophia et Sofia, ce prénom serait classé au 2e rang.

** Eva s'orthographie le plus souvent sans accent en Wallonie et dans l'ensemble de la Belgique.

persévérance, efficacité, sécurité, structure, décision.

Danielle
135 000

Dieu est mon juge (hébreu). Inexistant au début du XXe siècle, Danielle émerge dans le sillon de Daniel et culmine au 5e rang féminin en 1947. Plus fréquent que Danièle, mais nettement moins attribué que sa forme masculine, Danielle disparaît des radars dans les années 1980. On peut estimer que moins de 30 enfants seront prénommés ainsi en 2022. *Caractérologie :* achèvement, vitalité, ardeur, stratégie, résolution.

Danny
500

Dieu est mon juge (hébreu). Féminin anglais. *Caractérologie :* persévérance, structure, sécurité, efficacité, réalisation.

Dany
7 000

Dieu est mon juge (hébreu). On peut estimer que moins de 30 enfants seront prénommés ainsi en 2022. *Caractérologie :* achèvement, vitalité, réussite, stratégie, ardeur.

D

Daphné
9 000 TOP 300 ➔

Laurier (grec). Dans la mythologie grecque, Daphné se métamorphose en laurier afin d'échapper aux avances incessantes d'Apollon. En la trouvant figée sur les rives du fleuve Pénée, ce dernier la supplie d'orner sa chevelure de ses rameaux. Une consolation qu'elle lui octroie. En dehors de l'Hexagone, Daphne est plus particulièrement usité dans les pays anglophones et néerlandophones. *Variantes :* Dafné, Daphney. *Caractérologie :* adaptation, communication, pratique, enthousiasme, réussite.

Daphnée
2 500 TOP 2 000 ↘

Laurier (grec). *Caractérologie :* passion, ambition, force, réussite, habileté.

Dara
- de 100

Chêne (celte), perle de sagesse (hébreu), étoile (cambodgien), chef (turc), riche (persan), belle (swahili), jeune fille (indonésien). *Caractérologie :* bienveillance, conscience, paix, conseil, sagesse.

Darcy
- de 100

Qui a le teint mat (irlandais). Ce prénom anglophone masculin est également attribué aux filles dans l'Hexagone. *Caractérologie :* bienveillance, conscience, réussite, paix, conseil.

Daria
1 200 TOP 600 ↗

Féminin de Darius : forme latine du perse antique *daraya*, « posséder », et *vahu*, « bon ». Daria est particulièrement recensé en Italie, en Russie, en Corse et dans les pays slaves et anglophones. *Variante :* Dari. *Caractérologie :* bienveillance, conscience, paix, conseil, sagesse.

Dariana
- de 30

Voir Daria. Féminin russe. *Caractérologie :* pratique, communication, enthousiasme, générosité, motivation.

Dariane
- de 100

Voir Daria. *Caractérologie :* indépendance, intelligence, savoir, méditation, résolution.

Darina
300

Voir Daria. Prénom slave méridional, essentiellement répandu en Tchéquie. *Variantes :* Dariane, Darie, Darine. *Caractérologie :* sociabilité, réceptivité, loyauté, détermination, diplomatie.

Darlène
400

Tendrement aimée (anglais). Féminin anglais. *Variante :* Darline. *Caractérologie :* décision, curiosité, dynamisme, courage, indépendance.

Davina
1 900 TOP 2 000 ➔

Aimée, chérie (hébreu). Féminin anglais. *Variante :* Davia. *Caractérologie :* famille, responsabilité, équilibre, influence, décision.

Dawn
120

Aube (anglais). Féminin anglais. *Caractérologie :* influence, équilibre, famille, responsabilité, exigence.

Day
- de 30

Journée (anglais). Féminin anglais. *Caractérologie :* optimisme, pragmatisme, créativité, réalisation, communication.

Daya
130

Oiseau (hébreu), compassion, empathie (sanscrit). Daya est plus particulièrement usité dans les pays anglophones et en Inde. *Caractérologie :* méthode, ténacité, engagement, réalisation, fiabilité.

Dayana
1 100 TOP 400 ↗

Lumière éclatante (arabe), variante de Diana. *Variante :* Dayane. *Caractérologie :* énergie, innovation, autorité, réalisation, ambition.

Dea
200 TOP 2 000

Déesse (latin), forme diminutive des prénoms commençant ou se terminant par « déa » (Deanna, Amédéa, etc.). Dans la mythologie scandinave, Dea est l'épouse de Bragi, le dieu de la Poésie. *Caractérologie :* autorité, autonomie, énergie, innovation, ambition.

Deanna
- de 100

Vallée ou doyen (vieil anglais), ou variante anglophone de Diane. Féminin anglais. *Variantes :* Déana, Déanne. *Caractérologie :* communication, pragmatisme, sociabilité, créativité, optimisme.

Débora
1 700

Abeille (hébreu). Féminin italien, allemand et portugais. On peut estimer que moins de 30 enfants seront prénommés ainsi en 2022. *Caractérologie :* altruisme, détermination, volonté, idéalisme, intégrité.

Déborah
30 000 TOP 700 ↘

Abeille (hébreu). Prophétesse et juge dans la Bible, Déborah mène les Israélites vers la victoire sur l'armée cananéenne. Sous son égide, le peuple hébreu connaît une période de paix de quarante années. Ce prénom est très répandu dans les pays anglophones. *Variantes :* Debbie, Devora. *Caractérologie :* stratégie, vitalité, achèvement, caractère, attention.

Debra
300

Abeille (hébreu). *Caractérologie :* communication, pratique, adaptation, enthousiasme, résolution.

Deidra
- de 30

Jeune fille (irlandais). *Caractérologie :* bienveillance, détermination, paix, sagesse, conseil.

D

Délia
2 500 TOP 800 ➔

Fleur, vigne (arabe), diminutif d'Adelia répandu au Portugal et dans les pays anglophones. *Variantes :* Delhia, Dhelia, Delya. *Caractérologie :* persévérance, structure, sécurité, décision, efficacité.

Delphine
122 000 TOP 2 000 ↘

Dauphin (latin). En intitulant son premier roman *Delphine* en 1802, Madame de Staël donne une existence à ce prénom jusqu'alors méconnu. Delphine devient plus visible, même si sa vraie carrière débute bien plus tard, dans les années 1970. Une poussée soudaine le propulse au 7e rang féminin en 1977, et l'on ne saurait expliquer la chute qui le fait disparaître aussi rapidement qu'il était apparu. ◇ Née dans le Vaucluse en 1280, sainte Delphine épousa Éléazar de Sabran et persuada ce dernier de ne pas consommer leur mariage. Veuve, elle se consacra aux œuvres charitables et termina sa vie dans une grande pauvreté. *Variantes :* Dauphine, Delfine, Delphe, Delphie, Delphina, Delphy. Forme bretonne et corse : Delfina. *Caractérologie :* innovation, énergie, action, autorité, cœur.

Delta
- de 30

Désigne la quatrième lettre de l'alphabet grec. Féminin anglais. *Caractérologie :* équilibre, responsabilité, famille, influence, organisation.

Denise
111 000

Fille de Dieu (grec). Ce féminin de Denis surgit à la fin du XIXe siècle en France. Il rencontre un tel engouement qu'il figure parmi les 5 premiers rangs de 1924 à 1935. C'est alors que sa vogue se propage aux pays de langue anglaise. Il disparaît totalement dans les années 1980 mais reste aujourd'hui plus porté que son masculin. Denise est le 18e prénom le plus attribué du XXe siècle en France. On peut estimer que moins de 30 enfants seront prénommés ainsi en 2022. *Variantes :* Denia, Deniz, Denize, Dionne. Forme occitane : Danisa. *Caractérologie :* intuition, relationnel, médiation, fidélité, détermination.

Denyse
550

Fille de Dieu (grec). *Caractérologie :* rectitude, humanité, ouverture d'esprit, rêve, réussite.

Déotille
- de 30

Dieu, tilleul (latin). *Caractérologie :* raison, innovation, ambition, indépendance, énergie.

Désirée
1 600

Désirée (latin). On peut estimer que moins de 30 enfants seront prénommés ainsi en 2022. *Caractérologie :* intuition, relationnel, fidélité, résolution, médiation.

Déva
700 TOP 2 000 ➔

Deva est le terme qui désigne les dieux en sanscrit. Les devas font partie intégrante de la culture hindoue. Prénom indien d'Asie. *Caractérologie :* originalité, séduction, découverte, énergie, audace.

Diana
8 500 TOP 400 ➔

Divine (latin). Diana est très répandu dans les pays anglophones et occidentaux. C'est aussi un choix traditionnel occitan. *Variante :* Dianna. *Caractérologie :* fidélité, intuition, relationnel, médiation, résolution.

Diane
21 000 TOP 200 ➔

Divine (latin). Dans la mythologie romaine, Diane, la déesse de la Chasse, est l'équivalent de la déesse grecque Artémis. En dehors de l'Hexagone, Diane est très répandu dans les pays anglophones. *Variante :* Dianne. *Caractérologie :* éthique, famille, influence, résolution, équilibre.

Dianthe
- de 30

Fleur de Dieu (grec). *Caractérologie :* spiritualité, connaissances, résolution, finesse, sagacité.

Dilan
350

Amour (turc), féminin de Dilan. *Variantes :* Dillan, Dilane, Dilhan, Dylane. *Caractérologie :* méthode, fiabilité, ténacité, engagement, résolution.

Dilara
1 200

Aimante (turc). On peut estimer que moins de 30 enfants seront prénommés ainsi en 2022. *Caractérologie :* idéalisme, altruisme, réflexion, dévouement, intégrité.

D

Dina
7 500 **TOP 200** ➔

Celle pour laquelle justice a été faite (hébreu). Dina est très répandu en Italie et dans les pays anglophones. *Variantes :* Dinah, Dinna, Dyna. *Caractérologie :* direction, indépendance, audace, résolution, dynamisme.

Divine
1 000 **TOP 1 000** ↘

Divine (latin). *Variantes :* Déva, Diva, Divina. *Caractérologie :* ouverture d'esprit, rêve, générosité, humanité, rectitude.

Dixie
- de 30

Fille de Dick (anglais). *Caractérologie :* sagesse, ténacité, conscience, conseil, harmonie.

Djamila
6 500 **TOP 2 000** ↗

D'une grande beauté physique et morale (arabe). *Variantes :* Djamela, Djamella, Djamilla, Djemila, Djemilla. *Caractérologie :* curiosité, charisme, dynamisme, courage, indépendance.

Dolly
700

Douleur (latin). Féminin anglais. *Caractérologie :* découverte, énergie, audace, originalité, séduction.

Dolorès
9 000

Douleur (latin). Féminin espagnol. On peut estimer que moins de 30 enfants seront prénommés ainsi en 2022. *Caractérologie :* caractère, intelligence, savoir, méditation, logique.

Domenica
250

Qui appartient au Seigneur (latin). Prénom italien. *Caractérologie :* dynamisme, volonté, audace, direction, analyse.

Dominica
250

Qui appartient au Seigneur (latin). Dominica est plus traditionnellement usité en Italie et au Pays basque. *Caractérologie :* audace, énergie, découverte, volonté, raisonnement.

Dominique
155 000

Qui appartient au Seigneur (latin). En France, ce prénom mixte est porté par une majorité d'hommes, mais il a connu un beau succès au féminin. Dans les deux genres, il a figuré dans le top 10 national dans les années 1950, faisant jeu égal, à 600 naissances près, en 1955. Sa retraite sonne avant celle de son masculin, mais un nouvel élan le porte dans les pays anglophones, où Dominique est exclusivement féminin. On peut estimer que moins de 30 enfants seront prénommés ainsi en 2022. *Variantes :* Doma, Domeca, Domeka, Dominka, Domitilde. Forme occitane : Domenga. Formes basques : Dominixa, Dominixe. *Caractérologie :* caractère, force, ambition, habileté, logique.

Domitie
- de 30

Celle qui a soumis (latin). Féminin français. *Caractérologie :* caractère, pragmatisme, créativité, communication, optimisme.

Domitienne
- de 30

Celle qui a soumis (latin). Féminin français. *Variantes :* Domitia, Domitiane. *Caractérologie :* intégrité, altruisme, idéalisme, réflexion, volonté.

Domitille
3 500 **TOP 2 000** ↘

Celle qui a soumis (latin). Féminin français. *Variante :* Domitilla. *Caractérologie :* rectitude, humanité, volonté, raisonnement, rêve.

Dona
300

Donation (latin). Féminin anglais. *Caractérologie :* originalité, spiritualité, connaissances, sagacité, caractère.

Donatienne
700

Donation (latin). *Variantes :* Donata, Donate, Donatella, Donatiane, Donatianne. *Caractérologie :* intuition, volonté, médiation, résolution, relationnel.

Donia
3 000 TOP 2 000

Source de vie, richesse (arabe), qui appartient au Seigneur (latin). Féminin anglais. *Variantes :* Donnia, Dounia. *Caractérologie :* savoir, méditation, volonté, intelligence, résolution.

Donna
650

Donation (latin). Féminin anglais et italien. *Caractérologie :* communication, enthousiasme, adaptation, pratique, caractère.

Donya
350

Source de vie, richesse (arabe), qui appartient au Seigneur (latin). *Caractérologie :* curiosité, volonté, dynamisme, réalisation, courage.

Dora
1 500

Don de Dieu (grec). Féminin anglais, espagnol et grec. On peut estimer que moins de 30 enfants seront prénommés ainsi en 2022. *Caractérologie :* relationnel, médiation, intuition, fidélité, adaptabilité.

Dorcas
250

Gazelle (hébreu). Prénom biblique du Nouveau Testament. *Caractérologie :* paix, bienveillance, conseil, raisonnement, conscience.

Doreen
400

Don de Dieu (grec). Féminin anglais. *Caractérologie :* connaissances, caractère, originalité, sagacité, spiritualité.

Doria
900

Don de Dieu (grec). Ce prénom anglophone est également usité en Corse. *Caractérologie :* sociabilité, diplomatie, réceptivité, loyauté, bonté.

Doriana
250

Don de Dieu (grec). Féminin italien, roumain et occitan. *Caractérologie :* achèvement, volonté, vitalité, résolution, stratégie.

Doriane
10 000 TOP 2 000

Don de Dieu (grec). Féminin français et anglais. *Variante :* Doryane. *Caractérologie :* pragmatisme, communication, décision, optimisme, caractère.

Dorianne
900

Don de Dieu (grec). *Variantes :* Dorienne, Dorielle. *Caractérologie :* habileté, résolution, ambition, volonté, force.

Dorienne
- de 100

Don de Dieu (grec). *Caractérologie :* caractère, communication, adaptation, pratique, enthousiasme.

Dorina
180

Don de Dieu (grec). Féminin roumain, italien et hongrois. *Variante :* Dorinda. *Caractérologie :* connaissances, sagacité, spiritualité, décision, caractère.

Dorine
6 500

Don de Dieu (grec). Féminin anglais et français. On peut estimer que moins de 30 enfants seront prénommés ainsi en 2022. *Variantes :* Dorie, Dorka, Dorinka, Dorinne, Doryne. *Caractérologie :* sociabilité, réceptivité, loyauté, diplomatie, volonté.

Doris
5 000

Don de Dieu (grec). En dehors de l'Hexagone, Doris est plus particulièrement porté dans les pays anglophones et germanophones. On

D

peut estimer que moins de 30 enfants seront prénommés ainsi en 2022. *Variantes :* Dorice, Dorys. *Caractérologie :* relationnel, médiation, intuition, fidélité, adaptabilité.

Dorothée
18 000 ↗

Don de Dieu (grec). Féminin français. *Variantes :* Dorothé, Dot, Dottie, Dorothea. *Caractérologie :* idéalisme, altruisme, intégrité, volonté, finesse.

Dorothy
300

Don de Dieu (grec). Féminin anglais. *Caractérologie :* conscience, paix, bienveillance, conseil, ressort.

Dorra
250

Don de Dieu (grec). *Caractérologie :* intuition, relationnel, médiation, fidélité, adaptabilité.

Dounia
9 000 TOP 700 ↘

Source de vie, richesse (arabe). *Variante :* Dounya. *Caractérologie :* volonté, analyse, innovation, autorité, énergie.

Dova
- de 30

Colombe (vieil anglais). Féminin anglais. *Caractérologie :* exigence, équilibre, famille, responsabilité, influence.

Dulce
190

Douce (latin). *Variantes :* Dulcie, Dulcina. *Caractérologie :* rectitude, humanité, ouverture d'esprit, générosité, rêve.

Dulcie
- de 100

Douce (latin). Ce prénom a connu un pic de popularité au XIXe siècle en Angleterre et aux États-Unis, pays dans lesquels il n'a jamais disparu. *Caractérologie :* intelligence, méditation, sagesse, savoir, indépendance.

Dune
550 TOP 2 000 →

Prénom attribué à Frank Herbert, auteur du livre de science-fiction *Dune*. *Caractérologie :* stratégie, achèvement, vitalité, ardeur, leadership.

Dylane
- de 100

Mer (gallois). *Caractérologie :* amitié, sagacité, spiritualité, connaissances, réalisation.

E

E

Eda
1 600 TOP 2 000 ↘

Richesse, combat (germanique), bien élevée (turc). *Caractérologie :* audace, direction, indépendance, dynamisme, assurance.

Éden
11 000 TOP 200 ↘

L'étymologie de ce prénom ne fait pas l'unanimité. Il pourrait signifier « délices » en hébreu, « fructueux » en araméen, et « plaine », ou « steppe », en akkadien. Voir le focus sur Éden dans la partie *Prénoms masculins*. *Variantes :* Edana, Edena, Édène. *Caractérologie :* énergie, innovation, autonomie, ambition, autorité.

Edia
- de 30

Riche amie (germanique). Féminin anglais. *Caractérologie :* direction, audace, dynamisme, détermination, indépendance.

Édina
120

Prospère, plaisante (germanique). *Variante :* Édine. *Caractérologie :*

responsabilité, famille, influence, équilibre, détermination.

Édith
42 000 **TOP 1 000** ↗

Richesse, combat (germanique). En dehors de l'Hexagone, Edith est plus particulièrement recensé dans les pays anglophones, germanophones et scandinaves. *Variantes :* Edita, Edite. *Caractérologie :* direction, audace, dynamisme, indépendance, finesse.

Edmée
1 400 ↑

Riche protectrice (germanique). *Variante :* Edma. *Caractérologie :* dynamisme, courage, indépendance, curiosité, charisme.

Edmonde
2 500

Riche protectrice (germanique). On peut estimer que moins de 30 enfants seront prénommés ainsi en 2022. *Variantes :* Edmonda, Edmondine. *Caractérologie :* équilibre, responsabilité, volonté, influence, famille.

Edna
250 ↑

Amande (irlandais), rajeunissement (hébreu). Féminin anglais, irlandais et écossais. *Variante :* Etna. *Caractérologie :* équilibre, responsabilité, famille, influence, exigence.

Édréa
- de 30

Prospère, puissante (germanique). Féminin anglais. *Caractérologie :* équilibre, famille, détermination, influence, responsabilité.

Edwige
18 000

Richesse, combat (germanique). Féminin français. On peut estimer que moins de 30 enfants seront prénommés ainsi en 2022. *Variantes :* Edvige, Edwig. *Caractérologie :* habileté, ambition, force, management, passion.

Edwina
600

Riche amie (germanique). *Variante :* Edvina. *Caractérologie :* réceptivité, loyauté, sociabilité, résolution, diplomatie.

Effie
200

Qui parle avec justesse (grec). Féminin anglais. *Caractérologie :* fiabilité, sens du devoir, méthode, ténacité, engagement.

Églantine
3 500 **TOP 1 000** ↘

Nom de fleur à épines (latin). *Variantes :* Egléa, Eglée. *Caractérologie :* paix, détermination, amitié, conscience, bienveillance.

Eileen
1 700 **TOP 800** →

Éclat du soleil (grec). *Variante :* Aileen. *Caractérologie :* courage, curiosité, dynamisme, indépendance, charisme.

Elaïa
1 700 **TOP 400** →

Hirondelle (basque). *Variante :* Elaya. *Caractérologie :* innovation, énergie, autorité, ambition, détermination.

Élaine
300

Éclat du soleil (grec). Féminin anglais. *Variantes :* Élana, Élauna, Éléana. *Caractérologie :* direction, audace, indépendance, dynamisme, décision.

Elaura
400 ↑

Éclat du soleil (grec). Elaura est plus traditionnellement usité au Pays basque. *Caractérologie :* persévérance, structure, efficacité, résolution, sécurité.

Éléa
14 000 **TOP 200** →

Dieu (hébreu), ou honneur (celte). Éléa pourrait également être une cousine d'Éléana ou Éléanor. Féminin français. *Variantes :* Elléa, Iléa. *Caractérologie :* curiosité, indépendance, courage, dynamisme, charisme.

E

Éléana
2 500 TOP 400

Éclat du soleil (grec). *Variante :* Éléane. *Caractérologie :* médiation, intuition, relationnel, adaptabilité, fidélité.

Éléanor
2 000 TOP 400

Compassion (grec). Féminin français et anglais. *Variantes :* Éleanore, Éléanora. *Caractérologie :* analyse, sagacité, connaissances, spiritualité, résolution.

Électra
- de 100

Étoile brillante (grec). Dans la mythologie grecque, Électra aide son frère Oreste à venger l'assassinat de leur père, Agamemnon. *Caractérologie :* dynamisme, organisation, direction, résolution, audace.

Elen
600

Éclat du soleil (grec). *Caractérologie :* humanité, ouverture d'esprit, rectitude, rêve, générosité.

Éléna
32 000 TOP 50

Éclat du soleil (grec). Voir le focus sur Léna. *Variantes :* Elene, Ellena, Elenie, Elenoa. *Caractérologie :* autorité, innovation, ambition, autonomie, énergie.

Éléona
180

Compassion (grec). *Caractérologie :* sagacité, philosophie, spiritualité, connaissances, originalité.

Éléonora
350

Compassion (grec). Prénom italien. *Variantes :* Elenore, Éléona, Ellinor, Elna, Elnora. *Caractérologie :* structure, décision, sécurité, persévérance, logique.

Éléonore
21 000 TOP 100

Compassion (grec). En dehors de l'Hexagone, Éléonore est très répandu en Allemagne. *Variantes :* Aenor, Alienore, Alianor, Elinor, Elinore, Éléonor, Élénore, Héléonore. *Caractérologie :* ardeur, vitalité, stratégie, achèvement, logique.

Elfie
550

Noble paix (germanique). *Variantes :* Elfi, Elphie. *Caractérologie :* innovation, analyse, autorité, énergie, ambition.

Elfy
200

Noble paix (germanique). *Caractérologie :* pratique, adaptation, enthousiasme, communication, cœur.

Elga
- de 100

Heureuse (germanique). *Caractérologie :* méditation, indépendance, intelligence, savoir, bonté.

Élia
7 500 TOP 200

Le Seigneur est mon Dieu (hébreu). Elia est plus traditionnellement usité en Italie et en Corse. Malgré sa mixité, ce prénom est très largement féminin. *Caractérologie :* idéalisme, réflexion, altruisme, détermination, intégrité.

Éliana
2 500 TOP 400

Voir Éliane. Eliana est particulièrement usité en Italie, dans les pays hispanophones, lusophones et anglophones. *Caractérologie :* paix, bienveillance, conseil, conscience, résolution.

Éliane
80 000 TOP 2 000

Ce prénom d'origine hébraïque pourrait être une forme d'Élia ou d'Élisabeth. Féminin français. *Variantes :* Élyana, Élyane, Élyanne. *Caractérologie :* ambition, innovation, résolution, autorité, énergie.

Élianne
1 100

Voir Éliane. On peut estimer que moins de 30 enfants seront prénommés ainsi en 2022. *Caractérologie :* paix, bienveillance, conseil, conscience, décision.

E

Éliette
5 000 ↗

Dieu est serment (hébreu). Féminin français. Forme basque : Babe. *Caractérologie :* sécurité, persévérance, efficacité, structure, honnêteté.

Elif
4 500 TOP 400 →

Prénom turc se rapportant à l'alif, la première lettre de l'alphabet arabe. *Caractérologie :* logique, découverte, audace, originalité, énergie.

Élina
13 000 TOP 200 →

Divine (hébreu). Élina est également une forme scandinave, italienne et occitane d'Hélène. *Caractérologie :* découverte, originalité, détermination, audace, énergie.

Éline
10 000 TOP 200 →

Éclat du soleil (grec). Éline est répandu aux Pays-Bas et en Norvège. *Variantes :* Élin, Héline. *Caractérologie :* humanité, rêve, rectitude, ouverture d'esprit, générosité.

Élinoa
- de 30

Contraction d'Ellie et Noa. *Caractérologie :* intuition, médiation, relationnel, résolution, analyse.

Éliona
120

Mon Dieu est lumière (hébreu). *Caractérologie :* décision, logique, relationnel, médiation, intuition.

Éliora
400 TOP 2 000 →

Dieu est ma lumière (hébreu). *Variante :* Éléora. *Caractérologie :* équilibre, influence, raisonnement, exigence, responsabilité.

Elis
- de 100

Le Seigneur est mon Dieu (hébreu). Féminin danois, suédois et occitan. *Caractérologie :* idéalisme, altruisme, réflexion, volonté, intégrité.

Élisa
47 000 TOP 200 ↘

Dieu est serment (hébreu). Diminutif d'Élisabeth, Élisa ou Eliza connaît une longue période de prospérité dans les pays anglophones. De la Renaissance à la fin du XIXe siècle, on le rencontre souvent dans les choix vedettes. Dans l'Hexagone, Élisa n'a jamais connu de grand succès avant les années 2000. C'est alors qu'il dépasse Élise pour briller une année dans le top 30. En léger repli aujourd'hui, Élisa maintient un niveau constant d'attributions, mais c'est Élise qui a repris l'ascendant. *Variantes :* Alisha, Éliséa, Élisia, Elisha, Élicia, Élissia, Éliza. *Caractérologie :* énergie, ambition, autorité, innovation, décision.

Élisabeth
125 000 TOP 400 →

Ce prénom biblique vient de l'hébreu Elisheva, d'où la signification « Dieu est serment ». Dans de nombreux pays d'Europe, Élisabeth a été très répandu au Moyen Âge et durant les siècles qui ont suivi. C'est, au moment du règne d'Élisabeth Ire (1558-1603), le choix féminin le plus attribué en Angleterre. Au XVIIe siècle, Élisabeth est massivement choisi par les puritains anglophones qui sèment sa gloire outre-Atlantique. Ce prénom est encore très fréquent lorsque Élisabeth de Wittelsbach (1837-1898), l'impératrice d'Autriche, prend le célèbre surnom de Sissi. Ce choix devenu classique dans de nombreux pays occidentaux finit par faire des adeptes en France. Élisabeth monte aux portes du top 20 féminin au milieu des années 1950 avant d'être éclipsé par son dérivé Isabelle. ◇ Dans le Nouveau Testament, Élisabeth est la cousine de Marie et l'épouse de Zacharie. Alors qu'elle se résigne à ne jamais avoir d'enfant, elle parvient à engendrer quatre fils à un âge avancé. Jean, le futur saint Jean-Baptiste, est son premier-né. ◇ Dans l'Ancien Testament, Elisheva est la femme du grand prêtre Aaron, le frère de Moïse.

Les prénoms chics et bobos

Qu'ils soient attribués par esprit de tradition, par snobisme ou par inspiration spontanée, les prénoms chics ne laissent pas les parents indifférents. Ils sont l'objet de discussions passionnées sur les forums de sites internet spécialisés. On les retrouve régulièrement dans les livres, dans les magazines et dans les émissions de radio. Non seulement le style chic n'est plus coincé, mais en outre, il est devenu tendance. Mais qu'est-ce qu'un prénom chic au juste ?

Condition indispensable mais non suffisante : un « bon » prénom chic doit marquer un signe d'appartenance à la haute bourgeoisie et revêt donc des caractéristiques précises. Ainsi, les vieux prénoms, portés par des personnages qui se sont illustrés dans l'histoire, les prénoms aristocrates ou royaux sont toujours des valeurs refuges. De fait, le registre médiéval est l'une des plus grandes sources d'inspiration de prénoms chics (exemples : Alix, Blanche, Louise, Margot). D'ailleurs, dans les familles traditionnelles, les prénoms anciens se transmettent encore de génération en génération.

D'une manière générale, les parents qui recherchent un prénom chic pour leur enfant évitent ceux qui figurent dans le top 50 des attributions au moment de la grossesse. Ils se méfient également des petits noms trop modernes ou inventés, et des prénoms qui n'auraient pas été portés par un saint. La coquetterie supplémentaire consiste à choisir un prénom qui ne figure pas dans les calendriers ou éphémérides des prévisions météo. Mais en cas de doute, vous ne vous tromperez jamais en adoptant un prénom royal inusité !

Notre sélection de prénoms chics
Adélaïde, Albane, Aliénor, Alix, Amance, Anastasie, Antoinette, Apolline, Astrid, Aude, Bénédicte, Bérengère, Bérénice, Bertille, Bettina, Brunhilde, Capucine, Clémence, Clothilde, Colombe, Constance, Daphné, Dauphine, Diane, Domitille, Donatienne, Églantine, Éléonore, Eudoxie, Gersande, Héloïse, Hortense, Irénée, Isaure, Juliette, Louise, Mahaut, Margot, Marguerite, Marie, Maxine, Ombeline, Pénélope, Philippine, Pia, Priscille, Quitterie, Raphaëlle, Roxane, Ségolène, Sibylle, Sixtine, Tiphaine, Toinon, Victoire, Violaine, Ysée.

Certains prénoms chics peuvent être bobos, et *vice versa*, ce qui rend la distinction difficile. Mais tous les prénoms bobos ne sont pas chics. On les reconnaît avec leur côté titi parisien, artiste et poète, un brin désuet et B.C.B.G.

Voici nos coups de cœur pour les prénoms bobos du moment :
Adèle, Agathe, Aglaé, Alma, Augustine, Blanche, Céleste, Charlotte, Ella, Eugénie, Félicité, Gabrielle, Garance, Henriette, Ida, Irma, Joséphine, Léonie, Léopoldine, Lise, Louise, Madeleine, Marceline, Ninon, Olympe, Palmyre, Pauline, Pétronille, Philomène, Romy, Rosalie, Rose, Séraphine, Suzanne, Thelma, Toscane, Victoria, Zélie.

E

◇ Sainte Élisabeth de Hongrie, surnommée « reine des pauvres », se consacra aux plus démunis au XIIIe siècle. *Variantes :* Babette, Élisabetta, Elisheva, Elixane, Elixanne, Helixane, Helixanne, Liese, Lisbeth, Lillibeth, Lilibet (voir Lili), Libby. *Caractérologie :* détermination, altruisme, idéalisme, intégrité, sensibilité.

Élise

79 000 TOP 100 ➔

Dieu est serment (hébreu). Beethoven (1770-1827) aurait souhaité dédier sa Bagatelle en *la* mineur à une jeune fille prénommée Thérèse, mais cette œuvre, présentée après sa mort, est intitulée *La Lettre à Élise*. Loin d'empêcher son succès, cette erreur en favorise un autre, celui du prénom, qui connaît un miniboom dans toute l'Europe à la fin XIXe siècle. Après une période plus discrète, Élise revient en force et s'impose dans le top 40 français en 2001. Son niveau d'attribution reste assez constant aujourd'hui. *Variantes :* Éliséa, Eliz. *Caractérologie :* découverte, audace, énergie, résolution, originalité.

Élisée
190

Dieu a aidé (hébreu). *Caractérologie :* audace, direction, dynamisme, indépendance, détermination.

Élissa
1 500 TOP 900 ↘

Dieu est serment (hébreu). Princesse phénicienne, Élissa (Didon en latin) fuit la tyrannie de son frère Pygmalion, le roi de Tyr, et devient la reine fondatrice de la ville de Carthage. Refusant le mariage avec Larbas, Didon s'immolera afin de rester fidèle à son mari défunt. Ce personnage mythologique a inspiré nombre d'œuvres artistiques, comme *L'Énéide* de Virgile. *Caractérologie :* sociabilité, réceptivité, diplomatie, détermination, loyauté.

Élissandre
- de 100

Prénom inventé à partir d'une contraction d'Ellie et Alessandra. *Variante :* Élisandre. *Caractérologie :* spiritualité, connaissances, résolution, sagacité, originalité.

Elizabeth
4 000 TOP 900 ↗

Dieu est serment (hébreu). Féminin allemand, néerlandais, scandinave et anglais. *Caractérologie :* méditation, intelligence, décision, savoir, attention.

Ella
7 500 TOP 100 ↗

Éclat du soleil (grec). Ella est particulièrement répandu dans les pays anglophones. *Caractérologie :* enthousiasme, communication, pratique, adaptation, générosité.

Ellen
900 ↗

Éclat du soleil (grec). Ellen est très répandu dans les pays anglophones. Voir Hélène. *Caractérologie :* communication, pratique, enthousiasme, générosité, adaptation.

Ellie
3 500 TOP 200 ↗

Éclat du soleil (grec). Féminin anglais. *Variantes :* Ellia, Elya. *Caractérologie :* intelligence, méditation, sagesse, savoir, indépendance.

Elly
850 TOP 900 →

Éclat du soleil (grec). *Caractérologie :* amitié, intégrité, altruisme, réflexion, idéalisme.

Ellyn
700 TOP 2 000 ↑

Éclat du soleil (grec). *Variantes :* Elyn, Ellynn. *Caractérologie :* dynamisme, curiosité, courage, indépendance, bonté.

Elma
600 ↘

Protection, casque (germanique), ou contraction d'Elizabeth et Mary. Elma est plus particulièrement répandu dans les pays néerlandophones, germanophones et anglophones. C'est aussi un prénom usité au Pays basque. *Variante :* Helma. *Caractérologie :* persévérance, structure, efficacité, sécurité, honnêteté.

Elmas
110

Diamant (persan). *Caractérologie :* curiosité, dynamisme, indépendance, courage, charisme.

Elna
- de 100

Éclat du soleil (grec). Féminin scandinave. *Variante :* Alna. *Caractérologie :* indépendance, dynamisme, charisme, courage, curiosité.

Éloa
650 TOP 2 000 →

Lumière (celte). *Caractérologie :* sagesse, bienveillance, conseil, paix, conscience.

E

Éloane
3 000 **TOP 900** ↘

Lumière (celte). Prénom breton. *Variante :* Élouane. *Caractérologie :* sagacité, connaissances, originalité, spiritualité, philosophie.

Élodie
157 000 **TOP 800** ↘

Propriété (latin). Bien qu'il soit ancien, ce prénom n'est guère attribué en France avant le XXe siècle. Élodie jaillit dans la vague des terminaisons en « ie » dans les années 1970, culminant au 1er rang féminin de 1988 à 1990. Sa décrue s'accentue depuis 2005. ◇ Sainte Élodie refusa d'apostasier sous l'émirat d'Abd al-Rahman II ; elle fut décapitée à Cordoue au IXe siècle. *Variantes :* Alodia, Elodia, Lodie. Forme basque : Elodi. *Caractérologie :* énergie, audace, caractère, découverte, logique.

Élody
1 000

Propriété (latin). *Caractérologie :* sagacité, connaissances, volonté, sympathie, spiritualité.

Éloïse
33 000 **TOP 200** →

Illustre au combat (germanique). Féminin français. *Variantes :* Éloïs, Éloïsa. *Caractérologie :* réceptivité, sociabilité, diplomatie, détermination, raisonnement.

Élona
2 500 **TOP 2 000** ↘

Arbre (hébreu), variante d'Ilona. *Caractérologie :* intuition, relationnel, adaptabilité, fidélité, médiation.

Élora
3 500 **TOP 2 000** ↘

Éclat du soleil (grec). *Variantes :* Eloria, Elorie. *Caractérologie :* conscience, paix, résolution, bienveillance, analyse.

Elorri
450 →

Épine (basque). *Variante :* Elorie. *Caractérologie :* courage, curiosité, dynamisme, indépendance, raisonnement.

Élouane
350 ↘

Lumière (celte). Voir le masculin Élouan. *Caractérologie :* autonomie, innovation, énergie, ambition, autorité.

Elsa
46 000 **TOP 100** ↘

Dieu est serment (hébreu). Ce dérivé d'Élisabeth émerge dans les pays de langues anglaise et allemande au XIXe siècle. Son envol, promu par le succès de *Lohengrin* (opéra de Wagner dans lequel un personnage apparaît sous ce nom), n'a pas d'effet immédiat en France. Il faut attendre 1988 – et le succès de la chanteuse Elsa – pour voir ce choix briller dans le top 60 national. Aujourd'hui, Elsa est également attribué en Italie et dans les pays scandinaves. *Variantes :* Ellie, Else, Elsie, Elssa, Elza, Elsy, Ilsa et Ilse. *Caractérologie :* direction, indépendance, dynamisme, assurance, audace.

Elsie
650 →

Dieu est serment (hébreu). *Caractérologie :* curiosité, courage, indépendance, dynamisme, résolution.

Elvan
190

Rose (turc), variante bretonne d'Elouan : lumière (celte). *Variantes :* Elva, Elvie. *Caractérologie :* rectitude, humanité, rêve, tolérance, générosité.

Elvina
1 400

Elfe, amie (vieil anglais). Féminin anglais. On peut estimer que moins de 30 enfants seront prénommés ainsi en 2022. *Variantes :* Elvie, Elvine. *Caractérologie :* altruisme, idéalisme, détermination, intégrité, réflexion.

Elvira
1 200 **TOP 2 000** →

Noble et fidèle (germanique). Prénom espagnol. *Variantes :* Elbira, Elvia. *Caractérologie :* structure, persévérance, sécurité, efficacité, décision.

Elvire
2 500

Noble et fidèle (germanique). On peut estimer que moins de 30 enfants seront prénommés ainsi en 2022. *Variante :* Elwire. *Caractérologie :* passion, force, ambition, management, habileté.

Ely
550 TOP 2 000

Le Seigneur est mon Dieu (hébreu). *Caractérologie :* bienveillance, paix, conscience, conseil, sympathie.

Elya
5 000 TOP 200

Le Seigneur est mon Dieu (hébreu). Féminin russe. *Caractérologie :* connaissances, sagacité, spiritualité, cœur, originalité.

Elyn
500 TOP 800

Éclat du soleil (grec). *Variantes :* Elin, Elynn. *Caractérologie :* médiation, sympathie, fidélité, relationnel, intuition.

Élyna
4 000 TOP 200

Éclat du soleil (grec). *Caractérologie :* communication, sympathie, adaptation, enthousiasme, pratique.

Élyne
4 500 TOP 200

Éclat du soleil (grec). *Caractérologie :* connaissances, sagacité, spiritualité, amitié, originalité.

Élysa
1 200 TOP 2 000

Dieu est serment (hébreu). *Variante :* Élyssa. *Caractérologie :* vitalité, sympathie, ardeur, stratégie, achèvement.

Élyse
1 700 TOP 2 000

Dieu est serment (hébreu). *Caractérologie :* pragmatisme, créativité, communication, optimisme, sympathie.

Ema
5 500 TOP 500

Universelle (germanique). Ema est répandu dans les pays hispanophones, lusophones et slaves méridionaux. *Caractérologie :* autorité, ambition, innovation, énergie, autonomie.

Émelie
550

Travailleuse (germanique). *Variantes :* Émel, Émelia. *Caractérologie :* méthode, ténacité, fiabilité, engagement, sens du devoir.

Émeline
34 000 TOP 700

Travailleuse (germanique). Féminin français. *Variantes :* Aimelina, Aimeline, Émel, Émelia, Émelie, Emelina, Emmelie, Emmeline, Hemeline. *Caractérologie :* générosité, rectitude, humanité, rêve, tolérance.

Émelyne
3 000 TOP 2 000

Travailleuse (germanique). *Variantes :* Emmelyne, Emelyn. *Caractérologie :* idéalisme, bonté, réflexion, sympathie, intégrité.

Émerance
120

Qui mérite (latin). *Caractérologie :* audace, dynamisme, direction, indépendance, résolution.

Émeraude
700 TOP 2 000

Désigne l'émeraude, pierre précieuse en français. *Variante :* Emeralda. *Caractérologie :* humanité, rectitude, ouverture d'esprit, détermination, rêve.

Émerence
- de 100

Qui mérite (latin). *Variantes :* Émerentienne, Émerentine. *Caractérologie :* énergie, découverte, audace, séduction, originalité.

Emi
650 TOP 2 000

Bienfait, beauté (japonais). *Caractérologie :* dévouement, rectitude, rêve, humanité, réflexion.

E

Emma

Fête :
19 avril

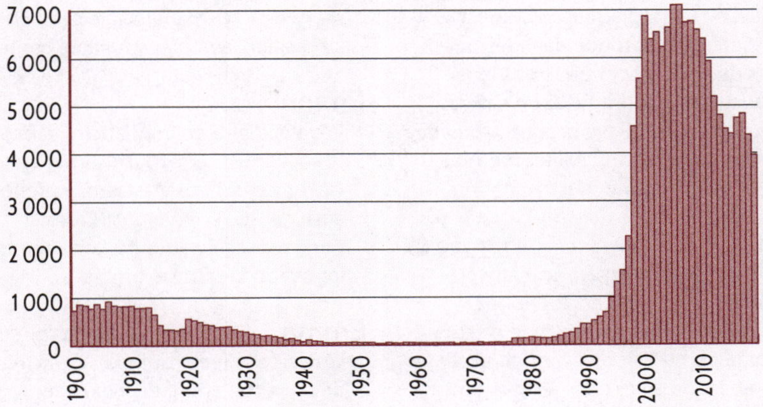

Étymologie

Du germain *ermen*, « universelle ». Ce choix corse, germanique et slave est devenu l'un des prénoms phares du Vieux Continent. Rien ne semble ternir son lustre dans les pays scandinaves, en Allemagne, aux États-Unis et au Canada, où Emma brille de mille feux. Ne nous étonnons pas de sa large diffusion en Grande-Bretagne puisque *Emma*, le célèbre roman de Jane Austen, en est à l'origine. Ce livre parut au XVIIIe siècle, au moment où la popularité du prénom battait son plein dans les milieux aristocrates. Gustave Flaubert relança sa carrière française en l'attribuant à l'héroïne de *Madame Bovary*, roman paru en 1857.

Oubliée pendant près d'un siècle en France, Emma revient de plus belle dans les années 1990. Elle détrône Léa en 2005 et règne sur le classement féminin pendant 14 ans. Elle reste l'un des prénoms les plus attribués en France et à Paris, où sa gloire a été plus tardive.

Le triomphe d'Emma ne se dément pas en Suisse romande, au Québec et en Wallonie.

Personnes célèbres

Emma Thompson, actrice anglaise, née en 1959 ; Emma de Caunes, actrice française, née en 1976 ; Emma Bonino, politicienne italienne, née en 1948 ; Emma, artiste bédéiste et conceptrice de la « charge mentale », née en 1981.

Statistiques

Emma est le 1er prénom féminin le plus donné en France depuis l'an 2000. Ce prénom est attribué à près d'une fille sur 90 aujourd'hui.

Émie
4 000 TOP 500

Travailleuse (germanique). *Caractérologie :* curiosité, indépendance, courage, charisme, dynamisme.

Émilia
5 000 TOP 300

Travailleuse (germanique). Emilia est particulièrement attribué dans les pays hispanophones, lusophones et slaves. C'est aussi un prénom usité en Grèce, en Occitanie et au Pays basque. *Variante :* Emili. *Caractérologie :* fiabilité, méthode, engagement, ténacité, détermination.

Émilie
174 000 TOP 200

Travailleuse (germanique). En France comme dans les pays anglophones, Émilie et Emily connaissent une certaine popularité au XIXe siècle avant de s'éclipser nettement. À la suite d'un jaillissement fulgurant, Émilie s'impose dans les 3 premiers rangs français de 1980 à 1986. Il ne détrône pas Aurélie mais réussira sa deuxième carrière outre-Atlantique, où il régnera sur le palmarès américain de 1996 à 2007. ◇ Née en Auvergne au XIXe siècle, sainte Émilie fonda plusieurs institutions religieuses visant à éduquer les filles pauvres et à soigner les malades. *Caractérologie :* stratégie, achèvement, vitalité, ardeur, leadership.

Émilienne
9 000

Travailleuse (germanique). Féminin français. On peut estimer que moins de 30 enfants seront prénommés ainsi en 2022. *Variantes :* Analie, Émiliana, Émiliane, Émilianne, Émiliette, Emmilienne. *Caractérologie :* énergie, découverte, audace, séduction, originalité.

Émiline
150

Travailleuse (germanique). *Variante :* Émilyne. *Caractérologie :* efficacité, persévérance, sécurité, honnêteté, structure.

Émily
5 000 TOP 500

Travailleuse (germanique). Après avoir connu une certaine faveur en Angleterre au XIXe siècle, ce prénom s'est élancé vers la gloire un siècle plus tard outre-Atlantique. Emily a trôné sur le palmarès américain de 1996 à 2006. *Caractérologie :* énergie, innovation, autorité, ambition, bonté.

Émine
1 400

Loyale, digne de confiance (arabe). Prénom turc. On peut estimer que moins de 30 enfants seront prénommés ainsi en 2022. *Variante :* Emina. *Caractérologie :* autorité, autonomie, innovation, énergie, ambition.

Emma
144 000 TOP 50

Universelle (germanique). *Caractérologie :* découverte, énergie, originalité, séduction, audace.

Emmanuela
250

Dieu est avec nous (hébreu). Prénom italien. *Variante :* Emanuela. *Caractérologie :* efficacité, persévérance, sécurité, honnêteté, structure.

Emmanuella
1 500 TOP 800

Dieu est avec nous (hébreu). *Caractérologie :* sagacité, spiritualité, connaissances, originalité, philosophie.

Emmanuelle
78 000 TOP 2 000

Dieu est avec nous (hébreu). Féminin français. *Variante :* Emanuele. *Caractérologie :* intuition, adaptabilité, fidélité, relationnel, médiation.

Emmeline
1 600

Travailleuse (germanique). On peut estimer que moins de 30 enfants seront prénommés ainsi en 2022. *Variantes :* Emmelie, Emmelyne. *Caractérologie :* fiabilité, ténacité, sens du devoir, engagement, méthode.

E

Émmie
3 000 **TOP 600**

Travailleuse (germanique). Féminin anglais. *Variantes :* Emme, Emmi. *Caractérologie :* dévouement, idéalisme, altruisme, intégrité, réflexion.

Emmy
13 000 **TOP 200**

Travailleuse (germanique). Ce prénom est particulièrement attribué dans les pays anglophones et en Suède. *Caractérologie :* réceptivité, diplomatie, sociabilité, loyauté, bonté.

Emna
4 000 **TOP 200**

Emna est le prénom de la mère du prophète Mahomet (arabe). *Caractérologie :* famille, équilibre, responsabilité, influence, exigence.

Emy
15 000 **TOP 100**

Travailleuse (germanique). Féminin anglophone. *Caractérologie :* savoir, intelligence, méditation, indépendance, sagesse.

Éna
300

Amande (irlandais), ou forme diminutive d'Eugénia ou Héléna. *Variante :* Enna. *Caractérologie :* réceptivité, loyauté, bonté, diplomatie, sociabilité.

Énaëlle
500 **TOP 900**

Combinaison de la sonorité « én » et des prénoms se terminant en « aëlle ». *Caractérologie :* rêve, générosité, rectitude, ouverture d'esprit, humanité.

Énara
- de 100

Hirondelle (basque). *Caractérologie :* communication, pragmatisme, créativité, résolution, optimisme.

Énaya
300 **TOP 1 000**

Voir Anaya. *Caractérologie :* dynamisme, direction, indépendance, audace, assurance.

Énéa
1 300 **TOP 600**

À moi (basque), exceptionnelle (écossais), je félicite (grec). Affluent de la Dordogne, l'Énéa est également un ruisseau français. *Variante :* Énée. *Caractérologie :* savoir, intelligence, méditation, sagesse, indépendance.

Énola
8 500 **TOP 500**

Celle qui est noble (vieux français). *Enola Gay* est le nom de l'avion américain qui a lâché la bombe atomique au-dessus d'Hiroshima durant la Seconde Guerre mondiale. Son pilote, le colonel Paul Tibbets, l'avait nommé ainsi en hommage à sa mère, Enola Gay Hazard Tibbets. En dehors de l'Hexagone, ce prénom est essentiellement recensé dans les pays anglophones. *Variante :* Inola. *Caractérologie :* adaptabilité, intuition, relationnel, médiation, fidélité.

Enora
15 000 **TOP 300**

Forme bretonne d'Éléonore ou d'Honorine : compassion (grec), honneur (latin). En breton, en or signifie « honneur ». Une sainte portant ce nom vécut dans un ermitage à Plestin-les-Grèves au Ve siècle. *Variantes :* Azenor, Enor, Enorig, Norane, Norig. *Caractérologie :* vitalité, stratégie, ardeur, achèvement, détermination.

Enya
350

Amande (irlandais). Ce diminutif d'Eithne est plus particulièrement usité dans les pays anglophones. *Variantes :* Ena, Enia. *Caractérologie :* rectitude, humanité, générosité, rêve, ouverture d'esprit.

Enza
1 200

Maîtresse de maison (germanique). On peut estimer que moins de 30 enfants seront prénommés ainsi en 2022. *Caractérologie :* innovation, autorité, autonomie, ambition, énergie.

E

Éolia
350

Soleil (breton), vent (grec). Dans la mythologie grecque, Éole est le dieu du Vent. *Caractérologie :* détermination, raisonnement, équilibre, famille, éthique.

Éoline
- de 100

Soleil (breton), vent (grec). *Caractérologie :* équilibre, famille, responsabilité, analyse, influence.

Épona
- de 30

Chevaux (gallois). Dans la mythologie celtique, Épona est la déesse des Chevaux. *Caractérologie :* équilibre, responsabilité, influence, exigence, famille.

Éponine
350 ↑

Se rapporte à Épona, déesse gauloise des Chevaux. Épouse de Sabinus, Éponine est une héroïne gauloise du Ier siècle. Sabinus s'était révolté contre les Romains ; victime d'une trahison, il fut capturé et mis à mort par Vespasien. Après avoir imploré l'empereur d'épargner son mari, Éponine l'insulta et fut à son tour exécutée. ◇ Éponine est l'une des héroïnes des *Misérables*, de Victor Hugo. *Variante :* Éponyne. *Caractérologie :* famille, éthique, équilibre, influence, exigence.

Erell
1 400 TOP 2 000 ↘

Pointe, extrémité (celte), variante possible d'Airelle. Prénom breton. *Variante :* Érelle. *Caractérologie :* intelligence, savoir, sagesse, méditation, indépendance.

Érica
1 400

Noble souveraine (germanique). Féminin anglais et scandinave. On peut estimer que moins de 30 enfants seront prénommés ainsi en 2022. *Caractérologie :* idéalisme, résolution, altruisme, intégrité, réflexion.

Éricka
1 300

Noble souveraine (germanique). Féminin anglais. On peut estimer que moins de 30 enfants seront prénommés ainsi en 2022. *Caractérologie :* diplomatie, réceptivité, sociabilité, organisation, résolution.

Erika
10 000 TOP 900 →

Noble souveraine (germanique). Erika est très répandu en Allemagne et dans les pays scandinaves. C'est aussi un choix traditionnel basque. *Caractérologie :* achèvement, décision, stratégie, ardeur, vitalité.

Erin
2 500 TOP 800 →

Paisible (irlandais). Erin se rapporte également à une expression poétique celte désignant l'Irlande. *Variante :* Eryn. *Caractérologie :* innovation, autorité, énergie, ambition, autonomie.

Erina
700 TOP 2 000 →

Paisible (irlandais). *Caractérologie :* sociabilité, réceptivité, loyauté, diplomatie, résolution.

Érine
3 500 TOP 800 ↘

Paisible (irlandais). Voir Erin. Féminin français. *Variantes :* Eryn, Eryne. *Caractérologie :* bienveillance, paix, conscience, conseil, sagesse.

Ermeline
- de 100

Honneur, doux (germanique). *Caractérologie :* réflexion, altruisme, idéalisme, intégrité, dévouement.

Ermine
- de 100

Se rapporte à Irmin, dieu païen (germanique). *Variantes :* Ermina, Erminia, Erminie. *Caractérologie :* dynamisme, indépendance, audace, direction, assurance.

Erna
650

Enthousiaste (vieux norrois), ou variante d'Ernestine. Prénom scandinave.

E

Caractérologie : intuition, relationnel, médiation, fidélité, détermination.

Ernestine
1 900 TOP 2 000

Qui mérite (germanique). Féminin français. *Variante :* Ernesta. *Caractérologie :* décision, audace, dynamisme, direction, indépendance.

Eryl
- de 30

Celle qui élève (hébreu). Féminin anglais. *Caractérologie :* paix, sympathie, bienveillance, conscience, conseil.

Esma
3 000 TOP 400

Sublime, de haut rang (arabe), également utilisé comme diminutif d'Esmeralda. Prénom turc. *Caractérologie :* sociabilité, loyauté, réceptivité, diplomatie, bonté.

Esmée
800 TOP 300

Forme diminutive francisée d'Esmeralda. Ce prénom est apparu en France en 2001, bien avant que les romans de Stephenie Meyer (*Twilight*), publiés à partir de 2005, puis adaptés en films, aient connu un succès mondial retentissant. Nul doute qu'Esme Cullen, héroïne de *Twilight*, a contribué à la découverte d'Esmée dans l'Hexagone. *Variante :* Esme. *Caractérologie :* bonté, diplomatie, loyauté, sociabilité, réceptivité.

Esmeralda
1 400 TOP 2 000

Ce nom signifie « émeraude » en espagnol et en portugais. Esmeralda est l'héroïne du célèbre roman *Notre-Dame de Paris*, de Victor Hugo. *Caractérologie :* responsabilité, famille, équilibre, détermination, influence.

Espérance
800 TOP 2 000

S'attendre à (latin). Féminin français. *Variantes :* Esperanza, Sperenza. *Caractérologie :* audace, décision, découverte, énergie, cœur.

Esra
1 700 TOP 2 000

Ce prénom turc tire ses origines de l'arabe et signifie « plus rapidement ». *Variante :* Ezra. *Caractérologie :* connaissances, sagacité, spiritualité, originalité, résolution.

Essia
350

Variante d'Assia ou d'Estelle : celle qui guérit (arabe), ou étoile (latin). *Variantes :* Essie, Essy. *Caractérologie :* achèvement, stratégie, vitalité, résolution, ardeur.

Estella
500

Étoile (latin). Féminin anglais et italien. *Caractérologie :* sociabilité, réceptivité, loyauté, diplomatie, gestion.

Estelle
70 000 TOP 500

Étoile (latin). Féminin français et anglais. La tradition veut que sainte Estelle ait parrainé la création du Félibrige, une école littéraire qui promeut, depuis le XIXe siècle, la langue et la culture des pays de langue d'oc. Née en 2012, Estelle de Suède est également la plus jeune princesse héritière du trône suédois. *Variantes :* Essie, Essy, Estée, Estel, Estèla, Estèle, Estelline. *Caractérologie :* influence, équilibre, famille, gestion, éthique.

Esther
14 000 TOP 400

Étoile (hébreu). Orpheline et fille de Juifs déportés en Assyrie, Esther devint l'épouse préférée du roi perse Assuérus. Lorsqu'elle apprit que le vizir Haram souhaitait faire massacrer la population judéenne de l'Empire, elle dévoila ses origines au roi et l'implora d'épargner son peuple. Assuérus pardonna à Esther de lui avoir caché ce secret et châtia Haram et ses partisans. Un grand banquet fut organisé à cette occasion. C'est en sa mémoire que les Juifs célèbrent la fête de Pourim au mois de mars chaque année.

Variantes : Ester, Esthère. *Caractérologie :* enthousiasme, pratique, communication, sensibilité, détermination.

Estrella
450 ↘

Étoile (latin). *Caractérologie :* intuition, médiation, organisation, détermination, relationnel.

Ethel
1 000 TOP 2 000 →

Noble (germanique). Ethel est plus traditionnellement usité en Angleterre et en Alsace. *Variante :* Étheline. *Caractérologie :* énergie, audace, originalité, attention, découverte.

Étiennette
2 500

Couronnée (grec). Féminin français. On peut estimer que moins de 30 enfants seront prénommés ainsi en 2022. Forme occitane : Esteva. *Caractérologie :* rêve, ouverture d'esprit, générosité, rectitude, humanité.

Étoile
- de 100

Du latin *stella*, qui signifie « étoile ». Ce prénom très rare peut être fêté avec les Estelle. *Caractérologie :* créativité, optimisme, analyse, pragmatisme, communication.

E

Eudeline
- de 100

Noble, fortunée (latin). *Variantes :* Eudia, Eudine. *Caractérologie :* enthousiasme, communication, adaptation, pratique, générosité.

Eudora
- de 30

Beau présent (grec). Nom d'une nymphe dans la mythologie grecque. *Caractérologie :* audace, volonté, direction, dynamisme, analyse.

Eudoxie
200

Qui est estimée (grec). *Variantes :* Eudocie, Eudoxia. Forme occitane : Eudoxi. *Caractérologie :* médiation, intuition, relationnel, volonté, analyse.

Eugénie
17 000 TOP 500 →

Bien née (grec). Ce féminin d'Eugène est relativement peu attribué en Europe jusqu'au XVIIe siècle. Il est en plein essor lorsque Balzac le choisit pour l'héroïne de son roman *Eugénie Grandet* et que la princesse Eugénie (1826-1920) conforte sa notoriété croissante. Eugénie avait tous les atouts pour faire une belle carrière en France. Ce choix rétro est encore prisé en 1902, au seuil de son dernier déclin. Il est rare pour un nouveau-né aujourd'hui. *Variante :* Eugénia. *Caractérologie :* enthousiasme, communication, pratique, adaptation, bonté.

Eulalia
- de 100

Belle parole, beau langage (latin/grec). Féminin espagnol, italien, anglais, corse et occitan. *Caractérologie :* savoir, intelligence, méditation, indépendance, décision.

Eulalie
3 500 TOP 1 000 ↘

Belle parole, beau langage (latin/grec). Prénom français, basque et occitan. *Variantes :* Eulali, Laïa, Laya, Olaia. *Caractérologie :* réceptivité, diplomatie, sociabilité, détermination, loyauté.

Eunice
800 TOP 2 000 ↗

Qui apporte la victoire (grec). Féminin français et anglais. *Variante :* Eunyce. *Caractérologie :* pratique, communication, enthousiasme, adaptation, générosité.

Eunoé
- de 30

Fille de magistrat originaire de Volubilis (au Maroc), Eunoé devint reine de la Mauritanie occidentale en épousant le roi Bogud. Douée d'un sens exceptionnel des affaires, elle aurait aussi conseillé Jules César lorsqu'il devint son amant.

Éva

Fête :
6 septembre

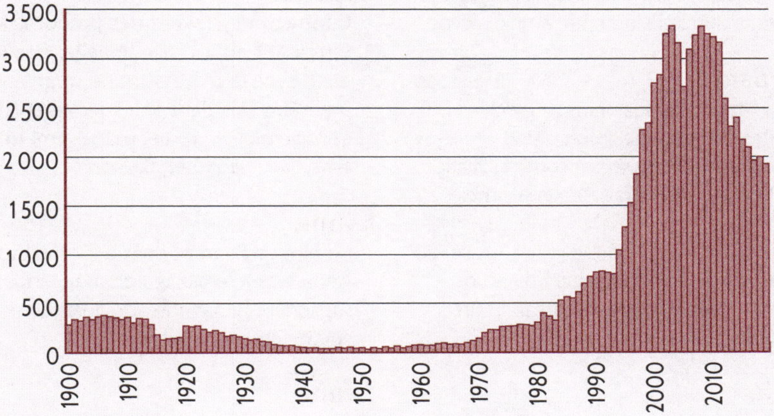

Étymologie

De l'hébreu *hava*, « vie, donner la vie ». Le Livre de la Genèse raconte l'histoire d'Ève, la première femme créée par Dieu. Ève coule des jours heureux et paisibles avec Adam dans l'abondance du jardin des Délices. Mais ce bonheur tranquille s'interrompt lorsque, tentée par le serpent, elle goûte au fruit défendu de l'arbre de la connaissance et le partage avec Adam. Pour les punir de leur désobéissance, Dieu les chasse du jardin d'Éden, vouant Ève et ses descendantes à enfanter dans la douleur.

Ce prénom ancien a été plus particulièrement attribué au XIXe siècle dans les pays anglophones. En France, son usage reste confidentiel jusqu'à la fin des années 1990, où son essor est fulgurant. Il a figuré avec constance dans les 20 premiers rangs féminins jusqu'à la fin des années 2010.

En dehors de l'Hexagone, Éva progresse dans les tableaux francophones et européens, mais sa carrière internationale pourrait pâtir de l'envol d'Ava. Cette dernière domine les palmarès australien, anglais et américain. Eve et Evie n'ont pas encore rendu les armes dans les pays anglophones, mais semblent malgré tout s'essouffler.

Notons que, conformément à son orthographe internationale, Éva n'est pas systématiquement accentué dans l'Hexagone.

Eva Perón (1919-1952) est une femme politique argentine célèbre pour avoir pris la défense des plus défavorisés.

Personnes célèbres

Eva Gabor, actrice américaine d'origine hongroise (1919-1995) ; Ava Gardner, actrice américaine (1922-1990) ; Eva Joly, magistrate franco-norvégienne devenue femme politique, née en 1943 ; Eva Mendes, actrice américaine, née en 1974.

Statistiques

Éva est le 14e prénom féminin le plus donné en France depuis l'an 2000. Ce prénom est attribué à près d'une fille sur 170 aujourd'hui. De son côté, Ève prénommera moins d'une fille sur 1 800.

E

Caractérologie : responsabilité, famille, influence, équilibre, exigence.

Euphémie
- de 100

Qui parle avec justesse (grec). *Variantes :* Eufemia, Euphémia, Fimia. *Caractérologie :* innovation, énergie, autorité, amitié, action.

Euphrasie
350

Qui construit bien ses phrases (grec). *Variantes :* Euphrasine, Euphroisine, Euphrosine. *Caractérologie :* communication, cœur, action, optimisme, pragmatisme.

Euranie
- de 30

Bonne (grec). *Caractérologie :* direction, raisonnement, audace, détermination, dynamisme.

Eurielle
130

Dieu est ma lumière (hébreu). Prénom breton. *Variantes :* Euria, Euriel, Euriell. *Caractérologie :* responsabilité, équilibre, famille, influence, exigence.

Europa
- de 30

Dans la mythologie grecque, Europe est la mère de Minos. *Variante :* Europe. *Caractérologie :* fiabilité, méthode, cœur, logique, ténacité.

Eurydice
550

Justice étendue (grec). Dans la mythologie grecque, Eurydice meurt d'une morsure de serpent et Orphée, son mari, en est d'autant plus inconsolable qu'il tente, en vain, de la ramener du royaume des Enfers. *Variante :* Euridice. *Caractérologie :* altruisme, idéalisme, intégrité, réflexion, cœur.

Eusébie
- de 30

Pieuse (grec). *Variante :* Eusebia. *Caractérologie :* pragmatisme, communication, optimisme, organisation, résolution.

Éva
80 000 TOP 50

Vie, donner la vie (hébreu). *Caractérologie :* ambition, énergie, autonomie, autorité, innovation.

Évaëlle
450

Contraction d'Éva et des prénoms se terminant en « elle » (Maëlle, Gaëlle, etc.). Évaëlle a été attribué pour la première fois dans l'Hexagone en 1998. *Caractérologie :* force, management, ambition, habileté, passion.

Évana
800 TOP 800

Féminin d'Evan et contraction d'Éva et Anna. *Caractérologie :* connaissances, sagacité, philosophie, originalité, spiritualité.

Évane
550

Féminin d'Evan et contraction d'Éva et Anne. *Variantes :* Evana, Evanne. *Caractérologie :* sociabilité, réceptivité, diplomatie, bonté, loyauté.

Ève
15 000 TOP 400

Vie, donner la vie (hébreu). Féminin anglais et français. Dans la Bible, Ève, la première femme de l'humanité, goûte avec Adam au fruit défendu de l'arbre de la connaissance, ce qui provoque la colère divine. *Variantes :* Évodie, Évodia, Évolène. *Caractérologie :* rectitude, rêve, générosité, tolérance, humanité.

Évelina
190 TOP 2 000

Contraction d'Ève et Lina. Féminin italien, anglais et occitan. *Caractérologie :* courage, dynamisme, curiosité, résolution, indépendance.

Éveline
13 000

Contraction d'Ève et Line. Féminin anglais et français. *Caractérologie :* rectitude, humanité, générosité, rêve, tolérance.

Évelise
- de 100

Contraction d'Ève et Lise. *Caractérologie :* résolution, indépendance, curiosité, dynamisme, résolution.

Évelyne
117 000 TOP 2 000

Contraction d'Ève et Lyne. Féminin français et anglais. *Variantes :* Evelyn, Evelynn. *Caractérologie :* intelligence, méditation, savoir, indépendance, sympathie.

Evie
800 TOP 2 000

Vie, donner la vie (hébreu). Féminin anglais. *Variantes :* Evi, Evita. *Caractérologie :* indépendance, curiosité, courage, dynamisme, charisme.

Évodie
250

Qui prend le bon chemin (grec). *Variante :* Evodia. *Caractérologie :* volonté, caractère, influence, famille, exigence.

Évora
- de 100

Nom de la chanteuse capverdienne Cesaria Evora, nom d'une ville du Portugal. *Caractérologie :* spiritualité, résolution, connaissances, volonté, sagacité.

Evy
1 800 TOP 400

Vie, donner la vie (hébreu). *Caractérologie :* originalité, spiritualité, connaissances, sagacité, philosophie.

Ewa
350

Se rapporte à un nom de dieu gaulois. Ewa est aussi une forme polonaise d'Éva. *Caractérologie :* réceptivité, sociabilité, diplomatie, loyauté, bonté.

Ezia
110

Aigle (latin). Féminin italien. *Caractérologie :* curiosité, audace, séduction, énergie, originalité.

F

Fabienne
100 000

Fève (latin). Féminin français. On peut estimer que moins de 30 enfants seront prénommés ainsi en 2022. *Variantes :* Fabiana, Fabiane, Fabianne. *Caractérologie :* sociabilité, diplomatie, réceptivité, résolution, loyauté.

Fabiola
2 500

Fève (latin). Féminin italien, espagnol, français et allemand. On peut estimer que moins de 30 enfants seront prénommés ainsi en 2022. *Caractérologie :* dynamisme, audace, direction, gestion, logique.

Fabricia
- de 100

Fabricatrice (latin). Dans l'Hexagone, Fabricia est plus traditionnellement usité en Occitanie. *Caractérologie :* fiabilité, méthode, ténacité, raisonnement, organisation.

Fadila
2 500

Vertueuse (arabe). *Variantes :* Fadela, Fadilah, Fadilha. *Caractérologie :* famille, équilibre, responsabilité, influence, analyse.

Faith
300 TOP 2 000

Foi, confiance (anglais). *Caractérologie :* management, force, passion, ambition, habileté.

Faïza
3 000 TOP 2 000

Victorieuse (arabe). *Variante :* Fawsia. *Caractérologie :* intelligence, savoir, méditation, indépendance, sagesse.

Fallone
400 TOP 2 000 ↘
La petite fille du chef (irlandais). *Variantes :* Fallon, Falone. *Caractérologie :* bonté, sociabilité, diplomatie, réceptivité, loyauté.

Fanchon
350
Forme bretonne de Françoise : libre, française (latin). *Caractérologie :* finesse, sagacité, originalité, connaissances, philosophie.

Fanette
850 ↓
Libre, française (latin). *Variante :* Phanette. *Caractérologie :* achèvement, vitalité, stratégie, leadership, ardeur.

Fannie
1 100
Libre, française (latin). Féminin français. On peut estimer que moins de 30 enfants seront prénommés ainsi en 2022. *Variantes :* Fania, Fanie, Phania, Phanie, Phanya, Phany. *Caractérologie :* ténacité, méthode, fiabilité, résolution, engagement.

Fanny
77 000 TOP 600 ↘
Libre, française (latin). Cette forme française de Françoise est également une forme finlandaise et anglaise de Frances. Féminin français. *Caractérologie :* famille, responsabilité, équilibre, exigence, influence.

F

Fanta
2 500 TOP 500 ↗
Forme bretonne de Françoise : libre, française (latin). *Caractérologie :* bienveillance, conscience, conseil, sagesse, paix.

Fantine
3 000 TOP 2 000 ↘
Enfant (latin). Héroïne tragique qui apparaît dans *Les Misérables*, de Victor Hugo. *Caractérologie :* équilibre, responsabilité, influence, décision, famille.

Fany
1 900
Libre, française (latin). On peut estimer que moins de 30 enfants seront prénommés ainsi en 2022. *Variante :* Fanya. *Caractérologie :* audace, direction, dynamisme, assurance, indépendance.

Farah
9 000 TOP 500 ↘
Bonheur, satisfaction (arabe). *Variantes :* Fara, Farha, Farra, Farrah. *Caractérologie :* savoir, intelligence, méditation, sagesse, indépendance.

Farida
8 500
Unique (arabe). On peut estimer que moins de 30 enfants seront prénommés ainsi en 2022. *Caractérologie :* enthousiasme, communication, adaptation, pratique, générosité.

Fatiha
9 000 TOP 2 000 →
Victorieuse (arabe). *Variantes :* Fatéha, Fathia, Fétiha. *Caractérologie :* rectitude, ouverture d'esprit, humanité, rêve, générosité.

Fatima
28 000 TOP 200 →
Petite chamelle qui vient d'être sevrée (arabe). Fille préférée de Mahomet et de Khadija, Fatima épousa Ali, le quatrième calife de l'islam. Le fondateur de la dynastie des Fatimides se réclame de sa lignée. Fatima est un prénom répandu dans les cultures musulmanes. *Variantes :* Fatim, Fatimah, Fatime. *Caractérologie :* découverte, énergie, originalité, audace, séduction.

Fatimata
1 600 TOP 800 →
Petite chamelle qui vient d'être sevrée (arabe). *Variante :* Fatimatou. *Caractérologie :* leadership, ardeur, vitalité, achèvement, stratégie.

Fatima-Zohra
850 ↓
Forme composée de Fatima et Zohra. Cette composition est particulièrement

attribuée dans les cultures arabes et musulmanes francophones. *Caractérologie :* autonomie, ambition, innovation, autorité, énergie.

Fatine
450

Petite chamelle qui vient d'être sevrée (arabe). *Variantes :* Fatin, Fatina. *Caractérologie :* indépendance, direction, audace, dynamisme, détermination.

Fatma
7 000 TOP 700

Petite chamelle qui vient d'être sevrée (arabe). *Variante :* Fathma. *Caractérologie :* curiosité, indépendance, courage, charisme, dynamisme.

Fatou
2 500 TOP 500

Petite chamelle qui vient d'être sevrée (arabe). Féminin sénégalais. *Caractérologie :* altruisme, réflexion, intégrité, idéalisme, gestion.

Fatoumata
9 500 TOP 200

Petite chamelle qui vient d'être sevrée (arabe). *Variante :* Fatouma. *Caractérologie :* organisation, vitalité, achèvement, ardeur, stratégie.

Faustine
20 000 TOP 200

Heureuse, fortunée (latin). Impératrice romaine, épouse d'Antonin le Pieux, Faustine l'Ancienne vécut au IIe siècle. Elle fut, comme sa fille Faustine la Jeune (femme de l'empereur Marc Aurèle), divinisée après sa mort. *Variantes :* Fausta, Fauste, Faustina. *Caractérologie :* résolution, courage, dynamisme, curiosité, analyse.

Faye
- de 100

Fidèle, digne de confiance (anglais). Féminin anglais. *Variantes :* Faith, Fay, Faya. *Caractérologie :* ambition, autorité, autonomie, innovation, énergie.

Fedora
- de 100

Présent de Dieu (grec). Prénom italien. *Caractérologie :* ténacité, méthode, résolution, fiabilité, volonté.

Félicia
2 500 TOP 2 000

Heureuse, chanceuse (latin). Féminin espagnol, anglais, néerlandais, roumain et scandinave. *Variantes :* Féliciana, Féliciane, Félisa. *Caractérologie :* idéalisme, altruisme, intégrité, détermination, raisonnement.

Féliciane
- de 30

Heureuse, chanceuse (latin). *Caractérologie :* raisonnement, énergie, détermination, autorité, innovation.

Félicie
3 500 TOP 900

Heureuse, chanceuse (latin). En dehors de l'Hexagone, Félicie est répandu en Allemagne. *Variantes :* Félice, Felicidad, Félixine. *Caractérologie :* persévérance, sécurité, structure, analyse, efficacité.

Félicienne
600

Heureuse, chanceuse (latin). *Caractérologie :* innovation, autorité, énergie, analyse, ambition.

Félicité
1 200

Heureuse, chanceuse (latin). Féminin français. On peut estimer que moins de 30 enfants seront prénommés ainsi en 2022. *Caractérologie :* responsabilité, famille, influence, équilibre, raisonnement.

Felixia
- de 100

Heureuse, chanceuse (latin). *Variante :* Félixiane. *Caractérologie :* savoir, méditation, intelligence, résolution, analyse.

Ferdinande
- de 100

Courageuse, aventurière (germanique). *Caractérologie :* achèvement, vitalité, stratégie, volonté, détermination.

F

Feriel
1 700 TOP 2 000

Vérité, justice (persan). Feriel est un prénom féminin très ancien qui fut porté par la fille du roi Farouk d'Égypte. *Variantes :* Ferial, Feriale, Ferielle, Feryal, Feryel. *Caractérologie :* ambition, énergie, autorité, raisonnement, innovation.

Fernanda
850

Courageuse, aventurière (germanique). *Caractérologie :* rêve, volonté, humanité, rectitude, résolution.

Fernande
16 000

Courageuse, aventurière (germanique). Féminin français. On peut estimer que moins de 30 enfants seront prénommés ainsi en 2022. *Variantes :* Fernandine, Ferrera. *Caractérologie :* persévérance, structure, sécurité, décision, caractère.

Fideline
- de 100

Foi (latin). *Variante :* Fidélia. *Caractérologie :* dynamisme, audace, direction, caractère, logique.

Fidji
350

Nom géographique qui désigne les îles Fidji. *Caractérologie :* sociabilité, réceptivité, diplomatie, loyauté, bonté.

F

Fiona
11 000

Fille à la peau claire (gaélique). Fiona est très répandu en Écosse et dans les pays anglophones. On peut estimer que moins de 30 enfants seront prénommés ainsi en 2022. *Variante :* Fyona. *Caractérologie :* rectitude, humanité, rêve, détermination, tolérance.

Fiorella
400

Fleur (latin). *Variantes :* Fiora, Fiorina. *Caractérologie :* équilibre, décision, responsabilité, famille, logique.

Firmine
190

Fermeté, rigueur (latin). *Variantes :* Firma, Firmina. *Caractérologie :* intuition, relationnel, fidélité, adaptabilité, médiation.

Flavia
1 200

Couleur jaune, blonde (latin). Féminin italien, espagnol et roumain. On peut estimer que moins de 30 enfants seront prénommés ainsi en 2022. *Caractérologie :* équilibre, famille, responsabilité, influence, analyse.

Flavie
17 000 TOP 700

Couleur jaune, blonde (latin). Féminin français. *Variantes :* Flavienne, Flavy. *Caractérologie :* énergie, innovation, volonté, autorité, raisonnement.

Fleur
5 500 TOP 700

Fleur (latin). En usage dès le Moyen Âge, Fleur a été l'un des prénoms du calendrier révolutionnaire les plus en vogue durant la Révolution. Sainte Fleur, une religieuse auvergnate, vécut au XIVe siècle. *Caractérologie :* ambition, force, habileté, analyse, passion.

Fleurine
450

Fleur (latin). *Variantes :* Fleurentine, Fleurestine, Fleuriane, Fleurice, Floréale, Florella, Florenzia, Flori, Florrie. *Caractérologie :* rêve, rectitude, ouverture d'esprit, logique, humanité.

Flora
19 000 TOP 400

Fleur (latin). Dans la mythologie romaine, Flora était la déesse de la Végétation et des Fleurs. En dehors de l'Hexagone, Flora est particulièrement répandu dans les pays anglophones, en Allemagne, en Grèce et en Italie. Variantes occitanes : Fora, Foriana, Forentina. *Caractérologie :* intelligence, savoir, logique, méditation, indépendance.

Les prénoms basques, bretons, corses et occitans

Les prénoms les plus attribués sur le plan national font décidément recette en régions. De la Picardie à la Provence, en passant par l'Auvergne, les classements régionaux font la part belle à Emma, Jade et Louise, les stars du palmarès français. Cela ne signifie pas que les prénoms à forte identité régionale ont disparu. Redécouverts et attribués par davantage de parents chaque année, ces derniers sont en plein essor, notamment en Bretagne, en Corse, au Pays basque ou en Occitanie. Certains gardent une identité régionale très marquée. Giulia, l'étoile italo-corse qui prospère en Provence, n'a rien à envier à la bretonne Enora, ni à Elaia, résolument basque.

D'autres prénoms connaissent tant de succès que leurs origines s'en trouvent oubliées. Léna et Maëlys ont beau s'être répandues dans l'ensemble de la France, elles n'en restent pas moins bretonnes. Parce qu'ils grandissent dans l'ombre de stars nationales, ces petits noms apparaissent rarement dans les classements régionaux. Pour leur redonner une voix, nous avons réuni la garde montante des prénoms de tradition et d'identités basques, bretonnes et occitanes. Ils sont dépourvus d'accents, conformément à l'usage traditionnel.

Les basques

Adela, Adriana, Agate, Alicia, Alienor, Amaia, Amaya, Amelia, Ana, Anaia, Andrea, Aurora, Beatriz, Elaia, Elaura, Elena, Enea, Erika, Ida, Ines, Joana, Juliana, Karla, Katarina, Lois, Lorea, Maia, Maialen, Maika, Maite, Maitena, Maria, Marika, Marta, Mendy, Mercedes, Mila, Milia, Nahia, Oihana, Sandrina, Uhaina.

Notons qu'Alicia et Elena maintiennent leur suprématie dans les prénoms typiquement basques.

Les bretons

Aela, Aelig, Alana, Aenor, Annaig, Armelle, Beatriz, Enora, Fanta, Gaelle, Gwenaelle, Gwenola, Jocelyne, Katell, Lara, Lena, Lenaig, Liza, Loane, Louane, Maela, Maelie, Maeline, Maelis, Maelle, Maelyne, Maelys, Maina, Maiwenn, Marianna, Melaine, Morane, Morgane, Noela, Nolwenn, Paola, Tiphaine, Servane, Soizic, Sterenn, Rozen, Yaelle, Yuna, Zaig.

Dans les prénoms bretons, Lena, Maëlys et Louane détiennent les records d'attribution.

Les corses

Andréa, Anghjulina, Anna, Anna-Déa, Antonia, Chjara, Davia, Dea, Elia, Ghjulia, Giulia, Leana, Leria, Lesia, Lia, Livia, Lucia, Mattea, Petra, Rosa, Saveria, Stella.

Dans les prénoms corses, Andréa et Giulia se distinguent particulièrement.

Les occitans

Adria, Aelis, Alicia, Alienor, Amelia, Anaïs, Anna, Auda, Beatriz, Blanca, Bruna, Carla, Catarina, Clara, Clelia, Cloe, Elena, Eleonor, Elis, Emilia, Eugenia, Eulalia, Flavia, Flora, Flores, Inès, Isolina, Jana, Joana, Juliana, Justina, Loïs, Maria, Mila, Naïs.

Dans la sélection occitane, les choix dominants sont Anna et Mila.

Sur le plan national, Anna et Mila sont les choix régionaux qui ont connu les plus fortes progressions.

Florane
400

Fleur (latin). Féminin français. *Caractérologie :* ambition, décision, habileté, logique, force.

Flore
9 500 TOP 600

Fleur (latin). Féminin français. *Variantes :* Flor, Florès, Florette. *Caractérologie :* diplomatie, réceptivité, sociabilité, loyauté, raisonnement.

Florence
141 000 TOP 2 000

Fleur (latin). Attribué outre-Manche au Moyen Âge, Florence renaît au XIXe siècle et devient très fréquent dans les pays anglophones jusqu'au début des années 1930. Sa floraison, plus tardive en France, le placera dans le top 20 national de 1962 à 1973. ◇ Espagnole de Séville au VIIe siècle, sainte Florence fut orpheline très jeune. Ses trois frères, les saints Léandre, Fulgence et Isidore, veillèrent sur elle et lui donnèrent une éducation religieuse. Elle se retira dans un couvent de Séville et termina sa vie abbesse de l'abbaye d'Agisti, en Andalousie. *Variante :* Florencia. *Caractérologie :* éthique, équilibre, influence, famille, raisonnement.

F

Florentine
1 300

Fleur (latin). Féminin français. On peut estimer que moins de 30 enfants seront prénommés ainsi en 2022. *Variante :* Florestine. *Caractérologie :* dynamisme, logique, direction, indépendance, audace.

Floria
350

Fleur (latin). *Caractérologie :* sagacité, logique, originalité, connaissances, spiritualité.

Floriana
300

Fleur (latin). Prénom italien. *Variantes :* Florelle, Floria, Florielle. *Caractérologie :* méthode, ténacité, analyse, résolution, fiabilité.

Floriane
19 000

Fleur (latin). Féminin français. On peut estimer que moins de 30 enfants seront prénommés ainsi en 2022. *Variante :* Floryane. *Caractérologie :* force, habileté, analyse, ambition, résolution.

Florianne
1 200

Fleur (latin). Féminin français. On peut estimer que moins de 30 enfants seront prénommés ainsi en 2022. *Caractérologie :* ténacité, méthode, fiabilité, logique, décision.

Florida
160

Floraison (latin), nom d'un État américain. Florida est recensé dans les pays anglophones. *Variantes :* Floride, Florinda. *Caractérologie :* intuition, médiation, relationnel, analyse, fidélité.

Florie
2 500

Fleur (latin). On peut estimer que moins de 30 enfants seront prénommés ainsi en 2022. *Caractérologie :* diplomatie, réceptivité, sociabilité, loyauté, raisonnement.

Florine
12 000 TOP 2 000

Fleur (latin). Féminin français. *Variante :* Floryne. *Caractérologie :* méditation, intelligence, savoir, indépendance, logique.

Fortuna
110

Heureuse, fortunée (latin). Prénom espagnol. *Variante :* Fortune. *Caractérologie :* curiosité, dynamisme, détermination, courage, raisonnement.

Fouzia
2 000

Victorieuse (arabe). On peut estimer que moins de 30 enfants seront prénommés ainsi en 2022. *Variante :* Fawsia. *Caractérologie :* conscience, paix, bienveillance, conseil, logique.

Framboise
- de 30

Se rapporte au nom du fruit (latin). *Caractérologie :* connaissances, spiritualité, caractère, sagacité, originalité.

Franca
800

Libre, française (latin). Franca est très répandu en Italie. *Caractérologie :* savoir, intelligence, résolution, méditation, analyse.

France
17 000 TOP 2 000

Libre, française (latin). Féminin français. *Caractérologie :* sociabilité, diplomatie, réceptivité, décision, logique.

Franceline
800

Libre, française (latin). *Variante :* Francelyne. *Caractérologie :* équilibre, famille, analyse, responsabilité, résolution.

Francesca
3 000 TOP 2 000

Libre, française (latin). Francesca est un prénom italien. C'est aussi un choix traditionnel corse. *Caractérologie :* sagacité, raisonnement, connaissances, spiritualité, détermination.

Francette
6 500

Libre, française (latin). Féminin français. On peut estimer que moins de 30 enfants seront prénommés ainsi en 2022. *Caractérologie :* intuition, médiation, analyse, relationnel, résolution.

Franciane
1 400

Libre, française (latin). On peut estimer que moins de 30 enfants seront prénommés ainsi en 2022. *Caractérologie :* raisonnement, force, habileté, ambition, détermination.

Francine
61 000

Libre, française (latin). Féminin français et anglais. On peut estimer que moins de 30 enfants seront prénommés ainsi en 2022. *Variantes :* Frances, Francesa, Francila, Francilia, Francille, Francina, Francisca, Franckie, Frankie, Frannie, Franny. *Caractérologie :* résolution, intelligence, savoir, méditation, analyse.

Françoise
316 000

Libre, française (latin). Ce féminin de François connaît une grande faveur française du XVIIe siècle au début du XIXe siècle. Comme Frances dans les pays anglophones, Françoise jaillit de nouveau après la Seconde Guerre mondiale, s'imposant au 2e rang national entre Marie et Monique. Françoise se maintiendra dans le top 10 jusqu'en 1962, une longévité qui lui vaut d'être le 3e prénom féminin le plus attribué du XXe siècle en France. ◇ Au risque de sa vie, sainte Françoise prit soin des malades de la peste en 1414. Veuve, elle se retira dans le monastère de bénédictines qu'elle avait fondé. *Caractérologie :* altruisme, idéalisme, logique, intégrité, décision.

Frederica
190

Pouvoir de la paix (germanique). Prénom suédois, danois, portugais et occitan. *Variantes :* Federica, Frederika. *Caractérologie :* caractère, famille, logique, responsabilité, équilibre.

Frédérique
47 000

Pouvoir de la paix (germanique). Féminin français. On peut estimer que moins de 30 enfants seront prénommés ainsi en 2022. *Caractérologie :* raisonnement, rêve, humanité, volonté, rectitude.

Frida
600 TOP 2 000

Pouvoir de la paix (germanique). Frida est plus traditionnellement usité en Allemagne, dans les pays scandinaves et en Alsace. *Variantes :*

F

Freda, Freddie. *Caractérologie :* intuition, médiation, relationnel, adaptabilité, fidélité.

Frieda
600

Noble paix (germanique). *Caractérologie :* savoir, intelligence, méditation, détermination, volonté.

Fulgence
- de 30

Fulgurant (latin). *Caractérologie :* direction, dynamisme, audace, cœur, indépendance.

Fulvia
- de 30

Couleur jaune, blonde (latin). Féminin italien. *Caractérologie :* habileté, logique, force, passion, ambition.

G

Gabriela
2 000 TOP 400 ↗

Force de Dieu (hébreu). *Caractérologie :* direction, détermination, dynamisme, audace, bonté.

Gabriella
3 000 TOP 400 ↗

Force de Dieu (hébreu). Gabriella est très répandu dans les pays anglophones. *Variantes :* Gabie, Gabia, Gabriela, Gabriele. *Caractérologie :* ténacité, méthode, amitié, fiabilité, détermination.

Gabrielle
44 000 TOP 100 →

Force de Dieu (hébreu). Ce féminin de Gabriel connaît un certain engouement à la fin du XIXe siècle en France et dans les pays anglophones. Il renaît depuis peu dans le sillon de Gabriel. ◇ Religieuse au XVIIIe siècle, sainte Gabrielle fut prise dans la tourmente de la Révolution ; elle fut décapitée comme les sœurs du carmel de Compiègne en 1794. Gabrielle est l'un des prénoms de l'écrivaine Colette. *Caractérologie :* vitalité, sympathie, achèvement, résolution, stratégie.

Gaby
1 800 TOP 900 ↗

Force de Dieu (hébreu). Féminin anglais. *Caractérologie :* force, ambition, habileté, passion, management.

Gaëla
140

Seigneur généreux (celte). Voir Gaëlle. Féminin français et breton. *Variantes :* Gaélane, Gaëlla. *Caractérologie :* vitalité, achèvement, stratégie, sympathie, ardeur.

Gaële
650

Seigneur généreux (celte). Voir Gaëlle. Féminin français et breton. *Caractérologie :* communication, optimisme, pragmatisme, sympathie, créativité.

Gaëlle
59 000 TOP 700 ↘

Seigneur généreux (celte). Ancien peuple celte, les Gaëls s'établirent en Irlande à la fin du Ve siècle. En Bretagne, Gaelle s'orthographie souvent sans tréma. *Caractérologie :* bienveillance, conseil, paix, conscience, bonté.

Gaétane
4 500

De Gaète, ville d'Italie (latin). Ce prénom français s'orthographie également avec un tréma. On peut estimer que moins de 30 enfants seront prénommés ainsi en 2022. *Caractérologie :* leadership, vitalité, achèvement, stratégie, ardeur.

Gaïa
2 500 TOP 400

Dans la mythologie grecque, Gaia est la déesse qui symbolise la terre nourricière, celle d'où provient la vie. Gaia est un prénom italien. C'est aussi un choix occitan en vogue. *Variantes :* Algaïa, Gaya. *Caractérologie :* rectitude, humanité, générosité, tolérance, rêve.

Gaïane
200

Voir Gaïa. *Caractérologie :* autorité, innovation, énergie, ambition, décision.

Gala
200

Diminutif de Galina, féminin de Galien, nom porté par Claudius Galenus, docteur romain au IIe siècle avant J.-C. Prénom russe. *Caractérologie :* pragmatisme, communication, créativité, optimisme, sociabilité.

Galatée
- de 100

Couleur du lait (grec). *Caractérologie :* conscience, paix, gestion, bienveillance, cœur.

Galia
- de 100

Dieu est clément (hébreu). *Variante :* Galya. *Caractérologie :* générosité, communication, enthousiasme, adaptation, pratique.

Garance
11 000 TOP 200

Nom d'une plante herbacée des régions chaudes et tempérées, dont la racine est rouge. Garance est un prénom français issu du calendrier révolutionnaire. *Caractérologie :* sécurité, résolution, structure, persévérance, sympathie.

Gasparine
- de 30

Gardienne du trésor (hébreu). *Caractérologie :* détermination, ouverture d'esprit, rectitude, humanité, rêve.

Gatienne
- de 100

Grâce (latin). *Caractérologie :* résolution, communication, enthousiasme, adaptation, pratique.

Gayane
180

Variante de Gaïa, du nom de la déesse qui symbolise la terre nourricière dans la mythologie grecque. C'est aussi le nom d'une martyre chrétienne (arménien). *Caractérologie :* leadership, vitalité, stratégie, achèvement, ardeur.

Gemma
450 TOP 2 000

Pierre précieuse (latin). Gemma est répandu en Italie. C'est aussi un choix traditionnel basque. *Variantes :* Gema, Gemme. *Caractérologie :* créativité, optimisme, communication, pragmatisme, réalisation.

Gen
- de 30

Source (japonais), claire, douce (celte). *Caractérologie :* passion, ambition, management, habileté, force.

Gena
250

Petit oiseau (arabe), claire, douce (celte). Féminin anglais. *Variante :* Genna. *Caractérologie :* audace, originalité, séduction, découverte, énergie.

Geneviève
102 000

Claire, douce (celte). Féminin français. On peut estimer que moins de 30 enfants seront prénommés ainsi en 2022. Forme bretonne : Genoveva. *Caractérologie :* honnêteté, sécurité, structure, persévérance, efficacité.

Genia
- de 100

Claire, douce (celte). Féminin espagnol, portugais, polonais. *Variantes :* Génie, Genny, Ginia. *Caractérologie :* humanité, ouverture d'esprit, rêve, rectitude, résolution.

Gentiane
150

Plante des prés (latin). *Caractérologie :* pratique, communication, enthousiasme, adaptation, résolution.

Georgette
39 000

Labourer le sol (grec). Féminin français. On peut estimer que moins de 30 enfants seront prénommés ainsi en 2022. *Caractérologie :* pratique, enthousiasme, communication, adaptation, générosité.

Georgia
1 400 TOP 2 000

Labourer le sol (grec), nom d'un État américain. Féminin anglais et grec. *Variantes :* Georgiane, Georgie, Georgina, Giorgia. Forme bretonne : Jorane. *Caractérologie :* habileté, ambition, force, détermination, passion.

Géraldine
43 000

Lance, gouverner (germanique). Féminin français et anglais. On peut estimer que moins de 30 enfants seront prénommés ainsi en 2022. *Variante :* Géralde. *Caractérologie :* optimisme, pragmatisme, réalisation, sympathie, communication.

G

Gérardine
400

Lance puissante (germanique). *Variantes :* Gérarda, Gérarde. *Caractérologie :* altruisme, intégrité, détermination, idéalisme, réalisation.

Gerda
- de 100

La protégée (scandinave). Féminin allemand, néerlandais et scandinave. *Caractérologie :* ambition, force, habileté, résolution, réalisation.

Germaine
29 000

De même sang (latin). Ce prénom ancien a connu son dernier pic de popularité au début des années 1900 et s'est maintenu dans les 5 premiers rangs féminins jusqu'en 1910. Il se démode après la Seconde Guerre mondiale et disparaît des maternités françaises à partir des années 1980. On peut estimer que moins de 30 enfants seront prénommés ainsi en 2022. *Variantes :* Germana, Germane, Germanie, Germina, Germinie, Hermana. *Caractérologie :* rectitude, rêve, humanité, décision, réussite.

Gersende
850

Lance acérée (germanique). *Variante :* Gersande. *Caractérologie :* découverte, réalisation, audace, séduction, originalité.

Gertrude
1 600

Lance loyale (germanique). Féminin français. On peut estimer que moins de 30 enfants seront prénommés ainsi en 2022. *Variantes :* Trude, Trudie, Trudy. *Caractérologie :* ambition, force, habileté, passion, bonté.

Gervaise
750

Prête au combat (germanique). *Caractérologie :* énergie, détermination, découverte, réalisation, audace.

Ghislaine
56 000

Douce (germanique). Féminin français. On peut estimer que moins de 30 enfants seront prénommés ainsi en 2022. *Caractérologie :* pratique, communication, enthousiasme, cœur, action.

Ghizlane
700 TOP 2 000

Douce (germanique). *Caractérologie :* sympathie, dynamisme, direction, audace, ressort.

Gia
- de 100 TOP 2 000

S'il est probable que Gia soit une forme féminine de Gianni, l'équivalent italien de Jean, son origine italienne ne fait aucun doute. *Caractérologie :* passion, vie, finesse, stratégie, habileté.

Gianna
250 ↗

Dieu fait grâce (hébreu). Gianna est un prénom italien. *Variante :* Giacomina. *Caractérologie :* audace, direction, indépendance, dynamisme, résolution.

Gilberte
22 000

Promesse brillante (germanique). Féminin français. On peut estimer que moins de 30 enfants seront prénommés ainsi en 2022. *Caractérologie :* cœur, famille, équilibre, responsabilité, influence.

Gilda
1 800

Chevelure (celte), ou doré (vieil anglais). Féminin italien, espagnol, portugais, anglais et corse. On peut estimer que moins de 30 enfants seront prénommés ainsi en 2022. *Caractérologie :* responsabilité, famille, équilibre, influence, réalisation.

Gilliane
500

De la famille romaine de Iule (latin). *Variantes :* Gilian, Giliane, Gill, Gilliane, Gillianne. *Caractérologie :* bienveillance, conscience, résolution, paix, sympathie.

Gin
- de 30

Argent (japonais). *Caractérologie :* communication, pragmatisme, sociabilité, optimisme, créativité.

Gina
5 000 TOP 900 →

Claire, douce (celte). Gina est plus particulièrement répandu en Italie et dans les pays anglophones. *Variante :* Jina. *Caractérologie :* structure, sécurité, persévérance, efficacité, résolution.

Ginette
76 000

Pure, vierge (latin). Féminin français. On peut estimer que moins de 30 enfants seront prénommés ainsi en 2022. *Caractérologie :* force, ambition, habileté, management, passion.

Ginger
200

Pure, vierge (latin). *Caractérologie :* conscience, paix, bienveillance, conseil, sagesse.

Giona
- de 30

Colombe (hébreu). Féminin italien. *Caractérologie :* détermination, direction, dynamisme, indépendance, assurance.

Giovanna
1 700 TOP 2 000 →

Dieu fait grâce (hébreu). Féminin italien. *Variantes :* Jovana, Jovanna. *Caractérologie :* réceptivité, sociabilité, diplomatie, caractère, réussite.

Gisèle
82 000 TOP 2 000 ↘

Épée (germanique). Prénom français. Veuve de saint Étienne de Hongrie au XIe siècle, sainte Gisèle se retira dans un monastère où elle termina ses jours. *Variantes :* Gisela, Giselda, Gisella, Gigi, Gizèle. *Caractérologie :* communication, pragmatisme, résolution, sympathie, optimisme.

Giselle
2 500 ↗

Épée (germanique). Féminin français et anglais. *Caractérologie :* équilibre, responsabilité, famille, amitié, détermination.

Gislaine
4 000

Douce (germanique). On peut estimer que moins de 30 enfants seront prénommés ainsi en 2022. *Variante :* Gyslène. *Caractérologie :* méthode, fiabilité, ténacité, détermination, bonté.

Giulia
13 000 TOP 50 →

De la famille romaine de Iule (latin). *Caractérologie :* dynamisme, charisme, curiosité, courage, indépendance.

Giuliana
1 400 TOP 500 →

De la famille romaine de Iule (latin). Féminin italien. *Caractérologie :*

G

sympathie, diplomatie, sociabilité, résolution, réceptivité.

Gladys
9 500 TOP 2 000

Richesse (celte). En dehors de l'Hexagone, ce prénom gallois est usité dans les pays anglophones. *Variantes :* Gladez, Gladis, Glady. *Caractérologie :* énergie, découverte, audace, réussite, originalité.

Glannon
- de 30

Pure, neuvième (latin). Féminin breton. *Caractérologie :* courage, curiosité, dynamisme, indépendance, cœur.

Glenda
- de 100

Vallée boisée (irlandais). Féminin anglais. *Caractérologie :* sagacité, réussite, cœur, connaissances, spiritualité.

Gloria
3 500 TOP 500

Gloire (latin). Féminin anglais et italien. *Caractérologie :* logique, achèvement, stratégie, ardeur, vitalité.

Glwadys
600

Richesse (celte). *Variante :* Glawdys. *Caractérologie :* audace, dynamisme, direction, amitié, réalisation.

G

Glynis
- de 100

Petite vallée (gallois). *Caractérologie :* découverte, énergie, audace, détermination, bonté.

Golda
- de 100

Dorée (anglais). *Caractérologie :* enthousiasme, pratique, communication, réalisation, adaptation.

Gordana
200

Colline triangulaire (anglais). *Caractérologie :* responsabilité, famille, réalisation, équilibre, volonté.

Grace
3 500 TOP 600

Grâce (latin). Féminin anglais. *Variante :* Gracie. *Caractérologie :* finesse, connaissances, sagacité, cœur, décision.

Gracianne
180

Grâce (latin). *Variantes :* Gracia, Graciane, Gracie, Gracienne. *Caractérologie :* rectitude, humanité, rêve, résolution, sympathie.

Grazia
300

Grâce (latin). Ce prénom italien est traditionnellement usité dans le Pays basque. *Variantes :* Graze, Grazi. *Caractérologie :* achèvement, vitalité, ardeur, stratégie, action.

Graziella
7 000

Grâce (latin). Prénom italien. On peut estimer que moins de 30 enfants seront prénommés ainsi en 2022. *Caractérologie :* ressort, sympathie, direction, audace, dynamisme.

Gregoria
- de 100

Veilleur, vigilant (grec). Dans l'Hexagone, Gregoria est plus traditionnellement usité au Pays basque. *Caractérologie :* ambition, habileté, passion, décision, force.

Greta
300

Perle (grec). Ce prénom allemand est également répandu dans les pays scandinaves. *Variantes :* Gretchen, Gretel, Grethel. *Caractérologie :* conscience, paix, bienveillance, conseil, résolution.

Grisel
- de 30

Diminutif probable de Griselda : sombre bataille (vieil allemand). *Variantes :* Grizelda, Zelda. *Caractérologie :* culture, liberté, détermination, caractère, vivacité.

Giulia, Julia

Fête :
8 avril

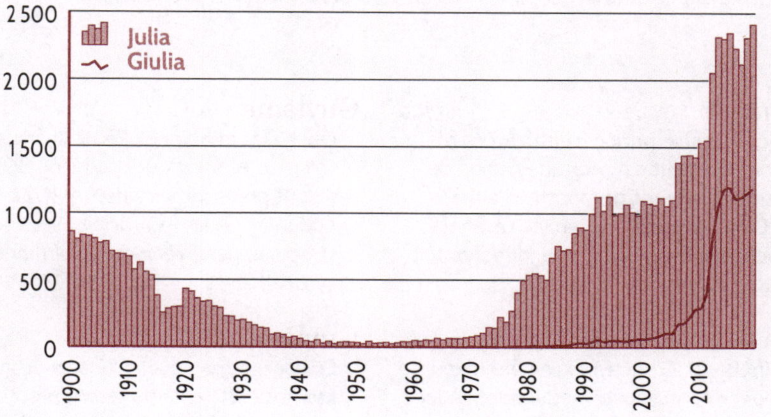

Étymologie

Forme féminine du Julius latin, Julia (Iulia) était en usage au temps de Rome. Mais à la fin de l'Empire romain, ce nom, évocateur de César, disparaît dans les méandres du Moyen Âge. Il se réveille au XVIe siècle en Allemagne et dans les pays anglophones, avant de se répandre dans toute l'Europe. En France, Julia a longtemps grandi dans l'ombre de Julie. C'est dans les années 2010 qu'elle surpasse sa rivale en nombre d'attributions. Aujourd'hui, l'écart se creuse, et Julia confirme son échappée vers les cimes du classement.

L'émulation est d'autant plus vive qu'un autre choix d'inspiration romaine pourrait venir la bousculer. Il s'agit de l'italienne Giulia, apparue en France dans les années 1960 et longtemps restée inconnue. En 2011, lorsque Carla Bruni et Nicolas Sarkozy prénomment leur fille Giulia, elle commence tout juste à s'élancer dans le Sud-Est (Marseille, Nice, Toulon, Monaco). Il faut dire qu'à quelques encablures de ces villes méditerranéennes, la forme corse Ghjulia est reine sur l'île de Beauté. Avec ses deux syllabes, sa terminaison en « a » et son charme italien, cette graine de star a fait son entrée dans le top 50 national. Nos voisins suisses romands et wallons ont déjà cédé au charme de la version italophone qui grimpe vers les sommets.

À noter : Giulia évolue dans les tout premiers rangs italiens et monégasques, mais dans l'ensemble des pays occidentaux, c'est Julia qui l'emporte.

Dans l'histoire

Au XVIe siècle, le cardinal Rodrigo Borgia tomba éperdument amoureux de **Giulia Farnese**, une jeune aristocrate romaine d'une grande beauté. Bien que promise à Orso Orsini, Borgia obtint que Giulia Farnese soit sa maîtresse en échange de privilèges et honneurs rendus aux deux familles. Elle est sa concubine officielle lorsqu'il devient pape (sous le nom d'Alexandre VI). Après la mort du pape et celle d'Orsini, elle connaît d'autres amours et se remarie. Elle laisse à la postérité son histoire et son extraordinaire beauté qui lui valut le surnom de *Giulia la Bella*.

Personnes célèbres

Giulia Grisi, cantatrice du XIXe siècle ; Giulia Andreani, peintre, née en 1985 ; Giulia Rondon,

G

joueuse de volley-ball, née en 1987 ; Giulia Steingruber, gymnaste, née en 1994.

Statistiques

Julia est le 39e prénom féminin le plus donné en France depuis l'an 2000. Ce prénom est attribué à près d'une fille sur 130 aujourd'hui. De son côté, Giulia devrait prénommer une fille sur 280 et figurer au 115e rang du palmarès. Enfin, Julie est attribuée à une fille sur 1 000, mais elle devance encore ses rivales au 31e rang des attributions depuis 2000.

Guénaëlle
1 700

Blanc, heureux, prince (celte). Prénom breton. On peut estimer que moins de 30 enfants seront prénommés ainsi en 2022. *Variantes :* Guénaël, Guénola. *Caractérologie :* dynamisme, direction, audace, indépendance, cœur.

Guila
140

Joie (hébreu). *Caractérologie :* énergie, découverte, originalité, séduction, audace.

Guilaine
2 500

Douce (germanique). Féminin français. On peut estimer que moins de 30 enfants seront prénommés ainsi en 2022. *Variante :* Guilène. *Caractérologie :* paix, détermination, bienveillance, conscience, bonté.

G

Guillemette
3 500

Protectrice résolue (germanique). On peut estimer que moins de 30 enfants seront prénommés ainsi en 2022. *Variantes :* Guillaumette, Guillemine. *Caractérologie :* pragmatisme, communication, créativité, optimisme, cœur.

Guislaine
1 000

Douce (germanique). *Caractérologie :* intelligence, cœur, méditation, savoir, décision.

Gustavie
- de 100

Combattante (germanique). Variante flamande : Gusta. *Caractérologie :* énergie, audace, découverte, réalisation, sympathie.

Guylaine
7 000

Douce (germanique). Féminin français. On peut estimer que moins de 30 enfants seront prénommés ainsi en 2022. *Variante :* Gilaine. *Caractérologie :* sécurité, structure, persévérance, résolution, sympathie.

Guylène
3 000

Douce (germanique). On peut estimer que moins de 30 enfants seront prénommés ainsi en 2022. *Caractérologie :* achèvement, vitalité, ardeur, stratégie, cœur.

Guyonne
- de 100

Forêt (germanique). *Caractérologie :* relationnel, intuition, médiation, amitié, fidélité.

Gwen
350

Blanc, heureux (celte). Féminin gallois, français et breton. *Caractérologie :* fiabilité, ténacité, engagement, méthode, sens du devoir.

Gwenaël
600

Blanc, heureux, prince (celte). Prénom breton. *Caractérologie :* sécurité, efficacité, persévérance, structure, bonté.

Gwenaëlle
22 000 TOP 2 000

Blanc, heureux, prince (celte). Prénom breton. *Variantes :* Guénhaëlle, Gwanaëlle, Gwenaëla, Gwenaële, Gwendaline, Gwendeline, Gwenhaël. *Caractérologie :* adaptation, pratique, enthousiasme, communication, bonté.

Gwendoline
20 000 TOP 2 000
Cercle blanc (celte). Féminin gallois, français et breton. *Caractérologie :* humanité, rectitude, rêve, analyse, volonté.

Gwendolyne
800
Cercle blanc (celte). *Variantes :* Gwendolina, Gwendolyn. *Caractérologie :* intelligence, savoir, méditation, caractère, cœur.

Gwenn
1 200
Blanc, heureux (celte). Prénom breton. On peut estimer que moins de 30 enfants seront prénommés ainsi en 2022. *Variante :* Gwennaïg. *Caractérologie :* réflexion, dévouement, altruisme, intégrité, idéalisme.

Gwennaëlle
1 300
Blanc, heureux, prince (celte). Prénom breton. On peut estimer que moins de 30 enfants seront prénommés ainsi en 2022. *Variante :* Gwennael. *Caractérologie :* ardeur, vitalité, achèvement, stratégie, cœur.

Gwenola
3 500
Blanc, heureux, valeur (celte). Féminin breton. On peut estimer que moins de 30 enfants seront prénommés ainsi en 2022. *Variantes :* Gwennola, Gwennoline. *Caractérologie :* audace, énergie, découverte, originalité, sympathie.

Gwladys
6 000
Richesse (celte). On peut estimer que moins de 30 enfants seront prénommés ainsi en 2022. *Variantes :* Gwaldys, Gwladis. *Caractérologie :* audace, direction, dynamisme, amitié, réalisation.

Gysèle
- de 100
Épée (germanique). *Caractérologie :* audace, dynamisme, amitié, direction, indépendance.

H

Habiba
2 000 TOP 2 000
Aimée, généreuse (arabe). *Variantes :* Habibata, Habibatou, Habibe. *Caractérologie :* curiosité, indépendance, courage, dynamisme, charisme.

Haby
1 200 TOP 700
Aimée, généreuse (arabe). *Caractérologie :* rectitude, rêve, humanité, ouverture d'esprit, générosité.

Hadassa
300 TOP 2 000
Myrte (hébreu). *Variante :* Hadassah. *Caractérologie :* ambition, force, habileté, management, passion.

Hadia
400
Qui guide au droit chemin (arabe). *Variantes :* Hadaya, Hadiya. *Caractérologie :* énergie, découverte, séduction, originalité, audace.

Hafsa
4 000 TOP 300
Petite lionne (prénom africain d'origine arabe). *Caractérologie :* stratégie, ardeur, vitalité, leadership, achèvement.

Hajar
5 000 TOP 500
Variante arabe d'Agar. Dans la Bible, Agar, la concubine d'Abraham et la mère d'Ismaïl, est répudiée deux fois par sa maîtresse Sarah. D'où l'origine hébraïque de ce prénom qui signifie « l'étrangère ». *Variantes :* Agar, Hadjar, Hagar, Hajare, Hajer, Hajere. *Caractérologie :* réceptivité, sociabilité, loyauté, diplomatie, bonté.

Hakima
2 000

Qui est juste et sage (arabe). On peut estimer que moins de 30 enfants seront prénommés ainsi en 2022. *Caractérologie :* spiritualité, connaissances, sagacité, originalité, philosophie.

Haley
550 TOP 900

Héros (scandinave). Féminin anglais. *Variantes :* Hailey, Halie, Hallie, Hally. *Caractérologie :* conseil, bienveillance, paix, conscience, cœur.

Halima
5 500 TOP 500

Indulgente (arabe). *Variantes :* Halimata, Halimatou, Halime. *Caractérologie :* force, ambition, habileté, passion, management.

Hama
- de 30

Bord de plage (japonais). *Caractérologie :* curiosité, dynamisme, courage, indépendance, charisme.

Hamako
- de 30

L'enfant du bord de plage (japonais). *Caractérologie :* fiabilité, ténacité, méthode, engagement, sens du devoir.

Hana
4 500 TOP 200

Grâce (hébreu), réjouissances (arabe), fleur (japonais). *Caractérologie :* influence, équilibre, responsabilité, famille, exigence.

Hanaé
6 500 TOP 300

Si ce prénom japonais était une chanson, il serait un hymne à la fleur. Une fleur universelle, car selon les kanji utilisés, Hanaé signifie « fleur majestueuse », « à l'image de la fleur » ou « branche fleurie ». Ce prénom rare est apparu en France dans les années 1980. *Variantes :* Anaé, Annaé, Hanaa, Hannaé. *Caractérologie :* adaptabilité, médiation, relationnel, fidélité, intuition.

Hanako
- de 30

L'enfant fleur (japonais). *Caractérologie :* indépendance, curiosité, dynamisme, courage, sensibilité.

Hania
1 100 TOP 2 000

Heureuse, affectueuse (arabe). *Caractérologie :* famille, équilibre, responsabilité, détermination, influence.

Hanna
7 500 TOP 200

Grâce (hébreu). Hanna est particulièrement répandu dans les pays scandinaves, notamment en Suède et en Norvège. *Caractérologie :* intuition, adaptabilité, fidélité, médiation, relationnel.

Hannah
4 500 TOP 300

Grâce (hébreu). Prénom anglais, allemand et néerlandais. Personnage biblique, Hannah désespère d'avoir un jour un enfant. C'est à un âge avancé qu'elle voit ses prières exaucées et qu'elle met enfin au monde son fils Samuel. Hannah est particulièrement répandu dans les pays anglophones. *Variante :* Annah. *Caractérologie :* énergie, autorité, innovation, autonomie, ambition.

Harmonie
2 500 TOP 2 000

Harmonie, unité (du latin *harmonia*, lui-même dérivé d'un nom grec ancien). *Variante :* Armonie. *Caractérologie :* médiation, intuition, décision, caractère, relationnel.

Harmony
1 900 TOP 2 000

Voir Harmonie. Féminin anglais. *Caractérologie :* persévérance, structure, sécurité, caractère, réussite.

Harriet
- de 100

Maîtresse de maison (germanique). Féminin anglais. *Variante :* Harriette. *Caractérologie :* finesse, décision, sagacité, connaissances, attention.

H

Hasna
1 900 TOP 2 000 ↗

Belle (arabe). *Variante :* Hasnaa. *Caractérologie :* sagacité, connaissances, spiritualité, philosophie, originalité.

Hassina
850

Vertueuse (arabe). *Caractérologie :* ardeur, achèvement, vitalité, décision, stratégie.

Hava
800 TOP 2 000 →

Vie, donner la vie (hébreu), variante d'Hawa. *Caractérologie :* courage, charisme, indépendance, curiosité, dynamisme.

Hawa
5 500 TOP 300 ↗

Équivalent arabe d'Ève. *Variante :* Awa. *Caractérologie :* conseil, bienveillance, paix, conscience, sagesse.

Haya
650 TOP 2 000 →

Rapide (japonais), vertu (arabe). *Caractérologie :* vitalité, achèvement, leadership, stratégie, ardeur.

Hayat
2 000 TOP 2 000 ↗

Vertu (arabe). *Variantes :* Hayate, Hayatte, Hayet. *Caractérologie :* influence, famille, responsabilité, équilibre, attention.

Hazal
650 TOP 2 000 ↗

Noisetier (anglais). *Variante :* Hazel. *Caractérologie :* optimisme, pragmatisme, sociabilité, créativité, communication.

Heather
700 TOP 2 000 →

Bruyère (anglo-saxon). Féminin anglais. *Caractérologie :* relationnel, résolution, intuition, médiation, finesse.

Hedia
250

Voix, écho de Dieu (hébreu). *Variante :* Hediah. *Caractérologie :* décision, rêve, rectitude, ouverture d'esprit, humanité.

Hedwige
750

Richesse, combat (germanique). Féminin allemand. *Variantes :* Hedvige, Hedwig. *Caractérologie :* connaissances, spiritualité, ressort, originalité, sagacité.

Heidi
2 500 TOP 2 000 ↘

Richesse, combat (germanique). Féminin allemand, scandinave et suisse allemand. *Variantes :* Heidie, Heidy. *Caractérologie :* force, management, passion, ambition, habileté.

Helen
650

Éclat du soleil (grec). Féminin anglais. *Variantes :* Hélénia, Héliéna, Hélin, Helonna, Hellen. *Caractérologie :* leadership, vitalité, achèvement, stratégie, ardeur.

Héléna
15 000 TOP 200 →

Éclat du soleil (grec). Héléna connaît une certaine faveur dans plusieurs pays chrétiens au Moyen Âge, mais reste longtemps invisible en France. Il émerge sur les traces d'Hélène dans les années 1980 et, depuis 2005, la devance. Ce prénom est très répandu en Europe et dans les pays slaves. *Variante :* Hélina. *Caractérologie :* humanité, ouverture d'esprit, générosité, rêve, rectitude.

Hélène
168 000 TOP 600 →

Éclat du soleil (grec). Ce prénom apparaît sous différentes graphies (Ellen, Helen, Helena, etc.) dans les pays chrétiens au Moyen Âge. Sa diffusion, alimentée par le culte de sainte Hélène, s'étend sur plusieurs siècles. Durant la Renaissance, Helen ressuscite en Angleterre mais pas en France, où Hélène reste rare jusque dans les années 1850. Il prend alors une ampleur grandissante tout en s'abstenant de faire de grandes vagues. Hélène maintient une visibilité constante tout au long du XXe siècle, prénommant autant de filles (4 000) en 1920 qu'en 1980, de

H

sorte que ce prénom a acquis une allure tout à fait classique. Depuis le début des années 2000, sa fortune s'est inversée ; c'est aujourd'hui Héléna (ou Helena) qui lui est préféré. ◇ Sainte Hélène, la mère de Constantin le Grand, se convertit au christianisme et défendit ardemment la cause des chrétiens au IVe siècle. ◇ Fille de Zeus, Hélène est si belle qu'elle est courtisée par les plus grands héros de la mythologie grecque. Elle choisit Ménélas pour époux mais est enlevée par le prince troyen Pâris, ce qui provoque la guerre de Troie. Homère a placé cet épisode tragique au cœur de *L'Iliade*. *Caractérologie :* persévérance, structure, sécurité, honnêteté, efficacité.

Helga
550

Pieuse (germanique). Helga est particulièrement répandu en Allemagne et dans les pays scandinaves. *Caractérologie :* conscience, paix, bienveillance, conseil, cœur.

Hélia
800 TOP 2 000 ↗

Éclat du soleil (grec). Ce prénom est particulièrement répandu au Portugal. *Variante :* Héliade. *Caractérologie :* ardeur, résolution, achèvement, vitalité, stratégie.

Hélin
800 →

Éclat du soleil (grec). *Variante :* Héline. *Caractérologie :* optimisme, pragmatisme, créativité, sociabilité, communication.

Héloïse
24 000 TOP 100 →

Illustre au combat (germanique). Féminin français. *Caractérologie :* innovation, autorité, détermination, raisonnement, énergie.

Hena
- de 100

Grâce (hébreu). *Variante :* Henna. *Caractérologie :* autorité, innovation, ambition, énergie, autonomie.

Henka
- de 30

Phénix (arabe). *Caractérologie :* créativité, sensibilité, optimisme, communication, pratique.

Henria
130

Maîtresse de maison (germanique). *Caractérologie :* dynamisme, résolution, direction, audace, indépendance.

Henriette
26 000

Maîtresse de maison (germanique). Ce prénom était en faveur en France à la fin XIXe siècle. Il s'est éclipsé dans les années 1960, mais pourrait bien renaître prochainement. En dehors de l'Hexagone, Henriette est usité en Allemagne, aux Pays-Bas et dans les pays scandinaves. On peut estimer que moins de 30 enfants seront prénommés ainsi en 2022. *Variantes :* Ariette, Hariette, Henriet, Henrietta, Henrika. *Caractérologie :* indépendance, curiosité, courage, dynamisme, sensibilité.

Hermance
750 ↘

Soldat (germanique). *Variante :* Hermence. *Caractérologie :* structure, efficacité, persévérance, sécurité, décision.

Hermine
2 500 TOP 2 000 →

Souris d'Arménie (latin). Féminin français et allemand. *Variantes :* Hermeline, Hermione. *Caractérologie :* altruisme, réflexion, intégrité, idéalisme, dévouement.

Hermione
750 TOP 2 000 →

Dans la mythologie grecque, Hermione est la fille d'Hélène et Ménélas. *Caractérologie :* volonté, responsabilité, équilibre, famille, influence.

Herveline
550

Forte, combattante (celte). Prénom breton. *Variantes :* Hervea, Hervée.

Les prénoms parisiens

La mairie de Paris a publié la liste des prénoms déclarés à l'état civil entre 2004 et 2020 sur son site Internet **Open Data Paris**. Ci-dessous le classement des 20 prénoms féminins les plus attribués dans la capitale en 2020.

1. Louise
2. Alice
3. Alma
4. Léa
5. Emma
6. Chloé
7. Jeanne
8. Anna
9. Rose
10. Lina
11. Jade
12. Inès
13. Gabrielle
14. Adèle
15. Joséphine
16. Romy
17. Charlotte
18. Eva
19. Olivia
20. Nina

Souvent classique, mais jamais ordinaire, Paris cherche toujours à se distinguer. Emma semble en faire les frais. Reléguée en 5e position, elle voit s'éloigner ses chances de régner sur la capitale, le seul trophée qui manquait à son triomphe national.

Depuis 13 ans, Louise est l'inconditionnelle « petite préférée » des parents. Certes, la longévité de son règne parisien attise les convoitises. Mais les prétendantes au trône se succèdent, tentent leur chance et s'en retournent dépitées. Cette année, ce sont Alice et Alma qui montent à l'assaut, tandis que Jeanne et Chloé déclarent forfait.

La capitale lance bien des carrières nationales mais n'aime pas se laisser influencer. Ainsi, Romy et Iris ont fait leur apparition dans le top 20 français après avoir brillé à Paris. Mais la lune de miel a été de courte durée : Iris est aujourd'hui reléguée dans le top 30 tandis que Romy semble déjà lasser les Parisiens. C'est désormais sur Alma qu'ils jettent leur dévolu. Est-elle vouée à un destin national ? À suivre.

Paris est toujours capable de rentrer dans le rang et de se conformer aussi à la tendance nationale… 4 à 5 lettres, 1 à 2 syllabes, les petites parisiennes adoptent définitivement le court pour cette saison 2022. Léa, Inès, Rose et Lina, qui enregistrent les plus forts taux de croissance d'attribution, en sont la démonstration. Gabrielle, Charlotte, Joséphine ou Adèle sont les seules figures d'exception, car elles représentent la fine fleur des prénoms intemporels.

Toujours dans l'air du temps, les prénoms classiques et internationaux restent des valeurs sûres. Mais cela n'empêche pas l'inconstance. Cette année, les Parisiens font les yeux doux à Victoria et Ella (respectivement classées à la 21e et 22e positions), mais boudent leurs anciennes égéries, Sofia et Sarah.

La capitale mixe donc savamment classicisme et dernières tendances, un chaud-froid qui n'a rien d'improvisé.

Caractérologie : stratégie, vitalité, achèvement, ardeur, leadership.

Hiba

2 000 **TOP 600** ➔

Cadeau (arabe). *Caractérologie :* sociabilité, diplomatie, réceptivité, bonté, loyauté.

Hilal

1 000 **TOP 2 000** ↘

Croissant de lune somptueux (arabe). *Caractérologie :* équilibre, famille, responsabilité, influence, exigence.

Hilda
700 ↘

Bataille (germanique). Hilda est particulièrement répandu dans les pays anglophones, germanophones, néerlandophones et scandinaves. *Variantes :* Hida, Hide, Hilde. *Caractérologie :* savoir, indépendance, intelligence, méditation, sagesse.

Hildegarde
400

Bataille (germanique). *Variante :* Hildegonde. *Caractérologie :* ressort, innovation, réalisation, énergie, autorité.

Hillary
350 →

Joyeuse (latin). Féminin anglais. *Variantes :* Hilarie, Hilary. *Caractérologie :* ressort, structure, sécurité, persévérance, efficacité.

Hilma
- de 100

Protectrice résolue (germanique). *Caractérologie :* séduction, découverte, audace, énergie, originalité.

Hina
650 TOP 700 ↑

Déesse tahitienne de la Lune (tahitien), variante d'Anne. *Caractérologie :* découverte, énergie, audace, originalité, décision.

Hind
4 000 TOP 600 →

Câline (arabe). Hind fut l'une des épouses du prophète Mahomet. *Caractérologie :* force, ambition, habileté, passion, management.

Hinda
950 →

Cerfs (germanique). *Caractérologie :* réflexion, sagesse, intégrité, détermination, altruisme.

Hiroko
- de 30

Enfant magnanime, généreuse (japonais). *Caractérologie :* ténacité, fiabilité, méthode, sens du devoir, engagement.

Hisaé
140

Qui vivra longtemps (japonais). *Caractérologie :* équilibre, famille, responsabilité, influence, décision.

Hoela
- de 30

Noble, au-dessus (celte). Féminin breton. *Caractérologie :* audace, énergie, découverte, originalité, séduction.

Holly
170

Houx (anglo-saxon). Féminin anglais. *Variante :* Hollie. *Caractérologie :* rectitude, humanité, générosité, ouverture d'esprit, rêve.

Honorine
5 000 TOP 900 ↘

Honorée (latin). Féminin français. *Variantes :* Honora, Honorée. *Caractérologie :* stratégie, vitalité, achèvement, ardeur, leadership.

Hope
350 TOP 800 ↑

Espoir (anglais). *Caractérologie :* leadership, stratégie, achèvement, vitalité, ardeur.

Hortense
8 000 TOP 300 →

Jardin (latin). Féminin français et anglais. *Variantes :* Hortence, Hortensia, Orthense. *Caractérologie :* décision, curiosité, attention, dynamisme, courage.

Houria
2 500 TOP 2 000 →

Feu (persan), d'une grande beauté (arabe). Houria est très répandu en Arménie, dans les cultures persanes et musulmanes. *Variantes :* Horia, Hourya. *Caractérologie :* intégrité, idéalisme, altruisme, réflexion, logique.

Huberte
600

Esprit brillant (germanique). Féminin français. *Caractérologie :* sagacité, spiritualité, attention, originalité, connaissances.

H

Hubertine
- de 100

Esprit brillant (germanique). Féminin français. *Caractérologie :* créativité, optimisme, sensibilité, pragmatisme, communication.

Huguette
52 000

Esprit, intelligence (germanique). Féminin français. On peut estimer que moins de 30 enfants seront prénommés ainsi en 2022. *Variantes :* Huga, Hugoline, Hugone. *Caractérologie :* amitié, habileté, ambition, force, sensibilité.

Hyacinthe
550

Pierre (grec), nom de fleur. Féminin français. *Variantes :* Giacinto, Jacinto, Yacinthe. *Caractérologie :* enthousiasme, communication, pratique, ressort, finesse.

I

Iana
130

Dieu fait grâce (hébreu). Cette forme écossaise de Jeanne a été attribuée pour la première fois en France en 1997. *Caractérologie :* spiritualité, sagacité, culture, résolution, caractère.

Iara
- de 100

Dans la mythologie brésilienne, Iara est le nom d'une sirène d'une très grande beauté. *Variante :* Yara. *Caractérologie :* communication, pratique, enthousiasme, adaptation, générosité.

Ida
4 500 TOP 2 000

Travailleuse (germanique). Ida est répandu dans les pays scandinaves. C'est aussi un choix traditionnel basque et corse. *Variantes :* Idaia, Idda, Idalia, Idaline, Idy. *Caractérologie :* audace, énergie, découverte, originalité, séduction.

Idiss
- de 30

Femme (germanique). *Variante :* Idis. *Caractérologie :* anticipation, harmonie, bienveillance, influence, responsabilité.

Idoia
250

Prénom basque qui désigne la Vierge Marie. *Variante :* Idoya. *Caractérologie :* réceptivité, loyauté, diplomatie, bonté, sociabilité.

Idora
- de 30

Don d'Isis (grec). *Caractérologie :* fidélité, médiation, adaptabilité, relationnel, intuition.

Ielena
- de 100

Variante russe d'Elena : éclat du soleil (grec). *Caractérologie :* audace, direction, dynamisme, indépendance, décision.

Ikram
2 000 TOP 2 000

Respectueuse (arabe). *Variante :* Ikrame. *Caractérologie :* connaissances, sagacité, originalité, spiritualité, philosophie.

Ilana
4 000 TOP 700

Arbre (hébreu). *Variantes :* Élana, Ilanna. *Caractérologie :* direction, audace, indépendance, décision, dynamisme.

Ilayda
1 100 TOP 2 000

De noble lignée (germanique). *Caractérologie :* savoir, indépendance, intelligence, méditation, réalisation.

Ilda
500

Bataille (germanique). Prénom italien. *Caractérologie :* habileté, passion, force, ambition, management.

Iléa
180

Éclat du soleil (grec). *Variantes :* Illoa, Iloa. *Caractérologie :* indépendance, logique, dynamisme, direction, audace.

Iléana
1 100

Éclat du soleil (grec). Une princesse roumaine du XXe siècle a illustré ce prénom roumain. Féminin roumain, espagnol et italien. On peut estimer que moins de 30 enfants seront prénommés ainsi en 2022. *Caractérologie :* conscience, conseil, résolution, bienveillance, paix.

Ilena
950 TOP 2 000

Éclat du soleil (grec). *Caractérologie :* énergie, décision, découverte, audace, originalité.

Ilham
2 500 TOP 2 000

Inspiration (arabe). *Caractérologie :* connaissances, spiritualité, sagacité, philosophie, originalité.

I

Ilhem
1 500

Inspiration (arabe). On peut estimer que moins de 30 enfants seront prénommés ainsi en 2022. *Caractérologie :* relationnel, intuition, médiation, adaptabilité, fidélité.

Ilia
- de 100

Dans la mythologie romaine, Ilia (plus connue sous le nom de Rhea) est la mère de Romulus et Remus. Féminin russe, slave et bulgare. *Caractérologie :* sécurité, persévérance, honnêteté, structure, efficacité.

Iliana
3 000 TOP 600

Forme féminine d'Ilian ou variante d'Ilana. Iliana est répandu en Grèce. *Variantes :* Iléane, Iliona, Ilyana, Ilyane. *Caractérologie :* autorité, détermination, innovation, ambition, énergie.

Iliane
- de 100

Qui vient de Dieu (arabe), le Seigneur est mon Dieu (hébreu). *Caractérologie :* découverte, énergie, originalité, audace, décision.

Illana
400

Arbre (hébreu). *Caractérologie :* méthode, ténacité, engagement, fiabilité, détermination.

Illona
1 200 TOP 2 000

Éclat du soleil (grec). *Caractérologie :* raisonnement, idéalisme, altruisme, détermination, intégrité.

Iloa
170

Éclat du soleil (grec). *Variantes :* Eloa, Illoa. *Caractérologie :* indépendance, logique, dynamisme, direction, audace.

Ilona
13 000 TOP 400

Dérivé hongrois d'Hélène : éclat du soleil (grec). Ilona est très répandu en Hongrie. *Variantes :* Ilhona, Ilouna, Llona. *Caractérologie :* famille, équilibre, éthique, détermination, raisonnement.

Ilyana
6 000 TOP 100

Forme féminine d'Ilian ou variante d'Ilana. *Caractérologie :* achèvement, stratégie, sympathie, vitalité, résolution.

Imaé
- de 100

Génération actuelle (japonais). *Variante :* Ima. *Caractérologie :* énergie, innovation, autorité, ambition, décision.

Imako
- de 30

L'enfant du présent (japonais). *Caractérologie :* ténacité, engagement, sens du devoir, fiabilité, méthode.

Inaya, Aya

Fêtes :
7 février (Inaya)
18 avril (Aya)

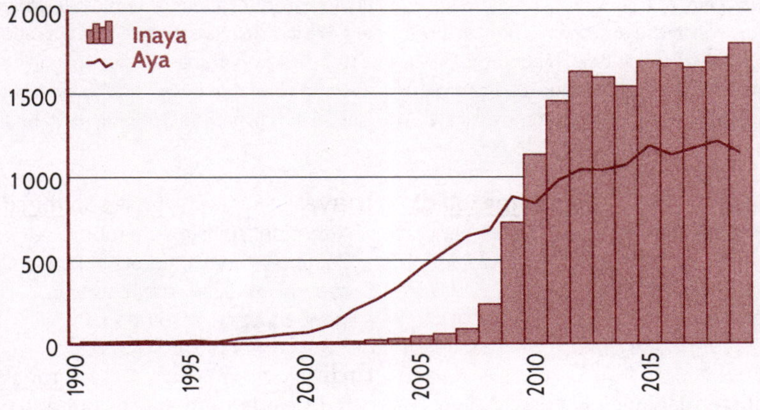

Étymologie

Inaya a pour origine un mot arabe qui signifie sollicitude et attention - une attention qu'elle a su capter avec succès auprès des futurs parents. D'abord prisée par les familles arabes et musulmanes, elle a considérablement élargi son audience depuis la fin des années 1990, où elle fait sa première apparition dans les registres d'état civil.

En 2008, le chanteur de rap Soprano choisit ce prénom pour sa fille et lui dédie une chanson éponyme. Inaya franchit, deux ans après, la barre symbolique des 1 000 attributions annuelles. Sa carrière est définitivement lancée. Elle est loin d'être terminée. D'autant qu'une autre chanteuse, américaine cette fois, Inaya Day, lui assure une couverture internationale. Déjà diffusé en Afrique et Amérique latine, le prénom suit une belle progression en Angleterre et aux Pays-Bas. Nos voisins wallons et suisses romands suivent la cadence.

Aujourd'hui aux portes du top 25 national, ce prénom orignal, jouant sur la tendance des terminaisons en « -ia » et les juxtapositions de voyelles, n'est pas près de s'essouffler. D'autant que les Parisiens semblent désormais l'adopter : en 2020, Inaya s'est pour la première fois imposé dans les 50 premiers rangs de la capitale.

Les variantes Innaya et Inayah figurent dans les classements nationaux, mais se placent loin derrière. Tel n'est pas le cas d'Aya, qui conjugue des origines à la fois japonaise, arabe et hébraïque. Porté par la popularité de la chanteuse Aya Nakamura, ce petit nom de 3 lettres accélère le tempo dans le top 50.

Aya et Inaya, en dépit de leur rime, ont pour seul point commun d'être en pleine ascension internationale... Leurs origines sont en effet très distinctes. Aya signifie « soie tissée », « couleur » en japonais, « merveilleuse », « miracle », « verset » en arabe, et « petit oiseau » ou « buse » en hébreu. Dans les pays scandinaves, notamment en Suède, Aya est une variante d'Aja qui signifie « tante maternelle ». Ce prénom est aussi usité au Ghana et en Côte d'Ivoire pour désigner les filles nées un jeudi. Devrions-nous ajouter à ces origines cosmopolites ses racines bibliques ? En effet, avant d'être connu en tant que prénom féminin, Aya était le nom d'un personnage de l'Ancien Testament.

Mais aujourd'hui, Aya s'est invitée dans un tout autre répertoire, celui de la musique R'n'B et pop.

Personnes célèbres
Inaya Day, chanteuse américaine, née en 1977. Inaya Ezzeddine (née en 1961), médecin libanaise et première femme chiite élue au Parlement libanais, défend le droit des femmes dans son pays. Aya Nakamura, autrice-compositrice-interprète française, née à Bamako (Mali) en 1995.

Statistiques
Inaya est le 74e prénom féminin le plus donné en France depuis l'an 2000. Ce prénom est attribué à près d'une fille sur 180 aujourd'hui. De son côté, Aya devrait prénommer une fille sur 290 et figurer au 85e rang du palmarès.

Imane
12 000 TOP 400

Croyance, foi (arabe). *Variantes :* Iman, Imani, Imanne, Ymane. *Caractérologie :* décision, bienveillance, paix, conscience, conseil.

Imelda
300

Combat (germanique). Féminin italien, espagnol et allemand. *Variante :* Ymelda. *Caractérologie :* habileté, ambition, force, résolution, passion.

Imen
3 500 TOP 800

Croyance, foi (arabe). *Caractérologie :* curiosité, dynamisme, charisme, courage, indépendance.

Imene
4 500 TOP 600

Croyance, foi (arabe). *Caractérologie :* autorité, autonomie, innovation, énergie, ambition.

Ina
600 TOP 2 000

Diminutif des prénoms se terminant par « ina » (Angélina, Célina, Carolina, etc.). Ce prénom a connu une certaine popularité au XIXe siècle dans les pays anglophones, mais il est tout nouveau en France. *Caractérologie :* responsabilité, famille, influence, équilibre, décision.

Inaïa
450 TOP 700

Attention, sollicitude (arabe). *Caractérologie :* sagacité, résolution, culture, intelligence, liberté.

Inaya
19 000 TOP 50

Attention, sollicitude (arabe). *Variante :* Innaya. *Caractérologie :* dynamisme, curiosité, courage, indépendance, résolution.

India
950 TOP 2 000

India est le nom anglais qui désigne l'Inde. *Variantes :* Indie, Indy. *Caractérologie :* innovation, énergie, résolution, autorité, ambition.

Indiana
550

Divin (latin), nom d'un État américain. On rencontre plus particulièrement ce prénom aux États-Unis. *Caractérologie :* spiritualité, connaissances, originalité, sagacité, résolution.

Indira
650

Beauté, splendeur, toute-puissance (sanscrit). Dans la mythologie hindoue, Indra est le dieu de la Pluie et du Tonnerre. Prénom indien d'Asie. *Variante :* Indra. *Caractérologie :* direction, résolution, dynamisme, indépendance, audace.

Iné
- de 30

Riz (japonais). *Caractérologie :* dynamisme, audace, direction, assurance, indépendance.

Inès
109 000 TOP 50

Chaste, pure (grec). Sans accent, Ines signifie « sympathique, généreuse »

I

Inès

Fête :
10 septembre

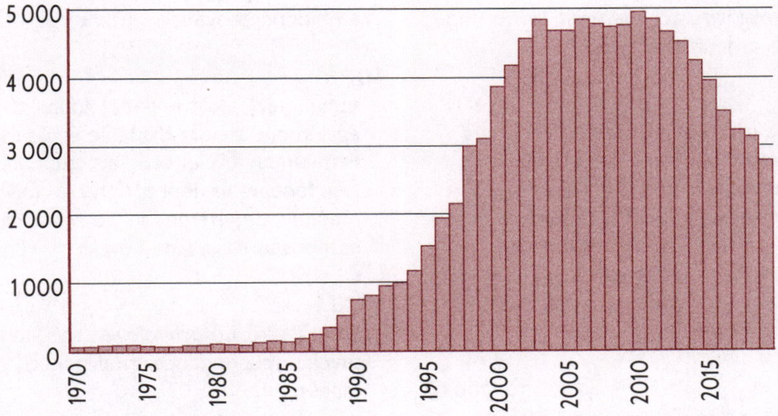

Étymologie

Du grec *agnos*, « chaste, pure ». Répandue en Espagne (Inés) et au Portugal (Inês), cette forme hispanique d'Agnès émerge en France à la fin des années 1980. Elle prend la relève d'Agnès d'autant plus aisément que le mannequin Inès de La Fressange en devient l'ambassadrice. Après avoir culminé au 3e rang féminin en 2013 et 2014, Inès est, aujourd'hui encore, un choix très prisé des parents.

Sans accent, Ines est une forme italienne d'Inès ou un prénom arabe ancien qui signifie « sympathique, généreuse ». Les familles musulmanes et les couples mixtes le choisissent volontiers, tout en adoptant aussi sa forme accentuée (d'où la difficulté de séparer les deux orthographes). Dans ce contexte, il n'est pas étonnant que le duo Inès/Ines soit en vogue dans les communautés musulmanes francophones.

Nos voisins francophones ont cédé à son charme mais dans une moindre mesure. Le Québec l'ignore encore. En Europe, elle amorce sa fin de carrière.

Chrétienne japonaise au VIIe siècle, **sainte Inès Takeya** fut exécutée en 1622 pour sa foi.

Personnes célèbres

Inès de La Fressange, ancien mannequin, aujourd'hui femme d'affaires et créatrice de mode, née en 1957. Inès Sastre, mannequin et actrice espagnole, née en 1973.

Statistiques

Inès est le 5e prénom féminin le plus donné en France depuis l'an 2000. Ce prénom est attribué à près d'une fille sur 120 aujourd'hui.

en arabe. *Variante :* Inez. *Caractérologie :* relationnel, intuition, fidélité, détermination, médiation.

Iness

1 700 TOP 2 000

Sympathique, généreuse (arabe). *Variantes :* Inesse, Yness, Ynesse. *Caractérologie :*

enthousiasme, communication, pratique, résolution, adaptation.

Inge
160

Fille de héros (scandinave). Ing est également le nom d'un dieu scandinave. *Caractérologie :* achèvement, leadership, vitalité, ardeur, stratégie.

Ingrid
27 000

Fille de héros (scandinave). En dehors de l'Hexagone, Ingrid est très répandu en Allemagne et dans les pays scandinaves. On peut estimer que moins de 30 enfants seront prénommés ainsi en 2022. *Variantes :* Inga, Inge. *Caractérologie :* connaissances, spiritualité, sagacité, originalité, philosophie.

Inna
1 000 TOP 700 ➜

Nom d'un disciple de saint André qui mourut martyr en Scythie (la Russie actuelle). Ce patronyme est devenu un prénom féminin très connu en Russie et dans les pays slaves. Inna Shevchenko, l'une des fondatrices du mouvement Femen en Ukraine, porte ce prénom. Étymologie probable : eau jaillissante (russe). *Caractérologie :* détermination, intuition, médiation, loyauté, sociabilité.

Inoa
- de 100

Variante moderne d'Ainhoa née dans l'Hexagone en 2004. Voir Ainhoa. *Caractérologie :* motivation, pratique, communication, enthousiasme, générosité.

Insaf
1 200 TOP 900 ➜

Équité, justice (arabe). *Variante :* Inssaf. *Caractérologie :* persévérance, détermination, structure, efficacité, sécurité.

Ioana
300 TOP 2 000 ↗

Dieu fait grâce (hébreu). Prénom roumain, russe et slave. *Variante :* Ioena. Variante occitane : Ioanda. *Caractérologie :* bienveillance, sagesse, conseil, conscience, paix.

Iola
- de 100

Aube (grec), violette (latin). *Variante :* Iole. *Caractérologie :* énergie, raisonnement, ambition, innovation, autorité.

Iona
800 ↘

Aube (grec), violette (latin). Iona est également le nom d'une île écossaise. Féminin anglais et écossais. *Variantes :* Iola, Ione, Ionia, Ionna. *Caractérologie :* pratique, détermination, communication, enthousiasme, adaptation.

Iora
- de 30

En or (latin). *Caractérologie :* méditation, savoir, indépendance, intelligence, sagesse.

Iphigénie
- de 100

Courageuse (grec). *Caractérologie :* autorité, innovation, énergie, ambition, action.

Irem
1 200

Jardin du paradis (turc). On peut estimer que moins de 30 enfants seront prénommés ainsi en 2022. *Caractérologie :* idéalisme, altruisme, réflexion, dévouement, intégrité.

Iréna
1 100 ↑

Paix (grec). Irena est particulièrement répandu dans les pays slaves, dans les pays néerlandophones et en Occitanie. *Variantes :* Irenca, Irénéa, Iriena. *Caractérologie :* réceptivité, sociabilité, diplomatie, loyauté, résolution.

Irène
39 000 TOP 800 ➜

Paix (grec). En dehors de l'Hexagone, Irene est particulièrement répandu en Italie, en Allemagne, en Grèce, dans les pays slaves, hispanophones et anglophones, ainsi que dans les pays néerlandophones et scandinaves. *Variantes :* Irenne, Yrène. *Caractérologie :* paix, sagesse, conseil, conscience, bienveillance.

Irénée
450

Paix (grec). Ce prénom mixte est plus courant au masculin. *Caractérologie :* adaptabilité, intuition, médiation, fidélité, relationnel.

Iriana
- de 100

Paix (grec). *Caractérologie :* savoir, méditation, détermination, indépendance, intelligence.

Irina
3 000 TOP 500

Paix (grec). Irina est très répandu dans les pays slaves, en Roumanie et en Finlande. *Caractérologie :* famille, équilibre, éthique, influence, décision.

Iris
16 000 TOP 50

Arc-en-ciel (grec). Féminin anglais, français et néerlandais. *Variantes :* Iréa, Irès. *Caractérologie :* direction, assurance, audace, indépendance, dynamisme.

Irma
3 000

Se rapporte à Irmin, dieu païen (germanique). Féminin letton, hongrois et allemand. On peut estimer que moins de 30 enfants seront prénommés ainsi en 2022. *Variantes :* Irmina, Irmine. *Caractérologie :* indépendance, curiosité, dynamisme, charisme, courage.

Irvine
- de 30

Belle (celte). *Caractérologie :* dynamisme, courage, indépendance, curiosité, charisme.

Isabeau
200

Dieu est serment (hébreu). *Caractérologie :* structure, persévérance, gestion, sécurité, décision.

Isabel
4 000 TOP 2 000

Dieu est serment (hébreu). Féminin espagnol, portugais, néerlandais et allemand. *Caractérologie :* optimisme, communication, pragmatisme, détermination, organisation.

Isabella
1 500 TOP 900

Dieu est serment (hébreu). Ce prénom italien est également répandu dans les pays hispanophones et anglophones, en Allemagne et en Corse. *Caractérologie :* méditation, savoir, organisation, résolution, intelligence.

Isabelle
352 000 TOP 800

Dieu est serment (hébreu). Cette variante française d'Isabel (une forme d'Élisabeth venue d'Espagne) connaît une certaine faveur du XIIe au XVIe siècle. Dans plusieurs pays européens, plusieurs reines et princesses illustrent alors ce prénom sous différentes graphies. En devenant reine d'Angleterre, Isabelle de France (1295-1358) favorise l'essor d'Isabel outre-Manche. Dans l'Hexagone, Isabelle se replie à partir du XVIIIe siècle mais ne disparaît pas, contrairement à son ancien rival Isabeau. Isabelle rejaillit subitement au cœur du XXe siècle et s'impose dans les 3 premiers rangs de 1964 à 1969. C'est le 3e prénom féminin le plus porté dans l'Hexagone aujourd'hui. *Variantes :* Bella, Belle, Ilse, Isa, Isabel, Isabela, Isobel, Iza, Izza, Izabel, Ysabel. *Caractérologie :* sociabilité, diplomatie, décision, gestion, réceptivité.

Isadora
550 TOP 2 000

Don d'Isis (grec). Féminin anglais. *Caractérologie :* engagement, méthode, fiabilité, sens du devoir, ténacité.

Isaline
2 500 TOP 2 000

Dieu est serment (hébreu). *Variantes :* Isalia, Isalie, Isalyne, Isolina, Izaline, Ysalia.

Caractérologie : paix, conseil, conscience, bienveillance, décision.

Isalys
400 TOP 2 000 ↘

Dieu est serment (hébreu). *Variantes :* Isalis, Ysalys. *Caractérologie :* efficacité, sécurité, honnêteté, persévérance, structure.

Isana
- de 100

Souveraine (sanscrit), contraction possible d'Isabelle et Anna. Isana est usité en Inde. *Caractérologie :* détermination, stratégie, vitalité, résolution, ardeur.

Isaura
350 →

Habitante d'Isaurie, région d'Asie Mineure (grec). Féminin portugais, espagnol et occitan. *Caractérologie :* famille, influence, éthique, équilibre, exigence.

Isaure
4 000 TOP 300 →

Habitante d'Isaurie, région d'Asie Mineure (grec). *Variantes :* Isaura, Isaurie, Isore. *Caractérologie :* autorité, innovation, énergie, ambition, décision.

Isciane
130

Déesse, souveraine (grec). *Variante :* Iscia. *Caractérologie :* équilibre, influence, détermination, famille, responsabilité.

Isée
350 TOP 2 000 ↗

Orateur athénien du IVe siècle avant J.-C., élève d'Isocrate, Isée se rendit célèbre pour ses excellentes plaidoiries. *Variante :* Ysée. *Caractérologie :* fidélité, relationnel, intuition, médiation, résolution.

Iseline
170

Dieu est serment (hébreu). *Caractérologie :* dynamisme, audace, direction, indépendance, décision.

Iseult
250

Belle (celte). Dans la légende médiévale de *Tristan et Iseut*, Tristan était éperdument amoureux d'Iseut la blonde, mais il dut se résoudre à épouser Iseut aux blanches mains. Le récit de cette passion tragique a transcendé les siècles et inspiré nombre de poètes et musiciens. *Variantes :* Iseut, Isolde. *Caractérologie :* décision, énergie, découverte, audace, gestion.

Isia
700 TOP 900 →

Déesse, souveraine (grec). *Variante :* Isïa. *Caractérologie :* sociabilité, réceptivité, diplomatie, bonté, loyauté.

Isidora
- de 100

Don d'Isis (grec). Féminin slave, espagnol, portugais et anglais. *Variante :* Isidorine. *Caractérologie :* communication, pratique, enthousiasme, générosité, adaptation.

Isidorine
- de 30

Don d'Isis (grec). *Caractérologie :* communication, pragmatisme, décision, caractère, optimisme.

Isma
550 →

Protection (arabe). *Caractérologie :* équilibre, famille, exigence, responsabilité, influence.

Ismaëlle
- de 100

Dieu a entendu (hébreu, arabe). *Caractérologie :* dynamisme, indépendance, courage, curiosité, détermination.

Ismelda
- de 30

Dieu est serment (hébreu). *Caractérologie :* rêve, résolution, humanité, ouverture d'esprit, rectitude.

Ismène
110

Se rapporte à Isis, divinité égyptienne, et au grec *méné*, lune. Ce prénom basque prend un accent dans sa graphie francisée. *Variante :* Ismena. *Caractérologie :* détermination, loyauté, réceptivité, sociabilité, diplomatie.

Iris

Fête :
4 septembre

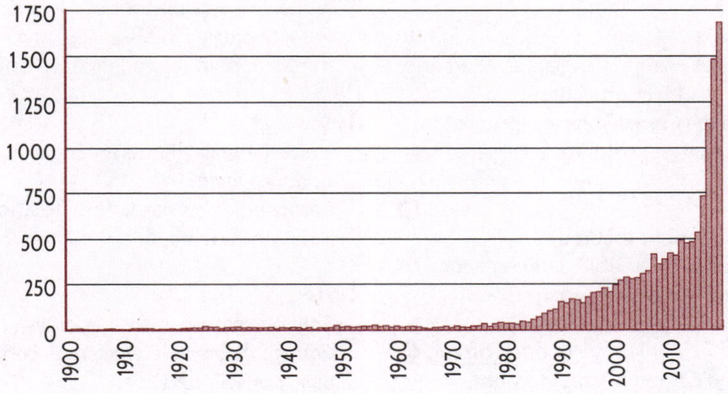

Étymologie

Iris, « arc-en-ciel » en grec, était la messagère des dieux dans la mythologie grecque. Les poètes anciens prétendaient que son pied laissait une trace multicolore dans le ciel quand elle descendait de l'Olympe. Héra, la femme de Zeus, en fit, dit-on, son émissaire préférée.

Dans le domaine des arts, ses références sont tout aussi illustres. Cette fleur, à l'éblouissante couleur, fut immortalisée par Van Gogh dans plusieurs de ses tableaux. Plus récemment, le groupe U2 lui a redonné des couleurs avec sa chanson *Iris (Hold me close).*

Porté par un regain d'intérêt pour l'Antiquité et le classicisme, Iris fait une timide apparition en Europe au XIXe siècle. En France, il reste tout à fait confidentiel jusqu'en 1970, avec moins de 20 attributions par an. Mais avec ses 4 lettres, son côté rétro et écolo, ce prénom s'épanouit franchement à partir des années 2000. Aujourd'hui, Iris s'envole dans le top 20 national et dans l'élite parisienne. Dans les pays francophones, son éclosion, bien que plus tardive, semble se confirmer.

Malgré sa douceur florale, ce petit nom a engendré peu de variantes. Il n'a aucun diminutif et peut constituer un choix idéal pour des parents globe-trotters.

Personnes célèbres

Iris Murdoch, écrivaine britannique (1919-1999) ; Iris von Roten-Meyer, juriste et journaliste suisse, combattante acharnée de la cause féminine, au point d'être surnommée la Simone de Beauvoir suisse (1917-1990) ; Iris Apfel, icône américaine de la mode et du design d'intérieur, née en 1921.

Statistiques

Iris est le 100e prénom féminin le plus donné en France depuis l'an 2000. Ce prénom est attribué à près d'une fille sur 160 aujourd'hui.

Ismerie
300 TOP 2 000

Dérivé français d'Imelda : combat (germanique). Féminin médiéval. *Caractérologie :* harmonie, indulgence, conseil, résolution, éthique.

Isolde
120

Belle (celte). Féminin anglais et allemand. *Variante :* Isold. Formes bretonnes : Izold, Izolda. *Caractérologie :* innovation, autorité, analyse, volonté, énergie.

Isoline
350 ↘

Dieu est serment (hébreu). *Caractérologie :* sociabilité, réceptivité, diplomatie, résolution, analyse.

Isra
2 000 TOP 400 →

Variante d'Esra : plus rapidement (arabe). *Variante :* Izra. *Caractérologie :* loyauté, sociabilité, réceptivité, diplomatie, bonté.

Iulia
- de 100

De la famille romaine de Iule (latin). *Caractérologie :* spiritualité, liberté, connaissances, intelligence, caractère.

Iva
- de 100

Dieu fait grâce (hébreu). *Caractérologie :* dynamisme, charisme, indépendance, curiosité, courage.

Ivana
2 000 TOP 800 →

Dieu fait grâce (hébreu). Ivana est particulièrement répandu dans les pays slaves méridionaux et hispanophones. *Variante :* Ivanna. *Caractérologie :* détermination, intuition, fidélité, relationnel, médiation.

Ivanne
150

Dieu fait grâce (hébreu). *Variantes :* Ivanie, Ivanne, Ivanka, Ivannie, Ivanny. *Caractérologie :* médiation, fidélité, relationnel, décision, intuition.

Ivonne
- de 100

If (celte). *Variantes :* Iveline, Ivelyne, Ivone. Formes bretonnes : Ivona, Ivonig. *Caractérologie :* intelligence, savoir, méditation, indépendance, volonté.

Ivy
850 TOP 400 ↗

Lierre (anglais). Féminin anglais. *Variante :* Ivie. *Caractérologie :* médiation, relationnel, intuition, fidélité, adaptabilité.

Iwa
- de 30

Solide comme un roc (japonais). *Caractérologie :* bienveillance, conscience, paix, conseil, décision.

Ixia
- de 30

Nom de fleur d'origine grecque. *Caractérologie :* indépendance, intelligence, savoir, sagesse, méditation.

Izaline
- de 100

Dieu est serment (hébreu). *Caractérologie :* persévérance, sécurité, efficacité, structure, résolution.

Izia
3 000 TOP 300 →

Déesse, souveraine (grec). *Caractérologie :* intégrité, altruisme, idéalisme, réflexion, dévouement.

Izzie
250 ↓

Dieu est serment (hébreu). Le succès de *Grey's Anatomy* et de son héroïne Izzie est lié à l'apparition de ce diminutif d'Elizabeth dans l'Hexagone. *Caractérologie :* adaptation, pragmatisme, optimisme, communication, créativité.

I

J

Jacinthe
650 TOP 2 000

Pierre (grec), nom de fleur. Féminin français. *Variante :* Jacinte. *Caractérologie :* sensibilité, savoir, intelligence, méditation, détermination.

Jackie
1 300

Diminutif de Jacqueline : supplanter, talonner (hébreu). On peut estimer que moins de 30 enfants seront prénommés ainsi en 2022. *Variante :* Jacquie. *Caractérologie :* communication, optimisme, pragmatisme, détermination, organisation.

Jacqueline
232 000

Supplanter, talonner (hébreu). Ce dérivé féminin de Jacques, exclusivement français à ses débuts, connaît un succès croissant du XIIIe au XVIIe siècle. Ce n'est toutefois pas avant le XXe siècle que Jacqueline s'épanouit pleinement, trustant les 20 premiers rangs français de 1920 à 1954, avec des pics d'attribution en 1927 (3e rang) et en 1946 (5e rang). Cette vogue s'étend aux pays anglophones, notamment aux États-Unis, où il sera attribué à l'emblématique Jacqueline Kennedy (1929-1994). ◇ Riche veuve d'un seigneur, Gratien Frangipani, Jacqueline de Septisoles consacra sa fortune aux œuvres de saint François au XIIIe siècle. Elle donna son nom (« frangipane ») à la fameuse crème aux amandes qu'elle confectionnait pour saint François. *Variantes :* Jacquelène, Jacquelyne, Jacquemine, Jacquine, Jaqueline. *Caractérologie :* finesse, connaissances, originalité, sagacité, décision.

Jade
94 000 TOP 50

Désigne une pierre fine de couleur verte. *Variante :* Giada. *Caractérologie :* réceptivité, diplomatie, sociabilité, bonté, loyauté.

Jaël
350

Chèvre sauvage (hébreu). Voir Yaël au féminin. *Caractérologie :* dynamisme, audace, direction, assurance, indépendance.

Jamila
5 000 TOP 2 000

D'une grande beauté physique et morale (arabe). *Variantes :* Jamela, Jamella, Jamilah, Jamilla, Jémila. *Caractérologie :* audace, indépendance, dynamisme, assurance, direction.

Jana
4 000 TOP 200

Dieu fait grâce (hébreu). Prénom slave. Dans l'Hexagone, Jana est plus traditionnellement usité en Catalogne, en Occitanie et au Pays basque. *Variante :* Janna. *Caractérologie :* ambition, force, habileté, passion, management.

Jane
4 000 TOP 1 000

Dieu fait grâce (hébreu). Féminin anglais. *Caractérologie :* pratique, adaptation, communication, générosité, enthousiasme.

Janelle
2 000 TOP 700

Dieu fait grâce (hébreu). Féminin français. *Caractérologie :* séduction, audace, énergie, découverte, originalité.

Janice
1 000 TOP 2 000

Dieu fait grâce (hébreu). Féminin anglais. *Variantes :* Jannice, Janis. *Caractérologie :* paix, bienveillance, conscience, conseil, détermination.

Janick
2 000

Dieu fait grâce (hébreu). On peut estimer que moins de 30 enfants seront

J

Jade

Fête :
29 juin

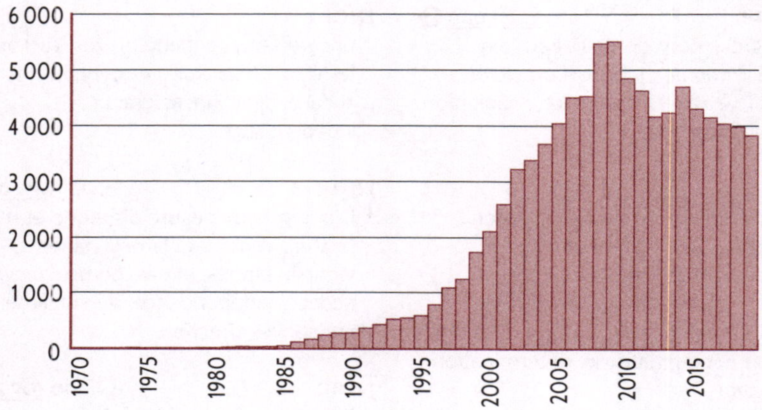

Étymologie

Désigne une pierre fine qui doit à sa composition une coloration verte. En arabe, Jad et Jade signifient « excellence, générosité ». Les premières Jade de France naissent en 1973, au moment où les prénoms inspirés de la nature font jaillir Marine et Ondine. Ce duo déclenche une vague océanique qui entraîne Dylan, Morgan, puis Océane vers la gloire. C'est dans ce contexte que Jade, la minérale, s'envole à la fin des années 1990. Et de quelle manière : Jade s'est imposée au premier rang féminin en 2014 et pourrait bien renouveler cet exploit en 2022 ! Il faut dire qu'elle n'a jamais quitté les cimes du palmarès, guettant le fléchissement d'Emma. Sa persévérance semble aujourd'hui récompensée.

En dehors de l'Hexagone, Jade s'est envolée dans les tops 20 wallon et romand. Elle chute en Espagne, en Italie et dans les pays anglophones à l'issue d'une glorieuse décennie.

Dans l'histoire

À travers les civilisations, le jade a été utilisé de multiples manières. Les Espagnols, qui le broyaient pour réaliser des décoctions, l'appelaient *piedra de hijada*, « pierre contre les douleurs rénales ». S'inspirant de cette pratique, les Français l'appelèrent *ejade*, puis *jade*. Il y a 5 000 ans, le jade était considéré comme une pierre royale en Chine. Il était un symbole d'amour, de vertu et de statut social. En Amérique centrale, le jade servait à créer des sculptures et des masques, notamment chez les Aztèques. En Europe, l'usage du jade en joaillerie remonterait au XVIe siècle.

Personnes célèbres

Jade Jagger, mannequin britannique, fille de Mick et Bianca Jagger, née en 1971 ; Jade Hallyday, fille de Johnny et Laeticia Hallyday, née en 2004.

Statistiques

Jade est le 7e prénom féminin le plus donné en France depuis l'an 2000. Ce prénom est attribué à près d'une fille sur 90 aujourd'hui.

J

prénommés ainsi en 2022. *Variantes :* Janik, Janis, Jeanick. *Caractérologie :* détermination, communication, pratique, enthousiasme, organisation.

Janine
42 000

Dieu fait grâce (hébreu). Féminin français. On peut estimer que moins de 30 enfants seront prénommés ainsi en 2022. *Variantes :* Janinne, Jannine. Forme bretonne : Janig. *Caractérologie :* ardeur, achèvement, vitalité, stratégie, résolution.

Janna
3 000 TOP 300

Dieu fait grâce (hébreu). Féminin scandinave. *Variante :* Jannah. *Caractérologie :* engagement, ténacité, sens du devoir, méthode, fiabilité.

Jany
1 800

Dieu fait grâce (hébreu). Féminin français. On peut estimer que moins de 30 enfants seront prénommés ainsi en 2022. *Variantes :* Janie, Jeannie. *Caractérologie :* découverte, audace, énergie, séduction, originalité.

Jasmina
450

Prénom arabe emprunté au persan signifiant « fleur de jasmin ». *Caractérologie :* efficacité, structure, persévérance, sécurité, détermination.

Jasmine
9 500 TOP 200

Prénom arabe emprunté au persan signifiant « fleur de jasmin ». Jasmine est répandu dans les pays anglophones. *Variantes :* Jasmée, Jasmin. *Caractérologie :* ardeur, vitalité, achèvement, stratégie, détermination.

Jaya
450 TOP 2 000

Victorieuse (sanscrit). Prénom indien d'Asie. *Caractérologie :* dynamisme, direction, audace, indépendance, assurance.

Jazz
350 TOP 900

Se rapporte au jazz, style de musique né aux États-Unis à la fin du XIXe siècle. *Caractérologie :* altruisme, idéalisme, intégrité, dévouement, réflexion.

Jeanine
32 000

Dieu fait grâce (hébreu). Féminin français. On peut estimer que moins de 30 enfants seront prénommés ainsi en 2022. *Caractérologie :* ténacité, méthode, fiabilité, engagement, résolution.

Jeanne
150 000 TOP 50

Dieu fait grâce (hébreu). *Variantes :* Ioanna, Ioena, Ioenna, Janka, Janne, Jayne, Jeanie, Jeanick, Jeannick, Jeanna, Jeannice. Forme basque : Xana. *Caractérologie :* méthode, fiabilité, ténacité, engagement, sens du devoir.

Jeanne-Marie
2 500

Forme composée de Jeanne et Marie. Féminin français. On peut estimer que moins de 30 enfants seront prénommés ainsi en 2022. *Caractérologie :* découverte, décision, audace, énergie, originalité.

Jeannette
12 000

Dieu fait grâce (hébreu). Féminin français. *Variantes :* Janet, Jeanette. *Caractérologie :* méthode, ténacité, fiabilité, engagement, sens du devoir.

Jeannine
124 000

Dieu fait grâce (hébreu). Ce diminutif de Jeanne émerge dans les années 1920 et se place, derrière Jacqueline, au 3e rang français en 1930. Pionnière des terminaisons en « ine », Jeannine a facilité la montée de Micheline (13e en 1931), avant de tirer sa révérence. On peut estimer que moins de 30 enfants seront prénommés ainsi en 2022. *Caractérologie :* humanité, ouverture d'esprit, rêve, rectitude, décision.

Jehanne
1 100

Dieu fait grâce (hébreu). Féminin français. On peut estimer que moins de 30 enfants seront prénommés ainsi en 2022. *Variante :* Jehane. *Caractérologie :* communication, créativité, pragmatisme, sociabilité, optimisme.

Jelena
500 TOP 2 000

Éclat du soleil (grec). Prénom russe, letton, serbe et slovène. *Caractérologie :* réceptivité, sociabilité, loyauté, diplomatie, bonté.

Jemma
- de 100

Colombe (hébreu), ou variante de Gemma. *Variantes :* Jema, Jemima. *Caractérologie :* conscience, paix, bienveillance, conseil, sagesse.

Jenna
6 500 TOP 200

Dieu fait grâce (hébreu). Jenna est très en vogue en Finlande. *Variante :* Jena. *Caractérologie :* habileté, management, force, passion, ambition.

Jennifer
65 000

Claire, douce (celte). Jennifer est répandu dans les pays anglophones et occidentaux. On peut estimer que moins de 30 enfants seront prénommés ainsi en 2022. *Variante :* Jenifer. *Caractérologie :* ouverture d'esprit, humanité, rectitude, rêve, résolution.

J

Jenny
7 500 TOP 1 000

Claire, douce (celte). En dehors de l'Hexagone, ce prénom est particulièrement porté dans les pays anglophones. *Variante :* Jennie. *Caractérologie :* dynamisme, curiosité, courage, indépendance, charisme.

Jennyfer
3 000

Claire, douce (celte). On peut estimer que moins de 30 enfants seront prénommés ainsi en 2022. *Variante :* Jenyfer. *Caractérologie :* sagacité, connaissances, spiritualité, originalité, résolution.

Jéromine
700

Nom sacré (grec). *Caractérologie :* achèvement, vitalité, stratégie, volonté, résolution.

Jessica
70 000 TOP 600

Un présent (hébreu). Ce prénom français et allemand se rapporte également à Jessé, le père de David dans l'Ancien Testament. *Variantes :* Jess, Jessalyn, Jesse, Jessi, Jessia, Jessika, Jessye, Jessyca, Jessyka. *Caractérologie :* créativité, communication, optimisme, décision, pragmatisme.

Jessie
5 500 TOP 900

Un présent (hébreu). En dehors de l'Hexagone, ce prénom est particulièrement porté dans les pays anglophones. *Caractérologie :* sécurité, persévérance, structure, efficacité, décision.

Jessy
4 000 TOP 900

Un présent (hébreu). Féminin anglais. *Caractérologie :* équilibre, responsabilité, famille, influence, exigence.

Jezabel
400

Impassible (hébreu). Féminin anglais. *Variantes :* Jésabel, Jésabelle. *Caractérologie :* intelligence, méditation, organisation, savoir, finesse.

Jihane
3 500 TOP 600

La vie sur terre (prénom arabe d'origine perse). *Variantes :* Jihan, Jihanne, Jihene. *Caractérologie :* sociabilité, diplomatie, réceptivité, décision, loyauté.

Jill
650

Diminutif des prénoms formés avec Jill. Féminin anglais et néerlandais. *Variante :* Jil. *Caractérologie :* savoir, intelligence, indépendance, méditation, sagesse.

Jeanne

Fête : 30 mai

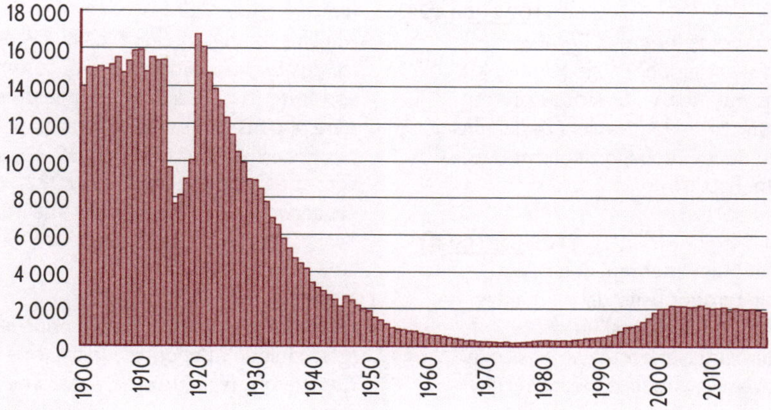

Étymologie

Forme féminine de Jean, de l'hébreu *Yohanân*, « Dieu fait grâce ». Ce prénom riche en histoire a été porté par 7 reines de France et de nombreuses saintes. Il se propage dès le Moyen Âge à l'ensemble des pays chrétiens, où il est orthographié de nombreuses manières : Jehan(ne) en France, Joan en Angleterre, Juana en Espagne, et Giovanna en Italie. Popularisée par Jeanne d'Arc au XVe siècle, Jeanne prend toute son ampleur et éclipse ses variantes françaises. Elle devient ainsi la plus grande rivale de Marie.

Glorieuse au XIXe siècle, Jeanne s'évanouit dans les années 1940 pour mieux renaître en fin de siècle. En attendant de percer dans le top 20 national, elle confirme sa place au firmament du tableau parisien. Son rebond se vérifie également dans les pays francophones. Fera-t-elle revenir Jane dans les pays anglophones ?

Dans l'histoire

Le 30 mai célèbre **sainte Jeanne d'Arc**, la bergère la plus célèbre de France. Jeanne d'Arc fut élevée à Domrémy, en Lorraine, pendant la guerre de Cent Ans. Selon son témoignage, elle entendit des voix célestes qui lui ordonnèrent de libérer la France du joug anglais. Après avoir convaincu Charles VII de lui confier une armée, elle délivra Orléans et ouvrit la voie au sacre de Charles VII à Reims. Mais après avoir volé au secours de Compiègne, elle fut capturée par les Bourguignons, vendue aux Anglais et emprisonnée à Rouen. Malgré les maigres chefs d'accusation portés contre elle (notamment le fait de porter des habits d'homme), le tribunal, conduit par l'évêque de Beauvais Pierre Cauchon, la condamna pour hérésie. Elle fut brûlée vive en public place du Vieux-Marché le 30 mai 1431.

Personnes célèbres

Jeanne Balibar, actrice française, née en 1968 ; Jeanne Moreau, actrice française (1928-2017) ; Jeanne Lanvin, styliste fondatrice de la maison de couture Lanvin (1867-1946).

Statistiques

Jeanne est le 27e prénom féminin le plus donné en France depuis l'an 2000. Ce prénom est attribué à près d'une fille sur 180 aujourd'hui.

Jin
- de 30

Tendre, affectueuse (japonais). *Caractérologie :* conscience, bienveillance, conseil, paix, résolution.

Joan
1 000 TOP 2 000

Dieu fait grâce (hébreu). Forme médiévale anglophone de Jeanne, Joan est plus traditionnellement usitée en Catalogne et en Occitanie. *Caractérologie :* sens du devoir, engagement, méthode, ténacité, fiabilité.

Joana
4 500 TOP 600

Dieu fait grâce (hébreu). Joana est particulièrement usité dans les pays lusophones. C'est aussi un choix traditionnel basque, catalan et occitan. *Caractérologie :* audace, découverte, originalité, énergie, séduction.

Joanie
400

Dieu fait grâce (hébreu). *Variantes :* Joannie, Joanny, Johanie. *Caractérologie :* rêve, rectitude, humanité, ouverture d'esprit, détermination.

Joanna
7 500 TOP 600

Dieu fait grâce (hébreu). En dehors de l'Hexagone, ce prénom est particulièrement porté dans les pays anglophones. *Caractérologie :* audace, indépendance, direction, dynamisme, assurance.

Joanne
3 000 TOP 600

Dieu fait grâce (hébreu). Féminin anglais. *Variantes :* Joane, Joann, Johane. *Caractérologie :* dynamisme, curiosité, courage, indépendance, charisme.

Joceline
1 200

Étymologie possible : douce princesse (germanique). Voir Josse. Féminin français et anglais. On peut estimer que moins de 30 enfants seront prénommés ainsi en 2022. *Caractérologie :* énergie, innovation, autorité, raisonnement, détermination.

Jocelyne
93 000

Étymologie possible : douce princesse (germanique). Voir Josse. Féminin français et anglais. Saint Josse, fils du roi des Bretons Judaël, refusa, comme son frère saint Judicaël, le trône de son père. Il consacra sa vie à la religion. On peut estimer que moins de 30 enfants seront prénommés ainsi en 2022. *Caractérologie :* achèvement, vitalité, sympathie, stratégie, ardeur.

Jocya
300

Étymologie possible : douce princesse (germanique). *Variantes :* Jocia, Jocie. *Caractérologie :* altruisme, idéalisme, intégrité, réflexion, dévouement.

Jodie
1 800 TOP 2 000

Louée, félicitée (hébreu). Féminin anglais. *Variante :* Jody. *Caractérologie :* savoir, intelligence, méditation, résolution, volonté.

Joëlle
86 000

Dieu est Dieu (hébreu). Féminin français et anglais. On peut estimer que moins de 30 enfants seront prénommés ainsi en 2022. *Variantes :* Joële, Joéla, Joélie, Joélina, Joéline, Joélyne. *Caractérologie :* énergie, audace, originalité, découverte, séduction.

Joéva
- de 30

Jupiter, jeune (latin). Féminin breton. *Caractérologie :* ambition, force, habileté, passion, volonté.

Johana
3 500 TOP 2 000

Dieu fait grâce (hébreu). Féminin anglais, tchèque et serbe. *Caractérologie :* fiabilité, méthode, ténacité, engagement, sens du devoir.

J

Johanna
27 000 TOP 500

Dieu fait grâce (hébreu). Johanna est répandu dans les pays germanophones, scandinaves et néerlandophones. *Caractérologie :* rectitude, humanité, tolérance, rêve, générosité.

Johanne
5 000 TOP 1 000

Dieu fait grâce (hébreu). Féminin danois, norvégien et allemand. *Variantes :* Johane, Johann, Johannie, Johanny. *Caractérologie :* structure, honnêteté, efficacité, sécurité, persévérance.

Joline
120

De la famille romaine de Iule (latin). *Variante :* Jolinne. *Caractérologie :* engagement, loyauté, décision, bonté, raisonnement.

Jorah
- de 30

Pluie d'automne (hébreu). Féminin anglais. *Variante :* Jora. *Caractérologie :* méditation, intelligence, savoir, indépendance, sagesse.

Jordane
1 700

Descendre (hébreu). On peut estimer que moins de 30 enfants seront prénommés ainsi en 2022. *Variantes :* Jordana, Jordaine, Jordanne. *Caractérologie :* persévérance, structure, sécurité, décision, caractère.

Josée
2 500

Dieu ajoutera (hébreu). Féminin français. On peut estimer que moins de 30 enfants seront prénommés ainsi en 2022. *Variantes :* José, Josefa. *Caractérologie :* humanité, rêve, tolérance, rectitude, générosité.

Joseline
2 000

Dieu ajoutera (hébreu). Prénom français et anglais. Saint Josse, fils du roi des Bretons Judaël, refusa, comme son frère saint Judicaël, le trône de son père. Il consacra sa vie à la religion. On peut estimer que moins de 30 enfants seront prénommés ainsi en 2022. *Caractérologie :* achèvement, vitalité, stratégie, logique, décision.

Joselyne
3 000

Dieu ajoutera (hébreu). Prénom français et anglais. Saint Josse, fils du roi des Bretons Judaël, refusa, comme son frère saint Judicaël, le trône de son père. Il consacra sa vie à la religion. On peut estimer que moins de 30 enfants seront prénommés ainsi en 2022. *Caractérologie :* paix, conscience, bienveillance, conseil, bonté.

Josépha
1 600

Dieu ajoutera (hébreu). Josepha est plus particulièrement répandu dans les pays anglophones et germanophones. On peut estimer que moins de 30 enfants seront prénommés ainsi en 2022. *Variante :* Joséfa. *Caractérologie :* intuition, médiation, adaptabilité, relationnel, fidélité.

Joséphine
29 000 TOP 200

Dieu ajoutera (hébreu). En l'absence de personnages historiques ou de saintes célèbres avant le XIXe siècle, ce féminin de Joseph émerge tardivement. C'est en devenant impératrice à la fin du XVIIIe siècle que Joséphine Bonaparte donne l'impulsion qui manquait au prénom. Ce dernier connaît une certaine vogue en France, en Allemagne et dans les pays anglophones. Si sa carrière française est moins durable que celle de Joseph, Joséphine figure encore au 14e rang féminin au seuil de son déclin (en 1902). Ce prénom reprend depuis peu une courbe ascendante.

◇ Esclave née au Soudan au XIXe siècle, sainte Joséphine fut libérée par l'agent consulaire italien qui l'avait achetée. Elle se convertit au christianisme et termina sa vie en paix dans un couvent. *Variantes :* Fifi, Fina, Finon, Joséfina, Joséphina, Joséfine.

J

Caractérologie : médiation, résolution, ressort, intuition, relationnel.

Josette
108 000

Dieu ajoutera (hébreu). Féminin français. On peut estimer que moins de 30 enfants seront prénommés ainsi en 2022. *Variantes :* Joseta, Josetta, Osetta. *Caractérologie :* structure, honnêteté, persévérance, sécurité, efficacité.

Josiane
104 000 ↗

Dieu ajoutera (hébreu). Féminin français. *Variantes :* Josane, Josanne, Josiana, Josina, Josine, Josune, Josyane. *Caractérologie :* indépendance, audace, direction, dynamisme, décision.

Josianne
3 000

Dieu ajoutera (hébreu). On peut estimer que moins de 30 enfants seront prénommés ainsi en 2022. *Caractérologie :* responsabilité, équilibre, famille, détermination, influence.

Josie
750

Dieu ajoutera (hébreu). Féminin anglais. *Variantes :* Josia, Jossie, Josy. *Caractérologie :* engagement, fiabilité, ténacité, méthode, résolution.

Josseline
3 500

Étymologie possible : douce princesse (germanique). Féminin français et breton. On peut estimer que moins de 30 enfants seront prénommés ainsi en 2022. *Variante :* Josce. *Caractérologie :* humanité, rêve, raisonnement, rectitude, détermination.

Josselyne
2 000

Étymologie possible : douce princesse (germanique). Féminin français et breton. On peut estimer que moins de 30 enfants seront prénommés ainsi en 2022. *Caractérologie :* sympathie, sagacité, connaissances, originalité, spiritualité.

Joy
6 000 TOP 100 ↗

Allégresse (latin). Féminin anglais. *Caractérologie :* audace, découverte, énergie, séduction, originalité.

Joyce
3 500 TOP 300 →

Allégresse (latin). Voir le focus sur Joy. Féminin anglais. *Variante :* Joye. *Caractérologie :* ténacité, méthode, engagement, fiabilité, bonté.

Juana
800 →

Dieu fait grâce (hébreu). Juana est très répandu dans les pays hispanophones. C'est aussi un choix traditionnel basque. *Caractérologie :* relationnel, médiation, fidélité, intuition, adaptabilité.

Judicaëlle
550

Seigneur généreux (celte). Prénom breton. *Variante :* Jezekela. *Caractérologie :* audace, indépendance, direction, décision, dynamisme.

Judith
10 000 TOP 200 ↗

Louée, félicitée (hébreu). En dehors de l'Hexagone, Judith est plus particulièrement usité dans les pays anglophones et en Allemagne. Lorsque les troupes de Nabuchodonosor encerclèrent la cité juive de Béthanie, Judith décida d'en tuer le commandant. Jeune veuve d'une grande beauté, elle se présenta au général Holopherne lors d'un banquet. Lorsque ce dernier, ivre, l'invita dans sa tente, elle le décapita. L'armée leva le siège dès le lendemain et Judith fut acclamée par son peuple. ◇ Sainte Judith, ermite en Prusse, vécut au XIIIe siècle. *Caractérologie :* idéalisme, réflexion, altruisme, intégrité, organisation.

Judy
350 TOP 2 000 ↑

Louée, félicitée (hébreu). Féminin anglais. *Variantes :* Jude, Judie, Judite, Judithe. *Caractérologie :* paix, conscience, bienveillance, réalisation, conseil.

Joy

Fête :
13 décembre

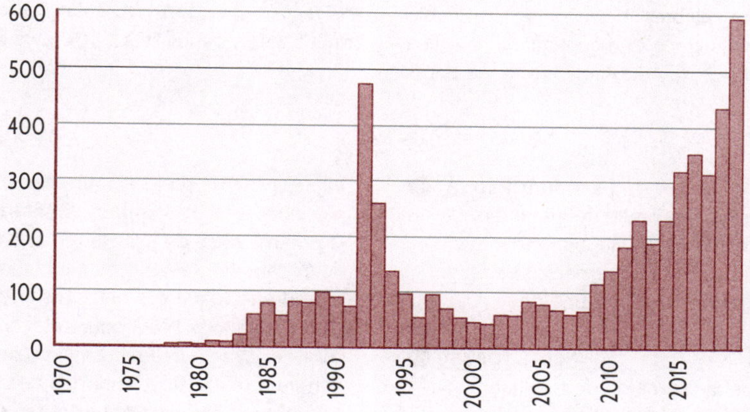

Étymologie

Malgré la simplicité de ses 3 lettres, ce prénom est plus complexe qu'il n'y paraît. Il vient du nom féminin « goie », lui-même dérivé du latin *gaudia*, « joie », en usage dès le XIe siècle en France. Joy, sa forme anglicisée, apparaît outre-Manche un siècle plus tard, sous forme de nom d'abord, puis de prénom. Il se diffuse d'autant plus rapidement que sa signification est positive. Mais Joy peut aussi être considéré comme un dérivé de Joyce, une forme anglicisée de Josse, en référence à saint Josse. Elle aurait été importée de France lors de l'invasion des troupes de Guillaume le Conquérant au XIe siècle. Joyce devient alors un patronyme puis un prénom anglais essentiellement masculin.

Joy a failli disparaître, mais au XVIIe siècle, l'engouement des puritains pour les prénoms de sentiments et de vertu la fait revenir en faveur. Entre Hope (espoir), Faith (foi), Grace, Charity (charité), Harmony et Verity (vérité), Joy avait toute sa place. D'autant que ce choix de prénom était pour les puritains une façon de revendiquer la joie qu'ils puisaient dans leur foi religieuse. En France, les protestants ont eux aussi choisi des prénoms dans cette thématique, mais leurs choix se portaient plutôt sur Angélique, Clémence, Félicité, Innocente, Modestie et Prudence (sans oublier Grace, qui fut internationale).

Au XIXe siècle, Joy revient dans le sillon de Joyce et atteint son pic de popularité dans les années 1950 dans les pays anglophones. En France, elle est quasi inconnue avant les années 1980, et c'est la chanson *Joy*, que le chanteur François Feldman dédie à sa fille, qui la révèle. Numéro 1 du hit-parade durant 8 semaines en 1992, *Joy* fait bondir le nombre d'attributions du prénom, qui passe de 100 à 500 naissances en un an. En 2015, un film américain intitulé *Joy*, de David Russell, a connu un succès mondial. Une série américaine du même nom a également vu le jour en 2016. Ces références accentuent sans doute la cote montante du prénom. Mais en ce début de décennie durement éprouvé par la Covid-19, le sens positif de ces 3 lettres pourrait suffire à assurer sa gloire.

Dans l'histoire

Joy, parfum mythique de Jean Patou, « le plus cher au monde » selon le slogan qui accompagna son lancement dans les années 1930, reste

J

un must aujourd'hui. Cette fragrance aux « dix mille fleurs de jasmin de Grasse et vingt-huit douzaines de roses de mai » pourrait donner aux parents une raison de plus de choisir ce prénom !

Personnes célèbres
Joy Bryant, actrice et mannequin américaine, née en 1945 ; Joy Sorman, femme de lettres française, chroniqueuse de télévision et animatrice radio, née en 1973.

Statistiques
Joy est le 306e prénom féminin le plus donné en France depuis l'an 2000. Ce prénom est attribué à près d'une fille sur 500 aujourd'hui.

Julia
57 000 TOP 50

De la famille romaine de Iule (latin). Voir le focus sur Giulia. *Variante :* Julya. *Caractérologie :* achèvement, stratégie, vitalité, leadership, ardeur.

Juliana
4 500 TOP 500

De la famille romaine de Iule (latin). Juliana est plus particulièrement répandu dans les pays hispanophones, en Occitanie et au Pays basque. *Caractérologie :* indépendance, courage, dynamisme, curiosité, détermination.

Juliane
3 000 TOP 2 000

De la famille romaine de Iule (latin). Juliane est répandu en Allemagne. *Variantes :* Jolianne, Julene, Juli, Julianie, Julianna. *Caractérologie :* humanité, détermination, tolérance, rectitude, rêve.

Julianne
1 500

De la famille romaine de Iule (latin). Féminin anglais. On peut estimer que moins de 30 enfants seront prénommés ainsi en 2022. *Variante :* Julie-Anne. *Caractérologie :* curiosité, dynamisme, indépendance, détermination, courage.

Julie
196 000 TOP 300

De la famille romaine de Iule (latin). Forme française de Julia (la forme latine originelle, en usage au temps des Romains), Julie connaît un certain succès au XIXe siècle. À l'aube du XXe siècle, Julie est même préféré à Julia dans plusieurs pays occidentaux. En France, la prééminence de Juliette l'empêche de s'épanouir pleinement. Il lui faudra attendre la vague des prénoms en « ie » dans les années 1980 pour s'élever au sommet avec Aurélie et Émilie. Julie leur tiendra tête en 1987, le temps qu'Élodie se prépare à les supplanter toutes. ◇ Au début du XIXe siècle, sainte Julie fonda plusieurs instituts religieux visant à l'éducation des enfants pauvres en France et en Belgique. *Caractérologie :* optimisme, communication, créativité, pragmatisme, décision.

Julienne
6 000

De la famille romaine de Iule (latin). Féminin français. On peut estimer que moins de 30 enfants seront prénommés ainsi en 2022. *Caractérologie :* rêve, ouverture d'esprit, humanité, rectitude, détermination.

Juliette
99 000 TOP 50

De la famille romaine de Iule (latin). *Variantes :* Juliet, Julietta. *Caractérologie :* enthousiasme, pratique, communication, organisation, détermination.

Juline
3 500 TOP 500

De la famille romaine de Iule (latin). *Variante :* Julina. *Caractérologie :* achèvement, vitalité, ardeur, stratégie, décision.

J

Juliette

Fête :
30 juillet

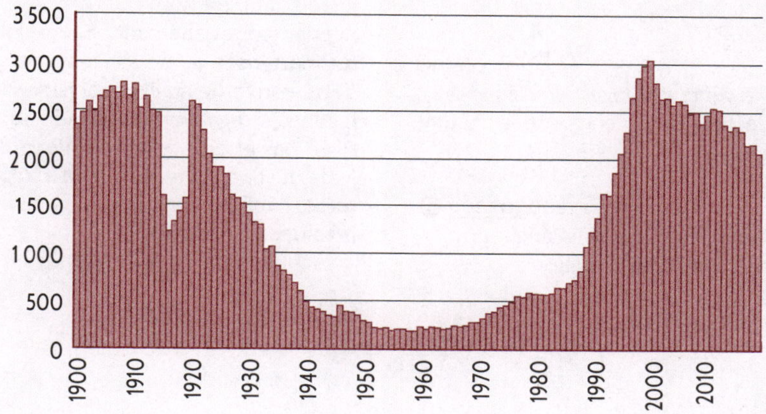

Étymologie

Conformément à ses origines latines, ce dérivé féminin de Jules se rapporte à la grande famille romaine de Iule. Il fut porté par une sainte martyre à Césarée (Turquie) au IVe siècle, mais il était peu répandu lorsque Shakespeare publia *Roméo et Juliette* en 1597. Après avoir connu des hauts et des bas, ce prénom renaît au XIXe siècle dans les pays anglophones et bourgeonne en France. C'est bien plus tard, dans les années 1980, que Juliette décolle véritablement. Depuis 2 décennies, ce prénom s'est affiché avec une grande régularité dans le top 20 féminin.

En dehors de l'Hexagone, Juliette monte dans les 20 premiers rangs suisses, wallons et québécois. Elle n'a pas encore fait son retour dans les pays anglophones.

Dans la littérature

L'histoire de *Roméo et Juliette* est universellement connue. Elle prend place à Vérone, en Italie, à la fin du XVIe siècle. Deux adolescents, Roméo Montaigu et Juliette Capulet, tombent éperdument amoureux l'un de l'autre alors que leurs familles se haïssent. Lorsque Roméo est banni, Juliette refuse le mariage arrangé avec un noble nommé Pâris. Elle boit une potion qui lui permet de simuler sa mort en attendant de fuir avec Roméo. Mais ce dernier, la croyant morte, se suicide à ses côtés. *Roméo et Juliette* a connu de nombreuses adaptations dans divers domaines : théâtre, cinéma, opéra, comédie musicale.

Sainte Julitte ou **sainte Juliette**, riche veuve de Césarée, voulait poursuivre en justice un homme d'affaires qui l'avait dépouillée. Mais au IVe siècle, les chrétiens ne pouvaient témoigner à un procès qu'en reniant leur foi. Elle refusa d'abjurer et fut condamnée au bûcher.

Personnes célèbres

Juliette Gréco, chanteuse française (1927-2020) ; Juliette Binoche, actrice française, née en 1964 ; Juliet Richardson, chanteuse américaine, née en 1980.

Statistiques

Juliette est le 19e prénom féminin le plus donné en France depuis l'an 2000. Ce prénom est attribué à près d'une fille sur 160 aujourd'hui.

J

July
800 ➔

De la famille romaine de Iule (latin). Féminin anglais. *Caractérologie :* indépendance, curiosité, dynamisme, courage, charisme.

Jun
- de 100

Qui dit la vérité (chinois). *Caractérologie :* rectitude, humanité, générosité, ouverture d'esprit, rêve.

June
1 800 TOP 300 ➚

Mois de juin (latin). Féminin anglais. *Variante :* Junie. *Caractérologie :* charisme, curiosité, dynamisme, courage, indépendance.

Justine
87 000 TOP 300 ➘

Juste (latin). Prénom français, néerlandais et allemand. Sainte Justine fut martyrisée au IVe siècle après s'être convertie au christianisme. Justine est également répandu aux Pays-Bas et en Allemagne. *Variantes :* Justa, Justina, Justyne. *Caractérologie :* force, habileté, ambition, organisation, résolution.

K

Kacie
- de 100

Courageuse (irlandais). Féminin anglais. *Variantes :* Kacia, Kacey, Kacy. *Caractérologie :* engagement, gestion, méthode, ténacité, fiabilité.

Kadija
950 TOP 2 000 ➚

Enfant née prématurée (arabe). *Variantes :* Kadi, Kadiah, Kadiatou, Khadia. *Caractérologie :* rectitude, humanité, rêve, générosité, ouverture d'esprit.

Kae
- de 30

Pure (grec). Féminin anglais. *Caractérologie :* habileté, management, passion, force, ambition.

Kaëlia
- de 100

Seigneur généreux (celte). Féminin breton. *Variantes :* Kaela, Kaelle, Kaelig. *Caractérologie :* pragmatisme, résolution, communication, optimisme, organisation.

Kaëlys
350 TOP 2 000 ➚

Combinaison de Kaëlia et Maëlys. Ce prénom est apparu en France dans les années 2010. *Caractérologie :* organisation, autonomie, innovation, énergie, ambition.

Kaena
300

Prêtresse (kabyle). *Caractérologie :* audace, énergie, originalité, séduction, découverte.

Kahina
4 000 TOP 700 ➔

Prêtresse (kabyle, hébreu). À noter : les Kabyles francophones choisissent Kahina plus massivement que les anglophones, qui lui préfèrent « Kahena » pour des raisons de phonétique. *Variante :* Kahena. *Caractérologie :* sensibilité, force, ambition, détermination, habileté.

Kaïa
- de 100 TOP 900

Mer (hawaïen), et forme norvégienne de Catherine : pure (grec). Kaia est usité à Hawaï et dans les pays scandinaves. *Variante :* Kaya. *Caractérologie :* ténacité, méthode, fiabilité, engagement, sens du devoir.

Kaiko
- de 30

L'enfant du pardon (japonais). *Caractérologie :* médiation, relationnel, fidélité, adaptabilité, intuition.

Kaïla
750 TOP 2 000

Couronne (hébreu). Forme yiddish de Kelila. *Variantes :* Kaylia, Keylia. *Caractérologie :* finesse, sagacité, connaissances, originalité, gestion.

Kaïlane
- de 30

Couronne (hébreu). *Variante :* Kaylane. *Caractérologie :* stratégie, gestion, vitalité, décision, achèvement.

Kaïna
2 500 TOP 900

Prêtresse (kabyle). *Caractérologie :* décision, rectitude, humanité, ouverture d'esprit, rêve.

Kaira
- de 100

Brune (irlandais). *Caractérologie :* engagement, méthode, sens du devoir, fiabilité, ténacité.

Kaléa
- de 100

Clair, brillant (hawaïen). *Caractérologie :* pratique, gestion, adaptation, communication, enthousiasme.

Kali
700 TOP 2 000

Énergie (sanscrit). Épouse de Shiva et déesse de la Mort dans la mythologie hindoue, Kali symbolise le concept de « force vitale universelle ». Notons que Kali est également le nom d'une rivière turque et d'une île croate. Prénom indien d'Asie. *Variante :* Kalie. *Caractérologie :* paix, bienveillance, conseil, gestion, conscience.

Kalinda
- de 100

Lunettes (sanscrit). Féminin indien d'Asie. *Caractérologie :* spiritualité, connaissances, sagacité, gestion, décision.

Kalinka
110

Nom d'une chanson populaire russe datant des années 1860, dont le refrain, « Kalinka », désigne l'arbuste boule-de-neige. Féminin russe. *Caractérologie :* organisation, curiosité, audace, courage, découverte.

Kama
160

Amour, désir (sanscrit), chaleur, brûlé (araméen, hébreu). Prénom indien d'Asie. *Caractérologie :* force, ambition, management, habileté, passion.

Kamea
- de 30

La seule et unique (hawaïen). *Caractérologie :* ténacité, engagement, fiabilité, méthode, sens du devoir.

Kameko
- de 30

L'enfant tortue (japonais). Au Japon, la tortue est un symbole de longévité. *Caractérologie :* diplomatie, réceptivité, caractère, sociabilité, loyauté.

Kamelia
3 000 TOP 400

Jeune assistante de cérémonies (étrusque). *Variante :* Kamelya. *Caractérologie :* sagacité, connaissances, spiritualité, organisation, détermination.

Kamila
2 500 TOP 200

Parfaite, achevée (arabe), variante slave de Camille. *Caractérologie :* médiation, intuition, organisation, relationnel, fidélité.

Kanika
- de 30

Molécule (sanscrit). Nom de fleur jaune au parfum agréable. Féminin indien d'Asie et cambodgien. *Caractérologie :* intuition, relationnel, décision, médiation, fidélité.

Kanna
- de 30

Plante (hébreu), belle (hawaïen). *Caractérologie :* courage, dynamisme, curiosité, charisme, indépendance.

Kanoa
- de 30

Liberté (hawaïen). *Caractérologie :* exigence, équilibre, famille, responsabilité, influence.

Kany
250 ↗

Un son (hawaïen). *Variante :* Kani. *Caractérologie :* paix, bienveillance, conscience, conseil, sagesse.

Kara
450 TOP 2 000 ↑

Chère à quelqu'un, bien-aimée (latin). Féminin anglais. *Caractérologie :* ténacité, fiabilité, sens du devoir, engagement, méthode.

Karelle
1 200

Pure (grec). Féminin anglais. On peut estimer que moins de 30 enfants seront prénommés ainsi en 2022. *Variantes :* Carelle, Karel, Karèle, Karell, Karyl. *Caractérologie :* innovation, énergie, autorité, gestion, décision.

Karen
14 000

Pure (grec). Karen est particulièrement répandu au Danemark, en Allemagne et dans les pays anglophones. En Arménie, ce prénom d'origine iranienne est masculin. On peut estimer que moins de 30 enfants seront prénommés ainsi en 2022. *Variantes :* Karène, Kareen, Kariane, Karianne. *Caractérologie :* structure, persévérance, décision, sécurité, efficacité.

Karima
11 000

Bien née, généreuse (arabe). Ce prénom est particulièrement répandu dans les cultures musulmanes francophones. On peut estimer que moins de 30 enfants seront prénommés ainsi en 2022. *Variantes :* Karama, Karem, Karema. *Caractérologie :* achèvement, vitalité, stratégie, ardeur, leadership.

Karin
1 900

Pure (grec). Féminin scandinave, allemand, néerlandais et anglais. On peut estimer que moins de 30 enfants seront prénommés ainsi en 2022. *Caractérologie :* vitalité, ardeur, achèvement, décision, stratégie.

Karina
2 500

Pure (grec). Féminin anglais, russe, scandinave et allemand. Karina est assez répandu en Amérique latine. On peut estimer que moins de 30 enfants seront prénommés ainsi en 2022. *Caractérologie :* ouverture d'esprit, rectitude, humanité, décision, rêve.

Karine
119 000

Pure (grec). Féminin français. On peut estimer que moins de 30 enfants seront prénommés ainsi en 2022. *Caractérologie :* méthode, engagement, décision, fiabilité, ténacité.

Karla
1 200 ↗

Force (germanique). Karla est plus particulièrement usité en Allemagne, dans les pays slaves et scandinaves, et dans le Pays basque. *Caractérologie :* originalité, sagacité, connaissances, spiritualité, gestion.

Karline
160

Force (germanique). *Caractérologie :* décision, intelligence, méditation, gestion, savoir.

Kassandra
4 500 TOP 2 000 ↘

Qui aide les hommes (grec). Kassandra est plus particulièrement répandu dans les pays anglophones et en Grèce. *Variantes :* Kasandra, Kassandre. *Caractérologie :* intelligence, méditation, indépendance, décision, savoir.

K

Les prénoms par décennie

Les choix de prénoms ont beaucoup évolué en France de 1900 à nos jours. Durant la première partie du XXe siècle, Marie et Jean se sont distingués chaque année à la tête du classement national. On les croyait indéboulonnables.

Mais c'était sans compter sur les révolutionnaires années 1960. Au moment où les étudiants descendent dans les rues en mai 1968, Sylvie a déjà renversé Marie !

Une petite révolution qui marque un point de non-retour : après Marie, aucun prénom ne pourra régner plusieurs décennies de suite sur le classement français. D'autant que la valse des prénoms va s'accélérer. Ainsi, Marie, Brigitte, Catherine, Sylvie, Nathalie, Sandrine, Stéphanie, Céline, Aurélie, Julie, Élodie, Marine, Manon et Laura se succéderont à la première place du tableau féminin jusqu'à la fin du XXe siècle !

Dans les années 2000, Emma supplante Léa au 1er rang. Elle règne sur le classement français pendant 15 ans de façon quasi ininterrompue. Une longévité remarquable. Gageons que ses rivales Alice ou Mila n'en feront pas autant dans les prochaines années.

1900-1909	1910-1919	1920-1929	1930-1939
1. Marie	1. Marie	1. Marie	1. Marie
2. Jeanne	2. Jeanne	2. Jeanne	2. Monique
3. Marguerite	3. Madeleine	3. Jacqueline	3. Jacqueline
4. Germaine	4. Marguerite	4. Madeleine	4. Jeannine
5. Louise	5. Yvonne	5. Suzanne	5. Yvette
6. Yvonne	6. Suzanne	6. Denise	6. Denise
7. Madeleine	7. Germaine	7. Paulette	7. Jeanne
8. Suzanne	8. Marcelle	8. Yvonne	8. Paulette
9. Marcelle	9. Louise	9. Simone	9. Simone
10. Marthe	10. Renée	10. Odette	10. Christiane
11. Maria	11. Lucienne	11. Marcelle	11. Colette
12. Anne	12. Andrée	12. Renée	12. Nicole
13. Henriette	13. Denise	13. Andrée	13. Ginette
14. Lucienne	14. Simone	14. Jeannine	14. Madeleine
15. Renée	15. Raymonde	15. Marguerite	15. Andrée
16. Hélène	16. Georgette	16. Yvette	16. Josette
17. Alice	17. Paulette	17. Lucienne	17. Odette
18. Georgette	18. Odette	18. Raymonde	18. Thérèse
19. Joséphine	19. Marthe	19. Germaine	19. Suzanne
20. Berthe	20. Henriette	20. Georgette	20. Renée

1940-1949	1950-1959	1980-1989	1990-1994
1. Marie	1. Marie	1. Aurélie	1. Laura
2. Monique	2. Martine	2. Émilie	2. Marine
3. Nicole	3. Françoise	3. Élodie	3. Marie
4. Françoise	4. Chantal	4. Céline	4. Élodie
5. Jacqueline	5. Catherine	5. Julie	5. Julie
6. Christiane	6. Brigitte	6. Marie	6. Camille
7. Danielle	7. Monique	7. Stéphanie	7. Marion
8. Annie	8. Dominique	8. Audrey	8. Pauline
9. Michèle	9. Annie	9. Laetitia	9. Anaïs
10. Chantal	10. Nicole	10. Virginie	10. Mélanie
11. Josette	11. Christine	11. Sophie	11. Manon
12. Colette	12. Sylvie	12. Mélanie	12. Sarah
13. Anne	13. Patricia	13. Sabrina	13. Justine
14. Michelle	14. Évelyne	14. Vanessa	14. Audrey
15. Jeannine	15. Michèle	15. Caroline	15. Aurélie
16. Annick	16. Christiane	16. Marion	16. Émilie
17. Claudine	17. Claudine	17. Jennifer	17. Mathilde
18. Josiane	18. Jacqueline	18. Angélique	18. Amandine
19. Liliane	19. Jocelyne	19. Jessica	19. Charlotte
20. Martine	20. Annick	20. Amandine	20. Morgane

1960-1969	1970-1979	1995-1999	2000-2004
1. Sylvie	1. Sandrine	1. Manon	1. Léa
2. Nathalie	2. Nathalie	2. Léa	2. Manon
3. Isabelle	3. Stéphanie	3. Camille	3. Emma
4. Catherine	4. Isabelle	4. Marie	4. Chloé
5. Christine	5. Céline	5. Laura	5. Camille
6. Véronique	6. Valérie	6. Chloé	6. Océane
7. Valérie	7. Christelle	7. Marine	7. Marie
8. Marie	8. Sophie	8. Pauline	8. Sarah
9. Corinne	9. Karine	9. Sarah	9. Clara
10. Patricia	10. Virginie	10. Julie	10. Inès
11. Laurence	11. Séverine	11. Océane	11. Laura
12. Martine	12. Sylvie	12. Mathilde	12. Julie
13. Françoise	13. Delphine	13. Anaïs	13. Lucie
14. Florence	14. Marie	14. Marion	14. Mathilde
15. Brigitte	15. Véronique	15. Justine	15. Anaïs
16. Pascale	16. Laurence	16. Mélanie	16. Pauline
17. Anne	17. Sandra	17. Lucie	17. Marine
18. Béatrice	18. Catherine	18. Morgane	18. Lisa
19. Sandrine	19. Laetitia	19. Charlotte	19. Éva
20. Fabienne	20. Anne	20. Emma	20. Jade

K

2005-2009

1. Emma
2. Léa
3. Manon
4. Chloé
5. Clara
6. Jade
7. Inès
8. Camille
9. Sarah
10. Lola
11. Anaïs
12. Lucie
13. Zoé
14. Éva
15. Lilou
16. Océane
17. Louise
18. Romane
19. Marie
20. Maëlys

2010-2014

1. Emma
2. Chloé
3. Inès
4. Léa
5. Jade
6. Manon
7. Louise
8. Lola
9. Camille
10. Zoé
11. Léna
12. Sarah
13. Lina
14. Lilou
15. Maëlys
16. Éva
17. Alice
18. Clara
19. Romane
20. Louna

2015-2019

1. Emma
2. Jade
3. Louise
4. Chloé
5. Inès
6. Alice
7. Léa
8. Lina
9. Léna
10. Mila
11. Manon
12. Rose
13. Anna
14. Camille
15. Lola
16. Zoé
17. Ambre
18. Julia
19. Juliette
20. Éléna

Kassy
950 **TOP 900**

Qui aide les hommes (grec). *Variante :* Kassie. *Caractérologie :* adaptation, pratique, communication, enthousiasme, générosité.

Katarina
1 300 **TOP 2 000**

Pure (grec). Katarina est très répandu en Allemagne, dans les pays slaves et scandinaves. *Variante :* Katharina. *Caractérologie :* communication, enthousiasme, pratique, adaptation, décision.

Kate
800 **TOP 2 000**

Pure (grec). *Caractérologie :* direction, assurance, dynamisme, audace, indépendance.

Kateline
350

Pure (grec). Féminin anglais. *Variantes :* Katalina, Katelina, Katerina, Kati, Katja, Kattalin, Kataline, Katelyne, Katheline, Kathelyne, Katline, Katlyne. *Caractérologie :* gestion, dynamisme, décision, curiosité, courage.

Katell
3 500 **TOP 2 000**

Pure (grec). Dans l'Hexagone, Katell est plus traditionnellement usité en Bretagne. *Variantes :* Kate, Katel. *Caractérologie :* méditation, indépendance, gestion, intelligence, savoir.

Katherine
1 400

Pure (grec). Dans l'Hexagone, ce prénom anglais est plus traditionnellement usité en Alsace. On peut estimer que moins de 30 enfants seront prénommés ainsi en 2022. *Caractérologie :* audace, dynamisme, direction, sensibilité, détermination.

Kathia
1 300

Pure (grec). On peut estimer que moins de 30 enfants seront prénommés ainsi en 2022. *Variante :* Kathya. *Caractérologie :* dynamisme, courage, indépendance, charisme, curiosité.

Kathleen 5 000 TOP 2 000
Pure (grec). Kathleen est très répandu dans les pays anglophones et en Irlande. *Variantes :* Katheleen, Kathelyne, Kathlène, Kathline, Kathlyn, Kathlyne, Katleen. *Caractérologie :* méthode, fiabilité, ténacité, organisation, finesse.

Kathy 4 500
Pure (grec). Féminin anglais. On peut estimer que moins de 30 enfants seront prénommés ainsi en 2022. *Caractérologie :* relationnel, intuition, fidélité, adaptabilité, médiation.

Katia 30 000 TOP 2 000
Pure (grec). En dehors de l'Hexagone, Katia est particulièrement répandu en Russie et dans les pays slaves. *Variante :* Katya. *Caractérologie :* famille, équilibre, influence, éthique, exigence.

Katty 800
Pure (grec). Féminin anglais. *Variante :* Kitty. *Caractérologie :* énergie, audace, découverte, originalité, séduction.

Katy 6 500
Pure (grec). En dehors de l'Hexagone, ce prénom est particulièrement porté dans les pays anglophones. On peut estimer que moins de 30 enfants seront prénommés ainsi en 2022. *Caractérologie :* générosité, pratique, enthousiasme, communication, adaptation.

Kay - de 30
Pure (grec). Féminin anglais. *Caractérologie :* audace, dynamisme, indépendance, direction, assurance.

Kaya 300
Variante moderne de Kay, une forme anglophone de Catherine. Kaya est également un prénom japonais pouvant signifier, selon les kanji utilisés, « beauté » ou « fleur ». En Turquie, Kaya s'emploie au masculin et signifie « rocher, roc ». *Variante :* Kaye. *Caractérologie :* médiation, relationnel, fidélité, intuition, adaptabilité.

Kayla 2 500 TOP 300
Couronne (hébreu). Féminin anglais. *Variantes :* Caïla, Cayla. *Caractérologie :* énergie, découverte, audace, organisation, originalité.

Kayline 300 TOP 2 000
Élancée (irlandais). *Variantes :* Kaïlin, Kaylin. *Caractérologie :* curiosité, détermination, indépendance, courage, charisme.

Kayna 1 500 TOP 1 000
Prêtresse (kabyle). *Caractérologie :* originalité, spiritualité, philosophie, sagacité, connaissances.

Kéala - de 30
Chemin (hawaïen). *Caractérologie :* pragmatisme, générosité, créativité, adaptation, organisation.

Keara - de 30
Brune (irlandais). *Caractérologie :* humanité, rêve, ouverture d'esprit, décision, rectitude.

Keira 650 TOP 2 000
Brune (irlandais). Féminin anglais. *Variante :* Kerry. *Caractérologie :* force, habileté, ambition, passion, décision.

Kélia 3 500 TOP 700
Contestation ou église (irlandais). Kelia est répandu dans les pays anglophones. *Caractérologie :* détermination, sociabilité, réceptivité, diplomatie, organisation.

Kellie 200
Contestation ou église (irlandais). Féminin anglais. *Caractérologie :* idéalisme, altruisme, intégrité, réflexion, dévouement.

K

Kelly
25 000 TOP 500 ↘

Contestation ou église (irlandais). Kelly est très répandu dans les pays anglophones. *Variantes :* Kaley, Kaylia, Kélian, Kéliana, Kéliane, Kellia, Kelliane, Kellie, Kellina, Kelline, Kellya, Kellyah, Kellyan, Kellyane, Kellyna, Kellyne, Kelyan, Kélyana, Kélyane, Kellyanna, Kély, Kelyn, Kélyna, Kélyne, Kiliane. *Caractérologie :* loyauté, diplomatie, réceptivité, sociabilité, cœur.

Kélya
5 500 TOP 300 ↘

Contestation ou église (irlandais). Kelya est répandu dans les pays anglophones. *Variantes :* Keyla, Keylia. *Caractérologie :* idéalisme, altruisme, intégrité, sympathie, organisation.

Kena
- de 30

Très belle (irlandais). *Caractérologie :* méthode, sens du devoir, ténacité, fiabilité, engagement.

Kendra
1 400 TOP 2 000 ↘

Dérivé féminin de Kendrick : puissante (gallois). *Variante :* Kendria. *Caractérologie :* ardeur, achèvement, stratégie, vitalité, détermination.

Kenza
19 000 TOP 200 ↘

Trésor (arabe). Ce prénom, attribué pour la première fois en France en 1951, a tardé à s'épanouir jusque dans les années 1990. Qu'importe, puisque cette étape est désormais franchie. En vogue dans les cultures musulmanes francophones, Kenza est aussi prisé par les couples mixtes. Kenza fut la mère du Moulay Idris II (791-828), le fondateur de l'État marocain. *Caractérologie :* communication, enthousiasme, pratique, adaptation, finesse.

Kenzy
350 ↘

Trésor (arabe), légère (écossais). *Variante :* Kenzie. *Caractérologie :* idéalisme, altruisme, intégrité, réflexion, finesse.

Keren
1 300 TOP 2 000 ↗

Rayon de soleil (hébreu). *Caractérologie :* force, habileté, passion, management, ambition.

Kessy
2 500 TOP 500 →

Pure (grec). *Caractérologie :* connaissances, spiritualité, originalité, sagacité, philosophie.

Ketsia
950 ↘

Arbuste dont l'écorce produit des épices (hébreu). *Variante :* Keshia. *Caractérologie :* sociabilité, réceptivité, détermination, loyauté, diplomatie.

Ketty
4 000

Pure (grec). On peut estimer que moins de 30 enfants seront prénommés ainsi en 2022. *Variantes :* Keti, Ketti. *Caractérologie :* altruisme, intégrité, idéalisme, dévouement, réflexion.

Ketura
- de 100

Encens (hébreu). Dans l'Ancien Testament, Keturah devient l'épouse d'Abraham à la mort de Sarah. *Variante :* Keturah. *Caractérologie :* pratique, communication, détermination, enthousiasme, sensibilité.

Keva
- de 30

Fleur de lotus (sanscrit). Féminin indien d'Asie. *Caractérologie :* pratique, adaptation, enthousiasme, communication, générosité.

Kevine
- de 100

Belle fille (irlandais). *Variante :* Kelvine. *Caractérologie :* communication, pragmatisme, optimisme, créativité, sociabilité.

Keya
- de 100

Fleur (sanscrit). Keya est usité en Inde. *Caractérologie :* équilibre, responsabilité, exigence, influence, famille.

Kezia
550 ➔

Arbuste dont l'écorce produit des épices (hébreu). *Variantes :* Késia, Keshia, Keziah, Kesya, Kessya. *Caractérologie :* connaissances, sagacité, attention, spiritualité, décision.

Khadija
9 000 TOP 200 ➔

Prénom arabe. Khadija fut la première épouse du Prophète et la première femme à embrasser l'islam. *Variantes :* Kady, Kadidja, Kadija, Khadidja, Khady, Khedidja. *Caractérologie :* ambition, force, habileté, passion, management.

Khéira
3 000 TOP 800 ➔

Celle qui excelle (arabe). *Variante :* Khaïra. *Caractérologie :* sensibilité, intelligence, savoir, méditation, détermination.

Kia
- de 100

Diminutif anglophone de Kiana et diminutif scandinave de Kristiana. *Variante :* Kiah. *Caractérologie :* optimisme, communication, créativité, sociabilité, pragmatisme.

Kiana
300 TOP 2 000 ↗

Apparu dans les années 1960 aux États-Unis, Kiana est probablement dérivé de l'irlandais *cian*, « ancien ». Kiana est également un prénom perse se rapportant aux quatre éléments de la vie : l'eau, la terre, le feu et l'air. Enfin, Kiana est le nom d'un village d'Alaska. *Variantes :* Qiana, Quiana. *Caractérologie :* altruisme, intégrité, idéalisme, détermination, réflexion.

Kiara
4 500 TOP 300 ➔

Brune (irlandais). Kiara est très répandu en Irlande et dans les pays anglophones. *Variantes :* Kiera, Kiria, Kiriah, Kyara. *Caractérologie :* persévérance, structure, sécurité, efficacité, honnêteté.

Kim
5 000 TOP 2 000 ↘

Diminutif anglophone de Kimberly : plaine royale (afrikaans), or (vietnamien). *Variante :* Kym. *Caractérologie :* influence, famille, équilibre, responsabilité, exigence.

Kimberley
6 500 TOP 2 000 ↘

Plaine royale (afrikaans). Kimberley est très répandu dans les pays anglophones. *Variante :* Kimberlay. *Caractérologie :* dynamisme, audace, direction, indépendance, cœur.

Kimberly
2 000 TOP 2 000 ↘

Plaine royale (afrikaans). Kimberly est le nom d'une ville d'Afrique du Sud connue pour sa richesse en kimberlites (une roche contenant des diamants). *Caractérologie :* dynamisme, curiosité, courage, indépendance, sympathie.

Kimiko
- de 100

L'enfant est juste (japonais). *Variante :* Kimi. *Caractérologie :* découverte, séduction, originalité, audace, énergie.

Kimy
500 ↘

Plaine royale (afrikaans). Féminin anglais. *Variante :* Kimmy. *Caractérologie :* structure, persévérance, sécurité, honnêteté, efficacité.

Kinsey
- de 100

De la même famille (anglais). *Caractérologie :* réceptivité, sociabilité, diplomatie, résolution, loyauté.

Kiona
- de 30

Colline dorée (amérindien). *Caractérologie :* sociabilité, réceptivité, volonté, diplomatie, loyauté.

K

Harmonie d'un prénom avec son patronyme

Un sondage réalisé auprès des parents ces dernières années sur **MeilleursPrenoms.com** a mis en lumière les critères déterminants dans le choix d'un prénom. La sonorité, jugée très importante pour 60 % des parents, arrive largement en tête, devant l'accord du prénom avec le patronyme. L'originalité est le 3e critère le plus souvent cité. D'autres facteurs, plus secondaires, ont néanmoins une influence. Ainsi, la connotation sociale du prénom et son étymologie pèsent dans la balance, tout comme la mode, qui peut devenir un critère éliminatoire (un tiers des parents ont affirmé avoir expressément évité les prénoms à la mode). Dans le même temps, le poids des traditions continue de diminuer : un prénom porté par un aïeul est jugé « très important » pour 3 % des sondés seulement.

Mais revenons à l'importance de choisir un prénom bien assorti avec le nom de famille... Outre les fautes de goût évidentes (exemples : Aude Javel, Emma Taume ou Jean Roule), peut-on éviter tous les pièges ?

Il n'existe pas de règle qui garantisse un mariage harmonieux. Chaque prénom est unique et ne s'accorde pas de la même manière. Faites confiance à votre ressenti lorsque vous l'associez avec votre nom de famille. Mais en cas de doute persistant, un examen objectif s'impose. Il s'agit de prononcer, syllabe par syllabe, le nom à la suite du prénom. Ce procédé révèle tout frottement indélicat (exemple : Mathilde Degest), et toute liaison inutile (exemple : Antonin Nimbert). S'il faut donner une règle, disons qu'un assemblage heureux évite les prénoms dont les terminaisons riment avec le commencement des patronymes.

Un dernier élément doit être pris en compte : généralement, les prénoms longs s'harmonisent mieux avec les patronymes courts. C'est la raison pour laquelle les prénoms composés s'accordent si bien avec ces derniers (Marie-Amélie Daust est bien plus gracieux que Marie-Amélie de Paradimont).

Enfin, si vous hésitez encore, vous pouvez également tester vos idées auprès de vos proches. Selon le sondage évoqué précédemment, près de la moitié des futurs parents partagent leurs idées de prénoms avec leurs proches, et dans l'immense majorité des cas, cela ne constitue pas une source de conflit.

Kira
500 **TOP 800** ↗

Soleil (persan). Kira est particulièrement répandu en Russie et dans les pays anglophones. *Variante :* Kyra. *Caractérologie :* communication, pratique, générosité, enthousiasme, adaptation.

Kiyo
\- de 30

Heureuse génération (japonais). *Caractérologie :* conseil, bienveillance, paix, conscience, sagesse.

Klara
2 000 **TOP 2 000** →

Illustre (latin). Klara est particulièrement répandu en Hongrie, en Tchéquie, en Ukraine, en Autriche et dans les pays scandinaves. *Caractérologie :* indépendance, intelligence, savoir, méditation, organisation.

Klervi
1 000 →

Pierre précieuse, bijou (celte). Prénom breton. *Variantes :* Kler, Klervia.

Caractérologie : énergie, audace, découverte, originalité, séduction.

Klervie
400 TOP 2 000
Pierre précieuse, bijou (celte). *Caractérologie :* indépendance, dynamisme, audace, direction, assurance.

Kohana
- de 30
Petite fleur (japonais). *Caractérologie :* courage, dynamisme, curiosité, indépendance, sensibilité.

Koko
- de 30
Cigogne (japonais). *Caractérologie :* intelligence, indépendance, méditation, savoir, sagesse.

Koto
- de 30
Harpe (japonais). *Caractérologie :* sagacité, connaissances, spiritualité, originalité, philosophie.

Kristel
1 200
Messie (grec). Féminin anglais. On peut estimer que moins de 30 enfants seront prénommés ainsi en 2022. *Variantes :* Kristal, Kristèle, Kristell, Kristelle. *Caractérologie :* méthode, fiabilité, ténacité, organisation, résolution.

Kristen
500
Messie (grec). *Caractérologie :* famille, équilibre, influence, responsabilité, détermination.

Kristina
1 000
Messie (grec). Kristina est particulièrement répandu dans les pays scandinaves, dans les pays slaves et en Allemagne. *Variantes :* Kristen, Kristie, Kristy, Kristiana, Kristiane, Kristine. *Caractérologie :* relationnel, intuition, fidélité, résolution, médiation.

Krystal
850 TOP 2 000
Messie (grec). *Caractérologie :* sagacité, connaissances, originalité, spiritualité, organisation.

Krystel
800
Messie (grec). *Variante :* Krystèle. *Caractérologie :* réceptivité, sociabilité, décision, cœur, diplomatie.

Kylia
350
Variante de Kayla, Kylie ou Kyla. Féminin anglais. *Caractérologie :* organisation, ténacité, engagement, fiabilité, méthode.

Kyliane
- de 100
Contestation ou église (irlandais). Ce féminin de Kylian est apparu en France à la fin des années 1990. Il est à l'origine de nombreuses variantes (Killiane, Kyliana, Kylianna, Kylliane, Kyla, etc.) mais reste bien plus rare que son homophone masculin. *Caractérologie :* assurance, ambition, direction, innovation, détermination.

Kylie
800 TOP 700
Élancée (irlandais). Féminin anglais. *Variantes :* Kylia, Kyliana, Kyliane. *Caractérologie :* force, passion, sympathie, ambition, habileté.

Kyra
550 TOP 700
Soleil (persan). *Caractérologie :* direction, audace, dynamisme, assurance, indépendance.

Kyria
160
Soleil (persan), brune (irlandais), cité (hébreu). *Variantes :* Kiria, Kiriah. *Caractérologie :* audace, indépendance, direction, assurance, dynamisme.

K

L

Laela
110

Se rapporte à Laelianu, patronyme d'une famille espagnole noble du IIIe siècle. *Caractérologie :* fiabilité, méthode, sens du devoir, engagement, ténacité.

Laelia
200

Se rapporte à Laelianu, patronyme d'une famille espagnole noble du IIIe siècle. Laelia est également le nom d'une orchidée originaire d'Amérique centrale. *Variantes :* Laéliana, Laéliane, Laélie. *Caractérologie :* méthode, fiabilité, décision, engagement, ténacité.

Laeticia
2 000

Allégresse (latin). On peut estimer que moins de 30 enfants seront prénommés ainsi en 2022. *Caractérologie :* organisation, équilibre, famille, responsabilité, résolution.

Laetitia
141 000 TOP 900 ↘

Allégresse (latin). Ce prénom émergeait tout juste en France lorsque Serge Gainsbourg en fit une chanson. En 1963, ce tube accélère la croissance de Laetitia qui atteint son zénith au 4e rang féminin en 1982. *Variantes :* Laeticia, Letitia, Letizia, Liesse, Tish, Tisha. *Caractérologie :* énergie, gestion, découverte, décision, audace.

Laïa
1 100 TOP 500 ↑

Forme catalane d'Eulalie. Belle parole, beau langage (latin/grec). *Variantes :* Laya, Layana, Layane. *Caractérologie :* dynamisme, courage, indépendance, curiosité, charisme.

Laïla
6 000 TOP 800 →

Née pendant la nuit (arabe). *Caractérologie :* vitalité, achèvement, stratégie, ardeur, leadership.

Laïna
1 800 TOP 600 →

Éclat du soleil (grec). Féminin anglais. *Variante :* Layna. *Caractérologie :* dynamisme, direction, indépendance, audace, détermination.

Laïs
400 TOP 2 000 ↗

Courtisane dans l'Athènes antique, Laïs de Corinthe était si belle que tous les peintres et sculpteurs la suppliaient de poser pour eux. Elle compta, parmi ses nombreux amants, le philosophe Aristippe. *Caractérologie :* charisme, découverte, originalité, séduction, énergie.

Lali
400 ↘

Belle parole, beau langage (latin/grec). *Caractérologie :* spiritualité, philosophie, originalité, connaissances, sagacité.

Lalia
750 →

Belle parole, beau langage (latin/grec). *Caractérologie :* achèvement, ardeur, stratégie, vitalité, leadership.

Lalie
4 500 TOP 800 ↘

Belle parole, beau langage (latin/grec). *Variantes :* Lali, Lallie. *Caractérologie :* communication, résolution, pratique, enthousiasme, adaptation.

Laly
6 000 TOP 700 ↓

Belle parole, beau langage (latin/grec). *Variante :* Lally. *Caractérologie :* audace, séduction, découverte, originalité, énergie.

Lamia
4 000 TOP 2 000 →

Celle qui a des lèvres sombres (arabe). *Variantes :* Lama, Lamiae, Lamya.

L

Caractérologie : altruisme, réflexion, intégrité, idéalisme, dévouement.

Lana
24 000 TOP 100

Éclat du soleil (grec). Ce prénom anglais, russe et croate rencontre un succès grandissant en France depuis le début des années 2000. *Variantes :* Laïna, Lanna, Layna. *Caractérologie :* ambition, autorité, innovation, énergie, autonomie.

Laora
900 TOP 2 000

Couronnée de lauriers (latin). Féminin français et breton. *Caractérologie :* réceptivité, diplomatie, sociabilité, logique, loyauté.

Lara
11 000 TOP 200

Mouette (grec). Prénom russe, anglais, allemand, italien, espagnol, néerlandais, slovène, corse et breton. *Caractérologie :* audace, énergie, découverte, séduction, originalité.

Larissa
1 600

Mouette (grec). Larissa est très répandu en Russie. On peut estimer que moins de 30 enfants seront prénommés ainsi en 2022. *Caractérologie :* sagacité, originalité, spiritualité, philosophie, connaissances.

L

Laudine
180

Dans les légendes arthuriennes, Laudine, surnommée Dame de la forêt, déploie maints efforts pour conquérir le chevalier Yvain, qu'elle finit par épouser. *Caractérologie :* motivation, communication, pratique, optimisme, partage.

Laura
147 000 TOP 200

Couronnée de lauriers (latin). Après avoir brillé dans de nombreux palmarès occidentaux, Laura fléchit nettement aujourd'hui. L'immense succès de *Laura*, chanté par Johnny Hallyday, a contribué à la gloire du prénom à la fin des années 1980. Laura est très répandu à l'échelle internationale aujourd'hui. *Caractérologie :* achèvement, vitalité, ardeur, leadership, stratégie.

Laurane
1 900

Couronnée de lauriers (latin). Féminin français. On peut estimer que moins de 30 enfants seront prénommés ainsi en 2022. *Variantes :* Laurana, Lauriana, Laurina, Laurinda. *Caractérologie :* rêve, ouverture d'esprit, rectitude, humanité, décision.

Lauranne
1 400

Couronnée de lauriers (latin). On peut estimer que moins de 30 enfants seront prénommés ainsi en 2022. *Caractérologie :* détermination, audace, découverte, originalité, énergie.

Laure
70 000 TOP 600

Couronnée de lauriers (latin). Féminin français. *Caractérologie :* adaptation, pratique, décision, communication, enthousiasme.

Laure-Anne
800

Forme composée de Laure et Anne. Féminin français. *Caractérologie :* innovation, autorité, énergie, ambition, détermination.

Laureen
5 000

Couronnée de lauriers (latin). Féminin anglais. On peut estimer que moins de 30 enfants seront prénommés ainsi en 2022. *Caractérologie :* sécurité, efficacité, persévérance, structure, résolution.

Laureline
3 000 TOP 800

Couronnée de lauriers (latin). *Variantes :* Lauralee, Lauralie, Lauraline, Laurela, Laureleen, Laurelène, Laurelenn, Laurélia, Laurélie, Lore, Laurelyne, Loraline. *Caractérologie :* sagacité, spiritualité, connaissances, originalité, détermination.

Lauren
4 000

Couronnée de lauriers (latin). Féminin anglais. On peut estimer que moins de 30 enfants seront prénommés ainsi en 2022. *Variantes :* Lauraine, Laurenn, Laurenne. *Caractérologie :* passion, ambition, force, décision, habileté.

Laurena
1 700

Couronnée de lauriers (latin). Féminin anglais. On peut estimer que moins de 30 enfants seront prénommés ainsi en 2022. *Caractérologie :* humanité, rêve, rectitude, résolution, tolérance.

Laurence
168 000

Couronnée de lauriers (latin). Peu attribué par le passé, Laurence surgit dans le sillon de Laurent et Florence dans les années 1960. Il figure dans les 10 premiers choix français durant une décennie avant de décliner lentement. Dans les pays anglophones, Laurence a longtemps prénommé les garçons avant d'être abandonné pour Lawrence. On peut estimer que moins de 30 enfants seront prénommés ainsi en 2022. *Variantes :* Laurencia, Laurentia, Laurentine, Laurenza, Loredana. *Caractérologie :* originalité, sagacité, connaissances, décision, spiritualité.

Laurène
8 500 TOP 2 000

Couronnée de lauriers (latin). En dehors de l'Hexagone, ce prénom est particulièrement porté dans les pays anglophones. *Caractérologie :* ténacité, méthode, engagement, décision, fiabilité.

Laurette
6 500

Couronnée de lauriers (latin). Féminin français. On peut estimer que moins de 30 enfants seront prénommés ainsi en 2022. *Caractérologie :* pratique, enthousiasme, communication, détermination, organisation.

Lauriane
14 000 TOP 2 000

Couronnée de lauriers (latin). Féminin français. *Variantes :* Lauria, Lauriana, Laurina, Laurinda, Lauryane, Lauro. *Caractérologie :* réflexion, altruisme, intégrité, détermination, idéalisme.

Laurianne
4 500

Couronnée de lauriers (latin). On peut estimer que moins de 30 enfants seront prénommés ainsi en 2022. *Variante :* Lauryanne. *Caractérologie :* découverte, énergie, originalité, audace, décision.

Laurie
29 000

Couronnée de lauriers (latin). En dehors de l'Hexagone, Laurie est plus particulièrement répandu dans les pays anglophones et néerlandophones. On peut estimer que moins de 30 enfants seront prénommés ainsi en 2022. *Caractérologie :* adaptation, communication, enthousiasme, pratique, résolution.

Laurine
25 000 TOP 700

Couronnée de lauriers (latin). Féminin français. *Variante :* Laurinne. *Caractérologie :* ardeur, vitalité, stratégie, achèvement, décision.

Laury
4 500

Couronnée de lauriers (latin). Féminin anglais. On peut estimer que moins de 30 enfants seront prénommés ainsi en 2022. *Caractérologie :* découverte, originalité, séduction, énergie, audace.

Lauryn
2 000

Couronnée de lauriers (latin). Féminin anglais. On peut estimer que moins de 30 enfants seront prénommés ainsi en 2022. *Caractérologie :* énergie, innovation, cœur, autorité, décision.

Lauryne
4 500 TOP 2 000

Couronnée de lauriers (latin). Lauryne est répandu dans les pays anglophones. *Caractérologie* : famille, équilibre, responsabilité, décision, cœur.

Lavinia
250

Laver (latin). Lavinia est plus particulièrement recensé dans les pays anglophones et en Corse. *Caractérologie* : audace, énergie, originalité, découverte, détermination.

Layana
3 000 TOP 200

Belle parole, beau langage (latin/grec), variante de Lina. *Caractérologie* : cœur, rêve, ouverture d'esprit, humanité, rectitude.

Layla
2 000 TOP 600

Née pendant la nuit (arabe). Layla est l'héroïne de *Majnun Layla*, l'équivalent poétique oriental de *Tristan et Iseut*. *Caractérologie* : paix, conscience, conseil, sagesse, bienveillance.

Léa
183 000 TOP 50

Gazelle, vache sauvage, ou fatiguée (hébreu). *Caractérologie* : générosité, rectitude, rêve, humanité, tolérance.

L

Leah
1 400 TOP 900

Gazelle, vache sauvage, ou fatiguée (hébreu). Féminin anglais. *Variante* : Lhéa. *Caractérologie* : force, habileté, management, ambition, passion.

Léa-Marie
200

Forme composée de Léa et Marie. Féminin français. *Caractérologie* : détermination, dynamisme, audace, direction, indépendance.

Léana
19 000 TOP 100

Lion (latin). Féminin anglais, irlandais et français. *Variante* : Léanna. *Caractérologie* : paix, sagesse, bienveillance, conscience, conseil.

Léandra
850 TOP 2 000

Homme-lion (grec). Prénom italien. *Variante* : Léandre. *Caractérologie* : innovation, énergie, autorité, ambition, résolution.

Léane
18 000 TOP 300

Lion (latin). Féminin français et anglais. *Caractérologie* : indépendance, direction, assurance, audace, dynamisme.

Léanne
3 500 TOP 600

Lion (latin). Sans accent, Leanne est assez répandu dans les pays anglophones. *Variante* : Léanna. *Caractérologie* : responsabilité, famille, influence, équilibre, exigence.

Lee
170

Clairière (anglais), poétique (irlandais), force, tranchant, debout (chinois). Lee est également un patronyme chinois très répandu. *Variante* : Li. *Caractérologie* : sens du devoir, méthode, fiabilité, engagement, ténacité.

Leelou
2 000 TOP 2 000

Voir Lilou. *Variantes* : Lee-Lou, Leeloo. *Caractérologie* : connaissances, originalité, sagacité, philosophie, spiritualité.

Leïa
4 000 TOP 300

Lien (corse), variante de Léa. Star Wars, de George Lucas, a popularisé ce prénom porté par la princesse Leïa. Leia est plus particulièrement usité dans les pays anglophones et en Corse, où il est orthographié sans tréma. *Caractérologie* : rêve, humanité, détermination, rectitude, tolérance.

Leïla
29 000 TOP 200

Née pendant la nuit (arabe). Ce prénom est particulièrement porté dans les cultures musulmanes. *Variante* : Leïlah. *Caractérologie* : communication, résolution, pragmatisme, optimisme, créativité.

Léa

Fête : 22 mars

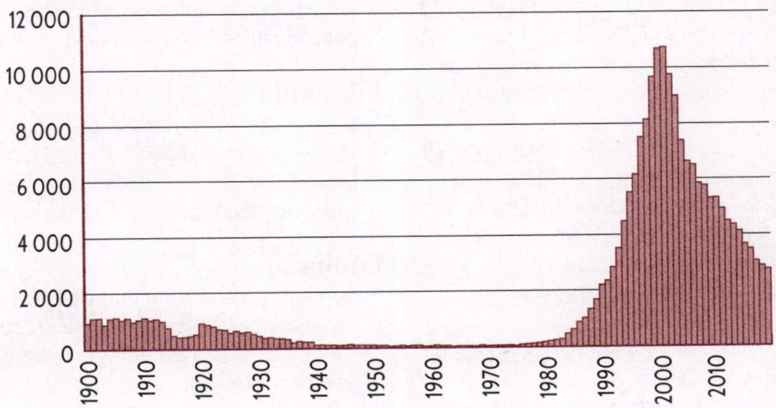

Étymologie

L'origine est hébraïque, mais la signification est controversée. Léa pourrait signifier « gazelle », « vache sauvage », ou bien encore « fatiguée ». Première femme de Jacob dans l'Ancien Testament, elle donna naissance à 6 garçons qui devinrent les fondateurs des 6 premières tribus d'Israël. En dépit de cette illustre origine, ce vieux prénom a longtemps été inusité. C'est à partir de 1900 que Colette le fait renaître en le choisissant pour l'héroïne de 2 romans. Après une brève envolée, son niveau d'attribution décroît jusque dans les années 1930, où il devient insignifiant. Après avoir bien failli disparaître, Léa renaît à la fin du siècle. De quelle manière orchestre-t-elle son retour !

Elle prend la tête du palmarès en 1997 et domine ce dernier pendant 9 ans. Un bien long règne pour une époque où la valse des prénoms rend toute gloire éphémère. Malgré son déclin subséquent, Léa reste dans le top 20 des attributions françaises. Elle peut également se targuer d'avoir lancé des graines de stars, comme Léana et Léane, qui ont fait le buzz au début du IIIe millénaire.

Léa se maintient en haut des tableaux wallon, suisse romand et québécois, mais son reflux s'accentue en Allemagne, dans les pays anglophones et scandinaves.

Dans la littérature

Léa est l'héroïne de *Chéri* et *La Fin de Chéri* de Colette. Le succès de *La Bicyclette bleue*, roman de Régine Deforges, a favorisé le retour de ce prénom dans les années 1980.

Personnes célèbres

Léa Drucker, actrice, née en 1972 ; Léa Salamé, journaliste franco-libanaise, née en 1979 ; Léa Seydoux, actrice française, née en 1985.

Statistiques

Léa est le 2e prénom féminin le plus donné en France depuis l'an 2000. Ce prénom est attribué à près d'une fille sur 130 aujourd'hui.

Leilani 200 TOP 2 000
Fleur du paradis (hawaïen). *Variante :* Lei. *Caractérologie :* passion, force, ambition, habileté, détermination.

Leïna 3 000 TOP 400
Qui s'adapte (arabe). *Variante :* Leyna. *Caractérologie :* curiosité, courage, indépendance, décision, dynamisme.

Lélia 1 500 TOP 2 000
Lys (latin), qui témoigne (grec). Sans accent, Lelia est un prénom italien et corse. *Variante :* Léliane. *Caractérologie :* adaptation, communication, enthousiasme, pratique, décision.

Léna 64 000 TOP 50
Éclat du soleil (grec). *Variantes :* Lehna, Leina, Lenna. *Caractérologie :* dynamisme, courage, curiosité, indépendance, charisme.

Lenaëlle 800 TOP 2 000
Éclat du soleil (grec). *Caractérologie :* communication, pragmatisme, optimisme, créativité, sociabilité.

L

Lenaïg 1 600
Éclat du soleil (grec). Cette forme bretonne d'Hélène est également orthographiée sans tréma. On peut estimer que moins de 30 enfants seront prénommés ainsi en 2022. *Caractérologie :* communication, résolution, sympathie, enthousiasme, pratique.

Lenka 110
Diminutif tchèque, slovaque et macédonien d'Hélène ou de Madeleine. *Caractérologie :* organisation, connaissances, sagacité, originalité, spiritualité.

Lennie 550 TOP 2 000
Diminutif d'Hélène ou de Léonarde. *Variante :* Léni. *Caractérologie :* charisme, dynamisme, curiosité, indépendance, courage.

Lénora 300
Compassion (grec). Féminin anglais. *Caractérologie :* intuition, médiation, détermination, relationnel, raisonnement.

Léocadie 900
Se rapporte au nom d'une île grecque. *Variantes :* Léoda, Léodie, Léocadia, Leokadia, Leokadie. *Caractérologie :* rêve, rectitude, raisonnement, volonté, humanité.

Léolia - de 30
Lion (latin), ou contraction de Léo et Lia. *Variante :* Léola. *Caractérologie :* rectitude, humanité, raisonnement, générosité, ouverture d'esprit.

Léona 3 000 TOP 600
Lion (latin). En dehors de l'Hexagone, Leona est plus particulièrement attribué en Italie, dans les pays anglophones et germanophones. *Caractérologie :* sociabilité, réceptivité, loyauté, diplomatie, bonté.

Léonarde - de 30
Lion (latin). *Caractérologie :* réceptivité, diplomatie, volonté, sociabilité, analyse.

Léonce 350
Lion (latin). *Variante :* Léoncia. *Caractérologie :* altruisme, idéalisme, intégrité, réflexion, dévouement.

Léone 8 000 TOP 2 000
Lion (latin). Féminin anglais et français. *Caractérologie :* bienveillance, conscience, conseil, sagesse, paix.

Léonie 35 000 TOP 50
Lion (latin). Léonie, la forme germanophone de Léon, est usitée dans

Léna, Éléna

Fête :
18 août

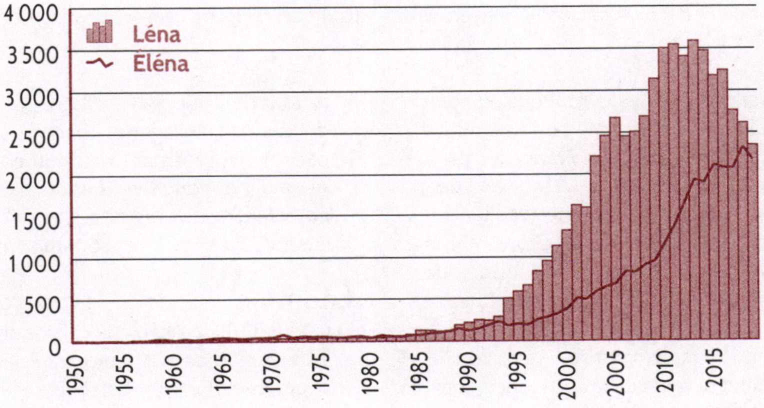

Étymologie

Du grec *hêlê*, « éclat du soleil ». La Léna que les Bretons connaissent est un diminutif d'Éléna, mais cette forme internationale d'Hélène est usitée depuis longtemps dans les pays slaves, dans les pays scandinaves et en Allemagne. Malgré cette renommée, Léna ne prénomme pas plus de 50 Françaises par an avant les années 1980. Son envolée est d'autant plus spectaculaire qu'une décennie lui suffit pour s'imposer dans l'élite. Soutenue par la vague des sonorités courtes en « a » et son identité bretonne, Léna devrait se maintenir dans le top 20 jusqu'au milieu des années 2020. Elle est talonnée par Éléna qui prendra bientôt sa place.

Prénom de prédilection dans les pays d'Europe de l'Est et en Russie, Elena arrive avec discrétion au XXe siècle en France. C'est à partir des années 1960 qu'elle entame sa lente mais régulière ascension, jusqu'à dépasser le cap des 2 000 naissances par an en 2015. Depuis, elle ne cesse de progresser. Cet engouement se vérifie en Belgique et en Suisse francophones. Ce prénom séduit également les Espagnols et les Italiens. Pas étonnant, si l'on se réfère à sa belle et illustre ancêtre grecque, Hélène, l'épouse de Ménélas. Envoûté par sa beauté, Pâris en tomba éperdument amoureux et l'enleva. Cette passion réciproque déclencha la célèbre et historique guerre de Troie. Tenons donc à l'œil cette redoutable séductrice qui n'a sûrement pas fini sa conquête !

L'essor de Léna et Éléna a encouragé nombre de découvertes et quelques feux de paille. Comme Ilona, qui s'est enflammée si vite qu'elle a été victime de son succès (elle se classe désormais dans le top 500 national).

Dans les pays francophones, Léna est en perte de vitesse en Suisse romande, en Wallonie et au Québec. À l'international, ce prénom est toujours particulièrement prisé par les parents européens de l'Est (Pologne, Autriche, Hongrie).

Lena est le nom d'un fleuve russe qui alimente essentiellement la Sibérie centrale.

Personnes célèbres

Lena Ka, chanteuse française, née en 1977 ; Lena Olin, actrice suédoise, née en 1955 ; Lena Dunham, actrice et réalisatrice américaine qui s'est distinguée pour ses prises de position féministes, née en 1986 ; Elena Bonner, militante pour la défense des droits de l'homme en Russie (1923-2011) ; Elena Anaya, comédienne espagnole, née en 1975 ; Elena Dementieva, joueuse de tennis professionnelle, née en 1981.

Statistiques
Léna est le 15e prénom féminin le plus donné en France depuis l'an 2000. Ce prénom est attribué à près d'une fille sur 150 aujourd'hui. Éléna devrait prénommer une fille sur 150 et figurer au 52e rang de ce palmarès.

de nombreux pays européens au Moyen Âge. Elle renaît au XIXe siècle et cultive une certaine vogue en France jusque dans les années 1920. L'essor de Léo et des prénoms rétro la font décoller de nouveau en fin de siècle. Léonie a intégré le top 30 féminin en 2010, l'année de son dernier apogée. *Variantes :* Éléonie, Léonella, Léonelle, Léonne, Léone, Léonia, Léonine, Léonnie, Léonille, Lonnie. *Caractérologie :* influence, logique, famille, éthique, équilibre.

Léonille
- de 100

Lion (latin). Féminin français. *Caractérologie :* communication, optimisme, raisonnement, créativité, décision.

Léonne
600

Lion (latin). *Caractérologie :* médiation, fidélité, relationnel, intuition, adaptabilité.

Leonor
1 700 TOP 600

Compassion (grec). Féminin portugais et espagnol. *Caractérologie :* spiritualité, sagacité, originalité, analyse, connaissances.

Léonora
300 TOP 2 000

Compassion (grec). Leonora est très répandu en Corse, en Italie et dans les pays slaves. *Variantes :* Léore, Lonora. *Caractérologie :* force, confiance, logique, décision, ambition.

Léonore
3 000 TOP 400

Compassion (grec). En 2014, Madeleine de Suède a donné naissance à la princesse Léonore. En dehors de l'Hexagone, Leonore est plus particulièrement répandu en Allemagne. *Variantes :* Lénora, Léonora. *Caractérologie :* pragmatisme, optimisme, créativité, communication, raisonnement.

Léontine
3 000 TOP 500

Lion (latin). Féminin français et anglais. *Variante :* Léondine. *Caractérologie :* structure, efficacité, persévérance, sécurité, logique.

Léopoldine
1 600 TOP 900

Peuple courageux (germanique). Féminin français. *Caractérologie :* volonté, ambition, force, habileté, raisonnement.

Léora
110

La lumière est à moi (hébreu). *Caractérologie :* famille, équilibre, analyse, responsabilité, résolution.

Léria
120

Comme un aigle (latin). Voir Aléria. Féminin corse. *Caractérologie :* idéalisme, réflexion, résolution, altruisme, intégrité.

Lesia
750 TOP 2 000

Dieu est serment (hébreu). Cette forme corse d'Élisabeth est également une forme ukrainienne d'Alice. *Caractérologie :* innovation, autonomie, décision, ambition, vision.

Leslie
15 000 TOP 2 000

Forteresse grise (écossais). Leslie est très répandu dans les pays anglophones.

L

Caractérologie : habileté, passion, ambition, décision, force.

Lesly
1 900

Forteresse grise (écossais). On peut estimer que moins de 30 enfants seront prénommés ainsi en 2022. *Variantes* : Lesley, Leslye. *Caractérologie* : énergie, innovation, autorité, ambition, bonté.

Léticia
1 400 TOP 2 000

Allégresse (latin). Féminin espagnol et portugais. *Caractérologie* : audace, découverte, énergie, gestion, décision.

Létitia
550

Allégresse (latin). *Variante* : Letizia. *Caractérologie* : persévérance, structure, sécurité, organisation, détermination.

Lévana
1 000 TOP 1 000

La lune (hébreu). *Variante* : Lévanah. *Caractérologie* : audace, dynamisme, assurance, direction, indépendance.

Lexane
550

Défense de l'humanité (grec). *Caractérologie* : sagacité, spiritualité, connaissances, originalité, philosophie.

Lexie
2 000 TOP 400

Défense de l'humanité (grec). *Caractérologie* : raisonnement, dynamisme, audace, indépendance, direction.

Leyla
3 000 TOP 500

Née pendant la nuit (arabe). *Caractérologie* : indépendance, audace, dynamisme, direction, cœur.

Lia
5 000 TOP 300

Diminutif anglophone de Nathalia. Variante corse, italienne et portugaise de Léa. *Variante* : Liah. *Caractérologie* : méthode, ténacité, fiabilité, engagement, sens du devoir.

Liana
3 000 TOP 300

Lys (latin). Liana est plus particulièrement usité en Italie, dans les pays lusophones et anglophones. *Caractérologie* : innovation, autorité, détermination, ambition, énergie.

Liane
400

Lys (latin). Féminin anglais. *Variantes* : Lianne, Lyane. *Caractérologie* : énergie, découverte, décision, audace, originalité.

Libbie
- de 30

Dieu est serment (hébreu). Féminin anglais. *Variante* : Libby. *Caractérologie* : enthousiasme, pratique, communication, générosité, adaptation.

Liberty
- de 30

Liberté (anglais). Liberty est apparu pour la première fois dans l'Hexagone en 1976. *Variante* : Liberté. *Caractérologie* : innovation, énergie, ambition, autorité, sympathie.

Lida
110

Dame (grec). Féminin anglais et italien. *Variante* : Leda. *Caractérologie* : achèvement, stratégie, ardeur, leadership, vitalité.

Lidia
1 800

Qui vient de Lydie (grec). Lidia est répandu en Italie et en Corse. On peut estimer que moins de 30 enfants seront prénommés ainsi en 2022. *Caractérologie* : stratégie, vitalité, ardeur, achèvement, leadership.

Lidwine
1 000

Peuple accueillant (germanique). Féminin allemand et néerlandais. *Variante* : Lydwine. *Caractérologie* : engagement, méthode, sens du devoir, fiabilité, ténacité.

Lidy
190

Qui vient de Lydie (grec). Dans l'Hexagone, Lidy est plus traditionnellement usité en Alsace. *Variante :* Lidie. *Caractérologie :* courage, curiosité, dynamisme, indépendance, charisme.

Lila
16 000 TOP 100

Lys (latin), ce qui m'appartient est à elle (hébreu). Lila est également une variante de Leïla et un prénom indien signifiant « beauté ». *Variante :* Lyla. *Caractérologie :* connaissances, sagacité, originalité, philosophie, spiritualité.

Lilas
4 000 TOP 400

Lys (latin). Le lilas est un arbuste dont les fleurs blanches ou violettes sont très parfumées. Féminin français. *Variantes :* Lilac, Lylas. *Caractérologie :* vitalité, stratégie, achèvement, ardeur, leadership.

Lili
6 500 TOP 500

Lys (latin). Ce prénom connaissait une certaine faveur dans les pays occidentaux lorsque Meghan Markle et le prince Harry ont annoncé la naissance de leur fille Lilibet Diana Mountbatten-Windsor, en juin 2021. Ce diminutif anglophone d'Elisabeth, encore inconnu en France, a peu de chances de s'envoler (la combinaison de Lili et « bet » n'est pas très heureuse), mais « baby Lili » pourrait bien faire rebondir la cote de Lili ! *Caractérologie :* responsabilité, équilibre, influence, famille, exigence.

Lilia
11 000 TOP 200

Forme russe de Lily, du latin *lilium*, lys. Lilia est également une variante de Leïla et Lila. En dehors de l'Hexagone, Lilia est particulièrement usité en Russie et dans les pays slaves. *Variantes :* Lilias, Lilla, Lilya. *Caractérologie :* connaissances, spiritualité, philosophie, originalité, sagacité.

Liliana
1 500 TOP 1 000

Lys (latin). Féminin italien, espagnol, portugais, roumain et polonais. *Caractérologie :* résolution, fiabilité, méthode, ténacité, engagement.

Liliane
84 000 TOP 1 000

Lys (latin). Prénom français. Au milieu de la Seconde Guerre mondiale, Léopold III, le roi des Belges, épousa secrètement Liliane de Rethy. Le couple attendit plusieurs mois avant de révéler publiquement son union. *Variantes :* Lilian, Lilianne, Lillia, Lillian, Lilliane. *Caractérologie :* achèvement, stratégie, vitalité, détermination, ardeur.

Lilie
2 500 TOP 700

Lys (latin). *Caractérologie :* adaptabilité, fidélité, médiation, relationnel, intuition.

Lili-Rose
1 800 TOP 2 000

Forme composée de Lily et Rose. Féminin français. *Caractérologie :* humanité, rectitude, générosité, rêve, volonté.

Lilly
4 500 TOP 600

Lys (latin). En dehors de l'Hexagone, Lilly est particulièrement répandu dans les pays anglophones et scandinaves. *Variantes :* Lilie, Lillie. *Caractérologie :* connaissances, sagacité, philosophie, originalité, spiritualité.

Lilo
450 TOP 2 000

Dérivé de Liselotte (une contraction d'Elizabeth et Charlotte), cet ancien prénom allemand est apparu pour la première fois dans l'Hexagone en 2001. On doit sans doute son avènement au film de Disney *Lilo et Stitch*, découvert au cinéma la même année. Lilo est un prénom mixte dont la signification diffère au masculin. *Caractérologie :* logique, optimisme, sociabilité, communication, créativité.

L

Liloo
900 TOP 2 000

Voir Lilou. *Caractérologie :* découverte, audace, courage, indépendance, séduction.

Lilou
44 000 TOP 100

L'origine de ce prénom est controversée. Il contient les racines latine et germanique de Lili et Lou, mais il peut également faire valoir une influence chinoise (le nom Li, composante courante de nombreux prénoms chinois, signifie « beauté » et « jasmin »). Reste qu'une origine anglaise n'est pas à exclure. Dans les pays anglophones, la composante Lee signifie « clairière », ou « poétique » si l'on se tourne vers le vieil irlandais. Enfin, des origines celtiques moins connues peuvent lui donner le sens plus symbolique de « lumière ». La première Lilou de France est née en 1994, mais cette étoile n'aurait jamais brillé si Luc Besson n'en avait pas fait l'héroïne de son film *Le Cinquième Élément*. C'est donc au cinéaste français que l'on doit l'essor prodigieux de Lilou et de ses dérivés. Ce prénom s'est élevé au 12e rang féminin en 2009-2010, avant de se faire plus discret. *Caractérologie :* famille, influence, équilibre, analyse, responsabilité.

Lilwenn
2 000 TOP 1 000

Contraction de Lily et Nolwenn apparue dans l'Hexagone en 2002. *Variantes :* Lilwen, Lylwen, Lilwene. *Caractérologie :* achèvement, stratégie, leadership, ardeur, vitalité.

Lily
21 000 TOP 100

Lys (latin). Si Lily devait être associée à une couleur, le blanc lui irait à merveille : symbole de pureté et de vertu, le lys devient, dès le Moyen Âge, l'emblème de la famille royale française. Au XIXe siècle, sa vogue est plus marquée dans les pays anglophones qu'en France, mais c'est un peu partout qu'elle disparaît le plus clair du siècle suivant. La fin des années 1990 l'élève de nouveau à la faveur d'une vague rétro. Elle perce dans le top 40 français à son zénith, en 2011. *Caractérologie :* persévérance, structure, sécurité, honnêteté, efficacité.

Lilya
5 000 TOP 200

Lys (latin). Féminin russe et ukrainien. *Caractérologie :* énergie, originalité, audace, séduction, découverte.

Lily-Rose
6 000 TOP 300

Forme composée de Lily et Rose. La naissance de la première Lily-Rose (en 1999), une graine de star engendrée par des connaisseurs (Vanessa Paradis et Johnny Depp), a inspiré bien des parents : Lily-Rose est devenu le 1er prénom composé de France en 2010. Elle a redonné pendant quelques années, avec Lou-Ann(e), une cote aux formes composées. *Variantes :* Lili-Rose, Lilly-Rose. *Caractérologie :* amitié, intelligence, savoir, méditation, raisonnement.

Li-May
- de 30

Forme composée de Li et May. *Caractérologie :* courage, dynamisme, indépendance, charisme, aboutissement.

Lina
58 000 TOP 50

Messagère (grec), souple, tendre (arabe), concentrée (sanscrit). De plus, Li Na est un prénom chinois qui, selon les caractères utilisés, peut signifier « beauté précieuse », ou « fleur de jasmin ». *Caractérologie :* humanité, rêve, tolérance, décision, rectitude.

Linaëlle
190

Contraction de Lina et Maëlle. *Caractérologie :* connaissances, sagacité, philosophie, détermination, intelligence.

Linda
30 000 TOP 700 ↘

Belle (germanique). Ce prénom espagnol est répandu dans le monde anglophone et occidental. *Caractérologie :* fiabilité, méthode, résolution, ténacité, engagement.

Lindsay
8 500 TOP 700 ↘

Terres de Lincoln (vieil anglais). Lindsay est répandu dans les pays anglophones. *Variantes :* Lindsey, Linsay, Linsey. *Caractérologie :* pratique, sympathie, communication, enthousiasme, réalisation.

Lindsey
1 700 TOP 2 000 ↘

Terres de Lincoln (vieil anglais). Ce prénom répandu dans les pays anglophones est encore attribué à une majorité de garçons en Écosse. *Caractérologie :* intelligence, savoir, méditation, réussite, cœur.

Lindy
350

Voir Linda. *Caractérologie :* énergie, bonté, ambition, innovation, autorité.

Line
13 000 TOP 300 →

Messagère (grec). En dehors de l'Hexagone, Line est très répandu dans les pays scandinaves et aux Pays-Bas. *Caractérologie :* sécurité, persévérance, efficacité, structure, honnêteté.

Linéa
- de 30

Se rapporte au nom d'une fleur des bois, la *Linnæa borealis* (scandinave). *Variantes :* Linnea, Lynaé, Lynéa. *Caractérologie :* découverte, originalité, énergie, détermination, séduction.

Linette
800 ↘

Messagère (grec). Féminin anglais et français. *Variante :* Linetta. *Caractérologie :* honnêteté, organisation, sécurité, persévérance, efficacité.

Linoa
850 TOP 2 000 ↘

Contraction de Li et Noa (« mouvement divin » en hébreu). *Caractérologie :* conscience, résolution, conseil, paix, sagesse.

Lio
250 →

Jour de la naissance (latin). *Caractérologie :* intégrité, réflexion, idéalisme, raisonnement, altruisme.

Liora
700 TOP 2 000 →

La lumière est à moi (hébreu). *Caractérologie :* caractère, sagesse, philosophie, raisonnement, médiation.

Lisa
67 000 TOP 100 ↘

Dieu est serment (hébreu). Ce diminutif anglais d'Élisabeth rencontre une certaine faveur dans les années 1960 dans de nombreux pays européens. En France, Lisa a dû prendre l'ascendant sur Lise avant de pouvoir s'imposer dans le top 20 français au début des années 2000. Aujourd'hui, Lisa maintient un bon niveau d'attribution et conserve son avantage sur Lise. *Variantes :* Ilsa, Ilse, Lis, Liesel, Lisanne, Lisenn. *Caractérologie :* curiosité, dynamisme, courage, indépendance, charisme.

Lisa-Marie
1 100

Forme composée de Lisa et Marie. Féminin français. On peut estimer que moins de 30 enfants seront prénommés ainsi en 2022. *Caractérologie :* famille, responsabilité, équilibre, influence, résolution.

Lisandra
300 ↗

Forme féminine de Lisandre, une variante d'Alexandre. *Caractérologie :* décision, bienveillance, paix, conseil, conscience.

L

Lina

Fête :
27 janvier

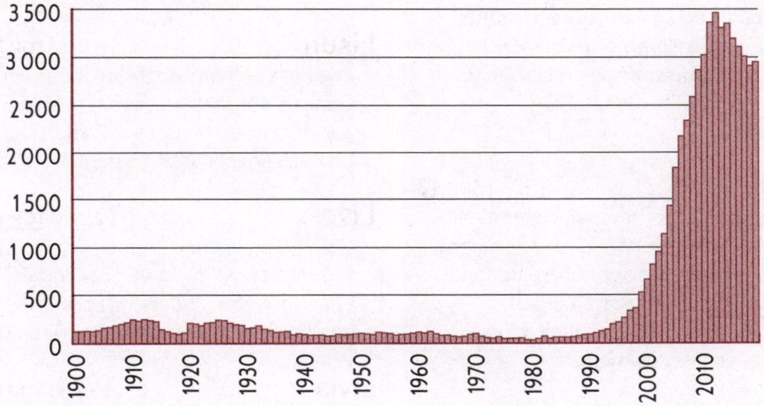

Étymologie

Ce prénom multiculturel présente plusieurs origines. Il est le diminutif d'Angelina qui, par ses origines grecques, signifie « messager », mais son sens diffère en arabe (« souple, tendre »), ou en sanscrit (« concentrée »). De plus, Li Na est un prénom chinois qui, selon les caractères utilisés, peut signifier « beauté précieuse », ou « fleur de jasmin ».

Principalement attribué dans les pays anglophones au XIXe siècle, il réapparaît en Europe dans les années 1980. Le retour de Line étant compromis en France (son apogée, en 1957, est encore trop récent), la voie est dégagée. D'autant qu'avec ses 4 lettres et sa terminaison en « a », cette étoile montante a tout pour plaire. Aujourd'hui, Lina devrait figurer dans les 10 premiers rangs du classement féminin.

En dehors de l'Hexagone, ce prénom a disparu des registres d'état civil américains dès 1940, mais il semble y renaître discrètement. Il perce dans les tops 20 wallon et romand, et figure dans les 70 premières places au Québec.

Personnes célèbres

Lina Cavalieri, soprano italienne (1874-1944) ; Line Renaud, chanteuse et comédienne française, née en 1928 ; Lina Saneh, metteuse en scène et comédienne libanaise, née en 1966 ; Li Na, joueuse de tennis professionnelle chinoise, née en 1982.

Statistiques

Lina est le 20e prénom féminin le plus donné en France depuis l'an 2000. Ce prénom est attribué à près d'une fille sur 110 aujourd'hui.

L

Lisandre
110

Forme féminine de Lisandre, une variante d'Alexandre. *Caractérologie :* réalisation, force, ambition, habileté, bonté.

Lisanne
- de 100

Contraction de Lise et Anne. Lisanne est plus particulièrement répandu aux Pays-Bas. *Caractérologie :* relationnel, résolution, fidélité, adaptabilité, médiation.

Lisbeth
500 ↗

Dieu est serment (hébreu). Lisbeth est particulièrement répandu en Allemagne et dans les pays anglophones. *Variantes :* Lizbeth, Lysbeth. *Caractérologie :* résolution, finesse, communication, pratique, enthousiasme.

Lise
34 000 **TOP 100** →

Dieu est serment (hébreu). Voir Élisabeth. En dehors de l'Hexagone, Lise est plus particulièrement répandu dans les pays scandinaves et anglophones. *Variantes :* Lisette, Lisie, Lisy, Lysie, Liza, Lizzie, Lizzy. *Caractérologie :* réflexion, intégrité, idéalisme, décision, altruisme.

Liséa
1 200 **TOP 700** →

Dieu est serment (hébreu). Féminin français. *Caractérologie :* direction, raisonnement, audace, détermination, dynamisme.

Liselle
- de 30

Dieu est serment (hébreu). Féminin français. *Caractérologie :* relationnel, intuition, résolution, médiation, fidélité.

Lise-Marie
700

Forme composée de Lise et Marie. Féminin français. *Caractérologie :* direction, dynamisme, audace, indépendance, résolution.

Lisette
3 000

Dieu est serment (hébreu). Féminin français et anglais. On peut estimer que moins de 30 enfants seront prénommés ainsi en 2022. *Caractérologie :* résolution, rectitude, organisation, rêve, humanité.

Lison
11 000 **TOP 200** →

Dieu est serment (hébreu). Féminin français. *Variante :* Lyson. *Caractérologie :* paix, conscience, détermination, bienveillance, raisonnement.

Liv
2 000 **TOP 300** ↗

Refuge, protection (vieux norrois). Prénom scandinave et néerlandais. *Caractérologie :* indépendance, intelligence, sagesse, savoir, méditation.

Livia
8 500 **TOP 100** →

Nom latin qui fut porté par une famille influente de la Rome antique. Dans les pays anglophones, Livia est considéré comme un diminutif d'Olivia. Féminin italien, anglais et corse. *Variantes :* Liviana, Liviane, Livie, Livy. *Caractérologie :* leadership, vitalité, aspiration, achèvement, stratégie.

Liz
1 200 **TOP 2 000** →

Diminutif anglophone d'Elizabeth et diminutif breton de Louise. *Caractérologie :* adaptabilité, médiation, relationnel, intuition, fidélité.

Liza
3 000 **TOP 1 000** →

Dieu est serment (hébreu). Dans l'Hexagone, Liza est plus traditionnellement usité en Bretagne. *Caractérologie :* pragmatisme, communication, créativité, sociabilité, optimisme.

Lizéa
1 700 **TOP 700** →

Dieu est serment (hébreu). *Variante :* Lyséa. *Caractérologie :* paix, bienveillance, conscience, conseil, sagesse.

L

Lizzie
1 100 TOP 2 000

Dieu est serment (hébreu).
Caractérologie : conseil, conscience, paix, sagesse, bienveillance.

Loan
2 000

Lumière (celte). Loan était féminin au tout début de sa carrière française (les 3 premières naissances datent de 1979), mais il a connu un succès fulgurant dans l'autre genre. Aujourd'hui, il est essentiellement masculin. On peut estimer que moins de 30 enfants seront prénommés ainsi en 2022. *Caractérologie :* influence, équilibre, famille, éthique, exigence.

Loana
1 000 TOP 2 000

Lumière (celte). *Variantes :* Loanna, Lohana. *Caractérologie :* savoir, sagesse, intelligence, méditation, indépendance.

Loane
10 000 TOP 900

Lumière (celte). Après avoir jailli en Bretagne au début des années 2000, Loane a percé dans le top 100 national. Sa réussite a favorisé l'émergence de perles rares celtes comme Éloane ou Sloane. *Variantes :* Loann, Lohane. *Caractérologie :* fidélité, médiation, relationnel, adaptabilité, intuition.

Loanne
2 500

Lumière (celte). Féminin français et breton. On peut estimer que moins de 30 enfants seront prénommés ainsi en 2022. *Caractérologie :* intelligence, sagesse, savoir, indépendance, méditation.

Loé
250 TOP 2 000

Diminutif des prénoms formés avec Loé. *Caractérologie :* dynamisme, curiosité, courage, indépendance, charisme.

Loeiza
550

Forme bretonne de Louise : illustre au combat (germanique). *Variante :* Lizig. *Caractérologie :* énergie, résolution, analyse, découverte, audace.

Loélia
1 100 TOP 2 000

Variante de Laelia ou fusion de « Loé » et « Lia ». *Caractérologie :* rêve, rectitude, humanité, analyse, résolution.

Loélie
450

Variante de Laelia ou fusion de « Loé » et « Lie ». *Variante :* Loély. *Caractérologie :* fiabilité, ténacité, raisonnement, méthode, engagement.

Loéline
300 TOP 600

Combinaison de Loé et Line. *Caractérologie :* altruisme, intégrité, clémence, réflexion, raison.

Loeva
850

Sainte Sève, dont une commune bretonne porte le nom, était appelée Loeva. *Variante :* Loève. *Caractérologie :* énergie, ambition, autorité, innovation, volonté.

Loevane
- de 30

Voir Loeva. *Variante :* Loevanne. *Caractérologie :* caractère, réceptivité, diplomatie, loyauté, sociabilité.

Logane
450

Prairie (gaélique). Féminin écossais et anglais. *Variante :* Logan. *Caractérologie :* sympathie, rectitude, humanité, ouverture d'esprit, rêve.

Loïca
- de 100

Illustre au combat (germanique). *Caractérologie :* fiabilité, méthode, ténacité, raisonnement, engagement.

Loïcia
500

Illustre au combat (germanique). Prénom breton. *Caractérologie :* structure, persévérance, sécurité, logique, efficacité.

Loïs
3 500 TOP 600 ➔

Illustre au combat (germanique). Ce prénom mixte est plus traditionnellement usité en Occitanie. *Caractérologie :* innovation, autorité, analyse, ambition, énergie.

Loïse
2 000 TOP 900 ➔

Illustre au combat (germanique). Forme occitane : Loïsa. *Caractérologie :* équilibre, famille, responsabilité, logique, décision.

Lola
72 000 TOP 50 ↘

Douleur (latin). Si Dolorès n'a jamais percé en France, elle rejaillit brillamment sous la forme de Lola. Sans réel passé avant les années 1980, ce diminutif espagnol partait de loin. Mais sa terminaison en « a », son identité ibérique, sa taille et sa jeunesse ont façonné son succès. À l'issue d'une belle carrière (ce prénom s'est imposé dans le top 10 féminin au tournant des années 2010), Lola s'incline lentement. Célèbre courtisane de la fin du XIXe siècle, Lola Montès fit chavirer bien des cœurs. Ses aventures la menèrent jusqu'à la cour du roi, où Louis Ier de Bavière ne put résister à ses charmes. Mais leur idylle fit scandale et elle fut chassée du royaume. Recueillie par un cirque de la Nouvelle-Orléans, elle dut se contenter d'une vie d'artiste dont le rôle était peu valorisant. Cecil Saint-Laurent en fit l'héroïne de son roman, *Lola Montès*, et le réalisateur Max Ophuls porta son histoire à l'écran en 1955. *Caractérologie :* structure, sécurité, persévérance, honnêteté, efficacité.

Lolie
350 ↘

Douleur (latin). *Variantes :* Loli, Loly. *Caractérologie :* achèvement, logique, stratégie, ardeur, vitalité.

Lolita
7 000

Douleur (latin). Prénom espagnol. On peut estimer que moins de 30 enfants seront prénommés ainsi en 2022. *Caractérologie :* paix, bienveillance, conscience, organisation, raisonnement.

Lomane
120

Enfant nue (gaélique). Voir Loman. *Caractérologie :* conscience, bienveillance, conseil, paix, sagesse.

Lona
550 ↘

Solitude (anglais). Féminin anglais. *Caractérologie :* responsabilité, équilibre, exigence, famille, influence.

Loona
1 800 TOP 2 000 ↘

Amour (germanique). *Caractérologie :* enthousiasme, pratique, générosité, communication, adaptation.

Lora
1 100

Couronnée de lauriers (latin). Féminin italien et allemand. On peut estimer que moins de 30 enfants seront prénommés ainsi en 2022. *Caractérologie :* énergie, autorité, ambition, analyse, innovation.

Lore
400

Fleur (basque), variante de Laure. *Caractérologie :* indépendance, analyse, courage, dynamisme, curiosité.

Lorea
300 ➔

Fleur (basque). *Variantes :* Lauréa, Lora. *Caractérologie :* décision, paix, logique, conscience, bienveillance.

Loreleï
2 000 TOP 2 000 ↘

Falaise (germanique). Dans la mythologie germanique, Lorelei est une sirène qui enchante les marins naviguant sur le Rhin. *Variantes :* Lorelie, Loreley. *Caractérologie :* persévérance, structure, logique, efficacité, sécurité.

L

Loren
800

Couronnée de lauriers (latin). Féminin anglais. *Caractérologie :* innovation, autorité, ambition, énergie, logique.

Lorena
4 000 TOP 700

Couronnée de lauriers (latin). Lorena est très répandu en Italie et dans les pays hispanophones et lusophones. *Caractérologie :* relationnel, intuition, médiation, logique, décision.

Lorène
3 500

Couronnée de lauriers (latin). Féminin anglais. On peut estimer que moins de 30 enfants seront prénommés ainsi en 2022. *Variantes :* Loraine, Loraline, Loreen, Lorenne. *Caractérologie :* bienveillance, paix, raisonnement, conseil, conscience.

Lorenza
1 500 TOP 2 000

Couronnée de lauriers (latin). Dans l'Hexagone, Lorenza est plus traditionnellement usité au Pays basque. *Caractérologie :* détermination, énergie, raisonnement, autorité, innovation.

Lorette
2 000

Couronnée de lauriers (latin). On peut estimer que moins de 30 enfants seront prénommés ainsi en 2022. *Caractérologie :* dynamisme, curiosité, courage, analyse, indépendance.

Loriana
500 TOP 2 000

Couronnée de lauriers (latin). Prénom espagnol. *Variante :* Lauriana. *Caractérologie :* détermination, savoir, intelligence, raisonnement, méditation.

Loriane
3 000

Couronnée de lauriers (latin). On peut estimer que moins de 30 enfants seront prénommés ainsi en 2022. *Variantes :* Lorianne, Lorane, Loryane. *Caractérologie :* réceptivité, sociabilité, analyse, diplomatie, résolution.

Lorie
2 500

Couronnée de lauriers (latin). Féminin anglais. On peut estimer que moins de 30 enfants seront prénommés ainsi en 2022. *Variantes :* Lori, Lorrie. *Caractérologie :* dynamisme, courage, raisonnement, indépendance, curiosité.

Lorine
3 500

Couronnée de lauriers (latin). Lorine est répandu dans les pays anglophones. On peut estimer que moins de 30 enfants seront prénommés ainsi en 2022. *Variantes :* Lorin, Lorina, Lorinda, Lorinne, Loryne. *Caractérologie :* dynamisme, direction, indépendance, audace, raisonnement.

Lorna
1 300

Couronnée de lauriers (latin). Féminin anglais. On peut estimer que moins de 30 enfants seront prénommés ainsi en 2022. *Caractérologie :* responsabilité, décision, équilibre, famille, logique.

Lorraine
4 000

Couronnée de lauriers (latin). Féminin français. On peut estimer que moins de 30 enfants seront prénommés ainsi en 2022. *Variante :* Loraine. *Caractérologie :* médiation, résolution, intuition, analyse, relationnel.

Lory
900

Couronnée de lauriers (latin). Féminin anglais. *Caractérologie :* sagacité, connaissances, originalité, spiritualité, raisonnement.

Lotus
- de 30

Désigne les nénuphars d'Afrique et d'Asie (grec). *Caractérologie :* conseil, conscience, organisation, bienveillance, paix.

Lou 44 000 TOP 50
Illustre au combat (germanique), lumière (celte). *Caractérologie :* créativité, optimisme, sociabilité, communication, pragmatisme.

Louana 1 300 TOP 1 000
Forme contractée de Lou-Anna, ou lumière (celte). Féminin français et anglais. *Caractérologie :* énergie, innovation, autonomie, autorité, ambition.

Louane 24 000 TOP 200
Forme contractée de Lou-Anne, ou lumière (celte). *Caractérologie :* dynamisme, curiosité, charisme, courage, indépendance.

Lou-Ann 6 500 TOP 2 000
Forme composée de Lou et Ann. Lou-Ann(e) a connu un essor fulgurant dans les années 2000. Son succès a donné un nouveau souffle aux prénoms composés dont la mode s'était estompée à partir des années 1980. *Variante :* Lou-Anna. *Caractérologie :* découverte, énergie, originalité, séduction, audace.

Louanne 5 000 TOP 2 000
Forme contractée de Lou-Anne, ou lumière (celte). *Variante :* Louann. *Caractérologie :* innovation, énergie, autorité, autonomie, ambition.

Lou-Anne 7 500 TOP 2 000
Forme composée de Lou et Anne. Voir Lou-Ann. Féminin français. *Caractérologie :* indépendance, direction, audace, assurance, dynamisme.

Loubna 4 000 TOP 2 000
Arbuste (arabe). *Caractérologie :* fidélité, relationnel, intuition, organisation, médiation.

Louisa 14 000 TOP 200
Illustre au combat (germanique). En dehors de l'Hexagone, Louisa est plus particulièrement attribué dans les pays anglophones, germanophones et néerlandophones. *Caractérologie :* audace, découverte, énergie, raisonnement, originalité.

Louisane - de 100
Contraction de Louise et Anne. *Caractérologie :* savoir, intelligence, logique, décision, méditation.

Louise 117 000 TOP 50
Illustre au combat (germanique). *Caractérologie :* rêve, humanité, rectitude, analyse, résolution.

Louise-Anne 140
Forme composée de Louise et Anne. Féminin français. *Caractérologie :* connaissances, sagacité, spiritualité, détermination, raisonnement.

Louisette 13 000
Illustre au combat (germanique). Féminin français. On peut estimer que moins de 30 enfants seront prénommés ainsi en 2022. *Caractérologie :* idéalisme, altruisme, intégrité, analyse, résolution.

Louisiane 1 000
Dérivé de Louise, nom d'un État américain. *Variantes :* Louisane, Louisianne. *Caractérologie :* décision, paix, bienveillance, conscience, logique.

Louison 5 500 TOP 300
Illustre au combat (germanique). Ce prénom français s'est féminisé dans les années 2000. Il est désormais porté par une majorité de filles. *Caractérologie :* décision, bienveillance, paix, conscience, logique.

Louiza 1 100 TOP 2 000
Illustre au combat (germanique). *Caractérologie :* créativité, optimisme,

L

Lou, Louane

Fêtes :
15 mars (Lou)
28 août (Louane)

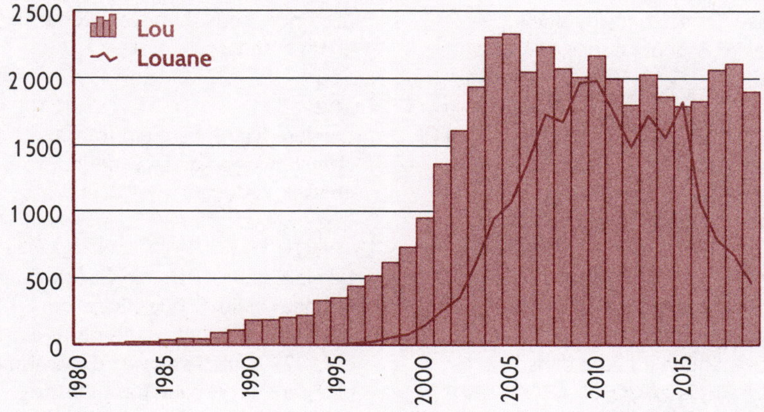

Étymologie

Louane est à la fois un dérivé d'Elouan (« lumière », en celte), et une contraction de Lou et Anne. Cette pionnière des sonorités en « ou » est apparue après le décollage de Lou-Anne au début des années 1990. Elle s'est très vite répandue au-delà du berceau breton qui l'avait vue faire ses premiers pas. Mais après avoir atteint son apogée en 2015 (au 30e rang féminin), Louane ne cesse de sombrer dans les profondeurs du classement.

Contrairement à sa cousine française, **Lou** a déjà effectué une longue carrière internationale. Particulièrement aux États-Unis, où elle brillait davantage au XIXe siècle qu'aujourd'hui. Étymon d'Elouan, Lou partage son identité celte avec les origines germaniques de Louise, dont elle est le diminutif. Avec son côté rétro, Lou a pris l'ascenseur des sonorités en « ou » dans les années 1990, et atteint son point culminant en 2018 (au 18e rang). Sa percée dans les pays francophones n'a jamais été d'actualité.

Notons que Louane a inspiré des perles rares tricolores : Éloane et Élouane sont respectivement apparues en France en 1997 et en 2002.

D'origine irlandaise, **saint Elouan** mena une vie d'ermite en Bretagne au VIIe siècle. Il est honoré dans une chapelle de Saint-Guen (Côtes-d'Armor), où se trouve son tombeau.

L

Personnes célèbres

Lou Doillon, actrice française, née en 1982 ; Lou Ye, réalisateur chinois, né en 1965 ; Lou Reed, chanteur et guitariste américain (1942-2013) ; Anne Peichert, dite Louane Emera, ou simplement Louane, chanteuse et actrice française, née en 1996.

Statistiques

Louane est le 60e prénom féminin le plus donné en France depuis l'an 2000. Ce prénom est attribué à près d'une fille sur 800 aujourd'hui. **Lou** devrait prénommer une fille sur 170 et figurer au 32e rang de ce palmarès. Remarque : 90 % des Lou qui naissent en France aujourd'hui sont des filles.

pragmatisme, communication, raisonnement.

Loula
450 ↘

Contraction de Lou et Lola, ou diminutif de Louise. *Caractérologie :* savoir, intelligence, indépendance, méditation, sagesse.

Louna
37 000 TOP 50 ↘

Conformément à son origine latine, Louna incarne la lune. Et bien plus si on l'apparente à Luana, prénom hawaïen signifiant « heureuse », « exaltée ». Ce prénom né à la fin des années 1980 a grandi dans le sillon de Lou, Lilou, et d'autres pionnières des sonorités en « ou ». Louna a figuré dans le top 20 français en 2010 et 2011, ses années record. *Caractérologie :* intégrité, altruisme, dévouement, idéalisme, réflexion.

Lourdes
450

Ville située au sud-ouest de la France, Lourdes est une grande destination de pèlerinage. Pour l'anecdote, notons que Madonna a prénommé sa fille Lourdes. Forme basque : Lurdes. *Caractérologie :* caractère, ténacité, logique, méthode, fiabilité.

Louve
450 TOP 900 →

Féminin de Loup, du latin *lupus*, loup. *Caractérologie :* sociabilité, communication, créativité, pragmatisme, volonté.

Lovely
600 TOP 2 000 ↘

Charmante, jolie (anglais). Féminin anglais. *Caractérologie :* innovation, autorité, amitié, énergie, volonté.

Luan
120

Lumière (celte), intelligente (vietnamien). *Caractérologie :* enthousiasme, pratique, communication, adaptation, générosité.

Luana
2 000 TOP 800 →

Heureuse, exaltée (hawaïen), variante de Luna. Féminin anglais, italien et hawaïen. *Variantes :* Luane, Luann, Luanna, Luanne. *Caractérologie :* fiabilité, méthode, sens du devoir, ténacité, engagement.

Luce
5 000 TOP 400 →

Lumière (latin). Féminin français et italien. *Caractérologie :* audace, découverte, énergie, séduction, originalité.

Lucette
38 000

Lumière (latin). Féminin français. On peut estimer que moins de 30 enfants seront prénommés ainsi en 2022. *Caractérologie :* dynamisme, indépendance, courage, curiosité, charisme.

Lucia
6 500 TOP 400 →

Lumière (latin). Lucia est répandu dans de nombreux pays européens, hispanophones et lusophones. C'est aussi un choix traditionnel corse et occitan. *Variante :* Loucia. *Caractérologie :* autorité, énergie, ambition, innovation, autonomie.

Luciana
1 500 TOP 800 →

Lumière (latin). Féminin italien, espagnol, portugais et occitan. *Variantes :* Luciane, Lucianne, Lucine. *Caractérologie :* intelligence, savoir, décision, indépendance, méditation.

Luciane
350

Lumière (latin). Féminin français. *Caractérologie :* relationnel, intuition, résolution, médiation, fidélité.

Lucie
140 000 TOP 50 →

Lumière (latin). *Caractérologie :* énergie, découverte, séduction, audace, originalité.

L

Louise

Fête :
15 mars

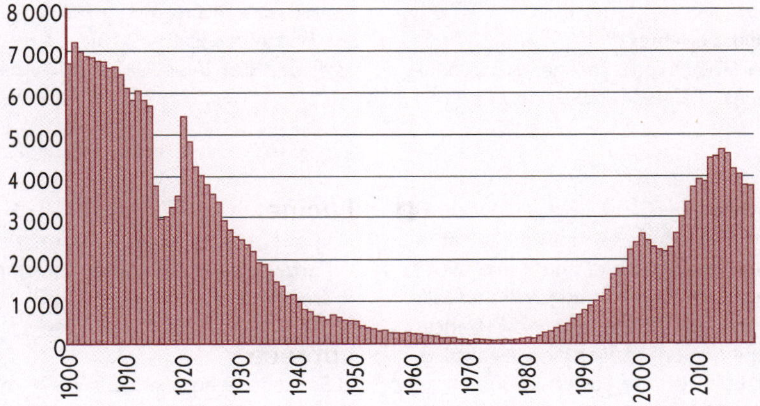

Étymologie

Du germain *hold*, « célèbre », et *wig*, « combat », d'où le sens « illustre au combat ». Dans l'histoire, cette forme féminine de Louis a été illustrée par des reines de France, du Portugal, de Prusse et de Pologne. Un tableau d'honneur qui favorisa son attribution dans les familles les plus fortunées. Mais après avoir parcouru maints palais et salons bourgeois, Louise change d'étiquette au XIXe siècle : elle se propage dans l'ensemble de la société, y prénommant une fille sur trois pendant 5 décennies. Après un demi-siècle d'éclipse, Louise renaît dans la vague des prénoms rétro à Paris. Sa nouvelle carrière, fulgurante, l'élève en quelques années au 1er rang parisien. Ce succès est contagieux, puisqu'en 2015, Louise devient la reine des prénoms féminins français. Toutefois, ce règne est stoppé net en 2016 par l'incroyable Emma, qui reprend sa place au sommet. Louise est aujourd'hui devancée par Jade, mais a-t-elle dit son dernier mot ?

De son côté, Louisette est imperturbable : moins de 10 Françaises naissent sous ce nom chaque année. En revanche, Louison reprend quelques couleurs, mais pas au point de pouvoir concurrencer son illustre cousine.

Cette réussite fait relativement peu d'émules à l'international. Elle s'est déjà éclipsée des autres tableaux européens. Elle brille encore moins aux États-Unis où elle peine, avec Louisa, à décoller du 700e rang. Louise est également absente du top 100 québécois. En revanche, elle s'envole dans les premiers rangs wallons et romands.

Dans l'histoire

Nièce de Louis XI et mère de François Ier, Louise de Savoie fut par deux fois régente du royaume. Ses prises de décision et son action diplomatique lui permirent d'assurer une stabilité indispensable à la France, et ultimement, de lui restituer son roi (Louise de Savoie fit libérer François Ier retenu prisonnier par Charles Quint). Elle obtint ultérieurement la libération de ses petits-enfants en négociant la paix des Dames, qu'elle signa à Cambrai en 1529. Exemple de conduite, Louise de Savoie plongea la France dans le chagrin lorsqu'elle succomba à la peste en 1531.

Louise d'Orléans (1812-1850) épousa le roi Léopold Ier de Belgique en 1832 et devint la première reine des Belges. Elle fit preuve d'une telle sollicitude auprès des familles pauvres qu'elle fut rapidement surnommée « la bien-aimée ».

Personnalités historiques
Louise Michel, militante anarchiste et figure importante de la Commune de Paris (1830-1905) ; Louise Labé, poétesse française du XVIe siècle.

Personnes célèbres
Louise Ciccone, plus connue sous le nom de Madonna, chanteuse américaine, née en 1958 ; Louise Bourgeois, artiste de renommée internationale, née en France (1911-2010).

Statistiques
Louise est le 9e prénom féminin le plus donné en France depuis l'an 2000. Ce prénom est attribué à près d'une fille sur 90 aujourd'hui.

Lucienne
42 000 ↑
Lumière (latin). Ce féminin de Lucien a été très en vogue à la fin du XIXe siècle. De la même manière que son masculin, Lucienne brillait dans le top 20 français au seuil de son déclin, dans les années 1920. Le retour de Lucien pourrait le faire resurgir dans les prochaines années. *Caractérologie :* réceptivité, diplomatie, loyauté, bonté, sociabilité.

Lucile
33 000 TOP 400 ↘
Lumière (latin). Féminin français et anglais. *Variantes :* Lucilia, Lucilla, Lucylle. *Caractérologie :* stratégie, vitalité, achèvement, leadership, ardeur.

Lucille
9 000 TOP 1 000 ↘
Lumière (latin). Féminin français et anglais. *Caractérologie :* relationnel, intuition, adaptabilité, médiation, fidélité.

Lucinda
1 100
Lumière (latin). Héroïne intemporelle de plusieurs œuvres littéraires – de *Don Quichotte*, de Cervantès (1605), au roman *Oscar et Lucinda*, de Peter Carey (1988) –, Lucinda est depuis le XVIIIe siècle un prénom en vogue dans les milieux aristocrates anglais. On peut estimer que moins de 30 enfants seront prénommés ainsi en 2022. *Variantes :* Lucina, Lucinde, Lucynda. *Caractérologie :* autorité, innovation, résolution, ambition, énergie.

Lucine
650 ↘
Lumière (latin). Féminin arménien. *Caractérologie :* autorité, autonomie, énergie, ambition, innovation.

Lucrèce
650
Se rapporte au nom de la vierge martyre à Mérida, en Espagne, au IVe siècle. *Caractérologie :* structure, efficacité, sécurité, honnêteté, persévérance.

Lucy
8 000 TOP 300 →
Lumière (latin). Lucy est très répandu dans les pays anglophones. *Caractérologie :* sagacité, spiritualité, connaissances, philosophie, originalité.

Ludivine
41 000 TOP 2 000 ↘
Peuple accueillant (germanique). Féminin français. *Variante :* Ludyvine. *Caractérologie :* famille, exigence, responsabilité, équilibre, influence.

Ludmila
1 100 TOP 2 000 →
Aimée du peuple (slave). *Variante :* Luba. *Caractérologie :* intégrité, dévouement, réflexion, idéalisme, altruisme.

Ludmilla
1 500
Aimée du peuple (slave). On peut estimer que moins de 30 enfants seront prénommés ainsi en 2022. *Caractérologie :* optimisme, communication, pragmatisme, sociabilité, créativité.

L

Ludovica
- de 100

Illustre au combat (germanique). Ludovica est particulièrement répandu en Italie, en Allemagne et dans les cultures néerlandophones. *Caractérologie :* éthique, équilibre, raisonnement, influence, famille.

Luigia
- de 100

Illustre au combat (germanique). Prénom italien. *Variante :* Luigie. *Caractérologie :* indépendance, dynamisme, courage, curiosité, charisme.

Luisa
2 000 TOP 800 →

Illustre au combat (germanique). Luisa est particulièrement répandu dans les pays hispanophones, lusophones et en Italie. C'est aussi un choix traditionnel basque. *Variante :* Luiza. *Caractérologie :* ambition, force, passion, habileté, management.

Luna
25 000 TOP 50 ↗

Lune (latin). Ce prénom italien a été en vogue dans plusieurs pays européens à la fin des années 1990. Il a percé dans le top 50 français une décennie plus tard et aurait pu briller davantage si Louna ne lui avait pas volé la vedette. Dans la mythologie romaine, Luna est la déesse de la Lune. Avec son frère Sol (le dieu du Soleil), Luna ponctue le passage du temps et symbolise le cycle des saisons. *Variante :* Lune. *Caractérologie :* adaptation, enthousiasme, communication, générosité, pratique.

Lutèce
- de 100

Forme francisée de Lutetia, nom employé pour désigner Paris sous l'Empire romain. *Variante :* Lutécia. *Caractérologie :* créativité, pratique, sociabilité, adaptation, générosité.

Luz
500 TOP 2 000 ↗

Luz signifie « lumière » en espagnol. Ce prénom est plus particulièrement recensé dans les pays et cultures hispanophones. *Caractérologie :* originalité, audace, énergie, courage, séduction.

Ly
200

Nom de famille répandu au Vietnam. Les empereurs de la dynastie Ly régnèrent au Vietnam de 1010 à 1225. *Caractérologie :* autonomie, ambition, autorité, énergie, innovation.

Lya
10 000 TOP 100 →

Jour de la naissance (latin). *Caractérologie :* diplomatie, sociabilité, réceptivité, loyauté, bonté.

Lyana
6 500 TOP 50 ↑

Lys (latin). *Variantes :* Lyanna, Lyane. *Caractérologie :* stratégie, vitalité, leadership, empathie, accomplissement.

Lycia
750 TOP 2 000 ↘

De noble lignée (germanique). *Variantes :* Licia, Lycie. *Caractérologie :* courage, charisme, indépendance, dynamisme, curiosité.

Lydia
29 000 TOP 500 →

Qui vient de Lydie (grec). En dehors de l'Hexagone, Lydia est particulièrement répandu dans les pays anglophones, en Allemagne et en Grèce. *Caractérologie :* famille, réalisation, équilibre, responsabilité, influence.

Lydiane
600

Qui vient de Lydie (grec). *Variante :* Lydianne. *Caractérologie :* sagacité, sympathie, connaissances, spiritualité, réalisation.

Lydie
53 000 TOP 2 000 ↘

Qui vient de Lydie (grec). Féminin français. *Caractérologie :* innovation, ambition, autorité, énergie, bonté.

Lygie - de 100
Désigne une ancienne région de Pologne (polonais). *Caractérologie :* fiabilité, méthode, ténacité, cœur, engagement.

Lyla 2 000 TOP 400
Lys (latin). *Caractérologie :* sens du devoir, structure, honnêteté, efficacité, persévérance.

Lylia 3 000 TOP 500
Lys (latin). *Caractérologie :* dynamisme, indépendance, curiosité, charisme, courage.

Lyliane 2 000 TOP 2 000
Lys (latin). *Variantes :* Lylian, Lylianne. *Caractérologie :* équilibre, responsabilité, famille, amitié, détermination.

Lylou 8 500 TOP 400
Voir Lilou. Féminin français. *Caractérologie :* sens du devoir, structure, honnêteté, efficacité, persévérance.

Lyna 13 000 TOP 100
Lac, cascade (celte). Lyna peut également être considéré comme une variante de Lina. Féminin anglais et français. *Variante :* Lynna. *Caractérologie :* sagacité, connaissances, originalité, spiritualité, sympathie.

Lynda 5 500 TOP 2 000
Voir Linda. *Variante :* Lyndia. *Caractérologie :* relationnel, intuition, médiation, réussite, cœur.

Lyne 3 000 TOP 400
Cascade (anglais). *Variante :* Lynne. *Caractérologie :* fidélité, intuition, relationnel, médiation, bonté.

Lynn 1 400 TOP 700
Cascade (anglais). *Caractérologie :* cœur, réceptivité, sociabilité, loyauté, diplomatie.

Lys 500 TOP 2 000
Dieu est serment (hébreu). En dehors de l'Hexagone, Lys est plus particulièrement usité dans les pays néerlandophones. *Variante :* Lis. *Caractérologie :* médiation, relationnel, intuition, fidélité, adaptabilité.

Lysa 2 500 TOP 900
Dieu est serment (hébreu). *Variantes :* Lysaé, Lyza. *Caractérologie :* enthousiasme, générosité, pratique, adaptation, communication.

Lysandre 300
Forme féminine de Lisandre, une variante d'Alexandre. *Caractérologie :* réalisation, force, ambition, habileté, bonté.

Lyse 2 500 TOP 600
Dieu est serment (hébreu). *Caractérologie :* savoir, intelligence, méditation, amitié, indépendance.

Lysiane 9 000
Dieu est serment (hébreu). Féminin français. On peut estimer que moins de 30 enfants seront prénommés ainsi en 2022. *Caractérologie :* détermination, structure, sécurité, amitié, persévérance.

L

Lucie

Fête :
13 décembre

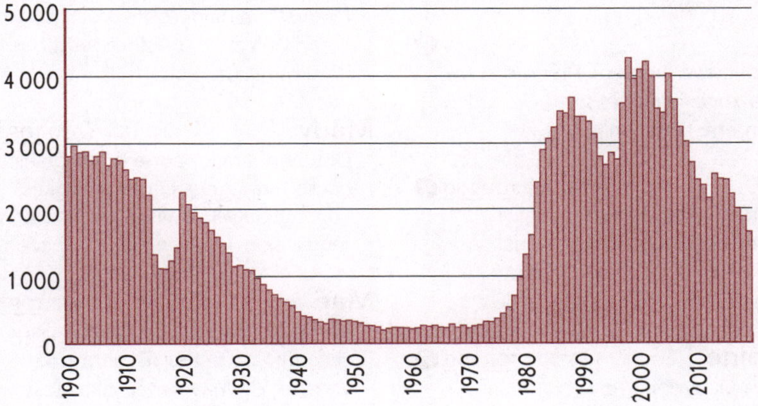

Étymologie

Forme féminine dérivée de Luc, du latin *lucia*, « lumière ». L'usage de ce nom remonte au temps de Rome, lorsque Lucetia et Lucina désignaient la déesse Junon, mais c'est à partir du Moyen Âge que Lucie et ses variations (Lucia, Lucy) se diffusent en Europe. Après avoir fleuri durant la seconde moitié du XIXe siècle, ce prénom rétro s'estompe dans les années 1910 pour revenir de plus belle un siècle plus tard. Il atteint son point culminant en 2005, au 10e rang national.

En dehors de l'Hexagone, Lucie est aux portes du top 5 wallon. Elle continue, mais dans une moindre mesure, de séduire les Suisses romands. Un peu plus au sud, Lucia ne faiblit pas et domine le classement espagnol depuis plus de 10 ans. De son côté, la forme Lucy reste prisée par de nombreux parents anglophones.

Notons que Lucille est attribuée à une cinquantaine de petites Françaises chaque année, contrairement à Lucette qui a quasi disparu des maternités.

Sainte Lucie, née en 286 à Syracuse, en Sicile, refuse de renier sa foi et meurt martyre en 304. Ses reliques se trouvent à Venise, dans l'église Santa Lucia. C'est en son souvenir qu'est célébrée la Sainte-Lucie, une fête traditionnelle chrétienne qui marque, avec l'Avent, le début de la saison de Noël. Elle est particulièrement célébrée en Suède (le 13 décembre), ainsi que dans l'ensemble des pays scandinaves et en Europe méridionale.

Personne célèbre

Lucie Aubrac, héroïne de la Résistance (1912-2007). Durant la Seconde Guerre mondiale, sous l'occupation allemande, Lucie Aubrac devient la spécialiste des évasions de résistants (elle fait notamment libérer son mari Raymond Aubrac). Elle est l'auteur de plusieurs ouvrages sur le sujet, dont *Ils partiront dans l'ivresse*. Un livre qui a inspiré Claude Berri pour son film *Lucie Aubrac*, sorti au cinéma en 1997.

Statistiques

Lucie est le 12e prénom féminin le plus donné en France depuis l'an 2000. Ce prénom est attribué à près d'une fille sur 210 aujourd'hui.

L

M

Macha
550 ↗

Celle qui élève (hébreu). Prénom slave. *Caractérologie :* vitalité, stratégie, ardeur, achèvement, leadership.

Maddy
3 000 TOP 200 ↑

Haute tour (grec). Féminin anglais. *Variantes :* Maddi, Maddie, Maïda. *Caractérologie :* sociabilité, loyauté, réceptivité, réalisation, diplomatie.

Madeleine
83 000 TOP 300 ↗

Haute tour (grec). Prénom français et anglais. Servante lorraine au XVIIIe siècle, Madeleine Paulmier fabriqua des petits gâteaux aux œufs en forme de coquillage pour la visite du duc Leszczynski. Ces madeleines, qui firent sensation, prirent son nom et sont aujourd'hui appréciées dans le monde entier. *Variantes :* Madelaine, Mado. *Caractérologie :* découverte, audace, énergie, originalité, résolution.

Madeline
3 500 TOP 2 000 →

Haute tour (grec). Féminin anglais. *Variantes :* Madelyn, Madline, Madly, Mady. *Caractérologie :* humanité, rêve, rectitude, ouverture d'esprit, résolution.

Madelyne
250 ↘

Haute tour (grec). *Caractérologie :* connaissances, spiritualité, sympathie, sagacité, réalisation.

Madina
900 TOP 1 000 →

Ville (arabe), bon (breton). *Variantes :* Madiana, Madenn. *Caractérologie :* influence, équilibre, résolution, responsabilité, famille.

Madison
5 000 TOP 900 ↘

Fils de Maude (anglais). Madison est particulièrement usité aux États-Unis. *Variantes :* Madisson, Madisone, Madissone, Madyson. *Caractérologie :* communication, pratique, enthousiasme, détermination, volonté.

Mady
950 TOP 500 ↑

Diminutif anglophone de Madeleine : haute tour (grec). Féminin anglais. *Caractérologie :* réalisation, savoir, méditation, intelligence, indépendance.

Maé
4 500 TOP 400 →

Diminutif francisé de Maëlle. Sans accent, Mae est également une variante de May usitée dans les pays anglophones. *Variantes :* Maée, Mahé, Mahée. *Caractérologie :* autorité, innovation, ambition, énergie, autonomie.

Maegan
- de 30

Perle (grec). Féminin anglais. *Caractérologie :* courage, dynamisme, curiosité, réalisation, indépendance.

Maeko
- de 30

L'enfant honnête (japonais). *Caractérologie :* humanité, rectitude, rêve, ouverture d'esprit, caractère.

Maëla
2 000 TOP 2 000 →

Chef, prince (celte). Féminin français et breton. *Variantes :* Maëlane, Maëlla, Maëlwenn. *Caractérologie :* dynamisme, curiosité, charisme, indépendance, courage.

Maëlane
1 000 ↘

Chef, prince (celte). Comme il est coutume de le faire en Bretagne, ce prénom peut s'écrire sans tréma. *Caractérologie :* conseil, sagesse, paix, bienveillance, conscience.

M

Maëlia
3 000 TOP 400

Chef, prince (celte). *Caractérologie :* énergie, découverte, audace, résolution, originalité.

Maëlie
6 000 TOP 500

Chef, prince (celte). Comme c'est d'usage en Bretagne, Maélie peut s'écrire avec ou sans accent. *Variantes :* Maël, Maële, Maëli, Maëlia, Maëlya, Maëlig, Maëlly. *Caractérologie :* altruisme, intégrité, réflexion, résolution, idéalisme.

Maëline
6 000 TOP 400

Chef, prince (celte). Prénom breton. *Variantes :* Maëlenn, Maëlyn, Maëlyne, Maëlynn, Maïline. *Caractérologie :* dynamisme, indépendance, détermination, curiosité, courage.

Maëlis
2 000

Contraction de Maëlle et Maylis. On peut estimer que moins de 30 enfants seront prénommés ainsi en 2022. *Variantes :* Maëlice, Maëlise, Maëliss, Maëlisse, Maëllis, Maëlyss, Maëlysse, Maëllys, Maëlyse. *Caractérologie :* décision, structure, honnêteté, efficacité, persévérance.

Maëlla
1 300 TOP 2 000

Chef, prince (celte). *Caractérologie :* force, habileté, management, ambition, passion.

Maëlle
34 000 TOP 100

Chef, prince (celte). Ce féminin de Maël a pris son essor dans les années 1980, émergeant en Bretagne avant de se répandre dans le reste de l'Hexagone. Depuis 2010, Maëlle évolue dans les 60 premières places du classement. Comme il est coutume de le faire en Bretagne, Maelle et ses formes dérivées peuvent s'orthographier sans tréma. *Caractérologie :* optimisme, créativité, pragmatisme, communication, sociabilité.

Maëly
5 000 TOP 500

Contraction de Maëlle et Maylis. *Caractérologie :* amitié, relationnel, médiation, intuition, réalisation.

Maëlya
3 500 TOP 200

Chef, prince (celte). *Caractérologie :* réalisation, optimisme, sympathie, pragmatisme, communication.

Maëlyne
4 500 TOP 400

Chef, prince (celte). *Caractérologie :* optimisme, réalisation, communication, pragmatisme, bonté.

Maëlys
44 000 TOP 100

Maëlys apparaît en France dans les années 1980. Fusion de deux prénoms régionaux, Maëlys est bretonne grâce à Maëlle, et basque grâce à Maylis. La première vient du celte : chef, prince. La seconde signifie, littéralement, « Marie à la fleur de lys ». Cette jeune étoile a surgi dans le top 20 français en 2007 alors que Maëlle amorçait sa décrue. Après avoir percé en Wallonie et au Québec, Maëlys recule à son tour dans l'Hexagone. Comme c'est d'usage en Bretagne, précisons que Maëlys, Maëlle et tous les prénoms de cette famille peuvent s'écrire sans accent. Sainte Marie est la patronne de Maylis. *Variantes :* Maëlyse, Maëlyss, Maëlysse, Maé-Lys, Maïlyss. *Caractérologie :* optimisme, réalisation, communication, pragmatisme, sympathie.

Maena
1 800 TOP 2 000

Chef, prince (celte). Variantes orthographiques : Maéna, Maëna. *Caractérologie :* connaissances, philosophie, originalité, sagacité, spiritualité.

Maeva
58 000 TOP 200

Bienvenue (tahitien), belle (malgache). Inconnu avant les années 1980, ce prénom antillais et polynésien a conquis les Français dans les années 1990. Maeva a figuré parmi les 20 premiers prénoms féminins en 2000 et 2001, mais son reflux s'accentue aujourd'hui. *Variantes :* Maheva, Maïva. *Caractérologie :* famille, exigence, éthique, équilibre, influence.

Maevane
180

Forme contractée de Maève ou Maëlle avec Évane. *Caractérologie :* philosophie, connaissances, sagacité, originalité, spiritualité.

Maève
350 TOP 2 000 ↗

Bienvenue (tahitien), ou forme contractée de Maëlle et Ève. Maeve est également inspiré de Meadhbh, le prénom de la reine de Connacht dans la mythologie irlandaise. *Caractérologie :* autorité, innovation, autonomie, ambition, énergie.

Maewenn
800 ↘

Chef, prince (celte). Maëwenn peut également s'orthographier avec le tréma. *Variante :* Maewen. *Caractérologie :* générosité, pratique, communication, adaptation, enthousiasme.

M

Mafalda
170

Puissance, combat (germanique). Prénom italien. *Caractérologie :* relationnel, médiation, intuition, fidélité, adaptabilité.

Magali
72 000 TOP 2 000

Perle (grec). Ce prénom français est un choix traditionnel provençal. *Caractérologie :* sagacité, connaissances, originalité, spiritualité, réussite.

Magalie
25 000

Perle (grec). Féminin français. On peut estimer que moins de 30 enfants seront prénommés ainsi en 2022. *Caractérologie :* communication, pratique, enthousiasme, réalisation, bonté.

Magaly
2 500

Perle (grec). On peut estimer que moins de 30 enfants seront prénommés ainsi en 2022. *Caractérologie :* audace, énergie, découverte, réussite, originalité.

Magda
900 ↗

Haute tour (grec). Féminin allemand, néerlandais, scandinave, portugais et grec. *Caractérologie :* habileté, force, ambition, réalisation, passion.

Magdalena
2 500 TOP 2 000 →

Haute tour (grec). Magdalena est plus particulièrement répandu dans les pays hispanophones et en Allemagne. C'est aussi un choix traditionnel occitan. *Variantes :* Madalena, Madalen, Magdelaine, Magdeleine, Magdelena, Magdalene. *Caractérologie :* amitié, ténacité, méthode, réalisation, fiabilité.

Maggy
2 000

Perle (grec). Féminin anglais. On peut estimer que moins de 30 enfants seront prénommés ainsi en 2022. *Variantes :* Maggie, Magguy. *Caractérologie :* vitalité, stratégie, ardeur, achèvement, réalisation.

Magnolia
250

Arbre florissant (latin). Féminin anglais. *Caractérologie :* humanité, rectitude, rêve, analyse, réalisation.

Maguelone
550 ↘

Perle (grec). Dans l'Hexagone, Maguelone est plus traditionnellement usité en Occitanie. *Variante :* Maguelonne. *Caractérologie :* communication, volonté, optimisme, pragmatisme, réalisation.

Maguy
3 000 ↗

Perle (grec). Féminin anglais. *Variantes :* Madge, Magui, Maguie. *Caractérologie :* persévérance, efficacité, structure, sécurité, réussite.

Les prénoms de reines

Aujourd'hui, Clémence et Jeanne sont bien plus attribués qu'Adélaïde, Berthe ou Isabeau. Pourtant, ces prénoms partagent le même privilège : celui d'avoir été porté, au fil des siècles, par des reines de France.

Alors que Blanche, Éléonore et Aliénor bourgeonnent loin des regards, Louise est revenue au premier plan. Jeanne réussira-t-elle son retour en grâce entamé depuis quelques années ? La naissance de la princesse Charlotte en Angleterre (le 2 mai 2015) a, quant à elle, fait légèrement rebondir le prénom en France.

Le répertoire ci-dessous retrace les dynasties successives des reines de France.

Les Capétiens (987-1328)
Adélaïde d'Aquitaine
Rozala, dite Suzanne de Provence
Berthe de Bourgogne
Constance d'Arles
Mathilde
Anne de Russie
Berthe de Hollande
Bertrade de Montfort
Adélaïde de Savoie
Aliénor d'Aquitaine
Constance de Castille
Adèle de Champagne
Isabelle de Hainaut
Ingeburge de Danemark
Agnès de Méranie
Blanche de Castille
Marguerite de Provence
Isabelle d'Aragon
Marie de Brabant
Jeanne de Navarre
Marguerite de Bourgogne
Clémence de Hongrie
Jeanne de Bourgogne
Blanche de Bourgogne
Marie de Luxembourg
Jeanne d'Évreux

Les Valois (1328-1589)
Jeanne de Bourgogne
Blanche de Navarre
Jeanne de Boulogne
Jeanne de Bourbon
Isabeau de Bavière
Marie d'Anjou
Charlotte de Savoie
Anne de Bretagne
Jeanne de France
Mary d'Angleterre
Claude de France
Éléonore de Habsbourg
Catherine de Médicis
Marie Stuart
Élisabeth d'Autriche
Louise de Lorraine-Vaudémont

Les Bourbons (1589-1830)
Marguerite de Valois, dite la reine Margot
Marie de Médicis
Anne d'Autriche
Marie-Thérèse de Habsbourg
Marie Leszczynska
Marie-Antoinette de Lorraine-Autriche

Les Orléans (1830-1848)
Marie-Amélie de Bourbon-Siciles

Maha
700 TOP 2 000

Celle qui élève (hébreu), vache sauvage (arabe). *Caractérologie :* dynamisme, charisme, indépendance, curiosité, courage.

Mahalia
200

Gras, moelle, cerveau (araméen). Féminin anglais. *Variante :* Mahala. *Caractérologie :* idéalisme, altruisme, réflexion, intégrité, dévouement.

Mahaut
1 800 TOP 600

Puissance, combat (germanique). *Variante :* Mahault. *Caractérologie :* dynamisme, direction, organisation, indépendance, audace.

Mahé
1 400 TOP 2 000

Prénom breton, féminin de Mahé, ou variante de Maé. Mahé est également le nom de l'île principale des Seychelles, dans l'océan Indien. *Variante :* Mahée. *Caractérologie :* humanité, rectitude, rêve, générosité, tolérance.

Mahina
700 TOP 2 000

Lune (hawaïen). *Variante :* Mahine. *Caractérologie :* résolution, énergie, autorité, innovation, ambition.

Mai
950 TOP 2 000

Mai est un diminutif breton de Marie. Avec le tréma, Maï signifie également « élégante » en japonais, et « fleur d'abricotier » en vietnamien. *Caractérologie :* séduction, énergie, audace, originalité, découverte.

Maïa
7 000 TOP 300

Mère, nourrice (grec). Sans tréma, Maia est un diminutif basque de Marie. Dans la mythologie grecque, Maïa, la fille d'Atlas et Pléioné, met au monde Hermès après une brève aventure avec Zeus. Lorsque Hermès lui confie Arcas, le fils de Zeus et Callisto, elle le prend sous son aile et l'élève en cachette d'Héra. Dans la mythologie romaine, la Maïa grecque se confondit avec une divinité homonyme incarnant la fertilité et le printemps. Son culte se célébrait en mai, le mois qui porte son nom. *Caractérologie :* conscience, paix, sagesse, conseil, bienveillance.

Maïalen
500

Contraction basque de Madeleine. *Variantes :* Mayalen, Mayalène. *Caractérologie :* indépendance, direction, dynamisme, détermination, audace.

Maïana
750 TOP 2 000

Contraction basque de Mariana. Vers l'étoile (tahitien). *Caractérologie :* pragmatisme, communication, optimisme, créativité, décision.

Maider
750

Contraction de Maria et Eder (basque). *Caractérologie :* énergie, découverte, audace, originalité, résolution.

Maïka
700

Les Basques considèrent ce prénom comme une contraction de Maria et Karmele, mais les Espagnols voient en Maika la fusion de Marie et Carmen. Peu importe, puisque Maïka fait surtout parler d'elle au Québec (elle est entrée dans le top 20 québécois en 2006). Notons que l'usage du tréma se généralise en dehors du Pays basque. *Variante :* Maica. *Caractérologie :* ardeur, stratégie, leadership, vitalité, achèvement.

Maïlane
350

Contraction de Maylis et Anne. Variante de Maïlan, une contraction de Mai Lan qui signifie « fleur d'abricot et d'orchidée » en vietnamien. *Variantes :* Maïlan, Maïlann. *Caractérologie :* autorité, énergie, détermination, innovation, ambition.

M

Mai-Li
- de 100

Prunier en fleur (vietnamien). Féminin français. *Caractérologie :* habileté, ambition, management, passion, force.

Maïlis
650

Dérivé de Maylis qui signifie « Marie à la fleur de lys ». *Caractérologie :* rêve, humanité, ouverture d'esprit, rectitude, générosité.

Maïly
2 500 TOP 800

Contraction de Maïlys et Maëly. *Variantes :* Maïli, Maïlie, Maylie, Mayli. *Caractérologie :* équilibre, famille, influence, responsabilité, réalisation.

Maïlys
11 000 TOP 2 000

Voir Maylis. Féminin français. *Variante :* Mai-Lys. *Caractérologie :* connaissances, sagacité, originalité, spiritualité, réalisation.

Maïmouna
3 500 TOP 400

Heureuse, sous la protection divine (arabe). *Variante :* Maïma. *Caractérologie :* raisonnement, famille, volonté, responsabilité, équilibre.

Maïna
3 500 TOP 300

Contraction bretonne de Marie et Anna. Lune (hawaïen, tahitien). *Caractérologie :* sociabilité, réceptivité, diplomatie, loyauté, résolution.

Maïra
700 TOP 800

Celle qui élève (hébreu). Voir Moïra. *Caractérologie :* paix, sagesse, conseil, conscience, bienveillance.

Maïré
- de 100

Celle qui élève (hébreu), ou fougère (tahitien). *Caractérologie :* autorité, énergie, ambition, détermination, innovation.

Maisie
- de 30

Perle (grec). Féminin anglais. *Caractérologie :* intuition, médiation, détermination, relationnel, fidélité.

Maïssa
12 000 TOP 200

Grâce, scintillement d'une étoile (arabe). *Variantes :* Maïssam, Maysoon, Maïssoun, Méissoun. *Caractérologie :* achèvement, ardeur, vitalité, leadership, stratégie.

Maïssane
3 000 TOP 600

Grâce, scintillement d'une étoile (arabe). *Variante :* Méissane. *Caractérologie :* intégrité, détermination, altruisme, idéalisme, réflexion.

Maïté
7 000

Contraction de Marie-Thérèse. Féminin français et basque. *Variantes :* Maïta, Mayté. *Caractérologie :* détermination, enthousiasme, adaptation, pratique, communication.

Maïtena
800

Celle qui élève (hébreu), aimée (basque). *Caractérologie :* réflexion, idéalisme, altruisme, intégrité, détermination.

Maïwenn
8 500 TOP 300

Contraction de Mari et Gwenn. Maiwenn s'orthographie également sans tréma. *Variante :* Maïwen. *Caractérologie :* originalité, spiritualité, sagacité, connaissances, décision.

Maja
250

Forme scandinave et slave méridionale de Marie ou Madeleine. Maja est également une variante de Maya. *Caractérologie :* caractère, vivacité, connaissances, spiritualité, indépendance.

Majda
1 200

Noble, glorieuse (arabe). Majda est également un diminutif slovène et croate

M

de Madeleine. On peut estimer que moins de 30 enfants seront prénommés ainsi en 2022. *Variantes :* Majdeline, Majdouline. *Caractérologie :* médiation, intuition, relationnel, fidélité, adaptabilité.

Malak
3 500 TOP 400

Ange (arabe). *Caractérologie :* loyauté, sociabilité, réceptivité, diplomatie, organisation.

Malala
- de 30

Prénom d'origine pachtoune signifiant « tristesse ». Les Pachtounes vivent essentiellement au Pakistan, pays d'origine de la plus célèbre des Malala. Militante des droits de la femme pour ce pays, Malala Yousafzai est la plus jeune lauréate du prix Nobel de la paix, honneur qu'elle a reçu en 2014 à l'âge de 17 ans. *Caractérologie :* leadership, aspiration, achèvement, stratégie, vitalité.

Malaurie
1 300

Prince sage (celte). On peut estimer que moins de 30 enfants seront prénommés ainsi en 2022. *Caractérologie :* stratégie, vitalité, achèvement, ardeur, décision.

M

Malaury
1 700

Prince sage (celte). Féminin français. On peut estimer que moins de 30 enfants seront prénommés ainsi en 2022. *Caractérologie :* audace, dynamisme, direction, indépendance, réussite.

Maléna
750

Haute tour (grec). En dehors de l'Hexagone, Maléna est plus particulièrement répandu dans les pays scandinaves, en Espagne et en Tchéquie. *Caractérologie :* innovation, énergie, autorité, ambition, autonomie.

Malia
2 500 TOP 300

Reine (hébreu), paix (hawaïen). *Variantes :* Malha, Maliah, Malya. *Caractérologie :* humanité, rêve, rectitude, ouverture d'esprit, générosité.

Malicia
1 100

Astucieuse (latin). On peut estimer que moins de 30 enfants seront prénommés ainsi en 2022. *Caractérologie :* communication, pragmatisme, optimisme, créativité, sociabilité.

Malika
23 000 TOP 600

Reine (arabe). Ce prénom est particulièrement répandu dans les cultures musulmanes francophones. *Variantes :* Melike, Melek. *Caractérologie :* sociabilité, réceptivité, organisation, diplomatie, loyauté.

Mallaury
3 000

Prince sage (celte). Féminin français. On peut estimer que moins de 30 enfants seront prénommés ainsi en 2022. *Variantes :* Mallaurie, Mally. *Caractérologie :* sécurité, structure, persévérance, réalisation, efficacité.

Mallorie
750

Prince sage (celte). *Caractérologie :* méthode, fiabilité, ténacité, caractère, logique.

Mallory
2 000

Prince sage (celte). On peut estimer que moins de 30 enfants seront prénommés ainsi en 2022. *Caractérologie :* paix, réussite, conscience, bienveillance, logique.

Maloé
1 100 TOP 400

Contraction de Malo et du groupe de voyelles « oé ». *Caractérologie :* volonté, indépendance, audace, direction, assurance.

Malorie
2 500 TOP 2 000

Prince sage (celte). Féminin français, anglais. *Caractérologie :* audace, dynamisme, caractère, direction, logique.

Malory
1 800 TOP 2 000 ↘

Prince sage (celte). *Caractérologie :* pratique, communication, réalisation, enthousiasme, analyse.

Malou
1 400 TOP 1 000 ↘

Prince sage (celte). *Caractérologie :* habileté, management, force, passion, ambition.

Malvina
3 000

Fleur mauve (latin). Féminin anglais. On peut estimer que moins de 30 enfants seront prénommés ainsi en 2022. *Caractérologie :* idéalisme, intégrité, altruisme, réflexion, décision.

Mama
950 TOP 2 000 →

Petite chamelle qui vient d'être sevrée (arabe). *Variantes :* Mame, Mamou. *Caractérologie :* autorité, innovation, énergie, autonomie, ambition.

Mana
180

Une partie (hébreu), sacré, divin (hawaïen, tahitien). *Caractérologie :* sociabilité, diplomatie, réceptivité, bonté, loyauté.

Manaé
160 TOP 700

Une partie (hébreu), sacré, divin (hawaïen, tahitien). *Caractérologie :* connaissances, originalité, philosophie, sagacité, spiritualité.

Manal
1 800 TOP 2 000 ↘

Celle qui achève ses objectifs (arabe). *Caractérologie :* découverte, audace, énergie, originalité, séduction.

Mandy
5 500 TOP 2 000 ↘

Diminutif anglophone d'Amandine : qui est aimée (latin). *Variantes :* Mandie, Mandine. *Caractérologie :* communication, adaptation, réalisation, enthousiasme, pratique.

Manel
11 000 TOP 200 →

Don (arabe). *Caractérologie :* rectitude, rêve, humanité, générosité, tolérance.

Manelle
2 500 TOP 800 ↘

Celle qui achève ses objectifs (arabe). *Variantes :* Manele, Manola. *Caractérologie :* vitalité, achèvement, stratégie, ardeur, réalisation.

Manoé
250 ↘

Contraction d'Emmanuelle et Noé. Féminin français. *Caractérologie :* pragmatisme, volonté, optimisme, créativité, communication.

Manola
450 ↘

Dieu est avec nous (hébreu). *Variantes :* Manoella, Manoela, Manoelle. *Caractérologie :* sagacité, raison, ténacité, connaissances, sagesse.

Manolie
140

Arbre florissant (latin). *Variante :* Manoli. *Caractérologie :* équilibre, raisonnement, influence, exigence, volonté.

Manoline
- de 100

Dieu est avec nous (hébreu). *Caractérologie :* réceptivité, caractère, diplomatie, logique, sociabilité.

Manolya
- de 100

Arbre florissant (latin). *Variante :* Manolia. *Caractérologie :* intégrité, caractère, idéalisme, altruisme, réussite.

Manon
170 000 TOP 50 ↘

L'étymologie de Manon est controversée, mais on peut lui prêter l'origine hébraïque de Myriam, « celle qui élève ». Longtemps inusité en France, ce dérivé de Marie renaît dans les années 1980. C'est à la chanson du même nom, écrite et chantée par Serge Gainsbourg en 1979, que Manon doit son décollage fulgurant : sa courbe d'attributions s'emballe aussi vite que les ventes de l'album. En 1995, le triomphe de *Manon des sources* (film de Claude Berri basé sur le roman *L'Eau des collines* de Marcel Pagnol) entérine son ascension au premier rang national. Manon restera de longues années dans le top 5 féminin, avant de céder du terrain. Dans le roman *Manon Lescaut*, de l'abbé Prévost, Manon est une héroïne à deux visages. Belle et charmante, elle est tantôt douce et aimante, tantôt libertine et perverse. Inspirés par ce personnage, Massenet et Puccini lui ont consacré un opéra. *Variante :* Mannon. *Caractérologie :* pragmatisme, optimisme, communication, créativité, volonté.

Manuela
9 000 TOP 2 000

Dieu est avec nous (hébreu). Manuela est très répandu dans les pays hispanophones, lusophones et en Italie. C'est aussi un choix traditionnel basque. *Caractérologie :* fiabilité, méthode, ténacité, engagement, sens du devoir.

Manuella
8 000 TOP 2 000

Dieu est avec nous (hébreu). *Caractérologie :* savoir, intelligence, indépendance, sagesse, méditation.

Manuelle
1 400

Dieu est avec nous (hébreu). Féminin français. On peut estimer que moins de 30 enfants seront prénommés ainsi en 2022. *Caractérologie :* sociabilité, réceptivité, loyauté, diplomatie, bonté.

Maoline
- de 100

Fusion de nombreux prénoms, Maoline est apparu pour la première fois en France en 2004. *Caractérologie :* décision, exigence, famille, raison, équilibre.

Maona
120

Créatrice (indien d'Amérique). *Caractérologie :* stratégie, aspiration, force, ténacité, humour.

Maonie
- de 100

Fusion de nombreux prénoms, Maonie est apparu pour la première fois en France en 2007. *Caractérologie :* enthousiasme, détermination, communication, ténacité, adéquation.

Maora
- de 100

Plus grand (latin). *Caractérologie :* adaptation, générosité, communication, enthousiasme, pratique.

Mara
750 TOP 2 000

Celle qui élève (hébreu). Féminin hongrois, italien, espagnol, portugais et irlandais. *Caractérologie :* paix, conscience, bienveillance, conseil, sagesse.

Marceline
3 000 TOP 2 000

Se rapporte à Mars, le dieu romain de la Guerre (latin). Féminin français. *Variante :* Marcela. *Caractérologie :* vitalité, achèvement, ardeur, résolution, stratégie.

Marcelle
54 000 TOP 1 000

Se rapporte à Mars, le dieu romain de la Guerre (latin). Féminin français. *Variante :* Marcèle. *Caractérologie :* conscience, bienveillance, décision, paix, conseil.

Marcelline
3 000

Se rapporte à Mars, le dieu romain de la Guerre (latin). Féminin français. On peut estimer que moins de 30 enfants seront prénommés ainsi en 2022. *Variante :* Marcellina. *Caractérologie :* intuition, médiation, relationnel, fidélité, détermination.

Marcia
400

Se rapporte à Mars, le dieu romain de la Guerre (latin). Féminin espagnol, portugais et anglais. *Variantes :* Marcianne, Marcie, Marcy, Marcienne, Marsia, Martiale, Martianne, Martienne.

M

Les héroïnes de la littérature

Pourquoi ne pas chercher l'inspiration dans ces œuvres qui vous ont transporté(e) dans un ailleurs fait d'imagination, de chevalerie, d'aventures et de destins hors du commun. Une bibliothèque suffit à les rendre proches de la main, des yeux et du cœur. Précieux, rares, ou tout simplement évocateurs, les prénoms inspirés par la littérature vous invitent au voyage.

Sans pouvoir prétendre à l'exhaustivité, nous avons commencé pour vous une liste de prénoms qui portent en eux une biographie imaginaire, théâtrale ou romanesque. La source littéraire est intarissable, n'hésitez pas à vous en abreuver !

- Agnès, *L'École des femmes* de Molière
- Alice, *Alice aux pays des merveilles* de Lewis Carrol
- Amy, Élizabeth, Meg et Joséphine, *Les Quatre filles du Docteur March* de Louisa May Alcott
- Angélique, *Le Malade imaginaire* de Molière
- Anna, *Anna Karénine* de Léon Tolstoï
- Ariane, *Belle du Seigneur* d'Albert Cohen
- Aricie, *L'Énéide* de Virgile
- Armance, *Armance* de Stendhal
- Béatrice, *La Divine Comédie* de Dante
- Bérénice, *Aurélien* de Louis Aragon
- Blanche, *Un Tramway nommé Désir* de Tennessee Williams
- Célimène, *Le Misanthrope* de Molière
- Chimène, *Le Cid* de Corneille
- Chloé, *L'écume des jours* de Boris Vian
- Clarissa, *Mrs Dalloway* de Virginia Woolf
- Clélia, *La Chartreuse de Parme* de Stendhal
- Clémentine, *L'Arrache-cœur* de Boris Vian
- Daphné, *Les Amours pastorales de Daphnis et Chloé* de Longus
- Dorine, *Tartuffe* de Molière
- Eléa, *La Nuit des temps* de René Barjavel
- Elinor, *Raison et Sensibilité* de Jane Austen
- Emma, *Emma* de Jane Austen
- Esmeralda, *Notre-Dame de Paris* de Victor Hugo
- Eugénie, *Eugénie Grandet* de Balzac
- Euphrasie, *Les Misérables* de Victor Hugo
- Fanny, dans la *Trilogie marseillaise, Marius, Fanny, César* de Marcel Pagnol
- Hélène, *L'Iliade* d'Homère
- Hermione, *Andromaque* de Jean Racine, et plus récemment *Harry Potter,* de J. K. Rowling
- Iris, *La Tempête* de Shakespeare
- Iseult, *Tristan et Iseult*, légende médiévale
- Juliette, *Roméo et Juliette* de Shakespeare
- Junie, *Britannicus* de Jean Racine
- Léa, *Chérie* de Colette
- Lou, *Poèmes à Lou* de Guillaume Apollinaire
- Marianne, *Raison et Sensibilité* de Jane Austen
- Marthe, *Le Diable au corps* de Raymond Radiguet
- Mathilde, *Le Rouge et le Noir* de Stendhal
- Milena, *Lettres à Milena* de Franz Kafka
- Mina, *La Promesse de l'aube* de Romain Gary
- Natacha, *Guerre et Paix* de Léon Tolstoï
- Nina, *La Mouette* d'Anton Tchekhov
- Ophélie, *Hamlet* de Shakespeare
- Oriane de Guermantes, *À la Recherche du temps perdu* de Marcel Proust
- Pénélope, *L'Odyssée* d'Homère
- Rebecca, *Ivanhoé* de Walter Scott
- Rosine, *Le Barbier de Séville* de Beaumarchais
- Roxane, *Cyrano de Bergerac* d'Edmond Rostand
- Sasha, *Orlando* de Virginia Woolf
- Sidonie, *Sido* de Colette
- Solange, *Les Jeunes Filles* d'Henry de Montherlant
- Suzanne, *Un barrage contre le Pacifique* de Marguerite Duras
- Thaïs, *Thaïs* d'Anatole France
- Varda, *Le Silmarillion* de J. R. R. Tolkien
- Yvonne, *Le Grand Meaulnes* d'Alain-Fournier

Caractérologie : ouverture d'esprit, rectitude, rêve, humanité, générosité.

Maréva
1 600

Contraction de Marie et Éva. On peut estimer que moins de 30 enfants seront prénommés ainsi en 2022. *Caractérologie :* bienveillance, paix, conscience, conseil, résolution.

Margaret
2 500 ➚

Perle (grec). Dans l'Hexagone, ce prénom anglais est plus traditionnellement usité en Alsace. *Caractérologie :* sociabilité, réceptivité, réalisation, détermination, diplomatie.

Margareth
850

Perle (grec). *Caractérologie :* direction, audace, réussite, attention, dynamisme.

Margaux
61 000 TOP 50 ➔

Perle (grec). Lorsque Margot Hemingway (1954-1996), actrice et mannequin américaine, petite-fille d'Ernest Hemingway, a choisi de se faire appeler Margaux, ce nom de village (et vignoble) français est devenu un prénom. Il apparaît en 1978 dans l'Hexagone et connaît un succès qui le fait culminer aux portes du top 20 national en 1999. Son repli est loin de l'avoir fait disparaître, et aujourd'hui, Margaux fait jeu égal avec Margot. *Variantes :* Margau, Margaud, Margault. *Caractérologie :* persévérance, structure, sécurité, logique, réussite.

Margo
1 900 TOP 2 000 ➔

Perle (grec). *Caractérologie :* humanité, rectitude, rêve, ouverture d'esprit, réussite.

Margot
45 000 TOP 50 ➔

Perle (grec). Voir Marguerite. Ce diminutif de Marguerite, particulièrement répandu au Moyen Âge, fut rendu célèbre par la reine Margot (aussi connue sous le nom de Marguerite de Valois). Femme de lettres et esprit éclairé, la catholique Marguerite de Valois fut contrainte d'épouser le protestant Henri IV. L'union, compliquée par des tensions politiques et religieuses, fut malheureuse, et marquée par de nombreuses infidélités de part et d'autre. Le mariage, dissous en 1599, n'empêcha toutefois pas la reine Margot de conserver son titre. ◊ Après des siècles d'oubli, Margot renaît en France dans les années 1990. Bien qu'ayant passé son point culminant en 1999 (au 37e rang), Margot est encore un choix prisé par bien des parents. *Variante :* Margo. *Caractérologie :* loyauté, diplomatie, sociabilité, réceptivité, réalisation.

Marguerite
53 000 TOP 700 ➔

Perle (grec). Ce grand prénom, en usage dès les premiers siècles, devient très populaire au Moyen Âge lorsque le culte de sainte Marguerite, martyrisée à Antioche en l'an 300, est ravivé à la faveur des croisades. De l'écossais Margaret à l'italien Margherita, en passant par l'allemand Margret, ce prénom atteint des sommets de popularité du XVe au XIXe siècle, en France et dans toute l'Europe. Au début du XXe siècle, Marguerite s'est maintenu dans les 3 premiers rangs pendant 13 ans avant d'entamer un déclin progressif. Ce choix très discret depuis les années 1970 devrait renaître dans les prochaines années. ◊ De nombreuses têtes couronnées portèrent ce prénom à partir du XIIIe siècle. Marguerite de Bourgogne se rendit célèbre pour avoir épousé – et trompé – le futur Louis X. Passant pour avoir été mystérieusement étranglée, elle fut emprisonnée avant même que son époux n'accède au trône. *Variantes :* Malgorzata, Margalite, Margarette, Margarida, Margarita, Margerie, Margery, Marget, Margie, Marguerie, Margrit. Formes bretonnes : Gaïd, Gaïdig. *Caractérologie :* amitié, réalisation, altruisme, idéalisme, intégrité.

M

Mari
300

Celle qui élève (hébreu). Mari est également un prénom basque, hongrois et japonais signifiant, selon les kanji utilisés, « jasmin », « vérité », ou « distance ». *Caractérologie :* charisme, curiosité, dynamisme, courage, indépendance.

Maria
61 000 **TOP 100** ↗

Celle qui élève (hébreu). Maria est très répandu dans les pays slaves et occidentaux. Dans l'Hexagone, ce prénom est plus traditionnellement usité en Occitanie, en Corse et au Pays basque. *Variantes :* Mariya, Marya, Marye, Mayra. *Caractérologie :* paix, conscience, bienveillance, conseil, sagesse.

Mariam
9 500 **TOP 200** →

Forme arabe de Marie : celle qui élève (hébreu). *Caractérologie :* audace, direction, dynamisme, indépendance, assurance.

Mariama
3 000 **TOP 400** →

Celle qui élève (hébreu). *Caractérologie :* réceptivité, diplomatie, bonté, sociabilité, loyauté.

Mariame
2 500 **TOP 600** →

Celle qui élève (hébreu). *Variante :* Marieme. *Caractérologie :* paix, conscience, détermination, bienveillance, conseil.

Mariane
2 000

Contraction de Marie et Anne. Féminin français. On peut estimer que moins de 30 enfants seront prénommés ainsi en 2022. *Caractérologie :* méditation, savoir, indépendance, résolution, intelligence.

Marianna
1 000 **TOP 2 000** ↗

Contraction de Marie et Anna. Marianna est particulièrement usité en Italie, en Grèce et dans les pays slaves. C'est aussi un choix traditionnel basque, breton et occitan. *Variantes :* Mariana, Maryanna, Maryane, Maryanne. *Caractérologie :* habileté, force, résolution, ambition, passion.

Marianne
34 000 **TOP 700** →

Contraction de Marie et Anne. En dehors de l'Hexagone, Marianne est répandu en Allemagne et aux Pays-Bas. *Caractérologie :* pratique, communication, résolution, adaptation, enthousiasme.

Marie
982 000 **TOP 100** ↘

De l'hébreu *myriam*, « celle qui élève ». Personnage central de la Bible, sainte Marie, la mère de Jésus, inspire tant de déférence et de dévotion que les parents n'attribuent guère ce prénom, considéré comme trop sacré, durant les premiers siècles. Ce n'est qu'à partir du XIe siècle qu'il commence à se diffuser, rencontrant rapidement le succès en France et dans l'ensemble du monde chrétien. À la fin du Moyen Âge, sa popularité est si grande qu'il devient, avec ses dérivés (Mary, Maria, etc.), le prénom le plus porté dans les pays occidentaux. En France, Marie règne sur le classement féminin du XVe siècle au milieu du XXe siècle. Durant cette période, cinq reines de France porteront ce prénom, de Marie de Médicis (1575-1642) à Marie-Amélie de Bourbon-Siciles (1830-1848), en passant par Marie-Antoinette (1755-1793). Après être revenu au 2e rang du palmarès en 1995, Marie s'est effacé. Il reste toutefois le prénom le plus porté dans l'Hexagone aujourd'hui. ◇ Vierge et mère de Jésus dans la Bible, sainte Marie est prévenue par l'archange Gabriel qu'elle a été choisie pour enfanter le Christ. Le 15 août célèbre l'Assomption de la Vierge Marie. Notons que cet ancien prénom mixte forme encore de nombreuses compositions masculines (Pierre-Marie, Louis-Marie, etc.). Marie Curie, la physicienne française nobélisée en 1911, est l'une des plus célèbres Marie de l'histoire française récente. *Caractérologie :* résolution, audace, dynamisme, direction, indépendance.

Marie-Alice
1 400

Forme composée de Marie et Alice. Féminin français. On peut estimer que moins de 30 enfants seront prénommés ainsi en 2022. *Caractérologie :* méthode, ténacité, engagement, fiabilité, détermination.

Marie-Alix
950

Forme composée de Marie et Alix. Féminin français. *Caractérologie :* relationnel, raisonnement, médiation, intuition, volonté.

Marie-Amélie
2 500

Forme composée de Marie et Amélie. Féminin français. On peut estimer que moins de 30 enfants seront prénommés ainsi en 2022. *Caractérologie :* direction, indépendance, dynamisme, audace, détermination.

Marie-Ange
15 000

Forme composée de Marie et Ange. Féminin français. On peut estimer que moins de 30 enfants seront prénommés ainsi en 2022. *Caractérologie :* réalisation, audace, dynamisme, détermination, direction.

Marie-Anne
10 000

Forme composée de Marie et Anne. Féminin français. On peut estimer que moins de 30 enfants seront prénommés ainsi en 2022. *Caractérologie :* ardeur, vitalité, achèvement, stratégie, détermination.

Marie-Caroline
2 500

Forme composée de Marie et Caroline. Féminin français. On peut estimer que moins de 30 enfants seront prénommés ainsi en 2022. *Caractérologie :* paix, volonté, raisonnement, bienveillance, conscience.

Marie-Charlotte
4 000

Forme composée de Marie et Charlotte. Féminin français. On peut estimer que moins de 30 enfants seront prénommés ainsi en 2022. *Caractérologie :* méthode, analyse, fiabilité, ténacité, finesse.

Marie-Christine
71 000

Forme composée de Marie et Christine. Féminin français. On peut estimer que moins de 30 enfants seront prénommés ainsi en 2022. *Caractérologie :* connaissances, spiritualité, finesse, résolution, sagacité.

Marie-Claire
32 000

Forme composée de Marie et Claire. Féminin français. On peut estimer que moins de 30 enfants seront prénommés ainsi en 2022. *Caractérologie :* ténacité, méthode, fiabilité, engagement, résolution.

Marie-Claude
52 000

Forme composée de Marie et Claude. Féminin français. On peut estimer que moins de 30 enfants seront prénommés ainsi en 2022. *Caractérologie :* énergie, autorité, ambition, détermination, innovation.

Marie-Emmanuelle
1 200

Forme composée de Marie et Emmanuelle. Féminin français. On peut estimer que moins de 30 enfants seront prénommés ainsi en 2022. *Caractérologie :* communication, enthousiasme, résolution, pratique, adaptation.

Marie-France
49 000

Forme composée de Marie et France. Féminin français. On peut estimer que

M

moins de 30 enfants seront prénommés ainsi en 2022. *Caractérologie :* analyse, communication, volonté, pragmatisme, optimisme.

Marie-Françoise
25 000

Forme composée de Marie et Françoise. Féminin français. On peut estimer que moins de 30 enfants seront prénommés ainsi en 2022. *Caractérologie :* dynamisme, analyse, audace, direction, volonté.

Marie-Gabrielle
1 400

Forme composée de Marie et Gabrielle. Féminin français. On peut estimer que moins de 30 enfants seront prénommés ainsi en 2022. *Caractérologie :* altruisme, idéalisme, amitié, intégrité, réalisation.

Marie-Hélène
35 000

Forme composée de Marie et Hélène. Féminin français. On peut estimer que moins de 30 enfants seront prénommés ainsi en 2022. *Caractérologie :* curiosité, dynamisme, courage, indépendance, décision.

Marie-Jeanne
13 000

Forme composée de Marie et Jeanne. Féminin français. On peut estimer que moins de 30 enfants seront prénommés ainsi en 2022. *Caractérologie :* énergie, résolution, découverte, originalité, audace.

Marie-José
32 000

Forme composée de Marie et José. Féminin français. On peut estimer que moins de 30 enfants seront prénommés ainsi en 2022. *Caractérologie :* curiosité, courage, volonté, dynamisme, résolution.

Marie-Laure
34 000

Forme composée de Marie et Laure. Féminin français. On peut estimer que moins de 30 enfants seront prénommés ainsi en 2022. *Caractérologie :* ténacité, méthode, fiabilité, engagement, résolution.

Marie-Line
16 000

Forme composée de Marie et Line. Féminin français. On peut estimer que moins de 30 enfants seront prénommés ainsi en 2022. *Caractérologie :* découverte, énergie, résolution, audace, originalité.

Marie-Lise
3 500

Forme composée de Marie et Lise. Féminin français. On peut estimer que moins de 30 enfants seront prénommés ainsi en 2022. *Caractérologie :* direction, indépendance, audace, dynamisme, résolution.

Marielle
16 000

Celle qui élève (hébreu). Féminin français. On peut estimer que moins de 30 enfants seront prénommés ainsi en 2022. *Variantes :* Mariel, Mariele, Mariella, Maryelle. *Caractérologie :* pragmatisme, communication, résolution, optimisme, créativité.

Marie-Lou
3 000 **TOP 2 000**

Forme composée de Marie et Lou. Féminin français. *Caractérologie :* persévérance, sécurité, structure, volonté, analyse.

Marie-Louise
17 000

Forme composée de Marie et Louise. Féminin français. On peut estimer que moins de 30 enfants seront prénommés ainsi en 2022. *Caractérologie :* direction, audace, caractère, logique, dynamisme.

Marie-Lys
500

Forme composée de Marie et Lys. Féminin français. *Caractérologie :* pragmatisme, sympathie, communication, optimisme, réalisation.

Mariem
1 200 TOP 2 000

Forme arabe de Marie : celle qui élève (hébreu). *Caractérologie :* audace, découverte, énergie, originalité, décision.

Marie-Madeleine
9 000

Forme composée de Marie et Madeleine. Féminin français. On peut estimer que moins de 30 enfants seront prénommés ainsi en 2022. *Caractérologie :* responsabilité, famille, détermination, influence, équilibre.

Marie-Paule
17 000

Forme composée de Marie et Paule. Féminin français. On peut estimer que moins de 30 enfants seront prénommés ainsi en 2022. *Caractérologie :* diplomatie, sociabilité, réceptivité, amitié, réalisation.

Marie-Pierre
30 000

Forme composée de Marie et Pierre. Féminin français. On peut estimer que moins de 30 enfants seront prénommés ainsi en 2022. *Caractérologie :* rêve, humanité, détermination, rectitude, réalisation.

M

Marie-Rose
8 500

Forme composée de Marie et Rose. Féminin français. *Caractérologie :* fiabilité, méthode, ténacité, caractère, décision.

Marie-Sophie
2 500

Forme composée de Marie et Sophie. Féminin français. On peut estimer que moins de 30 enfants seront prénommés ainsi en 2022. *Caractérologie :* innovation, énergie, autorité, caractère, réussite.

Marie-Thérèse
63 000

Forme composée de Marie et Thérèse. Féminin français. On peut estimer que moins de 30 enfants seront prénommés ainsi en 2022. *Caractérologie :* altruisme, idéalisme, intégrité, décision, attention.

Marietta
650

Celle qui élève (hébreu). *Variantes :* Marieta, Mietta, Miette. *Caractérologie :* équilibre, responsabilité, influence, détermination, famille.

Mariette
5 000

Celle qui élève (hébreu). Féminin français. On peut estimer que moins de 30 enfants seront prénommés ainsi en 2022. *Caractérologie :* dynamisme, direction, indépendance, audace, décision.

Mariève
- de 100

Contraction de Marie et Ève. *Variantes :* Marieva, Maryève. *Caractérologie :* innovation, autorité, ambition, décision, énergie.

Marika
1 600

Celle qui élève (hébreu). Féminin grec, slovaque, tchèque, polonais, hongrois et basque. On peut estimer que moins de 30 enfants seront prénommés ainsi en 2022. *Caractérologie :* ardeur, stratégie, leadership, vitalité, achèvement.

Marilène
1 100

Forme contractée de Marie-Hélène. On peut estimer que moins de 30 enfants seront prénommés ainsi en 2022. *Caractérologie :* décision, curiosité, courage, indépendance, dynamisme.

Marilou
5 500 TOP 400

Contraction de Marie et Louise. Féminin français et anglais. *Caractérologie :* ambition, habileté, raisonnement, passion, force.

Marilyn
5 000

Celle qui élève (hébreu). Féminin anglais. On peut estimer que moins de 30 enfants seront prénommés ainsi en 2022. *Variante :* Marilie. *Caractérologie :* réceptivité, diplomatie, réussite, sociabilité, cœur.

Les prénoms composés

Ci-dessous le top 10 des prénoms composés féminins, estimé pour l'année 2022. Le classement a été effectué par ordre décroissant d'attribution.

1. Lily-Rose*
2. Fatima-Zahra
3. Lou-Ann(e)
4. Lili-Rose
5. Anna-Rose
6. Marie-Lou
7. Emy-Rose
8. Anna-Lou
9. Anne-Lyse
10. Rose-Marie

La disgrâce du prénom composé, au masculin comme au féminin, suit son cours inexorable. Lily-Rose chute au 284e rang féminin quand les autres compositions sombrent en deçà du top 900. Toutefois, cette défaveur n'a pas entamé l'engouement pour les créations florales. Du rose au blanc, la palette se complète. Fatima-Zahra (« fleur » et « blancheur lumineuse » en arabe), a grimpé les marches du podium et vient prendre la 2e position.

On notera que Rose s'épanouit particulièrement dans ce tableau (5 occurrences dans le top 10). Elle sème d'ailleurs à tout vent puisqu'elle intervient dans la composition de plus de 70 composés féminins. Rose-Marie vient d'éclore dans le jardin prisé du top 10. Mila-Rose, Léna-Rose et Lila-Rose, bien enracinées dans le top 20, ne demandent qu'à grimper et lui tenir compagnie dans les hauteurs du classement.

Emy-Rose fait une progression remarquable et vient compléter le paysage. En s'associant, ces deux prénoms, qui connaissent de belles progressions dans leur carrière en solo, ont trouvé un terrain fertile pour orner la sélection.

Un peu flétrie mais pas encore fanée, Anne surprend par sa persistance, d'autant qu'Anne-Laure et Anne-Claire prospèrent également dans les 30 premières positions. Anna-Lou vient lui prêter main forte et dépoussière un peu le registre.

De quoi rendre jalouse Marie, son ancienne rivale. Car celle qui fut si longtemps (et si largement) reine des compositions est désormais renvoyée dans les dédales du classement. Certes, Marie-Lou brille à la 6e place du tableau, mais le temps de la gloire, que l'on croyait éternel, est bel et bien révolu.

À défaut de mieux, Marie se consolera avec l'arrivée de son diminutif breton et/ou asiatique Mai, aux portes du top 10. Mai-Li et Mai-Lan (*lan* signifie orchidée en chinois et en vietnamien) viennent métisser et moderniser le millésime 2022.

Retrouvez le quiz sur les prénoms composés interdits dans le carnet bullet détachable en fin d'ouvrage !

* En prenant en compte la variante Lilly-Rose.

Marilyne

11 000

Celle qui élève (hébreu). On peut estimer que moins de 30 enfants seront prénommés ainsi en 2022.

Caractérologie : sympathie, sagacité, connaissances, spiritualité, réalisation.

Marilys
450

Contraction de Marie et Lys. *Variantes :* Marylise, Marylis. *Caractérologie :* méditation, savoir, réalisation, intelligence, indépendance.

Marina
43 000 TOP 600

Mer (latin). Féminin italien, russe, espagnol, portugais, roumain, allemand, grec, slave, français, néerlandais et occitan. *Variante :* Maryna. *Caractérologie :* réceptivité, diplomatie, sociabilité, résolution, loyauté.

Marine
118 000 TOP 900

Mer (latin). Féminin français, dérivé du masculin Marin. *Variante :* Marinne. *Caractérologie :* responsabilité, équilibre, famille, influence, détermination.

Marinette
12 000

Celle qui élève (hébreu). Féminin français. On peut estimer que moins de 30 enfants seront prénommés ainsi en 2022. *Caractérologie :* conscience, bienveillance, paix, décision, conseil.

Marion
124 000 TOP 400

Celle qui élève (hébreu). Féminin français et occitan. *Variante :* Maryon. *Caractérologie :* méditation, savoir, intelligence, décision, caractère.

Marise
1 400

Celle qui élève (hébreu). On peut estimer que moins de 30 enfants seront prénommés ainsi en 2022. *Variantes :* Marisa, Marysa, Maribel, Marisol, Marissa, Maritza, Mariza. *Caractérologie :* intuition, médiation, fidélité, détermination, relationnel.

Marisol
250

Celle qui élève (hébreu). Prénom espagnol. *Caractérologie :* raisonnement, paix, bienveillance, conseil, conscience.

Marivonne
200

Contraction de Marie et Yvonne. *Caractérologie :* pragmatisme, communication, optimisme, détermination, volonté.

Marjane
700 TOP 2 000

Corail (arabe). *Variante :* Morjane. *Caractérologie :* détermination, vitalité, achèvement, ardeur, stratégie.

Marjolaine
5 000

Se rapporte au nom de la plante aromatique du même nom. Féminin français. On peut estimer que moins de 30 enfants seront prénommés ainsi en 2022. *Variante :* Marjolène. *Caractérologie :* force, habileté, ambition, volonté, raisonnement.

Marjorie
30 000

Perle (grec). Féminin français. On peut estimer que moins de 30 enfants seront prénommés ainsi en 2022. *Variante :* Marjelle. *Caractérologie :* force, ambition, caractère, habileté, décision.

Marjory
1 300

Perle (grec). Féminin anglais. On peut estimer que moins de 30 enfants seront prénommés ainsi en 2022. *Caractérologie :* direction, audace, indépendance, réussite, dynamisme.

Marlène
31 000 TOP 2 000

Contraction de Marie et Hélène. En dehors de l'Hexagone, Marlène est répandu en Allemagne. *Variantes :* Marlaine, Marleine, Marleyne, Marlie, Marline, Marly. *Caractérologie :* courage, curiosité, résolution, dynamisme, indépendance.

Marley
850 TOP 600

De la terre des lacs (vieil anglais). *Caractérologie :* médiation, relationnel, intuition, réussite, cœur.

Marnie
350 TOP 2 000 ↗

Mer (latin). Féminin anglais. *Variantes :* Marnia, Marny. *Caractérologie :* bienveillance, conscience, paix, conseil, décision.

Martha
1 300 TOP 900 →

Dame, maîtresse de maison (araméen). Féminin allemand, scandinave, grec, basque et corse. *Variante :* Marta. *Caractérologie :* connaissances, spiritualité, originalité, sagacité, philosophie.

Marthe
21 000 TOP 2 000 ↘

Dame, maîtresse de maison (araméen). Ce prénom a connu une certaine faveur en France à la fin XIXe siècle. En dehors de l'Hexagone, Marthe est usité en Allemagne. *Caractérologie :* sociabilité, détermination, diplomatie, réceptivité, sensibilité.

Martina
500 ↗

Se rapporte à Mars, le dieu romain de la Guerre (latin). Féminin allemand, scandinave, néerlandais, italien, espagnol, portugais, anglais, tchèque, croate, slovaque, slovène, basque, corse et occitan. *Caractérologie :* efficacité, persévérance, sécurité, résolution, structure.

Martine
293 000

Se rapporte à Mars, le dieu romain de la Guerre (latin). Ce féminin de Martin a été peu attribué en dehors de son jaillissement soudain au milieu du XXe siècle. Sa croissance exponentielle le propulse au 2e rang du classement de 1950 à 1957, sur les talons de l'indétrônable Marie. Il est retombé dans l'abîme depuis la fin des années 1980. ◇ Fille de consul, sainte Martine refusa d'abjurer et subit le martyre avant d'être décapitée dans la capitale romaine au IIIe siècle. Elle est l'une des patronnes de Rome. On peut estimer que moins de 30 enfants seront prénommés ainsi en 2022. *Variante :* Martina. *Caractérologie :* vitalité, résolution, achèvement, ardeur, stratégie.

Marwa
7 500 TOP 300 →

Roche, quartz (arabe). *Variante :* Maroua. *Caractérologie :* diplomatie, sociabilité, réceptivité, loyauté, résolution.

Mary
5 000 TOP 2 000 →

Celle qui élève (hébreu). Mary est très répandu dans les pays anglophones. *Caractérologie :* pragmatisme, communication, optimisme, réalisation, créativité.

Maryam
9 000 TOP 200 →

Forme arabe de Marie : celle qui élève (hébreu). Maryam est particulièrement répandu en Iran. *Variantes :* Maryama, Maryame, Maryem. *Caractérologie :* habileté, force, ambition, passion, réussite.

Marylène
17 000

Contraction de Mary et Hélène. Féminin français. On peut estimer que moins de 30 enfants seront prénommés ainsi en 2022. *Caractérologie :* pratique, communication, enthousiasme, cœur, réussite.

Marylin
1 400

Celle qui élève (hébreu). Féminin anglais. On peut estimer que moins de 30 enfants seront prénommés ainsi en 2022. *Caractérologie :* cœur, intuition, relationnel, médiation, réussite.

Maryline
36 000

Celle qui élève (hébreu). Féminin français. On peut estimer que moins de 30 enfants seront prénommés ainsi en 2022. *Caractérologie :* sagacité, spiritualité, réalisation, sympathie, connaissances.

M

Les héroïnes de cinéma

Il n'est pas nécessaire d'être un pur cinéphile ou d'avoir passé toute son adolescence sur les strapontins des salles obscures pour se laisser inspirer par le 7e art.

En termes de casting de prénoms, le grand écran nous offre un festival de suggestions ! Qu'il s'agisse de péplums, de la nouvelle vague, de blockbusters ou de Bollywood, libre à vous de choisir l'univers qui vous ressemble.

Voici une sélection non exhaustive de prénoms liés au cinéma, pour rendre hommage à ceux qui nous ont fait rêver. Elle ne se veut nullement objective (c'est le jeu !) et doit être complétée à l'envi par vos propres souvenirs. Comme des albums photos qui ne demandent qu'à être feuilletés, certains personnages n'ont pas pris une ride, et d'autres sont, au contraire, le reflet d'une autre époque. Gros plans sur des prénoms pleins de talent !

- Adèle, dans *L'Histoire d'Adèle H.* de François Truffaut
- Alicia, dans *Les Enchaînés* d'Alfred Hitchcock
- Amélie, dans *Le Fabuleux destin d'Amélie Poulain* de Jean-Pierre Jeunet
- Anouk comme Anouk Aimée, actrice de *La Dolce Vita* de Fellini et de *Un homme et une femme* de Claude Lelouch
- Ariel, dans *La Petite Sirène* de Walt Disney
- Artémise, dans *300* de Zack Snyder
- Arwen, dans *Le Seigneur des anneaux* de Peter Jackson
- Ava, comme Ava Gardner dans *La Comtesse aux pieds nus* ou *Pandora* de Joseph L. Mankiewicz
- Belle et Nora, dans *Barry Lyndon* de Stanley Kubrik
- Cléo, dans *Cléo de 5 à 7* d'Agnès Varda
- Delphine et Solange, dans *Les Demoiselles de Rochefort* de Jacques Demy
- Elsa, dans *La Reine des Neiges* de Walt Disney
- Esmée et Bella, dans *Twilight* de Catherine Hardwicke
- Ève, dans *All about Eve* de Joseph L. Mankiewicz
- Fanny, dans *Fanny et Alexandre* d'Ingmar Bergman
- Garance, dans *Les Enfants du paradis* de Marcel Carné
- Grace, dans *Grace de Monaco* d'Olivier Dahan
- Gretta, dans *Gens de Dublin* de John Huston
- Ilsa, dans *Casablanca* de Michael Curtiz
- Ingrid, comme Ingrid Bergman
- Irène et Sophie, dans *L'Accompagnatrice* de Claude Miller
- Kim, comme Kim Novak, actrice dans *Vertigo* d'Alfred Hitchcock
- Laura, dans *Laura* d'Otto Preminger
- Lauren, comme Lauren Bacall
- Leïa, dans *Star Wars* de George Lucas
- Lilo, dans *Lilo et Stitch* de Chris Sanders et Dean DeBlois
- Lilou, dans *Le Cinquième Élément* de Luc Besson
- Lola, dans *Lola* de Jacques Demy
- Loulou, dans *Loulou* de Georg Wilhem
- Lucie, dans *Lucie Aubrac* de Claude Berri
- Manon, dans *Manon des sources* de Claude Berri
- Marion, dans *Les Aventuriers de l'arche perdue* de Steven Spielberg
- Marlène, comme Marlene Dietrich dans *L'Ange Bleu* ou *L'Impératrice* de Josef von Sternberg
- Mathilde, dans *L'Armée des ombres* de Jean-Pierre Melville
- Maud, dans *Ma nuit chez Maud* d'Éric Rohmer
- Nikita, dans *Nikita* de Luc Besson
- Rosalie, dans *César et Rosalie* de Claude Sautet
- Rose, dans *Titanic* de James Cameron

- Roxane, dans *Cyrano de Bergerac* de Jean-Paul Rappeneau
- Sarah, dans *Terminator* de James Cameron
- Scarlett et Mélanie, dans *Autant en emporte le vent* de Victor Fleming
- Sophie, dans *Jeux d'enfants* de Yann Samuell
- Sylvia, dans *Partie de campagne* de Jean Renoir
- Thelma et Louise, dans *Thelma et Louise* de Ridley Scott
- Vicki, dans *L'Affaire Thomas Crown* de Norman Jewison

Marylise
3 000

Contraction de Mary et Lise. On peut estimer que moins de 30 enfants seront prénommés ainsi en 2022. *Caractérologie :* pratique, enthousiasme, communication, amitié, réalisation.

Marylou
5 000 TOP 600 ↘

Contraction de Mary et Louise. *Variante :* Mary-Lou. *Caractérologie :* équilibre, famille, responsabilité, logique, réussite.

Maryne
2 000

Mer (latin). On peut estimer que moins de 30 enfants seront prénommés ainsi en 2022. *Variante :* Maryn. *Caractérologie :* persévérance, sécurité, structure, réalisation, résolution.

Maryse
81 000

Celle qui élève (hébreu). Féminin français. On peut estimer que moins de 30 enfants seront prénommés ainsi en 2022. *Caractérologie :* altruisme, idéalisme, intégrité, réalisation, détermination.

Maryvonne
31 000

Contraction de Marie et Yvonne. Féminin français. On peut estimer que moins de 30 enfants seront prénommés ainsi en 2022. *Caractérologie :* volonté, autorité, énergie, réalisation, innovation.

Mathéa
450 ↘

Don de Dieu (hébreu). Mathéa est particulièrement répandu en Corse. *Variantes :* Matéa, Matisse, Mattéa, Mathée. *Caractérologie :* paix, bienveillance, conscience, conseil, sagesse.

Mathilda
3 500 TOP 800 →

Puissance, combat (germanique). En dehors de l'Hexagone, Mathilda est particulièrement répandu dans les pays scandinaves et anglophones. *Caractérologie :* curiosité, dynamisme, organisation, indépendance, courage.

Mathilde
119 000 TOP 100 →

Puissance, combat (germanique). Avant de renaître dans les années 1980, Mathilde était particulièrement attribué à la fin du Moyen Âge et au XIXe siècle. Ce prénom a été, avec Pauline et Lisa, précurseur de la vague rétro en France. Il a brillé dans le top 20 féminin de 1990 à 2006 et rencontre encore bien du succès auprès des parents français aujourd'hui. ◇ Fille du comte Baudouin VI, Mathilde de Flandre épousa Guillaume, duc de Normandie et futur Guillaume le Conquérant. Couronnée reine d'Angleterre en 1068, elle assuma la régence de la Normandie lors des expéditions de son époux. *Variantes :* Mathéna, Matheline, Mathylde, Mathie, Matilde, Maty, Tilda, Tilde. *Caractérologie :* rêve, humanité, résolution, rectitude, finesse.

Mathurine
300

Maturité (latin). *Variante :* Thurine. *Caractérologie :* dynamisme, direction, audace, finesse, résolution.

Matilda
1 000 TOP 900

Puissance, combat (germanique). Matilda est répandu dans les pays anglophones et scandinaves. C'est aussi un choix traditionnel corse. *Caractérologie :* conscience, bienveillance, paix, conseil, organisation.

Maud
36 000 TOP 600

Puissance, combat (germanique). En dehors de l'Hexagone, Maud est répandu dans les pays anglophones et aux Pays-Bas. *Caractérologie :* enthousiasme, communication, pratique, générosité, adaptation.

Maude
5 000 TOP 2 000

Puissance, combat (germanique). En dehors de l'Hexagone, ce prénom est particulièrement porté dans les pays anglophones. *Caractérologie :* achèvement, vitalité, stratégie, ardeur, leadership.

Maurane
1 700

Celle qui élève (hébreu). Féminin français. On peut estimer que moins de 30 enfants seront prénommés ainsi en 2022. *Variante :* Mauranne. Forme occitane : Maura. *Caractérologie :* audace, indépendance, direction, dynamisme, décision.

Maureen
8 000

Celle qui élève (hébreu). Maureen est très répandu en Irlande et dans les pays anglophones. On peut estimer que moins de 30 enfants seront prénommés ainsi en 2022. *Variante :* Maureene. *Caractérologie :* découverte, audace, originalité, détermination, énergie.

Mauricette
32 000

Sombre, foncé (latin). Féminin français. On peut estimer que moins de 30 enfants seront prénommés ainsi en 2022. *Caractérologie :* gestion, connaissances, sagacité, décision, spiritualité.

Maurine
2 500

Celle qui élève (hébreu). Féminin anglais. On peut estimer que moins de 30 enfants seront prénommés ainsi en 2022. *Variantes :* Maurie, Maurina, Mauryne. *Caractérologie :* détermination, humanité, rêve, rectitude, tolérance.

Mauve
- de 100

Fleur mauve (latin). *Caractérologie :* ardeur, achèvement, vitalité, leadership, stratégie.

Mavelle
- de 30

Aimable (latin). *Variante :* Maveline. *Caractérologie :* spiritualité, connaissances, sagacité, originalité, philosophie.

Maxanne
- de 30

Contraction de Maxine et Anne. *Caractérologie :* humanité, rectitude, rêve, volonté, ouverture d'esprit.

Maxence
650

La plus grande (latin). Au Ve siècle, Maxence, princesse écossaise convertie au christianisme, voulut échapper au mariage arrangé avec un puissant seigneur. Elle se réfugia dans l'Oise, mais il la retrouva et l'assassina près de Pont-Sainte-Maxence. Une chapelle, aujourd'hui disparue, fut édifiée en sa mémoire. Maxence est aussi le nom porté par un empereur romain vaincu en 312 par Constantin. Ce prénom mixte est plus largement masculin aujourd'hui. *Caractérologie :* diplomatie, réceptivité, sociabilité, loyauté, caractère.

Maxima
- de 30

La plus grande (latin), la plus belle (hébreu). *Variantes :* Maima, Maxa.

M

Caractérologie : sagacité, originalité, spiritualité, connaissances, philosophie.

Maximilienne
400

La plus grande (latin). Féminin français. *Variantes :* Maximilia, Maximilie, Maximine, Massima, Massilia. *Caractérologie :* diplomatie, réceptivité, sociabilité, analyse, volonté.

Maxine
3 000 TOP 300

La plus grande (latin). Féminin anglais. *Variante :* Maxina. *Caractérologie :* pragmatisme, optimisme, détermination, communication, volonté.

May
1 200 TOP 900

Diminutif de Marie et forme internationale de Marguerite. May désigne également le mois de mai en anglais. *Caractérologie :* créativité, optimisme, communication, pragmatisme, réussite.

Maya
15 000 TOP 100

Maya vient de l'hébreu *mayan*, « eau, source ». C'est également un prénom indien d'Asie qui signifie « illusion » en sanscrit. La ressemblance phonétique avec Maïa pourrait faire croire que ces prénoms sont apparentés, mais Maïa, l'aînée des Pléiades dans la mythologie grecque, vient probablement d'un nom grec signifiant « mère, nourrice ». C'est bien après le succès de la série télévisée *Maya l'abeille* (en 1978) que ce prénom décolle en France. Maya atteint le 73e rang féminin à son pic de popularité, en 2010. *Caractérologie :* méthode, ténacité, réussite, fiabilité, engagement.

Mayana
550 TOP 1 000

Contraction basque de Mariana. *Variantes :* Mayan, Mayanna, Mayanne. *Caractérologie :* réalisation, autorité, énergie, ambition, innovation.

Mayane
550

Contraction basque de Mariane. *Caractérologie :* découverte, réalisation, audace, séduction, originalité.

Maylane
350

Contraction de Maylis et Anne. *Variante :* Maylan. *Caractérologie :* pratique, communication, amitié, enthousiasme, réalisation.

May-Li
- de 100

Forme composée de May et Li. Féminin français. *Caractérologie :* courage, dynamisme, indépendance, charisme, aboutissement.

Maylie
1 500 TOP 800

Contraction de Maylis et Maélie. *Caractérologie :* sociabilité, sympathie, réceptivité, réalisation, diplomatie.

Mayline
2 500 TOP 600

Fusion des prénoms commençant par « May » (May, Maylis, etc.) et Line. *Caractérologie :* méditation, savoir, intelligence, sympathie, réalisation.

May-Line
350

Forme composée de May et Line. Féminin français. *Caractérologie :* sagacité, connaissances, réalisation, détermination, spiritualité.

Maylis
7 000 TOP 900

Maylis est issu de la fusion de May et Lys. D'où la signification : « Marie à la fleur de lys ». Les premières Maylis de France sont nées en 1932, bien avant la naissance de Maëlle (dans les années 1960), ou celle de Maëlys (fin des années 1970). Ce prénom a connu l'éclipse avant de jaillir dans le Pays basque, puis se diffuser dans le reste de l'Hexagone. *Variante :* Mayliss. *Caractérologie :* finesse, connaissances, originalité, réussite, sagacité.

Mayssa
4 500 TOP 300

Grâce, scintillement d'une étoile (arabe). *Caractérologie :* équilibre, famille, responsabilité, réalisation, influence.

Mazarine
700

Féminin de Mazarin, cardinal et homme politique qui succéda à Richelieu en tant que Premier ministre en France de 1643 à 1661. *Caractérologie :* équilibre, responsabilité, famille, détermination, influence.

Méane
- de 100

Variante probable de Meagan. *Caractérologie :* diplomatie, loyauté, réceptivité, sociabilité, bonté.

Médarine
- de 30

Forte (germanique). *Caractérologie :* conscience, résolution, conseil, paix, sagesse.

Médine
600

Ville (arabe). *Variante :* Médina. *Caractérologie :* séduction, originalité, découverte, audace, énergie.

M

Meg
350

Perle (grec). Féminin anglais. *Caractérologie :* sagacité, spiritualité, originalité, philosophie, connaissances.

Megan
1 800

Perle (grec). Féminin gallois usité dans les pays anglophones. On peut estimer que moins de 30 enfants seront prénommés ainsi en 2022. *Caractérologie :* méthode, engagement, ténacité, fiabilité, réalisation.

Mégane
14 000 TOP 2 000

Perle (grec). Voir Megan. Féminin français. *Variantes :* Megann, Méganne, Meggan, Meggane. *Caractérologie :* intégrité, idéalisme, réflexion, altruisme, réussite.

Meggy
900

Perle (grec). Féminin anglais. *Variantes :* Meggie, Meguy. *Caractérologie :* générosité, communication, enthousiasme, adaptation, pratique.

Meghan
700 TOP 1 000

Perle (grec). Féminin anglais. *Caractérologie :* enthousiasme, adaptation, communication, pratique, réalisation.

Meghane
750

Perle (grec). *Caractérologie :* stratégie, achèvement, réussite, vitalité, ardeur.

Meï
650 TOP 800

Beauté, bourgeon (chinois), germer, lumineuse (japonais). *Caractérologie :* dévouement, altruisme, intégrité, idéalisme, réflexion.

Meïra
- de 100

Celle qui éclaire (hébreu). *Caractérologie :* direction, audace, résolution, dynamisme, indépendance.

Meïssa
1 700 TOP 2 000

Grâce, scintillement d'une étoile (arabe). *Variante :* Meïssane. *Caractérologie :* pragmatisme, communication, optimisme, créativité, résolution.

Mélaine
1 500

Noir, peau brune (grec), ou forme dérivée de Maëlle. Féminin français et breton. On peut estimer que moins de 30 enfants seront prénommés ainsi en 2022. *Caractérologie :* dynamisme, curiosité, courage, résolution, indépendance.

Mélanie
122 000 TOP 800

Noir, peau brune (grec). Ce prénom porté par deux saintes est attesté dès les premiers siècles. Il est recensé sous différentes formes au Moyen Âge, mais sa gloire internationale émane du succès plus récent d'*Autant en emporte le vent*, film américain sorti en 1939. Ses héroïnes Scarlett et Melanie changent instantanément le cours de ces prénoms, inexistants à l'époque. Mélanie entame une brillante carrière dans les pays anglophones avant d'émerger en France, puis de s'imposer dans le top 20 national de 1980 à 1998. Ce prénom est également très répandu en Allemagne aujourd'hui. ◇ Jeune aristocrate romaine au ve siècle, sainte Mélanie convainquit son époux de distribuer leur fortune aux pauvres. Veuve, elle termina ses jours dans le monastère qu'elle fonda à Jérusalem, sur le mont des Oliviers. Sa grand-mère, dite Mélanie l'Ancienne, est également une sainte fêtée le 26 janvier. *Variantes :* Mélana, Mélane, Melen, Méléna, Mélène. *Caractérologie :* courage, indépendance, curiosité, dynamisme, détermination.

Mélany
1 600

Noir, peau brune (grec). Féminin anglais. On peut estimer que moins de 30 enfants seront prénommés ainsi en 2022. *Caractérologie :* savoir, intelligence, cœur, méditation, réussite.

Mélia
3 500 TOP 300 ↗

Diminutif d'Amélia et des prénoms ayant la même terminaison. Melia est particulièrement attribué dans le monde occidental et anglophone. *Variantes :* Melle, Mélie, Mellie, Melly. *Caractérologie :* méthode, fiabilité, sécurité, détermination, résolution.

Mélie
1 500 TOP 800 →

Diminutif d'Amélie, d'Émilie, et des prénoms ayant la même terminaison. *Caractérologie :* force, habileté, management, passion, ambition.

Mélina
28 000 TOP 200 →

Abeille (grec). Féminin anglais, français et occitan. *Variante :* Mélyna. *Caractérologie :* ouverture d'esprit, humanité, rectitude, rêve, décision.

Mélinda
10 000 TOP 2 000 ↓

Abeille (grec). Melinda est très répandu dans les pays anglophones. *Variantes :* Mélynda, Mindy. *Caractérologie :* fiabilité, engagement, résolution, ténacité, méthode.

Méline
14 000 TOP 300 ↘

Abeille (grec). Féminin français. *Variantes :* Méliana, Méliane, Mélyna, Mélyne. *Caractérologie :* méthode, fiabilité, ténacité, engagement, sens du devoir.

Mélis
1 100 TOP 2 000 →

Abeille (grec). *Caractérologie :* ténacité, méthode, fiabilité, engagement, détermination.

Mélisa
1 900 TOP 900 ↘

Abeille (grec). *Caractérologie :* énergie, découverte, originalité, audace, résolution.

Mélisande
1 200

Abeille (grec). On peut estimer que moins de 30 enfants seront prénommés ainsi en 2022. *Caractérologie :* dynamisme, direction, indépendance, audace, résolution.

Mélissa
68 000 TOP 200 ↘

Abeille (grec). En dehors de l'Hexagone, Melissa est très répandu en Italie, dans les pays anglophones et aux Pays-Bas. *Variantes :* Mélis, Mélisse, Mélissane, Mélissanne. *Caractérologie :* famille, responsabilité, influence, décision, équilibre.

Mélissandre
1 700 TOP 2 000 →

Abeille (grec). *Variantes :* Mélissande, Mélisandre, Mélyssandre. *Caractérologie :* diplomatie, décision, réceptivité, sociabilité, loyauté.

Mellina 3 000 TOP 500
Travailleuse (germanique), abeille (grec). *Caractérologie :* détermination, enthousiasme, pratique, communication, adaptation.

Mélodie 14 000 TOP 600
Mélodie, chanson (grec). Féminin français. *Variantes :* Mélodi, Mélodine. *Caractérologie :* rectitude, volonté, humanité, analyse, rêve.

Mélody 10 000 TOP 600
Mélodie, chanson (grec). Melody est plus particulièrement usité dans les pays anglophones. *Caractérologie :* intuition, relationnel, sympathie, volonté, médiation.

Méloé 900 TOP 2 000
Étymologie probable : noir, peau brune (grec). *Variantes :* Mélinée, Méloée. *Caractérologie :* découverte, originalité, audace, volonté, énergie.

Mélusine 1 100 TOP 2 000
Mélodieux, qui chante (celte). Prénom français. On raconte dans les légendes celtiques que Mélusine, la fille du roi Élénas, se transformait en serpent chaque samedi. Elle fit promettre à son époux, le comte Raymondin de Lusignan, de garder son secret et de ne jamais tenter d'en découvrir la cause. Mais un jour, la curiosité de ce dernier l'emporta, et Mélusine disparut. Seuls ses cris se firent entendre plus tard pour annoncer l'imminence de malheurs. *Caractérologie :* ardeur, achèvement, stratégie, vitalité, résolution.

Melvina 400
Amie de l'assemblée (celte). Féminin anglais. *Variante :* Melvine. *Caractérologie :* persévérance, sécurité, détermination, structure, efficacité.

Mélyssa 2 000 TOP 2 000
Abeille (grec). *Caractérologie :* ténacité, fiabilité, réalisation, méthode, bonté.

Mendy 700
Diminutif anglophone de Marie : celle qui élève (hébreu). *Mendi* signifie « montagne » en basque. *Caractérologie :* spiritualité, connaissances, originalité, philosophie, sagacité.

Méora - de 30
Lumière (hébreu). *Variante :* Maor. *Caractérologie :* sagacité, spiritualité, volonté, connaissances, résolution.

Mercedes 2 500
Prix, grâce (latin). Mercedes est très répandu en Espagne. En France, ce prénom est plus traditionnellement usité au Pays basque. On peut estimer que moins de 30 enfants seront prénommés ainsi en 2022. *Caractérologie :* altruisme, idéalisme, résolution, intégrité, réflexion.

Mérédith 1 000
Grande, qui a le pouvoir (gallois). Ce prénom gallois est usité dans les pays anglophones. *Caractérologie :* autorité, innovation, énergie, ambition, sensibilité.

Meriam 1 500 TOP 2 000
Celle qui élève (hébreu). *Variante :* Meriame. *Caractérologie :* curiosité, dynamisme, courage, indépendance, résolution.

Meriem 6 000 TOP 500
Forme arabe de Marie : celle qui élève (hébreu). *Caractérologie :* intégrité, altruisme, idéalisme, réflexion, dévouement.

Meryem 4 000 TOP 400
Forme arabe de Marie : celle qui élève (hébreu). Ce prénom est répandu dans

M

Mia

Fête :
15 août

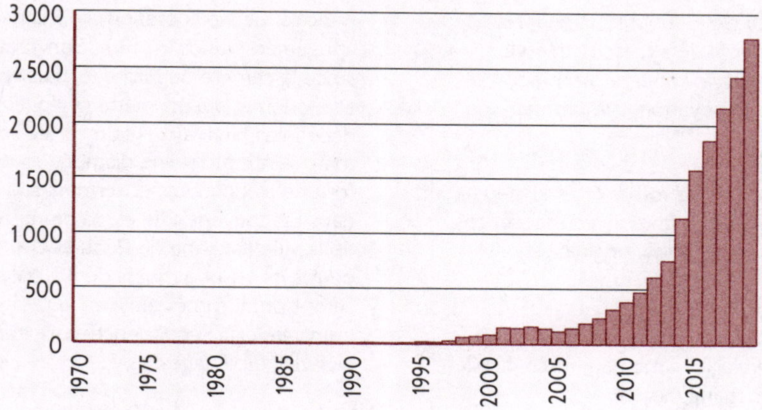

Étymologie

Diminutif international de Marie, de l'hébreu *mem*, « celle qui élève ». Ce petit nom est apparu dans les pays scandinaves, anglophones et germanophones au milieu du XXe siècle et a connu, peu avant les années 2000, un boom de popularité dans de nombreux pays occidentaux. Son introduction française est bien plus récente puisque, avant 1997, Mia ne franchissait pas la barre des 25 naissances chaque année. L'an 2000 marque un tournant dans sa carrière : peu après que l'actrice britannique Kate Winslet a prénommé sa fille Mia, le nombre de ses attributions a doublé en France. Il faut dire qu'avec ses 3 lettres et sa terminaison en « ia », cette jeune pousse fait figure de choix moderne et original. Sa consécration ne s'est pas fait attendre : Mia a franchi, en quelques années seulement, le cap symbolique du top 10.

En dehors de l'Hexagone, Mia est en vogue dans de nombreux pays occidentaux, tant anglophones qu'hispanophones. La francophonie n'est pas en reste puisque ce prénom a percé dans les tableaux suisse romand, wallon et québécois.

Personnes célèbres

Mia Farrow, comédienne et chanteuse américaine, née en 1945 ; Mia Frye, chorégraphe et danseuse américaine, née en 1965 ; Mia Zapata, chanteuse et membre du groupe The Gits (1965-1993) ; Mia Kirshner, actrice canadienne, née en 1975 ; Mia Aegerter, actrice et chanteuse suisse, née en 1976 ; Mía Maestro, actrice et chanteuse argentine, née en 1978 ; Mia Hansen-Løve, réalisatrice française, née en 1981 ; Mia Wasikowska, actrice australienne, née en 1989.

Statistiques

Mia est le 75e prénom féminin le plus donné en France depuis l'an 2000. Ce prénom est attribué à près d'une fille sur 110 aujourd'hui.

M

les cultures arabes et/ou musulmanes. *Variantes :* Meryam, Meyrem. *Caractérologie :* sagacité, spiritualité, connaissances, philosophie, originalité.

Meryl
3 000 TOP 500

Celle qui élève (hébreu). *Variantes :* Meril, Merryl, Mery, Merry, Meryll. *Caractérologie :* énergie, ambition, autorité, innovation, sympathie.

Messaline
350

Nom de famille romain très ancien (latin). *Caractérologie :* finesse, connaissances, sagacité, résolution, originalité.

Météa
- de 30

Douce (grec). Féminin suédois. *Caractérologie :* ambition, force, habileté, passion, management.

Mia
19 000 TOP 50

Celle qui élève (hébreu). *Variante :* Mya. *Caractérologie :* énergie, découverte, originalité, audace, séduction.

Michaëla
550

Qui est comme Dieu (hébreu). *Variantes :* Micaelle, Micah, Mickaëla, Mika, Mikaela, Mikela. Forme occitane : Miquela. *Caractérologie :* connaissances, spiritualité, sagacité, détermination, originalité.

Michaëlle
550

Qui est comme Dieu (hébreu). Féminin français. *Variantes :* Michaëla, Michaële, Mickaëlle. *Caractérologie :* découverte, énergie, originalité, audace, détermination.

Michèle
156 000

Qui est comme Dieu (hébreu). Ce féminin de Michel a décollé après Michelle dans les années 1930, mais il a davantage brillé que son homophone. Michèle figure parmi les 10 premiers rangs français dans les années 1940. On peut estimer que moins de 30 enfants seront prénommés ainsi en 2022. *Caractérologie :* autorité, innovation, ambition, énergie, autonomie.

Micheline
67 000

Qui est comme Dieu (hébreu). Prénom français. Ce vieux prénom connaît son apogée en France en 1931. Son succès lance la carrière de Michelle, plus courte et moderne, qui connaîtra la gloire deux décennies plus tard. À la mort de son mari, sainte Micheline distribua toute sa fortune aux pauvres et termina sa vie dans un couvent. Elle est la patronne de la ville italienne de Pisaure. On peut estimer que moins de 30 enfants seront prénommés ainsi en 2022. *Caractérologie :* conscience, paix, conseil, bienveillance, sagesse.

Michelle
96 000 TOP 900

Qui est comme Dieu (hébreu). Le succès de *Michelle*, chanté par les Beatles en 1965, a lancé la carrière du prénom dans les pays anglophones, mais il arrive trop tard en France : Michelle a déjà atteint son pic dans les années 1920 et aucun tube, aussi planétaire soit-il, ne peut endiguer son reflux. *Caractérologie :* ténacité, méthode, fiabilité, engagement, sens du devoir.

Midoli
- de 30

Couleur verte (japonais). *Caractérologie :* force, achèvement, habileté, passion, leadership.

Mieko
- de 30

Très belle enfant (japonais). *Caractérologie :* achèvement, stratégie, ardeur, vitalité, caractère.

Miki
- de 100

Arbre, beauté (japonais). *Caractérologie :* paix, bienveillance, conscience, conseil, sagesse.

M

Mila
27 000 TOP 50

Diminutif de Ludmilla qui signifie, en slave, « aimée du peuple », et diminutif espagnol de Milagros, du latin *miraculum* : « miracle ». *Variantes :* Milana, Ludmilla, Ludmila. *Caractérologie :* vitalité, ardeur, stratégie, achèvement, leadership.

Milagros
- de 100

Ce nom signifie « miracles » en espagnol. *Variante :* Milagro. *Caractérologie :* méthode, réalisation, ténacité, fiabilité, raisonnement.

Milana
1 100 TOP 500

Aimée du peuple (slave). Prénom serbe, croate, tchèque et slovène. *Caractérologie :* détermination, curiosité, courage, dynamisme, indépendance.

Milane
250

Aimée du peuple (slave). *Variantes :* Milana, Miliana. *Caractérologie :* réflexion, altruisme, idéalisme, résolution, intégrité.

Mildred
300

Conseillère, diplomate (anglais). Féminin anglais. *Caractérologie :* intuition, médiation, fidélité, adaptabilité, relationnel.

Miléna
3 500 TOP 500

Contraction de Marie et Hélène, ou variante féminine de Milan. En dehors de l'Hexagone, Miléna est particulièrement répandu dans les pays slaves, en Arménie, en Macédoine et en Italie. *Variante :* Myléna. *Caractérologie :* décision, ouverture d'esprit, humanité, rêve, rectitude.

Milène
1 900

Contraction de Marie et Hélène. Féminin français. On peut estimer que moins de 30 enfants seront prénommés ainsi en 2022. *Caractérologie :* méthode, ténacité, fiabilité, sens du devoir, engagement.

Miley
350

Apparu pour la première fois dans l'Hexagone en 2008, ce prénom est associé à l'actrice américaine Miley Cirus, surnommée « Smiley » Cirus (sourire en anglais). *Variantes :* Mailey, Maily, Mylie, Mylee. *Caractérologie :* autonomie, ambition, énergie, autorité, innovation.

Milia
400 TOP 900

Miracles (latin), diminutif basque d'Emilia : travailleuse (germanique). *Caractérologie :* vitalité, achèvement, ardeur, stratégie, leadership.

Miliane
- de 30

Variante féminine de Milian ou Milane. *Caractérologie :* résolution, rectitude, ouverture d'esprit, humanité, rêve.

Milica
180

Travailleuse (germanique). *Variante :* Milika. *Caractérologie :* loyauté, sociabilité, réceptivité, diplomatie, bonté.

Milka
110

Reine, conseillère (hébreu), paix glorieuse (slave). Féminin anglais, espagnol, allemand, serbe et croate. *Variante :* Milcah. *Caractérologie :* dynamisme, direction, audace, organisation, indépendance.

Milla
3 000 TOP 400

Diminutif possible de Camilla. En dehors de l'Hexagone, Milla est plus particulièrement usité en Italie et dans les pays scandinaves. *Variantes :* Millie, Milly. *Caractérologie :* réceptivité, sociabilité, diplomatie, bonté, loyauté.

Millie
350 TOP 2 000

Travailleuse (germanique). Féminin anglais. *Variantes :* Mylie, Milly. *Caractérologie :* paix, conseil, sagesse, conscience, bienveillance.

Milly
350 ➔

Travailleuse (germanique). Féminin anglais. *Caractérologie :* ardeur, stratégie, achèvement, leadership, vitalité.

Mimi
- de 100

Celle qui élève (hébreu). *Caractérologie :* passion, ambition, habileté, force, management.

Mina
6 000 TOP 300 ➔

Diminutif des prénoms se terminant par « mina » (Wilhemina, Carmina, Jasmina, etc.). Mina est également un prénom féminin japonais et indien d'Asie. Il signifie « poisson » en sanscrit. *Variantes :* Mine, Mini, Minna, Minnie. *Caractérologie :* autorité, énergie, innovation, résolution, ambition.

Mindy
450 ↘

Abeille (grec). Féminin anglais. *Caractérologie :* intuition, relationnel, médiation, fidélité, adaptabilité.

Miora
- de 100

Lumière (hébreu). *Caractérologie :* intuition, relationnel, médiation, fidélité, adaptabilité.

M

Mira
1 600 TOP 400 ↗

Celle qui élève (hébreu). *Variante :* Myra. *Caractérologie :* séduction, audace, originalité, énergie, découverte.

Mirabelle
300 ↗

Nom du fruit du mirabellier, une variété de prunier. Féminin français. Mirabelle est fêté avec Fleur, le 5 octobre. *Caractérologie :* énergie, gestion, audace, découverte, décision.

Miranda
650 ↘

Celle qui élève (hébreu). Féminin anglais. *Variantes :* Mira, Mirana, Mirabelle. *Caractérologie :* bienveillance, paix, détermination, conscience, conseil.

Mirca
- de 30

Lagon bleu (tahitien). *Caractérologie :* passion, ambition, habileté, force, management.

Mireille
99 000

Celle qui élève (hébreu). Cette forme provençale de Myriam a été redécouverte dans les années 1950 grâce à *Mireille*, l'œuvre maîtresse de Frédéric Mistral. On peut estimer que moins de 30 enfants seront prénommés ainsi en 2022. *Caractérologie :* médiation, intuition, fidélité, adaptabilité, relationnel.

Mirella
2 000

Celle qui élève (hébreu). On peut estimer que moins de 30 enfants seront prénommés ainsi en 2022. *Variantes :* Mirela, Miren, Mérielle, Mirielle. *Caractérologie :* méditation, intelligence, savoir, indépendance, décision.

Miriam
1 600 TOP 2 000 ➔

Celle qui élève (hébreu). Féminin anglais et allemand. *Variante :* Miryam. *Caractérologie :* altruisme, dévouement, idéalisme, intégrité, réflexion.

Misao
- de 30

Fidèle, loyale (japonais). *Caractérologie :* optimisme, communication, créativité, pragmatisme, sociabilité.

Misty
- de 30

Brumeux (anglais). *Caractérologie :* originalité, énergie, découverte, réussite, audace.

Miya
2 500 TOP 200 ↗

Prénom japonais signifiant, selon les kanji utilisés, « belle » ou « palace ». Miya est également une variante de Mia : celle qui élève (hébreu). On rencontre plus particulièrement ce prénom au Japon et en Russie. *Caractérologie :* pratique, enthousiasme, adaptation, communication, réalisation.

Mila

Fête :
16 septembre

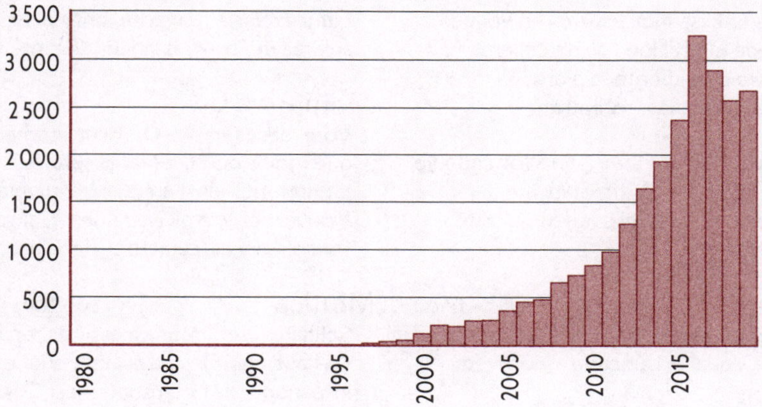

Étymologie

Diminutif de Ludmilla qui signifie en slave « aimée du peuple », et diminutif espagnol de Milagros, du latin *miraculum*, « miracle ». Mila est plus particulièrement répandu dans les pays slaves, dans les pays hispanophones et lusophones. C'est également un choix traditionnel basque qui, avant 1997, ne prénommait guère plus de 5 Françaises par an.

Quelle carrière fulgurante a-t-il entamée depuis ! Après avoir franchi la barre des 1 000 attributions en 2012, Mila s'est imposé dans le top 10 national en 2016 et en 2017. Il faut dire que ce prénom avait tous les atouts pour gravir des sommets. D'une part, il est porté par la vague des prénoms courts en « a ». D'autre part, sa double identité slave et basque lui donne un charme particulièrement recherché en France. Cela ne l'empêche pas de conquérir d'autres contrées, comme le montre son émergence dans les pays anglophones (États-Unis, Australie, Nouvelle-Zélande et Grande-Bretagne), sa percée dans les pays francophones (Wallonie en tête) et son succès allemand. En attendant la gloire internationale, les variantes Milah, Milana et le composé Mila-Rose s'épanouissent dans l'Hexagone.

La version masculine, Milo, est apparue au milieu des années 1990 en France (voir le focus qui lui est consacré).

Personnes célèbres

Ludmila Oulitskaïa, romancière, née en Azerbaïdjan en 1943, l'une des autrices russes les plus lues dans le monde (*Sonietchka* a notamment été couronné par le prix Médicis étranger en 1996) ; Ludmila Mikaël, actrice et sociétaire honoraire de la Comédie-Française, née en 1947.

Statistiques

Mila est le 54e prénom féminin le plus donné en France depuis l'an 2000. Ce prénom est attribué à près d'une fille sur 130 aujourd'hui.

Miyo
- de 30

Belle, enfant (japonais). *Caractérologie :* achèvement, vitalité, leadership, ardeur, stratégie.

Moa
- de 30

Mère (suédois). Moa est très en vogue en Suède et en Norvège actuellement. *Caractérologie :* bonté, diplomatie, loyauté, sociabilité, réceptivité.

Moana
600 TOP 1 000

Océan (tahitien). *Caractérologie :* achèvement, stratégie, ardeur, vitalité, caractère.

Modestine
- de 100

Timide, discrète (latin). *Caractérologie :* énergie, audace, caractère, découverte, décision.

Moéa
- de 100

Femme couchée sur un lit de fleurs (tahitien). Moea s'orthographie sans accent à Tahiti. *Caractérologie :* finesse, connaissances, sagacité, caractère, originalité.

M

Mohana
- de 100

Plaisante, charmante (sanscrit). Mohana est répandu en Inde. *Caractérologie :* savoir, méditation, indépendance, intelligence, volonté.

Moïra
950 TOP 700

Celle qui élève (hébreu). Féminin écossais et irlandais. *Variantes :* Maéra, Maïra, Maïre. *Caractérologie :* sociabilité, réceptivité, loyauté, diplomatie, bonté.

Molly
1 400 TOP 600

Celle qui élève (hébreu). Féminin anglais. *Caractérologie :* courage, curiosité, indépendance, charisme, dynamisme.

Mona
5 500 TOP 300

Vœu, désir (arabe), solitaire (grec), noble (irlandais), et forme scandinave de Monika. Mona est répandu dans les pays anglophones, les pays scandinaves et les cultures musulmanes. *Variante :* Monna. *Caractérologie :* sagacité, originalité, spiritualité, connaissances, volonté.

Monia
3 500

Vœu, désir (arabe). On peut estimer que moins de 30 enfants seront prénommés ainsi en 2022. *Variante :* Monya. *Caractérologie :* finesse, sagacité, connaissances, caractère, décision.

Monica
2 500 TOP 1 000

Solitaire (grec). Monica est très répandu en Italie, dans les pays anglophones, hispanophones et lusophones. C'est aussi un choix traditionnel corse et occitan. *Variantes :* Monick, Monika. *Caractérologie :* direction, audace, analyse, dynamisme, volonté.

Monique
306 000

Solitaire (grec). Peu attribué avant le XXe siècle, ce prénom jaillit dans les années 1920 et brille au 2e rang du classement français de 1935 à 1948. Son long triomphe prend fin au moment où Véronique s'envole vers le succès, munie de la même terminaison. ◊ Originaire d'Afrique du Nord, sainte Monique fut mariée très jeune à un païen. Elle ne cessa, durant leur mariage, de l'exhorter à se convertir, ce qu'il fit un an avant sa mort. Son fils, qui s'était déjà converti, devint par la suite saint Augustin d'Hippone. Sainte Monique est la patronne des épouses et des mères de famille. On peut estimer que moins de 30 enfants seront prénommés ainsi en 2022. *Caractérologie :* ténacité, fiabilité, analyse, méthode, volonté.

Montaine
550 ➔

La légende raconte qu'une jeune bergère prénommée Montaine cassa ses cruches en allant les remplir à la fontaine d'un village du Berry. La fermière en colère lui ordonna de ramener de l'eau dans deux paniers en osier, ce que Montaine parvint à faire. La fontaine fut alors considérée comme miraculeuse et fut appelée Sainte-Montaine, comme la commune dans laquelle elle se trouve. *Caractérologie :* audace, décision, ténacité, indépendance, vision.

Montserrat
250

Montagne dentelée (catalan). La Vierge de Montserrat est la patronne de la Catalogne. *Variante :* Monserrat. *Caractérologie :* vitalité, achèvement, stratégie, volonté, résolution.

Morane
800

Née de la mer (gallois). *Variantes :* Morana, Morine. *Caractérologie :* pragmatisme, communication, décision, caractère, optimisme.

Morgan
2 500

Née de la mer (gallois). Féminin anglais, breton et français. On peut estimer que moins de 30 enfants seront prénommés ainsi en 2022. *Caractérologie :* caractère, courage, dynamisme, réussite, curiosité.

Morgane
74 000 TOP 500 ➘

Née de la mer (gallois). Dans la légende arthurienne, Morgane, la demi-sœur d'Arthur, règne sur l'île enchantée d'Avalon. Fée maléfique ou magicienne guérisseuse, elle est fidèle aux traditions et s'emploie à protéger les croyances celtiques de l'influence du christianisme. ◊ Morgane a commencé sa carrière française dans les années 1980, bien après que la forme anglophone Morgan a fait ses preuves outre-Manche. Ce prénom a grandi de telle sorte qu'il est devenu l'un des 80 prénoms les plus attribués en France en 2010. Sa décrue s'accentue aujourd'hui. *Variantes :* Morgan, Morgana, Morgann, Morganne, Morgiane. *Caractérologie :* innovation, énergie, autorité, volonté, réalisation.

Mori
- de 30

Forêt (japonais). *Caractérologie :* énergie, autorité, innovation, autonomie, ambition.

Morine
250

Née de la mer (gallois). *Caractérologie :* intuition, relationnel, fidélité, volonté, médiation.

Morwenna
- de 100

Mer blanche (celte). Prénom breton. *Variante :* Morwenn. *Caractérologie :* fiabilité, volonté, ténacité, résolution, méthode.

Mouna
2 500

Vœu, désir (arabe). On peut estimer que moins de 30 enfants seront prénommés ainsi en 2022. *Caractérologie :* autorité, énergie, innovation, ambition, volonté.

Mounia
3 000

Vœu, désir (arabe). On peut estimer que moins de 30 enfants seront prénommés ainsi en 2022. *Variante :* Mounya. *Caractérologie :* dynamisme, audace, volonté, direction, analyse.

Muguette
4 000

Se rapporte à la plante à fleurs blanches en forme de clochette. On peut estimer que moins de 30 enfants seront prénommés ainsi en 2022. *Caractérologie :* structure, persévérance, sympathie, efficacité, sécurité.

Muriel
68 000

Celle qui élève (hébreu). Féminin français et anglais. On peut estimer que moins de 30 enfants seront prénommés ainsi en 2022. *Caractérologie :* conseil, paix, bienveillance, sagesse, conscience.

Murielle
37 000

Celle qui élève (hébreu). Féminin français. On peut estimer que moins de 30 enfants seront prénommés ainsi en 2022. *Variantes :* Muriele, Muryel, Muryelle. *Caractérologie :* audace, énergie, séduction, originalité, découverte.

Mya
9 500 TOP 50

Celle qui élève (hébreu). Mya est plus particulièrement attribué dans le monde occidental et anglophone. *Caractérologie :* adaptation, communication, réussite, pratique, enthousiasme.

Myla
4 000 TOP 200

Forme anglophone moderne de Mila. *Caractérologie :* sérénité, éthique, influence, conseil, volonté.

Mylène
24 000

Contraction de Marie et Hélène. Féminin français. On peut estimer que moins de 30 enfants seront prénommés ainsi en 2022. *Variante :* Mylaine. *Caractérologie :* sociabilité, réceptivité, diplomatie, loyauté, sympathie.

Myriam
95 000 TOP 300

Celle qui élève (hébreu). Féminin français et anglais. Lorsque le pharaon décrète que les nouveau-nés mâles hébreux doivent être tués, Moïse est placé dans un panier d'osier, puis déposé sur le Nil. Sa sœur Myriam se présente à la fille du pharaon lorsque celle-ci le recueille du fleuve. Elle l'encourage à garder l'enfant et fait en sorte que sa mère puisse l'élever en se faisant passer pour une nourrice. *Caractérologie :* méditation, réussite, savoir, intelligence, indépendance.

Myriame
1 500

Celle qui élève (hébreu). On peut estimer que moins de 30 enfants seront prénommés ainsi en 2022. *Variantes :* Maram, Myra, Myria, Myriama. *Caractérologie :* communication, pratique, enthousiasme, résolution, réalisation.

Myriem
1 100

Forme arabe de Marie : celle qui élève (hébreu). On peut estimer que moins de 30 enfants seront prénommés ainsi en 2022. *Caractérologie :* intuition, médiation, relationnel, fidélité, adaptabilité.

Myrtille
1 600 TOP 2 000

Ce prénom issu du calendrier révolutionnaire désigne une variété d'airelles. Sainte Fleur, religieuse auvergnate du XIVe siècle, est la patronne de Myrtille. *Caractérologie :* conscience, conseil, bienveillance, sympathie, paix.

M

N

Naama
- de 100

Douceur, beauté (hébreu). Naama est la fille de Lémec dans l'Ancien Testament. *Variante :* Naamah. *Caractérologie :* optimisme, pragmatisme, communication, créativité, sociabilité.

Nabila
3 000

Noble, honorable (arabe). On peut estimer que moins de 30 enfants seront prénommés ainsi en 2022. *Variantes :* Nabella, Nabilah, Nabilla. *Caractérologie :* pratique, communication, enthousiasme, organisation, résolution.

Nada
2 500 TOP 700

Rosée du matin (arabe), espoir (slave). Nada est particulièrement répandu en Serbie, en Croatie et dans les cultures musulmanes. *Caractérologie :* diplomatie, réceptivité, sociabilité, loyauté, bonté.

Nadège
47 000

Espérance dans l'attente (latin). Féminin français. Chrétienne au IIe siècle, sainte Nadège fut martyrisée en Asie Mineure avec sa mère, sainte Sophie. On peut estimer que moins de 30 enfants seront prénommés ainsi en 2022. *Variante :* Nadeje. *Caractérologie :* rêve, humanité, rectitude, tolérance, réalisation.

Nadette
110

Force, ours (germanique). Féminin français. *Caractérologie :* responsabilité, équilibre, famille, influence, exigence.

Nadia
71 000 TOP 800

Celle qui proclame haut et fort (arabe), espérance dans l'attente (latin), espoir (slave). En dehors de l'Hexagone, Nadia est très répandu en Russie, en Italie, dans les pays slaves et les cultures musulmanes. *Variante :* Nadya. *Caractérologie :* diplomatie, réceptivité, sociabilité, détermination, loyauté.

Nadine
122 000 TOP 1 000

Contraction de Nadège ou Nadia et du suffixe « ine ». En dehors de l'Hexagone, Nadine est répandu en Allemagne et dans les pays anglophones. Sainte Nadège est la patronne de Nadine. *Variantes :* Nadina, Nadyne. *Caractérologie :* sociabilité, diplomatie, réceptivité, loyauté, résolution.

Nadja
350

Celle qui proclame haut et fort (arabe), espoir (slave). Nadja est particulièrement répandu en Tchéquie. *Caractérologie :* communication, enthousiasme, pratique, adaptation, générosité.

Naé
350 TOP 2 000

Grâce (hébreu), fleur (japonais). *Variante :* Naë. *Caractérologie :* bonté, loyauté, diplomatie, sociabilité, réceptivité.

Naëlle
5 500 TOP 200

Diminutif des prénoms formés avec Naëlle (exemple : Annaëlle), et variante de Naela : qui a étanché sa soif (arabe). *Variante :* Naëla. *Caractérologie :* ténacité, fiabilité, méthode, engagement, sens du devoir.

Naëlys
550 TOP 2 000

Fusion de « Na » et de Maëlys, ou de prénoms se terminant par « lys ». *Variante :* Naëlis. *Caractérologie :* ténacité, méthode, fiabilité, sens du devoir, engagement.

Naéva
200

Combinaison du son « na » avec Éva. *Caractérologie :* originalité, sagacité, spiritualité, connaissances, philosophie.

N

Nahara
- de 30

Lumière (araméen). *Caractérologie :* connaissances, sagacité, originalité, résolution, spiritualité.

Nahia
1 100 TOP 600

Flot, fluide (grec), désirée (basque). *Caractérologie :* équilibre, famille, influence, éthique, détermination.

Nahima
550

Tendre, douce (arabe). *Variantes :* Naéma, Nahéma. *Caractérologie :* direction, audace, détermination, dynamisme, indépendance.

Naïa
2 500 TOP 300

Flot, fluide (grec), désirée (basque). Voir également Naya. *Caractérologie :* savoir, indépendance, intelligence, méditation, détermination.

Naïda
250

Flot, fluide (grec). *Variantes :* Naïad, Naïada. *Caractérologie :* médiation, relationnel, fidélité, intuition, résolution.

Naïg
200

Diminutif breton d'Anne : grâce (hébreu). En Bretagne, Naig s'orthographie souvent sans tréma. *Caractérologie :* structure, persévérance, sécurité, efficacité, résolution.

Naïla
6 000 TOP 300

Qui a étanché sa soif (arabe). *Variantes :* Naïlah, Nahla. *Caractérologie :* direction, résolution, dynamisme, indépendance, audace.

Naïlys
150

Combinaison de Naïs et des prénoms se terminant en « lys » (Maëlys, Maïlys, Isalys, etc.). *Caractérologie :* stratégie, empathie, leadership, ardeur, accomplissement.

Naïma
9 500 TOP 700

Tendre, douce (arabe). *Variantes :* Naaïma, Nayma. *Caractérologie :* intuition, médiation, relationnel, détermination, fidélité.

Naïri
- de 100

Qui vient d'Arménie (arménien). *Caractérologie :* bienveillance, conseil, conscience, décision, paix.

Naïs
3 500 TOP 900

Diminutif d'Anaïs et forme occitane d'Anne : grâce (hébreu). Dans l'Hexagone, Naïs est plus particulièrement attribué en Provence et en Occitanie. *Caractérologie :* finesse, connaissances, sagacité, originalité, décision.

Najat
1 300

Sauvée (arabe). *Variantes :* Nadjate, Nadjet, Naget, Nagète, Najet, Najette, Najia. *Caractérologie :* équilibre, responsabilité, exigence, influence, famille.

Nami
190 TOP 2 000

Vague (japonais). *Caractérologie :* dynamisme, direction, audace, détermination, indépendance.

Nana
450

Grâce (hébreu), pomme (japonais). *Caractérologie :* communication, pragmatisme, optimisme, créativité, sociabilité.

Nancy
9 000

Grâce (hébreu). En dehors de l'Hexagone, ce prénom est particulièrement porté dans les pays anglophones. On peut estimer que moins de 30 enfants seront prénommés ainsi en 2022. *Variantes :* Nana, Nancie. *Caractérologie :* communication, enthousiasme, pratique, adaptation, cœur.

Nao
- de 100

Fleur de pêcher (vietnamien), honnête (japonais). *Caractérologie :* pragmatisme, optimisme, sociabilité, communication, créativité.

Naoëlle
170

Contraction de Nao et Noëlle. *Caractérologie :* énergie, autonomie, direction, persuasion, innovation.

Naoline
- de 100

Contraction de Nao et des prénoms se terminant par « line ». *Caractérologie :* spiritualité, raisonnement, philosophie, connaissances, originalité.

Naomi
9 000 TOP 300

Belle, agréable (hébreu). Voir Noémie. Naomi est particulièrement répandu dans les pays anglophones et néerlandophones. *Caractérologie :* spiritualité, sagacité, volonté, détermination, connaissances.

Naomie
8 000 TOP 400

Belle, agréable (hébreu). Féminin français et néerlandais. *Variantes :* Naomy, Néomie, Noam, Noamie. *Caractérologie :* décision, communication, pragmatisme, caractère, optimisme.

Naoual
1 000

Un présent (arabe). *Variantes :* Naouel, Naouele, Nawaël. *Caractérologie :* énergie, ambition, innovation, autonomie, autorité.

Nara
- de 100

Chêne, symbole de stabilité (japonais), heureuse (celte), proche, aimée (anglais). Nara est plus particulièrement usité dans les pays anglophones et au Japon. *Caractérologie :* résolution, méditation, savoir, intelligence, indépendance.

Narimane
350

Au caractère doux et agréable (arabe). La reine Narimane, seconde épouse du roi Farouk, lança la mode de ce prénom en Égypte dans les années 1940. *Variantes :* Narima, Narimen, Narimene, Narrimane, Neriman. *Caractérologie :* pragmatisme, communication, optimisme, créativité, résolution.

Nassera
2 500

Protection, victoire (arabe). On peut estimer que moins de 30 enfants seront prénommés ainsi en 2022. *Variantes :* Nacera, Nacira. *Caractérologie :* audace, détermination, découverte, originalité, énergie.

Nassima
3 000

Air frais (arabe). On peut estimer que moins de 30 enfants seront prénommés ainsi en 2022. *Caractérologie :* sécurité, persévérance, détermination, structure, efficacité.

Nassira
950

Protection, victoire (arabe). *Variante :* Nasira. *Caractérologie :* réflexion, intégrité, altruisme, idéalisme, décision.

Nastasia
1 000

Jour de la naissance (latin). Prénom suédois et russe. *Variantes :* Nassia, Nastassia, Nastasya, Natassia, Nasya. *Caractérologie :* enthousiasme, pratique, communication, adaptation, détermination.

Natacha
29 000 TOP 2 000

Forme francisée de Natasha : jour de la naissance (latin). *Variante :* Natasha. *Caractérologie :* communication, enthousiasme, pratique, organisation, finesse.

Natalia
2 000 TOP 2 000

Jour de la naissance (latin). Natalia est particulièrement répandu dans les pays slaves et hispanophones, en Italie et en Grèce. C'est aussi un choix traditionnel corse et occitan. *Variante :* Natalya. *Caractérologie :* méthode, fiabilité, ténacité, décision, gestion.

Natalie
1 000

Jour de la naissance (latin). Féminin anglais et allemand. *Variantes :* Natale, Natali. *Caractérologie :* organisation, stratégie, vitalité, achèvement, détermination.

Nataline
- de 100

Jour de la naissance (latin). *Variantes :* Natalena, Natalène, Natalina, Nathalène, Nathaline. *Caractérologie :* gestion, méthode, ténacité, décision, fiabilité.

Natasha
750

Jour de la naissance (latin). Féminin anglais, russe et slave. *Caractérologie :* ambition, autorité, innovation, finesse, énergie.

N

Nathalia
900

Jour de la naissance (latin). Ce prénom est particulièrement répandu au Brésil et au Portugal. *Caractérologie :* communication, finesse, pratique, enthousiasme, résolution.

Nathalie
370 000 TOP 2 000

Jour de la naissance (latin). Ce prénom porté par une sainte au IVe siècle (Nathalie de Nicomédie) n'est pas nouveau, mais son usage est longtemps resté confidentiel en France. C'est dans les années 1960 que Nathalie s'envole vers la gloire, prenant la tête du classement féminin de 1965 à 1971. L'immense succès de *Nathalie*, la chanson de Gilbert Bécaud, en 1964, a contribué à sa popularité. Bien qu'il soit depuis tombé dans l'oubli, Nathalie est aujourd'hui le deuxième prénom féminin le plus porté dans l'Hexagone. Il est par ailleurs très répandu en Allemagne et aux Pays-Bas. ◇ Condamnée au martyre par l'émir de Cordoue au IXe siècle, sainte Nathalie mourut aux côtés de son mari et du moine qu'ils avaient caché. *Caractérologie :* finesse, connaissances, décision, sagacité, attention.

Nathaly
250

Jour de la naissance (latin). Féminin anglais. *Variantes :* Nataly, Natalis, Natty. *Caractérologie :* altruisme, idéalisme, intégrité, sensibilité, bonté.

Nathanaëlle
1 800 TOP 2 000

Il a donné (hébreu). *Caractérologie :* pratique, enthousiasme, communication, sensibilité, organisation.

Nava
- de 100

Belle (hébreu). *Caractérologie :* réceptivité, loyauté, sociabilité, bonté, diplomatie.

Nawal
2 500 TOP 2 000

Un présent (arabe). *Variantes :* Naoïl, Naoïle, Naouale, Nawale. *Caractérologie :* paix, bienveillance, conscience, conseil, sagesse.

Nawel
7 000 TOP 500

Un présent (arabe). *Variantes :* Naouelle, Nawell, Nawelle. *Caractérologie :* autorité, innovation, énergie, ambition, autonomie.

Naya
3 000 TOP 200

Instrument de musique (arabe). *Variante :* Nayah. *Caractérologie :* audace, découverte, originalité, énergie, séduction.

Nayana
110

Regard, yeux (sanscrit). Nayana est usité en Inde. *Caractérologie :* médiation, relationnel, intuition, fidélité, adaptabilité.

Nayla
3 000 TOP 300

Qui a étanché sa soif (arabe). *Variante :* Nahila. *Caractérologie :* passion, sympathie, ambition, force, habileté.

Neela
1 200 TOP 1 000

Championne (celte). Féminin anglais. *Caractérologie :* autonomie, innovation, ambition, énergie, autorité.

Neige
300

Neige (français). *Caractérologie :* persévérance, structure, sécurité, honnêteté, efficacité.

Neila
4 000 TOP 500

Championne (celte), variante de Naïla. Féminin anglais. *Variantes :* Neil, Nehla, Neilla, Nella, Neyla. *Caractérologie :* énergie, découverte, originalité, détermination, audace.

Neïma
- de 100

Mélodie (hébreu). *Caractérologie :* famille, responsabilité, décision, équilibre, influence.

Nejma
950 TOP 2 000

Étoile (arabe). *Variantes :* Najima, Najma, Nedjma. *Caractérologie :* originalité, connaissances, philosophie, sagacité, spiritualité.

Nelcy
120

Diminutif possible de Nell, ou combinaison des prénoms commençant par « Nel » et se finissant en « y ». *Variantes :* Nelcie, Nelcia, Nelzie. *Caractérologie :* curiosité, volonté, indépendance, empathie, dynamisme.

Nélia
4 500 TOP 200

Ce diminutif de Cornelia (cornue, corneille en latin) est aussi un prénom kabyle signifiant « petite fleur ». Il peut également être considéré comme une variante moderne de Nelly ou d'Hélène, sa forme majeure (« éclat du soleil » en grec). Cette forme latine de Cornelia s'est longtemps passée d'accent aigu, mais une majorité de parents l'orthographie avec aujourd'hui. *Variante :* Nélie. *Caractérologie :* énergie, découverte, audace, détermination, originalité.

Nell
3 000 TOP 600

Championne (celte). Nell est répandu dans les pays anglophones. *Caractérologie :* savoir, intelligence, méditation, indépendance, sagesse.

Nella
900 TOP 2 000

Éclat du soleil (grec). Féminin anglais. *Caractérologie :* stratégie, leadership, ardeur, achèvement, vitalité.

Nellie
600

Éclat du soleil (grec). Féminin français. *Caractérologie :* communication, créativité, sociabilité, pragmatisme, optimisme.

Nelly
58 000 TOP 800

Éclat du soleil (grec). Féminin anglais et français. *Variantes :* Neela, Nela, Nèle, Nélie, Nelig, Nella, Nelli, Nely. *Caractérologie :* énergie, audace, amitié, découverte, originalité.

Nelya
4 000 TOP 100

Voir Nélia. Contrairement à Nélia, Nelya est le plus souvent orthographié sans accent dans l'Hexagone. *Caractérologie :* pragmatisme, communication, cœur, créativité, optimisme.

Néola
- de 30

Jeune (grec). *Caractérologie :* réceptivité, sociabilité, diplomatie, bonté, loyauté.

Néona
- de 30

Nouvelle lune (grec). *Caractérologie :* méthode, sens du devoir, fiabilité, engagement, ténacité.

N

Nelya, Nélia

Fête :
peuvent se fêter,
comme Nelly, le 18 août

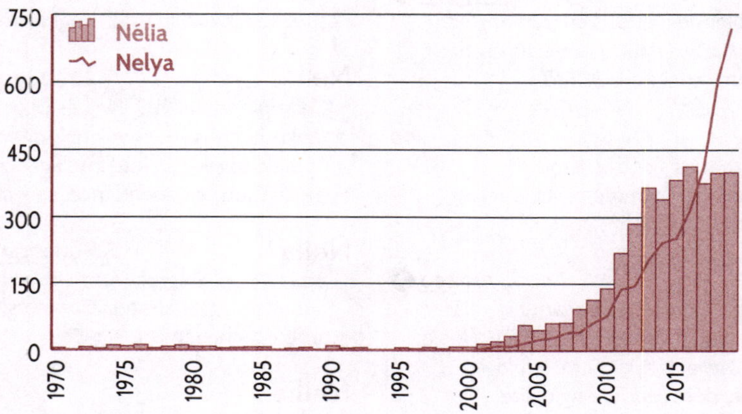

Étymologie

Diminutifs de Cornelia (« cornue », « corneille » en latin), Nélia et Nelya sont aussi des prénoms kabyles signifiant « petite fleur ». Ils peuvent également être considérés comme une variante moderne de Nelly ou d'Hélène, leur forme majeure (« éclat du soleil » en grec).

C'est sans doute cette référence universelle qui inspire les jeunes parents aujourd'hui. Il n'a fallu que 2 décennies à Nelya pour germer et éclore dans les classements nationaux. Totalement inexistante avant les années 2000, elle prénomme à peine une centaine de bébés en 2010. Dix années plus tard, le nombre de naissances a été multiplié par huit. En 2022, plus de 1 000 petites Nelya verront le jour. À ce rythme, son entrée dans le top 50 est à anticiper pour la prochaine saison. Bel exemple d'acclimatation !

Sa sonorité harmonieuse, sa terminaison, sa concision et l'immixtion du « y » lui confèrent une touche à la fois moderne et cosmopolite. Cette jolie fleur n'a pas encore pris racine à l'international, si ce n'est en Russie et en Ukraine. Mais sa référence ensoleillée et sa prononciation aisée dans des langues différentes pourraient révéler une âme voyageuse.

Sa sœur jumelle Nélia apparaît dès le début du XXIe siècle en France. Elle reste discrète jusqu'au début des années 2000 qui la voient fleurir soudainement. Nul doute que son éclosion a provoqué celle de Nelya, qui la distance depuis 2015. Ce duo viendra enrichir le bouquet des Rose, Iris ou Capucine qui orne les registres de maternité et les sommets du classement.

Les prénoms kabyles sont librement inspirés de la poésie, des éléments naturels ou des augures. Et dans le registre de la nature, Nélia est décidément championne : ce nom désigne une variété de plante et deux espèces de papillons recensés en Amérique du Sud. Autant d'attraits qui devraient inspirer les jeunes parents à la recherche de symboliques porteuses pour leurs enfants.

N

Personnes célèbres
Nelya Ihorivna Shtepa, femme politique ukrainienne, née en 1962 ; Nelya Mustafina, gymnaste artistique russe, née en 1996.

Statistiques
Nelya est le 310e prénom féminin le plus donné en France depuis l'an 2000. Il est attribué à près d'une fille sur 370 aujourd'hui.

Néréa
250 TOP 2 000
Mien, mienne (basque). Nerea est très en vogue en Espagne actuellement. *Caractérologie :* indépendance, intelligence, savoir, méditation, décision.

Néria
- de 30
Dieu illumine (hébreu). *Caractérologie :* intuition, médiation, décision, fidélité, relationnel.

Nérys
- de 30
Dame (gallois), ou variante de Nérina : nymphe de la mer (grec). *Variantes :* Néris, Nérissa, Nérisse, Néryssa. *Caractérologie :* humanité, rêve, rectitude, détermination, ouverture d'esprit.

Nesrine
5 000 TOP 600
Fleur sauvage (arabe). *Variantes :* Nasrine, Nassrine, Nesrin, Nesserine, Nessrine, Nisrin. *Caractérologie :* pragmatisme, optimisme, créativité, communication, résolution.

Ness
700 TOP 700
Diminutif de Nesrine ou Vanessa : fleur sauvage (arabe), papillon (grec). Féminin anglais. *Variantes :* Nessa, Neïssa, Nissa. *Caractérologie :* optimisme, communication, créativité, pragmatisme, sociabilité.

Nessa
1 000 TOP 2 000
Diminutif de Nesrine ou Vanessa : fleur sauvage (arabe), papillon (grec). Féminin anglais. *Caractérologie :* efficacité, sécurité, structure, persévérance, honnêteté.

Nesta
180 TOP 2 000
Forme galloise d'Agnès : chaste, pure (grec). *Caractérologie :* volonté, charisme, indépendance, curiosité, dynamisme.

Nettie
- de 30
Dieu fait grâce (hébreu). Féminin anglais. *Variante :* Netty. *Caractérologie :* autorité, autonomie, innovation, énergie, ambition.

Néva
550 TOP 700
Forme abrégée de Geneva ou variante de Nieves. Féminin anglais et espagnol. *Caractérologie :* équilibre, influence, famille, exigence, responsabilité.

Névada
- de 30
Ce nom signifie « enneigé » en espagnol. Nevada est également le nom d'un État américain. *Caractérologie :* sociabilité, diplomatie, réceptivité, loyauté, bonté.

Neya
160 TOP 2 000
Variante de Nia, un diminutif de Niamh, ou variante de Naya : instrument de musique (arabe). *Variante :* Neïa. *Caractérologie :* altruisme, intégrité, idéalisme, dévouement, réflexion.

Neyla
4 000 TOP 200
Variante de Nélia ou Nell. Voir ces prénoms. *Caractérologie :* sympathie, adaptation, communication, pratique, enthousiasme.

Nia
130 TOP 2 000
Diminutif de Niamh, prénom irlandais signifiant « lumineuse », ou des prénoms se terminant en « nia ». Dans la mythologie

celtique irlandaise, Niamh est la fille de la déesse de la mer. Elle tombe amoureuse du poète Oisín et l'invite à la rejoindre au pays de la jeunesse éternelle. Nia est également un diminutif des prénoms qui se terminent par ces trois lettres. *Caractérologie :* équilibre, famille, responsabilité, influence, décision.

Nicole
242 000 TOP 1 000

Victoire du peuple (grec). Ce féminin de Nicolas est attesté au Moyen Âge, mais son usage reste discret jusqu'au XXe siècle. Il s'élance dans les années 1920 et brille au 3e rang du classement de 1939 à 1948 avant de se retirer progressivement, et de se raréfier plus nettement dans les années 1980. Contrairement à son dérivé Colette, plus prospère au Moyen Âge, Nicole s'est exporté outre-Manche dès le XIIIe siècle et a connu un beau succès à la fin du XXe siècle dans les pays anglophones. *Variantes :* Nickie, Nicky, Nicolasa, Nicolina, Nicoline. Forme basque : Nikole. *Caractérologie :* efficacité, persévérance, structure, analyse, sécurité.

Nicolette
500

Victoire du peuple (grec). Féminin français. *Variante :* Nicoletta. *Caractérologie :* logique, ténacité, fiabilité, engagement, méthode.

Nicolle
8 000

Victoire du peuple (grec). On peut estimer que moins de 30 enfants seront prénommés ainsi en 2022. *Caractérologie :* intelligence, méditation, indépendance, savoir, logique.

Nieves
- de 100

Ce nom signifie « neiges » en espagnol. *Variante :* Neva. *Caractérologie :* sociabilité, loyauté, diplomatie, résolution, réceptivité.

Nikita
1 000

Victoire du peuple (grec), maison (indien d'Asie). *Variante :* Nikki. *Caractérologie :* innovation, ambition, énergie, autorité, résolution.

Nila
800 TOP 800

Championne (celte). Féminin anglais. *Caractérologie :* rectitude, rêve, ouverture d'esprit, détermination, humanité.

Nilda
250

Armure, couleur brune (germanique). Féminin italien. *Caractérologie :* organisation, patience, efficacité, constance, honnêteté.

Nima
120

Plaisirs, bienfaits (arabe), corde d'instrument de musique (hébreu), ajuster (sanscrit). *Variantes :* Nimah, Nimat. *Caractérologie :* autorité, ambition, innovation, énergie, détermination.

Nina
42 000 TOP 50

Diminutif russe d'Anne, de l'hébreu *hannah*, « grâce », ou forme abrégée de Christiana, d'Antonina et des prénoms se terminant en « ina ». *Caractérologie :* intuition, fidélité, relationnel, détermination, médiation.

Nine
850 TOP 2 000

Grâce (hébreu). En dehors de l'Hexagone, Nine est particulièrement usité aux Pays-Bas. *Caractérologie :* conscience, paix, sagesse, conseil, bienveillance.

Ninon
13 000 TOP 200

Grâce (hébreu). Nin signifie également « jeune », « petit enfant » en occitan. Féminin français et occitan. *Variantes :* Nena, Nine. *Caractérologie :* pragmatisme, communication, créativité, optimisme, sociabilité.

Nisa
1 600 TOP 1 000

Lutin (scandinave), un signe (hébreu). *Caractérologie :* originalité, connaissances, sagacité, décision, spiritualité.

N

Nina

Fêtes :
15 décembre,
14 janvier ou 16 septembre

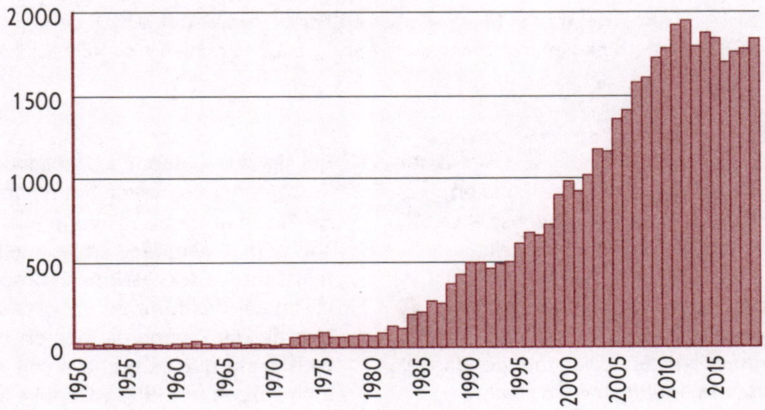

Étymologie

Diminutif russe d'Anne, de l'hébreu *hannah*, « grâce », ou forme abrégée de Christiana, d'Antonina et des prénoms se terminant en « ina ». Au IVe siècle, sainte Nina, ou Christiane (le nom qui la désignait en tant que « chrétienne »), aurait converti la famille royale de Géorgie et propagé la foi à tout le pays. Sa popularité assura la diffusion du prénom en Géorgie, en Russie, dans l'ensemble des pays slaves puis dans les pays hispanophones (Nina signifie « petite fille » en espagnol). Notons que ses origines plurielles n'empêchent pas les Bretons de lui attribuer des racines celtes. Ninian, un saint d'origine écossaise ayant vécu en Bretagne au Ve siècle, pourrait en effet lui être apparenté (*nin* signifie « hauteur », « sommet » en vieux breton). D'où la date de sa fête locale, le 16 septembre.

Nina s'est propagée en Europe et dans les pays anglophones à partir du XIXe siècle, mais sa faveur est toute nouvelle en France. Les Parisiens, à l'origine de son décollage français, ont été prompts à l'adopter et la propulser dans les 30 premiers rangs féminins au début des années 2000. En dehors de la France, ce prénom a pris son envol en Wallonie et en Suisse romande.

Son équivalent masculin connaît une jolie croissance. Mais si l'orthographe les assemble, leur origine les dissocie. Nino est en effet le diminutif de Giovanni, une forme italienne de Jean. Ses 4 lettres et son charme italien vont probablement suffire à le propulser dans le top 60 masculin en 2022. Une carrière qui mérite d'être suivie...

Selon la légende, **sainte Nina** soigna un enfant très malade alors qu'elle était retenue captive en Géorgie au IVe siècle. Elle fut appelée au chevet de la reine de Géorgie agonisante, et la guérit. Nina refusa l'or de la souveraine et lui demanda, en guise de récompense, de se convertir, ce qu'elle fit avant d'être imitée par le roi, puis par le pays tout entier. Les chrétiens orthodoxes célèbrent cette sainte le 14 janvier et les catholiques la fêtent le 15 décembre.

Dans la littérature, **Nina** est l'héroïne de *La Mouette*, pièce de théâtre d'Anton Tchekhov. Sa première représentation, à Saint-Pétersbourg, date de 1896.

Personnes célèbres

Nina Ricci, créatrice de mode franco-italienne (1883-1970) ; Nina Simone, chanteuse américaine (1933-2003) ; Anna Maria Agusti Flores, dite Nina, actrice et chanteuse catalane célèbre en Espagne, née en 1966.

Statistiques

Nina est le 41e prénom féminin le plus donné en France depuis l'an 2000. Ce prénom est attribué à près d'une fille sur 180 aujourd'hui.

Nisha
- de 100

Nuit (sanscrit). Nisha est répandu en Inde. *Caractérologie :* paix, conscience, bienveillance, résolution, conseil.

Nisrine
2 000 TOP 2 000

Fleur sauvage (arabe). *Variante :* Nissrine. *Caractérologie :* indépendance, méditation, intelligence, décision, savoir.

Nissa
250

Un signe (hébreu). Féminin anglais. *Variantes :* Nisa, Nisha, Nyssa. *Caractérologie :* détermination, ambition, habileté, force, passion.

N

Nita
250

Grâce (hébreu). Féminin anglais. *Caractérologie :* vitalité, achèvement, décision, stratégie, ardeur.

Niva
- de 30

Parole (hébreu). *Caractérologie :* ambition, innovation, autorité, énergie, résolution.

Nixie
- de 30

Nymphe des eaux dans la mythologie germanique. *Caractérologie :* sagacité, connaissances, spiritualité, philosophie, originalité.

Noa
5 500 TOP 400

En mouvement (hébreu). Au féminin, Noa est également un prénom japonais qui signifie « amour ». Dans l'Ancien Testament, Noa revendique auprès de Moïse un droit à l'héritage laissé par son père. C'est grâce à elle que la loi régissant les successions est modifiée en faveur des femmes. La première Noa de l'Hexagone est née en 1982, bien avant que ce prénom soit attribué à un garçon (en 1998). Depuis, Noa s'est largement masculinisé. Au féminin, ce prénom est très en vogue en Espagne et en Israël. Il est en cours d'ascension dans les pays occidentaux et anglophones. *Variantes :* Noée, Noha. *Caractérologie :* communication, enthousiasme, adaptation, pratique, générosité.

Noadia
- de 30

Connaissance (hébreu). *Caractérologie :* habileté, ambition, management, passion, détermination.

Noan
180

Agneau (celte), ou dérivé d'Oanez (une forme bretonne d'Agnès signifiant « chaste, pur » en grec). Noan est essentiellement masculin aujourd'hui. *Variante :* Noane. *Caractérologie :* vitalité, achèvement, stratégie, ardeur, management.

Noane
200

Agneau (celte), ou dérivé d'Oanez (une forme bretonne d'Agnès signifiant

« chaste, pur » en grec). *Variante :* Noanne. *Caractérologie :* patience, logique, famille, ténacité, création.

Noèle
1 300

Jour de la naissance (latin). Féminin français. On peut estimer que moins de 30 enfants seront prénommés ainsi en 2022. *Variantes :* Noéla, Noélane. *Caractérologie :* exigence, influence, équilibre, famille, responsabilité.

Noélia
2 000 TOP 500

Jour de la naissance (latin). *Caractérologie :* logique, relationnel, décision, médiation, intuition.

Noélie
8 500 TOP 300

Jour de la naissance (latin). Féminin français. *Variantes :* Noélia, Noélya. *Caractérologie :* influence, responsabilité, équilibre, famille, raisonnement.

Noéline
4 500 TOP 500

Combinaison de Noëlle et Line. Féminin français. *Caractérologie :* médiation, fidélité, intuition, relationnel, logique.

Noëlla
5 000 TOP 2 000

Jour de la naissance (latin). Féminin français. *Caractérologie :* curiosité, indépendance, dynamisme, charisme, courage.

Noëlle
23 000

Jour de la naissance (latin). Féminin français et anglais. On peut estimer que moins de 30 enfants seront prénommés ainsi en 2022. *Caractérologie :* rectitude, ouverture d'esprit, générosité, humanité, rêve.

Noemi
1 200 TOP 2 000

Belle, agréable (hébreu). Féminin italien, hongrois, espagnol et portugais. *Caractérologie :* intuition, médiation, relationnel, volonté, fidélité.

Noémie
69 000 TOP 100

Belle, agréable (hébreu). Ce prénom de l'Ancien Testament fut répandu dans les familles juives avant d'être adopté par les puritains anglais à la fin du XVIe siècle. Naomi est très courant dans les pays anglophones lorsqu'il émerge en France sous la forme de Noémie. Cette nouveauté culmine au 27e rang du classement féminin en 1996, et se maintient encore en bonne position aujourd'hui. Dans l'Ancien Testament, Noémie est la belle-mère de Ruth et l'arrière-grand-mère du roi David. *Variantes :* Noémia, Noémy. *Caractérologie :* sagacité, spiritualité, connaissances, volonté, originalité.

Noha
700

Esprit, sagesse (arabe), et variante moderne de Noa. *Caractérologie :* intuition, relationnel, fidélité, médiation, adaptabilité.

Nola
2 000 TOP 200

Diminutif de Fionnula, qui signifie « épaule pâle », ou d'autres prénoms qui se terminent par « nola ». Ce prénom d'origine irlandaise n'est pas apparenté à Nolan. *Caractérologie :* famille, équilibre, responsabilité, exigence, influence.

Nolane
250

Championne (celte). Cette forme féminine de Nolan est apparue dans l'Hexagone à la fin des années 1990. Elle est également recensée dans les pays anglophones. *Variantes :* Nolana, Nolanne, Nolène, Noline. *Caractérologie :* sagacité, philosophie, connaissances, spiritualité, originalité.

Noline
- de 100

Championne (celte). *Caractérologie :* conseil, paix, bienveillance, raisonnement, sagesse.

N

Nour

Fête :
13 décembre

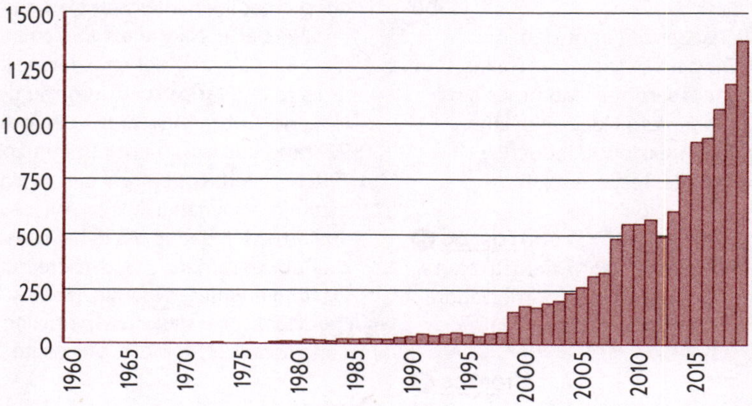

Étymologie
Ce prénom tire son origine de l'arabe *nûr*, « lumière ». Une signification qui lui vaut d'être fêté le même jour que Lucie (*lux*, « lumière » en latin). Populaire en Iran et dans les pays d'Afrique du Nord, il est couramment diffusé dans les pays arabophones.

Son rayonnement est sans doute lié à celui de la reine Noor de Jordanie. Cette Américaine, qui épousa le roi Hussein en 1978, sut gagner le cœur de la population par son engagement sincère pour sa nouvelle patrie. Elle s'illustra auprès des ONG œuvrant dans les camps de réfugiés. Elle prit part à de nombreuses conférences sur le Proche-Orient, offrant une vision de dialogue peu courante à cette époque.

Sa présence a été longtemps confidentielle en France. Bien que ce prénom soit féminin dans 96 % des naissances, c'est au masculin qu'il apparaît dans les années 1950, bien avant la naissance de la première Nour (en 1973). Jusqu'à la fin des années 1990, le nombre annuel de ses attributions n'a jamais dépassé la cinquantaine. C'est à partir du début de notre siècle que Nour sort de l'ombre, pour atteindre le cap symbolique des 1 000 naissances en 2017. Depuis, elle semble avoir pris goût à la lumière et s'affiche dans les tops 40 national et parisien.

Son succès est moins flagrant chez nos amis francophones. Elle ne parvient pas à se hisser dans les 60 premières places, ou *in extremis* en Wallonie (56e position). Noor, sa version anglophone, porte le flambeau à l'international, mais sans éclat.

Nour est, sans aucun doute, promise à un brillant avenir. Ce prénom aux harmonieuses sonorités est court, comme le veut la tendance. Il présente aussi l'atout de se prononcer de la même façon en arabe et en français. Il éclipse pour le moment ses petites sœurs, Noura et Nouria, qui demeurent en fond de classe. Seule Nora, qui s'enorgueillit d'une double origine (« éclat de soleil » en grec et « lumière » en arabe) est parvenue à se hisser dans le top 200.

N

Personnes célèbres
Nour Azzam, chanteuse suisse, née en 1984 ; Noor al-Hussein, épouse du roi Hussein, fut la reine de Jordanie de 1978 à 1999 ; Nour El-Sherif, acteur égyptien (1946-2015) ; Nour Ali Boroumand, musicien iranien (1905-1977).

Statistiques
Nour est le 105e prénom féminin le plus donné en France depuis l'an 2000. Ce prénom est attribué à près d'une fille sur 220 aujourd'hui.

Nolwen
1 700

Blanc, heureux (celte). Voir Nolwenn. Féminin breton. On peut estimer que moins de 30 enfants seront prénommés ainsi en 2022. *Variantes :* Nolvenn, Nolween, Nolwene. *Caractérologie :* relationnel, intuition, médiation, fidélité, adaptabilité.

Nolwenn
13 000 TOP 800 ↘

Blanc, heureux (celte). Prénom français et breton. Au VIe siècle, sainte Nolwenn s'apprêtait à mener une vie de recluse, mais elle fut courtisée par un seigneur dont elle osa repousser les avances. Fou de rage, il la fit décapiter. La légende raconte qu'elle ramassa sa tête et poursuivit son chemin jusqu'à un lieu de sépulture approprié. Une chapelle lui est dédiée à Noyal-Pontivy, commune du Morbihan dont Nolwenn est la patronne. *Variante :* Nolwenne. *Caractérologie :* sagacité, connaissances, spiritualité, philosophie, originalité.

Noor
2 000 TOP 200 ↑

Lumière (arabe). *Caractérologie :* passion, habileté, ambition, management, force.

Nora
21 000 TOP 200 →

Éclat du soleil (grec), lumière (arabe). Féminin irlandais, anglais, scandinave, allemand, néerlandais, italien et français. *Caractérologie :* communication, optimisme, pragmatisme, créativité, détermination.

Norah
5 500 TOP 200 →

Éclat du soleil (grec), lumière (arabe). Norah est plus particulièrement répandu en Irlande, dans les pays anglophones et les cultures musulmanes. *Variante :* Norha. *Caractérologie :* réceptivité, sociabilité, diplomatie, loyauté, détermination.

Noria
1 400 ↗

Lumière (arabe). *Variante :* Noriane. *Caractérologie :* adaptation, enthousiasme, communication, détermination, pratique.

Norine
300 ↓

Éclat du soleil (grec). Féminin anglais. *Variantes :* Noreen, Norette, Norina. *Caractérologie :* optimisme, communication, créativité, sociabilité, pragmatisme.

Norma
550 ↑

Règle (latin). Féminin anglais. *Caractérologie :* connaissances, résolution, sagacité, spiritualité, volonté.

Nour
14 000 TOP 50 ↗

Lumière (arabe). Épouse du roi Hussein, Nour fut la reine de Jordanie de 1978 à 1999. *Variantes :* Nore, Nourra, Nur. *Caractérologie :* énergie, découverte, audace, raisonnement, originalité.

Noura
3 500 TOP 2 000 →

Lumière (arabe), feu (hébreu). *Caractérologie :* bienveillance, détermination, raisonnement, paix, conscience.

Nouria
1 100

Lumière (arabe), feu (hébreu). On peut estimer que moins de 30 enfants seront prénommés ainsi en 2022. *Variantes :* Nouriya, Nooria, Noorya, Nuriya. *Caractérologie :* responsabilité, équilibre, décision, famille, logique.

Nova
140 TOP 2 000

Nouveau (latin). *Variante :* Novia. *Caractérologie :* connaissances, sagacité, spiritualité, originalité, volonté.

Noyale
- de 100

Blanc, heureux (celte). Féminin breton. *Caractérologie :* altruisme, intégrité, réflexion, amitié, idéalisme.

Nuala
- de 30

Épaule pâle (irlandais). *Caractérologie :* ténacité, fiabilité, méthode, engagement, sens du devoir.

Nuccia
- de 100

Qui ajoutera (hébreu). Féminin italien. *Caractérologie :* paix, bienveillance, conseil, conscience, résolution.

Nuria
350

Lieu entre des collines (basque), sanctuaire pyrénéen dédié à la Vierge de Nuria. Féminin espagnol, français, basque et catalan. *Variantes :* Nuriah, Nurya. *Caractérologie :* altruisme, réflexion, idéalisme, intégrité, détermination.

Nyla
500 TOP 2 000

Championne (celte). Voir Nila. *Variante :* Nila. *Caractérologie :* originalité, bonté, connaissances, sagacité, spiritualité.

Nymphéa
- de 30

Femme (latin). Se rapporte également aux nymphes qui ont peuplé l'imaginaire des mythologies grecque et romaine. *Caractérologie :* relationnel, réalisation, fidélité, adaptabilité, médiation.

Nyoko
- de 30

Trésor (japonais). *Caractérologie :* force, ambition, passion, habileté, management.

O

Oana
170

Forme bretonne d'Agnès : chaste, pure (grec). *Caractérologie :* efficacité, sécurité, honnêteté, persévérance, structure.

Oanell
120

Forme bretonne d'Agnès : chaste, pure (grec). *Variantes :* Oanel, Oanelle. *Caractérologie :* courage, charisme, indépendance, curiosité, dynamisme.

Oanez
- de 30

Forme bretonne d'Agnès : chaste, pure (grec). *Caractérologie :* indépendance, méditation, savoir, intelligence, sagesse.

Obéline
- de 100

Obélisque (grec). *Variantes :* Obélia, Obélie. *Caractérologie :* habileté, ambition, force, passion, analyse.

Océane
86 000 TOP 200

Océan (grec). Tout comme Ondine, ce prénom est né dans l'Hexagone en 1972, au moment où Marine entamait sa brillante carrière. Océane est rarissime jusqu'à la fin des années 1980, où son décollage est fulgurant. Clouant Ondine sur place, Océane pointe au 6e rang féminin en 1998, son meilleur classement. La relève de Marine est alors assurée pour quelques années. On fête ce prénom le même jour qu'Océan, un saint du IVe siècle dont on sait peu de choses. Voir Océan. *Variantes :* Aucéane, Océana, Océanie. *Caractérologie :* savoir, intelligence, méditation, sagesse, indépendance.

Océanne
1 900

Océan (grec). On peut estimer que moins de 30 enfants seront prénommés ainsi en 2022. *Caractérologie :* communication, adaptation, pratique, enthousiasme, générosité.

Océlia
250 ↘

Contraction d'Océane et Célia. *Variante :* Océlie. *Caractérologie :* humanité, raisonnement, générosité, rêve, ouverture d'esprit.

Octavia
500 TOP 300 ↑

Huitième (latin). Féminin anglais, espagnol, portugais et occitan. *Caractérologie :* organisation, force, analyse, habileté, ambition.

Octavie
1 200 TOP 2 000 ↗

Huitième (latin). Ce prénom porté par la sœur de l'empereur Auguste fut très répandu à l'époque romaine. Il était traditionnellement attribué pour désigner le huitième enfant né dans une famille. Octavie est le féminin français d'Octave. *Variantes :* Octavia, Octavienne, Ottavia. *Caractérologie :* optimisme, communication, pragmatisme, volonté, analyse.

Odélia
700 TOP 2 000 →

Richesse (germanique). Féminin anglais. *Variantes :* Odélie, Odelinda, Odell, Odelle. *Caractérologie :* audace, direction, caractère, logique, dynamisme.

Odeline
300

Richesse (germanique). *Caractérologie :* direction, audace, caractère, dynamisme, logique.

Odessa
350 →

Long voyage (grec). *Caractérologie :* rêve, rectitude, caractère, humanité, ouverture d'esprit.

Odette
63 000

Richesse (germanique). Féminin français. On peut estimer que moins de 30 enfants seront prénommés ainsi en 2022. *Variantes :* Odete, Odetta, Odiane. *Caractérologie :* responsabilité, équilibre, volonté, famille, influence.

Odile
72 000

Richesse (germanique). Féminin français. On peut estimer que moins de 30 enfants seront prénommés ainsi en 2022. *Variantes :* Odila, Odilia, Odyle, Odylle. *Caractérologie :* intégrité, altruisme, raisonnement, volonté, idéalisme.

Odille
550

Richesse (germanique). *Caractérologie :* communication, pratique, analyse, volonté, enthousiasme.

Ohana
170 TOP 900

Dieu fait grâce (hébreu), nid, famille (hawaïen, tahitien). *Variante :* Ohanna. *Caractérologie :* achèvement, vitalité, stratégie, leadership, ardeur.

Ohiana
- de 100

Bosquet, bois (basque). *Variante :* Ohiane. *Caractérologie :* adaptation, communication, pratique, enthousiasme, détermination.

O

Oihana 950 TOP 2 000
Bosquet, bois (basque). *Caractérologie :* communication, enthousiasme, pratique, adaptation, détermination.

Oksana 550
Hospitalier (grec). *Variantes :* Oksanna, Oksanne. *Caractérologie :* indépendance, savoir, méditation, intelligence, sagesse.

Olariane - de 30
Contraction d'Olalia et d'Ariane. *Caractérologie :* communication, logique, pratique, enthousiasme, décision.

Olfa 950
Entente, harmonie (arabe). *Variante :* Olpha. *Caractérologie :* intelligence, savoir, indépendance, méditation, sagesse.

Olga 8 000 TOP 2 000
Heureuse (germanique). Une reine de Grèce, la fille du tsar Nicolas II de Russie et l'épouse et muse de Picasso, Olga Khokhlova, ont porté ce prénom. Olga est très répandu en Russie, en Roumanie et dans l'ensemble des pays slaves. *Caractérologie :* vitalité, achèvement, ardeur, stratégie, leadership.

O

Oliana 200
Dérivé d'Olina ou combinaison d'Olivia et Anna. Féminin suédois et norvégien. *Variantes :* Olianna, Oliane, Olianne. *Caractérologie :* raisonnement, spiritualité, volonté, originalité, connaissances.

Olina - de 100
Ancêtre (vieux norrois). Féminin scandinave. *Caractérologie :* logique, paix, bienveillance, conscience, décision.

Olinda 130
Aube (grec), violette (latin). Féminin anglais. *Variante :* Olynda. *Caractérologie :* autorité, innovation, énergie, volonté, raisonnement.

Oliva - de 100
Olive (latin). Une racine scandinave (*olafr*) pourrait également lui conférer le sens d'« ancêtre » en vieux norrois. *Caractérologie :* audace, énergie, originalité, raisonnement, découverte.

Olive 550 TOP 1 000
Olive (latin). Une racine scandinave (*olafr*) pourrait également lui conférer le sens d'« ancêtre » en vieux norrois. Féminin anglais. *Caractérologie :* altruisme, analyse, idéalisme, intégrité, volonté.

Olivia 41 000 TOP 50
Olive (latin). Une racine scandinave (*olafr*) pourrait également lui conférer le sens d'« ancêtre » en vieux norrois. *Variantes :* Oliane, Olivane, Olivéa, Oliviana, Oliviane, Olivie, Olivine. *Caractérologie :* indépendance, courage, curiosité, dynamisme, analyse.

Olwen - de 100
Trace blanche (celte). Prénom gallois et breton. Olwen est l'une des héroïnes des Mabinogion, contes médiévaux des anciens Gallois. *Variante :* Olwenn. *Caractérologie :* paix, conseil, bienveillance, conscience, sagesse.

Olympe 3 500 TOP 300
Qui vient de l'Olympe (grec). Féminin français. *Variantes :* Olympie, Olympia. *Caractérologie :* curiosité, courage, dynamisme, sympathie, volonté.

Omaya 140
Jeune mère (arabe). *Variante :* Oméya. *Caractérologie :* réalisation, autorité, énergie, innovation, ambition.

Ombeline 3 500 TOP 600
Esprit brillant (germanique). Féminin français. *Variante :* Ombline.

Caractérologie : enthousiasme, pratique, volonté, communication, raisonnement.

Ona
- de 100

Bon (basque). *Caractérologie :* pragmatisme, communication, sociabilité, optimisme, créativité.

Ondine
1 100

Flot, vague (latin). C'est en 1972 que naissent, en France, les premières Ondine. Si elle surfe sans grand succès sur la vague des Marine et des Océane dans les années 1990, elle a repris de la vigueur dans les années 2010. On peut estimer que moins de 30 enfants seront prénommés ainsi en 2022. *Variante :* Ondina. *Caractérologie :* connaissances, sagacité, spiritualité, originalité, volonté.

Oona
250 TOP 2 000

Agneau (irlandais). Féminin irlandais et finlandais. *Caractérologie :* humanité, rectitude, ouverture d'esprit, rêve, générosité.

Opale
350 TOP 2 000

Forme anglophone du sanscrit *upala* qui signifie « pierre précieuse ». *Variantes :* Opal, Opaline. *Caractérologie :* structure, persévérance, sécurité, cœur, efficacité.

Opaline
300

Voir Opale. *Caractérologie :* amitié, idéalisme, raisonnement, intégrité, altruisme.

Ophélia
2 000 TOP 900

Qui aide (grec). Féminin anglais. *Variante :* Phélia. *Caractérologie :* communication, enthousiasme, pratique, ressort, analyse.

Ophélie
36 000 TOP 700

Qui aide (grec). Féminin français. *Variantes :* Oliphie, Ophély. *Caractérologie :* connaissances, sagacité, analyse, ressort, spiritualité.

Ophéline
300

Qui aide (grec). *Caractérologie :* enthousiasme, ressort, communication, analyse, pratique.

Ophira
- de 30

En or (hébreu). *Variante :* Ofira. *Caractérologie :* méthode, engagement, ténacité, ressort, fiabilité.

Ora
200 TOP 2 000

Lumière (hébreu). *Variante :* Orah. *Caractérologie :* savoir, intelligence, méditation, indépendance, sagesse.

Orama
- de 30

Inspiration céleste (tahitien). *Caractérologie :* pratique, adaptation, communication, générosité, enthousiasme.

Orane
3 000

Dérivé d'Uranie, du grec *ouranos*, « ciel », et contraction d'Ora et Anne. Féminin français. On peut estimer que moins de 30 enfants seront prénommés ainsi en 2022. *Variante :* Oranne. *Caractérologie :* habileté, ambition, passion, résolution, force.

Oréa
- de 30

Montagnes (grec). *Variante :* Oréal. *Caractérologie :* enthousiasme, pratique, communication, résolution, adaptation.

Orégane
170

De haute naissance (celte). Voir Aurégane. *Variante :* Orégan. *Caractérologie :* réceptivité, détermination, sociabilité, loyauté, diplomatie.

Orélie
- de 100

En or (latin). *Variante :* Orélia. *Caractérologie :* énergie, innovation, autorité, ambition, analyse.

Oria
400 ➔

En or (latin), nom de villages situés au Pays basque et en Italie. Prénom basque et italien. *Caractérologie :* philosophie, spiritualité, sagacité, originalité, connaissances.

Oriana
1 400 TOP 1 000 ➔

Contraction d'Oria et Anna. Prénom italien. *Caractérologie :* engagement, fiabilité, ténacité, méthode, décision.

Oriane
10 000 TOP 700 ➔

Contraction d'Oria et Anne. Féminin français. *Variantes :* Oria, Oriola, Orria. *Caractérologie :* ambition, passion, détermination, force, habileté.

Orianna
350 TOP 2 000 ↑

Contraction d'Oria et Anna. *Caractérologie :* décision, ouverture d'esprit, humanité, rectitude, rêve.

Orianne
2 500

Contraction d'Oria et Anne. Féminin français. On peut estimer que moins de 30 enfants seront prénommés ainsi en 2022. *Caractérologie :* persévérance, structure, sécurité, efficacité, décision.

O

Orina
- de 30

Paix (grec). Orina est plus particulièrement répandu en Russie. *Caractérologie :* pratique, résolution, communication, adaptation, enthousiasme.

Orlanda
- de 30

Gloire du pays (germanique). Féminin italien, corse et espagnol. *Caractérologie :* fidélité, intuition, volonté, raisonnement, médiation.

Orlane
9 500 TOP 800 ↘

Gloire du pays (germanique). Féminin français. *Variantes :* Orlanne, Orléane, Orléanne, Orlène. *Caractérologie :* détermination, diplomatie, réceptivité, raisonnement, sociabilité.

Orléna
- de 100

Gloire du pays (germanique). *Caractérologie :* sociabilité, diplomatie, réceptivité, raisonnement, détermination.

Orline
- de 30

Gloire du pays (germanique). *Caractérologie :* raisonnement, audace, direction, dynamisme, indépendance.

Orna
- de 100

Couleur pâle (irlandais), forme féminine d'Oren. Orna est assez répandu dans les pays anglophones. *Caractérologie :* pratique, communication, adaptation, détermination, enthousiasme.

Ornella
7 500 TOP 1 000 ↘

Éclat du soleil (grec). Féminin italien. *Variante :* Ornela. *Caractérologie :* dynamisme, logique, courage, décision, curiosité.

Orphée
350 ↘

Prénom mixte révolutionnaire dont l'origine est incertaine. *Caractérologie :* méthode, ténacité, fiabilité, engagement, ressort.

Oryane
180

Variante d'Oriane. *Caractérologie :* résolution, équilibre, famille, responsabilité, influence.

Osana
- de 100

Santé (basque), qui sauve (hébreu). *Variantes :* Osanna, Ozana. *Caractérologie :* séduction, énergie, originalité, audace, découverte.

Olivia

Fête :
5 mars

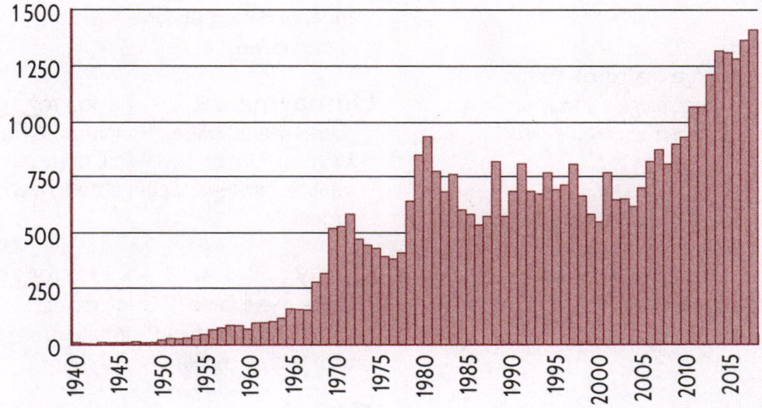

Étymologie

Olive (latin). Une racine scandinave (*olafr*) pourrait également lui conférer le sens d'« ancêtre » en vieux norrois. On attribue à Shakespeare l'invention d'Olivia, inspirée par les prénoms anciens Olive et Oliva. Ce prénom est rarement attribué en Europe avant les années 1960, même si son usage est attesté en Angleterre à partir du XVIIIe siècle. En France, c'est l'ascension d'Olivier qui révèle cette forme féminine dans les années 1970. Après un début de carrière chaotique, Olivia s'est imposée dans le top 40 national dans les années 2010. Gageons qu'elle ne s'arrêtera pas en si bon chemin.

En dehors de l'Hexagone, Olivia brille dans les palmarès anglais, américain, canadien et australien. Elle est en vogue dans les pays scandinaves et se distingue au Québec, en Suisse romande et en Wallonie.

Les Olivia sont fêtées le 5 mars, avec sainte Olive. Cette dernière vécut au IIe siècle et fut martyre à Brescia, où reposent ses reliques.

Personnes célèbres

Olivia Newton-John, chanteuse et actrice anglo-australienne, née en 1948 ; Olivia Wilde, actrice américaine, née en 1984 ; Olivia Palermo, actrice et mannequin américaine, née en 1986 ; Olivia Ruiz, autrice-compositrice-interprète, actrice et réalisatrice française, née en 1980.

Statistiques

Olivia est le 70e prénom féminin le plus donné en France depuis l'an 2000. Ce prénom est attribué à près d'une fille sur 230 aujourd'hui.

O

Osanne
- de 30

Variante francisée d'Osane : santé (basque), qui sauve (hébreu). Forme basque : Osane. *Caractérologie :* dynamisme, charisme, curiosité, courage, indépendance.

Oscarine
- de 30

Lance divine (germanique). Féminin français. *Caractérologie :* communication, décision, optimisme, pragmatisme, logique.

Osian
- de 30

Petit faon (celte). Féminin possible d'Oisín, héros et poète dans la mythologie irlandaise. *Caractérologie :* loyauté, persévérance, sécurité, efficacité, honnêteté.

Othilia
- de 100

Riche, prospère (germanique). *Variantes :* Otilia, Otillia. *Caractérologie :* logique, sociabilité, gestion, réceptivité, diplomatie.

Othilie
500 ↘

Riche, prospère (germanique). Dans l'Hexagone, Othilie est plus traditionnellement usité en Alsace. *Variantes :* Othélie, Othilde, Ottilie. *Caractérologie :* bienveillance, paix, finesse, conscience, analyse.

O

Ottoline
- de 30

Diminutif anglais d'Othilie : riche, prospère (germanique). Il est également rare outre-Manche. *Caractérologie :* raisonnement, sociabilité, diplomatie, loyauté, bonté.

Ouarda
1 400

Rose (arabe). On peut estimer que moins de 30 enfants seront prénommés ainsi en 2022. *Variantes :* Oirda, Ouardia, Ourda, Ourdia. *Caractérologie :* responsabilité, analyse, influence, équilibre, famille.

Oumaïma
1 000 →

Jeune mère (arabe). *Variantes :* Oum, Ouma. *Caractérologie :* direction, indépendance, audace, logique, dynamisme.

Oumayma
900 TOP 2 000 ↘

Jeune mère (arabe). *Variantes :* Omayma, Oumou, Umay, Umayma. *Caractérologie :* vitalité, stratégie, achèvement, réalisation, ardeur.

Oumy
350 TOP 2 000 →

Jeune mère (arabe). *Caractérologie :* relationnel, médiation, intuition, adaptabilité, fidélité.

Oxana
550 ↑

Hospitalier (grec). Prénom slave oriental. *Variante :* Oxanna. *Caractérologie :* audace, direction, dynamisme, indépendance, assurance.

Oxane
250 ↗

Hospitalier (grec). *Variante :* Oxanne. *Caractérologie :* découverte, énergie, audace, séduction, originalité.

Oyana
200

Bosquet, bois (basque). *Caractérologie :* loyauté, bonté, diplomatie, réceptivité, sociabilité.

Ozanne
- de 30

Variante francisée d'Osane : santé (basque), qui sauve (hébreu). *Variante :* Ozane. *Caractérologie :* partage, créativité, communication, pragmatisme, enthousiasme.

P

Palma
- de 100

Palmiers (hébreu). *Caractérologie :* savoir, indépendance, réalisation, méditation, intelligence.

Palmyre
450

Palmiers (hébreu). Féminin anglais. *Variantes :* Palmira, Palmire. *Caractérologie :* idéalisme, sympathie, réalisation, altruisme, intégrité.

Paloma
6 500 TOP 400

Colombe (latin). Ce prénom espagnol se rapporte également à la Vierge de la Paloma (Notre-Dame-de-la-Colombe, à Madrid). *Caractérologie :* persévérance, structure, sécurité, efficacité, réussite.

Paméla
8 500

Sucré (grec). En dehors de l'Hexagone, Pamela est particulièrement recensé dans les pays anglophones. On peut estimer que moins de 30 enfants seront prénommés ainsi en 2022. *Variantes :* Pam, Pamella. *Caractérologie :* sympathie, communication, pratique, enthousiasme, réalisation.

Paola
8 500 TOP 400

Petit, faible (latin). Paola est répandu en Italie et dans les pays hispanophones. C'est aussi un choix traditionnel breton. *Variante :* Paolina. *Caractérologie :* altruisme, idéalisme, réflexion, dévouement, intégrité.

Paolina
700 TOP 2 000

Petit, faible (latin). Prénom italien. *Caractérologie :* raisonnement, charisme, indépendance, curiosité, dynamisme.

Paoline
300

Petit, faible (latin). *Caractérologie :* rêve, bonté, rectitude, raisonnement, humanité.

Pâquerette
900

Perle (grec). *Caractérologie :* relationnel, médiation, ressort, finesse, intuition.

Paquita
850

Libre, française (latin). *Caractérologie :* structure, persévérance, action, sécurité, organisation.

Pascale
98 000

Passage (hébreu). Peu attribué par le passé, ce prénom a jailli dans le sillon de son masculin Pascal et culminé au 12e rang féminin en 1962. Pascale est redevenu très discret depuis les années 1990. On peut estimer que moins de 30 enfants seront prénommés ainsi en 2022. *Caractérologie :* pratique, communication, enthousiasme, sympathie, adaptation.

Pascaline
10 000

Passage (hébreu). Féminin français. On peut estimer que moins de 30 enfants seront prénommés ainsi en 2022. *Caractérologie :* stratégie, achèvement, décision, vitalité, cœur.

Patience
- de 100

Patience (latin). *Caractérologie :* sympathie, audace, dynamisme, résolution, direction.

Patricia
197 000 TOP 2 000

Noble personne (latin). Noble par son étymologie latine *patricius*, Patricia était en usage dans la Rome antique. L'ajout de sa terminaison en « a » permettait aux Romains de distinguer la gente féminine issue des familles nobles. Malgré un usage ancien en Occitanie, Patricia s'est peu propagé en France. Il émerge avec tout l'attrait d'une nouveauté dans les années 1950 et se hisse en quelques années dans

P

le top 20. Patricia s'y maintient durant deux décennies avant de chuter fortement. Ce prénom, très répandu dans les pays anglophones, s'est illustré dans le top 10 américain de 1929 à 1966. *Variantes :* Patriciane, Patricie, Patrizia, Patsy, Pattie, Patty. *Caractérologie :* énergie, gestion, découverte, originalité, audace.

Paula

4 500 TOP 600 ↗

Petit, faible (latin). Paula est très répandu dans les pays hispanophones. C'est aussi un choix traditionnel corse et occitan. *Variante :* Pola. *Caractérologie :* paix, bienveillance, conscience, conseil, sagesse.

Paule

16 000 ↗

Petit, faible (latin). Féminin français. *Caractérologie :* autorité, énergie, innovation, ambition, cœur.

Paulette

82 000

Petit, faible (latin). Féminin français. On peut estimer que moins de 30 enfants seront prénommés ainsi en 2022. *Caractérologie :* autorité, énergie, innovation, organisation, bonté.

P

Paulina

400 →

Petit, faible (latin). Féminin espagnol, polonais, letton, catalan et corse. *Caractérologie :* sociabilité, réceptivité, diplomatie, décision, cœur.

Pauline

134 000 TOP 200 ↘

Petit, faible (latin). Ce féminin français de Paul est aujourd'hui répandu dans les pays anglophones, en Allemagne et aux Pays-Bas. Dans l'Hexagone, il y a belle lurette qu'il a supplanté Paulina, la forme latine originelle portée par une sainte martyre au IVe siècle. Pauline a été en vogue au XIXe siècle, puis s'est éclipsé pour mieux revenir dans les années 1980. Bien qu'ayant passé le point culminant de sa carrière (7e rang français en 1991), Pauline reste un choix prisé aujourd'hui. Pauline Bonaparte (1780-1825), la sœur de Napoléon Ier, et sainte Pauline, missionnaire belge martyrisée en Chine en 1901, ont porté ce prénom. *Variantes :* Paulia, Pauliana, Paulienne, Paulyne. *Caractérologie :* paix, résolution, bienveillance, conscience, sympathie.

Paz

- de 100

Ce nom signifie « paix » en espagnol. En Espagne, Paz se réfère à la Vierge de la Paix. *Caractérologie :* sagacité, connaissances, philosophie, spiritualité, originalité.

Pearl

500 TOP 2 000 ↘

Perle (grec). Féminin anglais. *Caractérologie :* détermination, bonté, sagacité, connaissances, spiritualité.

Peggy

17 000

Perle (grec). En dehors de l'Hexagone, ce prénom est particulièrement porté dans les pays anglophones. On peut estimer que moins de 30 enfants seront prénommés ainsi en 2022. *Variantes :* Peg, Peggie. *Caractérologie :* exigence, équilibre, responsabilité, famille, influence.

Pélagie

550

Haute mer (grec). *Variantes :* Pélage, Pélagia. *Caractérologie :* audace, direction, détermination, dynamisme, bonté.

Penda

500 →

Celle qui est pourvue de nombreuses capacités (grec). *Variante :* Pandora. *Caractérologie :* méthode, fiabilité, ténacité, engagement, réalisation.

Pénélope

5 000 TOP 600 ↘

Tisserande (grec). Pénélope est l'épouse fidèle d'Ulysse et la mère de Télémaque dans *L'Iliade* et *L'Odyssée* d'Homère. Sans accents, Penelope est plus particulièrement répandu dans les pays

Les anticotes

Nous avons sélectionné des prénoms anticote qui ont connu leurs heures de gloire à différentes périodes du XXe siècle.

Les anticotes du début du XXe siècle (1900-1929)
Adrienne, Albertine, Alphonsine, Andrée, Antoinette, Augusta, Berthe, Émilienne, Fernande, Francine, Geneviève, Georgette, Germaine, Gisèle, Henriette, Julienne, Lucienne, Marcelle, Marie-Louise, Marthe, Odette, Paule, Paulette, Raymonde, Reine, Renée, Simone, Thérèse, Yvonne.

Les anticotes de la période 1930-1949
Bernadette, Christiane, Claude, Claudine, Danièle, Danielle, Éliane, Françoise, Huguette, Jacqueline, Jeannine, Joëlle, Josette, Liliane, Linette, Louisette, Marie-Christine, Mireille, Odile, Pierrette.

Les anticotes de la période 1950-1979
Annick, Annie, Brigitte, Carole, Chantal, Claudie, Corinne, Danielle, Dominique, Évelyne, Fabienne, Frédérique, Géraldine, Josiane, Karine, Laurence, Magali, Marie-Christine, Marie-Hélène, Marie-Pierre, Martine, Maryline, Maryse, Michèle, Micheline, Mireille, Monique, Muriel, Nadège, Nadine, Pascale, Patricia, Régine, Roseline, Sabine, Sylviane, Sylvie, Valérie, Véronique, Viviane.

Les anticotes de la période 1980-1999
Alexandra, Amandine, Amélie, Angélique, Aurélie, Aurore, Caroline, Céline, Christelle, Cindy, Delphine, Élodie, Fabienne, Isabelle, Jennifer, Jocelyne, Laetitia, Marion, Mélanie, Sabrina, Sandrine, Séverine, Stéphanie, Sylvie, Valérie, Vanessa.

Les anticotes en 2022
Les prénoms phares des années 2000 sont toujours d'actualité. Si vous recherchez des prénoms démodés, voici un top 20 à rebours des prénoms les plus portés (par plus de 130 000 Françaises) et les moins attribués (donnés moins de 20 fois) dans l'Hexagone en 2022. Le nombre estimé d'attributions est indiqué entre parenthèses.

1. Corine (0)
2. Brigitte (2)
3. Véronique (2)
4. Dominique (3)
5. Sylvie (3)
6. Chantal (4)
7. Danielle (4)
8. Jacqueline (4)
9. Christiane (5)
10. Laurence (5)
11. Martine (5)
12. Monique (6)
13. Claudine (7)
14. Françoise (10)
15. Virginie (10)
16. Valérie (11)
17. Christelle (13)
18. Sandrine (13)
19. Christine (16)
20. Annie (16)

Notons que la moyenne d'âge des porteuses de ces prénoms n'a pas influencé leur popularité de la même manière. Ainsi, les Virginie sont en moyenne âgées d'une quarantaine d'années, mais curieusement, en 2022, ce prénom devrait être moins donné que les Annie dont la moyenne d'âge approche les 70 ans.

anglophones et en Grèce. *Variante :* Penny. *Caractérologie :* connaissances, sagacité, originalité, spiritualité, bonté.

Périne
750

Petit caillou (grec). *Variantes :* Périna, Périnne. *Caractérologie :* sécurité, persévérance, structure, efficacité, honnêteté.

Perla
700 TOP 900

Perle (grec). *Caractérologie :* intelligence, décision, méditation, savoir, cœur.

Perle
2 500 TOP 800

Perle (grec). *Variantes :* Perlina, Perline. *Caractérologie :* réceptivité, diplomatie, sociabilité, loyauté, bonté.

Pernelle
450

Petit caillou (grec). *Variantes :* Pernille, Péronelle, Péroline, Péronille, Péronne, Péronnelle. *Caractérologie :* paix, conscience, bienveillance, amitié, conseil.

Perrine
22 000 TOP 2 000

Petit caillou (grec). Féminin français. *Variantes :* Perrina, Perryne. *Caractérologie :* persévérance, structure, honnêteté, sécurité, efficacité.

P

Persia
- de 30

De Perse (grec). Féminin anglais. *Caractérologie :* énergie, découverte, décision, originalité, audace.

Petra
250

Petit caillou (grec). Petra est plus traditionnellement usité en Hongrie, en Finlande et au Pays basque. *Caractérologie :* paix, détermination, conscience, bienveillance, conseil.

Pétronille
550

Petit caillou (grec). *Caractérologie :* humanité, rêve, amitié, rectitude, raisonnement.

Pétula
- de 100

Impatiente (anglais). *Caractérologie :* cœur, pragmatisme, optimisme, communication, gestion.

Pétunia
- de 30

Nom de plante herbacée originaire des régions tropicales d'Amérique du Sud. Pétunia peut se fêter avec Fleur, le 5 octobre. *Caractérologie :* résolution, dynamisme, sympathie, curiosité, courage.

Phénicia
- de 100

Se rapporte au Phénix qui parvenait, dans la mythologie égyptienne, à renaître de ses cendres. *Caractérologie :* médiation, intuition, relationnel, amitié, action.

Philaé
250 TOP 2 000

Qui aime (grec). *Variantes :* Phila, Philia, Phillie. *Caractérologie :* bienveillance, paix, ressort, sympathie, conscience.

Philippa
250 TOP 2 000

Qui aime les chevaux (grec). Féminin anglais et allemand. *Variantes :* Filippa, Fily. Forme occitane : Felipa. *Caractérologie :* équilibre, ressort, famille, responsabilité, influence.

Philippine
6 000 TOP 400

Qui aime les chevaux (grec). Féminin français. *Variante :* Philipine. *Caractérologie :* amitié, paix, conscience, bienveillance, action.

Philomène
4 000 TOP 800

Affectueuse, amicale (grec). Féminin français. *Variantes :* Filomena, Philoména. *Caractérologie :* sagacité, spiritualité, connaissances, raisonnement, volonté.

Philys
- de 30

Feuille (grec). Féminin anglais. *Caractérologie :* ambition, habileté, passion, force, action.

Phoebé
900 TOP 2 000

Brillante, lumineuse (grec). Dans la mythologie grecque, Phoebé était l'autre nom d'Artémis. *Variantes :* Phébée, Phèbe. *Caractérologie :* bienveillance, conscience, paix, finesse, conseil.

Pia
2 500 TOP 300

Pieuse (latin). Dans l'Hexagone, Pia est plus traditionnellement usité au Pays basque. *Caractérologie :* vitalité, achèvement, ardeur, leadership, stratégie.

Pierrette
50 000

Petit caillou (grec). Féminin français. On peut estimer que moins de 30 enfants seront prénommés ainsi en 2022. *Variantes :* Perrette, Pierra, Pierret. *Caractérologie :* management, ambition, force, passion, habileté.

Pilar
1 200

Pilier (basque). On peut estimer que moins de 30 enfants seront prénommés ainsi en 2022. *Caractérologie :* intuition, médiation, adaptabilité, fidélité, relationnel.

Pimprenelle
- de 100

Plante des prés à fleurs pourpres. *Caractérologie :* vitalité, achèvement, stratégie, ardeur, décision.

Poe
- de 30

Perle (tahitien). *Caractérologie :* rectitude, humanité, rêve, générosité, ouverture d'esprit.

Poema
- de 100

Perle des mers profondes (tahitien). *Caractérologie :* volonté, structure, honnêteté, sens du devoir, efficacité.

Pollyanna
- de 100

Héroïne de *Pollyanna ou le Jeu du contentement*, d'Eleanor H. Porter, paru en 1913. *Variante :* Pollyanne. *Caractérologie :* diplomatie, loyauté, sociabilité, réceptivité, cœur.

Pomme
- de 100

Ce prénom issu du calendrier révolutionnaire se rapporte au nom du fruit. Sainte Fleur, religieuse auvergnate du XIVe siècle, est la patronne de Pomme. *Variante :* Pomeline. *Caractérologie :* achèvement, ardeur, vitalité, volonté, stratégie.

Prescilia
1 600

Ancien (latin). On peut estimer que moins de 30 enfants seront prénommés ainsi en 2022. *Variantes :* Precillia, Precilia, Prescylia. *Caractérologie :* réceptivité, diplomatie, sociabilité, résolution, sympathie.

Prescilla
1 200

Ancien (latin). On peut estimer que moins de 30 enfants seront prénommés ainsi en 2022. *Caractérologie :* découverte, bonté, détermination, énergie, audace.

Prescillia
5 500

Ancien (latin). Féminin français. On peut estimer que moins de 30 enfants seront prénommés ainsi en 2022. *Caractérologie :* énergie, découverte, audace, sympathie, résolution.

Prima
- de 30

Premier (latin). *Variante :* Primia. *Caractérologie :* enthousiasme, communication, pratique, adaptation, réalisation.

Princesse
300 TOP 2 000

En premier (latin). *Caractérologie :* rêve, humanité, rectitude, amitié, détermination.

Les prénoms oubliés

Cette sélection rassemble des petits noms qui furent en faveur au début des années 1900. Après avoir sombré dans l'oubli, ces pépites retrouvent des couleurs. Certaines, comme Madeleine ou Suzanne reprennent discrètement le chemin de l'école. D'autres, comme Adèle, Louise, Victoire ou Rose s'ébattent déjà dans les cours de récréation !

Adèle, Albertine, Alice, Alma, Angèle, Anne, Apolline, Armance, Artémise, Augustine, Blanche, Célestine, Eugénie, Félicie, Fleurine, Gabrielle, Hélène, Henriette, Jeanne, Joséphine, Léona, Léonie, Léontine, Louise, Lucie, Madeleine, Marcelle, Marguerite, Maria, Marie, Marthe, Mathilde, Odette, Philomène, Rosalie, Sidonie, Suzanne, Victoire, Victorine, Yvonne, Zélie.

D'autres perles au côté suranné ne méritent pas le désintérêt qui les accable aujourd'hui.

Ci-dessous des prénoms qui furent attribués à une poignée d'enfants au tout début du XXe siècle... avant de disparaître des registres d'état civil. Avis aux amateurs...

Amantine, Amaranthe, Anathilde, Anatoline, Angeline, Aventine, Cléonice, Cléore, Colette, Cyrienne, Églantine, Émiliette, Eudora, Eulalie, Honorine, Ida, Léonelle, Marcelline, Mariette, Octavie, Olympe, Rosine, Théophanie.

Prisca
4 000

Ancien (latin). Prénom italien. On peut estimer que moins de 30 enfants seront prénommés ainsi en 2022. *Variante :* Priska. *Caractérologie :* créativité, pragmatisme, optimisme, communication, sociabilité.

P

Priscilia
1 200

Ancien (latin). Priscilia est plus particulièrement répandu aux États-Unis et en Corse. On peut estimer que moins de 30 enfants seront prénommés ainsi en 2022. *Caractérologie :* famille, responsabilité, équilibre, influence, exigence.

Priscilla
13 000

Ancien (latin). Féminin français et anglais. On peut estimer que moins de 30 enfants seront prénommés ainsi en 2022. *Caractérologie :* humanité, rectitude, rêve, générosité, tolérance.

Priscille
2 500 TOP 2 000

Ancien (latin). *Caractérologie :* sécurité, résolution, structure, sympathie, persévérance.

Priscillia
8 000

Ancien (latin). Féminin français. On peut estimer que moins de 30 enfants seront prénommés ainsi en 2022. *Variantes :* Priscila, Prissie, Pricilla, Pricillia. *Caractérologie :* altruisme, intégrité, idéalisme, dévouement, réflexion.

Priya
250 TOP 2 000

Qui est aimée (sanscrit). *Caractérologie :* conscience, paix, conseil, bienveillance, sagesse.

Prudence
950 TOP 2 000

Prudente (latin). Féminin anglais et français. *Variantes :* Prudencia, Prudenza, Prudenzia, Prudie, Prudy. *Caractérologie :* audace, énergie, découverte, originalité, sympathie.

Prune
3 000 TOP 400

Ce prénom issu du calendrier révolutionnaire renvoie au fruit du prunier. Sainte Fleur, religieuse auvergnate du XIVe siècle, est la patronne de Prune. *Caractérologie :* intuition, relationnel, médiation, cœur, fidélité.

Prunelle
450 TOP 2 000

Le prénom Prune, issu du calendrier révolutionnaire, renvoie au fruit du prunier. *Variante :* Prunella. *Caractérologie :* structure, efficacité, sécurité, cœur, persévérance.

Pulchérie
150

Beauté (latin). *Caractérologie :* méditation, sympathie, savoir, ressort, intelligence.

Q

Qiana
- de 30

Dans les années 1970, ce nom était donné aux tissus en polyamide fabriqués aux États-Unis, mais par la suite, Qiana est devenu un prénom américain. Il est désormais considéré comme une variante possible de Kiana. *Caractérologie :* indulgence, volonté, décision, éthique, sérénité.

Quinta
- de 30

Cinquième (latin). Féminin anglais. *Variante :* Quinte. *Caractérologie :* innovation, autorité, énergie, attention, décision.

Quiterie
300

Calme et tranquille (latin). Forme occitane : Quiteira. *Caractérologie :* dynamisme, curiosité, courage, indépendance, sensibilité.

Quitterie
1 600

Calme et tranquille (latin). Féminin français. On peut estimer que moins de 30 enfants seront prénommés ainsi en 2022. *Variante :* Quitteri. *Caractérologie :* sagacité, connaissances, spiritualité, sensibilité, originalité.

Q

R

Rabia
1 900 TOP 2 000

Jardin (arabe). Ancienne esclave affranchie par son maître, celle qui fut surnommée « la sainte de Basra » était une mystique musulmane du VIIIe siècle originaire d'Iraq. Elle a introduit dans le soufisme la nécessité de vénérer Dieu de manière désintéressée. Selon Rabia, la foi ne doit pas être guidée par l'attrait d'une récompense ni par la crainte de représailles. *Variantes :* Rabah, Rabha, Rabiya, Rabiye, Rabiaa. *Caractérologie :* sécurité, persévérance, efficacité, honnêteté, structure.

Rachel
40 000 **TOP 300** →

Brebis (hébreu). Très usité dans les familles juives, ce prénom de l'Ancien Testament connaît la faveur des protestants français puis des puritains anglophones à la fin du XVIe siècle. Ce n'est qu'à partir du XIXe siècle qu'il se diffuse plus largement, y compris dans les registres catholiques. Rachel atteint son pic de popularité français en 1972, mais ce prénom reste beaucoup moins répandu dans l'Hexagone que dans les pays anglophones. Dans le Livre de la Genèse, Rachel, la sœur de Léa, est la seconde épouse de Jacob et la mère de Benjamin et Joseph. *Caractérologie :* diplomatie, réceptivité, sociabilité, loyauté, détermination.

Rachèle
700

Brebis (hébreu). *Caractérologie :* résolution, connaissances, sagacité, spiritualité, originalité.

Rachelle
3 500

Brebis (hébreu). Féminin français et anglais. On peut estimer que moins de 30 enfants seront prénommés ainsi en 2022. *Caractérologie :* innovation, autorité, énergie, ambition, résolution.

R

Rachida
6 000

Bien guidée, qui a la foi (arabe). On peut estimer que moins de 30 enfants seront prénommés ainsi en 2022. *Caractérologie :* leadership, vitalité, achèvement, stratégie, ardeur.

Radegonde
- de 100

Conseil, guerre (germanique). *Caractérologie :* énergie, volonté, innovation, autorité, réalisation.

Radia
1 300 ↗

Satisfaction, plénitude (arabe). *Variantes :* Radhia, Radija, Rida. *Caractérologie :* conscience, bienveillance, sagesse, paix, conseil.

Rafaëla
450 ↗

Dieu a guéri (hébreu). Rafaela est répandu dans les pays hispanophones et lusophones. C'est aussi un choix traditionnel basque. *Variantes :* Raffaëla, Rafaëlla. *Caractérologie :* ambition, décision, force, habileté, logique.

Rahma
2 500 **TOP 700** ↗

Qui pardonne (arabe). *Variante :* Rahima. *Caractérologie :* curiosité, dynamisme, indépendance, charisme, courage.

Raïa
- de 30

Amie (hébreu), variante de Raya. *Variante :* Rahia. *Caractérologie :* diplomatie, réceptivité, bonté, loyauté, sociabilité.

Raina
250 **TOP 2 000** ↗

Qui conseille avec sagesse (germanique). Raina est également un prénom bulgare qui pourrait signifier « heureuse » (du slave *rad*). Il est orthographié avec et sans tréma dans l'Hexagone. On recense particulièrement ce nom en Bulgarie, aux États-Unis et dans les pays scandinaves. *Variante :* Rayna. *Caractérologie :* culture, médiation, volonté, application, sagesse.

Raïssa
2 500 **TOP 2 000** ↗

Déluge (arabe). *Caractérologie :* ténacité, médiation, engagement, méthode, fiabilité, sens du devoir.

Raja
1 000

Espoir (arabe), reine (sanscrit). *Variantes :* Radja, Rajah. *Caractérologie :* communication, pragmatisme, optimisme, créativité, sociabilité.

Rama
350 ↘

Élevée (hébreu), belle, celle qui enchante (sanscrit). Prénom indien d'Asie.

Caractérologie : bienveillance, paix, conscience, conseil, sagesse.

Ramona
400

Qui conseille avec sagesse (germanique). Ramona est plus particulièrement usité dans les pays hispanophones, en Italie et au Pays basque. Forme occitane : Raimonda. *Caractérologie :* habileté, ambition, force, volonté, résolution.

Rana
700 TOP 2 000

Riche et noble (arabe). *Caractérologie :* méditation, intelligence, détermination, indépendance, savoir.

Randa
300

Arbuste odorant (arabe), protection (scandinave). *Caractérologie :* diplomatie, sociabilité, réceptivité, loyauté, détermination.

Rania
7 000 TOP 500

Riche et noble (arabe). *Variantes :* Raniha, Rahnia, Rhania, Ranya. *Caractérologie :* spiritualité, connaissances, détermination, sagacité, originalité.

Raphaële
2 500

Dieu a guéri (hébreu). On peut estimer que moins de 30 enfants seront prénommés ainsi en 2022. *Variantes :* Rafaële, Rafaëlle. *Caractérologie :* pragmatisme, communication, ressort, optimisme, sympathie.

Raphaëlla
600

Dieu a guéri (hébreu). Féminin anglais et allemand. *Variante :* Raphaëla. *Caractérologie :* diplomatie, réceptivité, sociabilité, cœur, action.

Raphaëlle
12 000 TOP 300

Dieu a guéri (hébreu). Féminin français. *Caractérologie :* conscience, bienveillance, sympathie, paix, ressort.

Raquel
1 000 TOP 2 000

Brebis (hébreu). Raquel est très répandu dans les pays hispanophones et lusophones. *Caractérologie :* relationnel, intuition, fidélité, médiation, détermination.

Rayana
400

Forme féminine de Rayan : petite reine (irlandais), belle, désaltérée (arabe). *Variantes :* Rahiana, Raïana, Raya, Rayenne, Rayhane. *Caractérologie :* conseil, bienveillance, paix, conscience, sagesse.

Raymonde
53 000

Qui conseille avec sagesse (germanique). Féminin français. On peut estimer que moins de 30 enfants seront prénommés ainsi en 2022. *Variantes :* Raymonda, Raymone. *Caractérologie :* découverte, audace, énergie, caractère, réussite.

Razane
900 TOP 600

Prénom arabe d'origine perse signifiant « vigne ». *Variante :* Razan. *Caractérologie :* bonté, diplomatie, détermination, sociabilité, réceptivité.

Rébecca
13 000 TOP 500

Rassasiée (hébreu). Ce prénom biblique est établi de longue date dans les cultures juives du monde entier. Bien que les puritains anglophones aient relancé sa carrière au XVIIe siècle, il est resté peu attribué en France. Il est plus particulièrement répandu dans les pays anglophones et en Italie aujourd'hui. ◇Dans l'Ancien Testament, Rébecca épouse Isaac et donne naissance aux jumeaux Ésaü et Jacob. Les deux sont destinés à devenir pères de deux nations, mais Jacob a la préférence de sa mère. Elle l'aide à se faire passer pour Ésaü auprès de son père aveugle, et Jacob reçoit l'Alliance à sa place. *Variantes :* Becca, Becka, Becky, Reba, Rébeca, Rebecka, Rebeka, Rebekka,

R

Les internationaux

Le tableau ci-dessous propose une sélection de prénoms francophones et leurs équivalents anglophones et hispanophones. Cette sélection sera utile aux parents qui souhaitent trouver un prénom dont l'orthographe ou la prononciation reste identique dans de nombreuses régions du monde.

Prénom francophone	Prénom anglophone	Prénom hispanophone
Alexa	Alexa	Alexia
Alice	Alice	Alicia
Amélia	Amelia	Amelia
Anna	Hannah	Anna, Ana
Carla	Carla	Carla
Chloé	Chloe	Cloe
Clara	Clara	Clara
Claudia	Claudia	Claudia
Éléna	Elena	Elena
Ella	Ella	Ella
Emma	Emma	Emma
Éva, Ève	Ava, Evie	Ava, Eva
Gabrielle	Gabriella	Gabriela
Inès	-	Inés
Iris	Iris	Iris
Jade	Jade	Jade
Julia	Julia	Julia
Laura	Laura	Laura
Lili, Lily	Lily	Lili, Lily
Lina	Lina	Lina
Lola	Lola	Lola
Louise	Louisa	Luisa
Lisa	Lisa	Lisa
Lucie	Lucy	Lucía
Madeleine, Madeline	Madeleine, Madeline	Magdalena
Marie	Mary	María
Maya	Maya	Maïa, Maya
Mia	Mia	Mía
Myriam	Miriam	Miriam
Nicole	Nicole	Nicole
Nina	Nina	Nina
Nora(h)	Norah	Nora
Olivia	Olivia	Olivia
Pauline	Pauline	Paula, Paulina
Rébecca	Rebecca	Rebeca
Rose	Rose	Rosa
Sarah	Sarah	Sara
Sonia	Sonia	Sonia
Sophie, Sophia, Sofia	Sophie, Sophia, Sofia	Sofía
Théa	Thea	Tea
Valentine	Valentina	Valentina
Victoria	Victoria	Victoria
Zoé	Zoe	Zoé

R

Riva, Rivka. *Caractérologie :* direction, dynamisme, décision, gestion, audace.

Régina
1 700 ↑

Reine (latin). *Caractérologie :* intégrité, idéalisme, réflexion, altruisme, décision.

Régine
51 000

Reine (latin). Féminin français. On peut estimer que moins de 30 enfants seront prénommés ainsi en 2022. *Caractérologie :* ténacité, méthode, fiabilité, engagement, sens du devoir.

Reine
12 000

Reine (latin). Féminin français. On peut estimer que moins de 30 enfants seront prénommés ainsi en 2022. Variante basque et occitane : Reina. *Caractérologie :* conscience, paix, bienveillance, conseil, sagesse.

Reine-Claude
350

Au XVIe siècle, il n'était pas rare de voir de nouvelles espèces de fruits nommées en hommage à une reine régnante. C'est donc à la reine Claude (1499-1524), épouse de François Ier, que le fruit éponyme est dédié. On le savoure cru ou cuit, en tarte ou en confiture, mais il est aussi délicieux sous forme de prénom. Près de 400 Françaises ont été prénommées Reine-Claude de 1948 à 1984. Avis aux amateurs… Ce prénom oublié a traversé les siècles en toute discrétion, mais il a tout de même été attribué à près de 400 Françaises de 1948 à 1984. *Caractérologie :* diplomatie, entente, compréhension, fiabilité, sociabilité.

Réjane
8 000

Reine (latin). Féminin français. On peut estimer que moins de 30 enfants seront prénommés ainsi en 2022. *Variantes :* Rejana, Réjanne, Réjeane, Réjine. *Caractérologie :* ambition, force, habileté, passion, résolution.

Renata
400 ↑

Renaître (latin). Féminin italien, polonais, espagnol, portugais, allemand et slave. *Variante :* Renate. *Caractérologie :* originalité, découverte, audace, détermination, énergie.

Renée
70 000

Renaître (latin). Peu donné par le passé, Renée entame sa carrière à la fin du XIXe siècle et culmine au 9e rang féminin en 1920. Bien qu'il ait grandi dans le sillon de René, ce prénom a été deux fois moins attribué que son masculin. On peut estimer que moins de 30 enfants seront prénommés ainsi en 2022. *Variante :* Réna. *Caractérologie :* diplomatie, réceptivité, sociabilité, loyauté, bonté.

Reva
- de 30

Voûte céleste (tahitien), rassasiée (hébreu). *Caractérologie :* dynamisme, audace, direction, détermination, indépendance.

Rexana
- de 30

Aube (persan). *Caractérologie :* réflexion, idéalisme, décision, intégrité, altruisme.

Rhéa
- de 100

Fleur, protectrice des cités (grec/latin). Dans la mythologie grecque, Rhea désespère de voir Cronos avaler ses nouveau-nés (il pense ainsi échapper à la prophétie selon laquelle un de ses fils le détrônera). Elle cache Zeus en Crète et présente à Cronos une pierre entourée de langes en guise d'enfant, ce qu'il s'empresse d'avaler. Cette supercherie permet à Zeus d'accomplir son destin à l'âge adulte : il détrône son père et le force à restituer ses frères. Dans la mythologie romaine, Rhea est l'autre nom de Cybèle, la mère des dieux associée à la Terre et la Fertilité. *Caractérologie :* curiosité, dynamisme, détermination, indépendance, courage.

Rhéane
- de 100 TOP 2 000

Fleur, protectrice des cités (grec/latin). Voir Rhéa. *Caractérologie :* équilibre, responsabilité, résolution, exigence, famille.

Rhoda
- de 30

Rose (grec). Féminin anglais. *Variantes :* Rhode, Rhodia. *Caractérologie :* audace, dynamisme, indépendance, direction, assurance.

Rhonda
- de 100

Rivière (celte). Féminin anglais. *Caractérologie :* conscience, paix, bienveillance, détermination, volonté.

Riana
150

Petite reine (irlandais), cascade (malgache), féminin de Rayane (usage récent). *Variantes :* Ryana, Ryhana. *Caractérologie :* connaissances, spiritualité, décision, originalité, sagacité.

Richarde
130

Puissant gouverneur (germanique). *Caractérologie :* pragmatisme, communication, résolution, optimisme, créativité.

R

Riham
450

Pluie fine (arabe). *Caractérologie :* efficacité, persévérance, honnêteté, structure, sécurité.

Rihana
350 TOP 2 000

Ce jeune prénom a grandi en Angleterre avant d'apparaître en France en 2002. Il doit tout ou partie de son existence à Ryan, dont le succès a inspiré plusieurs dérivés féminins. Dans la mythologie galloise, Rhiannon est la déesse de la Fertilité et de la Lune. *Caractérologie :* conscience, résolution, conseil, paix, sagesse.

Rihanna
1 000 TOP 2 000

Voir Rihana. Nul doute que la chanteuse originaire de la Barbade Rihanna (de son vrai nom Robyn Fenty) a accéléré l'émergence de ce prénom. Les premières Rihanna de France sont nées en 2005. *Caractérologie :* médiation, relationnel, fidélité, adaptabilité, intuition.

Rim
1 900 TOP 600

Antilope (arabe). *Variantes :* Reem, Rime, Rym, Ryme. *Caractérologie :* ténacité, sens du devoir, fiabilité, méthode, engagement.

Rima
750 TOP 2 000

Antilope (arabe). *Variante :* Ryma. *Caractérologie :* curiosité, dynamisme, courage, charisme, indépendance.

Rina
900

Jasmin (japonais), joie, bonheur (hébreu), dissolution (sanscrit) et contraction, dans de nombreux pays, de prénoms se terminant par « rina ». *Caractérologie :* paix, bienveillance, conscience, conseil, détermination.

Rinda
- de 30

Don de Dieu (grec). *Caractérologie :* résolution, dynamisme, audace, direction, indépendance.

Riona
- de 30

Pure (grec). *Caractérologie :* partage, adéquation, détermination, communication, inventivité.

Rita
6 500 TOP 500

Perle (grec). Rita est très répandu en Italie et dans les pays hispanophones. C'est aussi un choix traditionnel corse et occitan. *Variante :* Ritta. *Caractérologie :* créativité, pragmatisme, sociabilité, optimisme, communication.

Rivka
500

Rassasiée (hébreu). *Caractérologie :* savoir, méditation, indépendance, intelligence, sagesse.

Rizlane
400

Gazelle (arabe). *Variante :* Rhizlane. *Caractérologie :* structure, sécurité, efficacité, détermination, persévérance.

Robanne
- de 30

Contraction de Roberte et Anne. *Caractérologie :* influence, décision, famille, équilibre, responsabilité.

Roberte
6 000

Brillant, gloire (germanique). Féminin français. On peut estimer que moins de 30 enfants seront prénommés ainsi en 2022. *Variantes :* Roberta, Robertina, Robertine, Bertina, Bertine. *Caractérologie :* médiation, adaptabilité, fidélité, relationnel, intuition.

Robertine
250

Brillant, gloire (germanique). *Caractérologie :* connaissances, spiritualité, sagacité, originalité, philosophie.

Robyn
110 **TOP 2 000**

Brillant, gloire (germanique). *Variantes :* Robine, Robyne. *Caractérologie :* responsabilité, exigence, conseil, harmonie, affection.

Rocca
- de 30

Reposé (germanique), Il est Guide (hébreu). *Caractérologie :* méthode, ténacité, engagement, fiabilité, analyse.

Rogatienne
- de 30

Requête (latin). *Caractérologie :* idéalisme, décision, réflexion, altruisme, intégrité.

Rohana
- de 30

En ascension, bois de santal (sanscrit), roux (irlandais). Rohana est très répandu en Inde. *Variantes :* Rohanna, Rohanne. *Caractérologie :* pratique, communication, enthousiasme, adaptation, décision.

Rolande
18 000

Gloire du pays (germanique). Féminin français. On peut estimer que moins de 30 enfants seront prénommés ainsi en 2022. *Variante :* Rollande. *Caractérologie :* famille, responsabilité, logique, équilibre, caractère.

Romaine
800

Romaine (latin). *Caractérologie :* communication, enthousiasme, pratique, décision, caractère.

Romance
300 ↗

De Rome (latin), chanson sentimentale (français). *Caractérologie :* caractère, responsabilité, logique, équilibre, famille.

Romane
59 000 **TOP 50** →

Romaine (latin). Ce féminin de Romain, inconnu jusqu'au début des années 1970, le serait sans doute resté si l'actrice Romane Bohringer s'était prénommée autrement. Découverte en 1992 dans les films de Claude Miller (*L'Accompagnatrice*) et de Cyril Collard (*Les Nuits fauves*), la comédienne devient la meilleure ambassadrice du prénom. Après avoir culminé au 14e rang national (en 2007), Romane poursuit son lent déclin. À l'exception de la Wallonie, ce prénom n'a guère été attribué en dehors de l'Hexagone. *Variantes :* Romana, Romanella, Romanie, Romélie, Romina. *Caractérologie :* pragmatisme, communication, optimisme, détermination, volonté.

Romarine
- de 30

Se rapporte au romarin, plante dont le nom signifie « rosée de mer » (latin). *Caractérologie :* communication, pratique, résolution, enthousiasme, volonté.

Roméa
- de 30

De Rome (latin). Dans l'Hexagone, Romea est plus traditionnellement usité au

R

Pays basque. *Variantes :* Roma, Romée. *Caractérologie :* sagacité, connaissances, spiritualité, caractère, décision.

Romy
14 000 TOP 50

Romaine (latin). Romy est répandu dans les pays germanophones et anglophones. *Caractérologie :* ardeur, vitalité, achèvement, stratégie, leadership.

Rosa
7 500 TOP 600

Rose (latin). Féminin espagnol, italien, portugais, scandinave, néerlandais, allemand, anglais, corse et occitan. *Variante :* Roza. *Caractérologie :* stratégie, achèvement, ardeur, vitalité, leadership.

Rosabelle
- de 100

Rose (latin). *Variantes :* Rosabel, Rosabella, Rozabel. *Caractérologie :* achèvement, vitalité, stratégie, raisonnement, détermination.

Rosalia
550

Rose (latin). Féminin italien. *Caractérologie :* communication, enthousiasme, raisonnement, pratique, adaptation.

R

Rosalie
7 500 TOP 400

Rose (latin). En dehors de l'Hexagone, Rosalie est répandu dans les pays germanophones et aux Pays-Bas. *Variante :* Rosali. *Caractérologie :* intelligence, logique, méditation, décision, savoir.

Rosaline
250

Contraction de Rosa et Line. Féminin français et anglais. *Variantes :* Rosalina, Rosalyn. *Caractérologie :* communication, pratique, analyse, résolution, enthousiasme.

Rosamée
- de 30

Contraction de Rose et Aimée. *Caractérologie :* structure, persévérance, sécurité, détermination, volonté.

Rosanna
750

Contraction de Rose et Anna. Prénom italien. *Variante :* Rosana. *Caractérologie :* autorité, ambition, énergie, innovation, détermination.

Rosanne
450

Contraction de Rose et Anne. Féminin français et anglais. *Variantes :* Rosane, Rozane, Rozanne. *Caractérologie :* sens du devoir, structure, honnêteté, efficacité, résolution.

Rosario
600

Rose (latin). *Caractérologie :* énergie, séduction, audace, découverte, originalité.

Rose
58 000 TOP 50

Rose (latin). *Variantes :* Rosaura, Rosaure, Rosalba, Rosalio, Rosaria, Roscoe, Rosemonde, Roselle. *Caractérologie :* décision, communication, pratique, enthousiasme, adaptation.

Roseline
16 000

Contraction de Rose et Line. Féminin français. On peut estimer que moins de 30 enfants seront prénommés ainsi en 2022. *Variantes :* Roselena, Roselene. *Caractérologie :* résolution, intelligence, savoir, méditation, analyse.

Rosella
180

Rose (latin). *Caractérologie :* audace, dynamisme, direction, décision, logique.

Roselyne
22 000

Contraction de Rose et Lyne. Féminin français. On peut estimer que moins de 30 enfants seront prénommés ainsi en 2022. *Caractérologie :* analyse, découverte, énergie, audace, sympathie.

Rose-Marie
9 500 TOP 2 000

Forme composée de Rose et Marie. Féminin français. *Caractérologie :*

Romy

Fête :
23 août ou 28 février

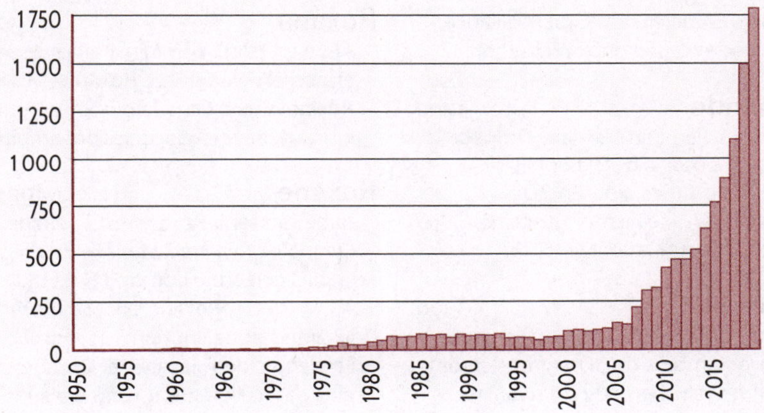

Étymologie

Romy est le diminutif de Rose-Marie. Il conjugue deux origines, latine avec Rose (*rosa* en latin) et hébraïque avec Marie, « celle qui élève ». Depuis les années 1990, Romy est devenue une variante moderne de Romane la latine, venue de Rome. Cette double origine explique les 2 jours de fête possibles du prénom.

Mais sans remonter aussi loin dans le temps, gageons que le choix des jeunes parents doit beaucoup à celle qui personnifie à elle seule le prénom : Romy Schneider. Elle n'aurait d'ailleurs pas renié cette multiplicité d'origine, étant née en Autriche, ayant vécu en France et travaillé avec les plus grands metteurs en scène européens de théâtre et de cinéma. Elle laisse un souvenir ému à des générations de cinéphiles, au point que l'on omet son patronyme pour l'évoquer… Elle est tout simplement « Romy ».

Malgré l'aura de cette personnalité, il a fallu du temps à ce prénom pour se faire une carrière. L'actrice meurt en 1982, et ce n'est qu'à partir des années 2000 que Romy revient sous les feux de la rampe. Aujourd'hui, le come-back du prénom ne fait plus de doute. Sa progression est d'ailleurs spectaculaire : après avoir séduit les Parisiens, Romy devrait franchir le seuil du top 20 national dès 2021. En revanche, ses preuves restent à faire dans les pays francophones, hormis le Québec qui la place 9e.

Statistiques

Romy est le 113e prénom féminin le plus donné en France depuis l'an 2000. Ce prénom est attribué à près d'une fille sur 160 aujourd'hui.

structure, sécurité, persévérance, résolution, volonté.

Rosemary 350

Contraction de Rose et Mary. Féminin français et anglais. *Variantes :* Rosemarie, Rosemay. *Caractérologie :* bienveillance, paix, conscience, volonté, réalisation.

Rosemonde 1 600

Rose (latin). Féminin français. On peut estimer que moins de 30 enfants seront prénommés ainsi en 2022. *Caractérologie :* idéalisme, altruisme, intégrité, détermination, volonté.

Rosette 3 500

Rose (latin). Féminin français. On peut estimer que moins de 30 enfants seront prénommés ainsi en 2022. *Variantes :* Rosetta, Rosella. *Caractérologie :* adaptation, pratique, communication, détermination, enthousiasme.

Rosie 1 800 TOP 500

Rose (latin). *Caractérologie :* pragmatisme, communication, détermination, optimisme, créativité.

R

Rosina 350

Rose (latin). Prénom italien. *Caractérologie :* sécurité, efficacité, structure, résolution, persévérance.

Rosine 5 000

Rose (latin). Ce prénom ancien a connu un pic de popularité avec Rose au XIXe siècle, mais il s'est évaporé dans les années 1970. La renaissance de Rose n'a pour l'heure aucun effet sur Rosine. On peut estimer que moins de 30 enfants seront prénommés ainsi en 2022. *Variantes :* Rosin, Rosina, Rosita, Rosiane. *Caractérologie :* passion, habileté, détermination, ambition, force.

Rosy 1 100 TOP 2 000

Rose (latin). Féminin anglais et français. *Variantes :* Rosée, Rosi, Rosia, Rozy. *Caractérologie :* énergie, audace, découverte, séduction, originalité.

Roxana 350

Aube (persan). Féminin anglais, espagnol et occitan. *Variantes :* Roxanna, Roxie, Roxine, Roxy. *Caractérologie :* autorité, innovation, énergie, décision, ambition.

Roxane 21 000 TOP 100

Aube (persan). Roxane est l'héroïne de *Cyrano de Bergerac*, la pièce de théâtre la plus célèbre d'Edmond Rostand. Au IVe siècle, Roxane épousa Alexandre le Grand et devint reine de Macédoine. En dehors de l'Hexagone, Roxane est plus particulièrement usité dans les pays anglophones. *Caractérologie :* curiosité, indépendance, détermination, dynamisme, courage.

Roxanne 3 500 TOP 400

Aube (persan). Féminin anglais et français. *Caractérologie :* autorité, innovation, résolution, énergie, ambition.

Rozenn 4 500 TOP 900

Rose (latin). Prénom breton. *Variantes :* Rozen, Rozenne. *Caractérologie :* médiation, relationnel, adaptabilité, fidélité, intuition.

Ruby 1 100 TOP 700

Rougeâtre (latin). Féminin anglais. *Variante :* Rubis. *Caractérologie :* communication, optimisme, créativité, pragmatisme, sociabilité.

Ruth 2 500 TOP 900

Compagne, amie (hébreu). Féminin anglais. *Caractérologie :* sécurité, structure, efficacité, persévérance, honnêteté.

Rose

Fête :
23 août

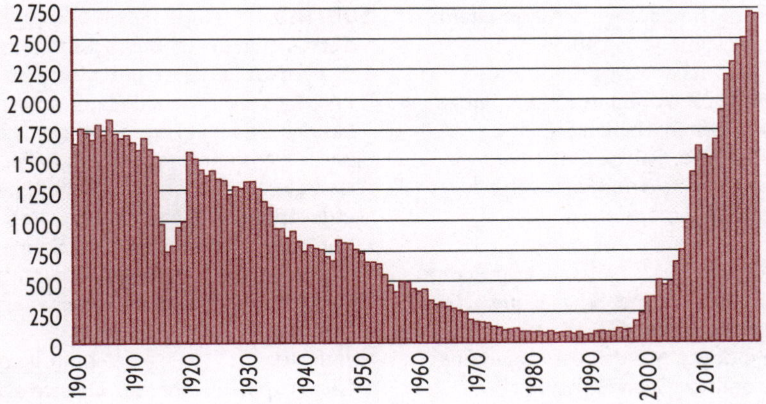

Étymologie

Du latin *rosa*, « rose ». Dans l'Antiquité, la rose était la fleur d'Aphrodite, la déesse grecque de l'Amour et de la Beauté. De nombreux poètes immortalisèrent ce symbole de la féminité qui devint Vénus à l'époque romaine. Rose entame sa carrière au Ve siècle et fleurit sous différentes formes, simples, composées ou contractées, dans tous les pays européens. Sa prospérité prend fin durant le haut Moyen Âge, ses déclinaisons se raréfiant jusqu'au retour de Rosine, au XIXe siècle.

Au XXe siècle, Rose devient une source prolifique de prénoms composés, mais elle est délaissée dans sa forme simple. Qu'importe, puisqu'elle revient de plus belle aujourd'hui. Happée par la vogue des prénoms rétro, Rose s'élève dans le top 10 féminin tandis que les Parisiens ont déjà succombé à son charme. Elle s'épanouit également dans les terres francophones de la Belgique et du Québec, mais peine à éclore en Suisse. À l'international, c'est plutôt sa version latine, Rosa, qui crée l'engouement, notamment en Europe du Nord.

Sainte Rose de Lima, religieuse dominicaine aussi connue sous le nom d'Isabelle de Florès, vécut au XVIe siècle au Pérou. Elle est la patronne de l'Amérique latine, des Philippines, des fleuristes, des horticulteurs et des jardiniers.

Personnes célèbres

Rosa Parks, figure emblématique de la lutte contre la ségrégation raciale aux États-Unis, s'est rendue célèbre en 1955 en refusant de céder sa place à un passager blanc dans un autobus.

Statistiques

Rose est le 44e prénom féminin le plus donné en France depuis l'an 2000. Ce prénom est attribué à près d'une fille sur 120 aujourd'hui. Dans les compositions de Rose, Lili-Rose et Rose-Marie sont de loin les plus portées en France.

R

S

Sabah
3 000

Beauté fraîche comme le matin (arabe). On peut estimer que moins de 30 enfants seront prénommés ainsi en 2022. *Variantes :* Saba, Sabaé, Sabahe, Sabbah, Sabéa, Sabéha, Sabiah, Sabiha, Sabya. *Caractérologie :* fiabilité, ténacité, méthode, sens du devoir, engagement.

Sabia
- de 100

Version latine du Sadhbh gaélique, Sabia est un prénom irlandais qui signifie « douce ». Sabia est également une variante de Sabah et Sabina. *Caractérologie :* découverte, audace, énergie, originalité, séduction.

Sabina
750

Habitante d'Italie centrale (latin). Féminin italien, espagnol, portugais, roumain, slave, corse et occitan. *Caractérologie :* dynamisme, direction, audace, indépendance, détermination.

Sabine
60 000

Habitante d'Italie centrale (latin). Féminin français et allemand. L'enlèvement des Sabines par Romulus et ses troupes provoqua une guerre entre les Sabins (habitants d'un territoire d'Italie centrale) et les Romains. Cet évènement fut déterminant dans le processus de formation de Rome. En mémoire de sainte Sabine, martyre romaine au Ve siècle, la basilique Sainte-Sabine fut édifiée à Rome. On peut estimer que moins de 30 enfants seront prénommés ainsi en 2022. *Caractérologie :* énergie, découverte, originalité, décision, audace.

Sabria
450

Calme et patiente (arabe). *Variantes :* Sabra, Sabriya, Sabrya. *Caractérologie :* originalité, séduction, énergie, découverte, audace.

Sabrina
95 000 TOP 600

Cactus épineux (hébreu). Sabrina est également le nom d'une rivière du pays de Galles dans laquelle la princesse Sabrina se serait noyée. Sabrina est particulièrement répandu en Italie, dans les pays anglophones, hispanophones et lusophones. C'est aussi un choix traditionnel corse. *Variante :* Sabryna. *Caractérologie :* indépendance, direction, dynamisme, audace, détermination.

Sabrine
2 500 TOP 2 000

Cactus épineux (hébreu). *Caractérologie :* dynamisme, indépendance, courage, curiosité, décision.

Sadia
1 800

Heureuse, que le destin favorise (arabe). On peut estimer que moins de 30 enfants seront prénommés ainsi en 2022. *Variantes :* Saad, Saada, Sadie, Sadio. *Caractérologie :* indépendance, savoir, méditation, intelligence, sagesse.

Safa
4 000 TOP 400

Pure (arabe). *Variantes :* Safaa, Safae. *Caractérologie :* humanité, rectitude, tolérance, générosité, rêve.

Safia
6 500 TOP 400

Pure, amie (arabe), et variante de Sofia : sagesse (grec). *Caractérologie :* altruisme, idéalisme, intégrité, réflexion, dévouement.

Safiya
3 500 TOP 300

Pure, amie (arabe), et variante de Sofia : sagesse (grec). *Variante :* Safya. *Caractérologie :* originalité, philosophie, connaissances, spiritualité, sagacité.

S

Sahra
2 500

Fleur, blancheur lumineuse (arabe). On peut estimer que moins de 30 enfants seront prénommés ainsi en 2022. *Caractérologie :* sociabilité, diplomatie, loyauté, réceptivité, bonté.

Saïda
3 500

Heureuse, que le destin favorise (arabe). On peut estimer que moins de 30 enfants seront prénommés ainsi en 2022. *Caractérologie :* connaissances, sagacité, spiritualité, originalité, philosophie.

Sakina
3 000 TOP 600

Bien-être, maison du paradis (arabe). *Variante :* Soukina. *Caractérologie :* direction, audace, indépendance, décision, dynamisme.

Saliha
3 000 TOP 2 000

Intègre, équitable (arabe). *Variante :* Salia. *Caractérologie :* audace, découverte, énergie, originalité, séduction.

Salila
- de 30

Eau (sanscrit). Féminin indien d'Asie. *Caractérologie :* intégrité, réflexion, idéalisme, altruisme, dévouement.

Salima
6 500 TOP 2 000

Pure, intacte, en sécurité (arabe). *Variante :* Salama. *Caractérologie :* assurance, dynamisme, direction, indépendance, audace.

Sally
750 TOP 2 000

Diminutif de Sarah : princesse (hébreu). Féminin anglais. *Variantes :* Sallie, Saly. *Caractérologie :* conscience, sagesse, bienveillance, paix, conseil.

Salma
9 000 TOP 300

Intacte, saine (arabe). *Variante :* Selima. *Caractérologie :* dynamisme, audace, direction, indépendance, assurance.

Salomé
25 000 TOP 200

Paix (hébreu). Veuve d'Alexandre Jannée, Salomé prit la régence du royaume d'Israël en 76 avant J.-C. Usant de fermeté et de diplomatie, elle évita les guerres et offrit à son peuple plusieurs décennies de prospérité. Un demi-siècle plus tard, Salomé, la fille d'Hérodiade, se rendit encore plus célèbre. La jeune princesse dansa si bien devant Hérode Antipas qu'il lui offrit d'exaucer n'importe lequel de ses vœux. À l'instigation de sa mère, elle demanda la tête de Jean-Baptiste, laquelle lui fut livrée sur un plateau. Cette scène fut immortalisée par le Titien, le Caravage et de nombreux peintres. Salomé est plus particulièrement usité en France, en Italie, en Espagne, au Portugal et en Corse. *Variantes :* Saloméa, Salomée. *Caractérologie :* réceptivité, diplomatie, sociabilité, loyauté, caractère.

Saloni
- de 30

Belle (sanscrit). Féminin indien d'Asie. *Caractérologie :* savoir, méditation, résolution, intelligence, analyse.

Salwa
1 000 TOP 2 000

Réconfort (arabe). *Variantes :* Saloua, Séloua. *Caractérologie :* relationnel, médiation, intuition, adaptabilité, fidélité.

Samantha
18 000 TOP 2 000

Celle qui écoute (araméen). Samantha est très répandu dans les pays anglophones. *Variantes :* Samanta, Sammantha. *Caractérologie :* dynamisme, curiosité, courage, attention, indépendance.

Samara
500

Conversation intime pendant la nuit (arabe). *Variante :* Samar. *Caractérologie :* ambition, force, habileté, passion, management.

S

Samia
15 000 TOP 1 000 ↘

Élevée, admirable (arabe). Ce prénom est particulièrement répandu dans les cultures musulmanes francophones. *Variantes :* Sama, Samah, Samae, Samiha, Samiya, Sémiha. *Caractérologie :* méditation, savoir, intelligence, indépendance, sagesse.

Samira
13 000 TOP 2 000 →

Conversation intime pendant la nuit (arabe). Ce prénom est particulièrement répandu dans les cultures musulmanes francophones. *Variante :* Sémira. *Caractérologie :* savoir, intelligence, indépendance, sagesse, méditation.

Samuelle
350 →

Son nom est Dieu (hébreu). *Variantes :* Samuela, Samuella. *Caractérologie :* sagacité, spiritualité, originalité, connaissances, philosophie.

Samya
950 ↘

Élevée, admirable (arabe). *Caractérologie :* dynamisme, courage, indépendance, réalisation, curiosité.

Sana
8 000 TOP 400 →

Élévation, élégance (arabe). *Variantes :* Sanae, Sanah, Sanna, Sena. *Caractérologie :* stratégie, vitalité, leadership, ardeur, achèvement.

Sanaa
3 000 TOP 600 →

Élévation, élégance (arabe). *Caractérologie :* idéalisme, altruisme, intégrité, réflexion, dévouement.

Sandie
4 000

Défense de l'humanité (grec). Féminin anglais. On peut estimer que moins de 30 enfants seront prénommés ainsi en 2022. *Variantes :* Sandi, Sandia. *Caractérologie :* originalité, sagacité, détermination, spiritualité, connaissances.

Sandra
102 000 TOP 2 000 →

Défense de l'humanité (grec). Ce diminutif d'Alessandra est apparu dans plusieurs pays européens au XIXe siècle, mais il est resté inexistant en France jusque dans les années 1970. Son jaillissement est instantanément couronné de succès : Sandra accède au 11e rang en 1973, l'année de son apogée, avant de refluer lentement. Il est très répandu dans les pays slaves et occidentaux. *Variante :* Saundra. *Caractérologie :* enthousiasme, communication, pratique, adaptation, détermination.

Sandrine
235 000

Défense de l'humanité (grec). Ce dérivé d'Alexandra apparaît pour la première fois en France en 1947. Attribué à une poignée de filles, il fait tant d'émules qu'il accède au premier rang féminin en 1972 et 1973. Il restera une décennie dans le top 10 national avant de décliner progressivement. On peut estimer que moins de 30 enfants seront prénommés ainsi en 2022. *Variantes :* Sandrina, Sendrine. *Caractérologie :* créativité, décision, optimisme, pragmatisme, communication.

Sandy
16 000

Défense de l'humanité (grec). En dehors de l'Hexagone, ce prénom est particulièrement porté dans les pays anglophones. On peut estimer que moins de 30 enfants seront prénommés ainsi en 2022. *Caractérologie :* altruisme, réalisation, idéalisme, intégrité, réflexion.

Sania
950 TOP 2 000 →

Élévation, élégance (arabe). *Variante :* Sanya. *Caractérologie :* habileté, ambition, passion, force, résolution.

Santana
200

Vénérée (latin). Prénom espagnol. *Variantes :* Santa, Santine. *Caractérologie :*

spiritualité, sagacité, originalité, connaissances, philosophie.

Saphia
600

Sagesse (grec). Féminin anglais et international. *Caractérologie :* rêve, rectitude, humanité, ouverture d'esprit, ressort.

Sara
26 000 TOP 200

Princesse (hébreu). Connue sous le nom de « Sara la Noire », sainte Sarah est la patronne des Gitans. Elle est honorée le 25 mai. Ce prénom est répandu dans de nombreux pays occidentaux et dans les cultures musulmanes du monde entier. *Variante :* Saura. *Caractérologie :* pragmatisme, communication, sociabilité, créativité, optimisme.

Sarah
167 000 TOP 50

Princesse (hébreu). La diffusion de Sarah remonte à plusieurs siècles dans les pays anglophones, mais son émergence française est récente. Peu donné au début du XXe siècle, abandonné entre 1940 et 1960, ce prénom grandit dans les années 1980, au moment où la vogue des prénoms bibliques fait renaître plusieurs célébrités de l'Ancien Testament. Sarah s'envole aux côtés de Léa et Éva, et culmine à la 8e place du palmarès féminin en 2000. ◇ Épouse d'Abraham dans la Bible, Sarah a le don de la beauté mais pas celui de la maternité. Aussi ne peut-elle réprimer un rire lorsqu'un ange vient lui annoncer qu'elle mettra au monde un enfant à l'âge de 90 ans. Son fils, le bien-nommé Isaac (de l'hébreu : « rire »), naîtra dans l'année. *Caractérologie :* intuition, relationnel, fidélité, médiation, adaptabilité.

Sarah-Lou
200

Forme composée de Sarah et Lou. Féminin français. *Caractérologie :* originalité, découverte, énergie, audace, analyse.

Saran
300 TOP 1 000

Contraction de Sarah et Ann, refuge (sanscrit), et prénom soninké signifiant « joie ». Féminin anglais. *Caractérologie :* ambition, décision, habileté, force, passion.

Sarina
250

Contraction de Sarah et Anna. Féminin anglais. *Caractérologie :* force, habileté, ambition, passion, décision.

Sarra
1 700

Fleur, blancheur lumineuse (arabe). On peut estimer que moins de 30 enfants seront prénommés ainsi en 2022. *Variante :* Sarha. *Caractérologie :* communication, pratique, adaptation, enthousiasme, générosité.

Sasha
7 000 TOP 300

Défense de l'humanité (grec). Ce prénom mixte, très répandu en Russie, est également fréquent au féminin dans les pays anglophones. Sa vogue est née dans les années 1930 grâce à Sasha, la princesse russe du roman *Orlando*, de Virginia Woolf. *Variante :* Sascha. *Caractérologie :* optimisme, créativité, pragmatisme, sociabilité, communication.

S

Saskia
800 TOP 2 000

Saxonne (vieil allemand), petite épée (vieux norrois). Saskia est particulièrement usité dans les pays néerlandophones et scandinaves. *Caractérologie :* influence, responsabilité, équilibre, famille, exigence.

Satine
950

Satiné, poli (français). *Variantes :* Sahteene, Sateen, Satheen, Satin. *Caractérologie :* énergie, originalité, audace, découverte, décision.

Savannah
2 000 TOP 800

Grande plaine verdoyante (anglais). Savannah est répandu aux États-Unis.

Variantes : Savana, Savanah, Savanna. *Caractérologie :* vitalité, achèvement, ardeur, leadership, stratégie.

Saveria
500 ↑

Forme corse de Xavière : maison neuve (basque). *Caractérologie :* optimisme, créativité, pragmatisme, communication, résolution.

Savina
110

Habitante d'Italie centrale (latin). Prénom italien et occitan. *Variante :* Savine. *Caractérologie :* enthousiasme, pratique, communication, adaptation, détermination.

Scarlett
1 000 TOP 2 000 →

De couleur écarlate (latin). Féminin anglais. *Variante :* Scarlet. *Caractérologie :* ambition, résolution, habileté, organisation, force.

Sébastienne
350

Respectée, vénérée (grec). *Variantes :* Bastienne, Sébastiane. *Caractérologie :* originalité, audace, découverte, décision, énergie.

S

Séda
500

Grande dame (arménien). *Caractérologie :* médiation, fidélité, relationnel, adaptabilité, intuition.

Ségolène
5 000

Victoire (germanique). Féminin français. On peut estimer que moins de 30 enfants seront prénommés ainsi en 2022. *Variante :* Ségolaine. *Caractérologie :* énergie, autorité, innovation, amitié, ambition.

Séléna
8 000 TOP 300 →

Solennelle (latin). En dehors de l'Hexagone, Selena est plus particulièrement répandu dans les pays hispanophones. *Caractérologie :* réceptivité, diplomatie, loyauté, sociabilité, bonté.

Sélène
3 000 TOP 400 →

Solennelle (latin). Féminin anglais et basque. *Variantes :* Selen, Sélénia, Selenna. *Caractérologie :* famille, équilibre, influence, exigence, responsabilité.

Sélin
1 700 ↗

Rivière (turc), forme de Céline. *Variante :* Sélina. *Caractérologie :* audace, découverte, énergie, détermination, originalité.

Selma
11 000 TOP 200 →

Intacte, saine (arabe), protection divine (germanique). Féminin suédois, allemand et turc, aussi recensé dans les cultures arabes et/ou musulmanes. *Caractérologie :* dynamisme, curiosité, courage, indépendance, charisme.

Selvi
160

Forêt (latin). *Caractérologie :* méthode, détermination, fiabilité, engagement, ténacité.

Sema
700 →

Ciel (turc), signe (grec). *Caractérologie :* relationnel, fidélité, intuition, médiation, adaptabilité.

Seona
- de 30

Dieu fait grâce (hébreu). Seona est très répandu en Écosse. *Caractérologie :* rectitude, rêve, humanité, tolérance, générosité.

Sephora
3 500 TOP 2 000 →

Siffler (arabe), oiselle (hébreu). Prénom biblique. Dans l'Ancien Testament, Séphora (ou Tsippora) est l'épouse de Moïse. *Variante :* Céphora. *Caractérologie :* direction, audace, résolution, dynamisme, ressort.

Le top 100 du XXe siècle

Les prénoms ci-dessous sont classés par ordre décroissant d'attribution. Marie, Jeanne et Françoise sont les trois prénoms féminins les plus attribués du siècle dernier.

1. Marie
2. Jeanne
3. Françoise
4. Anne
5. Monique
6. Catherine
7. Jacqueline
8. Madeleine
9. Isabelle
10. Nathalie
11. Suzanne
12. Marguerite
13. Sylvie
14. Yvonne
15. Hélène
16. Martine
17. Denise
18. Nicole
19. Marcelle
20. Christine
21. Germaine
22. Renée
23. Christiane
24. Louise
25. Andrée
26. Simone
27. Paulette
28. Valérie
29. Jeannine
30. Sophie
31. Sandrine
32. Céline
33. Stéphanie
34. Véronique
35. Odette
36. Chantal
37. Yvette
38. Annie
39. Geneviève
40. Lucienne
41. Brigitte
42. Patricia
43. Thérèse
44. Raymonde
45. Georgette
46. Colette
47. Julie
48. Michèle
49. Émilie
50. Alice
51. Cécile
52. Élisabeth
53. Laurence
54. Lucie
55. Aurélie
56. Virginie
57. Dominique
58. Henriette
59. Josette
60. Claire
61. Claudine
62. Marthe
63. Maria
64. Danielle
65. Corinne
66. Caroline
67. Christelle
68. Élodie
69. Gisèle
70. Bernadette
71. Florence
72. Juliette
73. Ginette
74. Camille
75. Simonne
76. Laetitia
77. Pauline
78. Mireille
79. Annick
80. Audrey
81. Charlotte
82. Nadine
83. Béatrice
84. Mélanie
85. Évelyne
86. Michelle
87. Delphine
88. Josiane
89. Micheline
90. Éliane
91. Mathilde
92. Léa
93. Karine
94. Joséphine
95. Agnès
96. Liliane
97. Laura
98. Élise
99. Fernande
100. Marion

S

Séraphine
1 000 TOP 2 000

Ardente (hébreu). Féminin français. *Variantes :* Sérafina, Séraphina, Séraphie. *Caractérologie :* audace, découverte, détermination, action, énergie.

Séréna
8 000 TOP 200

Sereine (latin). Serena est particulièrement répandu en Italie, en Corse, en Occitanie et dans les pays anglophones. *Variante :* Séren. *Caractérologie :* ardeur, vitalité, achèvement, stratégie, résolution.

Serine
1 400 TOP 2 000

Sereine (latin). *Variante :* Serina. *Caractérologie :* indépendance, intelligence, méditation, détermination, savoir.

Servane
3 500

Qui est respectueuse (celte). Prénom breton. On peut estimer que moins de 30 enfants seront prénommés ainsi en 2022. *Caractérologie :* communication, pragmatisme, optimisme, créativité, résolution.

Servanne
400

Qui est respectueuse (celte). Prénom breton. *Caractérologie :* achèvement, stratégie, décision, ardeur, vitalité.

Sévane
- de 100

Nom d'un lac d'Arménie (arménien). *Variante :* Sévan. *Caractérologie :* pratique, générosité, enthousiasme, communication, adaptation.

Séverine
93 000

Grave, sérieuse (latin). Féminin français. On peut estimer que moins de 30 enfants seront prénommés ainsi en 2022. *Variantes :* Sévéra, Sévériane, Sévérienne, Séverina, Séveryne. *Caractérologie :* connaissances, originalité, sagacité, détermination, spiritualité.

Shade
500 TOP 2 000

Ombre (anglais). Féminin anglais. *Caractérologie :* audace, dynamisme, direction, indépendance, assurance.

Shaïa
- de 30

Palace féerique (irlandais). *Caractérologie :* réceptivité, loyauté, diplomatie, bonté, sociabilité.

Shaïma
2 500 TOP 2 000

D'une grande beauté (arabe). *Variantes :* Shayma, Sheïma, Sheyma. *Caractérologie :* paix, bienveillance, sagesse, conscience, conseil.

Shaïna
4 500 TOP 600

Belle (yiddish). *Variantes :* Shaïnesse, Shainez, Shayna, Sheïna. *Caractérologie :* sagacité, originalité, spiritualité, connaissances, résolution.

Shana
8 500 TOP 500

Dieu fait grâce (hébreu). Féminin anglais. *Variantes :* Shanaé, Shanaël, Shanaëlle, Shaine, Shane, Shania, Shanée, Shawnee. *Caractérologie :* savoir, intelligence, méditation, sagesse, indépendance.

Shanice
1 100

Dieu fait grâce (hébreu). Féminin anglais. On peut estimer que moins de 30 enfants seront prénommés ainsi en 2022. *Caractérologie :* découverte, détermination, audace, séduction, originalité.

Shanna
5 500 TOP 500

Dieu fait grâce (hébreu). Shanna signifie également « amour » aux Comores. Shanna est plus particulièrement recensé dans les pays anglophones et aux Comores. *Caractérologie :* pratique, communication, générosité, adaptation, enthousiasme.

Shannon
2 500 TOP 2 000 ↘

Expérience, sagesse (irlandais). Shannon est également le nom du plus long fleuve d'Irlande et des îles Britanniques. Féminin irlandais et anglais. L'usage de ce prénom mixte a évolué : aujourd'hui, Shannon est presque exclusivement féminin. *Variantes :* Shanon, Shannen, Shanone, Shannone. *Caractérologie :* structure, sécurité, efficacité, persévérance, honnêteté.

Shanyce
350 ↘

Dieu fait grâce (hébreu). *Variantes :* Shanie, Shany, Shanys. *Caractérologie :* créativité, optimisme, pragmatisme, communication, cœur.

Sharleen
300

Force (germanique). *Variantes :* Sharlen, Sharlène. *Caractérologie :* innovation, détermination, autorité, ambition, énergie.

Sharon
2 500 TOP 2 000 ↘

Plaine déserte (hébreu). Ce prénom mixte est largement féminin en France et dans les pays anglophones. *Caractérologie :* pragmatisme, optimisme, créativité, résolution, communication.

Sharone
350 →

Plaine déserte (hébreu). *Caractérologie :* force, ambition, habileté, décision, passion.

Shauna
450

Dieu fait grâce (hébreu). Shauna est plus particulièrement répandu en Irlande. *Caractérologie :* innovation, autonomie, énergie, autorité, ambition.

Sheila
750 →

Aveugle (latin). Voir Cécile. Féminin anglais. *Variantes :* Sheela, Shelley. *Caractérologie :* idéalisme, résolution, intégrité, réflexion, altruisme.

Shelby
500 TOP 1 000 ↗

Ville abritée (vieil anglais). Mixte dans les pays anglophones, Shelby reste à ce jour exclusivement féminin en France. *Caractérologie :* vitalité, achèvement, attention, stratégie, cœur.

Shérazade
1 700 TOP 2 000 ↘

Femme de la haute ville (prénom arabe d'origine perse). Shéhérazade est l'héroïne mythique des *Mille et Une Nuits*, recueil anonyme de contes populaires écrits en arabe au XIIIe siècle, d'origine persane. *Variantes :* Chéhérazade, Chéhrazad, Chéhrazade, Chérazad, Shéérazade. *Caractérologie :* paix, conscience, bienveillance, conseil, décision.

Sherine
2 500 TOP 800 ↘

Charmante, agréable (arabe, perse). *Variante :* Shirine. *Caractérologie :* équilibre, responsabilité, famille, influence, résolution.

Sherley
700 ↗

Prairie ensoleillée (anglais). *Caractérologie :* diplomatie, sympathie, ressort, réceptivité, sociabilité.

Sheryl
450 →

Cerise (latin). Féminin anglais. *Caractérologie :* bienveillance, paix, conscience, action, bonté.

Shirel
1 300 TOP 2 000 →

Cerise (latin). Féminin anglais. *Variante :* Shyrel. *Caractérologie :* détermination, responsabilité, bienveillance, exigence, famille.

Shirine
700 ↓

Charmante, agréable (arabe d'origine persane). *Variante :* Chirine. *Caractérologie :* audace, détermination, dynamisme, direction, indépendance.

S

Shirley
4 500

Prairie ensoleillée (anglais). Féminin anglais. On peut estimer que moins de 30 enfants seront prénommés ainsi en 2022. *Caractérologie :* bienveillance, paix, conscience, action, cœur.

Shona
650

Dieu fait grâce (hébreu). Shona est très répandu en Écosse. *Variante :* Shonah. *Caractérologie :* générosité, communication, pratique, enthousiasme, adaptation.

Sia
350 TOP 800

Dans la mythologie égyptienne, Sia est la personnification de l'intuition, une divinité qui aide à prendre les bonnes décisions. Ce prénom, dont l'origine est difficile à déterminer, est essentiellement porté dans les pays anglophones et en Afrique. *Variante :* Sya. *Caractérologie :* intuition, diplomatie, relationnel, loyauté, bienveillance.

Sian
- de 100

Forme galloise de Jeanne : Dieu fait grâce (hébreu). *Caractérologie :* savoir, détermination, intelligence, méditation, indépendance.

Siana
1 100 TOP 600

Forme galloise de Jeanne : Dieu fait grâce (hébreu). *Variantes :* Sinead, Sheona, Syana. *Caractérologie :* originalité, spiritualité, sagacité, connaissances, résolution.

Sibel
1 800

Prophétesse (grec). On peut estimer que moins de 30 enfants seront prénommés ainsi en 2022. *Variantes :* Cybèle, Cybelle, Sybel. *Caractérologie :* intuition, relationnel, médiation, gestion, décision.

Sibille
140

Prophétesse (grec). *Caractérologie :* curiosité, dynamisme, courage, gestion, décision.

Sibylle
3 500 TOP 500

Prophétesse (grec). Féminin français et allemand. Dans l'Antiquité, la Sibylle était une prêtresse qui avait reçu d'Apollon le don de prophétie. Une des sibylles les plus connues est celle de Cumes. Selon la légende, elle vendit au roi Tarquin les *Livres sibyllins*, recueils de prophéties censés contenir tout l'avenir de Rome. *Variantes :* Sibyl, Sibylline. *Caractérologie :* pragmatisme, communication, optimisme, décision, cœur.

Sidney
900

Habitante de Sidon (latin). Voir Sidonie. Féminin anglais. *Variante :* Sidaine. *Caractérologie :* persévérance, structure, sécurité, réussite, décision.

Sidonie
5 000 TOP 900

Habitante de Sidon (latin). Prénom français. Sidon, l'une des plus vieilles cités de la Phénicie, aurait été fondée par Canaan, le petit-fils de Noé. Cette ville au destin exceptionnel surmonta les destructions infligées par les Perses (en 343) puis par les Assyriens (en 677). Située sur la côte libanaise, Sidon est appelée Sayda aujourd'hui. *Variantes :* Sidony, Sydonie. Forme basque : Sidonia. *Caractérologie :* communication, pragmatisme, détermination, optimisme, volonté.

Siegrid
- de 100

Victoire, paix (germanique), belle victoire (scandinave). *Variante :* Fawsia. *Caractérologie :* stratégie, achèvement, détermination, réalisation, vitalité.

Sienna
1 300 TOP 500

Se rapporte à Sienne, ville toscane d'Italie (Siena en italien). Sienna est très répandu dans les pays européens et anglophones. *Variante :* Siena. *Caractérologie :* engagement, méthode, fiabilité, ténacité, sens du devoir.

S

Sierra
- de 100 TOP 2 000

Ce nom signifie « chaîne de montagne » en espagnol. Il se réfère à la Sierra Nevada, la chaîne de montagne la plus connue de l'ouest des États-Unis. Sierra est plus particulièrement attribué aux États-Unis. *Caractérologie :* intelligence, savoir, détermination, méditation, indépendance.

Sigrid
1 300

Victoire, paix (germanique), belle victoire (scandinave). Prénom scandinave. *Caractérologie :* pratique, communication, adaptation, enthousiasme, réalisation.

Siham
5 000 TOP 2 000

Flèches (arabe). *Variante :* Sihame. *Caractérologie :* curiosité, dynamisme, indépendance, courage, charisme.

Sihem
2 500 TOP 2 000

Flèches (arabe). *Variante :* Siheme. *Caractérologie :* rêve, ouverture d'esprit, rectitude, humanité, décision.

Sila
850 TOP 2 000

Réunion (turc). *Caractérologie :* énergie, audace, découverte, originalité, séduction.

Siloé
1 200 TOP 700

Nom d'une ancienne source d'eau près de laquelle la ville de Jérusalem, en Israël, s'est construite. *Caractérologie :* analyse, famille, responsabilité, équilibre, résolution.

Silvana
1 100

Forêt (latin). On peut estimer que moins de 30 enfants seront prénommés ainsi en 2022. *Variantes :* Silva, Silvaine, Silvanie. *Caractérologie :* famille, responsabilité, équilibre, influence, décision.

Silvia
2 000

Forêt (latin). Ce prénom italien, très attribué à partir de la Renaissance, a bâti son succès grâce à son association avec Rhea Silvia, la mère des fondateurs de Rome (Romulus et Remus) dans la mythologie romaine. Silvia est également usité dans les pays lusophones et hispanophones, en Catalogne et en Corse. On peut estimer que moins de 30 enfants seront prénommés ainsi en 2022. *Variante :* Silbia. *Caractérologie :* humanité, rêve, rectitude, générosité, tolérance.

Silviane
450

Forêt (latin). Féminin français. *Caractérologie :* direction, audace, dynamisme, indépendance, décision.

Simone
85 000 TOP 800

Qui est exaucée (hébreu). Féminin français et anglais. Professeure de philosophie et autrice de nombreux essais, Simone de Beauvoir est l'une des plus grandes avocates du féminisme au XXᵉ siècle. *Variantes :* Simona, Simonetta, Simonette, Simonne. *Caractérologie :* communication, enthousiasme, détermination, volonté, pratique.

Simonne
18 000

Qui est exaucée (hébreu). Féminin français. On peut estimer que moins de 30 enfants seront prénommés ainsi en 2022. *Caractérologie :* volonté, ambition, détermination, force, habileté.

Siobhan
250

Dieu fait grâce (hébreu). Féminin irlandais. *Variante :* Siobhane. *Caractérologie :* énergie, découverte, audace, décision, attention.

Siona
- de 100

Ce prénom biblique se rapporte au second nom du mont Hermon, en Israël. *Caractérologie :* fiabilité, méthode, ténacité, engagement, détermination.

S

Sirine
9 000 TOP 300

Charmante, agréable (arabe, perse). *Variantes :* Cirine, Sheryne, Sirin, Siryne. *Caractérologie :* relationnel, intuition, fidélité, médiation, décision.

Sissi
120

Aveugle (latin). Voir Cécile. Féminin anglais. *Caractérologie :* pragmatisme, communication, optimisme, sociabilité, créativité.

Sita
190

Sillon (sanscrit). Prénom indien d'Asie. *Caractérologie :* méthode, ténacité, engagement, sens du devoir, fiabilité.

Sixtine
4 500 TOP 600

Lisse, polie (grec). Féminin français. *Caractérologie :* autorité, détermination, innovation, énergie, ambition.

Sloane
1 000 TOP 2 000

Guerrière (celte). Féminin anglais. *Variante :* Sloanne. *Caractérologie :* optimisme, communication, pragmatisme, sociabilité, créativité.

S

Soa
250

Diminutif breton de Françoise : libre, française (latin). Soa est aussi un prénom malgache qui signifie « belle », « excellente ». *Caractérologie :* ardeur, achèvement, vitalité, stratégie, leadership.

Soane
850 TOP 2 000

Forme de Jeanne couramment usitée dans les îles de Wallis-et-Futuna, variante de Sohane. Également une forme féminine bretonne moderne de Soan. *Variantes :* Soana, Soanne. *Caractérologie :* rêve, humanité, générosité, rectitude, ouverture d'esprit.

Soazig
1 300

Forme bretonne de Françoise : libre, française (latin). On peut estimer que moins de 30 enfants seront prénommés ainsi en 2022. *Caractérologie :* originalité, action, énergie, découverte, audace.

Soéline
- de 100 TOP 2 000

Contraction de « soleil » et du suffixe « ine ». *Caractérologie :* raisonnement, connaissances, originalité, volonté, liberté.

Sofia
27 000 TOP 50

Sagesse (grec). *Caractérologie :* audace, découverte, énergie, originalité, séduction.

Sohane
1 900 TOP 2 000

Étoile (arabe). *Variantes :* Soana, Soane, Soanna, Soanne, Soha, Sohana, Sohann, Sohanne. *Caractérologie :* stratégie, vitalité, achèvement, leadership, ardeur.

Soizic
5 000 TOP 2 000

Forme bretonne de Françoise : libre, française (latin). *Variantes :* Soazic, Soïzig, Soïsick, Soïzick. *Caractérologie :* altruisme, idéalisme, intégrité, réflexion, logique.

Solange
47 000 TOP 2 000

Solennelle (latin). Prénom français. Au XIe siècle, sainte Solange froissa la susceptibilité d'un seigneur en refusant de l'épouser. Dépité, il l'assassina. Sainte Solange est la patronne de Bourges et du Berry. *Caractérologie :* dynamisme, indépendance, direction, audace, sympathie.

Soléa
400

Solennelle (latin). *Caractérologie :* spiritualité, connaissances, philosophie, sagacité, originalité.

Soléane
500

Contraction de Soléa et Anne. Féminin français. *Variantes :* Soléanne, Soliane,

Sofia

Fête :
25 mai

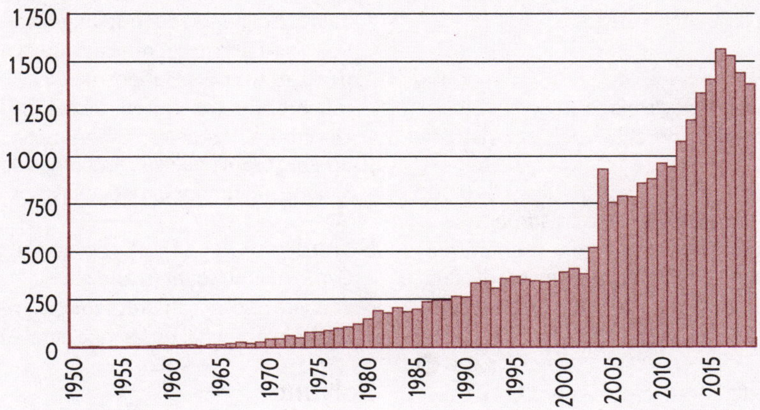

Étymologie

Issu du grec *sophia*, signifiant « la sagesse ». Ce nom est attesté dès les premiers siècles dans les provinces orientales de l'Empire romain, berceau de l'Église orthodoxe. Il devient fréquent dans les pays de culture grecque puis dans les zones de peuplement slave, avant d'apparaître dans plusieurs pays européens au XVIe siècle. Sa faveur va grandissant jusqu'à la fin du XIXe siècle et ce prénom, sous toutes ses formes (Sophia, Sofie, Sophy, Sophie), se propage à l'échelle internationale.

Aujourd'hui, Sofia est recensée dans plus de 20 langues différentes. Elle brille dans tous les pays, du nord au sud, et d'est en ouest. Si l'on cumule les attributions de Sophia, son succès est encore plus retentissant. Par ailleurs, Sofia semble indémodable dans les pays de l'Est. Et comme si ce succès planétaire n'était pas suffisant, son envol dans les pays musulmans (en tant que variante du prénom arabe Safiya : « pure », « amie ») se confirme. Nul besoin, dans ce contexte, de préciser que Sofia est l'un des prénoms les plus attribués dans le monde. En France, elle a commencé sa carrière à Paris (top 20) et la poursuit aujourd'hui au niveau national (top 50), loin devant Sophie.

Personnes célèbres

Sophia Loren, figure emblématique du cinéma italien, née en 1934 ; Sofia Coppola, comédienne et cinéaste américaine, née en 1971 ; Sofía Vergara, actrice et mannequin colombienne, née en 1972 ; Sofia Arvidsson, joueuse de tennis suédoise, née en 1984 ; Sofia Assefa, athlète éthiopienne, née en 1987 ; Sophia Aram, animatrice de radio et humoriste française, née en 1973 ; Sofia Essaïdi, chanteuse et musicienne d'origine marocaine, née en 1984.

Statistiques

Sofia est le 66e prénom féminin le plus donné en France depuis l'an 2000. Ce prénom est attribué à près d'une fille sur 250 aujourd'hui. **Sophia** devrait prénommer une fille sur 680 et figurer au 203e rang de ce palmarès.

S

Solianne. *Caractérologie :* habileté, ambition, management, passion, force.

Soledad
750 TOP 2 000

Signifie « solitude » en espagnol. *Caractérologie :* équilibre, responsabilité, famille, influence, caractère.

Soleil
- de 100

Soleil (latin). *Caractérologie :* raisonnement, intégrité, idéalisme, altruisme, détermination.

Solen
1 300

Solennelle (latin). On peut estimer que moins de 30 enfants seront prénommés ainsi en 2022. *Caractérologie :* médiation, intuition, adaptabilité, fidélité, relationnel.

Solena
400

Solennelle (latin). Féminin breton. *Variantes :* Solan, Solenna. *Caractérologie :* optimisme, pragmatisme, communication, créativité, sociabilité.

Solène
32 000 TOP 400

Solennelle (latin). Prénom français. Évêque de Chartres à la fin du Ve siècle, saint Solène devint l'un des conseillers de Clovis et assista à son baptême. Au fil des siècles, ce prénom masculin a changé de genre. Peu attribué avant la fin du XXe siècle, Solène surgit dans le top 50 féminin en 2000, le point culminant de sa carrière. *Caractérologie :* sagesse, savoir, intelligence, indépendance, méditation.

Solenn
6 000

Solennelle (latin). Féminin breton. On peut estimer que moins de 30 enfants seront prénommés ainsi en 2022. *Variante :* Solen. *Caractérologie :* indépendance, méditation, intelligence, sagesse, savoir.

Solenne
5 000

Solennelle (latin). On peut estimer que moins de 30 enfants seront prénommés ainsi en 2022. *Caractérologie :* pratique, communication, enthousiasme, adaptation, générosité.

Soline
11 000 TOP 200

Solennelle (latin). Prénom français. Sainte Soline, chrétienne originaire du Poitou au IIIe siècle, refusa d'apostasier pendant les persécutions de Dèce et mourut martyre. Sa fête locale est le 17 octobre. *Variantes :* Silana, Solin, Solyne. *Caractérologie :* intuition, décision, logique, relationnel, médiation.

Solveig
1 600 TOP 900

Gardienne du foyer (scandinave). *Variante :* Solweig. *Caractérologie :* réussite, achèvement, vitalité, logique, stratégie.

Solyane
- de 100

Prénom inventé par Bernard Simonay pour l'héroïne de *Phénix*, trilogie de romans fantastiques publiés en 1986. *Variantes :* Soliane, Solianne. *Caractérologie :* direction, audace, sympathie, indépendance, dynamisme.

Somaya
300

Parfaite, élevée (arabe). *Caractérologie :* diplomatie, réceptivité, loyauté, sociabilité, réalisation.

Sona
140

Grande, élancée (arménien), feu, couleur du feu (sanscrit). Se prononce phonétiquement comme Sonia. Sona est plus particulièrement usité en Arménie et en Inde. *Caractérologie :* structure, sécurité, persévérance, honnêteté, efficacité.

Sonia
81 000 TOP 800

Sagesse (grec). En dehors de l'Hexagone, Sonia est très répandu dans les pays slaves, anglophones et en Italie. *Caractérologie :* persévérance, sécurité, structure, décision, efficacité.

S

Sonja
800

Sagesse (grec). Féminin italien, scandinave, russe et slave méridional. *Caractérologie :* dynamisme, curiosité, charisme, courage, indépendance.

Sonya
800 ➔

Sagesse (grec). Sonya est particulièrement répandu en Russie. *Variantes :* Sonnia, Sonny, Sounia. *Caractérologie :* relationnel, intuition, médiation, fidélité, adaptabilité.

Sophia
15 000 TOP 200 ➔

Sagesse (grec). Voir le focus sur Sofia. *Caractérologie :* dynamisme, curiosité, action, indépendance, courage.

Sophie
233 000 TOP 200 ➔

Sagesse (grec). Issu du grec *sophia*, ce nom est attesté dès les premiers siècles dans les provinces orientales de l'Empire romain, berceau de l'Église orthodoxe. Il devient fréquent dans les pays de culture grecque puis dans les zones de peuplement slave avant d'apparaître dans plusieurs pays européens au XVIe siècle. Sa faveur va grandissant jusqu'à la fin du XIXe siècle et le prénom, sous toutes ses formes (Sofie, Sofia, Sophia, Sophy), se propage à l'échelle internationale. En France, le succès des *Malheurs de Sophie* (roman de la comtesse de Ségur publié en 1848) altère la carrière prometteuse du prénom. Il s'efface pendant plus d'un siècle avant de revenir en force (dans le top 10 féminin) dans les années 1970. ◇ Au IIe siècle, sainte Sophie refusa d'abjurer et fut condamnée au martyre par l'empereur Hadrien. Selon une légende qui fut très populaire à Rome, elle mourut après que ses filles, Foi, Espérance et Charité, eurent subi le même sort. En Orient, de nombreuses églises et basiliques portant son nom furent édifiées dès les premiers siècles. Elles honorent en réalité la Sagesse divine, c'est-à-dire le Christ, mais l'association avec ce prénom explique sa diffusion première dans l'Empire byzantin. Elle est fêtée le 17 septembre en Orient et le 25 mai en Occident. *Caractérologie :* rectitude, humanité, rêve, décision, action.

Soraya
10 000 TOP 500 ➔

Beauté des étoiles (arabe, perse). Une princesse iranienne a illustré ce prénom au milieu du XXe siècle. *Caractérologie :* sagacité, connaissances, philosophie, spiritualité, originalité.

Soria
700

Clarté du soleil (cambodgien). *Variante :* Souria. *Caractérologie :* ardeur, stratégie, vitalité, achèvement, leadership.

Soriane
130

Contraction de Soria et Anne. *Caractérologie :* humanité, rectitude, détermination, ouverture d'esprit, générosité.

Sorya
350

Clarté du soleil (cambodgien). *Variante :* Soriya. *Caractérologie :* famille, responsabilité, équilibre, influence, exigence.

Souad
3 500 TOP 2 000 ➔

Heureuse, chanceuse (arabe). *Variantes :* Souaad, Souade, Souhad, Souhade, Souadou, Suheda. *Caractérologie :* conscience, bienveillance, conseil, sagesse, paix.

Souhila
950 ↑

Préparer, faciliter un projet (arabe). *Variantes :* Sohéila, Souhéila, Souhaïla, Souhayla, Souheyla, Souhéla. *Caractérologie :* fiabilité, ténacité, méthode, logique, engagement.

Soukaïna
2 500 TOP 2 000

Bien-être, maison du paradis (arabe). *Variantes :* Soukayna, Soukéina. *Caractérologie :* autorité, énergie, décision, logique, innovation.

Soumaya
4 500 TOP 300

Parfaite, élevée (arabe). *Variante :* Souméya. *Caractérologie :* dynamisme, curiosité, courage, indépendance, réussite.

Soumia
1 800

Parfaite, élevée (arabe). On peut estimer que moins de 30 enfants seront prénommés ainsi en 2022. *Variantes :* Soumiya, Soumya. *Caractérologie :* influence, équilibre, famille, responsabilité, analyse.

Stacy
6 000 TOP 2 000

Résurrection (grec). Stacy est très répandu dans les pays anglophones. *Variantes :* Stacey, Stacie. *Caractérologie :* énergie, audace, découverte, organisation, originalité.

Stanislawa
1 100

Commandeur glorieux (slave). Prénom polonais. On peut estimer que moins de 30 enfants seront prénommés ainsi en 2022. *Variante :* Stanislava. *Caractérologie :* relationnel, médiation, intuition, gestion, décision.

Stecy
2 000

Résurrection (grec). On peut estimer que moins de 30 enfants seront prénommés ainsi en 2022. *Variantes :* Steacy, Stecie. *Caractérologie :* humanité, rectitude, rêve, cœur, gestion.

Steffy
1 100

Couronnée (grec). Steffy est très répandu en Allemagne. On peut estimer que moins de 30 enfants seront prénommés ainsi en 2022. *Variantes :* Steffi, Steffie, Stephie, Stephy. *Caractérologie :* idéalisme, dévouement, altruisme, réflexion, intégrité.

Stella
17 000 TOP 200

Étoile (latin), pilier (grec). Stella est très usité dans les pays anglophones, en Italie, en Grèce et en Corse. *Variantes :* Stelia, Stellia. *Caractérologie :* éthique, équilibre, famille, influence, gestion.

Stelly
500

Étoile (latin). *Variantes :* Stellie, Stellina. *Caractérologie :* enthousiasme, communication, cœur, pratique, gestion.

Stéphane
1 100

Couronnée (grec). L'actrice française Stéphane Audran (de son vrai nom Colette Suzanne Dacheville) a contribué à l'envol féminin de Stéphane dans les années 1960. Ce prénom n'est plus donné aux filles depuis la fin des années 1990, mais au masculin, Stéphane n'a pas disparu des maternités. On peut estimer que moins de 30 enfants seront prénommés ainsi en 2022. *Caractérologie :* savoir, indépendance, méditation, intelligence, finesse.

Stéphania
450

Couronnée (grec). Féminin anglais. *Variante :* Stefania. *Caractérologie :* pratique, communication, enthousiasme, sensibilité, action.

Stéphanie
232 000 TOP 2 000

Couronnée (grec). Quasi inexistant avant le XIXe siècle, Stéphanie est très rare jusqu'au début des années 1960 (on dénombre alors moins de 200 occurrences chaque année). La fulgurance de son ascension est telle que Stéphanie s'élève au sommet en une décennie, détrônant Sandrine en 1974 pour régner durant quatre ans. Stéphanie se maintiendra dans l'élite des choix français jusqu'à la fin des années 1980,

S

avant de conquérir les pays de langue anglaise. ◇ Dominicaine italienne née en 1457, issue d'une famille très pauvre, sainte Stéphanie entra dans les ordres à l'âge de 15 ans et se consacra aux malades et aux plus déshérités. Elle fonda une communauté à Soncino, en Lombardie, dont elle devint la première abbesse. *Variantes :* Estephany, Stefanie, Steffanie, Stefany, Stephany. *Caractérologie :* ressort, intelligence, savoir, méditation, finesse.

Sterenn
1 100

Astre (celte). Féminin breton. On peut estimer que moins de 30 enfants seront prénommés ainsi en 2022. *Variante :* Steren. *Caractérologie :* courage, dynamisme, curiosité, indépendance, résolution.

Stessy
2 500 TOP 2 000

Résurrection (grec). *Variante :* Stessie. *Caractérologie :* achèvement, ardeur, vitalité, stratégie, leadership.

Summer
300

L'été (anglais). *Caractérologie :* habileté, détermination, ambition, force, passion.

Susan
700

Lys (hébreu). Féminin anglais. *Caractérologie :* loyauté, sociabilité, bonté, réceptivité, diplomatie.

Susana
400

Lys (hébreu). Susana est particulièrement répandu dans les pays hispanophones et lusophones. *Variantes :* Sue, Susanna. *Caractérologie :* enthousiasme, communication, adaptation, pratique, générosité.

Susie
750

Lys (hébreu). Féminin anglais. *Variantes :* Suzi, Suzy. *Caractérologie :* audace, direction, dynamisme, indépendance, décision.

Suzanne
81 000 TOP 200

Lys (hébreu). Ce prénom biblique est porté au IIIe siècle par sainte Suzanne de Rome, une vierge romaine martyrisée sous le règne de l'empereur Dioclétien. En usage au Moyen Âge, Suzanne n'a jamais autant brillé en France qu'à la fin du XIXe siècle. Encore très choisi au début des années 1920 (à la 4e place), ce prénom décline au moment où la forme anglophone Susan s'envole, au milieu du XXe siècle. Suzanne renaît depuis quelques années et pourrait de nouveau éclairer le palmarès français. ◇ Injustement accusée d'adultère par deux vieillards dont elle osa repousser les avances, Suzanne fut défendue et sauvée par le prophète Daniel. Cet épisode biblique est représenté dans les peintures de Rembrandt et de nombreux artistes. *Variantes :* Susanne, Suzan, Suzane, Suzanna. *Caractérologie :* indépendance, direction, audace, dynamisme, assurance.

Suzel
650

Lys (hébreu). Dans l'Hexagone, Suzel a été plus traditionnellement usité en Alsace. *Caractérologie :* sociabilité, diplomatie, réceptivité, loyauté, bonté.

Suzelle
850

Lys (hébreu). Féminin anglais. *Caractérologie :* audace, assurance, dynamisme, direction, indépendance.

Suzette
4 500

Lys (hébreu). Féminin français. On peut estimer que moins de 30 enfants seront prénommés ainsi en 2022. *Caractérologie :* force, ambition, sensibilité, organisation, habileté.

Suzie
4 000 TOP 600

Lys (hébreu). Féminin anglais. *Caractérologie :* ambition, décision, force, habileté, passion.

S

Suzon 1 500 TOP 900 ➔
Lys (hébreu). Féminin français. *Caractérologie :* curiosité, dynamisme, courage, charisme, indépendance.

Suzy 4 500 TOP 2 000 ↘
Lys (hébreu). Féminin anglais. *Caractérologie :* direction, audace, dynamisme, indépendance, assurance.

Svetlana 900 ↘
Lumineux (slave). Féminin russe, serbe, croate et macédonien. *Caractérologie :* persévérance, structure, sécurité, efficacité, gestion.

Swann 2 000 TOP 600 ➔
Cygne (anglais). *Variantes :* Swan, Swana, Swane, Swanna, Swanny. *Caractérologie :* achèvement, vitalité, stratégie, ardeur, leadership.

Sybil 400 ↗
Prophétesse (grec). *Caractérologie :* persévérance, efficacité, structure, sécurité, organisation.

Sybille 3 000 TOP 800 ↗
Prophétesse (grec). Voir Sibylle. En dehors de l'Hexagone, ce prénom est plus particulièrement usité en Allemagne et en Autriche. *Variante :* Sybile. *Caractérologie :* communication, détermination, pragmatisme, optimisme, bonté.

Sydney 1 200
Habitante de Sidon (latin). Féminin anglais. On peut estimer que moins de 30 enfants seront prénommés ainsi en 2022. *Caractérologie :* relationnel, intuition, fidélité, médiation, réalisation.

Sylia 900 TOP 2 000 ➔
Aveugle (latin). Voir Cécile. *Variantes :* Silia, Silke, Silya, Sylla, Syllia. *Caractérologie :* pragmatisme, optimisme, communication, créativité, sociabilité.

Sylvaine 8 000
Forêt (latin). Féminin français. On peut estimer que moins de 30 enfants seront prénommés ainsi en 2022. *Variantes :* Sylva, Sylvana, Sylvane, Sylvanie, Sylvanna, Sylvène, Sylvina, Sylvine, Sylvienne. *Caractérologie :* ambition, réalisation, force, habileté, bonté.

Sylvana 1 700
Forêt (latin). On peut estimer que moins de 30 enfants seront prénommés ainsi en 2022. *Caractérologie :* méthode, réalisation, ténacité, fiabilité, bonté.

Sylvanie 650
Forêt (latin). Féminin français. *Caractérologie :* vitalité, achèvement, cœur, réussite, stratégie.

Sylvette 12 000
Forêt (latin). Féminin français. On peut estimer que moins de 30 enfants seront prénommés ainsi en 2022. *Caractérologie :* relationnel, intuition, réalisation, médiation, bonté.

Sylvia 20 000
Forêt (latin). En dehors de l'Hexagone, Sylvia est plus particulièrement attribué dans les pays anglophones et scandinaves. On peut estimer que moins de 30 enfants seront prénommés ainsi en 2022. *Caractérologie :* intelligence, savoir, méditation, indépendance, réalisation.

Sylviane 47 000
Forêt (latin). Féminin français. On peut estimer que moins de 30 enfants seront prénommés ainsi en 2022. *Caractérologie :* achèvement, bonté, vitalité, stratégie, réalisation.

S

Sylvianne
1 700

Forêt (latin). On peut estimer que moins de 30 enfants seront prénommés ainsi en 2022. *Caractérologie :* persévérance, réalisation, structure, sympathie, sécurité.

Sylvie
346 000

Forêt (latin). Très attribué à partir de la Renaissance, ce prénom a bâti son succès grâce à son association avec Rhea Silvia, la mère des fondateurs de Rome (Romulus et Remus) dans la mythologie romaine. Son succès se propage aux pays anglophones au XIXe siècle, et revient un siècle plus tard sous la forme de Sylvie en France. Sylvie trône sur le palmarès de 1960 à 1964 et prénomme une fille sur 16 dans les derniers temps de son règne. Un triomphe qui l'amènera à une chute plus vertigineuse encore. ◇ Sainte Sylvie, la mère du pape Grégoire le Grand, a également illustré ce prénom au VIe siècle. On peut estimer que moins de 30 enfants seront prénommés ainsi en 2022. *Variante :* Silvie. *Caractérologie :* relationnel, médiation, intuition, cœur, réussite.

Syriana
- de 100

Seigneur (grec). *Variantes :* Cyrianne, Cyrienne, Cyrine, Cyrinne. *Caractérologie :* équilibre, famille, détermination, responsabilité, influence.

Syriane
190

Seigneur (hébreu). *Variantes :* Cyrianne, Cyrienne, Cyrine, Cyrinne. *Caractérologie :* direction, audace, dynamisme, indépendance, résolution.

Syrine
4 000 TOP 600 ↘

Charmante, agréable (arabe, perse). *Variante :* Syrina. *Caractérologie :* rêve, décision, rectitude, ouverture d'esprit, humanité.

T

Taïna
2 500 TOP 600 →

Fée (slave). Féminin finlandais. *Caractérologie :* décision, altruisme, réflexion, résolution, dévouement.

Tabatha
350

Gazelle (grec, araméen). *Caractérologie :* force, passion, ambition, management, habileté.

Tahia
- de 100

La déesse de l'Amour qui agit la nuit (tahitien). *Caractérologie :* adaptation, communication, enthousiasme, pratique, générosité.

Tahlia
- de 100

Rosée (hébreu). *Caractérologie :* équilibre, famille, responsabilité, organisation, influence.

Taïs
1 200 TOP 1 000 →

Lien, bandage (grec). *Caractérologie :* fiabilité, méthode, ténacité, engagement, sens du devoir.

Takara
- de 30

Trésor (japonais). *Caractérologie :* intelligence, savoir, sagesse, méditation, indépendance.

Tal
250 ↘

Rosée (hébreu). *Variantes :* Talila, Talilah, Telila, Telilah. *Caractérologie :* famille, équilibre, responsabilité, influence, organisation.

T

Talia
3 000 TOP 300 ↗

Rosée (hébreu), lumière du paradis (arabe), diminutif de Natalia. Talia pourrait également signifier « jeune agneau » en araméen. *Variantes :* Tali, Talie, Talya. *Caractérologie :* méditation, savoir, organisation, intelligence, indépendance.

Talina
300 ↘

Diminutif de Natalina : jour de la naissance (latin). *Caractérologie :* communication, enthousiasme, décision, pratique, gestion.

Taline
350 TOP 2 000 ↗

Nom d'une ville d'Arménie et prénom féminin arménien. *Variante :* Talin. *Caractérologie :* connaissances, sagacité, résolution, spiritualité, organisation.

Tam
- de 100

Centre, cœur, esprit (vietnamien). *Caractérologie :* connaissances, philosophie, sagacité, spiritualité, originalité.

Tama
- de 30

Bijou (japonais), complet, parfait (hébreu), enfant (tahitien). *Caractérologie :* vitalité, achèvement, leadership, ardeur, stratégie.

Tamako
- de 30

L'enfant joyau (japonais). *Caractérologie :* connaissances, sagacité, spiritualité, originalité, philosophie.

Tamala
- de 30

Bijou (japonais). *Caractérologie :* optimisme, communication, pragmatisme, créativité, organisation.

Tamar
180

Palmier (hébreu). Féminin anglais. *Caractérologie :* achèvement, leadership, vitalité, ardeur, stratégie.

Tamara
4 500 TOP 800 →

Palmier (hébreu). Tamara est très répandu en Russie, dans les pays slaves et anglophones. *Caractérologie :* altruisme, idéalisme, réflexion, intégrité, dévouement.

Tami
- de 30

Peuple (japonais), variante de Tamara. *Variantes :* Tamia, Tamie, Tamy. *Caractérologie :* savoir, intelligence, sagesse, méditation, indépendance.

Tamiko
- de 30

Enfant du peuple (japonais). *Caractérologie :* conscience, bienveillance, paix, conseil, sagesse.

Tammy
- de 100

Palmier (hébreu). *Variantes :* Tamara, Tammi, Tammie, Thamara. *Caractérologie :* rectitude, rêve, humanité, réalisation, ouverture d'esprit.

Tanaïs
350 →

Variante possible de Tania. Tanais est l'ancien nom de l'un des plus grands fleuves russes, le Don. *Variantes :* Tana, Tanys. *Caractérologie :* innovation, détermination, autorité, énergie, ambition.

Tania
9 500 TOP 900 ↘

Fée (slave). Tania est plus particulièrement répandu dans les pays anglophones, hispanophones et en Italie. *Caractérologie :* humanité, rectitude, rêve, décision, tolérance.

Tanya
1 600 TOP 2 000 ↘

Fée (slave). Prénom russe, ukrainien et anglophone. *Variantes :* Tanaya, Tanina. *Caractérologie :* connaissances, sagacité, spiritualité, philosophie, originalité.

Tara
3 000 TOP 600 →

Tour, colline rocailleuse (celte), étoile (sanscrit). Ce prénom est usité en Inde

T

et dans les pays anglophones. *Variante :* Thara. *Caractérologie :* fiabilité, méthode, engagement, ténacité, sens du devoir.

Tasnim
3 000 TOP 200 ↗

Caractérologie : décision, sécurité, efficacité, structure, persévérance.

Tatiana
16 000 TOP 2 000 ↘

Fée (slave). Ce prénom présente une large diffusion européenne, russe et slave. *Variantes :* Tanja, Tatjana, Taunia, Taunya, Tatia, Tatiane, Tatianne, Tatienne, Tatyana. *Caractérologie :* communication, créativité, optimisme, décision, pragmatisme.

Téa
2 500 TOP 500 ↑

Dieu (grec), blanc (tahitien). Téa est répandu dans les pays scandinaves, en Croatie, en Slovénie et en Italie. *Caractérologie :* ambition, force, passion, habileté, management.

Téana
180

Contraction de Téa et Anna. *Variantes :* Téanna, Téane, Téanne. *Caractérologie :* curiosité, charisme, courage, dynamisme, indépendance.

Tehani
250 ↘

Celle qui est aimée, chérie (tahitien). *Caractérologie :* attention, communication, enthousiasme, pratique, décision.

Tehila
200

Compliment (hébreu). *Caractérologie :* résolution, audace, direction, finesse, dynamisme.

Tehora
- de 30

Pure (hébreu). *Caractérologie :* détermination, méthode, ténacité, fiabilité, sensibilité.

Télia
250 TOP 2 000 →

L'étymologie est controversée, mais il est probable que Télia soit le féminin de Télio. *Caractérologie :* relationnel, résolution, médiation, organisation, intuition.

Telma
700 TOP 2 000 ↗

Protection divine (germanique). Telma est plus particulièrement répandu dans les pays scandinaves. *Caractérologie :* bienveillance, conscience, paix, conseil, organisation.

Teora
- de 30

Vie (tahitien). *Caractérologie :* gestion, ambition, habileté, passion, force.

Térébentine
- de 30

Ce prénom issu du calendrier révolutionnaire a été choisi par la femme politique française Cécile Duflot pour sa fille. La térébenthine est une résine semi-liquide extraite de certains conifères. Le choix de l'ancienne ministre du Logement ne fait pour l'instant guère d'émules... *Caractérologie :* idéalisme, rectitude, tolérance, réflexion, humanité.

Teresa
1 600 TOP 2 000 ↗

Qui récolte (grec). Teresa est particulièrement répandu dans les pays hispanophones, lusophones, germanophones et en Italie. C'est aussi un choix corse et occitan. *Variante :* Tereza. *Caractérologie :* courage, décision, curiosité, dynamisme, indépendance.

Terry
300

Qui récolte (grec). Féminin anglais. *Variantes :* Teri, Terri. *Caractérologie :* séduction, énergie, découverte, originalité, audace.

Tess
8 500 TOP 300 ↘

Qui récolte (grec). Tess est très usité dans les pays anglophones et aux Pays-Bas. *Caractérologie :* idéalisme, altruisme, intégrité, réflexion, dévouement.

T

Tessa
8 500 TOP 300

Qui récolte (grec). Tessa est très usité dans les pays anglophones et aux Pays-Bas. *Variante :* Thessa. *Caractérologie :* indépendance, dynamisme, direction, assurance, audace.

Tessy
550

Qui récolte (grec). Féminin anglais. *Variante :* Tessie. *Caractérologie :* méditation, intelligence, sagesse, indépendance, savoir.

Teva
- de 100

Grande voyageuse (tahitien), ange (cambodgien). Écrit avec un accent, Téva signifie également « fruit de la nature » en hébreu. *Caractérologie :* optimisme, pragmatisme, communication, sociabilité, créativité.

Texa
- de 30

Qui récolte (grec). Féminin anglais. *Caractérologie :* audace, découverte, originalité, séduction, énergie.

Thaïs
14 000 TOP 100

En grec, *thais* signifie « lien, bandage ». Connu dès la Renaissance, puis oublié, ce prénom a surgi en France dans les années 1990. Sans avoir connu d'envolée fulgurante, Thaïs a percé dans le top 100 féminin en 2008. Elle doit sa progression à sa grande constance et à deux atouts majeurs : sa jeunesse, qui l'inscrit dans une thématique de renouvellement, et sa terminaison en « ys » qui a fait le succès de Maëlys. Ce prénom féminin est depuis quelques années attribué à un nombre croissant de garçons. Courtisane athénienne d'une grande beauté, Thaïs était si convoitée que les hommes se battaient jusque devant sa porte pour obtenir ses faveurs. Elle ruina de nombreux soupirants et fut pendant longtemps la maîtresse d'Alexandre le Grand. Après la mort de ce dernier, Thaïs jeta son dévolu sur Ptolémée (premier roi égyptien de cette dynastie), qu'elle épousa. Thaïs a vécu au IVe siècle avant J.-C. Un autre récit de sa vie fut écrit par Marbode, évêque de Rennes au XIIe siècle. Il relate que Thaïs se repentit d'avoir mené une vie sulfureuse, qu'elle se convertit au christianisme et termina ses jours religieuse. Elle passa trois années de pénitence recluse dans une cellule avant de devenir sainte Thaïs. Son histoire a inspiré un roman d'Anatole France et un opéra de Jules Massenet, la célèbre *Méditation de Thaïs*. *Variante :* Thays. *Caractérologie :* pratique, adaptation, communication, enthousiasme, générosité.

Thalia
4 000 TOP 400

Rosée (hébreu), diminutif de Nathalia. *Caractérologie :* famille, équilibre, responsabilité, influence, organisation.

Thalie
400 TOP 2 000

Jour de la naissance (latin). Dans la mythologie grecque, Thalie est la Muse de la Comédie. *Caractérologie :* autorité, énergie, résolution, innovation, finesse.

Tham
- de 30

Grâce (vietnamien). *Caractérologie :* équilibre, responsabilité, famille, exigence, influence.

Thamila
- de 100

Tourterelle (kabyle). *Caractérologie :* autorité, innovation, gestion, énergie, ambition.

Thanh
250

Fin, clair, couleur bleue ou muraille (idée de solidité), achevé (vietnamien). *Caractérologie :* responsabilité, équilibre, famille, influence, sensibilité.

Théa
10 000 TOP 100

Dieu (grec). Théa est particulièrement répandu dans les pays germanophones, scandinaves et anglophones. Dans l'Hexagone, ce prénom s'envole de manière exponentielle depuis 2014. *Caractérologie :* sagacité, connaissances, spiritualité, originalité, attention.

Théana
450 TOP 2 000 ↑

Contraction de Théa et Anna. Féminin anglais. *Variantes :* Théane, Théanna, Théanne, Thela. *Caractérologie :* structure, persévérance, sécurité, efficacité, sensibilité.

Thelma
3 000 TOP 300 ↑

Protection divine (germanique). Féminin anglais. *Caractérologie :* dynamisme, curiosité, courage, organisation, finesse.

Thémis
550 ↘

Fille d'Ouranos et Gaia, Thémis épousa Zeus et devint l'ordonnatrice des rites, des oracles et des lois. Elle est la seule Titanide qui vécut aux côtés des divinités de l'Olympe. *Variante :* Thémys. *Caractérologie :* intuition, relationnel, résolution, médiation, finesse.

Théodora
850 TOP 2 000 →

Don de Dieu (grec). Féminin grec et anglophone. Impératrice de Byzance au IIe siècle, sainte Théodora rétablit le culte des icônes. Theodora est plus particulièrement répandu en Grèce. *Variantes :* Téodora, Théodoria, Théodorine. *Caractérologie :* attention, dynamisme, curiosité, caractère, courage.

Théola
- de 30

Envoyée de Dieu (grec). *Caractérologie :* savoir, intelligence, méditation, gestion, attention.

Théoline
- de 100

Contraction de Théo et Line. *Caractérologie :* relationnel, intuition, finesse, adaptabilité, médiation.

Théona
- de 30

Dieu (grec). Féminin anglais. *Caractérologie :* attention, altruisme, idéalisme, intégrité, réflexion.

Théonie
- de 100

Dieu (grec). Ce féminin de Théo a discrètement traversé les siècles sans jamais disparaître. *Variante :* Théone. *Caractérologie :* ténacité, engagement, méthode, fiabilité, finesse.

Théophanie
- de 30

Apparition divine (grec). *Variante :* Théophania. *Caractérologie :* action, intuition, sensibilité, médiation, relationnel.

Théophila
- de 30

Qui aime Dieu (grec). *Variante :* Théophilia. *Caractérologie :* méthode, ténacité, fiabilité, sensibilité, raisonnement.

Théotine
- de 100

Honorer Dieu (grec). *Caractérologie :* conscience, paix, bienveillance, finesse, conseil.

Théoxane
- de 100

Dieu, hospitalier (grec). *Variantes :* Téoxana, Téoxanna, Téoxanne, Téoxena, Téoxène, Téoxenna, Téoxenne, Théoxanna, Théoxanne, Théoxena, Théoxène, Théoxenna, Théoxenne. *Caractérologie :* force, habileté, passion, ambition, management.

Thérésa
1 300

Qui récolte (grec). Féminin anglais et allemand. On peut estimer que moins de 30 enfants seront prénommés ainsi en 2022. *Variantes :* Thérésia, Thérézia, Thérézina. *Caractérologie :* résolution, ténacité, fiabilité, méthode, finesse.

Les graines de stars

Nous nous intéressons de plus en plus au monde du spectacle et cet intérêt se répercute sur les prénoms que nous donnons à nos enfants. Nous les appelons comme nos vedettes préférées, mais aussi, parfois, comme leurs propres bébés.

Voici un bouquet de prénoms choisis par des people pour leur fille :

- Abbie chez Faustine Bollaert et Maxime Chattam
- Ada chez Jude Law et Samantha Burke
- Adèle chez Sandrine Bonnaire
- Adrienne chez la Princesse Madeleine de Suède
- Alana chez Cristiano Ronaldo
- Alice chez Charlotte Gainsbourg et Yvan Attal
- Alma chez Jacques Lanzmann
- Amalya chez Anne-Claire Coudray
- Amazonie chez Vincent Cassel et Tina Kunakey
- Angelina chez Manon Marsault
- Anna chez Benjamin Biolay
- Anthéa chez Paul Anka
- Aria chez Olivier Giroud
- Ava chez Hugh Jackman
- Bianca chez Stéphane Freiss
- Billie chez Pierre Niney
- Blanche chez David Douillet
- Bleuette chez Cécile Duflot
- Camille chez Romain Grosjean
- Candice chez Nathalie Rihouet
- Capucine chez Éliette Abécassis
- Carla chez Daniela Lumbroso
- Célestine chez Laurent Gerra
- Charlotte chez Kate Middleton et le prince William
- Chiara chez Catherine Deneuve et Marcello Mastroianni
- Claudia chez Yoann Gourcuff
- Coline chez Richard Berry
- Daisy Dove chez Orlando Bloom
- Delilah chez Keira Knightley
- Elea chez Rebecca Hampton
- Eléanor chez Christophe Lambert
- Ella chez Amal et Georges Clooney
- Esmée chez Louane et Florian Rossi
- Esmeralda chez Eva Mendes et Ryan Gosling
- Eva Alba chez Kendji Girac
- Ève chez Bono
- Félicité chez Anna Gavalda
- Garance chez Lio
- Georgia chez Mick Jagger
- Gina chez Michael Schumacher
- Giulia chez Carla Bruni et Nicolas Sarkozy
- Gloria chez Axelle Red
- Grace chez André-Pierre Gignac
- Hannah chez Kristin Scott Thomas
- Iris chez Jude Law
- Isabella chez Tom Cruise et Nicole Kidman
- Isaure chez Alexia Laroche-Joubert
- Izïa chez Jacques Higelin
- Jade chez Laetitia et Johnny Hallyday
- Jasmine chez Michael Jordan
- Jeanne chez Jean Dujardin et Nathalie Péchalat

T

- Jim chez Alexandra Rosenfeld et Hugo Clément
- Léa chez Nicolas Hulot
- Léna chez Gérard Darmon
- Léonie chez Vincent Cassel et Monica Bellucci
- Leonor chez Felipe d'Espagne et Letizia
- Lila chez Kate Moss
- Lily chez Clovis Cornillac
- Lola chez Pierre Niney
- Lou chez Laure Maunaudou
- Louise chez Marion Cotillard et Guillaume Canet
- Louison chez Léa François
- Luna chez Penélope Cruz et Javier Bardem
- Lyana chez Laëtitia Milot
- Madeline chez Lea Thompson
- Maggy chez Alizée et Grégoire Lyonnet
- Maïa chez Hélène Ségara
- Marguerite chez François Cluzet
- Maya chez Ethan Hawke et Uma Thurman
- Mia chez Kate Winslet
- Mila chez Mélanie Laurent
- Misha chez le chanteur Cale
- Naomi chez Stephen King
- Nina chez Adriana Karembeu
- Nine chez Inès de La Fressange
- Olivia chez Denzel Washington
- Olympia chez Serena Williams
- Osian chez Milla Jovovich
- Paloma chez David Caruso
- Phoebe chez Bill Gates
- Pia chez Pio Marmaï
- Raina chez Laurent Koscielny
- Rose chez Scarlett Johansson et Romain Dauriac
- Ruby chez Carla Moreau et Kevin Guedj
- Salomé chez Claude Lelouch
- Sarah chez Harry Connick Jr.
- Sofia chez Felipe d'Espagne et Letizia
- Solveig chez Alexia Laroche-Joubert
- Stella chez Paul McCartney
- Suzanne chez Daphné Burki et Gunther Love
- Suzon chez Élodie Gossuin
- Swann chez Alice Taglioni
- Tara chez Mazarine Pingeot
- Tess chez Judith Godrèche
- Thalia chez Luc Besson
- Uhaina chez Bixente Lizarazu
- Victoria chez Nelson Monfort
- Violette chez Inès de La Fressange
- Yasmine chez Marc Lavoine
- Zelda chez Victoria Bedos
- Zoé chez Rosanna Arquette

Thérèse

87 000 TOP 2 000

Qui récolte (grec). Féminin français et scandinave. Issue d'une noble famille espagnole, sainte Thérèse d'Avila fonda de nombreux monastères au XVIe siècle. Elle laissa à la postérité de nombreux écrits spirituels. *Variante :* Thérèze. *Caractérologie :* détermination, ambition, force, habileté, sensibilité.

Thi

1 400

Poème (vietnamien). On peut estimer que moins de 30 enfants seront prénommés ainsi en 2022. *Variantes :* Thia, Thy, Thya. *Caractérologie :* innovation, autorité, ambition, énergie, autonomie.

Thifaine
200

Apparition divine (grec). *Variantes :* Thiphaine, Thyphaine. *Caractérologie :* altruisme, intégrité, attention, idéalisme, décision.

Thuy
250

Eau (vietnamien). *Caractérologie :* réceptivité, sociabilité, loyauté, diplomatie, bonté.

Tia
1 800 TOP 500 ↗

Diminutif des prénoms se terminant par « tia ». *Variante :* Tya. *Caractérologie :* communication, pragmatisme, optimisme, créativité, sociabilité.

Tiana
2 000 TOP 500 ↗

Diminutif de Tatiana : fée (slave). Aimée (malgache). Féminin russe et slave. *Variantes :* Tia, Tianna, Tyana, Tyanna. *Caractérologie :* altruisme, idéalisme, réflexion, résolution, intégrité.

Tifany
1 800

Apparition divine (grec). Féminin anglais. On peut estimer que moins de 30 enfants seront prénommés ainsi en 2022. *Variantes :* Thifanie, Thifany, Thiffany, Thiphanie, Tifanny. *Caractérologie :* pratique, détermination, communication, enthousiasme, adaptation.

Tifenn
2 000

Apparition divine (grec). Féminin breton. On peut estimer que moins de 30 enfants seront prénommés ainsi en 2022. *Variantes :* Tifaine, Tiffaine, Tifene, Tiffène, Tiffen, Tiphène. *Caractérologie :* courage, dynamisme, charisme, curiosité, indépendance.

Tiffanie
2 000

Apparition divine (grec). Féminin anglais et français. On peut estimer que moins de 30 enfants seront prénommés ainsi en 2022. *Variantes :* Tifanie, Tiffani. *Caractérologie :* intelligence, méditation, savoir, détermination, indépendance.

Tiffany
17 000 TOP 800 ↘

Apparition divine (grec). Tiffany est très répandu dans les pays anglophones. *Caractérologie :* résolution, idéalisme, intégrité, altruisme, réflexion.

Timéa
950 TOP 2 000 →

Honorer Dieu (grec). Féminin hongrois. *Caractérologie :* pratique, adaptation, communication, résolution, enthousiasme.

Tina
4 000 TOP 500 →

Diminutif des prénoms se terminant par « tina » (Augustina, Christina, Martina, etc.). Féminin anglais, italien et néerlandais. *Caractérologie :* passion, force, ambition, habileté, décision.

Tiphaine
18 000 TOP 900 ↘

Apparition divine (grec). Au Moyen Âge, ce nom était donné aux enfants nés le jour de l'Épiphanie, la fête chrétienne qui donna naissance au prénom. Avant de devenir un féminin traditionnel breton, il fut largement attribué dans les deux genres. Après une longue absence, Tiphaine renaît au milieu du XXe siècle et se hisse au seuil du top 100 féminin en 1988, son dernier point culminant. *Caractérologie :* dynamisme, audace, attention, direction, action.

Tiphanie
4 500

Apparition divine (grec). Féminin français. On peut estimer que moins de 30 enfants seront prénommés ainsi en 2022. *Caractérologie :* ressort, finesse, audace, dynamisme, direction.

T

Tiphany
850

Apparition divine (grec). Féminin anglais. *Caractérologie :* adaptabilité, relationnel, action, fidélité, médiation.

Tonia
200

Inestimable (latin), fleur (grec). Féminin anglais. *Variantes :* Tonya, Tonina. *Caractérologie :* découverte, énergie, audace, originalité, détermination.

Tosca
200

Étrusque (latin). Prénom italien. *Caractérologie :* structure, sécurité, efficacité, persévérance, gestion.

Toscane
700

Étrusque (latin). *Caractérologie :* découverte, audace, énergie, organisation, originalité.

Touria
700

Étoile des Pléiades dans la constellation du Taureau (arabe). *Variantes :* Touraya, Touriya. *Caractérologie :* pratique, gestion, enthousiasme, communication, logique.

Tracy
4 000 TOP 2 000

Qui récolte (grec). Féminin anglais. *Variantes :* Tracey, Tracie, Trecy, Tressy. *Caractérologie :* organisation, fiabilité, méthode, engagement, ténacité.

Tricia
400

Noble personne (latin). Féminin anglais. *Variante :* Trycia. *Caractérologie :* influence, responsabilité, équilibre, organisation, famille.

Tristana
190

Étymologie possible : révolte, tumulte (celte). Féminin breton et occitan. *Caractérologie :* pragmatisme, communication, optimisme, créativité, résolution.

Trixie
- de 30

Heureuse, qui rend heureuse (latin). Féminin anglais. *Caractérologie :* efficacité, honnêteté, persévérance, structure, sécurité.

Tsipora
250

Petit oiseau (hébreu). *Caractérologie :* ambition, passion, force, habileté, management.

Tuana
450

Talent, savoir (vietnamien). *Caractérologie :* enthousiasme, gestion, pratique, communication, adaptation.

Typhaine
5 000

Apparition divine (grec). On peut estimer que moins de 30 enfants seront prénommés ainsi en 2022. *Variantes :* Tyffaine, Typhène. *Caractérologie :* force, action, ambition, habileté, attention.

Typhanie
1 300

Apparition divine (grec). On peut estimer que moins de 30 enfants seront prénommés ainsi en 2022. *Variante :* Tyffanie. *Caractérologie :* vitalité, stratégie, achèvement, ressort, finesse.

U

Uguette
- de 30

Esprit, intelligence (germanique). *Caractérologie :* rectitude, humanité, ouverture d'esprit, rêve, sympathie.

Uhaina
180

Vague (basque). *Caractérologie :* intégrité, dévouement, réflexion, altruisme, idéalisme.

Ulrika
- de 30

Puissance (germanique). Féminin allemand et scandinave. *Variantes :* Ulla, Ulrica, Ulricke, Ulrique. *Caractérologie :* rectitude, rêve, ouverture d'esprit, humanité, organisation.

Ulrike
- de 30

Puissance (germanique). Féminin allemand et scandinave. *Variantes :* Ulrica, Ulrique. *Caractérologie :* structure, sécurité, efficacité, persévérance, honnêteté.

Ulyssia
- de 30

Courroucée (latin). *Caractérologie :* spiritualité, connaissances, sagacité, originalité, philosophie.

Uma
250

Splendeur, lumière, sérénité (sanscrit). Dans l'hindouisme, Uma est l'un des noms de la déesse Parvati. Prénom indien d'Asie. *Caractérologie :* ambition, force, management, passion, habileté.

Uranie
- de 100

Céleste (grec). Dans la mythologie grecque, Uranie, la fille de Zeus et de Mnémosyne (déesse de la Mémoire), est la Muse de l'Astronomie. *Variantes :* Urana, Urane, Urania. *Caractérologie :* audace, énergie, originalité, découverte, détermination.

Urbaine
- de 100

De la ville (latin). *Variantes :* Urbane, Urbanie. *Caractérologie :* connaissances, sagacité, spiritualité, organisation, détermination.

Urielle
300

Dieu est ma lumière (hébreu). *Variantes :* Uria, Uriah, Urias, Uriel, Uriela. Forme bretonne : Uriell. *Caractérologie :* audace, direction, dynamisme, assurance, indépendance.

Ursula
1 000

Ours (latin). Féminin anglais, scandinave, allemand, italien et corse. *Variante :* Ursulla. *Caractérologie :* loyauté, sociabilité, réceptivité, diplomatie, bonté.

Ursule
700

Ours (latin). Féminin français. *Caractérologie :* paix, décision, conscience, bienveillance, conseil.

Ursuline
- de 30

Ours (latin). *Variantes :* Ursina, Ursine. *Caractérologie :* détermination, médiation, relationnel, intuition, fidélité.

Usoa
- de 30

Colombe (basque). *Caractérologie :* diplomatie, réceptivité, bonté, sociabilité, loyauté.

Uta
- de 30

Poème (japonais). *Caractérologie :* conseil, bienveillance, conscience, paix, gestion.

Uxia
- de 30

Forme galicienne d'Eugenia : bien née (grec). *Caractérologie :* décision, dynamisme, indépendance, direction, assurance.

Le top des prénoms mixtes

Le classement a été effectué par ordre décroissant d'attribution. La seconde colonne indique le pourcentage d'attribution au féminin. Les prénoms dont l'attribution est supérieure à 90 % dans un genre (comme Lou, Maël ou Marie) ne figurent pas dans ce palmarès.

	Prénom	% féminin
1.	Éden	13
2.	Camille	60
3.	Charlie	66
4.	Alix	88
5.	Andréa*	49
6.	Noa	18
7.	Maé	26
8.	Sasha	35
9.	Louison	62
10.	Élie	13

Rarement attribués de nos jours, Claude, Dominique et Frédérique figurent bien en deçà de l'élite du top 20. Et pour cause : une multitude de nouveautés leur ont volé la vedette. En 2022, celles-ci se nomment Alix, Andréa ou Charlie. Sans oublier Éden, une fusée propulsée au sommet en un temps record. Après un règne de plusieurs décennies, Camille s'incline au 2e rang et continue de prénommer davantage de garçons chaque année (40 % aujourd'hui).

Il faut dire qu'on attribue plus souvent un prénom d'un genre établi au sexe opposé aujourd'hui qu'au siècle passé. Ce phénomène ne suffit heureusement pas à semer le doute sur le sexe des prénoms les plus répandus. Quelques attributions ne sauraient modifier l'identité établie d'un prénom donné par milliers. Il n'empêche, on peut difficilement se réjouir du fait qu'Emma, Clara ou Chloé puissent être attribués à des garçons, ne fût-ce qu'une poignée d'entre eux. Tout comme on n'enviera pas le sort des quelques filles qui ont été prénommées Enzo, Lucas ou Nathan ces dernières années.

Il en va autrement pour les prénoms nouveaux en France. Ceux-là changent d'autant plus facilement de genre qu'ils grandissent dans notre société sans être assimilés à un sexe préétabli. Prenons l'exemple de Noa : on ne peut pas tenir rigueur aux personnes qui ignorent sa mixité. Et encore moins blâmer celles qui l'imaginent féminin. D'autant que les 3 premiers Noa de France étaient... des filles nées en 1982 ! Il a fallu attendre 1998 pour que des petits garçons soient prénommés ainsi dans l'Hexagone. Or aujourd'hui, Noa est très largement masculin.

Éden, autre exemple flagrant, apparaît pour la première fois en France en 1977. Rarissime, ce dernier est alors exclusivement masculin, mais il change très vite de genre : en 2002, 85 % des enfants nés sous ce nom sont des filles. Mais cette évolution n'est pas définitive. En 2 décennies, Éden a poursuivi sa mue, de sorte qu'aujourd'hui, ce prénom est essentiellement masculin.

Et l'on ne peut s'empêcher de penser à Liam qui, malgré son genre masculin bien établi (36 000 Français se prénomment ainsi), a été attribué à près de 100 Françaises... qui ne se portent pas si mal !

Le saviez-vous ?
Nombre de prénoms féminins furent par le passé employés au masculin. On connaît les exemples de Camille et Marie, mais savez-vous qu'Anne et Solène entrent aussi dans cette catégorie ?

Plus récemment, d'autres vedettes ont fait l'objet d'attributions à contre-emploi. Dans les années 1960-1970, Colette Dacheville, dite Stéphane Audran, a inspiré tant de parents que plus de 1 000 Françaises ont reçu le prénom Stéphane.

* Au masculin, Andrea s'orthographie sans accent.

V

Vaea
- de 100

Souveraine qui a partagé l'océan (tahitien). *Caractérologie :* intuition, relationnel, médiation, fidélité, adaptabilité.

Vaiana
500 TOP 2 000

L'eau de la grotte (tahitien). *Caractérologie :* décision, enthousiasme, communication, adaptation, pratique.

Valentina
3 500 TOP 300

Vaillante (latin). Féminin italien, espagnol, russe, slave méridional et roumain. *Caractérologie :* vitalité, achèvement, stratégie, organisation, résolution.

Valentine
36 000 TOP 100

Vaillante (latin). Féminin français. *Variantes :* Vale, Valantine, Valence, Valencia, Valencina, Valentia, Valentiane, Valentienne. *Caractérologie :* communication, pragmatisme, optimisme, détermination, organisation.

V

Valéria
750 TOP 2 000

Valeureuse (latin). Féminin hongrois et corse. *Caractérologie :* découverte, énergie, originalité, audace, détermination.

Valériane
1 100

Se rapporte à la valériane, plante médicinale aux propriétés calmantes. On peut estimer que moins de 30 enfants seront prénommés ainsi en 2022. *Variante :* Valérianne. *Caractérologie :* responsabilité, résolution, famille, équilibre, influence.

Valérie
243 000

Valeureuse (latin). Forme française du latin Valeria, un nom porté par une puissante famille romaine et plusieurs saintes ayant vécu aux premiers siècles. Malgré ce passé riche en histoire, Valérie est quasi inexistant en Europe avant la fin du XIXe siècle. Il le serait peut-être resté s'il n'avait pas été adopté par les parents de langue anglaise, puis par les familles allemandes et scandinaves. Dans ces pays, Valérie connaît un pic de popularité entre les deux guerres mondiales. Avec un temps de retard, mais poussé par une formidable croissance, Valérie s'impose en quelques années dans les 5 premiers rangs français. Il s'y maintient de 1965 à 1972, allant jusqu'à talonner Nathalie à la 2e place en 1969. Sa chute est ensuite vertigineuse, et ce prénom disparaît aussi rapidement qu'il avait surgi. ◇ Sainte Valérie de Milan, martyre chrétienne au IIe siècle, refusa d'apostasier et subit le martyre à la suite de son époux, saint Vital. Elle est fêtée le 28 avril. On peut estimer que moins de 30 enfants seront prénommés ainsi en 2022. *Variantes :* Vaka, Valérienne, Valérina, Valérine, Valeska, Vallie, Vallonia. *Caractérologie :* décision, humanité, rêve, rectitude, tolérance.

Valia
- de 100

Vaillante (latin). Féminin slave oriental. *Caractérologie :* altruisme, réflexion, idéalisme, intégrité, dévouement.

Vanessa
80 000 TOP 1 000

Papillon (grec). Ce prénom inventé par Jonathan Swift au XVIIIe siècle était le surnom d'Hester, l'une des femmes que l'écrivain irlandais a aimées. En dehors de la France, ce prénom est plus particulièrement recensé dans les pays anglophones. *Variantes :* Vanesa, Vannessa. *Caractérologie :* humanité, rêve, rectitude, tolérance, générosité.

Vania
250

Diminutif anglais et allemand de Vanessa : papillon (grec), et forme italienne de Jeanne. Notons qu'en Russie, Vania est essentiellement masculin. *Variantes :* Vana, Vanie, Vannie, Vanny, Vanya. *Caractérologie :* médiation, relationnel, intuition, fidélité, résolution.

Vanille
1 200 TOP 2 000 ↘

Nom du fruit du vanillier (latin). *Caractérologie :* pragmatisme, communication, optimisme, résolution, créativité.

Vanina
3 500

La pluie chasse la tristesse (tahitien), et forme corse de Jeanne : Dieu fait grâce (hébreu). On peut estimer que moins de 30 enfants seront prénommés ainsi en 2022. *Variante :* Vannina. *Caractérologie :* savoir, intelligence, méditation, indépendance, décision.

Varda
- de 30

Rose (hébreu). Dans *Le Seigneur des Anneaux*, de Tolkien, Varda Elentári est la reine des étoiles. *Variantes :* Vardia, Vardiella, Vardina. *Caractérologie :* assurance, direction, dynamisme, audace, indépendance.

Vélia
- de 30

Jour de la naissance (latin). *Variante :* Vélina. *Caractérologie :* méthode, ténacité, fiabilité, engagement, décision.

Venise
250

Se rapporte à Venise, ville d'Italie. *Variante :* Vénusia. *Caractérologie :* intuition, médiation, relationnel, fidélité, détermination.

Vénus
200

Déesse de l'Amour dans la mythologie romaine (latin). Prénom italien. *Variante :* Vénissia. *Caractérologie :* altruisme, dévouement, intégrité, idéalisme, réflexion.

Véra
1 200

Vrai (latin), foi (slave). Vera est très répandu dans les pays slaves et hispanophones. On peut estimer que moins de 30 enfants seront prénommés ainsi en 2022. *Variantes :* Veera, Veira, Viera. *Caractérologie :* dynamisme, indépendance, direction, audace, détermination.

Vérane
500

Vrai (latin), foi (slave). *Variante :* Vérana. *Caractérologie :* diplomatie, réceptivité, sociabilité, loyauté, décision.

Verena
250

Vrai (latin), foi (slave). *Caractérologie :* intuition, détermination, médiation, fidélité, relationnel.

Verna
- de 30

Vérité (latin). *Variante :* Virna. *Caractérologie :* paix, bienveillance, détermination, conseil, conscience.

Veronica
1 000 →

Porter la victoire (grec). Veronica est plus particulièrement répandu en Italie, dans les pays anglophones et en Roumanie. C'est aussi un choix traditionnel corse et occitan. *Variantes :* Verona, Veronika, Ronnie, Rony. *Caractérologie :* éthique, équilibre, famille, analyse, volonté.

Véronique
225 000 ↑

Porter la victoire (grec). Véronique et Veronica émergent au XIXe siècle dans plusieurs pays européens, mais leur diffusion reste modeste jusque dans les années 1950. Dans l'Hexagone, Véronique s'élève dans le sillon de Monique et parvient à percer en prenant sa relève. Ce prénom brille dans le top 10 français de 1959 à 1970, avant de s'éclipser rapidement. ◇ Sainte Véronique est le nom donné à une habitante de Jérusalem qui fut témoin du calvaire de Jésus et qui, par

V

compassion, essuya avec son voile le visage de ce dernier. Cette étoffe devenue célèbre aurait gardé l'empreinte des traits du Christ. Véronique est la patronne des lingères et des photographes. *Caractérologie :* intégrité, analyse, idéalisme, altruisme, volonté.

Vesna
450

Printemps (slave). Féminin croate, serbe, slovène et macédonien. *Caractérologie :* sagacité, connaissances, spiritualité, originalité, philosophie.

Via
- de 30

Voie (latin), diminutif des prénoms se terminant par « via ». Via est plus particulièrement répandu dans les pays scandinaves et au Brésil. *Caractérologie :* curiosité, dynamisme, charisme, courage, indépendance.

Viana
- de 30

Diminutif d'Iviana, une forme hispanophone de Jeanne : Dieu fait grâce (hébreu). Dans l'Hexagone, Viana est plus traditionnellement usité en Occitanie. *Caractérologie :* sociabilité, réceptivité, diplomatie, loyauté, décision.

V

Vianca
- de 30

Clair (germanique). Féminin anglais. *Caractérologie :* audace, énergie, découverte, originalité, résolution.

Vicky
2 000 TOP 2 000

Victorieuse (latin). Féminin anglais. *Variantes :* Vicki, Vickie. *Caractérologie :* intelligence, indépendance, savoir, méditation, sagesse.

Victoire
20 000 TOP 50

Victorieuse (latin). Ce prénom porté par plusieurs saintes est rarement attribué avant la fin de la Renaissance. Plusieurs princesses portent ce prénom aux XVIIe et XVIIIe siècles avant qu'il se diffuse plus largement dans l'Hexagone. Il est en retrait depuis que Victoria l'a supplanté à l'aube du XXe siècle. *Caractérologie :* relationnel, intuition, caractère, médiation, logique.

Victoria
34 000 TOP 50

Victorieuse (latin). *Variantes :* Viktoria, Vittoria, Toria. *Caractérologie :* intelligence, méditation, gestion, savoir, logique.

Victorine
4 500 TOP 2 000

Victorieuse (latin). Féminin français. *Variantes :* Victoriana, Victorie, Victorienne, Victorina. *Caractérologie :* sagacité, connaissances, volonté, spiritualité, raisonnement.

Vienne
- de 30

Vivante (latin). *Caractérologie :* paix, bienveillance, conseil, conscience, sagesse.

Vilma
190

Protectrice résolue (germanique). Féminin espagnol, allemand, slave méridional, hongrois et scandinave. *Caractérologie :* enthousiasme, communication, générosité, adaptation, pratique.

Vincente
900

Qui triomphe (latin). Féminin français. *Variantes :* Vinca, Vincencia, Vincenza. *Caractérologie :* sociabilité, réceptivité, diplomatie, loyauté, bonté.

Vinciane
1 800

Qui triomphe (latin). Féminin français. On peut estimer que moins de 30 enfants seront prénommés ainsi en 2022. *Variante :* Vincianne. *Caractérologie :* originalité, énergie, décision, découverte, audace.

Violaine
8 000

Se rapporte à la violette, fleur aux pétales violets (latin). C'est au poète et écrivain Paul Claudel que l'on doit l'invention de ce prénom français. Violaine est le

Victoria

Fête :
15 novembre

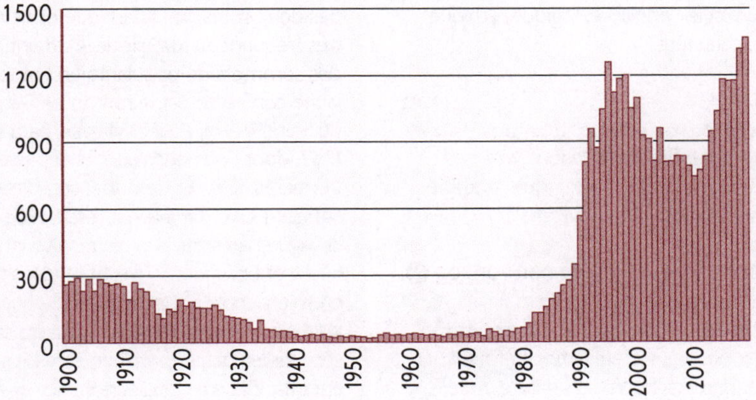

Étymologie

Cette version anglophone et hispanophone de notre classique Victoire vient du latin *victoria*, signifiant « victoire ». Patronne des légions romaines, Victoria est représentée par une déesse ailée tendant une couronne de laurier offerte au vainqueur.

En dépit de cette prédestination, ce prénom connaît une existence très discrète jusqu'à la fin du XIXe siècle. C'est sans conteste le règne historique de la reine Victoria (de 1837 à 1901) qui assure son essor. À partir de l'entre-deux-guerres, le prénom survit modestement. Il renoue avec son naturel conquérant à partir de 1990. Talonnée par Victoire, Victoria s'est hissée au 20e rang parisien dans les années 2010. Porté par cet élan, ce duo part désormais à l'assaut du top 30 national. Dans les pays francophones, Victoria cumule les succès en gravissant les échelons du top 20 au Québec, en Wallonie et en Romandie. Sa carrière à l'international confirme cette consécration dans les pays germanophones, anglophones, hispanophones, lusophones et italophones : quinté gagnant !

Victoria (1819-1901) est reine du Royaume-Uni de 1837 à sa mort. Son règne, l'un des plus longs de l'histoire, marque l'apogée de l'Angleterre au niveau économique et territorial, tant et si bien que l'on qualifie son époque d'« ère victorienne ».

Personnes célèbres

Victoria Abril, actrice et chanteuse espagnole, née en 1959 ; Victoria de Suède, princesse héritière du trône de Suède, née en 1977 ; Victoria Beckham, née en 1974, chanteuse des Spice Girls et femme du non moins célèbre footballeur David Beckham ; Victoria Song, actrice, danseuse et chanteuse chinoise, née en 1987 ; Victoria Ocampo, écrivaine argentine (1890-1979).

Statistiques

Victoria est le 67e prénom féminin le plus donné en France depuis l'an 2000. Ce prénom est attribué à près d'une fille sur 230 aujourd'hui. **Victoire** devrait prénommer une fille sur 220 et figurer au 92e rang de ce palmarès.

V

personnage principal dans la pièce de théâtre *L'Annonce faite à Marie* de Paul Claudel, c'est aussi le nom d'un petit village de l'Ain. On peut estimer que moins de 30 enfants seront prénommés ainsi en 2022. *Variantes :* Viola, Violène, Violine. *Caractérologie :* équilibre, logique, éthique, famille, caractère.

Violetta
700

Se rapporte à la violette, fleur aux pétales violets (latin). Prénom italien. *Variante :* Violeta. *Caractérologie :* logique, énergie, découverte, audace, caractère.

Violette
17 000 TOP 300

Ce prénom issu du calendrier révolutionnaire se rapporte à la violette, fleur aux pétales violets (latin). Féminin français. *Caractérologie :* humanité, rêve, rectitude, caractère, logique.

Virgilia
- de 100

Qui porte une canne (latin). *Caractérologie :* équilibre, famille, responsabilité, réussite, influence.

V

Virginia
2 500

Pure, vierge (latin). Féminin anglais. Dans l'Hexagone, Virginia est plus traditionnellement usité au Pays basque et en Corse. *Variantes :* Virgina, Virginy. *Caractérologie :* vitalité, décision, achèvement, stratégie, réussite.

Virginie
162 000

Pure, vierge (latin). Jeune citoyenne romaine d'une grande beauté, Virginie était convoitée par un magistrat, Appius Claudius, qui la réclamait injustement comme esclave. Prévenu à temps, son père accourut voir sa fille. Arrivé au forum, le malheureux déroba un couteau de boucher et le lui planta dans le cœur, seul moyen selon lui de redonner sa dignité à la jeune fille. Cette légende populaire confirme l'ancienneté de ce prénom, et pourtant, il tarde à se manifester en France. C'est au XVIe siècle que Virginia émerge en Amérique, lorsque les Anglais nomment « Virginia » l'un des États colonisés en hommage à Élisabeth Ire, dite la « reine vierge ». Le prénom se propage des deux côtés de l'Atlantique et devient très fréquent au XIXe siècle. Il atteint alors des sommets de popularité en France. Une gloire confortée par le roman de Bernardin de Saint-Pierre, *Paul et Virginie*, paru en 1787, dont l'immense succès dépassa les frontières. En voie de disparition dans les années 1950, Virginie est ressuscitée par la vague naissante des terminaisons en « ie » et brille, de 1974 à 1979, dans les cinq premiers choix français. ◇ Riche veuve du XVIIe siècle, sainte Virginie consacra sa vie à secourir les pauvres tout en élevant ses deux enfants. Elle créa plusieurs écoles et fonda un institut religieux. On peut estimer que moins de 30 enfants seront prénommés ainsi en 2022. *Caractérologie :* pratique, communication, adaptation, enthousiasme, générosité.

Vitaline
- de 100

Vie (latin). *Variantes :* Vita, Vitalie. *Caractérologie :* gestion, intuition, médiation, décision, relationnel.

Vittoria
500 TOP 2 000

Victorieuse (latin). Prénom italien. Dans l'Hexagone, Vittoria est plus traditionnellement usité en Corse. *Caractérologie :* famille, exigence, équilibre, responsabilité, influence.

Viviane
46 000 TOP 2 000

Vivante (latin). Au moment où il apparaît dans les légendes arthuriennes, ce prénom est plus rare en France qu'en Angleterre, où Vivian est usité dans les deux genres. Après cette embellie médiévale, Viviane tombe dans un oubli si profond qu'il arbore toute la jeunesse d'un prénom neuf en ressuscitant au siècle dernier. Sans atteindre des sommets, Viviane se hisse dans les 50 premiers choix français en 1955, peu après sa découverte. ◇ Dans la légende arthurienne, Vivianne est la protectrice du royaume d'Avalon et de l'épée sacrée Excalibur. Elle élève Lancelot qui devient l'un des chevaliers les plus célèbres de la Table ronde. En faisant tourner neuf fois son voile magique autour de Merlin, elle fait de ce dernier son « amant éternel ». *Caractérologie :* innovation, énergie, ambition, autorité, décision.

Vivianne

1 200

Vivante (latin). Voir Viviane. Féminin français. On peut estimer que moins de 30 enfants seront prénommés ainsi en 2022. *Variantes :* Bibiane, Bibianne, Viva, Vivian, Viviana, Vivianka, Vivienna, Viviene, Vivienne. *Caractérologie :* famille, équilibre, détermination, responsabilité, influence.

W

Wafa

1 500

Fidèle (arabe). On peut estimer que moins de 30 enfants seront prénommés ainsi en 2022. *Variantes :* Wafaa, Waffa, Wafae. *Caractérologie :* honnêteté, efficacité, sécurité, persévérance, structure.

Wallis

- de 100

Du pays de Galles (anglais). Féminin anglais. *Variante :* Wally. *Caractérologie :* fiabilité, méthode, ténacité, engagement, décision.

Wanda

2 500 ↗

Branche fine (germanique). Wanda est particulièrement répandu dans les pays anglophones, en Pologne et en Allemagne. *Variantes :* Vanda, Venda, Wandeline, Wenda. *Caractérologie :* savoir, sagesse, intelligence, méditation, indépendance.

Warda

1 000 →

Rose (arabe). *Caractérologie :* sociabilité, diplomatie, loyauté, réceptivité, résolution.

Wassila

2 000 TOP 2 000 ↘

Maturation spirituelle (arabe). *Caractérologie :* enthousiasme, pratique, adaptation, communication, détermination.

Wendie

300 ↘

Branche fine (germanique). *Variante :* Wendi. *Caractérologie :* paix, conseil, conscience, sagesse, bienveillance.

Wendy

13 000 TOP 400 ↘

Branche fine (germanique). Wendy est très répandu dans les pays anglophones. *Caractérologie :* ardeur, vitalité, achèvement, stratégie, leadership.

Whitney

950 TOP 2 000 →

Île blanche (anglais). *Caractérologie :* dynamisme, curiosité, courage, finesse, ressort.

Widad

650 ↘

Fidèle, affectionnée (arabe). *Variantes :* Ouidad, Ouidade, Ouided, Wided, Wydad. *Caractérologie :* dynamisme, curiosité, courage, indépendance, résolution.

Wilhelmine

- de 100

Protectrice résolue (germanique). Féminin allemand. *Variante :* Vilhelmine. *Caractérologie :* diplomatie, réceptivité, sociabilité, bonté, loyauté.

La législation française

Les parents d'aujourd'hui ont une liberté de choix de prénom qui leur fut longtemps contestée. Pendant la Révolution, les lois françaises imposaient aux parents de choisir les prénoms selon qu'ils étaient en usage dans les différents calendriers ou dans une liste qui incluait des personnages de l'histoire ancienne. Un prénom peu conformiste n'avait aucune chance d'être accepté par les fonctionnaires d'État.

Dans les années 1960, la montée des identités régionales pousse de nombreuses familles à se rebeller contre le système. Bon nombre de parents décident alors de maintenir leur choix de prénoms, au risque de priver l'enfant d'une existence civile reconnue. L'instruction ministérielle du 12 avril 1966 élargit, fort heureusement, le répertoire de prénoms recevables à des prénoms tirés de la mythologie, aux prénoms régionaux et aux prénoms composés. Elle tolère même, dans certains cas, les diminutifs et les variations.

Ce n'est qu'en 1993 que la loi s'assouplit réellement, garantissant l'acceptabilité de n'importe quel prénom dans la mesure où il ne contrevient pas à l'intérêt de l'enfant. Seuls les prénoms qui paraissent grossiers ou péjoratifs, qui présentent une consonance ridicule ou semblent d'une extrême complexité à porter peuvent être contestés par l'officier d'état civil. Ce fonctionnaire informe alors le procureur de la République qui peut à son tour saisir le juge aux affaires familiales. Si ce dernier estime que le prénom sort du cadre autorisé par la loi, il peut en ordonner la suppression des registres d'état civil. Dans ce cas de figure, le juge a le pouvoir d'attribuer un autre prénom, à moins que les parents ne conviennent d'un nouveau choix légalement acceptable.

Titeuf, Princesse-Rebecca et Nutella recalés

En 2012, un enfant prénommé Titeuf s'est vu interdire son prénom par la justice. La Cour de cassation, qui avait été saisie en appel, a expliqué ainsi son jugement : « L'association au personnage de préadolescent naïf et maladroit risque de constituer un réel handicap pour l'enfant devenu adolescent puis adulte, tant dans ses relations personnelles que professionnelles. »

En 2015, le tribunal de Besançon a jugé que Princesse-Rebecca, choisi par des parents originaires du Togo, avait une consonance trop ridicule ou fantaisiste, et l'a interdit. La même année, Nutella, nom commercial d'une pâte à tartiner, a été interdit pour des raisons évidentes.

Fraise interdite, au grand regret de Framboise, Myrtille, Pomme et Cerise

Fraise fut à son tour interdite, car « nécessairement à l'origine de moqueries, notamment avec l'utilisation de l'expression "Ramène ta fraise" » selon le juge. Ce dernier a proposé Fraisine qui figure désormais, avec Framboise, dans l'inventaire des prénoms fruités recevables.

On peut s'interroger sur la nécessité d'avoir interdit Fraise alors que Cerise, Prune et Pomme étaient autorisés. Les expressions négatives contenant ces noms ne manquent pourtant pas (« bien fait pour ta pomme », « se prendre une prune », « avoir la cerise », etc.). Aujourd'hui, Fraisine ne fait pas d'émules, mais 4 500 Françaises se prénomment Cerise, Pomme et Prune. Des prénoms fruités qui empruntent de nouveaux chemins du succès. Pomme, le nom de scène de la chanteuse Claire Pommet, a été élue artiste féminine de l'année aux 36e Victoires de la Musique en février 2021. Avis aux amateurs…

Poteau pour Griezmann Mbappé !

En 2018, quelques mois après la coupe du monde de football, à Brive, des parents fans de ballon rond ont voulu baptiser leur fils Griezmann Mbappé. Ce choix n'a pas passé les sélections des services d'état civil. Le procureur, saisi par le juge aux affaires familiales, a invité les parents à choisir un autre prénom. C'est chose faite : le petit Corrézien s'appelle désormais Dany Noé !

Jihad transformé en Jahid

En 2018, un juge aux affaires familiales de Toulouse a invalidé le choix de prénom Jihad. Une année plus tard, la situation s'est reproduite à Dijon. Dans le contexte des attentats commis au nom du djihadisme, les juges ont choisi, dans l'intérêt de l'enfant, d'intervertir deux des voyelles du prénom, et c'est Jahid qui a été inscrit dans les registres d'état civil.

Signes diacritiques

Après maints refus de la justice et plusieurs appels depuis le début des années 2000, la proposition de loi Molac relative à la protection patrimoniale des langues régionales a été adoptée par l'Assemblée nationale en avril 2021. Si elle entre en vigueur (un recours devant le Conseil constitutionnel pourrait tout remettre en cause), les prénoms régionaux comportant des signes diacritiques seront autorisés. Aña, Lluís, Núria, Llívia, Fañch et Martí pourront ainsi arborer leur identité basque, bretonne et catalane.

Willow
500 TOP 700 ↗

Saule (anglais). Willow est mixte en France, mais exclusivement féminin dans les pays anglophones. *Caractérologie :* ténacité, raisonnenent, fiabilité, méthode, engagement.

Wilma
250

Protectrice résolue (germanique). Wilma est particulièrement répandu dans les pays scandinaves et en Allemagne. *Variantes :* Vilma, Wylma. *Caractérologie :* sécurité, structure, persévérance, décision, efficacité.

Wilona
- de 100

Désirée, attendue (anglais). Ce prénom est apparu dans l'Hexagone dans les années 2000. *Variantes :* Wiloh, Wilonah, Wylona. *Caractérologie :* volonté, médiation, adaptabilité, raisonnement, relationnel.

Windy
350

Venteux (anglais), ou variante de Wendy. *Caractérologie :* communication, optimisme, créativité, pratique, adaptation.

Winnie
- de 100 TOP 2 000

Gardienne sacrée (germanique). Féminin anglais. *Caractérologie :* sociabilité, réceptivité, diplomatie, loyauté, bonté.

Winona
300

Gardienne sacrée (germanique). Féminin anglais. *Variante :* Wynona. *Caractérologie :* détermination, structure, persévérance, sécurité, efficacité.

Wissal
1 200 TOP 2 000 ↘

Couple harmonieux (arabe). *Caractérologie :* relationnel, décision, intuition, médiation, fidélité.

Wissem
650 →

Honorée de médailles (arabe). *Variantes :* Wissam, Wissame. *Caractérologie :* sagacité, spiritualité, connaissances, originalité, décision.

Withney
200

Île blanche (anglais). *Caractérologie :* découverte, énergie, audace, ressort, finesse.

Wladyslawa
250

Gouverneur puissant et renommé (slave). *Caractérologie :* ténacité, méthode, réussite, fiabilité, cœur.

Wyn
- de 30

Blanc, heureux (celte). *Caractérologie :* communication, optimisme, pragmatisme, résolution, créativité.

X

Xana
140

Forme espagnole, basque et galicienne de Jeanne. Dans la mythologie asturienne, Xana est une petite fée. *Caractérologie :* efficacité, sécurité, structure, persévérance, honnêteté.

Xanthia
- de 30

Jaune (grec). *Variantes :* Xanthe, Xantia. *Caractérologie :* découverte, détermination, énergie, audace, sensibilité.

Xaverine
- de 30

Maison neuve (basque). *Caractérologie :* résolution, ambition, force, volonté, habileté.

Xaviera
- de 100

Maison neuve (basque). *Caractérologie :* volonté, force, habileté, résolution, ambition.

Xavière
600

Variante francisée de Xabiere qui signifie « maison neuve » en basque. *Variantes :* Xaverine, Xaviera. *Caractérologie :* pratique, communication, enthousiasme, décision, caractère.

Xena
- de 100

Prénom inspiré du personnage de *Xena, la guerrière*, série télévisée américaine et néo-zélandaise qui fut diffusée pour la première fois dans l'Hexagone en 1996. Un an plus tard, des petites Xena ont été recensées pour la première fois dans les fichiers d'état civil français. *Caractérologie :* achèvement, vitalité, ardeur, stratégie, leadership.

Xénia
180

Variante d'Auxane ou de Xéna. Féminin anglais. *Variante :* Xia. *Caractérologie :* force, ambition, habileté, passion, décision.

Xia
- de 30

Selon les textes les plus anciens de l'histoire chinoise, la dynastie Xia aurait été la première des trois dynasties de la Chine pré-impériale. En fonction des sinogrammes utilisés, *xia* peut signifier « brume », « aube » ou « crépuscule ». *Caractérologie :* sagacité, connaissances, spiritualité, originalité, philosophie.

Xiao
- de 30

Selon les sinogrammes utilisés, *xiao* peut signifier « flûte », « sourire », ou désigner un rang militaire en chinois. *Caractérologie :* sens du devoir, engagement, fiabilité, méthode, ténacité.

Ximena
- de 30

Forme espagnole et basque de Simone : qui est exaucée (hébreu). Bien que la forme Jimena soit prédominante dans les pays et cultures hispanophones, Ximena n'y a pas disparu. *Variante :* Semena. *Caractérologie :* créativité, optimisme, ténacité, communication, décision.

Xuan
- de 100

Printemps, jeunesse (vietnamien), équivalent espagnol de Jean. *Caractérologie :* famille, équilibre, responsabilité, influence, exigence.

Xylia
- de 30

Forêt (latin). *Variante :* Xylina. *Caractérologie :* habileté, ambition, force, raisonnement, passion.

Y

Yaël
4 500 TOP 500

Chèvre sauvage (hébreu). Personnage biblique, Yaël, ou Jaël, tua Sisera, le chef de l'armée cananéenne, et délivra ainsi les tribus d'Israël du joug du roi Yabin. Yaël était elle-même cananéenne ; cet acte de bravoure lui valut la reconnaissance des Hébreux et une place dans le Livre des Juges de l'Ancien Testament. Au féminin, ce prénom est particulièrement en vogue dans les cultures juives et en Israël. Au masculin, Yaël est une forme basque et bretonne de Joël. *Caractérologie :* connaissances, spiritualité, sagacité, originalité, bonté.

Yaëlle
4 500 TOP 500

Forme bretonne et basque de Joëlle, variante de Yaël au féminin. Notons que Yael et Yaelle s'orthographient également sans tréma. *Caractérologie :* influence, éthique, équilibre, famille, sympathie.

Yamina
9 500 TOP 700

Éthique, morale (arabe). *Variantes :* Yamma, Yaminah, Yemina, Yeminah. *Caractérologie :* altruisme, idéalisme, intégrité, détermination, réalisation.

Yamini
- de 30

Nuit (sanscrit). Féminin indien d'Asie. *Caractérologie :* force, ambition, réussite, habileté, décision.

Yana
500 TOP 2 000

Dieu fait grâce (hébreu). Prénom slave. Dans l'Hexagone, Yana est plus traditionnellement attribué en Bretagne. *Variante :* Yane. *Caractérologie :* courage, dynamisme, charisme, indépendance, curiosité.

Yanick
450

Dieu fait grâce (hébreu). *Caractérologie :* humanité, rectitude, sympathie, rêve, résolution.

Yanna
500

Dieu fait grâce (hébreu). Prénom breton. *Caractérologie :* audace, dynamisme, indépendance, direction, assurance.

Yanne
140

Dieu fait grâce (hébreu). *Caractérologie :* audace, séduction, originalité, découverte, énergie.

Yannick
5 000

Dieu fait grâce (hébreu). Masculin français et breton. On peut estimer que moins de 30 enfants seront prénommés ainsi en 2022. *Variantes :* Yanic, Yanik, Yaniv, Yannic, Yannig, Yannik. *Caractérologie :* curiosité, dynamisme, courage, sympathie, résolution.

Yara
1 400 TOP 500

Se rapporte à Iara, une sirène d'une beauté fulgurante dans la mythologie brésilienne. Prénom lusophone. *Variante :* Iara. *Caractérologie :* courage, indépendance, audace, séduction, énergie.

Yasmina
14 000 TOP 700

Prénom arabe emprunté au persan signifiant « fleur de jasmin ». Ce prénom est particulièrement répandu dans les cultures musulmanes francophones. *Variante :* Iasmina. *Caractérologie :* innovation, énergie, autorité, réussite, décision.

Yasmine
28 000 TOP 100

Prénom arabe emprunté au persan signifiant « fleur de jasmin ». Ce prénom est particulièrement répandu dans les cultures musulmanes francophones. *Variantes :* Yasmin, Yasmeen, Yassmine. *Caractérologie :* énergie, découverte, audace, décision, réussite.

Yelena
1 500 TOP 700

Éclat du soleil (grec). Féminin russe. *Caractérologie :* cœur, vitalité, achèvement, stratégie, ardeur.

Yen
- de 30

Paix, hirondelle (vietnamien). *Caractérologie :* achèvement, vitalité, ardeur, stratégie, leadership.

Yeva
120 TOP 2 000

Vie, donner la vie (hébreu). Féminin arménien. *Caractérologie :* habileté, force, passion, réussite, ambition.

Ylana
800 TOP 1 000

Arbre (hébreu). *Caractérologie :* ambition, habileté, force, passion, cœur.

Yléana
110

Éclat du soleil (grec). *Caractérologie :* structure, persévérance, efficacité, amitié, honnêteté.

Y

Ylena
250

Éclat du soleil (grec). *Variantes :* Ilénia, Ylénia, Ylenna. *Caractérologie :* ténacité, enthousiasme, pratique, adaptation, générosité.

Ylona
1 100 TOP 1 000

Éclat du soleil (grec). Voir Ilona. *Caractérologie :* engagement, fiabilité, cœur, méthode, ténacité.

Ynes
1 200 TOP 2 000

Chaste, pure (grec), sympathique, généreuse (arabe). Ynes peut également s'orthographier sans accent. *Caractérologie :* rêve, ouverture d'esprit, humanité, rectitude, générosité.

Yoanna
400

Dieu fait grâce (hébreu). *Variantes :* Yoana, Yoanie, Yoannie. *Caractérologie :* indépendance, méditation, savoir, intelligence, sagesse.

Yohanna
500

Dieu fait grâce (hébreu). *Variantes :* Yohana, Yohanne. *Caractérologie :* paix, bienveillance, sagesse, conscience, conseil.

Yoko
- de 100

L'enfant du soleil (japonais). *Caractérologie :* créativité, communication, pragmatisme, optimisme, sociabilité.

Yolaine
3 500

Aube (grec), violette (latin). Féminin français. On peut estimer que moins de 30 enfants seront prénommés ainsi en 2022. *Variante :* Yola. *Caractérologie :* altruisme, sympathie, idéalisme, analyse, intégrité.

Yolanda
650

Aube (grec), violette (latin). Yolanda est plus particulièrement recensé en Italie, en Espagne et en Amérique du Nord. Iolanda Cristina Gigliotti est le nom de naissance de la célèbre chanteuse et actrice franco-italienne Dalida (1933-1987). *Caractérologie :* idéalisme, altruisme, intégrité, volonté, réalisation.

Yolande
37 000

Aube (grec), violette (latin). Féminin français. On peut estimer que moins de 30 enfants seront prénommés ainsi en 2022. *Variante :* Iolanda. *Caractérologie :* fiabilité, ténacité, méthode, réalisation, volonté.

Yolène
1 200

Aube (grec), violette (latin). On peut estimer que moins de 30 enfants seront prénommés ainsi en 2022. *Variantes :*

Iolande, Yolenn. *Caractérologie :* sécurité, persévérance, efficacité, structure, bonté.

Yoline
110

Aube (grec), violette (latin). *Caractérologie :* altruisme, rêve, tolérance, raisonnement, dévouement.

Yona
1 800 TOP 2 000

Colombe (hébreu). Sans le h final, Yona est presque exclusivement employé au féminin de nos jours. *Variantes :* Yonah, Yonna. *Caractérologie :* innovation, autorité, énergie, ambition, autonomie.

Yosana
- de 30

Jeune fille (sanscrit). Féminin indien d'Asie. *Caractérologie :* art, communication, adaptation, partage, créativité.

Youna
2 500 TOP 2 000

If (celte). Prénom breton. *Caractérologie :* fiabilité, méthode, ténacité, amitié, engagement.

Yousra
5 000 TOP 500

Qui a bon caractère (arabe). *Variantes :* Yossra, Yosra, Youssra, Yousria, Yusra. *Caractérologie :* rectitude, raisonnement, humanité, rêve, tolérance.

Ysabel
- de 100

Dieu est serment (hébreu). Féminin anglais. *Variante :* Ysabelle. *Caractérologie :* dynamisme, gestion, indépendance, assurance, audace.

Ysalie
- de 100

Dieu est serment (hébreu). *Variante :* Isalie. *Caractérologie :* stratégie, vitalité, leadership, ardeur, accomplissement.

Ysaline
1 300

Dieu est serment (hébreu). Féminin français. On peut estimer que moins de 30 enfants seront prénommés ainsi en 2022. *Caractérologie :* décision, structure, cœur, persévérance, sécurité.

Ysalis
190

Dieu est serment (hébreu). *Variantes :* Isalis, Isalys. *Caractérologie :* efficacité, honnêteté, structure, persévérance, sécurité.

Ysance
- de 30

Variante d'Ysabel ou combinaison d'Ysabel et des prénoms se terminant par « ance » (Constance, France, etc.). *Caractérologie :* constance, logique, amitié, créativité, famille.

Ysandre
- de 30

Cette petite cousine de Lysandre est apparue pour la première fois en France en 1992. Elle est également recensée au Québec depuis 2004. *Variantes :* Isandre, Izandre, Yzandre. *Caractérologie :* curiosité, charisme, réalisation, courage, indépendance.

Ysanne
- de 30

Contraction d'Yseult ou Ysabel et Anne. *Variantes :* Ysann, Ysanna. *Caractérologie :* paix, bienveillance, conscience, conseil, sagesse.

Ysatis
160

Se rapporte à l'isatis, le renard blanc d'Arctique. Ysatis est également le nom d'un parfum très connu. Féminin français. *Variantes :* Isathis, Isatis. *Caractérologie :* générosité, pratique, communication, enthousiasme, adaptation.

Ysaure
120

Habitante d'Isaurie (grec). *Caractérologie :* sympathie, achèvement, vitalité, stratégie, résolution.

Ysé
550 TOP 1 000

Voir Ysée. *Caractérologie :* ténacité, méthode, sens du devoir, engagement, fiabilité.

Y

Ysée
1 100 TOP 600 ➔

Orateur athénien du IVe siècle avant J.-C., élève d'Isocrate, Isée se rendit célèbre pour ses excellentes plaidoiries. Ysée pourrait également être apparenté à Élisabeth. *Caractérologie :* dévouement, réflexion, altruisme, idéalisme, intégrité.

Yseult
500 ➔

Belle (celte). Féminin anglais et français. Dans la légende médiévale de *Tristan et Iseut*, Tristan était éperdument amoureux d'Iseut la blonde, mais il dut se résoudre à épouser Iseut aux blanches mains. Le récit de cette passion tragique a transcendé les siècles et inspiré nombre de poètes et musiciens. *Variantes :* Yseut, Ysold, Ysolde, Ysolt. *Caractérologie :* pratique, communication, cœur, enthousiasme, gestion.

Ysia
350 TOP 800 ➔

Déesse, souveraine (grec). *Caractérologie :* idéalisme, altruisme, intégrité, dévouement, réflexion.

Ysoline
200

Dieu est serment (hébreu). *Caractérologie :* rêve, humanité, rectitude, raisonnement, bonté.

Yuko
- de 30

Enfant gracieuse (japonais). *Caractérologie :* humanité, ouverture d'esprit, rectitude, rêve, générosité.

Yumi
350 ➔

Belle révérence (japonais). *Caractérologie :* curiosité, charisme, dynamisme, courage, indépendance.

Yuna
4 000 TOP 300 ➔

Se rapporte au nom d'une sainte de Belle-Île-en-Terre (breton). *Caractérologie :* originalité, spiritualité, sagacité, cœur, connaissances.

Yuri
- de 30

Lys (japonais). *Caractérologie :* direction, indépendance, audace, dynamisme, assurance.

Yvana
750 TOP 2 000 ↗

Dieu fait grâce (hébreu). *Variante :* Yva. *Caractérologie :* humanité, rectitude, rêve, réussite, ouverture d'esprit.

Yvane
400

Dieu fait grâce (hébreu). *Variante :* Yvanne. *Caractérologie :* méthode, engagement, fiabilité, réalisation, ténacité.

Yvanna
600 TOP 2 000 ↘

Dieu fait grâce (hébreu). *Caractérologie :* indépendance, réalisation, courage, dynamisme, curiosité.

Yveline
8 000

Contraction d'Yvanne et Line. Féminin français. On peut estimer que moins de 30 enfants seront prénommés ainsi en 2022. *Caractérologie :* amitié, diplomatie, sociabilité, loyauté, réceptivité.

Yvette
108 000

If (celte). Féminin français. On peut estimer que moins de 30 enfants seront prénommés ainsi en 2022. *Variantes :* Ivetta, Yvetta. *Caractérologie :* sagesse, savoir, intelligence, indépendance, méditation.

Yvonne
53 000 ↗

If (celte). Féminin français, allemand et scandinave. *Variantes :* Ivona, Yvone, Ivonna, Yvona, Yvonna. *Caractérologie :* curiosité, dynamisme, courage, indépendance, volonté.

Z

Zahara
140

Éclatante, en fleur (hébreu, arabe, swahili). Zahara est le prénom donné par Angelina Jolie à sa fille adoptive née en Éthiopie. *Caractérologie :* dynamisme, indépendance, direction, audace, assurance.

Zahia
1 500

Splendeur, lumière (arabe). On peut estimer que moins de 30 enfants seront prénommés ainsi en 2022. *Variante :* Zahya. *Caractérologie :* ouverture d'esprit, rectitude, humanité, rêve, générosité.

Zahra
4 000 TOP 500

Fleur, blancheur lumineuse (arabe). *Variantes :* Zahera, Zahira, Zarha, Zhora. *Caractérologie :* humanité, générosité, rectitude, ouverture d'esprit, rêve.

Zaïa
400

Splendeur, lumière (arabe). *Caractérologie :* innovation, énergie, autorité, autonomie, ambition.

Zaïg
- de 30

Forme bretonne de Louise : illustre au combat (germanique). *Caractérologie :* savoir, méditation, ressort, indépendance, intelligence.

Zaïna
1 300 TOP 700

Belle (arabe). *Variante :* Zana. *Caractérologie :* famille, responsabilité, décision, équilibre, influence.

Zakia
1 400

Intelligente, pure (arabe). On peut estimer que moins de 30 enfants seront prénommés ainsi en 2022. *Variantes :* Zakiya, Zakya. *Caractérologie :* communication, optimisme, créativité, pragmatisme, sociabilité.

Zao
- de 30

Commencement, matinée (chinois). Voir Zao au masculin. Dans les deux genres, Zao est apparu dans les registres d'état civil français à partir de 2009. *Caractérologie :* humilité, harmonie, exigence, influence, éthique.

Zara
950 TOP 2 000

Fleur, blancheur lumineuse (arabe). *Variante :* Zarah. *Caractérologie :* direction, audace, dynamisme, indépendance, assurance.

Zazie
110

Libre, française (latin). Féminin français. *Caractérologie :* sécurité, persévérance, résolution, structure, efficacité.

Zehra
1 100

Fleur, blancheur lumineuse (arabe). On peut estimer que moins de 30 enfants seront prénommés ainsi en 2022. *Caractérologie :* structure, sécurité, persévérance, décision, efficacité.

Zéina
550

Décoration (arabe). *Caractérologie :* audace, dynamisme, direction, résolution, indépendance.

Zelda
500 TOP 2 000

Diminutif probable de Griselda : sombre bataille (vieil allemand). Féminin anglais. *Variantes :* Zilda, Zélida, Zéliha. *Caractérologie :* créativité, pragmatisme, optimisme, communication, sociabilité.

Zélia
1 900 TOP 2 000

Solennelle (latin). Cette forme latinisée de Zélie a connu une grande faveur dans les pays anglophones au XIXe siècle.

Caractérologie : vitalité, achèvement, détermination, stratégie, ardeur.

Zélie

12 000 TOP 100

Forme abrégée de Soline, du latin *solemnis*, « solennelle ». Ce prénom a fait l'objet d'une inscription tardive au temps de Rome. Dans la mythologie grecque, Zelos, le fils du Titan Pallas et de Styx, est une divinité personnifiant le zèle. Malgré son histoire ancienne, Zélie est si peu employée avant la fin du XVIIe siècle qu'on la confond parfois avec Solène. Avec cinq lettres pour tout bagage, Zélie s'envole au siècle suivant, faisant en passant quelques apparitions dans les arts et les sciences. Ingres peint en 1806 le portrait de Madame Aymon, dite « la belle Zélie », et dans la littérature, Zélie est l'un des personnages des *Études de mœurs* de Balzac, dans un volume paru en 1834. Les frères Paul et Henry Prosper, opticiens et astronomes français, découvriront de leur côté un astéroïde qu'ils nommeront ainsi en 1876. Zélie renaît discrètement depuis le début des années 2010. *Caractérologie :* pragmatisme, communication, optimisme, créativité, sociabilité.

Zélina

- de 100

Solennelle (latin). Dans l'Hexagone, Zelina est plus traditionnellement usité au Pays basque. *Caractérologie :* engagement, méthode, fiabilité, ténacité, détermination.

Zéline

- de 100

Solennelle (latin). *Caractérologie :* vitalité, ardeur, achèvement, leadership, stratégie.

Zéna

170

Hospitalier (grec). Féminin anglais et français. *Variante :* Zénon. *Caractérologie :* autorité, innovation, énergie, autonomie, ambition.

Zénaïde

140

Hospitalier (grec). *Variantes :* Zenaida, Zénia. *Caractérologie :* autorité, énergie, innovation, ambition, résolution.

Zéphirine

- de 30

Vent doux (grec). *Caractérologie :* intuition, fidélité, médiation, action, relationnel.

Zeynep

2 500 TOP 500

Belle, qui console (arabe). *Variantes :* Zaïnab, Zaïneb, Zéinab, Zéinabou, Zéine, Zéineb, Zeyneb, Zinab. *Caractérologie :* direction, audace, dynamisme, indépendance, assurance.

Zia

1 700 TOP 2 000

Nom d'une tribu indienne du Nouveau-Mexique (États-Unis) connue pour vénérer le soleil. Zia est également le nom de la jeune héroïne inca des *Mystérieuses Cités d'or*, une série d'animation télévisée devenue célèbre en France dans les années 1980. Ce prénom est plus particulièrement usité en Amérique latine. *Caractérologie :* altruisme, dévouement, intégrité, idéalisme, réflexion.

Zilia

- de 30

Forme basque de Cécile : aveugle (latin). *Caractérologie :* générosité, enthousiasme, communication, pratique, adaptation.

Zina

2 500 TOP 700

Belle, qui console (arabe), variante de Zénia. *Caractérologie :* dynamisme, indépendance, curiosité, courage, détermination.

Zineb

3 500 TOP 900

Belle, qui console (arabe). *Caractérologie :* sociabilité, réceptivité, finesse, diplomatie, loyauté.

Zoé

Fête :
2 mai

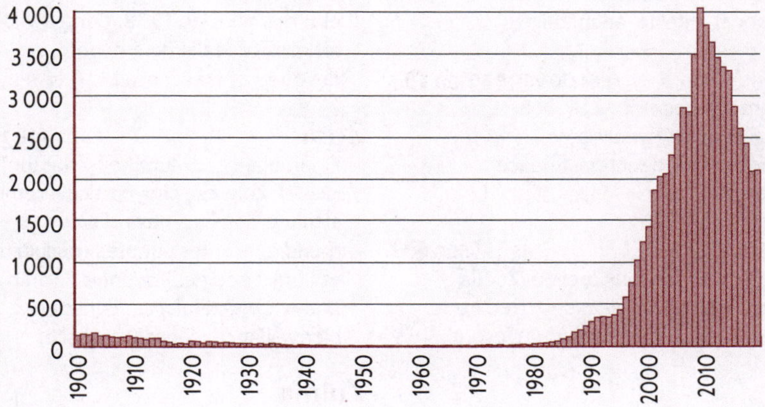

Étymologie

Du grec *zoè*, « vie ». L'histoire de ce prénom remonte à l'Antiquité. En 270 avant J.-C., sur l'ordre de Ptolémée II, 72 habitants d'Alexandrie furent sélectionnés pour traduire la Torah en grec. Le nom hébreu *h'ava*, qui signifie « vie » (et qui devint Ève en français), fut traduit par *zoè* en grec. Cette traduction assura la diffusion de Zoé dans le monde hellénique, puis son envol dans l'Empire romain et en Orient chrétien.

Au XIXe siècle, Zoé revient en faveur dans les pays anglophones et réapparaît en France. Mais il lui faut attendre les années 1980 pour émerger dans le sillon de Pauline. Soutenue par une vague rétro, elle s'impose dans le top 20 féminin en 2006 et galvanise les espoirs de Rose et Zélie, bourgeons dont la dernière floraison remonte au XIXe siècle. Elle se maintiendra dans le groupe de tête jusqu'à la fin des années 2010.

En dehors de l'Hexagone, Zoé a connu un pic de popularité aux États-Unis (top 40) dans les années 1990. Il n'en fallait pas moins pour relancer sa carrière en Angleterre, où son dernier succès fut retentissant. Elle se maintient également dans les tops 20 wallon, romand et québécois. Sa variante Zoey, au 31e rang américain, rencontre peu d'amateurs français et européens.

Dans l'histoire

Après avoir fait assassiner son vieux mari Romain III, **Zoé Phyrogénète**, impératrice d'Orient de 1028 à 1050, éleva son amant et futur époux Michel IV au pouvoir. À la mort de ce dernier, elle jeta son dévolu sur Michel le Calfat, figure impopulaire dont elle se débarrassa rapidement. N'ayant pas perdu le goût pour l'aventure, elle épousa Constantin IX en troisièmes noces, heureux élu auprès duquel elle termina paisiblement ses jours.

Personnes célèbres

Zoe Caldwell, actrice américaine, née en 1933 ; Zoé Valdés, poète, romancière et scénariste française d'origine cubaine, née en 1959 ; Zoé Félix, actrice française, née en 1976.

Statistiques

Zoé est le 13e prénom féminin le plus donné en France depuis l'an 2000. Ce prénom est attribué à près d'une fille sur 170 aujourd'hui.

Z

Zita
500 TOP 1 000

Jeune fille (italien), sainte (basque), qui recherche (grec). Féminin italien, hongrois, tchèque, basque, corse et occitan. *Caractérologie :* intuition, médiation, relationnel, fidélité, adaptabilité.

Zoé
64 000 TOP 50

Vie (grec). *Variantes :* Zéa, Zoée. *Caractérologie :* dynamisme, indépendance, direction, audace, assurance.

Zoélie
500

Vie (grec). *Variantes :* Zoéline, Zoëlla, Zoëlle, Soélie. *Caractérologie :* rectitude, analyse, humanité, ouverture d'esprit, rêve.

Zoéline
250

Vie (grec). *Caractérologie :* découverte, logique, énergie, originalité, audace.

Zofia
200

Forme polonaise de Sofia : sagesse (grec). *Caractérologie :* communication, enthousiasme, adaptation, pratique, générosité.

Z

Zohra
6 500 TOP 700

Fleur, blancheur lumineuse (arabe). *Caractérologie :* curiosité, dynamisme, charisme, courage, indépendance.

Zola
600 TOP 900

Ce nom de famille porté par Émile Zola, le célèbre écrivain français (1840-1902), est un prénom usité dans les pays anglophones depuis le XIXe siècle. Il est également recensé en Afrique du Sud, et passe pour être calme, conformément à sa signification en zoulou. Dans l'Hexagone, Zola a été attribué pour la première fois à des garçons en 1988, et à des filles en 1998. *Caractérologie :* réflexion, idéalisme, intégrité, dévouement, altruisme.

Zora
1 600 TOP 2 000

Fleur, blancheur lumineuse (arabe), aurore (slave). Zora est plus particulièrement attribué dans les pays slaves méridionaux, les cultures musulmanes et la Macédoine. *Variantes :* Zorah, Zorha. *Caractérologie :* conscience, paix, bienveillance, conseil, sagesse.

Zulma
- de 100

Forme possible de Selma ou Salomé. Ce prénom, autrefois usité dans le nord de la France et en Belgique, est devenu très rare depuis les années 1940. Notons que Zulma s'est répandu en Amérique latine dans les années 1970 grâce à la popularité de l'actrice argentine Zulma Faiad. *Caractérologie :* dynamisme, audace, direction, assurance, indépendance.

Zuria
- de 30

Blanche (basque). *Caractérologie :* sociabilité, communication, créativité, pragmatisme, optimisme.

Zuzanna
140

Lys (hébreu). *Variante :* Zuzana. *Caractérologie :* persévérance, structure, sécurité, efficacité, honnêteté.

Prénoms masculins

A

Aaron
29 000 TOP 50

Esprit (hébreu). *Variantes :* Aron, Ayron. *Caractérologie :* ténacité, méthode, décision, engagement, fiabilité.

Abdallah
5 500 TOP 400

Serviteur de Dieu (arabe). *Variantes :* Abdelah, Abdelila, Abdelilah. *Caractérologie :* gestion, découverte, énergie, audace, originalité.

Abdel
4 500 TOP 800

Serviteur de Dieu (arabe). *Variantes :* Ab-del, Abd-el, Abdelali. *Caractérologie :* paix, bienveillance, conscience, conseil, gestion.

Abdelaziz
2 000

Serviteur du Tout-Puissant (arabe). On peut estimer que moins de 30 enfants seront prénommés ainsi en 2022. *Variantes :* Abdelhaziz, Abdelazize, Abdelazziz, Abdellaziz. Forme composée : Abdel-Aziz. *Caractérologie :* détermination, audace, énergie, découverte, sensibilité.

Abdelhakim
1 500

Serviteur de Celui qui est sage (arabe). On peut estimer que moins de 30 enfants seront prénommés ainsi en 2022. *Variante :* Abdel-Karim. *Caractérologie :* pratique, communication, résolution, enthousiasme, finesse.

Abdelkader
9 500 TOP 900

Serviteur du Puissant (arabe). *Variante :* Abdulkadir. Forme composée : Abdel-Kader. *Caractérologie :* idéalisme, altruisme, résolution, organisation, intégrité.

Abdelkarim
1 500

Serviteur de Celui qui est généreux (arabe). On peut estimer que moins de 30 enfants seront prénommés ainsi en 2022. *Variantes :* Abdelkrim, Abdelkrime. *Caractérologie :* méthode, fiabilité, organisation, ténacité, résolution.

Abdellah
2 500 TOP 900

Serviteur de Dieu (arabe). *Variantes :* Abdala, Abdela, Abdella, Abdellali, Abdoul, Abdoulah, Abdoullah, Abdul, Abdullah. *Caractérologie :* organisation, rectitude, humanité, rêve, finesse.

Abel
11 000 TOP 200

Souffle, respiration (hébreu). Masculin anglais, français, espagnol et portugais. Abèl est également un prénom occitan et provençal. Dans le Livre de la Genèse, Abel, le fils d'Adam et Ève, s'attire les foudres de son frère Caïn lorsque Dieu accepte l'offrande du premier et refuse celle du second. Dévoré par la jalousie, Caïn assassine Abel. Cette tragédie a inspiré de nombreux artistes, peintres et poètes. *Variantes :* Abélard, Abelardo, Abelin, Abelino. *Caractérologie :* fidélité, intuition, médiation, relationnel, organisation.

Abiel
- de 30

Dieu est mon père (hébreu). Masculin anglais. *Caractérologie :* médiation, intuition, organisation, relationnel, résolution.

Aboubacar
1 700 TOP 400

Petit chameau (arabe). Premier calife de l'islam, Abou Bakr prit la succession du prophète Mahomet en 632 et poursuivit le processus de conquête de terres arabes. *Variantes :* Aboubakar, Aboubakari, Aboubaker, Aboubakr, Boubakary, Boubakeur, Boubker. *Caractérologie :* organisation, autorité, innovation, énergie, raisonnement.

A

Aaron

Fête :
1er juillet

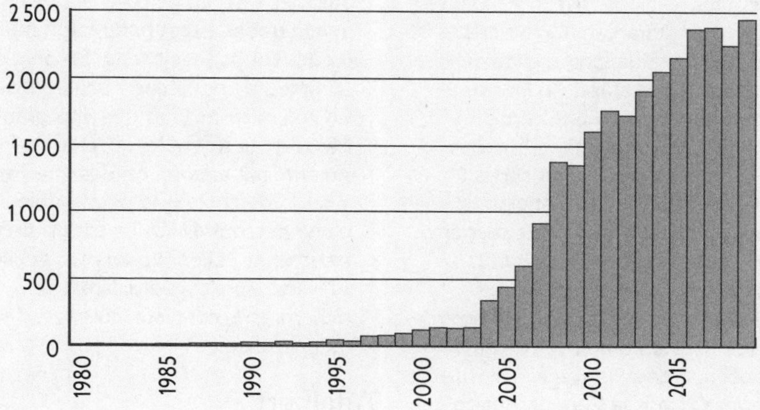

Étymologie
Aaron signifie « esprit » en hébreu, mais il a certainement une origine égyptienne ancienne. Au VIIe siècle, Aaron, médecin d'Alexandrie, rédigea une compilation de traités de médecine qui font date.

Ce prénom de l'Ancien Testament s'est diffusé dès le XVe siècle dans les pays anglophones et figurait avec constance dans les années 1970-1980 dans les tops 30 américain et anglais. Son envol européen est plus récent. Stimulé par un succès fulgurant dans les pays scandinaves, Aaron (Aron pour les Suédois) se propage à l'ensemble du Vieux Continent. En France, il apparaît comme un prénom nouveau dans les années 1990. Il connaît une croissance exponentielle : de 2006 à 2018, le nombre d'enfants nés sous ce nom a été quadruplé. En bondissant dans le top 20 français, Aaron se place dans la lignée d'Adam, la star actuelle des prénoms bibliques.

Haroun, la forme arabe, connaît un certain élan, mais n'a pas encore percé dans le top 100.

Issu de la prestigieuse tribu des Lévi, **Aaron**, le frère de Moïse dans l'Ancien Testament, intercède auprès du pharaon pour demander la libération de son peuple. Malgré l'épisode du Veau d'or (durant l'absence prolongée de Moïse, Aaron cède aux pressions du peuple et crée ce substitut symbolique de Dieu), il est pardonné et élevé au rang de grand prêtre. Il meurt sans avoir pu entrer en Terre promise.

Personnes célèbres
Aaron Eckhart, acteur américain, né en 1968 ; AaRON, groupe de musique français, acronyme de Artificial Animals Riding on Neverland.

Statistiques
Aaron est le 55e prénom masculin le plus donné en France depuis l'an 2000. Il est attribué à près d'un garçon sur 140 aujourd'hui.

A

Abraham
1 900 TOP 600

Père des nations (hébreu). Personnage central de la Genèse, initiateur du monothéisme, Abraham est celui dont se réclament les religions juive, chrétienne et musulmane. Abraham (Ibrahim dans le Coran) est usité de longue date dans les familles juive et arabe. En France, ce prénom rare connaît une certaine faveur auprès des protestants français durant la Réforme, mais c'est surtout l'engouement des puritains anglais et américains qui va populariser le prénom dans le monde anglophone à partir du XVIIe siècle. L'un des plus grands présidents américains, Abraham Lincoln (1809-1865), célèbre pour avoir œuvré pour l'abolition de l'esclavage, a illustré ce prénom. ◇ Dans la Genèse, Abram (le nom initial d'Abraham) quitte son pays natal et sa tribu avec son épouse Sarah pour une destination désignée par Dieu. Se croyant infertile, Sarah demande à Abraham de concevoir un fils avec sa servante Agar. De leur union naît Ismaël, qui deviendra l'ancêtre des populations arabes. Treize ans plus tard, contre toute attente, Sarah met au monde Isaac, le deuxième fils d'Abraham, dont le peuple juif est le descendant. La foi d'Abraham sera soumise à 10 épreuves, et restera inébranlable, même lorsque Dieu lui ordonne de sacrifier Isaac. Abraham obéit et Dieu lui permet, au dernier moment, de substituer un bélier à son fils. *Variantes :* Aba, Avraham. Forme basque : Abarran. *Caractérologie :* vitalité, stratégie, achèvement, leadership, ardeur.

Abriel
250 TOP 2 000

Né en avril (latin). Ce prénom d'inspiration printanière est apparu pour la première fois en France en 2007. *Caractérologie :* relationnel, médiation, intuition, résolution, organisation.

Achille
9 000 TOP 200

Qui a de belles lèvres (grec). Afin de le rendre immortel, Thétis plongea son fils Achille dans le Styx, fleuve réservé aux dieux. Le corps d'Achille devint invulnérable, excepté au talon par lequel Thétis l'avait tenu. En perçant son pied d'une flèche fatale, Pâris mit fin aux exploits d'un des plus grands héros de la mythologie grecque. Aujourd'hui encore, on désigne par « talon d'Achille » le point faible d'une personne. Achille est un prénom français et italien. *Variantes :* Achile, Achilles, Aghiles. *Caractérologie :* dynamisme, curiosité, courage, décision, indépendance.

Adalbert
- de 100

Noble, brillant (germanique). Masculin allemand. *Variantes :* Adalard, Adelbert. *Caractérologie :* idéalisme, intégrité, altruisme, décision, gestion.

Adam
69 000 TOP 50

De l'hébreu *adamah* et *adom*, « fait de terre rouge ». Des origines babyloniennes ou phéniciennes signifiant « homme », « humanité » lui sont également associées. *Variantes :* Adan, Adame, Adamo, Adao, Damek, Damica, Damicke. *Caractérologie :* dynamisme, direction, audace, indépendance, assurance.

Adama
2 500 TOP 600

Fait de terre rouge (hébreu). Voir Adam. Masculin sénégalais. *Caractérologie :* diplomatie, loyauté, réceptivité, sociabilité, bonté.

Adams
200

Fait de terre rouge (hébreu). Voir Adam. Masculin anglais. *Caractérologie :* sociabilité, réceptivité, bonté, diplomatie, loyauté.

A

Adam

Fête :
16 mai

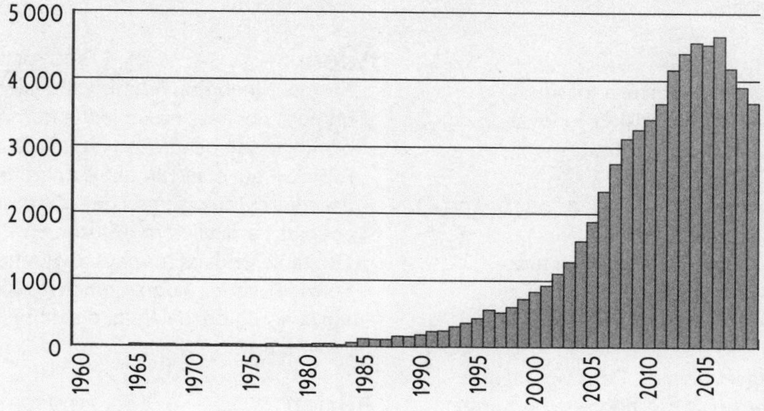

Étymologie

De l'hébreu *adamah* et *adom*, « fait de terre rouge ». Des origines babyloniennes ou phéniciennes, signifiant « homme », « humanité », lui sont également associées. Ce vieux prénom est recensé dans les pays anglo-saxons dès le VIIe siècle, mais sa diffusion est bien plus tardive en France. Encore inconnu au début des années 1950, Adam prénomme moins de 10 Français chaque année. Mais la décennie 1990, marquée par l'essor des prénoms de l'Ancien Testament, le pousse dans le sillon de Nathan, Noah, Gabriel et Raphaël. Son jaillissement au sommet est fulgurant : après avoir conquis le trône parisien en 2015, il talonne Gabriel au 2e rang national en 2018. Il fluctue depuis dans le top 10 français.

Valeur sûre dans les pays de l'Est et en Scandinavie, Adam grandit également dans les pays francophones. Il s'élève dans les tops 25 québécois, suisse romand et wallon. Bien qu'il marque le pas dans les pays anglophones, sa carrière internationale est loin d'être terminée.

Dans le Livre de la Genèse, **Adam**, le premier homme créé par Dieu, coule des jours heureux avec Ève dans le jardin des Délices. Mais ce bonheur tranquille s'interrompt lorsque le couple goûte au fruit défendu de l'arbre de la connaissance du bien et du mal. Pour les punir de leur désobéissance, Dieu les chasse du jardin d'Éden, vouant Adam et ses descendants au travail et aux réalités de la vie sur terre. Adam est le patron des jardiniers. Les musulmans vénèrent Adam en sa qualité de premier homme et premier prophète. Sa dimension multiculturelle a favorisé son succès.

Personnes célèbres

Adam de la Halle, auteur-compositeur français de chansons et rondeaux du XIIIe siècle ; Adam Sandler, acteur américain, né en 1966.

Statistiques

Adam est le 20e prénom masculin le plus donné en France depuis l'an 2000. Il est attribué à près d'un garçon sur 100 aujourd'hui.

A

Adan
1 200 TOP 800 →

Forme espagnole et basque d'Adam : fait de terre rouge (hébreu). *Caractérologie :* intuition, adaptabilité, fidélité, médiation, relationnel.

Adei
- de 30

Qui montre du respect (basque). *Caractérologie :* décision, innovation, énergie, ambition, autorité.

Adel
8 500 TOP 400 ↘

Juste (arabe). *Caractérologie :* persévérance, sécurité, structure, efficacité, honnêteté.

Adelin
500 →

Noble (germanique). Dans l'Hexagone, Adelin est plus traditionnellement usité au Pays basque. *Variantes :* Adelino, Adelio, Hedelin. *Caractérologie :* ouverture d'esprit, humanité, rêve, résolution, rectitude.

Adem
11 000 TOP 100 →

Forme arabe d'Adam. *Caractérologie :* curiosité, dynamisme, indépendance, courage, charisme.

Adiel
- de 30

Parure divine (hébreu). *Caractérologie :* persévérance, décision, structure, sécurité, efficacité.

Adil
5 500 TOP 400 →

Juste (arabe). *Variantes :* Aadil, Adile, Adlâne, Adlen, Adlène. *Caractérologie :* achèvement, stratégie, ardeur, leadership, vitalité.

Adolphe
2 000

Noble, loup (germanique). Un saint, évêque de Westphalie et protecteur des pauvres, porta ce nom au XIIIe siècle. Peu attribué par le passé, ce prénom français a connu son dernier pic de popularité en 1908. On peut estimer que moins de 30 enfants seront prénommés ainsi en 2022. *Variantes :* Adelphe, Adolf, Adolfo, Adolph, Adolpho. *Caractérologie :* finesse, volonté, connaissances, sagacité, réalisation.

Adonis
1 300 TOP 500 ↑

Seigneur (hébreu). Adonis est également un nom qui désigne un jeune homme d'une grande beauté, en référence à l'éphèbe qui était l'amant d'Aphrodite dans la mythologie grecque. Ce prénom est plus particulièrement usité en Occitanie et dans les pays anglophones. Forme basque : Adon. *Caractérologie :* force, ambition, habileté, décision, caractère.

Adrian
5 500 TOP 300 →

Habitant d'Adria, Italie (grec). Adrian est particulièrement répandu dans les pays anglophones, germanophones, hispanophones et slaves. C'est également un choix traditionnel occitan. *Variantes :* Adryan, Adryen. *Caractérologie :* relationnel, intuition, fidélité, médiation, détermination.

Adriano
2 500 TOP 600 ↘

La majesté de Dieu (hébreu). Adriano est très porté en Italie et dans les pays lusophones. *Caractérologie :* résolution, achèvement, vitalité, stratégie, volonté.

Adriel
750 TOP 600 ↑

La majesté de Dieu (hébreu). Adriel est également une contraction d'Adrien et des prénoms se terminant en « el ». *Variantes :* Adrial, Hadriel. *Caractérologie :* ténacité, méthode, fiabilité, engagement, détermination.

Adrien
108 000 TOP 200 →

La forme latine Adrianus était portée par une famille romaine habitant la ville d'Adria. C'est elle qui a donné son nom à la mer Adriatique et au célèbre empereur

Hadrien. Au cours des siècles, plusieurs saints et six papes ont porté ce nom sous ses différentes formes. Adrien est connu, même si son usage reste discret, jusqu'à la fin du XXe siècle. Il s'envole alors en Europe et dans l'Hexagone, culminant au 20e rang français en 1991. Il est, avec Adrian et Adriano, très répandu dans le monde occidental et les pays slaves aujourd'hui. ◇ Hadrien succède à Trajan en 117 et règne sur l'Empire romain jusqu'en 138. Homme politique brillant et cultivé, il réorganise l'administration et protège son empire des invasions barbares en fortifiant ses frontières. L'Angleterre lui doit notamment la construction du célèbre mur d'Hadrien. Dans la littérature, Hadrien a inspiré un roman de Marguerite Yourcenar et de nombreux récits. *Caractérologie :* paix, bienveillance, conscience, conseil, décision.

Aedan
1 200 TOP 800 ↑

Petit feu (celte). Masculin anglais. *Caractérologie :* savoir, intelligence, sagesse, indépendance, méditation.

Aël
650 TOP 900 →

Forme bretonne d'Ange : messager (grec). *Variantes :* Aëlane, Aelig. *Caractérologie :* idéalisme, altruisme, dévouement, réflexion, intégrité.

Aelian
- de 30

Se rapporte à Claudius Aelianus, historien, orateur romain et maître de rhétorique surnommé Élien le Sophiste, né vers 170, mort à Rome en 235. Masculin anglais moderne. *Caractérologie :* influence, équilibre, exigence, détermination, responsabilité.

Agathon
- de 30

Bonté (grec). *Caractérologie :* communication, enthousiasme, pratique, adaptation, sensibilité.

Agénor
- de 30

Forme masculine bretonne d'Éléonore. En breton, en or signifie « honneur ». *Caractérologie :* conscience, paix, décision, bienveillance, conseil.

Agnan
130

Chaste, pur (grec). *Caractérologie :* assurance, indépendance, audace, direction, dynamisme.

Agnel
- de 30

Chaste, pur (grec). *Variante :* Agnan. Forme bretonne : Noan. *Caractérologie :* créativité, communication, pragmatisme, sympathie, optimisme.

Agustin
160

Consacré par les augures (latin). Agustin est très en vogue en Amérique latine, notamment au Chili et en Uruguay. C'est aussi un choix traditionnel basque. *Variantes :* Agosti, Agostinho, Agostino, Agustinho, Agustino. *Caractérologie :* détermination, innovation, énergie, autorité, bonté.

Ahmed
21 000 TOP 200 →

Digne d'éloges (arabe). Théologien au IXe siècle, Ahmed Ibn Hanbal est l'un des fondateurs de l'école hanbalite, l'une des quatre écoles qui régissent les lois islamiques. *Variantes :* Aimad, Ahmad, Ahmet, Ahmadou, Ahmid, Amadou, Mamoudou. *Caractérologie :* persévérance, structure, honnêteté, sécurité, efficacité.

Aidan
2 500 TOP 600 →

Petit feu (celte). Se rapporte également à Aodh, prénom porté par le fils du roi Lir dans la mythologie irlandaise. Prénom irlandais, écossais et anglais. Notons qu'Aidan s'est francisé avec l'utilisation du tréma alors que ses origines celtiques en contredisent l'usage. *Variantes :* Aden, Aedan, Aeden, Aiden, Aydan, Ayden.

Caractérologie : relationnel, fidélité, intuition, médiation, résolution.

Aimable
120

Aimable (latin). *Variantes :* Amable, Amavel, Mavel. *Caractérologie :* détermination, sagacité, connaissances, spiritualité, organisation.

Aimé
10 000 TOP 600

Qui est aimé (latin). Masculin français. *Caractérologie :* autorité, énergie, innovation, détermination, ambition.

Aimen
850

Heureux (arabe). *Caractérologie :* détermination, influence, équilibre, famille, responsabilité.

Aimeric
700

Puissant (germanique). Dans l'Hexagone, Aimeric est plus traditionnellement usité en Occitanie. *Variantes :* Aimerick, Aimery, Amery. Formes basques : Aimar, Aimard. *Caractérologie :* méthode, ténacité, fiabilité, résolution, engagement.

Aïssa
3 500 TOP 600

Jésus (arabe), Dieu sauve (hébreu). *Caractérologie :* fiabilité, ténacité, sens du devoir, méthode, engagement.

Aitor
160

Père de tous les Basques (mythologie basque). *Caractérologie :* idéalisme, altruisme, intégrité, réflexion, dévouement.

Akash
130

Ciel (sanscrit). Akash est très répandu en Inde. *Caractérologie :* efficacité, sécurité, structure, persévérance, honnêteté.

Akim
3 500 TOP 2 000

Dérivé russe de Joachim et variante d'Hakim. *Variante :* Achim. *Caractérologie :* savoir, intelligence, indépendance, méditation, sagesse.

Akira
130

Très intelligent (japonais). *Variante :* Akio. *Caractérologie :* honnêteté, structure, sécurité, efficacité, persévérance.

Al
400

Beau, calme (celte). Masculin anglais. *Caractérologie :* méthode, ténacité, engagement, sens du devoir, fiabilité.

Aladin
140

Foi élevée (arabe). Aladin est le héros du conte *Aladin ou la Lampe merveilleuse*, issu du recueil arabo-persan des *Mille et Une Nuits*. *Caractérologie :* dynamisme, courage, indépendance, détermination, curiosité.

Alain
409 000 TOP 2 000

Beau, calme (celte). Un saint breton, évêque de Quimper au VIe siècle, atteste l'ancienneté de ce prénom. Il est recensé, en France comme en Angleterre (Alan), dès le Moyen Âge, mais c'est au XXe siècle qu'il fait véritablement carrière en France. Il brille au 3e rang masculin en 1950 et reste largement attribué ensuite. Une popularité qui lui vaut d'être le 7e prénom masculin le plus attribué du siècle passé. ◇ Dominicain breton au XVe siècle, saint Alain de La Roche fonda plusieurs confréries du Rosaire en France, en Allemagne et aux Pays-Bas. *Variante :* Allain. *Caractérologie :* direction, indépendance, détermination, audace, dynamisme.

Alan
20 000 TOP 500

Beau, calme (celte). Alan est plus traditionnellement usité en Angleterre, en Écosse, en Bretagne et en Occitanie. *Variantes :* Alane, Alanig, Alann, Alen, Alenn, Lan, Lanig. *Caractérologie :* innovation, autorité, énergie, autonomie, ambition.

A

Le top 20 en 2022

Ci-dessous les projections du top 20 des prénoms masculins. Le classement a été effectué par ordre décroissant d'attribution.

1. Léo
2. Gabriel
3. Raphaël
4. Arthur
5. Louis
6. Maël
7. Lucas
8. Adam
9. Tiago
10. Hugo
11. Jules
12. Noah
13. Liam
14. Éden
15. Paul
16. Mohamed
17. Gabin
18. Ethan
19. Sacha
20. Aaron

Indétrônable à Paris depuis 14 ans, Gabriel devrait perdre sa couronne nationale, mais il brillera encore longtemps dans les premiers rangs du classement. Et c'est Léo qui, contre toute attente, devrait reprendre le flambeau des prénoms rétro. Embusqué dans le top 5 masculin depuis 2010, il semblait avoir abandonné toute ambition de régner. Sa ténacité est enfin récompensée.

De leur côté, les prénoms multiculturels poursuivent une ascension remarquable. Adam, à la confluence des trois religions monothéistes, en est le parfait exemple. Autre mythe des Écritures, qu'elles soient chrétiennes, judaïques ou musulmanes, Aaron s'est imposé au 20e rang des attributions en 2019. Il n'a pas fallu un an pour qu'Éden, encore inconnu il y a 10 ans, le rejoigne dans le paradis du top 20. Cet exploit ravive les ardeurs d'un autre héros, Noé, qui navigue sur son Arche vers le succès.

Malgré la chute de Nolan, les sonorités irlandaises n'ont pas dit leur dernier mot : en témoigne Liam qui campe dans la lumière aux côtés des celtiques et gaéliques Maël et Arthur.

Le court continue d'être une composante majeure du succès. On n'a jamais vu autant de prénoms d'une syllabe (Louis, Liam, Jules et Paul) ou de 3 à 4 lettres (Léo, Adam, Maël) briller à ce point dans les 20 premiers rangs. Une exception confirme la règle : Tom, bien que concis, est en fin de carrière et chute dans le top 30.

À contre-courant de cette tendance, Mohamed, avec 7 lettres et 3 syllabes, s'établit au 16e rang. Mais n'allons pas imaginer le retour des prénoms longs. Augustin renaît, mais Alexandre, Isidore et Maximilien devront patienter longtemps avant de pouvoir revenir sur le devant de la scène !

Au seuil du top 20, les prénoms porteurs de victoire (Victor) et de force (Léon, « lion » en latin), ont, dans le contexte de la crise sanitaire, encore plus de chances de percer prochainement dans l'élite.

A

Alaric
800 TOP 2 000

Roi de tous (germanique). Masculin allemand, anglais et scandinave. Formes bretonnes : Alar, Alarig. Forme occitane : Alari. *Caractérologie :* ardeur, achèvement, vitalité, stratégie, leadership.

Albain
- de 100

Blanc (latin). *Caractérologie :* optimisme, communication, pragmatisme, détermination, organisation.

Alban
25 000 TOP 200

Blanc (latin). Alban est plus particulièrement usité en Allemagne et dans les pays anglophones. C'est aussi un choix traditionnel occitan. *Variante :* Albano. *Caractérologie :* communication, pragmatisme, créativité, optimisme, gestion.

Albéric
1 300

Noble, brillant (germanique). Masculin anglais et français. On peut estimer que moins de 30 enfants seront prénommés ainsi en 2022. *Caractérologie :* découverte, énergie, audace, décision, gestion.

A

Albert
44 000 TOP 800

Noble, brillant (germanique). Albert s'est élancé en Allemagne et en Angleterre au XIXe siècle, au moment où Albert de Saxe (1828-1902) est devenu roi. À la naissance d'Albert Einstein (en 1879), la popularité du prénom atteint des sommets en France. Sa vogue est telle qu'Albert figure encore au 15e rang masculin à l'aube de son reflux, en 1920. Très courant dans le monde occidental, ce prénom est devenu rare pour un nouveau-né. ◇ Évêque de Ratisbonne au XIIIe siècle, saint Albert consacra une grande partie de sa vie à la réflexion et à l'enseignement. Il est le patron des scientifiques. *Variantes :* Albérie, Albertin, Alibert, Albrecht, Bel, Béla, Elbert. *Caractérologie :* persévérance, structure, gestion, décision, sécurité.

Alberto
1 800

Noble, brillant (germanique). Masculin espagnol, italien et portugais. On peut estimer que moins de 30 enfants seront prénommés ainsi en 2022. *Variantes :* Alberti, Albertino. *Caractérologie :* détermination, direction, audace, dynamisme, raisonnement.

Albin
4 000 TOP 500

Blanc (latin). Albin est plus particulièrement usité dans les pays slaves méridionaux. C'est aussi un choix traditionnel occitan. *Variante :* Albino. *Caractérologie :* relationnel, médiation, organisation, intuition, détermination.

Alcée
- de 30

Poète lyrique grec qui chanta des hymnes à la beauté, à l'amour et à la mort vers 640-580 avant J.-C. Il est considéré comme l'inventeur des vers « alcaïques » qui furent ensuite empruntés par Horace. *Caractérologie :* habileté, force, management, passion, ambition.

Alcibiade
- de 30

Nom d'un général et homme politique grec du Ve siècle avant J.-C. *Caractérologie :* énergie, autorité, innovation, gestion, décision.

Alcide
650 TOP 2 000

Voir Alcibiade. Prénom corse. *Caractérologie :* méditation, détermination, savoir, intelligence, indépendance.

Alderic
130

Noble, puissant (germanique). *Variante :* Alderick. *Caractérologie :* méditation, savoir, indépendance, intelligence, détermination.

Aldo
2 500

Noble (germanique). Masculin italien. On peut estimer que moins de 30 enfants seront prénommés ainsi en 2022. *Variante :* Alde. *Caractérologie :* découverte, audace, énergie, séduction, originalité.

Aldous
- de 30

Vieil ami (anglais). *Caractérologie :* rectitude, humanité, ouverture d'esprit, générosité, rêve.

Aldric
1 100

Noble, puissant (germanique). En dehors de l'Hexagone, Aldric est plus particulièrement usité en Allemagne. On peut estimer que moins de 30 enfants seront prénommés ainsi en 2022. *Variante :* Aldrick. *Caractérologie :* sociabilité, diplomatie, réceptivité, bonté, loyauté.

Aldwin
140

Vieil ami (anglais). *Caractérologie :* idéalisme, altruisme, intégrité, décision, réflexion.

Aleandro
- de 100

Défense de l'humanité (grec). Masculin italien. *Caractérologie :* dévouement, idéalisme, intégrité, décision, réflexion.

Alessandro
3 500 **TOP 500** ➔

Défense de l'humanité (grec). Alessandro est très répandu en Italie et au Portugal. *Variantes :* Alejandro, Alessio. *Caractérologie :* rectitude, humanité, rêve, logique, caractère.

Alessio
5 500 **TOP 200** ↗

Défense de l'humanité (grec). Masculin italien. *Caractérologie :* rectitude, humanité, raisonnement, générosité, tolérance.

Alex
29 000 **TOP 300** ➔

Défense de l'humanité (grec). Alex est très répandu dans les pays occidentaux et anglophones. *Variante :* Alec. *Caractérologie :* exigence, influence, famille, équilibre, responsabilité.

Alexander
2 500 **TOP 800** ➔

Défense de l'humanité (grec). Alexander est très répandu dans les pays anglophones, germanophones et scandinaves. *Variantes :* Sancho, Sander, Sanders, Skender, Xander, Xandre. *Caractérologie :* volonté, pratique, enthousiasme, communication, raisonnement.

Alexandre
268 000 **TOP 100** ↘

Défense de l'humanité (grec). Ce prénom porté par plusieurs saints, huit papes, trois empereurs russes et de nombreux souverains a été, sous ses nombreuses graphies, en usage dès le Moyen Âge. Mais c'est à partir du XVIe siècle qu'il entame une grande carrière dans de nombreux pays occidentaux et slaves. En France, Alexandre a figuré dans le top 10 masculin de 1982 à 2002, s'illustrant à plusieurs reprises dans les tout premiers rangs. Loin d'être éteinte, sa gloire a engendré celles d'Alexis et Sacha. ◇ Roi de la Macédoine à l'âge de 20 ans, Alexandre le Grand (356-323 avant J.-C.), ou Alexandre III, se rendit maître de l'Empire perse à l'issue de nombreuses batailles. Il fonda, au cours de ses campagnes, une soixantaine de cités avant de mourir au combat à 33 ans. En mémoire de son fondateur, la ville égyptienne d'Alexandrie a gardé son nom. ◇ Alexandre II, tsar de Russie à la fin du XIXe siècle, humanisa la justice, abolit le servage des paysans et s'engagea dans des réformes démocratiques qui diminuèrent les privilèges des classes nobles. Il fut assassiné à Saint-Pétersbourg en 1881. ◇ Alexandre Dumas (1802-1870), écrivain français et auteur de nombreux romans historiques, connut un succès mondial avec *Les Trois*

A

Mousquetaires et *Le Comte de Monte-Cristo*. *Variantes :* Aleksandar, Aleksandre, Ales, Alesander, Alexan, Alexandros. *Caractérologie :* caractère, enthousiasme, logique, communication, pratique.

Alexandro
600 TOP 2 000 ➔

Défense de l'humanité (grec). *Caractérologie :* caractère, logique, ténacité, méthode, fiabilité.

Alexi
1 800

Défense de l'humanité (grec). On peut estimer que moins de 30 enfants seront prénommés ainsi en 2022. *Caractérologie :* responsabilité, famille, équilibre, détermination, raisonnement.

Alexian
650 ↘

Défense de l'humanité (grec). *Variante :* Alexio. *Caractérologie :* raisonnement, communication, détermination, enthousiasme, pratique.

Alexis
135 000 TOP 200 ↘

Défense de l'humanité (grec). Ce diminutif d'Alexandre a été porté par cinq empereurs byzantins et un tsar russe, ce qui explique sa popularité en Grèce, en Russie et dans les pays slaves. Au milieu du XXe siècle, Alexis s'est répandu en Allemagne et aux États-Unis où il s'est, depuis la fin des années 1990, considérablement féminisé : en 1999, il figurait au 3e rang du tableau féminin américain. Cette situation n'affecte pas le genre masculin d'Alexis en France. Propulsé par la gloire d'Alexandre au 11e rang français au milieu des années 1990, Alexis est encore prisé par les parents aujourd'hui. ◇ Au XIVe siècle, saint Alexis renonça à ses activités de marchand florentin pour vivre dans la prière et la pauvreté. *Caractérologie :* intelligence, méditation, raisonnement, détermination, savoir.

Alexy
4 500 TOP 2 000 ↘

Défense de l'humanité (grec). *Variantes :* Alexei, Alexian, Alexys. *Caractérologie :* engagement, ténacité, fiabilité, méthode, bonté.

Alfie
- de 100

Noble paix (germanique). *Variantes :* Alfeo, Alphie. *Caractérologie :* paix, bienveillance, conscience, résolution, analyse.

Alfonso
500

Noble, vif (germanique). Ce prénom est particulièrement répandu au Portugal et en Espagne. *Caractérologie :* énergie, autorité, ambition, innovation, autonomie.

Alfred
13 000 TOP 2 000 ➔

Noble paix (germanique). Roi des Anglo-Saxons au IXe siècle, Alfred le Grand défendit admirablement son royaume contre les Vikings venus du Danemark. Alfred se diffuse à cette période mais sombre ensuite dans l'oubli. Il renaît au XIXe siècle dans les pays anglophones, scandinaves et germanophones avant de gagner l'Hexagone et le reste de l'Europe. Alfred figurait dans les 30 premiers rangs français en 1910, à l'aube de son déclin. Il a presque totalement disparu depuis les années 1960. *Variantes :* Alfrède, Alfredo, Alfie, Alfy, Alphie, Eldrid. *Caractérologie :* direction, logique, audace, caractère, dynamisme.

Alfredo
900

Noble paix (germanique). Alfredo est plus traditionnellement usité en Italie, dans les pays hispanophones et lusophones. C'est aussi un choix traditionnel basque. *Caractérologie :* connaissances, logique, sagacité, spiritualité, caractère.

Ali
26 000 TOP 200 ↗

Noble, admirable (arabe). Cousin du prophète Mahomet et époux de sa

A

Les plus portés aujourd'hui

Les prénoms les plus portés en France ne sont pas ceux qui y sont les plus attribués aujourd'hui. Le tableau ci-dessous nous en fait la démonstration. Ces prénoms sont classés par ordre décroissant, du 1er au 50e prénom le plus porté en 2022.

Les dates entre parenthèses indiquent les années record d'attribution de chaque prénom pour la période de 1900 à 2022.

1. Jean *(1946)*
2. Michel *(1947)*
3. Philippe *(1963)*
4. Pierre *(1930)*
5. Alain *(1950)*
6. Nicolas *(1980)*
7. Christophe *(1969)*
8. Patrick *(1956)*
9. Christian *(1949)*
10. Daniel *(1947)*
11. David *(1972)*
12. Bernard *(1947)*
13. Frédéric *(1973)*
14. Éric *(1965)*
15. Laurent *(1970)*
16. Julien *(1985)*
17. Sébastien *(1977)*
18. Stéphane *(1971)*
19. Pascal *(1962)*
20. Thomas *(2000)*
21. Alexandre *(1995)*
22. Thierry *(1964)*
23. Olivier *(1971)*
24. Gérard *(1949)*
25. Jacques *(1946)*
26. Claude *(1936)*
27. André *(1920)*
28. François *(1963)*
29. Vincent *(1981)*
30. Didier *(1958)*
31. Guillaume *(1984)*
32. Antoine *(1996)*
33. Maxime *(1992)*
34. Dominique *(1958)*
35. Louis *(1920)*
36. Bruno *(1963)*
37. Jérôme *(1974)*
38. Paul *(1920)*
39. Romain *(1987)*
40. Marc *(1959)*
41. Lucas *(2002)*
42. Anthony *(1988)*
43. Jean-Pierre *(1947)*
44. Franck *(1965)*
45. Kevin *(1991)*
46. Clément *(1998)*
47. Serge *(1952)*
48. Guy *(1947)*
49. Gilles *(1959)*
50. Cédric *(1978)*

Durant des décennies, **Jean** a été l'unique prénom masculin porté par plus d'un million de Français, mais depuis 2 ans, il figure sous le seuil du million. Cette évolution était attendue, car l'âge moyen des Jean est supérieur à 70 ans, mais il fallait le souligner : le répertoire des prénoms attribués augmente de telle sorte qu'aucun autre prénom ne devrait, à l'avenir, connaître un tel destin. Porté par plus de 500 000 garçons, **Michel** distance **Philippe**, **Pierre** et **Alain** dans la catégorie des 400 000 individus. De **Nicolas** à **Bruno**, la fréquence du prénom varie de 300 000 à 200 000. Au 50e rang, **Cédric** désigne environ 150 000 Français.

A

fille Fatima, Ali fut le quatrième calife « orthodoxe » de l'islam. Ali est répandu dans les cultures musulmanes. *Variantes :* Ala, Alaa, Aly. *Caractérologie :* structure, honnêteté, persévérance, efficacité, sécurité.

Alistair
650 TOP 2 000
Oculiste (grec). Masculin écossais et irlandais. *Variante :* Alister. *Caractérologie :* passion, force, ambition, habileté, organisation.

Alix
7 000 TOP 400
De noble lignée (germanique). *Caractérologie :* innovation, autorité, énergie, logique, ambition.

Allan
17 000 TOP 700
Beau, calme (celte). En dehors de l'Hexagone, Allan est très répandu en Écosse. *Variante :* Allen. *Caractérologie :* méthode, ténacité, fiabilité, engagement, sens du devoir.

Aloïs
5 500 TOP 300
Très sage (vieil allemand). En dehors de l'Hexagone, Alois est particulièrement répandu en Allemagne et en Autriche. *Caractérologie :* médiation, intuition, logique, relationnel, fidélité.

Aloïse
200
Très sage (vieil allemand). *Caractérologie :* raisonnement, méditation, intelligence, détermination, savoir.

Alonzo
900 TOP 2 000
Nom castillan dérivé d'un patronyme germanique. Prénom italien. *Caractérologie :* relationnel, intuition, fidélité, adaptabilité, médiation.

Aloyse
550
Très sage (vieil allemand). Aloyse est plus particulièrement recensé au Luxembourg. *Caractérologie :* curiosité, dynamisme, courage, indépendance, sympathie.

Alpha
800 TOP 800
Désigne la première lettre de l'alphabet grec. *Variante :* Alfa. *Caractérologie :* médiation, intuition, relationnel, fidélité, adaptabilité.

Alphée
- de 30
Dans la mythologie grecque, Alphée se transforme en fleuve pour rejoindre sa bien-aimée, la nymphe Aréthuse. *Caractérologie :* sociabilité, réceptivité, diplomatie, amitié, loyauté.

Alphonse
6 500 TOP 900
Noble, vif (germanique). Masculin français. *Variantes :* Alfons, Alfonse, Alonso, Alonzo, Alphonso. *Caractérologie :* idéalisme, intégrité, réflexion, altruisme, bonté.

Alric
350
Roi de tous (germanique). Masculin allemand. *Variantes :* Alrick, Alrik. *Caractérologie :* sagesse, savoir, intelligence, méditation, indépendance.

Altman
- de 30
Vieil homme (germanique). Masculin anglais. *Caractérologie :* originalité, spiritualité, sagacité, connaissances, organisation.

Alvaro
600 TOP 2 000
Noble et fidèle (germanique). Prénom espagnol. *Variante :* Alvar. *Caractérologie :* influence, famille, équilibre, responsabilité, analyse.

Alvin
1 700 TOP 2 000
Elfe, ami (vieil anglais). Masculin anglais. *Variantes :* Alvine, Alvino, Alvyn, Alwin. *Caractérologie :* méthode, engagement, ténacité, fiabilité, résolution.

Amadéo
250
Amour de Dieu (latin). Prénom italien. *Variante :* Amadeus. *Caractérologie :*

A

créativité, communication, optimisme, volonté, pragmatisme.

Amadis
- de 30

Amour de Dieu (latin). Héros du roman de chevalerie *Amadis de Gaule*, écrit en 1508 par Garci Rodríguez de Montalvo. *Caractérologie :* diplomatie, bonté, loyauté, réceptivité, sociabilité.

Amador
- de 100

Celui qui aime (latin). Masculin espagnol, portugais et basque. *Caractérologie :* sagacité, connaissances, philosophie, spiritualité, originalité.

Amadou
3 000 TOP 500

Digne d'éloges (arabe). *Caractérologie :* direction, dynamisme, audace, assurance, indépendance.

Amaël
1 900 TOP 500

Variante moderne de Maël : chef, prince (celte). *Caractérologie :* courage, curiosité, dynamisme, indépendance, charisme.

Amance
- de 30

Aimé (latin). *Caractérologie :* ténacité, méthode, fiabilité, engagement, sécurité.

Amand
700

Aimé (latin). Masculin français. *Variante :* Amandin. *Caractérologie :* bienveillance, paix, conseil, conscience, sagesse.

Amandio
- de 100

Aimé (latin). *Variante :* Amando. *Caractérologie :* communication, pratique, caractère, enthousiasme, décision.

Amar
6 000 TOP 800

Aimer (latin), bâtisseur (arabe). *Caractérologie :* bienveillance, conscience, paix, sagesse, conseil.

Amara
850 TOP 2 000

Immortel (sanscrit). Prénom indien d'Asie. *Caractérologie :* savoir, intelligence, méditation, sagesse, indépendance.

Amaram
- de 30

Manguier (sanscrit). Masculin indien d'Asie. *Caractérologie :* adaptabilité, relationnel, fidélité, intuition, médiation.

Amarin
- de 30

Aimer (latin). *Caractérologie :* réceptivité, loyauté, sociabilité, diplomatie, détermination.

Amaury
19 000 TOP 200

Puissant (germanique). Masculin français. *Variante :* Amory. *Caractérologie :* savoir, indépendance, méditation, intelligence, réalisation.

Ambroise
4 500 TOP 400

Immortel (grec). Prénom français. Saint Ambroise fut l'un des plus grands liturgistes de l'Église. Docteur de l'Église latine, il mourut archevêque de Milan au IVe siècle. *Variantes :* Ambrose, Ambrosio. *Caractérologie :* direction, audace, dynamisme, décision, caractère.

Amédée
1 600

Amour de Dieu (latin). On peut estimer que moins de 30 enfants seront prénommés ainsi en 2022. *Variantes :* Amédé, Amédéo. *Caractérologie :* bienveillance, conseil, paix, conscience, sagesse.

Amélien
250

Travailleur (germanique). *Variante :* Amélio. *Caractérologie :* dynamisme, courage, curiosité, résolution, indépendance.

Amelin
- de 30

Travailleur (germanique). *Variantes :* Amelio, Amelius. *Caractérologie :*

A

humanité, rectitude, détermination, générosité, tolérance.

Amiel
150

Peuple de Dieu (hébreu). *Caractérologie :* ténacité, engagement, méthode, fiabilité, détermination.

Amin
3 500 TOP 1 000 ↘

Loyal, digne de confiance (arabe). *Caractérologie :* dynamisme, direction, audace, indépendance, décision.

Amine
24 000 TOP 200 ↘

Loyal, digne de confiance (arabe). Ce prénom est particulièrement répandu dans les cultures musulmanes francophones. *Caractérologie :* paix, conscience, conseil, bienveillance, résolution.

Amir
15 000 TOP 50 ↑

Prince (arabe), proclamé (hébreu). *Caractérologie :* curiosité, dynamisme, indépendance, courage, charisme.

Amiram
- de 30

Mon peuple est puissant (hébreu). *Caractérologie :* direction, audace, assurance, indépendance, dynamisme.

Amos
350 TOP 2 000 ↗

Né de Dieu, fardeau (hébreu). Masculin anglais. *Caractérologie :* pragmatisme, communication, optimisme, sociabilité, créativité.

Amour
120

Amour (latin). *Caractérologie :* dynamisme, curiosité, indépendance, courage, raisonnement.

Anaël
2 500 TOP 600 →

Grâce (hébreu). *Variante :* Énaël. *Caractérologie :* équilibre, responsabilité, influence, exigence, famille.

Anas
9 500 TOP 200 →

Sociable, sympathique (arabe). *Variante :* Anes. *Caractérologie :* ambition, force, management, habileté, passion.

Anastase
170

Résurrection (grec). *Variante :* Anastasio. *Caractérologie :* achèvement, vitalité, ardeur, stratégie, leadership.

Anatole
7 000 TOP 300 →

Aube, soleil levant (grec). Ce prénom porteur de lumière est usité depuis les premiers siècles, mais il a mené une existence discrète en France. Redécouvert à partir des années 1990, il grandit sans faire de vagues, mais avec la constance des prénoms qui finissent par nous étonner. Forme basque : Anatoli. *Caractérologie :* organisation, énergie, audace, découverte, originalité.

Ancelin
400 TOP 2 000 ↘

Serviteur (latin). *Variantes :* Ancel, Ancelot. *Caractérologie :* fiabilité, ténacité, méthode, engagement, détermination.

Andelin
- de 30

Noble (germanique). *Caractérologie :* courage, indépendance, décision, dynamisme, curiosité.

Andéol
200 TOP 2 000

Force, courage (grec). Chrétien parti évangéliser le sud de la Gaule au IIIe siècle, Andéol fut mis à mort par l'empereur Septime. Une commune ardéchoise porte ce nom occitan. *Caractérologie :* direction, audace, dynamisme, indépendance, assurance.

Anderson
900 →

Force, courage (grec). *Variantes :* Ander, Anders. *Caractérologie :* détermination, rêve, volonté, rectitude, humanité.

A

Andie
- de 30

Force, courage (grec). *Variante :* Andi. *Caractérologie :* résolution, bienveillance, conseil, paix, conscience.

Andoni
650 TOP 2 000

Inestimable (latin), fleur (grec). Prénom basque. *Variantes :* Andere, Andolin. *Caractérologie :* pratique, communication, enthousiasme, décision, caractère.

André
232 000 TOP 700

Force, courage (grec). Ce prénom a été porté par le premier disciple de Jésus et de nombreux saints, ce qui explique sa diffusion ancienne. En usage au Moyen Âge, André (Andrew) devient assez fréquent dans les pays anglophones jusqu'au XXe siècle. En France, il renaît au milieu du XIXe siècle, culmine au 2e rang en 1920 et se maintient dans le top 10 masculin jusqu'en 1948. En dehors de l'Hexagone, André et ses variantes (Andreas, Andrei, Anders, Andrej, etc.) sont très répandus dans les pays slaves et occidentaux. ◇ Frère de saint Pierre, saint André fut le premier disciple de Jésus. Il parcourut l'Asie Mineure et la Grèce pour y prêcher l'Évangile et mourut crucifié à Patras. Saint André est le patron de l'Écosse, des pêcheurs et des poissonniers. *Caractérologie :* famille, éthique, équilibre, influence, décision.

Andrea
10 000 TOP 100

Force, courage (grec). Ce prénom venu d'Italie a connu une certaine faveur au féminin avant d'émerger au masculin dans les années 1990. Notons qu'Andrea est également un choix traditionnel basque et corse. *Caractérologie :* intelligence, savoir, méditation, indépendance, décision.

Andreas
4 000 TOP 400

Force, courage (grec). Masculin allemand et néerlandais. *Caractérologie :* décision, habileté, ambition, force, passion.

Andrés
900 TOP 2 000

Force, courage (grec). Prénom espagnol. *Caractérologie :* connaissances, spiritualité, sagacité, originalité, résolution.

Andrew
3 500 TOP 400

Force, courage (grec). Masculin anglais. *Caractérologie :* loyauté, diplomatie, sociabilité, réceptivité, résolution.

Andria
400 TOP 1 000

Force, courage (grec). Prénom corse et italien. Andria est également le nom d'une ville italienne située dans la région des Pouilles. *Caractérologie :* relationnel, médiation, fidélité, intuition, détermination.

Andrian
- de 30

Force, courage (grec). Cette variante russe d'Adrien est également recensée en Finlande et en Suède. *Variantes :* Andriano, Andric, Andrick, Andrien, Andris, Andry. *Caractérologie :* pionnier, autorité, dynamisme, ambition, ténacité.

Andro
- de 30

Force, courage (grec). *Caractérologie :* curiosité, motivation, découverte, organisation, courage.

Andy
12 000 TOP 500

Force, courage (grec). En dehors de l'Hexagone, Andy est plus particulièrement répandu dans les pays anglophones. *Variante :* Anddy. *Caractérologie :* achèvement, stratégie, réalisation, vitalité, ardeur.

Ange
10 000 TOP 300

Messager (grec). Masculin français et corse. *Variante :* Angy. *Caractérologie :*

A

humanité, rectitude, rêve, générosité, tolérance.

Angel
6 500 TOP 500

Messager (grec). En dehors de l'Hexagone, Angel est répandu dans les pays anglophones. *Variantes :* Angéli, Angelus, Angély. *Caractérologie :* optimisme, communication, sympathie, pragmatisme, créativité.

Angelin
250

Messager (grec). *Caractérologie :* détermination, ambition, passion, habileté, force.

Angelo
11 000 TOP 400

Messager (grec). Masculin italien. *Variante :* Angelito. *Caractérologie :* intégrité, idéalisme, altruisme, cœur, réflexion.

Angus
350 TOP 2 000

Celui qui est choisi (celte). Masculin anglais. *Caractérologie :* habileté, ambition, force, passion, sympathie.

Anh
190

Reflet, rayon lumineux (vietnamien). *Caractérologie :* découverte, énergie, séduction, originalité, audace.

Anibal
- de 100

À la grâce de Baal (dieu phénicien). Homme politique et général célèbre pour avoir longtemps tenu tête aux Romains, Annibal est souvent représenté assis sur l'éléphant qu'il utilisa comme monture lors d'une grande bataille. Il est considéré comme l'un des plus grands tacticiens militaires de l'histoire. Il meurt par suicide en 183 avant J.-C. *Variantes :* Annibal, Hannibal. *Caractérologie :* pragmatisme, communication, détermination, optimisme, organisation.

Anice
200

Invincible (grec). *Caractérologie :* curiosité, dynamisme, courage, indépendance, décision.

Anicet
1 200

Invincible (grec). Masculin français. On peut estimer que moins de 30 enfants seront prénommés ainsi en 2022. *Caractérologie :* connaissances, spiritualité, sagacité, organisation, détermination.

Aniel
- de 100

Variante d'Anil recensée dans les pays occidentaux. *Caractérologie :* énergie, décision, résolution, indépendance, charisme.

Anil
450 TOP 2 000

Vent (sanscrit). Prénom indien d'Asie. *Caractérologie :* rêve, rectitude, humanité, décision, ouverture d'esprit.

Anis
9 500 TOP 300

Sociable, sympathique (arabe). *Variantes :* Aniss, Anisse, Anys. *Caractérologie :* savoir, intelligence, indépendance, méditation, détermination.

Anouar
1 900 TOP 1 000

Lumière (arabe). *Variantes :* Anoir, Anwar. *Caractérologie :* méditation, décision, intelligence, savoir, logique.

Anselme
1 800 TOP 2 000

Protection divine (germanique). *Variante :* Anselmo. *Caractérologie :* exigence, famille, responsabilité, équilibre, influence.

Anthelme
130

Protection divine (germanique). *Caractérologie :* bienveillance, attention, paix, gestion, conscience.

Les thématiques tendance

Une vague de prénoms courts déferle en France depuis la fin des années 1990. Qu'ils soient anciens, nouveaux, issus du terroir français ou du monde entier, ces choix enrichissent le répertoire collectif de sonorités inédites.

Alors que les prénoms d'origines irlandaise ou celte font monter les terminaisons en « an », l'engouement des Français pour les prénoms régionaux est sans précédent. Celui-ci a répandu des sonorités jusqu'alors spécifiques à la Bretagne, au Pays basque ou à l'Occitanie (voir l'encadré sur les prénoms régionaux).

Sans avoir disparu, les prénoms médiévaux sont un peu éclipsés par la renaissance du rétro (Arthur, Jules, Léo, etc.). La gloire de Gabriel, Raphaël, Adam et Noah confirme quant à elle la vitalité des prénoms de l'Ancien Testament.

Les tendances qui influencent la mode des prénoms peuvent être rassemblées autour de plusieurs thématiques. En voici un aperçu, qui prend en compte des perles rares tout juste apparues en France.

Les courts (1 à 2 syllabes, 4 à 6 lettres)
Aaron, Achille, Adam, Alec, Ali, Ange, Arthur, Clovis, Côme, Éden, Elio, Eliott, Ethan, Évan, Gabin, Ilan, Jules, Kenzo, Liam, Lino, Louis, Lucas, Maé, Maël, Malo, Marius, Milo, Naïm, Nathan, Nils, Nino, Noa, Noah, Noé, Nolan, Oscar, Pablo, Paul, Rayan, Romain, Ruben, Ryan, Sacha, Soan, Solal, Swan, Tao, Tilio, Tom, Victor, Yaël, Yoan.

Les celtes et les irlandais
Aidan, Alan, Armel, Arthur, Audren, Awen, Corentin, Darren, Donovan, Douglas, Élouan, Eoghan, Erwan, Evan, Fergus, Gildas, Glenn, Keny, Kerian, Kevin, Killian, Kyle, Kylian, Liam, Loan, Logan, Lou, Maël, Maëlan, Malo, Malone, Malory, Neal, Nolan, Odran, Renan, Ronan, Ryan, Tanguy, Tristan, Youen.

Les rétros
Alfred, Alphonse, Amédée, Antoine, Aristide, Auguste, Augustin, Barthélemy, Charles, Constant, Cyprien, Émile, Eugène, Félix, Ferdinand, Fernand, Firmin, François, Gustave, Henri, Honoré, Irénée, Isidore, Joseph, Jules, Justin, Léandre, Léon, Léopold, Louis, Lucien, Mathurin, Max, Oscar, Pierre, Théodore, Théophile, Victor, Virgile.

Les médiévaux
Aloys, Amaury, Ambroise, Amédée, Anastase, Archambault, Arnaud, Arthur, Augustin, Aurèle, Aymeric, Béranger, Bertrand, Clément, Clotaire, Clovis, Édouard, Enguerrand, Étienne, Eudes, Fulbert, Gautier, Geoffroy, Ghislain, Grégoire, Guillaume, Hugues, Léon, Lothaire, Louis, Perceval, Raoul, Robin, Roland, Théobald, Thibaut, Tristan.

Les prénoms de source biblique (Ancien Testament)
Aaron, Abel, Adam, Amos, Ariel, Benjamin, Dan, Daniel, David, Éden, Élie, Emmanuel, Ethan, Gabriel, Ilan, Isaac, Jacob, Jérémie, Joachim, Jonas, Joseph, Manoah, Moïse, Nathan, Noa, Noam, Noé, Raphaël, Ruben, Samuel, Saül, Simon, Yoël, Zacharie.

Divinités et prénoms issus des différentes mythologies
Achille, Adonis, Aidan, Alphée, Amon, Apollo, Arthur, Artus, Dagan, Danaos, Denis, Emrys, Enki, Éole, Éros, Fenris, Gilles, Hector, Hélios, Hercule, Hermès, Inko, Iovan, Jao, Jason, Josserand, Merlin, Néréo, Océan, Odon, Orion, Ossian, Paris, Perceval, Phoenix, Priam, Remus, Sol, Sylvain, Télémaque, Ulysse, Vali, Vivian, Zelos, Zéphyr.

Anthime
650 TOP 2 000

Protection divine (germanique). *Variantes :* Antim, Anthyme, Antime. *Caractérologie :* sagacité, connaissances, spiritualité, résolution, finesse.

Anthony
171 000 TOP 500

Inestimable (latin), fleur (grec). En dehors de l'Hexagone, Anthony est très répandu dans les pays anglophones. *Variantes :* Anthonie, Anthoni, Anthoine, Anthonny, Antonie. *Caractérologie :* spiritualité, connaissances, originalité, sagacité, sensibilité.

Antoine
205 000 TOP 50

Inestimable (latin), fleur (grec). Du temps des Romains à la Renaissance, ce nom porté par une vingtaine de saints fut modérément attribué. Le XVIe siècle marque un tournant dans sa carrière : Antoine grimpe à la poursuite de Pierre et Jean aux premiers rangs, se maintenant dans les cimes jusqu'au milieu du XIXe siècle. Il revient dans les années 1990 après une période discrète, s'imposant dans le top 10 français et dans l'élite des choix occidentaux (Antonio en Italie, Anton en Suède, Anthony en Angleterre et aux États-Unis, etc.). Mais à l'issue de cette gloire internationale, son reflux s'accentue. ◊ Saint Antoine de Padoue, franciscain portugais du XIIIe siècle, est reconnu pour les talents de prédicateur qu'il a exercés dans toute l'Europe. À partir du XVIIe siècle, il est également invoqué pour retrouver les objets perdus. *Caractérologie :* bienveillance, conscience, conseil, résolution, paix.

Anton
4 500 TOP 400

Inestimable (latin), fleur (grec). Anton est très répandu dans les pays scandinaves et slaves. Forme basque : Antton. *Caractérologie :* autorité, innovation, énergie, ambition, autonomie.

Antone
800 TOP 800

Inestimable (latin), fleur (grec). Ce prénom corse est également recensé dans les pays anglophones, notamment aux États-Unis. *Caractérologie :* exigence, équilibre, influence, responsabilité, famille.

Antoni
1 400

Inestimable (latin), fleur (grec). Prénom catalan. On peut estimer que moins de 30 enfants seront prénommés ainsi en 2022. *Variantes :* Antolin, Antonetto. *Caractérologie :* autorité, énergie, innovation, ambition, détermination.

Antonin
30 000 TOP 200

Inestimable (latin), fleur (grec). Empereur romain au IIe siècle, Antonin le Pieux pacifia son empire et en favorisa le développement social et économique. Sa piété envers l'empereur Hadrien, son père adoptif, lui valut son titre de « pieux ». ◊ Prélat italien, saint Antonin devint archevêque de Florence en 1446. Avant d'émerger sur le plan national au début des années 2000, cette forme ancienne d'Antoine s'était montrée discrète, même dans son berceau occitan. *Variantes :* Anthonin, Tonin. *Caractérologie :* bienveillance, paix, conscience, conseil, décision.

Antonino
700

Inestimable (latin), fleur (grec). Masculin italien. *Caractérologie :* raisonnement, patience, motivation, créativité, famille.

Antonio
18 000 TOP 600

Inestimable (latin), fleur (grec). Antonio est très répandu dans les pays hispanophones, lusophones et en Italie. *Caractérologie :* méditation, intelligence, savoir, décision, indépendance.

A

Antony
16 000 TOP 2 000 ↓

Inestimable (latin), fleur (grec). Antony est répandu dans les pays anglophones. *Variantes :* Antonie, Antonny. *Caractérologie :* ambition, force, passion, habileté, management.

Aodren
400 TOP 2 000 →

Au-dessus, royal (celte). Un roi de Bretagne porta ce nom au Vᵉ siècle. Prénom breton. *Caractérologie :* communication, enthousiasme, pratique, décision, caractère.

Apollinaire
160

Qui vient d'Apollonie (grec). *Variante :* Appolinaire. *Caractérologie :* structure, persévérance, sécurité, cœur, logique.

Aram
250 ↑

Magnificence, éminence (arménien). *Caractérologie :* équilibre, famille, responsabilité, influence, exigence.

Aramis
130

Aramis est l'un des trois valeureux mousquetaires du roman d'Alexandre Dumas. *Caractérologie :* intelligence, savoir, indépendance, méditation, sagesse.

Aran
- de 100

Souverain (sanscrit). *Caractérologie :* spiritualité, connaissances, sagacité, originalité, résolution.

Aranis
- de 30

Qui tourne (sanscrit). Autre nom donné au soleil. *Caractérologie :* aspiration, impétuosité, force, humour, détermination.

Arcade
130

Qui vient d'Arcadie (latin). *Variantes :* Arcadie, Arcadius, Arcady. *Caractérologie :* détermination, découverte, énergie, audace, originalité.

Archange
140

Nom de saint qui fut archevêque de Florence vers 151. *Caractérologie :* communication, pratique, enthousiasme, sympathie, ressort.

Archibald
700 TOP 700 →

Audacieux (germanique). Masculin anglais et écossais. Dérivé du prénom normand Archambaud, ce prénom s'est bien implanté à partir du XIIᵉ siècle dans les terres britaniques et écossaises. *Variantes :* Archambaud, Ubald, Ubaldo. *Caractérologie :* ténacité, fiabilité, méthode, engagement, organisation.

Archie
- de 100

Diminutif d'Archibald (voir ci-dessus). En 2019, alors qu'ils étaient encore duc et duchesse de Sussex, Harry et Meghan ont choisi de prénommer leur premier enfant Archie. Ce coup de projecteur royal a accéléré la carrière florissante de ce prénom dans le top 20 britannique. *Caractérologie :* force, ambition, habileté, passion, décision.

Archimède
- de 30

Maître de la pensée (grec). Savant grec du IIIᵉ siècle avant J.-C., Archimède a inventé le principe de physique qui porte son nom. Ce dernier établit qu'un corps immergé dans un fluide subit une poussée verticale qui le fait remonter vers la surface. *Caractérologie :* intelligence, indépendance, méditation, savoir, sagesse.

Arda
1 300

Celui dont le règne est conforme à la loi (arménien). Masculin arménien. On peut estimer que moins de 30 enfants seront prénommés ainsi en 2022. *Caractérologie :* influence, équilibre, famille, exigence, responsabilité.

Arezki
800 **TOP 2 000** ➔

Trésor, précieux (kabyle). *Variantes :* Areski, Ariski, Arizki, Rezki, Rizki. *Caractérologie :* sagacité, connaissances, résolution, finesse, spiritualité.

Argan
200

Argent (celte). Prénom breton. *Caractérologie :* courage, dynamisme, curiosité, indépendance, décision.

Arian
- de 100

Forme néerlandaise d'Adrien. Masculin néerlandais. *Variante :* Aryan. *Caractérologie :* sagacité, détermination, spiritualité, connaissances, originalité.

Arie
400 **TOP 2 000** ↑

Diminutif probable d'Ariel : lion de Dieu (hébreu). Prénom catalan. *Variante :* Ari. *Caractérologie :* conscience, paix, bienveillance, conseil, décision.

Ariel
1 700 **TOP 800** ➔

Lion de Dieu (hébreu). Dans l'Ancien Testament, le prophète Isaïe utilise le nom symbolique d'Ariel pour désigner la ville de Jérusalem. En dehors de l'Hexagone, Ariel est répandu dans les pays anglophones. Il est attribué de longue date dans les cultures juives. *Variante :* Arel. *Caractérologie :* rectitude, humanité, tolérance, rêve, détermination.

A

Aris
650 **TOP 600** ↑

Le meilleur objectif (grec). Diminutif d'Aristote, le célèbre philosophe grec qui vécut au IVe siècle avant J.-C. *Caractérologie :* intuition, relationnel, médiation, fidélité, adaptabilité.

Aristide
3 000 **TOP 800** ➔

Le meilleur objectif (grec). Masculin français et italien. *Variantes :* Ariste, Aristides. *Caractérologie :* structure, persévérance, résolution, sécurité, efficacité.

Aristote
200

Le meilleur objectif (grec). Nom porté par le célèbre philosophe grec qui vécut au IVe siècle avant J.-C. *Caractérologie :* achèvement, vitalité, décision, stratégie, ardeur.

Arius
- de 30

Immortel (grec). *Caractérologie :* charisme, dynamisme, curiosité, courage, indépendance.

Armand
26 000 **TOP 200** ➔

Fort, armé (germanique). Masculin français. *Variantes :* Arman, Armant, Mandy. Formes occitanes : Aman, Amans. *Caractérologie :* bienveillance, paix, conscience, conseil, détermination.

Armando
1 200

Fort, armé (germanique). Armando est répandu dans les pays hispanophones et lusophones, ainsi qu'en Italie et au Pays basque. On peut estimer que moins de 30 enfants seront prénommés ainsi en 2022. *Caractérologie :* optimisme, communication, décision, caractère, pragmatisme.

Armel
4 500 **TOP 700** ↗

Prince, ours (celte). Masculin français et breton. *Caractérologie :* méthode, ténacité, fiabilité, engagement, détermination.

Armen
200

L'Arménien (arménien). *Variante :* Armin. *Caractérologie :* équilibre, famille, responsabilité, influence, détermination.

Arnaud
128 000 **TOP 800** ↘

Aigle, gouverneur (germanique). Abbé dans le monastère de Sainte-Sabine, saint

Arthur

Fête :
15 novembre

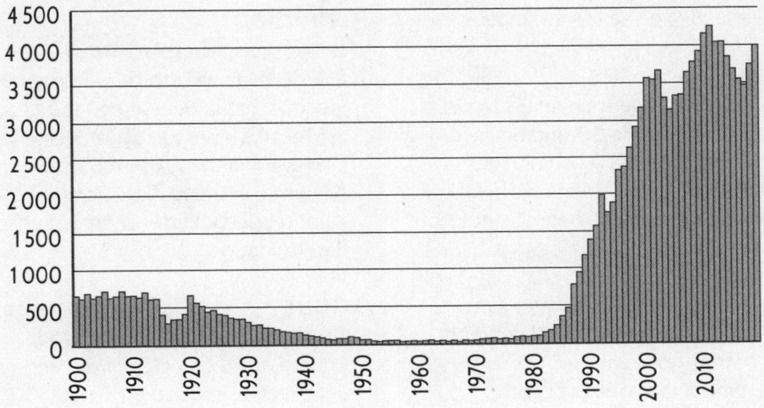

Étymologie

Du celte *arzh*, « ours ». Figure légendaire de la littérature médiévale, Arthur est l'un des premiers prénoms celtes à s'être diffusé en France. Nourri par de nombreux récits folkloriques dès le VIe siècle, il grandit en Bretagne avant de conquérir l'ensemble de la Gaule. Sa carrière est florissante en Angleterre et en France, où il connaît un bel essor jusqu'à la fin du Moyen Âge. Au XIXe siècle, Arthur renaît dans les pays anglophones, mais il peine à s'élever en France, en dépit de l'élan insufflé par Arthur Rimbaud. Son nouvel essai a porté ses fruits en 2007, lorsqu'il est entré dans le top 20 français. Aujourd'hui, il est l'un des 5 prénoms les plus choisis par les parents, à Paris comme dans l'ensemble de l'Hexagone.

Arthur rencontre moins de succès à l'échelle internationale. À l'exception de l'Angleterre et du Brésil qui lui restent fidèles, il peine à s'épanouir en Europe. Sa percée dans les tops 5 romand et belge fera-t-elle des émules ?

Dans l'histoire

Arthur, ou **Artus**, le roi légendaire des Bretons, repoussa les armées anglo-saxonnes qui tentaient d'envahir la Bretagne. Ses exploits, contés au XIIe siècle par Chrétien de Troyes, en font l'un des chevaliers les plus connus des romans de la Table ronde.

Personnes célèbres

Arthur Schopenhauer, philosophe allemand (1788-1860) ; Arthur Rimbaud, poète français (1854-1891) ; Arthur Conan Doyle, écrivain et auteur de *Sherlock Holmes* (1859-1930) ; Arthur Rubinstein, pianiste virtuose américain (1887-1982) ; Arthur Miller, dramaturge américain (1915-2005) ; Arthur H, chanteur français, né en 1966 ; Arthur, humoriste et présentateur de télévision, né en 1966.

Statistiques

Arthur est le 12e prénom masculin le plus donné en France depuis l'an 2000. Il est attribué à près d'un garçon sur 85 aujourd'hui. Par contraste, le rarissime **Artus** sera attribué à un garçon sur 35 000.

Arnaud vécut à Padoue au XIIIe siècle. Jeté au cachot par le gouverneur tyrannique de la région, il mourut au bout de huit années d'emprisonnement. Ce prénom français est également un choix traditionnel occitan. *Caractérologie :* audace, énergie, découverte, originalité, détermination.

Arnauld
1 500

Aigle, gouverneur (germanique). On peut estimer que moins de 30 enfants seront prénommés ainsi en 2022. *Variantes :* Arnald, Arnaut, Arne, Arnie. *Caractérologie :* ambition, force, passion, habileté, décision.

Arnault
1 100

Aigle, gouverneur (germanique). On peut estimer que moins de 30 enfants seront prénommés ainsi en 2022. *Caractérologie :* bienveillance, paix, conscience, organisation, résolution.

Arno
2 000 TOP 2 000

Aigle, gouverneur (germanique). Arno est plus traditionnellement usité dans les pays anglophones et au Pays basque. Variante occitane : Arnos. *Caractérologie :* détermination, optimisme, pragmatisme, créativité, communication.

Arnold
2 000

Aigle, gouverneur (germanique). Arnold est particulièrement répandu dans les pays germanophones et anglophones. En France, il est plus traditionnellement usité en Alsace et dans les Flandres. On peut estimer que moins de 30 enfants seront prénommés ainsi en 2022. *Variantes :* Arnaldo, Arnould, Arnoux. *Caractérologie :* autorité, innovation, énergie, volonté, analyse.

Aron
2 000 TOP 400

Esprit (hébreu). *Caractérologie :* communication, adaptation, pratique, enthousiasme, résolution.

Arsène
8 500 TOP 200

Masculin (grec). Masculin français. *Variantes :* Arsenio, Arsenius. *Caractérologie :* passion, force, ambition, habileté, décision.

Arthémon
- de 30

Dérivé masculin d'Arthémise. Artémis, la fille de Zeus et Léto dans la mythologie grecque, est la déesse de la Chasse. Elle est l'équivalent grec de la déesse romaine Diane. *Variantes :* Artème, Artémon, Arthème, Arthène. *Caractérologie :* volonté, découverte, énergie, audace, détermination.

Arthur
107 000 TOP 50

Ours (celte). *Variantes :* Arthaud, Artur, Arturo. *Caractérologie :* énergie, découverte, audace, originalité, organisation.

Arthus
1 100 TOP 2 000

Ours (celte). *Caractérologie :* organisation, bienveillance, conscience, conseil, paix.

Artur
900 TOP 800

Ours (celte). *Caractérologie :* responsabilité, famille, gestion, influence, équilibre.

Artus
650

Ours (celte). Masculin breton et occitan (Artús). *Variantes :* Arzel, Arzu. *Caractérologie :* gestion, méditation, intelligence, savoir, indépendance.

Aslan
450 TOP 900

Lion (turc). *Variante :* Arslan. *Caractérologie :* intuition, relationnel, fidélité, adaptabilité, médiation.

Athanaël
- de 100

Présent de Dieu (hébreu). *Caractérologie :* gestion, achèvement, vitalité, stratégie, attention.

A

Athanase
450 ↑

Immortel (grec). Masculin français. *Variantes :* Athanas, Athos. *Caractérologie :* famille, équilibre, finesse, responsabilité, influence.

Athmane
110

Homme sage (germanique). *Variantes :* Athman, Atman, Atmane. *Caractérologie :* ambition, habileté, passion, force, sensibilité.

Atilla
500 →

Dieu est exalté (hébreu). *Variantes :* Atila, Atilio, Attila, Attilius, Attilo. *Caractérologie :* autorité, innovation, énergie, organisation, ambition.

Atoa
- de 30

D'une grande bravoure (tahitien). *Caractérologie :* dynamisme, direction, audace, indépendance, assurance.

Aubert
350

Noble, brillant (germanique). Cette forme médiévale d'Albert est devenue un patronyme assez répandu en France. *Variantes :* Aubertin, Aubrey, Aubri. *Caractérologie :* persévérance, gestion, structure, sécurité, décision.

Aubin
6 000 **TOP 300** →

Blanc (latin). Masculin français et occitan. *Caractérologie :* médiation, intuition, résolution, relationnel, organisation.

Aubry
350

Noble, brillant (germanique). *Caractérologie :* ténacité, méthode, gestion, fiabilité, engagement.

Audoin
- de 30

Se rapporte à saint Hadouin, évêque du Mans au VIIe siècle. Il érigea une abbaye portant son nom dans la paroisse d'Aurion, dans le Maine. *Caractérologie :* dynamisme, direction, volonté, indépendance, assurance.

Audran
600 ↘

Au-dessus, royal (celte). Masculin breton et français. *Variante :* Audren. *Caractérologie :* indépendance, résolution, curiosité, dynamisme, courage.

Audren
250 ↘

Au-dessus, royal (celte). Masculin breton. *Caractérologie :* altruisme, idéalisme, réflexion, résolution, intégrité.

Audric
1 900 **TOP 2 000** ↘

Noble, puissant (germanique). *Variantes :* Adrick, Audic. *Caractérologie :* réceptivité, sociabilité, loyauté, bonté, diplomatie.

Audry
200

Noble, puissant (germanique). *Caractérologie :* responsabilité, équilibre, famille, influence, réussite.

Auguste
14 000 **TOP 100** ↑

Vénérable, grand (latin). Le titre d'Auguste fut donné aux empereurs romains après qu'Octave, le premier d'entre eux, eut été surnommé ainsi. Ce prénom, très connu aux premiers siècles, se raréfie à partir du Moyen Âge. Néanmoins, la forme latine Augustus vivote encore dans quelques pays européens lorsque Auguste s'élance en France. Il devient assez fréquent au XIXe siècle, et figure encore dans les 30 premiers rangs français dans les années 1900. Sa disparition progressive a sans doute permis la renaissance récente d'Augustin.
◊ Auguste est le nom de postérité d'Octave (63 avant J.-C.–14 après J.-C.), le fils adoptif de Jules César. Ses qualités exceptionnelles de gestionnaire et de chef de guerre lui permirent

A

de gouverner un vaste Empire romain et d'y établir la *Pax Romana*, une paix qui dura plusieurs siècles. *Variantes :* August, Augusto, Gusto, Guste. *Caractérologie :* ténacité, fiabilité, méthode, amitié, organisation.

Augustin
27 000 TOP 50

Consacré par les augures (latin). *Variante :* Gustin. *Caractérologie :* sécurité, structure, résolution, persévérance, sympathie.

Aumaric
- de 30

Puissant (germanique). *Caractérologie :* pragmatisme, optimisme, sociabilité, communication, créativité.

Aurel
900 TOP 800

En or (latin). Nom de village situé au pied du mont Ventoux, en Provence. Masculin allemand et roumain. *Caractérologie :* optimisme, communication, pragmatisme, décision, créativité.

Aurèle
2 500 TOP 400

En or (latin). *Caractérologie :* stratégie, achèvement, ardeur, vitalité, décision.

Aurélien
77 000 TOP 400

En or (latin). Peu connu avant 1975, Aurélien émerge dans la vague des prénoms d'inspiration romaine. Son ascension fulgurante le propulse dans le top 30 français en quelques années. Une gloire néanmoins éphémère comparée à celles de Maxime, Adrien, Romain et Romane, issus de la même souche. ◇ Empereur romain au IIIe siècle, Aurélien reconstruisit l'unité de son empire et repoussa les invasions des Barbares. Il institua le culte du Soleil à Rome, proclamant *Sol Invictus* (soleil invaincu) le patron de l'Empire romain. La date officielle de sa fête fut fixée au 25 décembre. Un saint évêque d'Arles au VIe siècle porta également ce prénom. *Variantes :* Aurélian, Aurélio, Aurian, Auriol, Orélien. *Caractérologie :* sécurité, structure, persévérance, détermination, efficacité.

Aurre
- de 30

En or (latin), devant (basque). *Caractérologie :* rêve, humanité, rectitude, ouverture d'esprit, décision.

Austin
250 TOP 2 000

Consacré par les augures (latin). Masculin anglais. Dans l'Hexagone, Austin a été plus traditionnellement usité en Occitanie. *Variante :* Auste. *Caractérologie :* communication, pratique, décision, gestion, enthousiasme.

Auxence
1 000 TOP 1 000

Augmenter (latin). *Caractérologie :* autorité, innovation, énergie, ambition, autonomie.

Avédis
- de 30

Porteur de bonnes nouvelles (arménien). Masculin arménien. *Caractérologie :* équilibre, famille, influence, résolution, responsabilité.

Avel
- de 100

Forme bretonne d'Abel. Avel signifie également « vent » en vieux breton. *Caractérologie :* ténacité, fiabilité, méthode, sens du devoir, engagement.

Avelino
160

Souffle, respiration (hébreu). *Caractérologie :* logique, bienveillance, paix, caractère, conscience.

Aven
- de 30

Noble ami (irlandais). *Caractérologie :* bienveillance, conseil, conscience, sagesse, paix.

A

Augustin

Fête :
28 août

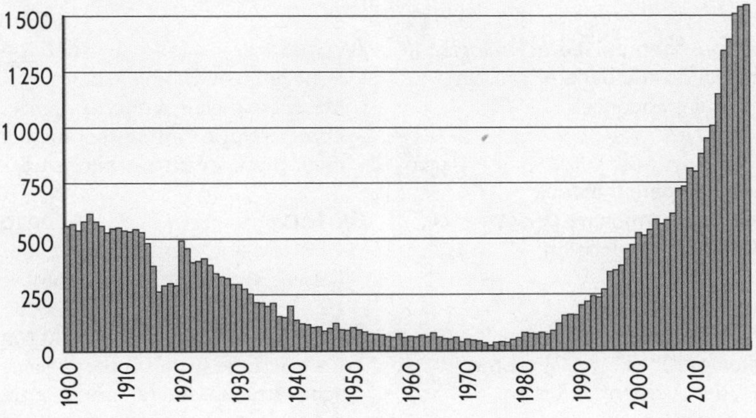

Étymologie

Du latin *augustinus*, « consacré par les augures ». Ce prénom, apparu dès les premiers temps du christianisme, se propage grâce à la popularité de saint Augustin, théologien du IVe siècle considéré comme le plus important docteur de l'Église. Au Moyen Âge, la postérité d'un autre saint, Augustin de Canterbury, intensifie la vogue du prénom en Angleterre. Il est plus discret en France jusqu'au XIXe siècle, où il prend une certaine ampleur, sans toutefois dépasser celle d'Auguste.

Augustin se raréfie au XXe siècle, mais la vogue du rétro le fait renaître dans les années 1990. Après avoir conquis la capitale (12e rang en 2018), Augustin est sur le point d'intégrer le top 40 national.

À l'international, Agustín est en vogue dans plusieurs pays d'Amérique latine, notamment au Chili et en Uruguay. Il s'affiche dans les 50 premières places wallonnes depuis 2018. Quant à August, il décolle au Danemark et en Suède.

Dans l'histoire

Élevé par une mère chrétienne et un père incroyant, **saint Augustin** naît à Tagaste (en Tunisie), en 354. Élève brillant, il enseigne la rhétorique à Milan et se convertit au christianisme avant de retourner en Afrique, où il devient évêque d'Hippone. Les *Confessions* font partie des écrits qui ont fondamentalement marqué la pensée chrétienne occidentale. Saint Augustin est le patron des imprimeurs.

Moine italien au VIe siècle, **saint Augustin de Canterbury** partit évangéliser l'Angleterre ; il parvint à convertir le roi du Kent et plusieurs milliers de ses sujets.

Personnes célèbres

Agustín Lara, chanteur et compositeur mexicain (1897-1970) ; Augustin Lesage, peintre français (1876-1954) ; Augustin Legrand, comédien français, né en 1975 ; Augustin Trapenard, journaliste et critique littéraire, né en 1979.

Statistiques

Augustin est le 76e prénom masculin le plus donné en France depuis l'an 2000. Il est attribué à près d'un garçon sur 220 aujourd'hui.

Aventin
- de 30

Avènement (latin). *Caractérologie :* engagement, méthode, fiabilité, ténacité, sens du devoir.

Avi
350

Père de tous (hébreu). *Caractérologie :* charisme, curiosité, dynamisme, courage, indépendance.

Aviel
190

Dieu est mon père (hébreu). *Caractérologie :* structure, persévérance, sécurité, efficacité, décision.

Aviv
- de 30

Printemps (hébreu). Masculin anglais. *Caractérologie :* idéalisme, altruisme, intégrité, dévouement, réflexion.

Avner
160

Père de la flamme (hébreu). *Caractérologie :* conscience, bienveillance, paix, conseil, résolution.

Awen
800 TOP 2 000

Noble ami (irlandais). Awen est plus traditionnellement usité en Irlande et en Bretagne. *Variante :* Aven. *Caractérologie :* intelligence, sagesse, savoir, méditation, indépendance.

Axel
83 000 TOP 50

Dérivé scandinave d'Absalom : mon père est paix (hébreu). De longue date associé aux pays scandinaves, Axel se diffuse dès le XIIe siècle en hommage à un saint, évêque danois et homme d'État, qui vécut en ce temps. Longtemps inconnu en France, il parvient à s'élancer jusqu'aux portes du top 20 français au début des années 2000. Forme scandinave répandue : Aksel. *Caractérologie :* famille, équilibre, éthique, exigence, influence.

Ayan
850 TOP 300

Clair de lune (turc). *Variantes :* Ayane, Ayann, Ayhan. *Caractérologie :* charisme, dynamisme, courage, indépendance, curiosité.

Aydan
1 800 TOP 400

Petit feu (celte). Voir Aidan. Masculin anglais. *Variante :* Ayden. *Caractérologie :* intégrité, réflexion, réalisation, idéalisme, altruisme.

Ayden
8 000 TOP 50

Caractérologie : ténacité, méthode, fiabilité, réalisation, engagement.

Aylan
3 500 TOP 200

Clair de lune (turc). *Caractérologie :* achèvement, vitalité, amitié, ardeur, stratégie.

Aymen
8 000 TOP 200

Heureux (arabe). *Variantes :* Ayman, Aymane, Aymon. *Caractérologie :* ténacité, fiabilité, méthode, engagement, réalisation.

Aymeric
22 000 TOP 600

Puissant (germanique). Masculin français. *Variantes :* Amalric, Aymerie, Aymerik. Forme basque : Ainaut. *Caractérologie :* relationnel, médiation, intuition, amitié, réalisation.

Aymerick
1 900

Puissant (germanique). On peut estimer que moins de 30 enfants seront prénommés ainsi en 2022. *Caractérologie :* fiabilité, bonté, méthode, réalisation, ténacité.

Ayoub
17 000 TOP 100

Forme arabe de Job : celui qui se repent (hébreu). *Variante :* Ayoube. *Caractérologie :* énergie, innovation, autorité, ambition, gestion.

A

Azad
900 TOP 800 ➔

Noble, libre (arménien). Masculin arménien. *Caractérologie :* découverte, audace, originalité, séduction, énergie.

Azel
- de 100

Noble (hébreu). Dans l'Ancien Testament, Azel est un descendant du roi Saül. *Variante :* Azaël. *Caractérologie :* force, habileté, stratégie, passion, chef.

Aziz
3 500 TOP 2 000 ➔

Aimé, précieux, puissant (arabe). Calife fatimide, Al-Aziz Billah ordonna la construction de la mosquée d'Al-Hâlim au Caire en 380. Ce prénom est attribué de longue date dans les cultures musulmanes. *Variantes :* Aaziz, Azize, Azouz, Azziz. *Caractérologie :* ambition, habileté, force, passion, management.

Azur
- de 100

Couleur bleue (français). *Caractérologie :* optimisme, communication, pragmatisme, créativité, sociabilité.

Azzedine
1 400

La religion est puissante (arabe). On peut estimer que moins de 30 enfants seront prénommés ainsi en 2022. *Variantes :* Azzdine, Azedine. *Caractérologie :* ouverture d'esprit, rectitude, humanité, rêve, résolution.

B

Bachir
2 000 TOP 2 000 ➔

Qui annonce une bonne nouvelle (arabe). *Caractérologie :* dynamisme, courage, indépendance, organisation, curiosité.

Badis
1 900 TOP 900 ➔

Prénom kabyle qui fut porté par un roi, Badis le Hammadite, au XIe siècle. *Caractérologie :* achèvement, leadership, ardeur, vitalité, stratégie.

Badr
1 400 TOP 900 ➔

Pleine lune, zénith (arabe). *Variantes :* Bader, Badre. *Caractérologie :* intelligence, savoir, indépendance, méditation, sagesse.

Bakary
1 500 TOP 800 ➔

Patronyme répandu dans de nombreux pays d'Afrique et prénom malien dont la signification est inconnue. *Variante :* Bakari. *Caractérologie :* structure, persévérance, sécurité, efficacité, honnêteté.

Balthazar
1 700 TOP 500 ➔

Bel protège le roi (akkadien). Selon la tradition chrétienne, Balthazar, l'un des trois Rois mages venus d'Orient, se laissa guider par une étoile jusqu'à Bethléem. Lorsqu'il se présenta devant l'Enfant Jésus, il lui offrit de la myrrhe pour l'honorer comme roi. ◇ Dans l'Ancien Testament, Balthazar, le roi de Babylone, organise un festin. Durant la fête, une inscription mystérieuse apparaît sur les murs. Captif du roi, le prophète Daniel interprète ce message et annonce la fin imminente du royaume. La prophétie se réalise avec l'assassinat de Balthazar dans la nuit. *Variante :* Balthasar. *Caractérologie :* habileté, force, ambition, passion, organisation.

Bao
140

Protection, précieux (vietnamien). *Caractérologie :* rectitude, humanité, générosité, ouverture d'esprit, rêve.

Baptiste
98 000 TOP 100

Immerger (grec). De longue date associé à saint Jean-Baptiste, ce prénom s'est diffusé sous différentes formes (Baptist, Battista, etc.) dans les pays chrétiens. Il est éclipsé par Jean-Baptiste dès le XVIIIe siècle en France, et n'émerge pas avant la fin des années 1950. C'est alors que le repli de Jean puis la défaveur touchant les prénoms composés lui dégagent la voie. Baptiste s'est hissé au 17e rang français en 2002 ; il n'est pas près de sombrer dans l'oubli. ◇ Fils de Zacharie et Élisabeth, saint Jean le Baptiste naquit en Palestine au Ier siècle. Infatigable prêcheur des foules qui s'amassaient sur les rives du Jourdain, il baptisa Jésus et de nombreux convertis dans l'eau du fleuve. *Variantes :* Baptista, Baptistin. *Caractérologie :* diplomatie, sociabilité, détermination, réceptivité, loyauté.

Baptistin
300

Immerger (grec). Masculin français, occitan. *Caractérologie :* sociabilité, diplomatie, loyauté, réceptivité, résolution.

Baran
650 TOP 2 000

Pluie (persan, turc). *Caractérologie :* réflexion, altruisme, intégrité, idéalisme, décision.

Barclay
- de 30

Bois de bouleau (anglais). Plus fréquent sous forme de patronyme. Masculin écossais et anglais. *Caractérologie :* vitalité, stratégie, achèvement, ardeur, gestion.

Barnabé
1 300

Fils du prophète (hébreu). On peut estimer que moins de 30 enfants seront prénommés ainsi en 2022. Formes basques : Barnaba, Barnabe. *Caractérologie :* savoir, intelligence, méditation, indépendance, résolution.

Barry
120

Aux cheveux clairs (irlandais). Masculin anglais. *Variante :* Barrie. *Caractérologie :* indépendance, audace, assurance, direction, dynamisme.

Barthélemy
3 000 TOP 900

Fils de Tolomai (araméen). Masculin français. *Variantes :* Bario, Barthélemi, Bortolo. Forme basque : Bartolo. Forme occitane : Bertomieu. *Caractérologie :* audace, dynamisme, direction, réalisation, finesse.

Basile
12 000 TOP 100

Roi (grec). Dans l'Hexagone, Basile est plus traditionnellement usité en Occitanie et en Provence. *Variante :* Basil. Formes basques : Basilio, Bazil, Bazile. *Caractérologie :* optimisme, organisation, communication, pragmatisme, détermination.

Bastian
2 500 TOP 900

Respecté, vénéré (grec). Dans l'Hexagone, Bastian est plus traditionnellement usité en Bretagne et en Occitanie. *Caractérologie :* pratique, communication, enthousiasme, adaptation, résolution.

Bastien
54 000 TOP 200

Respecté, vénéré (grec). Masculin français. *Caractérologie :* savoir, méditation, intelligence, indépendance, décision.

Batiste
1 700 TOP 2 000

Immerger (grec). Masculin français. *Variante :* Battista. *Caractérologie :* méthode, fiabilité, ténacité, engagement, décision.

B

Les sonorités actuelles

Penchons-nous sur les sonorités, les rythmes et les parcours empruntés par les prénoms dont la gloire est confirmée ou dont l'existence est en devenir. Composés de 2 syllabes ou moins (Jules, Liam et Tom se contentent d'une seule), les prénoms qui triomphent depuis la fin des années 1990 sont courts. Tour d'horizon des sonorités dans l'air du temps.

Les « el »
La montée des prénoms bibliques donne, depuis la fin des années 1990, un bel essor à Gabriel et Raphaël. C'est une aubaine pour Maël, qui a suivi ce duo dans le top 20, et une chance que Naël et Samuel saisiront peut-être pour grimper vers le sommet. En attendant leur jaillissement, Abel et Ismaël montrent la voie aux graines de stars Enaël et Timaël.

Les « o »
Les désinences en « o » ne sont guère affectées par la décrue des superstars Enzo et Hugo. Tiago, Nino, Elio et Sandro poursuivent une remarquable ascension dans le top 100 français. Sans oublier Leandro, Ezio, Livio et Lino qui se profilent à l'horizon.

Les « an »
Les prénoms irlandais sont en perte de vitesse, comme l'atteste la chute de Nolan. Seul Liam poursuit sa carrière avec brio, en flirtant avec le top 10. Malgré cela, les terminaisons en « an » venues du monde entier (Nathan, Ethan, Ilan, Milan, Soan, et les plus rares Célian, Solan et Sévan) continuent à fleurir. Suivant la même logique, Adam et Liam pourraient élargir le succès de ces désinences à celles en « am ».

Les juxtapositions de voyelles
Depuis la chute de Théo, Mathéo et Timéo, les terminaisons en « éo » misent leur avenir sur Léo. Ce dernier devrait briller dans les 3 premiers rangs du tableau 2022, mais le vent a tourné et de nouvelles combinaisons de voyelles s'épanouissent. En témoigne le triomphe actuel de Raphaël, Gabriel et Maël dans le classement masculin. De leur côté, les sonorités inversées en « oé » de Noé, Manoé et Soen tentent de s'élever aux côtés du « oa » de Noah. Son succès a généré la percée de Noa, Noam et Manoa et fait grandir Mao, Tao et Paolo dans les tableaux. Ces nouveaux mariages de voyelles inspireront-ils de nouvelles sonorités pour demain ?

L'attrait des sonorités venues d'ailleurs
Nombre de prénoms qui enrichissent le patrimoine français sont importés de nos pays voisins. À la fin des années 1990, la gloire des italiens Enzo et Matteo, de l'espagnol Esteban, des slaves Sacha et Milan, des scandinaves Nils, Solveig et Sven, et des anglophones Adam, Ethan et Noah l'a démontré. Aujourd'hui, le succès des irlandais Liam et Nolan prouve que l'influence gaélique n'est pas en reste. Nous observons par ailleurs que les prénoms exotiques séduisent de plus en plus de parents. Certains, comme Kéo ou Jolan, s'inspirent des cultures indienne et amérindienne. D'autres sont originaires d'îles lointaines, comme Enoha à Tahiti ou Tao en Asie. De nombreux prénoms venus d'ailleurs peuvent être découverts au fil des pages de cet ouvrage.

Baudouin
1 300 TOP 2 000

Audacieux, amical (germanique). *Variante :* Baudoin. *Caractérologie :* volonté, bienveillance, paix, conscience, raisonnement.

Bay
- de 30

Septième-né, ou né au mois de juillet (vietnamien). *Caractérologie :* innovation, ambition, énergie, autorité, autonomie.

B

Beaudoin
- de 30

Audacieux, amical (germanique). *Variante :* Beaudouin. *Caractérologie :* force, ambition, volonté, analyse, habileté.

Béchir
700

Qui apporte les bonnes nouvelles (arabe). *Variante :* Békir. *Caractérologie :* rêve, humanité, ouverture d'esprit, rectitude, sensibilité.

Ben
2 500 TOP 700

Diminutif anglophone des prénoms formés avec Ben. *Caractérologie :* générosité, pratique, enthousiasme, adaptation, communication.

Benjamin
145 000 TOP 200

Fils du Sud (hébreu). Ce prénom biblique est établi de longue date dans les cultures juives du monde entier. Doté d'un saint ayant vécu au Ve siècle, il fut également usité dans les familles chrétiennes au Moyen Âge. Il est peu fréquent lorsque les puritains anglophones relancent sa vogue au XVIIe siècle. Très rare jusqu'au début des années 1970, Benjamin se hisse dans les 10 premiers rangs français en l'espace de deux décennies. Il est très répandu dans les pays anglo-saxons aujourd'hui, notamment aux États-Unis. ◊ Dans l'Ancien Testament, Benjamin est le fils de Jacob et Rachel. En le mettant au monde, Rachel le prénomme Ben Oni (« fils de ma douleur »), avant de décéder. Mais Jacob, qui ne peut se résoudre à tant de tristesse, opte pour un prénom signifiant « fils du Sud ». Benjamin est le père de la tribu des Benjaminites dont Saül, le premier roi d'Israël, est descendant. ◊ Prédicateur en Perse, saint Benjamin fut condamné au martyre par le roi Yezdegerd au Ve siècle. *Variantes :* Benji, Bunyamin, Bunyamine. *Caractérologie :* audace, énergie, découverte, originalité, détermination.

Benoist
1 100

Béni (latin). On peut estimer que moins de 30 enfants seront prénommés ainsi en 2022. *Variantes :* Benilde, Benedict, Benito, Benoni, Benony. *Caractérologie :* créativité, pragmatisme, décision, optimisme, communication.

Benoît
116 000 TOP 1 000

Béni (latin). Masculin français. Issu d'une famille noble italienne au IVe siècle, saint Benoît se retira pour méditer dans une caverne à la fin de ses études. Il fonda 12 monastères, dont l'abbaye du Mont-Cassin, près de Naples. *Caractérologie :* médiation, relationnel, fidélité, intuition, adaptabilité.

Béranger
550

Esprit, ours (germanique). *Caractérologie :* sagacité, connaissances, spiritualité, originalité, détermination.

Bérenger
1 100

Esprit, ours (germanique). On peut estimer que moins de 30 enfants seront prénommés ainsi en 2022. Forme occitane : Berengier. *Caractérologie :* intuition, relationnel, fidélité, médiation, adaptabilité.

Bernard
302 000

Force, ours (germanique). Puissant par son étymologie, Bernard se répand dès le Moyen Âge dans les pays chrétiens. Au IXe siècle, sa notoriété est renforcée par un saint originaire de Lyon qui devint archevêque de Vienne-sur-le-Rhône et fonda l'abbaye de Romans. Les liens politiques qu'il tisse à la cour de Charlemagne en font un personnage très influent. En maintenant un niveau

B

constant d'attributions, ce prénom est devenu intemporel jusqu'au XIXe siècle, où il s'est essoufflé avant de revenir de plus belle. Il culmine au 3e rang français en 1942 et reste l'un des 10 premiers choix des parents jusqu'en 1958, avant de chuter brutalement. On peut estimer que moins de 30 enfants seront prénommés ainsi en 2022. *Variantes :* Barnard, Bernhard, Bernalt, Bernat, Bernd, Bernie, Berny. *Caractérologie :* ambition, force, habileté, détermination, passion.

Bernardin

190

Force, ours (germanique). *Caractérologie :* décision, méthode, fiabilité, ténacité, engagement.

Bernardo

300

Force, ours (germanique). Bernardo est très répandu en Italie et dans les pays hispanophones et lusophones. *Caractérologie :* détermination, curiosité, dynamisme, volonté, courage.

Berthold

- de 30

Brillant, illustre (germanique). Masculin allemand. *Variante :* Bertil. *Caractérologie :* communication, pratique, finesse, enthousiasme, analyse.

Bertin

700

Brillant, illustre (germanique). *Caractérologie :* dynamisme, curiosité, charisme, courage, indépendance.

Bertrand

59 000

Brillant, corbeau (germanique). Masculin français. On peut estimer que moins de 30 enfants seront prénommés ainsi en 2022. *Variantes :* Belt, Beltig, Bertram, Bertranet, Bertranot. Forme basque : Bertran. *Caractérologie :* ambition, autorité, détermination, énergie, innovation.

Berty

- de 100

Brillant, illustre (germanique). Masculin anglais. *Variantes :* Berthie, Bertie. *Caractérologie :* spiritualité, connaissances, originalité, philosophie, sagacité.

Béryl

160

Pierre précieuse vert pâle (grec). *Caractérologie :* stratégie, vitalité, ardeur, achèvement, bonté.

Bilal

14 000 TOP 300

Eau, rafraîchissement (arabe). Bilal fut une personnalité importante de l'islam. Noir affranchi, il devint vers l'an 600 le premier muezzin de l'islam. Devenu trésorier général, il participa à l'administration de l'Empire musulman jusqu'à la mort de Mahomet. Ce prénom a été découvert dans l'Hexagone dans les années 1980. *Variantes :* Belal, Bellal, Bilail, Bilale, Bilele, Bilhal, Billale, Bylel. *Caractérologie :* rectitude, rêve, humanité, tolérance, gestion.

Bildad

- de 30

Aimé (hébreu). *Caractérologie :* courage, curiosité, dynamisme, indépendance, organisation.

Bilel

6 500 TOP 400

Eau, rafraîchissement (arabe). *Caractérologie :* persévérance, structure, sécurité, efficacité, honnêteté.

Bill

- de 100

Protecteur résolu (germanique). Masculin anglais. *Caractérologie :* achèvement, stratégie, leadership, ardeur, vitalité.

Billal

1 800 TOP 2 000

Eau, rafraîchissement (arabe). *Caractérologie :* créativité, pragmatisme, gestion, communication, optimisme.

B

Billy
2 500 TOP 2 000 ➔

Protecteur résolu (germanique). Masculin anglais. *Variante :* Bily. *Caractérologie :* équilibre, famille, responsabilité, influence, exigence.

Bixente
800 ↘

Forme basque de Vincent : qui triomphe (latin). *Caractérologie :* savoir, intelligence, méditation, sagesse, indépendance.

Bjorn
300 TOP 1 000 ↑

Ours (scandinave). *Caractérologie :* découverte, audace, énergie, originalité, décision.

Blaise
2 500 TOP 2 000 ➔

Qui balbutie (latin). *Variante :* Blaize. *Caractérologie :* pratique, communication, décision, enthousiasme, gestion.

Blake
- de 100

Foncé, ou clair (anglais). Masculin anglais. *Caractérologie :* fiabilité, ténacité, engagement, méthode, gestion.

Blanc
- de 30

Clair (germanique). Formes basques : Blanko, Blanco. *Caractérologie :* découverte, audace, énergie, originalité, organisation.

Bob
300

Brillant, gloire (germanique). *Caractérologie :* direction, audace, assurance, dynamisme, indépendance.

Bobby
130

Brillant, gloire (germanique). Masculin anglais. *Variantes :* Bob, Boby. *Caractérologie :* autonomie, autorité, innovation, ambition, énergie.

Bogdan
400 ➔

Présent de Dieu (slave). Prénom polonais, russe et ukrainien. *Variante :* Bodhan. *Caractérologie :* savoir, intelligence, méditation, volonté, réalisation.

Bojan
110

Conflit (tchèque). Prénom slave méridional. *Caractérologie :* famille, équilibre, responsabilité, influence, exigence.

Boniface
300

Bonne figure, heureuse destinée (latin). *Caractérologie :* détermination, autorité, énergie, innovation, raisonnement.

Borg
- de 30

Protection du château (scandinave). *Caractérologie :* bienveillance, paix, conscience, sagesse, conseil.

Boris
15 000

Combattant, guerrier (slave). Masculin russe, bulgare, ukrainien, polonais et roumain. On peut estimer que moins de 30 enfants seront prénommés ainsi en 2022. *Variantes :* Borislav, Borris, Borya. *Caractérologie :* altruisme, réflexion, idéalisme, dévouement, intégrité.

Bosco
170 TOP 2 000

Bois (latin). *Caractérologie :* rectitude, humanité, organisation, générosité, ouverture d'esprit.

Boualem
750

Chef, meneur de troupe (arabe). *Variantes :* Boualam, Bouhalem. *Caractérologie :* équilibre, famille, responsabilité, gestion, caractère.

Boubacar
1 400 TOP 800 ➔

Petit chameau (arabe). *Variantes :* Boubakar, Boubaker. *Caractérologie :* idéalisme, intégrité, altruisme, organisation, analyse.

Bradley
2 500 TOP 700 ➔

Terrain déboisé (anglais). Masculin anglais. *Variantes :* Brad, Bradan, Braden,

B

Bradin, Bradleigh, Bradlie, Bradly, Brady. *Caractérologie :* ténacité, fiabilité, cœur, méthode, réussite.

Brahim
8 500 TOP 700

Diminutif d'Ibrahim, l'équivalent arabe d'Abraham. *Variantes :* Braham, Brahima, Brahime. *Caractérologie :* famille, équilibre, responsabilité, exigence, influence.

Brandon
11 000 TOP 1 000

Épée, tison (vieux norrois). Ce prénom est parfois usité en tant que variante de Brendan. Brandon est répandu dans les pays anglophones. *Variantes :* Brandy, Brendon. *Caractérologie :* détermination, audace, énergie, découverte, volonté.

Brayan
3 500 TOP 600

Puissance, noblesse, respect (celte). *Variante :* Brayane. *Caractérologie :* connaissances, sagacité, originalité, spiritualité, décision.

Brendan
1 700

Prince (celte). Ce prénom est parfois usité en tant que variante de Brandon. Masculin irlandais et anglais. On peut estimer que moins de 30 enfants seront prénommés ainsi en 2022. *Variante :* Brandan. *Caractérologie :* méthode, ténacité, résolution, engagement, fiabilité.

Brenton
- de 30

La ville près de la colline (celte). Plus fréquent sous forme de patronyme. Masculin anglais. *Variante :* Brent. *Caractérologie :* sagacité, connaissances, spiritualité, originalité, philosophie.

Brett
- de 100

Ancien patronyme qui désignait les premiers habitants de Grande-Bretagne. Masculin anglais. *Variantes :* Bret, Brit. *Caractérologie :* médiation, relationnel, intuition, adaptabilité, fidélité.

Briac
1 500 TOP 2 000

Puissance, noblesse, respect (celte). Prénom breton. *Caractérologie :* gestion, bienveillance, conscience, paix, conseil.

Brian
8 000 TOP 2 000

Puissance, noblesse, respect (celte). Masculin irlandais et anglais. *Caractérologie :* vitalité, stratégie, achèvement, décision, ardeur.

Brice
27 000

Tacheté, moucheté (celte). Masculin français et anglais. On peut estimer que moins de 30 enfants seront prénommés ainsi en 2022. *Caractérologie :* autorité, innovation, autonomie, ambition, énergie.

Brieg
250

Puissance, noblesse, respect (celte). Prénom breton. *Variante :* Briag. *Caractérologie :* curiosité, courage, dynamisme, indépendance, charisme.

Brieuc
2 500 TOP 2 000

Puissance, noblesse, respect (celte). Prénom breton. *Variante :* Brieux. *Caractérologie :* engagement, fiabilité, méthode, ténacité, sens du devoir.

Brivael
- de 100

Puissance, respect, prince (celte). Masculin breton. *Caractérologie :* paix, détermination, bienveillance, organisation, conscience.

Broderick
- de 30

Fils de grand gouverneur (gallois). *Caractérologie :* structure, volonté, analyse, persévérance, sécurité.

Bronislaw
180

Protection, gloire (slave). Prénom polonais. *Variantes :* Bronislas, Bronislavant. *Caractérologie :* découverte, énergie, audace, décision, logique.

Brooklyn 140
Ruisseau (anglais). Ce nom désigne également l'un des cinq arrondissements de la ville de New York, aux États-Unis. C'est le prénom choisi par David et Victoria Beckham pour leur fils aîné. *Caractérologie :* persévérance, structure, sécurité, sympathie, analyse.

Bruce 2 500 TOP 2 000 ➔
Ce patronyme de lointaine ascendance normande aurait été porté par une famille originaire de Brix. Il se répandit en Écosse et devint célèbre lorsque Robert de Bruce devint le premier roi de ce pays en 1306. Masculin écossais et anglais. *Caractérologie :* ténacité, méthode, engagement, fiabilité, sens du devoir.

Bruno 199 000 TOP 2 000 ↘
Armure, couleur brune (germanique). Peu commun au Moyen Âge, Bruno est traditionnellement usité pour désigner les enfants aux cheveux bruns ou au teint mat. Un saint originaire de Cologne, fondateur de l'ordre des Chartreux au XIe siècle, illustre ce nom qui deviendra populaire en Allemagne. Il se propage à l'Angleterre mais reste bien rare en France jusqu'à son émergence dans les années 1930. Bruno culmine au 8e rang masculin au début des années 1960. Il cultive une certaine vogue jusqu'à l'aube du IIIe millénaire. *Variantes :* Bruneau, Brunon, Brunot. *Caractérologie :* indépendance, intelligence, savoir, méditation, raisonnement.

Bryan 24 000 TOP 400 ➔
Puissance, noblesse, respect (celte). En dehors de l'Hexagone, Bryan est très répandu en Irlande et dans les pays anglophones. *Variante :* Bryann. *Caractérologie :* bienveillance, paix, conscience, conseil, décision.

Bryce 450
Tacheté, moucheté (celte). Masculin anglais. *Caractérologie :* vitalité, achèvement, sympathie, ardeur, stratégie.

Burak 1 000 ↘
Aux dix mille sources (arménien). *Caractérologie :* ardeur, vitalité, stratégie, achèvement, organisation.

Byron 600 TOP 2 000 ↓
Étable (anglais). *Caractérologie :* intuition, relationnel, adaptabilité, médiation, fidélité.

C

Caelan - de 100
Élancé (irlandais). *Caractérologie :* humanité, rêve, générosité, rectitude, tolérance.

Caleb 600 TOP 500 ↑
Audacieux (hébreu). *Caractérologie :* dynamisme, curiosité, courage, indépendance, organisation.

Calhoun - de 30
Petit bois (irlandais). *Variante :* Colhoun. *Caractérologie :* réceptivité, bonté, diplomatie, sociabilité, loyauté.

Calixte
1 500 TOP 900

Le plus beau (grec). *Variantes :* Cali, Calix, Calliste, Callixte. *Caractérologie :* décision, réceptivité, sociabilité, logique, diplomatie.

Callum
- de 100

Colombe (latin). Masculin écossais et anglais. *Caractérologie :* ambition, passion, habileté, force, management.

Calvin
4 500 TOP 700

Chauve (latin). Calvin est répandu dans les pays anglophones. *Caractérologie :* savoir, indépendance, méditation, intelligence, décision.

Cameron
4 500 TOP 300

Nez crochu (écossais). Cameron est répandu en Écosse et dans les pays anglophones. *Variantes :* Camron, Camerone, Kameron. *Caractérologie :* volonté, raisonnement, équilibre, responsabilité, famille.

Camil
2 000 TOP 700

Variante de Camille ou Camel. *Caractérologie :* fidélité, intuition, relationnel, médiation, adaptabilité.

Camilien
- de 30

Jeune assistant de cérémonies (étrusque). *Caractérologie :* créativité, pragmatisme, communication, optimisme, résolution.

Camille
35 000 TOP 100

Jeune assistant de cérémonies (étrusque). Voir le focus sur Camille dans la partie *Prénoms féminins*. *Variantes :* Camil, Camillo, Camilo, Kamillo. *Caractérologie :* énergie, innovation, ambition, résolution, autorité.

Candide
170

D'un blanc éclatant (latin). *Variante :* Candido. *Caractérologie :* résolution, efficacité, structure, sécurité, persévérance.

Carel
140

Force (germanique). *Caractérologie :* originalité, audace, énergie, découverte, charisme.

Carl
5 000 TOP 600

Force (germanique). Carl est très répandu en Allemagne et dans les pays anglophones. C'est aussi un choix traditionnel alsacien. Forme occitane : Carle. *Caractérologie :* sagesse, intelligence, méditation, savoir, indépendance.

Carlos
10 000 TOP 2 000

Force (germanique). Carlos est très répandu dans les pays hispanophones et lusophones. *Variantes :* Carles, Carlito, Carlo. *Caractérologie :* audace, énergie, découverte, originalité, logique.

Carmelo
1 100

Vigne divine (hébreu). On peut estimer que moins de 30 enfants seront prénommés ainsi en 2022. *Variantes :* Carmel, Carmello. *Caractérologie :* sécurité, persévérance, caractère, structure, logique.

Carmin
- de 30

Chanson, hymne (latin). *Variante :* Carmine. *Caractérologie :* efficacité, détermination, sécurité, persévérance, structure.

Carol
450

Force (germanique). Masculin anglais. *Variantes :* Carolus, Caryl. *Caractérologie :* fiabilité, ténacité, engagement, méthode, logique.

Casimir
1 800

Assemblée, paix (slave). Masculin russe et slave. Casimir est également un choix traditionnel occitan. On peut estimer que moins de 30 enfants seront prénommés ainsi en 2022. *Variantes :* Casimiro,

C

Casimo, Kasimir, Kazimir. *Caractérologie :* ouverture d'esprit, rêve, humanité, rectitude, générosité.

Cassien
200

Vide (latin). *Variantes :* Cassian, Cassius. *Caractérologie :* connaissances, sagacité, spiritualité, originalité, détermination.

Cecil
- de 100

Aveugle (latin). On rencontre également cette forme masculine anglaise de Cécile avec l'accent aigu. *Variantes :* Cécilien, Cécilio. *Caractérologie :* dynamisme, curiosité, courage, indépendance, charisme.

Cécilien
150

Aveugle (latin). Voir Célio. *Caractérologie :* paix, bienveillance, conseil, sagesse, conscience.

Cédric
149 000 TOP 1 000

Chef de bataille (anglais). Prénom gallois, anglais et français. Moine anglais au VIIe siècle, saint Cédric évangélisa les Saxons et devint évêque. Fondateur de plusieurs abbayes, il mourut de la peste en soignant les malades qui en étaient infectés. *Variantes :* Céderic, Cédrique, Cédrix, Cédryc, Ceydric, Sédric. *Caractérologie :* paix, sagesse, conscience, bienveillance, conseil.

Cédrick
2 000

Chef de bataille (anglais). Masculin français. On peut estimer que moins de 30 enfants seront prénommés ainsi en 2022. *Caractérologie :* habileté, force, ambition, passion, management.

Célestin
5 000 TOP 300

Qui se rapporte au ciel (latin). *Variantes :* Céleste, Celestino, Colestin. *Caractérologie :* paix, organisation, bienveillance, résolution, conscience.

Célian
5 500 TOP 400

Aveugle (latin). Voir Célio. Masculin français. *Caractérologie :* ardeur, détermination, stratégie, achèvement, vitalité.

Célien
350

Aveugle (latin). Voir Célio. *Caractérologie :* adaptation, communication, pratique, générosité, enthousiasme.

Célio
600 TOP 2 000

Aveugle (latin). Cette forme francisée de l'italien Celio tire ses origines de Caecilii, nom d'une puissante famille romaine. Prénom italien. *Caractérologie :* stratégie, achèvement, ardeur, vitalité, raisonnement.

César
7 500 TOP 200

Tête aux cheveux longs (latin). En latin, César (ou Cæsar) est le titre honorifique qui désigne les empereurs. Brillant homme d'État romain, Jules César (11-44 avant J.-C.) conquit la Gaule et repoussa les frontières de son empire jusqu'au Rhin. Peu après avoir été nommé consul et dictateur à vie, il fut assassiné par des conspirateurs en plein sénat. C'est Brutus, son protégé, qui l'acheva du vingt-troisième et ultime coup de poignard. Saint César de Bus, le fondateur des Pères de la doctrine chrétienne, porta également ce prénom au XVIIe siècle. Cesar est particulièrement usité dans les pays hispanophones, au Portugal et en Occitanie. *Variantes :* Césaire, Césare, Cesareo, Cesari, Cesarino, Cesario. *Caractérologie :* dynamisme, audace, direction, indépendance, décision.

Ceylan
- de 100 TOP 2 000

Ce nom, qui désignait le Sri Lanka avant 1972, est également un prénom turc d'origine perse signifiant « gazelle ». *Caractérologie :* conseil, conscience, amitié, bienveillance, paix.

C

Prénoms qui montent et perles rares

Qu'on le veuille ou non, la mode influence la façon dont nous prénommons nos enfants. Tel un baromètre qui prédit le temps, elle désigne les prénoms les plus tendance, et par défaut ceux qui ne le sont pas. Source d'inspiration pour les uns, elle est aussi indispensable aux parents qui souhaitent attribuer un prénom original ou à contre-courant.

Les choix de prénoms rares ne dérogent pas à cette emprise invisible. De nombreuses variantes profitent du succès de leurs homophones pour faire carrière (exemples : Ayden, Lukas, Lyam, etc.). Des prénoms originaux parviennent également à se démarquer, comme Philéas, Éloïs ou Sirius, en jouant sur des sonorités peu communes. Mais ce phénomène de distinction n'est-il pas lui-même devenu « branché » ?

Difficile donc d'échapper à la mode... Heureusement que celle-ci laisse une place à la créativité ! La marmite des prénoms de demain mitonne bien des saveurs, voyons d'un peu plus près les tendances qui s'en dégagent.

Les prénoms en forte croissance dans le top 100
Ayden, Côme, Isaac, Marceau, Marius, Marin, Léon, Élio, Ilyan et Auguste se font particulièrement remarquer. Certains de ces prénoms évoluent dans le top 40 et pourraient prochainement s'imposer dans l'élite.

Les prénoms de demain
Dans le top 200, Basile, Milan, Issa, Sandro et Maloné ambitionnent d'intégrer les 100 premiers rangs et grandissent vigoureusement. Ils devancent Aylan, Milhan et Marcel qui se profilent à l'horizon.

Les choix originaux
Vous recherchez des prénoms rares aux sonorités variées ? Ci-dessous un bouquet de prénoms qui devraient être attribués à moins de 30 Français en 2022.

Abriel, Adelin, Alcide, Amiel, Antime, Aramis, Audren, Avel, Aventin, Cassien, Ciaran, Colas, Cosma, Cosmin, Cyriel, Daël, Dao, Daren, Edgard, Élior, Éole, Évane, Ferréol, Gian, Horace, Iago, Igor, Kolia, Laélien, Lemuel, Léonor, Lilien, Lilo, Loric, Louan, Maloé, Maximin, Oan, Octavien, Oreste, Orian, Oriel, Orson, Paol, Rodin, Séverin, Sully, Téoman, Téophile, Ugolin, Urbain, Viggo, Vivien, Winter, Yoram, Yoris, Zadig.

La génération 2000
Nés dans les années 2000 en France, ces petits noms se multiplient au fil des saisons :

Adriel, Agenor, Alonzo, Athanaël, Aylan, Caleb, Carmin, Cosmin, Darian, Diango, Dolan, Édan, Edris, Eloïm, Elouane, Elvio, Énaël, Eris, Ethane, Éthaniel, Évence, Faust, Gilane, Gohan, Guerlain, Ilio, Iloan, Ion, Jaden, Joah, Kaylan, Kéane, Kéoni, Lenzo, Léonis, Lilo, Lilouan, Loam, Loevan, Lolan, Maëlo, Maho, Manao, Manéo, Mathéis, Maxent, Mayan, Mayas, Menzo, Milhane, Milio, Nathéo, Nikos, Nilo, Pharell, Reyane, Sirius, Soen, Théliau, Thelo, Thémis, Théoden, Théossian, Tilian, Tilio, Timaël, Timéo, Tylio, Ylian, Zao.

Chad
500 ↘

Bataille, guerrier (celte). Masculin anglais. *Caractérologie :* sagacité, spiritualité, connaissances, originalité, philosophie.

Chahine
2 500 TOP 400 →

Le roi des rois (arabe). Chahine est également un prénom arménien d'origine perse. *Variantes :* Chahan, Chahin. *Caractérologie :* pratique, communication, enthousiasme, adaptation, résolution.

Chaï
120

Un présent (hébreu). *Caractérologie :* pratique, enthousiasme, communication, générosité, adaptation.

Chaïm
110

Vie (hébreu). Chaim est assez répandu aux États-Unis et dans les cultures juives. *Variante :* Chaym. *Caractérologie :* méditation, savoir, intelligence, sagesse, indépendance.

Chakib
1 000 →

Rétribution, don (arabe). *Caractérologie :* originalité, gestion, connaissances, sagacité, spiritualité.

Cham
- de 100

Travailleur assidu (vietnamien). *Caractérologie :* savoir, intelligence, méditation, indépendance, sagesse.

Chan
- de 100

Explication, exposition (chinois), arbuste aromatique (cambodgien). Nom de famille très courant en Chine. *Caractérologie :* ambition, management, habileté, passion, force.

Charlélie
650

Contraction de Charles et Élie. *Variantes :* Charles-Élie, Charlély. *Caractérologie :* innovation, autorité, énergie, ambition, décision.

Charlemagne
250

Force (germanique). Héritier du royaume de Pépin le Bref, Charlemagne fut roi des Francs de 768 à 814 et empereur d'Occident de 800 à 814. *Caractérologie :* bienveillance, paix, conscience, réalisation, ressort.

Charles
90 000 TOP 100 →

Force (germanique). Au cours des siècles, dix rois de France, sept empereurs d'Allemagne et plusieurs rois anglais, suédois et espagnols ont porté ce nom. Malgré ce passé riche en histoire, Charles est peu répandu avant la Restauration. En 1660, le retour puis le couronnement de Charles II en Angleterre donnent une impulsion au prénom. Lorsque Charles Dickens (1812) et Charles Baudelaire (1821) voient le jour, Charles et ses différentes graphies connaissent une très grande vogue en Europe. En France, ce prénom reste prisé tout au long de la vie de Charles de Gaulle (1890-1970). Il n'a jamais disparu des maternités depuis son repli dans les années 1920 et reprend même des couleurs aujourd'hui. ◇ Issu d'une famille noble italienne, saint Charles fit le choix de vivre pauvrement et d'accomplir sa vocation religieuse. Archevêque de Milan, il soigna lui-même les malades de la peste en 1576. *Variantes :* Charle, Charlet, Charlot. Formes basques : Karol, Thales. *Caractérologie :* détermination, communication, pragmatisme, optimisme, créativité.

Charles-Antoine
850

Forme composée de Charles et Antoine. Masculin français. *Caractérologie :* rêve, rectitude, humanité, finesse, analyse.

Charles-Édouard
1 200

Forme composée de Charles et Édouard. Masculin français. On peut estimer que moins de 30 enfants seront prénommés ainsi en 2022. *Caractérologie :* vitalité, achèvement, stratégie, volonté, raisonnement.

Charles-Henri

1 800

Forme composée de Charles et Henri. Masculin français. On peut estimer que moins de 30 enfants seront prénommés ainsi en 2022. *Caractérologie :* pratique, communication, adaptation, enthousiasme, décision.

Charlie

13 000 TOP 100 ➔

Force (germanique). Charles Spencer Chaplin, plus connu sous le nom de Charlie Chaplin (1889-1977), est sans doute le plus célèbre des Charlie. L'illustre acteur et réalisateur britannique a choisi ce prénom alors qu'il venait de percer aux États-Unis. Découvert en France dans les années 1930, Charlie reste longtemps dans l'ombre d'un Charles glorieux. Il décolle au début des années 2000 et s'envole peu après le succès du film de Tim Burton *Charlie et la Chocolaterie* (2005). Avant l'attentat contre Charlie Hebdo, en janvier 2015, et la chute consécutive de ses attributions (de 50 %), il faisait jeu égal avec Charly et talonnait Charles dans le top 100 masculin. Après un rebond en 2016, le nombre de ses attributions recule légèrement. *Variantes :* Charley, Charli, Charly. *Caractérologie :* médiation, relationnel, intuition, fidélité, détermination.

Charly

21 000 TOP 100 ➔

Force (germanique). Masculin anglais et français. *Caractérologie :* structure, sécurité, persévérance, efficacité, action.

Cheick

900 TOP 600 ↗

Le maître que l'expérience a rempli de sagesse (arabe). *Variantes :* Cheik, Cheikh. *Caractérologie :* enthousiasme, pratique, communication, adaptation, finesse.

Chems

350 TOP 2 000 ➔

Soleil (arabe). *Variantes :* Chams, Chems-Eddine, Shams, Shems. *Caractérologie :* optimisme, pragmatisme, communication, créativité, sociabilité.

Chérif

2 500 TOP 2 000 ↗

De haut rang (arabe). *Variantes :* Charaf, Charef, Charif, Chériff, Sharif, Sherif. *Caractérologie :* ténacité, fiabilité, engagement, méthode, logique.

Chrétien

150

Messie (grec). Très courant au Moyen Âge et à l'époque des croisades, ce prénom délaissé pour Christian n'est plus attribué en France depuis les années 1960. Poète français du XIIe siècle, Chrétien de Troyes écrivit les *Romans de la Table Ronde*, œuvre inspirée par des récits médiévaux et les légendes celtes et bretonnes. *Caractérologie :* direction, indépendance, dynamisme, attention, audace.

Chris

5 000 TOP 600 ↘

Diminutif des prénoms formés avec Christ. Chris est très répandu aux Pays-Bas, dans les pays anglophones et scandinaves. *Variante :* Chrys. *Caractérologie :* pratique, communication, enthousiasme, adaptation, générosité.

C

Christian

320 000 TOP 600 ➔

Messie (grec). Sous ses différentes graphies, ce prénom porté par une longue lignée de rois danois apparaît au XVIIe siècle dans plusieurs pays européens. Au début du XXe siècle, il est encore peu connu lorsque Christiane commence sa carrière française. Parti sur les traces de son féminin, Christian connaît le succès et pointe, dès le lendemain de la Seconde Guerre mondiale, dans les 10 premiers rangs masculins. Il restera dans le groupe de tête durant 15 ans, culminant à la

5e place en 1954. Sa gloire est fatale à Chrétien, une forme ancienne du prénom qui disparaît totalement dans les années 1960. ◇ Évangélisateur de la Pologne au XIe siècle, saint Christian fut assassiné avec ses frères moines venus d'Italie. Il est fêté le 12 novembre. *Variantes :* Christ, Christel, Christiaen, Christien, Christin, Kristian. *Caractérologie :* relationnel, décision, intuition, attention, médiation.

Christophe
357 000 TOP 2 000 ↘

Porte-Christ (grec). Selon la légende, saint Christophe était un passeur syrien qui aida un enfant à traverser les eaux tumultueuses d'un fleuve. Lorsqu'il découvrit que son passager était le Christ, il se fit baptiser. La notoriété du patron des voyageurs est ancienne : le prénom est recensé dans les pays chrétiens dès le Moyen Âge. Sa fréquence augmente au XVIe siècle grâce à l'exploit de Christophe Colomb (1451-1506), navigateur rendu célèbre par la découverte de l'Amérique. Christophe se fait plus discret au XIXe siècle, mais il revient au siècle suivant dans de nombreux pays occidentaux. En France, il a trôné sur le palmarès masculin de 1967 à 1970 avant de reprendre par deux fois la couronne de Stéphane. Il s'est ensuite maintenu dans les premiers prénoms jusqu'au début des années 1980. *Variantes :* Christo, Christobal, Christos, Christy, Chrystophe, Cristofe, Cristophe, Cristopher, Cristovao. *Caractérologie :* persévérance, sécurité, finesse, analyse, structure.

Christopher
38 000 TOP 2 000 ↘

Porte-Christ (grec). Christopher est très répandu dans les pays européens et anglophones. *Variantes :* Christofer, Chrystopher, Kristofer. *Caractérologie :* logique, méthode, ténacité, fiabilité, attention.

Ciaran
- de 100

Brun (irlandais). *Caractérologie :* autonomie, autorité, résolution, énergie, ambition.

Clair
300

Illustre (latin). Masculin français et anglais. Clair est également un choix traditionnel occitan. *Caractérologie :* méditation, sagesse, intelligence, savoir, indépendance.

Clancy
- de 30

Descendant (irlandais). Masculin anglais et irlandais. *Caractérologie :* engagement, ténacité, méthode, fiabilité, sympathie.

Clarel
- de 100

Illustre (latin). *Caractérologie :* paix, bienveillance, conscience, résolution, conseil.

Clarence
1 900 TOP 800 →

Illustre (latin). Masculin anglais. *Variantes :* Clarel, Clarens, Claris, Clarius. *Caractérologie :* sagacité, connaissances, spiritualité, originalité, résolution.

Clark
200 TOP 2 000

Secrétaire, clerc (anglais). *Caractérologie :* humanité, rectitude, organisation, ouverture d'esprit, rêve.

Claude
246 000

Boiteux (latin). Deux empereurs romains portent le nom latin Claudius aux premiers siècles, mais c'est au VIIe siècle que saint Claude, l'évêque de Besançon, introduit le prénom en Franche-Comté. Claude est alors inexistant et se propage très lentement. Une dizaine de siècles lui seront nécessaires pour être finalement connu en France et en Angleterre. Si sa carrière devenue florissante tourne court au XIXe siècle, c'est pour mieux briller au suivant. Au masculin, Claude figure parmi les 10 premiers rangs français de 1930 à 1950. Il s'affichera même 3e à son

C

point culminant (1936). Par comparaison, l'envol de Claude au féminin est resté discret. ◇ Saint Claude La Colombière, jésuite au XVIIe siècle, confesseur de sainte Marguerite-Marie, est fêté le 15 février. On peut estimer que moins de 30 enfants seront prénommés ainsi en 2022. *Variantes :* Claudi, Claudie, Claudien, Claudino, Claudius, Clodius. *Caractérologie :* audace, direction, indépendance, dynamisme, assurance.

Claudio
1 500 ↑

Boiteux (latin). Masculin italien, espagnol et portugais. *Caractérologie :* réceptivité, sociabilité, diplomatie, raisonnement, loyauté.

Claudius
850

Boiteux (latin). *Caractérologie :* humanité, rêve, rectitude, générosité, tolérance.

Claudy
1 200

Boiteux (latin). On peut estimer que moins de 30 enfants seront prénommés ainsi en 2022. Formes occitanes : Glaudi, Claudi. Formes basques : Kauldi, Klaudi, Klaudio. *Caractérologie :* pratique, communication, adaptation, réalisation, enthousiasme.

Clayton
550 TOP 2 000 ↘

Qui habite sur un sol d'argile (anglais). *Variante :* Clay. *Caractérologie :* altruisme, idéalisme, organisation, intégrité, bonté.

Cléandre
- de 100

Gloire, homme (grec). *Caractérologie :* habileté, ambition, management, passion, détermination.

Clémenceau
- de 30

Ce patronyme devenu prénom tire ses origines de Clément (du latin *clemens*, « doux », « bon »). Georges Clemenceau (1841-1929), homme d'État français, fut l'une des plus grandes figures de la IIIe République. Son patriotisme et sa pugnacité en tant que président du Conseil à partir de 1917 lui valurent d'être longtemps surnommé le « Père la Victoire » par les Français. Il est le plus célèbre des Clemenceau. *Caractérologie :* autorité, autonomie, ambition, énergie, innovation.

Clément
157 000 TOP 100 ↘

Douceur, bonté (latin). La renommée de ce prénom, porté par 14 papes, est immense. Pour autant, Clément n'a jamais connu d'engouement comparable à celui de référents chrétiens qui, tels Jean ou Pierre, prénommèrent tant d'enfants. Boudé en Angleterre et dans les pays anglophones, Clément a surtout été populaire en France au Moyen Âge. Modestement attribué au XIXe siècle, il s'éclipse une grande partie du siècle suivant avant de renaître dans les années 1990. C'est en devenant le 8e choix préféré des Français, en 1998, qu'il obtient son meilleur classement. Saint Clément de Rome, le premier pape qui porta ce prénom, est le troisième successeur de saint Pierre. *Variante :* Clemens. Variante corse : Clemente. *Caractérologie :* altruisme, idéalisme, intégrité, réflexion, dévouement.

Clémentin
190

Douceur, bonté (latin). *Caractérologie :* dynamisme, indépendance, curiosité, courage, charisme.

Cléo
550 TOP 2 000 →

Gloire, célébrité (grec). Cleo est recensé dans les pays anglophones. *Caractérologie :* achèvement, leadership, vitalité, stratégie, ardeur.

Cléon
- de 30

Gloire, célébrité (grec). *Caractérologie :* organisation, sécurité, persévérance, efficacité, honnêteté.

C

Cléophas
- de 30

Célébration (grec). *Caractérologie :* connaissances, sagacité, spiritualité, cœur, originalité.

Cliff
200

Falaise (anglais). Masculin anglais. *Caractérologie :* réflexion, intégrité, altruisme, raisonnement, idéalisme.

Clifford
140

Ville proche d'une falaise (anglais). Masculin anglais. *Caractérologie :* indépendance, audace, direction, dynamisme, logique.

Clint
- de 100

Village sur une colline (anglo-saxon). *Variante :* Clinton. *Caractérologie :* honnêteté, structure, efficacité, persévérance, sécurité.

Clotaire
1 300

Gloire, puissance (germanique). Clotaire fut illustré par quatre rois mérovingiens et fut très populaire chez les Francs du Ve au VIIIe siècle. On peut estimer que moins de 30 enfants seront prénommés ainsi en 2022. *Variante :* Clothaire. *Caractérologie :* réceptivité, sociabilité, diplomatie, raisonnement, détermination.

Clovis
6 000 TOP 500

Illustre au combat (germanique). Clovis, roi des Francs de 481 à 511, se fit baptiser par l'évêque de Reims en 496. Il est considéré comme le premier roi catholique de France. *Caractérologie :* vitalité, achèvement, ardeur, stratégie, logique.

Clyde
350

Qui habite près de la rivière Clyde (celte). Masculin anglais. *Caractérologie :* persévérance, sécurité, structure, sympathie, efficacité.

Cody
550 TOP 2 000

Coussin (anglo-saxon). Masculin anglais. *Variante :* Coddy. *Caractérologie :* réceptivité, sociabilité, loyauté, diplomatie, bonté.

Colas
700

Victoire du peuple (grec). *Caractérologie :* curiosité, dynamisme, courage, charisme, indépendance.

Colbert
170

Cou (latin). Plus fréquent sous forme de patronyme. Masculin anglais. *Caractérologie :* communication, pratique, enthousiasme, adaptation, analyse.

Colby
- de 30

Ville minière (anglais). Masculin anglais. *Caractérologie :* pratique, communication, adaptation, enthousiasme, générosité.

Colin
6 000 TOP 500

Victoire du peuple (grec). En dehors de l'Hexagone, Colin est répandu en Écosse et dans les pays anglophones. *Variante :* Collin. Forme basque : Kolin. *Caractérologie :* habileté, ambition, force, raisonnement, passion.

Colomban
200

Colombe (latin). Prénom corse. *Caractérologie :* organisation, optimisme, communication, pragmatisme, volonté.

Côme
12 000 TOP 100

Univers (grec). Prénom français. Médecin syrien au IIIe siècle, saint Côme consacra sa vie à soigner les pauvres avant d'être condamné au martyre par Lysias, le gouverneur de la région. Il est le patron des médecins. *Caractérologie :* rêve, humanité, rectitude, tolérance, volonté.

Côme

Fête :
26 septembre

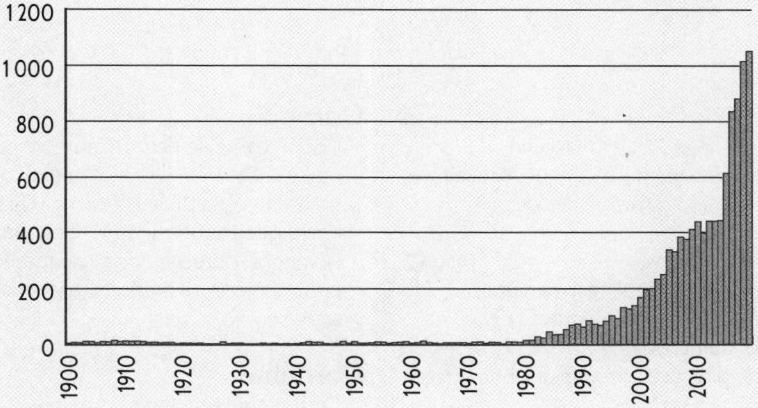

Étymologie

En grec, *kosmos* signifie « univers », et par extension, ordre et harmonie. Cette dimension universelle sied tout à fait à la famille des Médicis qui donne ses lettres de noblesse au prénom. La fameuse dynastie florentine a été fondée par Côme l'Ancien, banquier et homme d'État. Devenu le plus riche marchand de Florence, il s'intéressa à la peinture et l'architecture. Il y investit généreusement sa fortune, au point de rester connu comme le prince des arts et des sciences dans l'histoire. Durant le Quattrocento italien, au XVe siècle, l'un de ses descendants, nommé Côme également, perpétue cette tradition familiale de mécénat culturel.

Toujours en Italie, mais au nord cette fois, le lac de Côme et ses rives romantiques inspirèrent d'illustres musiciens et écrivains. Franz Liszt y connut l'amour fou avec la comtesse et écrivaine Marie d'Agoult. De leur union naquit une fille, Cosima (version féminine de Côme en italien), qui convola en justes noces avec Wagner. Les grandes figures de la littérature succomberont également à son charme. George Sand vint y pleurer ses amours malheureux avec Alfred de Musset. Enfin, dans *La Chartreuse de Parme* de Stendhal, le site lacustre est le théâtre de l'enfance du héros.

Cet ancien prénom, autrefois orthographié Cosme, est longtemps resté d'usage confidentiel. Attribué à une poignée de Français jusque dans les années 1980, il s'élance avec la fougue d'un prénom neuf, et plus rien ne semble l'arrêter aujourd'hui. Il vient de s'imposer dans le top 30 parisien et pourrait bientôt faire de même au niveau national.

En dehors de l'Hexagone, Côme peine à faire carrière dans les pays francophones.

Cosma, Cosmo et Cosimo, ses variantes les plus connues, sont italiennes. Leur féminin Cosima est très rare en France.

Saint Côme, patron des chirurgiens, pratiquait la médecine au secours des pauvres, il aurait procédé à la première greffe de jambe sur un patient gangréné. Il fut persécuté par les Romains au IIIe siècle après J.-C.

Personnes célèbres
Côme de Médicis, banquier et homme d'État florentin, fondateur de la dynastie politique des Médicis (1389-1464).

Statistiques
Côme est le 154e prénom masculin le plus donné en France depuis l'an 2000. Ce prénom est attribué à près d'un garçon sur 310 aujourd'hui.

Conogan
- de 30

Blanc, courage (celte). Masculin breton. *Caractérologie :* amitié, conseil, conscience, paix, bienveillance.

Conrad
450

Conseiller courageux (germanique). Masculin allemand. *Variantes :* Conrado, Corado. *Caractérologie :* dynamisme, volonté, direction, raisonnement, audace.

Constant
5 000 TOP 700

Constant (latin). Masculin français. *Variante :* Constans. *Caractérologie :* intelligence, savoir, indépendance, gestion, méditation.

Constantin
2 500 TOP 700

Constant (latin). De nombreux empereurs d'Orient, plusieurs saints et un pape ont porté ce prénom. Le 21 mai célèbre saint Constantin Ier le Grand, le plus célèbre d'entre eux. Constantin le Grand imposa le christianisme à son empire après s'être converti en 313. En renommant Byzance Constantinople (« la ville de Constantin »), il dota l'Empire romain d'une seconde capitale. Ce prénom est particulièrement répandu en Bulgarie, en Russie et en Roumanie. C'est aussi un choix traditionnel occitan. *Variantes :* Constantino, Costantino. *Caractérologie :* communication, pragmatisme, optimisme, résolution, analyse.

Corentin
56 000 TOP 300

Ami (celte). Masculin français. *Variantes :* Coranthin, Corantin, Corentyn. *Caractérologie :* achèvement, vitalité, stratégie, raisonnement, ardeur.

Corneille
- de 100

Cornu, corneille (latin). Centenier romain établi à Césarée. Il était d'origine païenne, mais il craignait Dieu. Il devint chrétien après que l'apôtre Pierre lui eut annoncé l'Évangile. *Caractérologie :* adaptation, communication, pratique, enthousiasme, analyse.

Cornélius
- de 30

Cornu, corneille (latin). Ancien patronyme romain. *Variantes :* Cornel, Cornélien, Cornélio, Cornélis, Cornély, Cornil, Korneli, Kornelio. *Caractérologie :* vigueur, raison, motivation, achèvement, stratégie.

Corto
650

Petit (latin). Masculin espagnol. *Caractérologie :* force, ambition, habileté, passion, raisonnement.

Corwin
- de 100

Ami intime (anglais). Masculin anglais. *Variantes :* Corwinn, Corwyn, Corwynn. *Caractérologie :* énergie, autorité, innovation, raisonnement, ambition.

Cory
150

Ravin, crevasse (irlandais). *Variante :* Corey. *Caractérologie :* savoir, méditation, logique, indépendance, intelligence.

Cosme
250 TOP 2 000

Univers (grec). Voir Côme. Cosme a été plus traditionnellement usité en Occitanie, notamment en Provence. *Variante :* Cosma. *Caractérologie :* innovation, autorité, volonté, ambition, énergie.

C

Cosmin
- de 100

Univers (grec). Voir Côme. Cette forme roumaine de Cosme est apparue pour la première fois en France en 2005. *Caractérologie :* innovation, raisonnement, audace, volonté, autonomie.

Costa
180

Diminutif grec de Constantin : constant (latin). Costa est également un nom de famille répandu dans les cultures hispanophones, lusophones et italophones. *Caractérologie :* sécurité, efficacité, persévérance, structure, organisation.

Craig
140

Rocher (gallois). Ce prénom gallois est usité dans les pays anglophones. *Variante :* Kraig. *Caractérologie :* diplomatie, loyauté, réceptivité, bonté, sociabilité.

Crépin
160

Crépu (latin). Formes occitanes : Crespin, Crispin. *Caractérologie :* relationnel, intuition, médiation, fidélité, cœur.

Crescent
- de 100

Croître (latin). *Variante :* Crescence. *Caractérologie :* paix, bienveillance, organisation, conscience, détermination.

Cristian
350 TOP 2 000

Messie (grec). Masculin espagnol et occitan. *Variantes :* Cristian, Cristiano, Christiano, Cristino. Forme occitane : Crestian. *Caractérologie :* pratique, communication, gestion, décision, enthousiasme.

Cristiano
1 100 TOP 2 000

Messie (grec). Masculin italien et portugais. *Caractérologie :* rectitude, humanité, raisonnement, générosité, ouverture d'esprit.

Cristobal
200

Porte-Christ (grec). Prénom espagnol. *Caractérologie :* rêve, rectitude, humanité, gestion, logique.

Curtis
2 000 TOP 1 000

Enclos (latin). Masculin anglais. *Variantes :* Curt, Kurtis. *Caractérologie :* idéalisme, altruisme, réflexion, organisation, intégrité.

Cylian
300

Lune (grec). Se rapporte également à un nom de lieu romain. *Caractérologie :* décision, cœur, innovation, autorité, énergie.

Cyprien
8 000 TOP 2 000

Qui vient de Chypre (grec). *Variantes :* Ciriac, Ciprian, Ciprien, Cipriano, Cyprian, Cypriane, Cypriano, Cypriaque. *Caractérologie :* idéalisme, altruisme, amitié, intégrité, réflexion.

Cyr
250

Seigneur (grec). *Caractérologie :* ambition, autorité, innovation, énergie, autonomie.

Cyrano
- de 100

Habitant de Cyrène, ancienne ville grecque. Cyrano est également le héros romantique de *Cyrano de Bergerac*, la pièce de théâtre d'Edmond Rostand écrite en 1897. *Caractérologie :* ténacité, fiabilité, méthode, amitié, raisonnement.

Cyrian
500

Seigneur (grec). *Caractérologie :* intelligence, savoir, méditation, décision, cœur.

Cyriaque
1 500

Seigneur (grec). On peut estimer que moins de 30 enfants seront prénommés ainsi en 2022. *Variantes :* Cyriac, Cyrius. Forme basque : Ziriako. *Caractérologie :* humanité, rectitude, cœur, action, rêve.

Cyriel
180

Seigneur (grec). *Caractérologie :* idéalisme, altruisme, réflexion, intégrité, cœur.

C

Cyril
86 000 TOP 2 000

Seigneur (grec). En dehors de l'Hexagone, Cyril est répandu dans les pays anglophones. *Caractérologie :* persévérance, structure, honnêteté, sécurité, efficacité.

Cyrille
33 000

Seigneur (grec). Masculin français. On peut estimer que moins de 30 enfants seront prénommés ainsi en 2022. *Variantes :* Ciryl, Cyrile. *Caractérologie :* communication, pragmatisme, optimisme, cœur, créativité.

Cyrus
300

Seigneur (grec). Cyrus II le Grand, fondateur de l'Empire perse, vécut au VIe siècle avant J.-C. Ce vieux prénom perse est essentiellement usité aux États-Unis et en Inde aujourd'hui. *Variantes :* Cyrius, Sirius, Syrius. *Caractérologie :* courage, dynamisme, indépendance, charisme, curiosité.

Czeslaw
500

Gloire immense (slave). Prénom polonais. *Variantes :* Ceslas, Ceszlaw. *Caractérologie :* rectitude, rêve, humanité, ouverture d'esprit, générosité.

D

Daegan
- de 100 TOP 2 000

Jour (vieux norrois), variante de Dagan. *Caractérologie :* dynamisme, courage, curiosité, indépendance, réalisation.

Dael
- de 100

Vallée (vieil anglais). Dael est également le nom d'une ville syrienne. *Caractérologie :* ténacité, fiabilité, méthode, sens du devoir, engagement.

Dagan
- de 100

Dieu des Semences et de l'Agriculture des populations sémitiques du Nord-Ouest, Dagan fut notamment révéré par les Philistins. Dagan signifie « grains » en hébreu. *Variantes :* Daeg, Dag, Dagane, Dagen. *Caractérologie :* rêve, humanité, rectitude, réalisation, ouverture d'esprit.

Dale
- de 100

Vallée (vieil anglais). Masculin anglais. *Caractérologie :* structure, sécurité, persévérance, honnêteté, efficacité.

Dalil
1 300 TOP 2 000

Guide (arabe). *Caractérologie :* diplomatie, sociabilité, réceptivité, bonté, loyauté.

Damian
1 400 TOP 500

Dompter (grec). Masculin anglais, roumain et néerlandais. Damian est également un choix traditionnel occitan et provençal. *Variante :* Damiano. *Caractérologie :* conseil, bienveillance, paix, décision, conscience.

Damien
122 000 TOP 600

Dompter (grec). Prénom français. Médecin syrien au IIIe siècle, saint Damien consacra sa vie à soigner les pauvres avant d'être condamné au martyre par Lysias, le gouverneur de la région. Il est le patron des médecins. *Variantes :* Damias, Damiens, Damijan, Damion, Damon. *Caractérologie :* autorité, innovation, ambition, énergie, décision.

Damon
450 TOP 2 000

Dompter (grec). Damon et Pythias symbolisent le lien indéfectible de l'amitié. Au Ve siècle avant J.-C., lorsque Pythéas fut condamné à mort par Denys le Jeune, le tyran de Syracuse, Damon se porta garant de Pythéas en l'absence de ce dernier. Il était sur le point d'être supplicié lorsque Pythéas apparut. Damon voulut mourir à la place de son ami et le combat qui s'ensuivit émut tant le tyran qu'il renonça à sa sentence en échange de leur amitié. Cette forme anglophone de Damien est plus particulièrement répandue aux États-Unis. *Caractérologie :* adaptabilité, relationnel, volonté, fidélité, médiation.

Dan
4 500 TOP 700 ➔

Dieu est mon juge (hébreu). Dan est très répandu dans les pays anglophones. Personnage biblique, Dan est le patriarche de la tribu des Danites, l'une des 12 tribus d'Israël. *Variantes :* Dane, Dann. *Caractérologie :* direction, audace, indépendance, dynamisme, assurance.

Danaël
250 TOP 2 000 ↗

Combinaison moderne de Daniel et Maël, ou fusion de « Dan » et « aël». *Caractérologie :* direction, indépendance, innovation, énergie, ambition.

Danaos
- de 30

Dans la mythologie grecque, Danaos est choisi par les dieux pour devenir roi d'Argos. *Caractérologie :* caractère, volonté, intégrité, réflexion, dévouement.

Danick
- de 100

L'étoile du matin (slave). *Caractérologie :* conscience, organisation, paix, bienveillance, détermination.

Daniel
318 000 TOP 200 ➔

Dieu est mon juge (hébreu). Un prophète de la Bible et plusieurs saints ont, dès les premiers siècles, popularisé ce nom dans l'Empire romain d'Orient. À la fin du Moyen Âge, Daniel devient assez fréquent dans les pays chrétiens, y compris slaves, se maintenant avec constance jusqu'au début du XIXe siècle. À l'issue d'une période de décrue, ce prénom rejaillit et brille sur la 3e marche du podium français en 1946. Il reste ensuite très attribué jusqu'au milieu des années 1970. ◇ L'Ancien Testament présente Daniel comme l'un de ses quatre grands prophètes. Lorsqu'il est capturé par Nabuchodonosor, le roi de Babylone, il ne reste pas longtemps son prisonnier : ses visions divines et sa faculté d'expliquer les songes en font rapidement l'un de ses plus proches conseillers. ◇ Prêtre solitaire, saint Daniel le Styliste vécut en Asie Mineure au Ve siècle. Il est fêté le 11 décembre. *Variantes :* Danaël, Danijel, Danilo, Danillo, Danyl. *Caractérologie :* intégrité, idéalisme, réflexion, altruisme, résolution.

Danny
2 500 TOP 2 000 ➔

Dieu est mon juge (hébreu). Masculin anglais. *Caractérologie :* persévérance, structure, sécurité, efficacité, réalisation.

Dante
600 TOP 2 000 ↗

Endurant (latin). Prénom italien. *Variante :* Dantes. *Caractérologie :* ambition, habileté, management, force, passion.

Dany
17 000 TOP 600 ↘

Dieu est mon juge (hébreu). Masculin français. *Variante :* Dani. *Caractérologie :* achèvement, vitalité, réussite, stratégie, ardeur.

Dao
- de 100

Philosophies (vietnamien). *Caractérologie :* intuition, relationnel, médiation, fidélité, adaptabilité.

Daoud
1 100 TOP 800 ➔

Forme arabe de David : aimé, chéri (hébreu). *Caractérologie :* rêve, rectitude, générosité, humanité, ouverture d'esprit.

Daouda
1 300 TOP 1 000 ↗

Variante de Daoud : aimé, chéri (hébreu). *Caractérologie :* innovation, autorité, énergie, ambition, autonomie.

D

Dara
160

Chêne (celte), perle de sagesse (hébreu), étoile (cambodgien), chef (turc), riche (persan), beau (swahili). *Caractérologie :* bienveillance, conscience, paix, conseil, sagesse.

Darcy
- de 100

Qui a le teint mat (irlandais). Ce prénom, masculin dans les pays anglophones, est également féminin dans l'Hexagone. *Variante :* Darcie. *Caractérologie :* bienveillance, conscience, réussite, paix, conseil.

Darian
- de 100

Grec (latin). *Caractérologie :* résolution, intuition, fidélité, adaptabilité, médiation.

Dario
2 500 TOP 300

Voir Darius. Masculin italien. *Caractérologie :* relationnel, intuition, adaptabilité, médiation, fidélité.

Darius
1 600 TOP 700

Forme latine du perse antique *daraya*, « posséder », et *vahu*, « bon ». Trois rois perses ont porté ce prénom. Darius Ier, l'un des plus grands souverains de l'Asie occidentale, était d'une énergie et d'une intelligence vives. Il reconstitua l'unité de l'Empire perse et le légua à son fils Darius II. Vaincu par Alexandre, son petit-fils, Darius III, fut le dernier descendant des Achéménides. Dans l'Hexagone, ce prénom est plus traditionnellement usité en Occitanie. *Caractérologie :* humanité, tolérance, rectitude, rêve, générosité.

Daron
- de 30

Nom d'une province historique d'Arménie (arménien). *Caractérologie :* connaissances, sagacité, spiritualité, détermination, volonté.

Darren
1 100 TOP 2 000

Grand (irlandais). Masculin anglais. *Variante :* Daren. *Caractérologie :* famille, résolution, équilibre, influence, responsabilité.

Daryl
1 500 TOP 600

Aimé (anglo-saxon). Masculin anglais. *Variantes :* Darrel, Darryl. *Caractérologie :* équilibre, famille, influence, responsabilité, réalisation.

Dave
1 100 TOP 2 000

Aimé, chéri (hébreu). Masculin anglais. *Caractérologie :* dynamisme, curiosité, courage, charisme, indépendance.

David
302 000 TOP 200

Aimé, chéri (hébreu). Dans l'Ancien Testament, David est célèbre pour avoir terrassé le géant Goliath avec sa fronde, mettant un terme à la guerre qui opposait les Philistins à l'armée d'Israël. Cet épisode biblique a inspiré les œuvres de Michel-Ange, Titien et bien d'autres artistes. David est très répandu dans les pays anglophones depuis le Moyen Âge, notamment en Écosse qui a compté deux rois porteurs du nom. Malgré sa notoriété, ce prénom est rare avant le milieu du XXe siècle en France. Il rencontre un fort engouement une fois redécouvert, s'illustrant dans les 5 premiers rangs français tout au long des années 1970. On rencontre David et ses variantes (Daoud, Davud, Davo, Davut, etc.) dans le monde entier.
◊ Jeune berger dans l'Ancien Testament, David se distingue à la cour du roi grâce à ses talents de poète et de musicien hors pair. Il épouse la fille du roi Saül, et s'il commet l'adultère avec Bethsabée, son repentir n'en est pas moins exemplaire. Devenu roi, David rassemble les Hébreux et leur offre Jérusalem pour capitale. *Variantes :* Davey, Davi, Davie, Davit,

D

Davo, Dawid, Deve. *Caractérologie :* engagement, ténacité, méthode, sens du devoir, fiabilité.

Davide
500

Aimé, chéri (hébreu). Masculin italien et corse. *Caractérologie :* rêve, ouverture d'esprit, rectitude, décision, humanité.

Davis
300 ➔

Fils de David (anglais). Plus courant sous forme de patronyme anglophone. *Variantes :* Davidson, Davison. *Caractérologie :* direction, dynamisme, audace, assurance, indépendance.

Davor
- de 30

Amour (slave). Masculin croate, serbe et slovène. *Caractérologie :* équilibre, affection, conseil, conscience, volonté.

Davut
160

Aimé, chéri (hébreu). Prénom suisse allemand. *Caractérologie :* audace, énergie, originalité, gestion, découverte.

Davy
9 000

Aimé, chéri (hébreu). On peut estimer que moins de 30 enfants seront prénommés ainsi en 2022. *Caractérologie :* sagacité, connaissances, spiritualité, réussite, originalité.

Dawson
1 100 TOP 2 000 ↘

Aimé, chéri (hébreu). Cette forme anglophone de David est apparue dans l'Hexagone à la suite de la série *Dawson*, diffusée sur TF1 en 1999. *Variante :* Dowson. *Caractérologie :* efficacité, persévérance, sécurité, structure, caractère.

Dayan
1 200 TOP 600 ↗

Juge (hébreu). Dayan est également un nom de famille particulièrement usité en Algérie ou au Maroc. *Variante :* Dayane. *Caractérologie :* humanité, rectitude, générosité, réalisation, ouverture d'esprit.

Dean
900 TOP 800 ➔

Vallée (vieil anglais). Masculin anglais et néerlandais. *Caractérologie :* exigence, influence, famille, équilibre, responsabilité.

Delan
- de 30

Enfant de rival (irlandais). *Variantes :* Delaine, Delainey, Delane, Delaney, Delano, Delayno. *Caractérologie :* découverte, énergie, audace, séduction, originalité.

Delmar
- de 30

Mer (latin). Masculin anglais. *Variantes :* Delmor, Delmore. *Caractérologie :* habileté, passion, force, détermination, ambition.

Delphin
500

Dauphin (latin). Masculin français et anglais relativement répandu en Belgique. Dans l'Hexagone, le dérivé masculin Delphe est rarissime. *Variante :* Dauphin. Forme basque : Delfin. *Caractérologie :* audace, énergie, découverte, cœur, action.

Demba
1 500 TOP 900 ➔

Le troisième-né (soninké). Le soninké est une langue parlée en Afrique de l'Ouest. *Caractérologie :* sagacité, connaissances, philosophie, originalité, spiritualité.

Démétrien
- de 30

Amoureux de la terre (grec). *Caractérologie :* sociabilité, créativité, optimisme, pragmatisme, communication.

Denis
124 000 TOP 900 ➔

Fils de Dieu (grec). Dieu du Vin dans la mythologie grecque, Dionysos donne des racines anciennes à ce nom. Porté par un saint du IIIe siècle et attesté au Moyen Âge, Denis s'implante outre-Manche sous le règne de Guillaume le Conquérant. Il y devient assez fréquent et maintient son niveau d'occurrences jusqu'au XVIIe siècle. Son essor français est bien plus tardif : Denis monte aux portes du top 20 dans les années 1960 et prénomme plus de 1 000 nouveau-nés par an jusqu'en 1979. ◊ Missionnaire en Gaule au IIIe siècle, saint Denis fut le premier évêque de Paris. L'empereur Domitien le jugea trop influent et le fit décapiter sur le mont des Martyrs (aujourd'hui connu sous le nom de Montmartre). Saint Denis est le patron de la France. *Variantes :* Danis, Deniz, Dennis. *Caractérologie :* bienveillance, paix, conseil, détermination, conscience.

Deniz
1 300 TOP 1 000 ➔

Mer (turc). Prénom mixte. *Caractérologie :* structure, sécurité, persévérance, efficacité, honnêteté.

Denovan
250

Puissant gouverneur (celte). Masculin anglais. *Caractérologie :* pratique, communication, adaptation, caractère, enthousiasme.

Denys
1 200

Fils de Dieu (grec). On peut estimer que moins de 30 enfants seront prénommés ainsi en 2022. *Variantes :* Denny, Dennys. *Caractérologie :* méthode, fiabilité, engagement, ténacité, réalisation.

Denzel
400 TOP 2 000 ↘

Se rapporte au patronyme Denzil qui fut porté dès le XVIe siècle en Cornouailles, notamment par l'homme d'État Denzil Holles. Il signifierait « forteresse » en cornique. *Caractérologie :* sociabilité, communication, créativité, pragmatisme, optimisme.

Derek
450 TOP 2 000 ➔

Gouverneur du peuple (germanique). Masculin anglais. *Variantes :* Darrick, Darrik, Darryk, Dereck, Derrick. *Caractérologie :* savoir, intelligence, indépendance, méditation, sagesse.

Derick
150 TOP 2 000

Gouverneur du peuple (germanique). *Caractérologie :* énergie, originalité, audace, découverte, séduction.

Désiré
3 500

Désiré (latin). On peut estimer que moins de 30 enfants seront prénommés ainsi en 2022. *Variantes :* Désir, Désirat. *Caractérologie :* conseil, paix, bienveillance, détermination, conscience.

Desmond
- de 100 TOP 2 000

Homme du monde (celte). Masculin anglais et irlandais. *Caractérologie :* réceptivité, diplomatie, sociabilité, caractère, loyauté.

Devin
- de 30

Poète (gaélique). *Caractérologie :* idéalisme, intégrité, réflexion, dévouement, altruisme.

Devon
600 TOP 2 000 ➔

Dérivé de Devin, essentiellement féminin en Irlande et dans les pays anglophones. *Variante :* Davon. *Caractérologie :* conscience, bienveillance, paix, conseil, volonté.

Devy
250

Aimé, chéri (hébreu). *Variante :* Dewi. *Caractérologie :* médiation, relationnel, intuition, fidélité, adaptabilité.

Diango
- de 100

Prénom malien dont la signification est inconnue. *Variante :* Django. *Caractérologie :* volonté, réussite, indépendance, curiosité, charisme.

D

Les prénoms basques, bretons, corses et occitans

Les prénoms les plus attribués sur le plan national font décidément recette en région. De la Picardie à la Provence, en passant par l'Auvergne, les classements régionaux font la part belle à Gabriel, Raphaël, Léo et Louis, les stars du palmarès français. Cela ne signifie pas que les prénoms à forte identité régionale ont disparu. Redécouverts et attribués par davantage de parents chaque année, ces derniers sont en plein essor, notamment en Bretagne, en Corse, au Pays basque ou en Occitanie. Certains gardent une identité régionale très marquée. Le basque Iban et le corse Lisandru sont presque exclusivement attribués dans leurs régions respectives.

D'autres prénoms connaissent tant de succès que leurs origines s'en trouvent oubliées. Matheo et Maël ont beau s'être répandus dans l'ensemble de la France, ils n'en restent pas moins bretons. Parce qu'ils grandissent dans l'ombre de stars nationales, ces petits noms apparaissent rarement dans les classements régionaux. Pour leur redonner une voix, nous avons réuni la garde montante des prénoms de tradition et d'identités basques, bretonnes, corses et occitanes. Ils sont dépourvus d'accents, conformément à l'usage traditionnel.

Les basques
Agustin, Aitor, Alfredo, Andoni, Andrea, Armando, Arno, Diego, Eneko, Esteban, Ettore, Fabrizio, Faustin, Felipe, Goran, Iban, Jaime, Javier, Joan, Jon, Julian, Julio, Leandro, Manuel, Martin, Mikel, Oihan, Ozan, Pablo, Paco, Patxi, Rafael, Ruben, Saverio, Stefan, Xabi, Xan, Yael, Yan, Yoann, Yohan, Yorick, Youcef, Zacharia.

Notons que Rafael, Esteban et Martin maintiennent leur suprématie à la tête du palmarès basque.

Les bretons
Alan, Armel, Arthur, Artus, Avel, Bastian, Brendan, Brieuc, Elouan, Evan, Ewan, Fanch*, Gael, Gildas, Goulven, Gurvan, Gwenael, Gwendal, Josselin, Judicael, Kenan, Loan, Loïc, Mael, Malo, Matheo, Morgan, Neven, Noan, Nolan, Oan, Pol, Renan, Ronan, Soen, Suliac, Tanguy, Telio, Titouan**, Yael, Yann, Yoan, Youenn, Yves.

Dans les prénoms bretons, Arthur et Mael détiennent les records d'attribution.

Les corses
Andrea, Andria, Ange, Ange-Marie, Carlu, Ghjulianu, Lisandru, Lucca, Marc-Antoine, Marc'Andria, Marcu, Matteu, Orsu, Petru, Rafael, Salvo, Santu, Saverin, Saveriu, Vito.

Gabriel, Baptiste et Antoine sont en tête des attributions actuelles dans l'île de Beauté, mais Andria, Marc-Antoine et Lisandru se distinguent dans les prénoms typiquement corses.

Les occitans
Agustin, Alan, Andeol, Andrea, Andrieu, Antime, Antoni, Arnaud, Auban, Aubin, Aumaric, Calixte, Carles, Cosme, Emilian, Enric, Esteve, Fabian, Felip, Felix, Gabin, Guibert, Guilhem, Jan, Joan, Jordan, Jordi, Julian, Leon, Lino, Lois, Martin, Matias, Roman, Titouan, Vital, Vivian.

Dans la sélection occitane, les choix dominants sont Gabin, Martin et Titouan.

Sur le plan national, Arthur, Gabin, Martin, Rafael sont les choix régionaux qui ont connu les plus fortes progressions.

* Au moment où cet ouvrage a été imprimé, la loi autorisant l'usage des signes diacritiques dans les prénoms régionaux a été votée, mais il faudra attendre l'issue du recours devant le Conseil constitutionnel pour savoir si Fañch pourra arborer son tilde.

** Bien que Titouan ait des origines occitanes, il est presque exclusivement attribué en Bretagne aujourd'hui.

D

Dick

- de 30

Puissant gouverneur (germanique). *Variante :* Dix. *Caractérologie :* rectitude, ouverture d'esprit, rêve, humanité, générosité.

Didier

210 000

Désiré, attendu (latin). Bien qu'il ait donné son nom à plusieurs saints et à de nombreuses communes françaises, Didier a été peu attribué par le passé. Il s'élance comme une nouveauté au début des années 1940, et s'élève au point d'atteindre le 7e rang à son pic (en 1958). Il reste quelque temps dans l'élite avant de s'éclipser en fin de siècle. ◇ Archevêque de Vienne au VIIe siècle, saint Didier fut assassiné sur l'ordre de la reine Brunehaut. La population scella son crime à jamais en bâtissant la commune de Saint-Didier-de-Chalaronne autour du tombeau de l'archevêque. Il est fêté le 23 mai. On peut estimer que moins de 30 enfants seront prénommés ainsi en 2022. *Variante :* Diadie. *Caractérologie :* persévérance, sécurité, structure, efficacité, honnêteté.

Diego

19 000 TOP 100 ➔

Supplanter, talonner (hébreu). Cette forme espagnole de Jacques est très répandue dans les pays hispanophones. *Variante :* Diegue. *Caractérologie :* sécurité, structure, persévérance, volonté, efficacité.

Dieter

110

Gouverneur du peuple (germanique). Masculin allemand. *Caractérologie :* spiritualité, sagacité, connaissances, originalité, philosophie.

Dilan

1 100

Mer (gallois). On peut estimer que moins de 30 enfants seront prénommés ainsi en 2022. *Variantes :* Dillan, Dilane, Dilhan. *Caractérologie :* méthode, fiabilité, ténacité, engagement, résolution.

Dimitri

38 000 TOP 500 ➔

Amoureux de la terre (grec). Dimitri est très répandu en Russie, en Italie, en Serbie et dans les pays slaves. *Variantes :* Dimitrios, Dimitris. *Caractérologie :* innovation, énergie, autorité, ambition, autonomie.

Dimitry

1 800 TOP 2 000 ↘

Amoureux de la terre (grec). Masculin anglais. *Caractérologie :* habileté, force, ambition, management, passion.

Dino

1 200

Diminutif des prénoms qui se terminent avec le suffixe « dino ». On peut estimer que moins de 30 enfants seront prénommés ainsi en 2022. *Caractérologie :* équilibre, famille, influence, responsabilité, volonté.

Diogène

- de 30

De la famille de Dieu (grec). Masculin corse. *Caractérologie :* audace, découverte, originalité, énergie, volonté.

Diogo

1 100 TOP 1 000 ➔

Supplanter, talonner (hébreu). Ce prénom est particulièrement répandu au Portugal. *Caractérologie :* dynamisme, charisme, courage, indépendance, curiosité.

Dionisio

- de 100

Fils de Dieu (grec). *Variantes :* Dion, Dioni, Dionis. *Caractérologie :* résolution, sécurité, structure, volonté, persévérance.

Djamal

1 600 ↑

D'une grande beauté physique et morale (arabe). *Variante :* Djamale. *Caractérologie :* courage, dynamisme, indépendance, curiosité, charisme.

Djamel

7 000

D'une grande beauté physique et morale (arabe). On peut estimer que moins de 30 enfants seront prénommés ainsi en

D

2022. *Variantes :* Djamele, Djamil, Djemel. *Caractérologie :* altruisme, idéalisme, intégrité, réflexion, dévouement.

Djibril
7 000 TOP 200

Forme arabe de Gabriel : force de Dieu (hébreu). Dans le Coran, Djibril est l'ange porteur d'ordres et de châtiments divins. C'est lui qui révèle le Coran à Mahomet. Djibril est largement attribué dans les cultures musulmanes. *Variante :* Jibril. *Caractérologie :* idéalisme, organisation, réflexion, gestion, intégrité.

Djilali
1 200

Respectable (kabyle). On peut estimer que moins de 30 enfants seront prénommés ainsi en 2022. *Caractérologie :* adaptation, enthousiasme, générosité, pratique, communication.

Dolan
- de 100

Cheveux bruns (irlandais). Ce patronyme existe également sous forme de prénom. *Caractérologie :* assurance, ténacité, vision, ambition, indépendance.

Domenico
800

Qui appartient au Seigneur (latin). Domenico est très répandu en Italie. *Caractérologie :* analyse, équilibre, famille, volonté, éthique.

Domingo
450

Qui appartient au Seigneur (latin). Ce prénom est particulièrement répandu au Portugal. *Variante :* Mingo. *Caractérologie :* découverte, énergie, audace, caractère, originalité.

Dominique
203 000 TOP 2 000

Qui appartient au Seigneur (latin). Dérivés du latin *dominicus*, Dominique et ses différentes graphies (Dominic en Angleterre, Domingo en Espagne, Domenico en Italie, etc.) sont attribués dès le Moyen Âge. Ils deviennent, au fil du temps, très courants dans les familles catholiques. Dominique s'efface au XIXe siècle dans l'Hexagone, et on le trouve en petite forme avant la Seconde Guerre mondiale. Sa renaissance entraîne l'émergence, puis le vif succès de son féminin, qui lui donne toute sa mixtité. Dans les deux genres, il brille dans le top 10 français une bonne partie des années 1950. Aujourd'hui, Dominique est porté par une courte majorité d'hommes. ◇ Originaire de Castille, saint Dominique de Guzman fut prédicateur dans les campagnes du Languedoc. Il eut pour mission de combattre l'hérésie cathare et de ramener les Albigeois à la foi catholique. Fondateur en 1206 de l'ordre des Frères prêcheurs (plus tard appelé ordre des Dominicains), il est l'un des pères de l'Inquisition. *Variantes :* Dom, Domen, Domengo, Dominico, Dominick, Dominik, Menault. *Caractérologie :* caractère, force, ambition, habileté, logique.

Domitien
- de 30

Celui qui a soumis (latin). *Variante :* Domitian. *Caractérologie :* stratégie, ardeur, achèvement, volonté, vitalité.

Don
450

Puissant gouverneur (celte). Masculin anglais. *Caractérologie :* conscience, bienveillance, paix, conseil, volonté.

Donagan
- de 30

Fête (arménien). *Caractérologie :* réalisation, réceptivité, diplomatie, sociabilité, volonté.

Donald
900

Puissant gouverneur (celte). Masculin écossais et anglais. *Caractérologie :* audace, originalité, découverte, énergie, caractère.

D

Donatien
2 500

Donation (latin). On peut estimer que moins de 30 enfants seront prénommés ainsi en 2022. *Variantes :* Donat, Donatio. *Caractérologie :* énergie, autorité, innovation, détermination, volonté.

Donovan
7 000 TOP 2 000

Ancien patronyme irlandais signifiant « brun foncé ». Donovan est très répandu en Irlande et dans les pays anglophones. *Variantes :* Donavan, Donovane, Donovann. *Caractérologie :* méthode, ténacité, fiabilité, engagement, volonté.

Doran
- de 100

Prénom anglophone inspiré d'un nom de famille irlandais signifiant « descendant de l'exil ». *Caractérologie :* intelligence, savoir, résolution, volonté, méditation.

Dorian
33 000 TOP 400

Don de Dieu (grec). Masculin anglais et occitan. *Variantes :* Doriand, Doriann. *Caractérologie :* savoir, décision, caractère, intelligence, méditation.

D

Doris
250

Don de Dieu (grec). *Caractérologie :* relationnel, médiation, intuition, fidélité, adaptabilité.

Doryan
1 500

Don de Dieu (grec). On peut estimer que moins de 30 enfants seront prénommés ainsi en 2022. *Variante :* Doryann. *Caractérologie :* dynamisme, volonté, réalisation, curiosité, courage.

Douglas
1 100

Rivière bleu foncé (celte). Masculin écossais et anglais. *Variante :* Doug. *Caractérologie :* spiritualité, sagacité, connaissances, originalité, réussite.

Dov
350

Ours (hébreu). *Caractérologie :* énergie, découverte, audace, originalité, séduction.

Dragan
700

Précieux (slave). Prénom serbe, croate, slovène et macédonien. *Caractérologie :* altruisme, intégrité, idéalisme, décision, réussite.

Drake
- de 30

Dragon (latin). Masculin anglais. *Variante :* Drago. *Caractérologie :* communication, créativité, pragmatisme, optimisme, détermination.

Driss
4 500 TOP 900

Diminutif d'Idriss : études, connaissance (arabe). *Variantes :* Dris, Dryss, Drice, Drisse. *Caractérologie :* responsabilité, équilibre, famille, influence, exigence.

Duane
120

De petite taille, brun (irlandais). *Variantes :* Doan, Doane. *Caractérologie :* rectitude, humanité, générosité, ouverture d'esprit, rêve.

Duarte
300 TOP 2 000

Gardien des richesses (germanique). Ce prénom est particulièrement répandu au Portugal. *Caractérologie :* conscience, bienveillance, paix, organisation, résolution.

Duc
170

Désir (vietnamien). *Caractérologie :* audace, direction, indépendance, dynamisme, assurance.

Duncan
1 300

Tête brune (celte). Masculin écossais et anglais. On peut estimer que moins de 30 enfants seront prénommés ainsi en 2022. *Variante :* Dunkan. *Caractérologie :* créativité, communication, optimisme, pragmatisme, sociabilité.

Dusan
- de 100

Spirituel (slave). Prénom tchèque, serbe et slovaque. *Caractérologie :* découverte, originalité, énergie, audace, séduction.

Dusty
170

Se rapporte au patronyme Dustin qui signifie « pierre de Thor » (scandinave). *Variante :* Dustin. *Caractérologie :* réalisation, vitalité, stratégie, achèvement, organisation.

Dylan
67 000 TOP 300

Mer (gallois). Dans les contes médiévaux des Mabinogion, Dylan disparaît dans la mer peu après sa naissance, ce qui lui vaut le surnom de « fils de la vague ». Ce masculin gallois est établi de longue date au pays de Galles. Il était inconnu en France jusqu'à son jaillissement, à la fin du XXe siècle. Sans même prendre le temps de se faire connaître, Dylan a bondi au 6e rang français en 1996 avant de se replier plus lentement. Il est désormais très répandu dans les pays anglophones et néerlandophones. *Variantes :* Dylane, Dylann, Dyllan. *Caractérologie :* réceptivité, sociabilité, diplomatie, réalisation, sympathie.

E

Ea
- de 30

Feu (irlandais). *Caractérologie :* responsabilité, équilibre, famille, influence, exigence.

Earvin
130

Ami (germanique). *Caractérologie :* paix, bienveillance, conscience, conseil, résolution.

Édan
500 TOP 1 000

Variante d'Aïdan : petit feu (celte). *Caractérologie :* sagesse, conscience, paix, bienveillance, conseil.

Eddie
4 000

Diminutif des prénoms formés avec Ed. Masculin anglais. *Variantes :* Ed, Eddi, Edi, Edie. *Caractérologie :* intégrité, altruisme, réflexion, idéalisme, dévouement.

Eddine
300 TOP 2 000

Religion (arabe). *Caractérologie :* dynamisme, curiosité, courage, indépendance, charisme.

Eddy
24 000 TOP 1 000

Diminutif des prénoms formés avec Ed. Eddy est très répandu dans les pays anglophones. *Variante :* Edy. *Caractérologie :* relationnel, médiation, intuition, fidélité, adaptabilité.

Éden
19 000 TOP 50

L'étymologie de ce prénom ne fait pas l'unanimité. Il pourrait signifier « délices » en hébreu, « fructueux » en araméen, et « plaine », ou « steppe », en akkadien. *Caractérologie :* énergie, innovation, autonomie, ambition, autorité.

Edern
400

De très grande taille (gallois). Masculin gallois et breton. *Caractérologie :* direction, assurance, audace, dynamisme, indépendance.

Edgar
7 000 TOP 400

Lance riche (germanique). Edgar est répandu dans les pays anglophones. *Caractérologie :* stratégie, vitalité, achèvement, détermination, réalisation.

E

Edgard
2 500

Lance riche (germanique). Masculin français. On peut estimer que moins de 30 enfants seront prénommés ainsi en 2022. *Caractérologie :* réalisation, communication, pratique, enthousiasme, détermination.

Edis
- de 100

Gardien des richesses (germanique). *Caractérologie :* autorité, innovation, ambition, décision, énergie.

Edmond
12 000 TOP 2 000

Riche protecteur (germanique). Masculin français et occitan. *Variantes :* Edmé, Edmon, Edmondo, Edmont, Edmund. *Caractérologie :* autorité, innovation, énergie, volonté, ambition.

Édouard
35 000 TOP 300

Gardien des richesses (germanique). Ce nom porté par huit rois d'Angleterre (Edward) est très courant outre-Manche depuis le haut Moyen Âge. Sa vogue, plus tardive en France, se manifeste essentiellement au XIXe siècle. Au début des années 1900, il figure encore dans les 40 premiers rangs, avant de se faire plus discret. Édouard n'a jamais disparu des maternités. Il pourrait redécoller dans les prochaines années. ◇ Couronné roi d'Angleterre en 1041, Édouard fut l'un des souverains les plus aimés des Anglais. Pieux et bon, il protégea les pauvres en diminuant leurs impôts et en favorisant le développement d'une justice pour tous. Contrairement à ses successeurs, il s'efforça de préserver la paix sous son règne. Il est appelé « saint Édouard le Confesseur » en hommage à sa compassion et à sa capacité d'écoute. *Caractérologie :* courage, curiosité, raisonnement, volonté, dynamisme.

Édric
- de 100

Prospère, puissant (germanique). Masculin anglais. *Caractérologie :* optimisme, communication, pragmatisme, créativité, sociabilité.

Edris
- de 100

Puissant, prospère (germanique), ou variante moderne d'Idriss. *Caractérologie :* dynamisme, direction, indépendance, audace, détermination.

Eduardo
900

Gardien des richesses (germanique). Eduardo est répandu en Italie. *Variante :* Edouardo. *Caractérologie :* volonté, courage, dynamisme, curiosité, analyse.

Edur
- de 30

Neige (basque). *Caractérologie :* optimisme, pragmatisme, communication, sociabilité, créativité.

Edward
2 000 TOP 700

Gardien des richesses (germanique). Masculin anglais. *Variantes :* Édard, Édouart, Edvard, Edwart. *Caractérologie :* innovation, autorité, énergie, décision, ambition.

Edwin
3 000 TOP 1 000

Riche ami (germanique). Masculin anglais. *Variantes :* Edvin, Edwyn. *Caractérologie :* innovation, autorité, énergie, autonomie, ambition.

Efflam
250

Rayonnant, brillant (celte). Prénom breton. *Caractérologie :* intelligence, caractère, savoir, méditation, indépendance.

Egan
- de 100

Feu (celte). Masculin irlandais. *Variantes :* Egann, Egon. *Caractérologie :* indépendance, curiosité, dynamisme, courage, charisme.

Egun
- de 30

Jour (basque). *Caractérologie :* sympathie, sociabilité, réceptivité, loyauté, diplomatie.

Éden

Fête :
1er novembre

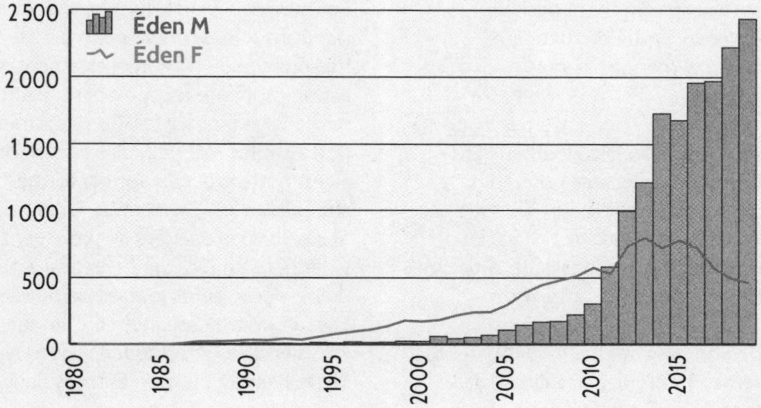

Étymologie

L'étymologie de ce prénom ne fait pas l'unanimité. Il pourrait signifier « délices » en hébreu, « fructueux » en araméen, et « plaine » ou « steppe », en akkadien. Mais dans la Genèse, le jardin d'Éden est sans équivoque le jardin des Délices. Un lieu planté par Dieu lui-même, dans lequel vécurent Adam et Ève, le premier couple de l'humanité. Ce jardin merveilleux évoque la notion de paradis terrestre.

Usité par les puritains anglais au XVIIe siècle, Éden apparaît pour la première fois en France en 1977. Ce prénom est alors exclusivement masculin, mais il change très vite de genre, au point que 85 % des enfants nés sous ce nom en 2002 sont des filles. Cela ne l'empêche pas de nous surprendre de nouveau : en 2011, en pleine poussée de croissance, la forme masculine reprend l'avantage et propulse Éden en 27e position. Il ne s'est pas arrêté en si bon chemin puisqu'il vient de s'imposer dans le top 20 national. Il peut également se prévaloir d'être l'un des prénoms mixtes les plus attribués en France.

En dehors de l'Hexagone, Éden a percé dans les tableaux masculins suisse et wallon. C'est au féminin qu'il frémit dans les pays anglophones.

Eden est le titre d'un manga d'Hiroki Endo et d'une bande dessinée de Maret et Cabrera, ouvrages parus dans les années 2000. En 1999, Vince a également fait paraître une bande dessinée portant ce titre. Dans un autre registre, Éden est le nom choisi par Étienne Daho pour intituler son album sorti en 1996 (idée reprise par le groupe Fawn en 2011). Dans les années 1950, *À l'Est d'Éden*, le roman de John Steinbeck dont Elia Kazan a tiré un film, assura une postérité littéraire à ce prénom.

Personnes célèbres

Eden Hazard, footballeur international belge, né en 1991 ; Eden Ben Basat, footballeur international israélien, né en 1986.

Statistiques

Éden est le 86e prénom masculin le plus donné en France depuis l'an 2000. Il est attribué à près d'un garçon sur 140 aujourd'hui. Au féminin, Éden devrait prénommer une fille sur 770 cette année. À noter : en 2020, Éden était recensé au masculin dans 87 % de ses attributions dans l'Hexagone.

Éli
1 500 TOP 400

Le Seigneur est mon Dieu (hébreu). Eli est très répandu en Israël, dans les pays anglophones et scandinaves. C'est aussi un choix traditionnel occitan. *Caractérologie :* ambition, habileté, passion, force, management.

Élia
350 TOP 2 000

Le Seigneur est mon Dieu (hébreu). Elia est plus traditionnellement usité en Italie et en Corse. Malgré sa mixité, Élia est très largement féminin. *Variantes :* Élya, Elyo, Ilia, Ilya. *Caractérologie :* idéalisme, réflexion, altruisme, détermination, intégrité.

Eliad
- de 100

Dieu éternel (hébreu). Masculin anglais. *Variante :* Elead. *Caractérologie :* persévérance, structure, sécurité, efficacité, décision.

Éliam
650 TOP 700

Dieu du peuple (hébreu). *Caractérologie :* ténacité, détermination, méthode, fiabilité, engagement.

Élian
3 500 TOP 500

Le Seigneur est mon Dieu (hébreu). *Variante :* Élien. *Caractérologie :* dynamisme, curiosité, courage, indépendance, décision.

Élias
15 000 TOP 200

Le Seigneur est mon Dieu (hébreu). Masculin grec, portugais, allemand, scandinave, également usité dans les cultures arabes et musulmanes (Élias est une variante d'Élie, prophète reconnu par le Coran). *Variantes :* Éliasse, Éllias, Hélias. *Caractérologie :* énergie, autorité, ambition, détermination, innovation.

Eliaz
700 TOP 2 000

Le Seigneur est mon Dieu (hébreu). Prénom breton. *Variante :* Eliez. *Caractérologie :* achèvement, vitalité, stratégie, ardeur, détermination.

Élie
20 000 TOP 200

Forme francisée du nom hébreu Elijah signifiant « le Seigneur est mon Dieu ». Personnage de l'Ancien Testament, Élie est un prophète reconnu dans les trois religions monothéistes. Ce prénom est porté par les Hébreux plusieurs siècles avant notre ère, puis sous la forme d'Élias chez les Grecs et les Latins. Élias et ses formes dérivées se propagent plus largement en Occident chrétien à partir du IXe siècle, après le martyre de saint Élie, un prêtre espagnol de Cordoue. Au XVIe siècle, la Réforme fait redécouvrir Ellis, Eliott, Hélias et Élie en Europe. Sauvés de l'oubli, ces prénoms réapparaissent épisodiquement, comme aux XIXe et XXe siècles. À défaut d'avoir connu la gloire, Élie a remporté, aux côtés du Héli breton, quelques succès récents : il reprend depuis les années 1980 un cours ascendant. Dans l'Ancien Testament, Élie annonce à Achab, le roi d'Israël, que son culte impie sera sanctionné par la colère du dieu Yahvé. Après plusieurs années de sécheresse, Élie convoque le peuple et les prêtres de Baal sur le mont Carmel. Il prédit alors le retour de la pluie au peuple converti d'Israël. Plus tard, lorsque Jéhu succède au roi Achab, Élie choisit Élisée comme successeur avant de s'élever vers le ciel sur un char de feu. *Variantes :* Éliel, Élien, Ellis, Elly, Ély. *Caractérologie :* efficacité, sécurité, structure, honnêteté, persévérance.

Eliel
400 TOP 2 000

Le Seigneur est mon Dieu (hébreu). *Caractérologie :* sagacité, philosophie, connaissances, spiritualité, originalité.

Elio
9 000 TOP 100

Le Seigneur est mon Dieu (hébreu). Elio est essentiellement orthographié dans accent en France. Il est très répandu en Italie. *Caractérologie :* courage, curiosité, indépendance, dynamisme, analyse.

Elior
250 ➔

Dieu est ma lumière (hébreu). *Caractérologie :* découverte, raisonnement, audace, séduction, originalité.

Eliot
11 000 TOP 200 ➔

Le Seigneur est mon Dieu (hébreu). Eliot est particulièrement répandu dans les pays anglophones. *Caractérologie :* indépendance, intelligence, savoir, méditation, raisonnement.

Eliott
23 000 TOP 50 ↗

Il est vraisemblable qu'Eliott se rattache, comme Élie, à une forme francisée du nom hébreu Elijah signifiant « le Seigneur est mon Dieu ». Ce prénom répandu dans les pays anglophones a peu de passé en France. Il s'y envole soudainement en 1983, l'année suivant l'immense succès d'*E.T.* (film de Steven Spielberg dans lequel le jeune héros se prénomme Eliott). Ce prénom progresse dans le classement national et vient de percer dans le top 50. *Caractérologie :* tolérance, rectitude, humanité, rêve, analyse.

Elis
- de 100

Le Seigneur est mon Dieu (hébreu). *Caractérologie :* idéalisme, altruisme, réflexion, volonté, intégrité.

Élisée
550 ➔

Dieu a aidé (hébreu). *Variantes :* Élisien, Elisio. Forme basque : Eliseo. *Caractérologie :* audace, direction, dynamisme, indépendance, détermination.

Elliot
8 000 TOP 300 ➔

Le Seigneur est mon Dieu (hébreu). Elliot est particulièrement répandu dans les pays anglophones. *Caractérologie :* analyse, direction, audace, dynamisme, indépendance.

Elliott
2 500 TOP 600 ↗

Le Seigneur est mon Dieu (hébreu). Masculin anglais. *Caractérologie :* communication, enthousiasme, raisonnement, pratique, adaptation.

Elmer
- de 30

Noble, célèbre (germanique). Masculin anglais. *Variante :* Ulmer. *Caractérologie :* vitalité, achèvement, leadership, stratégie, ardeur.

Elmo
- de 30

Amical (grec). Masculin italien et anglais. *Caractérologie :* rectitude, humanité, rêve, volonté, ouverture d'esprit.

Éloan
2 000 TOP 500 ➔

Lumière (celte). Ce dérivé récent d'Élouan s'orthographie également sans accent. *Variantes :* Eloann, Iloan. *Caractérologie :* relationnel, intuition, fidélité, adaptabilité, médiation.

Éloi
6 000 TOP 400 ➔

Élu (latin). Masculin français. *Caractérologie :* découverte, énergie, audace, originalité, logique.

Eloïm
- de 100

Forme francisée d'Elohim : la main de Dieu (hébreu). *Caractérologie :* rectitude, humanité, volonté, générosité, analyse.

Éloïs
350 ➔

Illustre au combat (germanique). *Caractérologie :* décision, paix, bienveillance, conscience, logique.

Élouan
7 500 TOP 400 ↘

Lumière (celte). Originaire d'Irlande, saint Elouan mena une vie d'ermite en

E

Les prénoms de l'après 2020

La pandémie a suscité l'apparition dans le langage commun d'une ribambelle de nouveaux mots, plus ou moins inspirés. « Présentiel » ou « asymptomatique » ponctuent nos conversations animées. Puisqu'il nous faut désormais « vivre avec ce virus » et qu'il y aura « un avant et un après », cette situation inédite pourrait-elle aussi avoir un impact sur l'univers des prénoms ?

Prénommer reste un acte éminemment culturel et social, placé sous influence contextuelle. Il y a fort à parier que le choix des parents viendra refléter les évolutions à marche forcée que la Covid nous a imposées. Les statistiques de l'Insee pour l'année 2020 n'ont pas encore été publiées, mais nous pouvons anticiper quelques effets sur les registres d'état civil. Avec, en premier lieu, un renforcement des tendances « retour aux sources » (les prénoms liés aux éléments naturels, prénoms botaniques, de fruits, du cosmos, etc.). Nous prévoyons également une croissance des prénoms porteurs d'espoir et de positivité. Maintenant, faisons place à ces prénoms inspirants !

Les prénoms *pro memoria*
Pour célébrer la vie de ceux qui ont survécu et pour honorer la mémoire de ceux qui ont été emportés, il peut être réconfortant d'entretenir le lien du souvenir. Pourquoi ne pas succomber au charme des prénoms en faveur dans les années 1930-1940 ? Ces suggestions couleur sépia devraient vous séduire.

Filles : Agnès, Aimée, Alice, Andrée, Angèle, Anne, Christiane, Colette, Denise, Éliane, France, Francine, Françoise, Geneviève, Germaine, Gilberte, Gisèle, Hélène, Huguette, Ida, Irène, Jacqueline, Jeanne, Josette, Liliane, Louise, Lucette, Lucienne, Madeleine, Marcelle, Marguerite, Marthe, Micheline, Monique, Nicole, Odette, Odile, Paulette, Reine, Renée, Simone, Solange, Suzanne, Thérèse, Yvette, Yvonne.

Garçons : Aimé, Alain, Albert, Alfred, Alphonse, André, Antoine, Armand, Bernard, Camille, Charles, Christian, Claude, Daniel, Edmond, Édouard, Émile, Ernest, Étienne, Eugène, Félix, Fernand, François, Gabriel, Gaston, Georges, Gérard, Gilbert, Guy, Henri, Hubert, Jacques, Jean, Joël, Joseph, Jules, Louis, Lucien, Marc, Marcel, Marius, Maurice, Michel, Noël, Paul, Pierre, René, Roland, Serge, Victor, Yves, Yvon.

Les prénoms de l'air et du cosmos
Confinés, reconfinés, il y a toujours un moyen de s'échapper… en regardant le ciel. Comme Apollinaire, on peut rallumer les étoiles, ou tout simplement observer les astres. Laissez-vous emporter par la Voie lactée des prénoms !

Filles : Alizée, Éoline, Esther, Étoile, Iris, Louna, Luna, Lune, Nejma, Orane, Sema, Soleil, Soraya, Stella, Windy, Zéphyrine.

Garçons : Aniel, Anil, Aranis, Avel, Azur, Célestin, Éole, Héole, Nadjim, Neven, Orion, Samson, Sirius, Soen, Sohan, Sol, Sol-Abriel, Suliac, Sun, Tarek, Zéphyr, Zéphyrin.

Les prénoms de la nature
Rétablir le lien perdu avec les éléments naturels est le diagnostic partagé par tous aujourd'hui. Ci-dessous une sélection qui fait rimer poésie et environnement.

Filles : Aéna, Amazone, Ambre, Ambrine, April, Arwen, Aube, Aubeline, Aurore, Automne, Avril, Colombe, Dawn, Gaïa, Iola, Iona, Jade, Léonie, Louve, Maya, Ness, Océane, Olinda, Ondine, Paloma, Roxane, Summer, Uranie, Ursula, Ursule, Vanessa, Yoko.

Garçons : Abriel, Anatole, Armel, Arthur, Artus, Auguste, Avel, Dune, Elaia, Enki, Éole, Forrest, Gaïus, Germinal, Iolan, Kaï, Kian, Léo, Léon, Loup, Manua, Marin, Noan, Océan, Orso, Orson, Romarin, Septembre, Téva, Winter, Yeram, Yolan.

Les prénoms botaniques
Pasteur, éminent scientifique qui a mis au point le premier vaccin, l'avait anticipé : « Le meilleur médecin est la nature. » Les prénoms référencés ci-dessous ont tous un rapport avec les fruits, les fleurs, les plantes ou les arbres. N'hésitez pas à plonger la main dans cette corbeille, ils sont tous arrivés à maturité...

Filles : Airelle, Amaranthe, Anémone, Anthéa, Bleuenn, Bruyère, Camélia, Capucine, Cassis, Célerine, Chloé, Dahlia, Églantine, Fleur, Florane, Flore, Garance, Hanaé, Iris, Ixia, Jacynthe, Jasmine, Kalinka, Lilas, Magnolia, Mai-Li, Mauve, Maylane, Maylis, Miki, Muguette, Naé, Nao, Nélia, Nelya, Pimprenelle, Rhéa, Rhéane, Rose, Tamara, Vanille, Violette, Yasmina, Yasmine, Ylana.

Garçons : Antoine, Anton, Antonin, Bosco, Floréal, Floris, Hyacinthe, Ilan, Jasmin, Maïlan, Muguet, Nao, Olivier, Ylan.

Et voici le panier de fruits que l'on ne recense qu'au féminin :

Amande, Amandine, Cannelle, Cassis, Clémentine, Framboise, Livie, Mai, Marie-Pomme, Mirabelle, Myrtille, Olive, Olivia, Pomme, Prune, Reine-Claude, Vanille.

Les prénoms lumineux
Nous ne sommes pas au bout du tunnel, mais la lumière est au bout du chemin. Alors, pour les parents résilients, nous avons identifié les prénoms synonymes de lumière.

Filles : Aliona, Apolline, Dayana, Éléna, Éliora, Éloane, Élouane, Eurielle, Hélène, Iona, Kira, Léna, Léora, Lilou, Liora, Loane, Lou, Louana, Luan, Luce, Lucie, Lucienne, Lucille, Lucinda, Lucine, Lucy, Luz, Miora, Nahara, Nora, Nour, Ora, Soria, Uma, Urielle, Zahara, Zia, Zora.

Garçons : Elior, Éloan, Élouan, Éole, Hélian, Héliodore, Helios, Heol, Huy, Ilio, Iloan, Lénaïc, Lior, Loan, Loann, Lou, Louan, Louka, Luan, Luc, Lucas, Lucian, Luciano, Luke, Ouriel, Roshan, Uriel, Yamine.

Les prénoms de gratitude*
Merci ! Cinq lettres scandées depuis fenêtres et balcons, pendant les mois de confinement à travers différents pays, résonneront longtemps à nos oreilles comme un moment de grâce. Nous avons (re)découvert cette inconditionnelle vertu qu'est la gratitude. Pour des parents reconnaissants, la liste des prénoms bienveillants est riche.

Filles : Anabelle, Anaëlle, Anaïs, Anna, Annabella, Annabelle, Annaïg, Anne, Annie, Anouck, Anya, Gatienne, Gianna, Giovanna, Grace, Gracianne, Hana, Hannah, Ioana, Iva, Ivana, Ivanne, Jane, Jeanne, Jenna, Joan, Joana, Joanie, Joanna, Joanne, Johana, Johane, Juana, Naïg, Naïs, Nana, Nancy, Nettie, Nina, Nine, Ninon, Ohana, Seona, Shona, Sian, Siana, Vanina, Viana, Yanna, Yoanna, Yvana, Zulma.

Garçons : Anaël, Gatien, Gian, Gianni, Giovanni, Giovanny, Gratien, Ian, Ianis, Iban, Ifan, Ioan, Ion, Iovan, Ivan, Iwan, Jan, Jean, Joan, Joanis, Joannes, Joao, Johan, John, Jon, Jonel, Keoni, Manech, Manu, Nino, Ohan, Sean, Shane, Vania, Xan, Yani, Yanis, Yanko, Yann, Yoan, Yohan, Yovan, Yoven, Yun, Yvan.

* Dans leur étymologie.

Les prénoms porteurs de victoire
Certes, la Covid a joué les prolongations. Mais la nature humaine est ainsi faite que la résilience et l'espoir reprennent le dessus. Les forces de coalition des scientifiques et des optimistes triomphent de toutes les épreuves. Célébrons les prénoms conquérants !

Filles : Bérénice, Caline, Coleen, Coline, Colleen, Eunice, Faïza, Fantine, Jaya, Nicole, Nikita, Ségolène, Sigrid, Veronica, Véronique, Vicky, Victoire, Victoria, Victorine, Vinciane, Vittoria.

Garçons : Bixente, Colas, Colin, Jay, Nicolas, Nikita, Nikola, Siegfried, Victor, Victorien, Victorin, Vincent, Waldo, Ziggy.

Bretagne au VIIe siècle. Il est honoré dans une chapelle de Saint-Guen (Côtes-d'Armor), où se trouve son tombeau. Ce prénom est très populaire en Bretagne. *Variantes :* Élouann, Élouen, Élouane. *Caractérologie :* curiosité, indépendance, dynamisme, courage, charisme.

Éloy
300 TOP 2 000 ➔

Élu (latin). Prénom espagnol. *Caractérologie :* communication, enthousiasme, pratique, adaptation, bonté.

Elrad
- de 30

Dieu commande (hébreu). *Caractérologie :* décision, méthode, fiabilité, ténacité, engagement.

Elric
700 ➔

Roi de tous (germanique). *Variante :* Elrick. *Caractérologie :* intuition, relationnel, médiation, fidélité, adaptabilité.

Elton
170

De la vieille ville (anglais). Masculin anglais. *Caractérologie :* communication, pratique, enthousiasme, adaptation, générosité.

Elvin
550 ↓

Elfe, ami (vieil anglais). *Variante :* Elwin. *Caractérologie :* ambition, management, passion, force, habileté.

Elvis
2 500 TOP 2 000 ➔

Ce prénom, rendu célèbre par le chanteur américain Elvis Presley (1935-1977), est une variante d'Alvis, prénom scandinave signifiant, en vieux norrois, « omniscient », ou une variante anglaise d'Elwin. Masculin anglais. *Variante :* Elwis. *Caractérologie :* ténacité, méthode, fiabilité, engagement, résolution.

Élyas
3 500 TOP 400 ➔

Forme arabe et persane d'Élie : le Seigneur est mon Dieu (hébreu). *Variante :* Élyass. *Caractérologie :* achèvement, sympathie, stratégie, vitalité, ardeur.

Élyes
4 000 TOP 600 ↘

Forme arabe et persane d'Élie : le Seigneur est mon Dieu (hébreu). *Variantes :* Élies, Éliesse, Élyess, Élyesse, Hélies. *Caractérologie :* pratique, communication, enthousiasme, adaptation, bonté.

Elyo
1 800 TOP 200 ↑

Le Seigneur est mon Dieu (hébreu). *Caractérologie :* découverte, décision, découverte, curiosité, détermination.

Élysée
- de 100

Dieu est serment (hébreu). *Caractérologie :* ambition, passion, force, habileté, sympathie.

Elzéar
- de 100 TOP 2 000

Secours de Dieu (hébreu). Elzear est plus traditionnellement usité en Occitanie, notamment en Provence. *Variante :* Elzéard. *Caractérologie :* méthode, fiabilité, ténacité, engagement, détermination.

Emanuel
1 100 TOP 1 000 ↗

Dieu est avec nous (hébreu). Masculin allemand et scandinave. *Caractérologie :* vitalité, achèvement, ardeur, stratégie, leadership.

Émeric
9 000

Puissant (germanique). Masculin français. On peut estimer que moins de 30 enfants seront prénommés ainsi en 2022. *Variantes :* Émerick, Émerik, Émery, Émeryc, Émmeric, Émmerie, Émmery. *Caractérologie :* stratégie, achèvement, ardeur, leadership, vitalité.

Emerson
250 ↘

Fils d'Emery (vieil anglais). *Caractérologie :* habileté, détermination, force, volonté, ambition.

E

Emil
750 TOP 1 000

Travailleur (germanique). Masculin allemand, slave, scandinave et anglais. *Caractérologie :* créativité, optimisme, sociabilité, pragmatisme, communication.

Émile
34 000 TOP 200

Travailleur (germanique). Ce nom porté par une grande famille romaine renaît en France au XVIe siècle. Il atteint son sommet durant la vie d'Émile Zola (1840-1902), se manifestant aussi bien en Allemagne (Emil) qu'au Portugal ou en Espagne (Emilio). Émile est fréquemment attribué dans l'Hexagone jusqu'à sa disparition progressive dans les années 1920. Mais le retour du rétro le fait frémir de nouveau. Émile pourrait briguer de nouveaux trophées dans les prochaines années. ◇ Général romain né vers 230 avant J.-C, Lucius Æmilius Paullus vainquit Persée, le dernier roi de Macédoine, à Pydna. Au IIIe siècle, un saint portant ce nom fut condamné au martyre à Carthage pour avoir proclamé sa foi. *Caractérologie :* vitalité, achèvement, stratégie, leadership, ardeur.

Émilien
17 000 TOP 500

Travailleur (germanique). Ermite espagnol, saint Émilien fonda l'ermitage de San Millan à Tarragone au VIe siècle. Émilien est un prénom français. *Caractérologie :* engagement, ténacité, méthode, sens du devoir, fiabilité.

Emilio
3 500 TOP 200

Travailleur (germanique). Emilio est très répandu en Italie, dans les pays hispanophones et lusophones. *Variantes :* Emil, Emilian, Emiland, Emiliano, Emilion, Emille, Mil, Milio. *Caractérologie :* intégrité, altruisme, idéalisme, raisonnement, volonté.

Émin
750 TOP 900

Loyal, digne de confiance (arabe). *Variante :* Émine. *Caractérologie :* charisme, indépendance, dynamisme, curiosité, courage.

Emir
4 000 TOP 300

Gouverneur, décret (turc). *Variantes :* Emire, Emirhan, Emircan. *Caractérologie :* humanité, rectitude, rêve, ouverture d'esprit, générosité.

Emmanuel
119 000 TOP 300

Dieu est avec nous (hébreu). Masculin français et anglais. En donnant ce nom à l'enfant que portait une jeune femme vierge, le prophète Isaïe désigna avec une certaine ambiguïté le Messie à venir. Par la suite, Emmanuel a été identifié au Christ par les chrétiens. Forme basque : Imanol. *Caractérologie :* adaptation, générosité, enthousiasme, pratique, communication.

Emre
3 000 TOP 2 000

Frère (turc). *Variantes :* Emra, Emrah. *Caractérologie :* courage, indépendance, charisme, dynamisme, curiosité.

Emrick
600

Maître de maison (germanique). *Variante :* Emric. *Caractérologie :* indépendance, curiosité, dynamisme, courage, charisme.

Emrys
1 200 TOP 900

Forme galloise d'Ambroise, du grec *ambrosios*, immortel. Emrys apparaît comme l'un des noms de Merlin dans les textes de Geoffroy de Monmouth. Ces écrits datent du XIIe siècle et constituent la source principale de la légende arthurienne. *Variante :* Emris. *Caractérologie :* force, habileté, ambition, détermination, réalisation.

Énaël
1 800 TOP 300

Combinaison de la sonorité « én » et des prénoms se terminant en « aël ». *Caractérologie :* assurance, dynamisme, audace, indépendance, direction.

Eneko
900 TOP 800

À moi (basque). Eneko est également une forme basque d'Ignace signifiant « feu » en latin. *Caractérologie :* énergie, découverte, audace, séduction, originalité.

Enes
3 500 TOP 500

Ami (turc). *Caractérologie :* intuition, relationnel, fidélité, médiation, résolution.

Enguerran
750

Ange, corbeau (germanique). Voir Enguerrand. *Variante :* Engueran. *Caractérologie :* fiabilité, méthode, détermination, ténacité, bonté.

Enguerrand
1 700

Ange, corbeau (germanique). Enguerrand de Marigny fut le ministre du roi Philippe IV le Bel, mais c'est grâce aux *Rois maudits*, de Maurice Druon, que ce prénom français a été redécouvert. Enguerrand est un choix traditionnel occitan. On peut estimer que moins de 30 enfants seront prénommés ainsi en 2022. *Variante :* Enguerand. *Caractérologie :* sympathie, vitalité, stratégie, achèvement, réalisation.

E

Enis
1 000 TOP 2 000

Ami (turc). *Variantes :* Enis, Ennis, Enys. *Caractérologie :* résolution, diplomatie, sociabilité, réceptivité, loyauté.

Enki
350

Dans la mythologie sumérienne, Enki est le dieu des Eaux souterraines. Enes Bilal, dit Enki Bilal, né en 1951 à Belgrade, est un réalisateur, dessinateur de bandes dessinées français. *Caractérologie :* optimisme, sociabilité, pragmatisme, communication, créativité.

Énoah
200 TOP 1 000

Combinaison de la lettre É et de Noah, ou variante d'Enoha. *Caractérologie :* savoir, médiation, culture, intelligence, sagesse.

Enoha
1 100 TOP 800

Parfums (tahitien). *Caractérologie :* sagacité, philosophie, spiritualité, originalité, connaissances.

Enos
- de 30

Être humain (hébreu). *Caractérologie :* passion, ambition, force, habileté, management.

Enrick
750

Maître de maison (germanique). Variante catalane et occitane : Enric. *Caractérologie :* famille, équilibre, influence, responsabilité, exigence.

Enrico
600

Maître de maison (germanique). Masculin italien. *Variante :* Enriko. *Caractérologie :* audace, indépendance, direction, dynamisme, raisonnement.

Enrique
2 500

Maître de maison (germanique). Masculin espagnol. On peut estimer que moins de 30 enfants seront prénommés ainsi en 2022. *Caractérologie :* habileté, ambition, force, passion, management.

Enver
- de 100

Beauté, intelligence (turc). *Caractérologie :* ambition, innovation, autorité, autonomie, énergie.

Enzo
115 000 TOP 50

Forme italienne d'Henri, du germain *heim*, « maison », et *ric*, « puissant », d'où la signification « maître de maison ». C'est en 1988 que *Le Grand Bleu* sort sur les écrans et qu'Enzo, l'un de ses héros, séduit le public. L'impact du film de Luc Besson est immédiat. Propulsé au zénith à une vitesse fulgurante, Enzo trône sur le palmarès français de 2004 à 2007, avant de céder sa couronne à Lucas. ◇ Fils naturel de l'empereur germanique Frédéric II, Enzo devint roi de Sardaigne en 1242. Il s'illustra par son courage en combattant, aux côtés de son père, contre le pape et les Génois à la Meloria. Mais après avoir conquis une grande partie du Milanais, il fut vaincu et capturé. Prisonnier, il fut assigné à résidence dans un palais bolognais où il établit une cour somptueuse jusqu'à sa mort, en 1272. *Variante :* Enso. *Caractérologie :* équilibre, influence, éthique, famille, exigence.

Eoen

- de 30

Bien né (grec). Cette forme irlandaise d'Eugène est connue en Irlande et dans les pays anglophones. *Caractérologie :* créativité, pragmatisme, communication, adéquation, optimisme.

Eoghan

- de 100

Bien né (grec). Eoghan est une forme irlandaise et écossaise d'Eugène. *Variante :* Eogan. *Caractérologie :* dynamisme, curiosité, charisme, courage, indépendance.

Éole

180

Soleil (breton), vent (grec). Dans la mythologie grecque, Éole est le maître des vents. *Caractérologie :* dynamisme, direction, audace, indépendance, assurance.

Éphraïm

600 TOP 2 000 ➔

Fructueux (hébreu). Éphraïm est le fils de Joseph dans l'Ancien Testament. *Variante :* Éphrem. *Caractérologie :* connaissances, spiritualité, sagacité, ressort, réalisation.

Épiphane

200

Illustre (grec). Nom porté par plusieurs souverains qui succédèrent à Alexandre le Grand. Épiphane est également un surnom que l'on appliquait aux dieux de l'Olympe. *Caractérologie :* générosité, résolution, fiabilité, idéalisme, détermination.

Eren

1 800 TOP 600 ➔

Saint (turc). *Caractérologie :* paix, bienveillance, conscience, sagesse, conseil.

Erhan

300

Chef courageux (turc). *Variantes :* Eran, Érane. *Caractérologie :* innovation, autorité, ambition, énergie, décision.

Éric

297 000 TOP 600 ➔

Noble souverain (germanique). Voir Erik. Ce grand prénom scandinave a été, sous ses différentes graphies, porté par plus de 20 rois suédois et danois. En dehors de son berceau nordique, Erik émerge en Allemagne et en Angleterre au XIXe siècle. Il gagne la France bien plus tard, dans les années 1940. Doté d'un « c » final, il se hisse au 3e rang masculin en 1965, avant de chuter fortement. ◇ Saint Erik, roi de Suède, améliora la condition des femmes et christianisa son pays au XIIe siècle. Il mourut assassiné par un prince danois à Uppsala. Erik le Rouge, navigateur et explorateur norvégien du Xe siècle, est célèbre pour avoir fondé la première colonie du Groenland. *Caractérologie :* ambition, force, passion, habileté, management.

Erich

200

Noble souverain (germanique). Masculin allemand. *Caractérologie :* savoir, intelligence, méditation, indépendance, sagesse.

Erick
6 000 ↗

Noble souverain (germanique). En dehors de l'Hexagone, ce prénom est particulièrement porté dans les pays anglophones. *Variante :* Erico. *Caractérologie :* indépendance, dynamisme, audace, direction, assurance.

Erik
3 000 TOP 2 000 →

Noble souverain (germanique). Plus de 20 rois suédois et danois ont porté ce prénom. Saint Erik, roi de Suède, améliora la condition des femmes et christianisa son pays au XIIe siècle. Il mourut assassiné par un prince danois à Uppsala. *Caractérologie :* sagacité, philosophie, connaissances, spiritualité, originalité.

Ernest
9 500 TOP 300 ↗

Qui mérite (germanique). En dehors de l'Hexagone, ce prénom est particulièrement porté dans les pays anglophones et en Allemagne. *Variantes :* Arnst, Erneste, Ernie, Erno, Ernst. *Caractérologie :* résolution, idéalisme, intégrité, altruisme, réflexion.

E

Ernesto
500 →

Qui mérite (germanique). Masculin italien, espagnol, portugais et occitan. *Caractérologie :* paix, détermination, bienveillance, conscience, conseil.

Erol
300

Noble (anglais), fort, courageux (turc). *Caractérologie :* énergie, découverte, originalité, audace, logique.

Éros
500 →

Fils d'Aphrodite, Éros est le dieu de l'Amour dans la mythologie grecque. *Caractérologie :* pratique, communication, enthousiasme, adaptation, décision.

Ersin
350 ↑

Illuminé (turc). *Caractérologie :* engagement, diplomatie, résolution, loyauté, intuition.

Ervin
350 →

Ami (germanique). *Caractérologie :* originalité, audace, découverte, énergie, séduction.

Erwan
39 000 TOP 300 ↘

If (celte). Masculin français et breton. *Variantes :* Ervan, Ervin, Erwoan. *Caractérologie :* sagacité, spiritualité, originalité, connaissances, détermination.

Erwann
7 500 TOP 800 ↘

If (celte). Masculin français et breton. *Caractérologie :* communication, pragmatisme, optimisme, créativité, résolution.

Erwin
1 900

Ami (germanique). On peut estimer que moins de 30 enfants seront prénommés ainsi en 2022. *Variante :* Erwine. *Caractérologie :* équilibre, responsabilité, famille, exigence, influence.

Ésaïe
650 TOP 2 000 →

Dieu est mon salut (hébreu). Prophète de l'Ancien Testament, Isaïe dénonça les pratiques impies du peuple et du roi Manassé. Il mourut martyr sur l'ordre de ce dernier vers 701. Ésaïe est la forme francisée. *Caractérologie :* communication, pratique, enthousiasme, détermination, adaptation.

Esteban
30 000 TOP 200 →

Couronné (grec). Cette forme espagnole d'Étienne a émergé en France dans les années 1980, au moment où le dessin animé *Les Mystérieuses Cités d'or* était diffusé pour la première fois. Esteban, son personnage héroïque, a fait bien des

Ethan

Fête :
7 mars

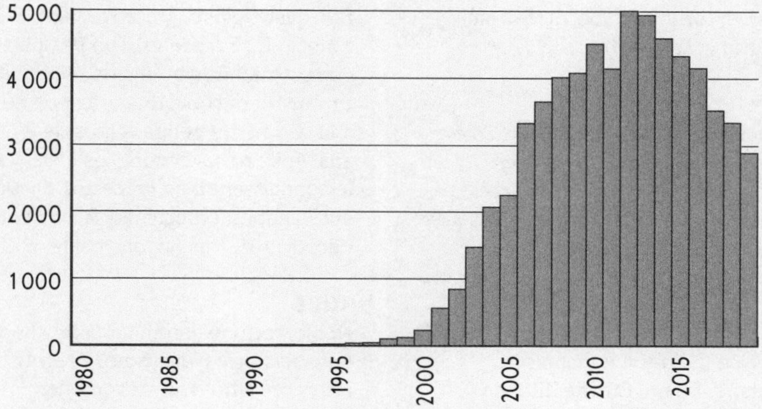

Étymologie
Forme d'Etan qui signifie en hébreu « fort, ferme ». Redécouvert outre-Atlantique dans les années 1990, ce prénom biblique renaît après 2 millénaires d'éclipse. Et de quelle manière ! Sa diffusion est planétaire. Son parcours français ne fait pas figure d'exception. Après avoir timidement émergé en 1989 (3 naissances), puis plus résolument les années suivantes, Ethan s'est envolé. Il se maintient aujourd'hui dans le top 20 masculin.

Plusieurs éléments expliquent cette percée. Outre le fait qu'Ethan ait déjà fait carrière dans les pays anglophones, ce choix de 5 lettres s'inscrit dans la vogue française des prénoms courts. De plus, sa carrière a été galvanisée par la gloire des terminaisons en « an » (Kylian, Nathan, Nolan).

En dehors de l'Hexagone, Ethan se maintient en haut du palmarès de nombreux pays anglophones. En Espagne, sa forme ibérique, Izan, se place au 20e rang. Sa cote est aussi observée dans la bulle francophone, où il se distingue dans les tops 30 wallon et romand. Il grandit également au Québec, où l'on pensait que sa forte identité anglophone freinerait ses ambitions. Notons que la forme hébraïque Etan (aussi orthographiée Etân) est peu usitée en France.

Etan est un prénom porté par 3 personnages de l'Ancien Testament. Le premier, un lévite, chante et joue de la cymbale pendant le transfert de l'Arche à Jérusalem ; le deuxième, fils de Mahol, dont la grande sagesse est si grande qu'elle est comparée à celle du roi Salomon ; le troisième est l'un des petits-fils de Judas.

Personnes célèbres
Ethan Coen, un cinéaste américain qui a produit, avec son frère Joël, les films *Fargo* (1996) et *The Barber* (2001) ; Ethan Hawke, acteur et réalisateur américain, né en 1970.

Statistiques
Ethan est le 19e prénom masculin le plus donné en France depuis l'an 2000. Il est attribué à près d'un garçon sur 130 aujourd'hui.

émules : à la fin des années 2000, il atteignait le seuil des 2000 attributions par an. Il se fait beaucoup plus discret depuis. *Variantes :* Estebane, Estebann, Estefan, Estevan, Estheban. *Caractérologie :* optimisme, communication, créativité, pragmatisme, sociabilité.

Estève
250

Couronné (grec). Dans l'Hexagone, Estève est plus traditionnellement usité en Occitanie et en Provence. C'est aussi un choix traditionnel catalan. Formes basques : Estebe, Istebe. *Caractérologie :* honnêteté, persévérance, structure, sécurité, efficacité.

Ethan
67 000 TOP 50 ↘

Fort, ferme (hébreu). *Variantes :* Etan, Etane, Etann, Ethane, Ethann. *Caractérologie :* pratique, enthousiasme, adaptation, communication, sensibilité.

Éthaniel
- de 100

Contraction d'Ethan et Daniel. *Caractérologie :* intuition, relationnel, finesse, médiation, résolution.

Étienne
50 000 TOP 400 ↘

Couronné (grec). De nombreux saints, plusieurs papes et souverains ont porté cette forme française de Stéphane. La popularité de saint Étienne, l'un des premiers diacres martyrs de l'Église, fut si grande que ce prénom supplanta Stéphane à partir du XIVe siècle. Sa prééminence, d'une grande longévité, ne prit fin qu'à la gloire naissante de Stéphane à la fin des années 1950. Étienne figurait dans le top 70 masculin à la fin des années 1990 et se raréfie aujourd'hui. *Caractérologie :* humanité, rectitude, rêve, tolérance, générosité.

Ettore
- de 100

Constant, qui retient (grec). Ce prénom italien est également usité dans le Pays basque. *Variante :* Etore. *Caractérologie :* intuition, relationnel, fidélité, médiation, adaptabilité.

Euclide
- de 30

Bon, juste, gloire (grec). Né vers -300 avant J.-C., Euclide est l'un des plus grands mathématiciens de l'Antiquité. Ses travaux et découvertes ont servi de base à la géométrie pendant plus de 2 000 ans. Aujourd'hui encore, les collégiens le connaissent bien grâce aux divisions euclidiennes. *Caractérologie :* séduction, découverte, énergie, originalité, audace.

Eudes
550

Noble, fortuné (latin). *Variante :* Eudelin. *Caractérologie :* idéalisme, intégrité, réflexion, altruisme, dévouement.

Eudore
- de 30

Beau présent (grec). *Caractérologie :* dynamisme, analyse, courage, indépendance, caractère.

Eugène
15 000 TOP 500 ↗

Bien né (grec). Comme son étymologie l'indique, ce nom désignait à l'origine le fils de bonnes familles. Il fut, dès les premiers siècles, porté par plusieurs saints. Quatre papes assurèrent ensuite sa visibilité tout au long du Moyen Âge. Eugène et ses variantes se propagent dans toutes les langues européennes, notamment dans les pays slaves et en Russie, où il est révéré par les orthodoxes. Au sommet de sa carrière française dans la seconde moitié du XIXe siècle, il s'illustre parmi les 10 premiers rangs. Eugène est encore placé 20e en 1908, au seuil d'un reflux qui le voit disparaître dans les années 1960. Il devrait se manifester de nouveau dans les prochaines années. ◇ Au VIe siècle, saint Eugène de Carthage défendit l'Église malgré les persécutions d'Huméric, le roi des Vandales. *Variantes :*

E

Eoen, Eugen, Eugénien, Eugenius, Eugenio, Gènes. *Caractérologie :* pratique, cœur, communication, enthousiasme, adaptation.

Eustache
350

Récolte abondante (grec). *Caractérologie :* gestion, audace, direction, attention, dynamisme.

Eutrope
- de 100

De tempérament calme (grec). *Caractérologie :* autorité, énergie, cœur, innovation, logique.

Evan
44 000 TOP 100

If (celte), bien né, jeune guerrier (vieil irlandais), ou forme galloise de Jean. À l'exception du pays de Galles, où ses occurrences se multiplient à partir du XVIe siècle, Evan n'a guère été attribué autrement que sous une forme patronymique (Evan, Ivan). C'est bien plus tard que le prénom se propage hors de son berceau gallois pour gagner l'ensemble des pays anglophones. L'engouement pour les prénoms irlando-bretons a favorisé son essor en France à la fin des années 1990. Il s'est hissé au seuil du top 20 masculin en 2010 à son apogée. *Variantes :* Évane, Ivane. *Caractérologie :* famille, équilibre, éthique, influence, exigence.

Évandre
- de 30

Variante d'Évariste ou contraction d'Evan et Alexandre d'usage moderne. *Caractérologie :* paix, conscience, bienveillance, résolution, conseil.

Evann
4 500 TOP 400

Voir Evan. Evann est répandu dans les pays anglophones. *Caractérologie :* sociabilité, diplomatie, loyauté, réceptivité, bonté.

Evans
1 100 TOP 2 000

Fils d'Evan (anglais). Masculin anglais. *Caractérologie :* philosophie, connaissances, spiritualité, sagacité, originalité.

Évariste
600

Agréable (grec). *Variante :* Evaristo. *Caractérologie :* altruisme, idéalisme, détermination, intégrité, réflexion.

Even
1 400 TOP 800

Île, chance, victoire (vieux norrois), forme bretonne d'Yves. Masculin breton et scandinave. *Variante :* Iwen. *Caractérologie :* dynamisme, direction, audace, indépendance, assurance.

Évence
- de 100

Forme francisée du prénom Evans : fils d'Evan (anglais). Évence est apparu dans les années 2000 dans l'Hexagone. *Caractérologie :* idéalisme, dévouement, réflexion, altruisme, intégrité.

Évrard
350

Puissant ours sauvage (germanique). Évrard est plus traditionnellement usité en Alsace, dans les Flandres et en Provence. *Variantes :* Éberhard, Everard, Everhard. *Caractérologie :* audace, découverte, originalité, énergie, décision.

Ewan
6 500 TOP 800

If (celte), bien né, jeune guerrier (vieil irlandais), ou forme galloise de Jean. Voir Evan. Ewan est très répandu dans les pays anglophones. C'est aussi un choix breton traditionnel. *Variante :* Ewann. *Caractérologie :* savoir, indépendance, méditation, intelligence, sagesse.

Ewen
12 000 TOP 200

Voir Evan. Ewen est particulièrement attribué en Angleterre et en Bretagne. *Variantes :* Ewenn, Ewin, Evyn, Evon, Iwan. *Caractérologie :* réceptivité, diplomatie, sociabilité, bonté, loyauté.

Eymeric
800 ↘

Puissant (germanique). *Variantes :* Eymard, Eymerick. *Caractérologie :* équilibre, responsabilité, famille, sympathie, influence.

Eytan
900 TOP 2 000 ↘

Fort, ferme (hébreu). *Variante :* Eythan. *Caractérologie :* intuition, relationnel, médiation, adaptabilité, fidélité.

Ézéchiel
1 300 TOP 500 →

Dieu donne la force (hébreu). *Caractérologie :* énergie, innovation, ambition, autorité, autonomie.

Ezio
4 500 TOP 200 →

Aigle (latin). Prénom italien. *Caractérologie :* autorité, énergie, innovation, autonomie, ambition.

Ezra
1 300 TOP 300 ↑

Aide (hébreu). Selon un livre de l'Ancien Testament qui porte son nom, Ezra est un prophète qui a mené environ 5 000 exilés judéens de Babylone à Jérusalem en 459 avant J.-C. Ce prénom a été particulièrement usité durant la Réforme dans les pays anglophones. *Caractérologie :* curiosité, dynamisme, indépendance, détermination, originalité.

F

Fabian
4 000 TOP 2 000 ↘

Fève (latin). Masculin anglais, allemand, roumain et occitan. *Variante :* Fabiano. *Caractérologie :* famille, éthique, équilibre, détermination, influence.

F

Fabien
107 000 TOP 2 000 ↘

Fève (latin). Masculin français. *Caractérologie :* direction, audace, indépendance, décision, dynamisme.

Fabio
8 000 TOP 400 ↘

Fève (latin). Masculin italien. *Variante :* Fabricio. *Caractérologie :* famille, influence, équilibre, éthique, exigence.

Fabrice
128 000 ↗

Fabricateur (latin). Au XIXe siècle, Stendhal a contribué à la vogue de ce prénom en faisant de Fabrice del Dongo le héros de son roman *La Chartreuse de Parme*. ◇ On sait peu de choses sur saint Fabrice de Tolède, si ce n'est qu'il mourut martyr au IIIe siècle. Ce prénom français est un choix traditionnel occitan et provençal. *Caractérologie :* vitalité, stratégie, résolution, achèvement, analyse.

Fabrizio
650

Fabricateur (latin). Masculin italien. *Caractérologie :* découverte, audace, originalité, séduction, énergie.

Fadi
1 000 TOP 1 000 →

Celui qui porte secours (arabe). *Variante :* Fady. *Caractérologie :* intuition, adaptabilité, médiation, relationnel, fidélité.

Faël
400 TOP 2 000 ↗

Heureux présage (arabe). *Caractérologie :* sagesse, paix, bienveillance, conseil, conscience.

Fahim
950 TOP 1 000 →

Intelligent, qui apprend facilement (arabe). *Variantes :* Fahem, Fahmi. *Caractérologie :* ambition, autonomie, innovation, autorité, énergie.

Falco
- de 30

Faucon (basque). *Caractérologie :* famille, équilibre, exigence, responsabilité, influence.

Fanch
350

Forme bretonne de François : libre, français (latin). Fañch est l'orthographe originale qui pourrait bientôt être officiellement reconnue. Après maints refus de la justice et plusieurs appels depuis le début des années 2000, une loi, dite loi Molac, devait autoriser en 2021 l'attribution de prénoms régionaux comportant des signes diacritiques. Mais un recours devant le Conseil constitutionnel pourrait tout remettre en cause. Aña, Fañch et Martí devront encore patienter avant de pouvoir arborer leurs identités basque, bretonne et catalane. *Caractérologie :* audace, énergie, originalité, découverte, séduction.

Faniel
- de 30

Heureux (vieil anglais). Masculin anglais. *Variante :* Fane. *Caractérologie :* résolution, analyse, intuition, médiation, relationnel.

Fantin
450

Enfant (latin). *Caractérologie :* énergie, innovation, ambition, résolution, autorité.

Faouzi
1 700

Victorieux (arabe). On peut estimer que moins de 30 enfants seront prénommés ainsi en 2022. *Variante :* Fawzi. *Caractérologie :* analyse, équilibre, influence, famille, responsabilité.

Farès
8 500 TOP 300

Chevalier, valeureux comme un lion (arabe). *Variantes :* Faress, Faresse. *Caractérologie :* efficacité, sécurité, structure, persévérance, décision.

Farid
17 000 TOP 2 000

Unique (arabe). Ce prénom est particulièrement répandu dans les cultures musulmanes francophones. *Variantes :* Faride, Farrid, Férid. *Caractérologie :* intuition, adaptabilité, relationnel, médiation, fidélité.

Faris
550 TOP 2 000

Chevalier, valeureux comme un lion (arabe). *Caractérologie :* achèvement, stratégie, ardeur, leadership, vitalité.

Farouk
1 800

Celui qui discerne le bien du mal (arabe). On peut estimer que moins de 30 enfants seront prénommés ainsi en 2022. *Variantes :* Farik, Faruk. *Caractérologie :* altruisme, intégrité, idéalisme, gestion, logique.

Fatih
2 000 TOP 2 000

Victorieux (arabe). *Variantes :* Fatah, Fatèh, Fathi, Fathy, Fati, Feti, Fety, Fethy. *Caractérologie :* ambition, force, habileté, management, passion.

Faust
- de 100

Heureux, fortuné (latin). Masculin anglais. *Variante :* Fauste. *Caractérologie :* structure, sécurité, organisation, persévérance, efficacité.

Faustin
1 600 TOP 2 000

Heureux, fortuné (latin). Dans l'Hexagone, Faustin est plus traditionnellement usité au Pays basque et en Occitanie. *Variantes :* Faustino, Fausto. *Caractérologie :* humanité, rectitude, rêve, détermination, raisonnement.

Fayçal
3 500 TOP 2 000

Juge (arabe). *Variantes :* Faïçal, Faïsal, Faïssal, Fayçel, Faysal, Fayssal. *Caractérologie :* enthousiasme, pratique, communication, adaptation, générosité.

Federico
400

Pouvoir de la paix (germanique). Federico est très répandu dans les pays hispanophones et en Italie. *Caractérologie :* logique, médiation, relationnel, caractère, intuition.

Félicien
2 500 TOP 2 000

Heureux, chanceux (latin). *Variantes :* Félice, Felician, Feliciano. *Caractérologie :* logique, ouverture d'esprit, rêve, humanité, rectitude.

Felipe
850

Qui aime les chevaux (grec). Ce prénom espagnol est très répandu dans les pays hispanophones. Forme occitane : Felip. *Caractérologie :* stratégie, sympathie, vitalité, achèvement, analyse.

Félix
23 000 TOP 200

Heureux, chanceux (latin). Felix est à l'origine un cognomen (surnom romain) dont l'usage remonte à l'Antiquité. Sa signification le prédisposait à une carrière internationale, et il n'a pas failli : quatre papes et une dizaine de saints ont illustré ce nom au Moyen Âge. Il reviendra en faveur au XIXe siècle dans de nombreux pays occidentaux, y compris en France, où Félix Faure, président du 1895 à 1899, illustra le prénom. Son rebond dans les années 1920, concomitant au succès du dessin animé américain *Félix le Chat*, est suivi par une éclipse d'un demi-siècle. Gageons que sa signification positive le fera rebondir dans les années 2020 de l'après-Covid. Formes basques et bretonnes : Feliz, Filiz, Heliz. *Caractérologie :* intuition, relationnel, médiation, analyse, fidélité.

F

Ferdinand
4 000 TOP 800

Courageux, aventurier (germanique). Masculin allemand, français, néerlandais, tchèque et occitan. *Variante :* Ferdi. *Caractérologie :* communication, pragmatisme, résolution, optimisme, volonté.

Fergus
- de 100

Choix (irlandais). Masculin écossais et irlandais. *Caractérologie :* sympathie, sécurité, persévérance, structure, analyse.

Fernand
22 000 TOP 2 000

Courageux, aventurier (germanique). Navigateur portugais, Fernand de Magellan a découvert en 1520 le détroit auquel il a donné son nom. En France, Fernand s'est placé à la 21e place du classement masculin en 1920, son dernier pic de popularité. *Variantes :* Ferando, Fernandez, Ferran, Ferrando. *Caractérologie :* achèvement, vitalité, volonté, stratégie, détermination.

Fernando
4 500 TOP 2 000

Courageux, aventurier (germanique). Fernando est très répandu dans les pays hispanophones et lusophones. *Caractérologie :* résolution, courage, dynamisme, volonté, curiosité.

Ferréol
300 TOP 2 000

De fer (latin). *Variantes :* Féréol, Ferrero, Ferruccio, Ferrucio, Feruccio, Ferucio, Ferrer. *Caractérologie :* savoir, intelligence, méditation, indépendance, logique.

Fiacre
- de 100

Se rapporte à saint Fiacre, moine irlandais qui vécut en France au VIIe siècle. Il est le patron des jardiniers. Fiacre est plus traditionnellement usité en Occitanie. *Caractérologie :* résolution, responsabilité, famille, équilibre, analyse.

Filipe
2 500

Qui aime les chevaux (grec). Ce prénom est particulièrement répandu au Portugal. *Variantes :* Filip, Filipp, Filipo, Filipus, Filippo. *Caractérologie :* pratique, sympathie, analyse, communication, enthousiasme.

Les tops 20 québécois, romand et wallon

Les palmarès ci-dessous sont fondés sur les données les plus récentes des instituts statistiques du Québec (Régie des rentes du Québec), de la Suisse (Office fédéral suisse de la statistique), et de la Belgique (Institut national de statistique de la Belgique). Les prénoms sont classés par ordre décroissant d'attribution.

	Le top québécois (2020)	Le top suisse romand (2019)	Le top wallon (2019)
1.	Liam	Liam	Louis
2.	William	Gabriel	Gabriel
3.	Noah	Arthur	Arthur
4.	Thomas	Louis	Hugo
5.	Léo	Nathan	Jules
6.	Nathan	Lucas*	Liam
7.	Édouard	Noah	Victor
8.	Logan	Léo	Tiago
9.	Jacob	Matteo	Noah
10.	Arthur	Ethan	Théo
11.	Félix	Luca*	Raphaël
12.	Émile	Diego	Léo
13.	Louis	Adam	Tom
14.	Raphaël	Maxime	Sacha
15.	Arnaud	Léon	Lucas
16.	Charles	Nolan	Adam
17.	Alexis	Jules	Éden
18.	Victor	Théo	Nathan
19.	James	Samuel	Baptiste
20.	Théo	Enzo	Robin

La tendance irlando-celte a trouvé en Liam une nouvelle figure de proue : ce dernier conforte sa place dans les élites francophones et parvient à supplanter William au Québec et Gabriel en Suisse romande. La nouvelle décennie marque un tournant dans l'univers des prénoms masculins. Gabriel perd sa couronne simultanément dans l'Hexagone et chez nos voisins helvétiques et wallons.

La vague impétueuse des prénoms de l'Ancien Testament reste un courant dominant. Si Adam, Samuel ou Raphaël connaissent un léger reflux, Nathan, Noah et Jacob assurent la relève. Cette source ne saurait se tarir et Aaron, pour l'instant relégué à l'ombre du top 30 suisse et wallon, n'a certainement pas dit son dernier mot... Éden, présent dans le top 20 belge depuis plus de 5 ans, doit probablement plus son succès aux prouesses du champion de football, Éden Hazard, qu'à une influence biblique.

Autre dynamique qui ne faiblit pas : les prénoms rétro. Mais là encore, chaque contrée assume ses goûts. Nos voisins du plat pays portent au pinacle Louis et Jules, et ressuscitent Baptiste, peu prisé dans les autres régions francophones.

De l'autre côté des Alpes, Arthur et Louis tiennent leurs rangs dans le top 5, et sortent Léon de l'anonymat. Ce prénom, en pleine ascension en France, mais absent du top 20, prend les devants en Suisse. Les Québécois, tout aussi sensibles au charme désuet de ces prénoms, ont jeté leur dévolu sur Thomas, Émile, Édouard, Félix, Arnaud et Charles.

Les Romands font également la part belle aux prénoms méditerranéens qui résonnent bien dans la partie italophone du pays. Matteo, Diego et Enzo, en perte de vitesse dans les autres pays, continuent à séduire les Helvètes. Et si l'on additionnait ses deux graphies, Luca(s)* prendrait la 1re place du top suisse romand.

Les Québécois aiment se distinguer tant de leurs voisins américains que de leurs anciens cousins français. Ils jonglent avec les sonorités francophones et anglophones et créent leurs propres tendances. Ainsi continuent-ils d'apprécier Logan. Mais ce prénom, qui désigne une voiture de marque française, aura du mal à percer sur le Vieux Continent. De son côté, Alexis, avec sa prononciation atypique, pourra difficilement convaincre au-delà du Québec.

Finn
160 TOP 2 000

Blanc, clair (gaélique). *Caractérologie :* indépendance, méditation, intelligence, sagesse, savoir.

Firmin
2 500 TOP 2 000

Fermeté, rigueur (latin). Prénom français. Saint Firmin, évêque d'Uzès au VIe siècle, est invoqué venir en aide aux caractères faibles. Forme basque : Fermin. *Caractérologie :* paix, bienveillance, conseil, conscience, volonté.

Flavien
13 000 TOP 2 000

Couleur jaune, blond (latin). Masculin français. *Variantes :* Flavian, Flavy. *Caractérologie :* famille, équilibre, caractère, responsabilité, logique.

Flavio
3 500 TOP 600

Couleur jaune, blond (latin). Masculin italien, espagnol et portugais. Dans l'Hexagone, Flavio est plus traditionnellement usité en Provence. *Caractérologie :* diplomatie, sociabilité, loyauté, analyse, réceptivité.

Fleury
180

Fleur (latin). *Variante :* Florimon. *Caractérologie :* conscience, bienveillance, sympathie, paix, analyse.

Flint
- de 30

Ruisseau (anglo-saxon). Masculin anglais. *Caractérologie :* sagacité, spiritualité, connaissances, analyse, originalité.

Floran
550

Fleur (latin). *Variantes :* Florant, Florancio. *Caractérologie :* analyse, pragmatisme, communication, optimisme, résolution.

Floréal
500

En floraison (latin). Ce nom évocateur désignait le huitième mois du calendrier républicain révolutionnaire conçu en 1793 par le poète et chansonnier Fabre d'Eglantine. Il correspond au deuxième mois du printemps dans notre calendrier actuel. *Caractérologie :* conscience, paix, bienveillance, logique, décision.

Florent
65 000 TOP 2 000

Fleur (latin). Masculin français. *Caractérologie :* altruisme, idéalisme, réflexion, intégrité, logique.

Florentin
5 500 TOP 2 000

Fleur (latin). Florentin est plus particulièrement répandu en Roumanie. *Variante :* Florentino. *Caractérologie :* découverte, énergie, audace, analyse, originalité.

Florestan
300

Fleur (latin). *Caractérologie :* réceptivité, sociabilité, diplomatie, décision, logique.

Florian
125 000 TOP 600

Fleur (latin). En dehors de l'Hexagone, Florian est répandu dans les pays anglophones et germanophones. Saint Florian est le patron de l'Autriche. *Variantes :* Florain, Floriant, Florien, Florin, Floride, Flory, Floryan. Forme basque : Floriano. *Caractérologie :* détermination, pratique, raisonnement, communication, enthousiasme.

Florient
600

Fleur (latin). *Caractérologie :* idéalisme, altruisme, intégrité, réflexion, analyse.

Florimond
550

Fleur (latin). *Variante :* Florimon. *Caractérologie :* méditation, savoir, intelligence, caractère, logique.

Floris
800

Fleur (latin). Floris est plus particulièrement répandu dans les cultures néerlandophones. *Variante :* Florice.

F

Caractérologie : sagacité, philosophie, raisonnement, spiritualité, originalité.

Floyd
170

Cheveux gris (gallois). *Caractérologie :* achèvement, vitalité, ardeur, leadership, stratégie.

Forrest
- de 30

Patronyme anglophone dérivé du nom forest (« forêt » en ancien français). Forrest est également le prénom du héros de *Forrest Gump*, film très célèbre de Robert Zemeckis produit en 1994. *Caractérologie :* intuition, relationnel, médiation, fidélité, détermination.

Fortune
600

Heureux, fortuné (latin). *Caractérologie :* raisonnement, altruisme, intégrité, idéalisme, réflexion.

Foster
- de 30

Gardien de forêt (anglais). Masculin anglais. *Caractérologie :* fidélité, intuition, relationnel, médiation, décision.

Fouad
5 000

Généreux, qui a du cœur (arabe). On peut estimer que moins de 30 enfants seront prénommés ainsi en 2022. *Variantes :* Foad, Fouaad, Fouade, Fouede, Fouhad. *Caractérologie :* adaptabilité, relationnel, intuition, fidélité, médiation.

Foucauld
650 TOP 2 000

Peuple de la forêt (germanique). Se rapporte également à Charles de Foucauld, prêtre assassiné en 1916 à Tamanrasset. *Variante :* Foucault. *Caractérologie :* intuition, médiation, adaptabilité, relationnel, fidélité.

Foued
1 000

Généreux, qui a du cœur (arabe). *Variante :* Fouhed. *Caractérologie :* bienveillance, conscience, caractère, paix, conseil.

Foulques
180

Peuple (germanique). *Caractérologie :* résolution, relationnel, raisonnement, assurance, sociabilité.

Franc
800

Libre, français (latin). *Caractérologie :* équilibre, détermination, responsabilité, famille, raisonnement.

France
600

Libre, français (latin). *Caractérologie :* sociabilité, diplomatie, réceptivité, décision, logique.

Francesco
2 500 TOP 2 000

Libre, français (latin). Masculin italien. *Caractérologie :* enthousiasme, pratique, communication, raisonnement, détermination.

Francis
109 000 TOP 2 000

Libre, français (latin). Cette forme anglaise de François, répandue depuis des siècles dans les pays anglophones, a connu son apogée en France en 1952. Après avoir culminé au 20e rang masculin, elle s'est repliée pour disparaître à la fin du siècle. *Variante :* Francys. *Caractérologie :* savoir, intelligence, méditation, analyse, résolution.

Francisco
6 500 TOP 1 000

Libre, français (latin). Masculin espagnol et portugais. *Caractérologie :* détermination, spiritualité, connaissances, raisonnement, sagacité.

Francisque
550

Libre, français (latin). *Caractérologie :* analyse, audace, énergie, découverte, résolution.

F

Franck
167 000 TOP 2 000

Libre, français (latin). Évocateur du peuple des Francs, ce diminutif de Francis a surgi dans l'Hexagone au milieu des années 1960. Sans faire de grandes vagues, Franck s'est placé au 13e rang français à son sommet. Il est beaucoup moins répandu que le Frank anglophone ou germanophone qui a décollé dès le milieu du XIXe siècle dans de nombreux pays. *Caractérologie :* stratégie, achèvement, détermination, vitalité, raisonnement.

Francky
1 900

Libre, français (latin). On peut estimer que moins de 30 enfants seront prénommés ainsi en 2022. *Variantes :* Franco, Francki, Franckie, Franki, Frankie. Formes bretonnes : Soaig, Soizic. *Caractérologie :* sympathie, responsabilité, équilibre, famille, analyse.

Franco
1 900

Libre, français (latin). Masculin espagnol et italien. On peut estimer que moins de 30 enfants seront prénommés ainsi en 2022. *Caractérologie :* raisonnement, pragmatisme, communication, optimisme, créativité.

F

François
226 000 TOP 600

Ce prénom ancien a été porté par plusieurs saints, deux rois de France, et plus récemment, deux présidents français et un pape. Il vient du latin *francus*, « homme libre », et signifie également « le Français » depuis que saint François d'Assise, né sous le nom de Giovanni, fut renommé Francesco par son père : ce dernier revenait si heureux d'un voyage d'affaires en France qu'il voulut ainsi rendre hommage à ce pays. Si Francesco et François se sont propagés ensemble au XIIIe siècle, François est rapidement devenu l'unique forme incontourable en France. Il est très fréquent au moment du règne de François Ier, au XVIe siècle, et restera l'un des 10 prénoms les plus attribués jusqu'au XIXe siècle. François a dû reprendre son souffle pour se hisser aux portes du top 20 français en 1961, son dernier point culminant. ◇ Le 4 octobre célèbre la fête de saint François d'Assise (1182-1226), le plus connu des saints porteurs du nom. Saint François d'Assise vendit ses biens au profit des pauvres, fonda un ordre qui porta son nom et partit évangéliser les campagnes. Il prêcha la foi aux musulmans de Syrie et d'Égypte, et plaida pour l'arrêt de la guerre opposant chrétiens et musulmans auprès du sultan de Damiette. ◇ Artisan de la Réforme catholique, saint François de Sales (1567-1622) est le patron des journalistes. Il est fêté le 24 janvier. *Caractérologie :* structure, sécurité, persévérance, raisonnement, détermination.

François-Xavier
7 000

Forme composée de François et Xavier. Masculin français. On peut estimer que moins de 30 enfants seront prénommés ainsi en 2022. *Caractérologie :* volonté, intuition, médiation, relationnel, analyse.

Frank
10 000

Libre, français (latin). En dehors de l'Hexagone, Frank est très répandu dans les pays anglophones, germanophones et néerlandophones. On peut estimer que moins de 30 enfants seront prénommés ainsi en 2022. *Caractérologie :* courage, dynamisme, curiosité, indépendance, détermination.

Franklin
750

Libre, français (latin). Masculin anglais. *Caractérologie :* persévérance, résolution, structure, sécurité, analyse.

Changement de prénom

En 2016, la loi de modernisation de la justice du XXIe siècle a grandement simplifié la procédure du changement de prénom. Avant cette loi, il fallait passer par un avocat, déposer la requête au tribunal, puis être entendu par un juge aux affaires familiales et un procureur. Autant dire que la démarche était longue et coûteuse... Depuis 2017, il suffit de déposer un dossier à sa mairie de naissance ou de résidence.

Contrairement au changement de patronyme, cette procédure est gratuite. Plus simple, elle n'est pas automatique pour autant. L'officier d'état civil doit apprécier « l'intérêt légitime » de la requête. Qu'il s'agisse d'un prénom ridicule, péjoratif, extravagant, ou difficile à assumer, il convient d'étayer solidement sa demande, en multipliant les pièces justificatives et les témoignages de l'entourage professionnel ou familial. Si le bénéficiaire du changement est mineur, la demande doit être faite par son représentant légal. S'il a plus de 13 ans, son accord est obligatoire.

Si le dossier constitué en mairie est considéré comme irrecevable, il peut être transféré au procureur de la République. Si ce dernier s'oppose au changement de prénom, le demandeur peut alors saisir, en dernier recours, le juge aux affaires familiales.

Vous l'aurez compris, il n'est pas possible de changer de prénom pour de simples motifs de convenance personnelle.

Franky
650

Libre, français (latin). *Caractérologie :* créativité, optimisme, communication, pragmatisme, détermination.

Frantz
5 000

Libre, français (latin). On peut estimer que moins de 30 enfants seront prénommés ainsi en 2022. *Variante :* Frans. *Caractérologie :* structure, sécurité, sensibilité, persévérance, détermination.

Franz
900

Libre, français (latin). Masculin allemand. *Caractérologie :* médiation, fidélité, détermination, relationnel, intuition.

Fred
3 500 ↗

Diminutif des prénoms formés avec Fred. Masculin anglais, néerlandais, allemand et français. *Variante :* Frede. *Caractérologie :* famille, équilibre, responsabilité, influence, volonté.

Freddy
15 000

Pouvoir de la paix (germanique). On peut estimer que moins de 30 enfants seront prénommés ainsi en 2022. *Variantes :* Fredy, Freddie. *Caractérologie :* ténacité, méthode, fiabilité, engagement, volonté.

F

Frédéric
299 000 TOP 2 000 ↘

Pouvoir de la paix (germanique). Ce grand prénom royal a été, sous ses différentes graphies, porté par une trentaine de souverains germaniques, prusses, danois, suédois et norvégiens. Il est fréquent dans les pays anglo-saxons et scandinaves à partir du XVIIIe siècle, mais il peine à briller en France. C'est bien plus tard, au terme d'une progression lente mais constante, qu'il se révèle au XXe siècle. Il culmine au 4e rang masculin en 1973, après la gloire d'Éric, avant de chuter brutalement. Il s'orthographie sans accent en dehors de l'Hexagone. ◇ Surnommé Barberousse, Frédéric Ier (Friedrich en allemand) fut le premier roi de Prusse au XVIIIe siècle. Son fils et successeur, Frédéric II le Grand, réorganisa ses États et fit de son armée une force militaire redoutable. Intellectuel francophile, il tissa des liens avec Voltaire et les plus grands savants de son époque. *Caractérologie :* dynamisme, curiosité, logique, courage, caractère.

Frederick
4 500

Pouvoir de la paix (germanique). Masculin anglais. On peut estimer que moins de 30 enfants seront prénommés ainsi en 2022. *Variantes :* Frederi, Frederich, Frederico, Fredric, Friedrich, Fritz. *Caractérologie :* méditation, savoir, volonté, intelligence, raisonnement.

Frederik
1 100

Pouvoir de la paix (germanique). On peut estimer que moins de 30 enfants seront prénommés ainsi en 2022. *Caractérologie :* fiabilité, méthode, engagement, ténacité, caractère.

Fulbert
400

Peuple brillant (germanique). *Caractérologie :* enthousiasme, communication, adaptation, pratique, analyse.

Fulgence
- de 30

Fulgurant (latin). *Variantes :* Fulgencio, Fulgent. *Caractérologie :* direction, dynamisme, audace, cœur, indépendance.

Fulvio
- de 100

Couleur jaune, blond (latin). Masculin italien. *Variante :* Fulvien. *Caractérologie :* ténacité, méthode, fiabilité, engagement, logique.

G

Gabin
42 000 **TOP 50**

Qui vient de Gabium (latin). Gabium désigne une ancienne ville du Latium, en Italie centrale. *Variantes :* Gabino, Gabyn. *Caractérologie :* paix, bienveillance, conscience, conseil, décision.

Gabriel
127 000 **TOP 50**

Force de Dieu (hébreu). *Variantes :* Gabe, Gabi, Gabirel, Gabriele, Gabryel. *Caractérologie :* altruisme, idéalisme, détermination, amitié, intégrité.

Gaby
1 700 **TOP 900**

Force de Dieu (hébreu). Masculin anglais. *Caractérologie :* force, ambition, habileté, passion, management.

Gad
350

Heureux, fortuné (hébreu). Dans l'Ancien Testament, Gad est le fils de Jacob et de Zilpa, la servante de Léa. *Caractérologie :* communication, pratique, enthousiasme, réalisation, adaptation.

Gadiel
- de 30

Fortune de Dieu (hébreu). *Caractérologie :* intuition, relationnel, réussite, médiation, cœur.

Gaël
34 000 **TOP 300**

Seigneur généreux (celte). Ancien peuple celte, les Gaëls s'établirent en Irlande à la fin du Ve siècle. Ce prénom breton s'orthographie souvent sans tréma. *Variante :* Gaelig. *Caractérologie :* méditation, savoir, intelligence, cœur, indépendance.

Gaétan
49 000 TOP 500

De Gaète, ville d'Italie (latin). Gaëtan peut également s'orthographier avec un tréma, mais il n'en porte aucun dans sa forme traditionnelle provençale. *Variante :* Gaéthan. *Caractérologie :* communication, enthousiasme, pratique, générosité, adaptation.

Gaetano
550

De Gaète, ville d'Italie (latin). *Caractérologie :* altruisme, réflexion, dévouement, intégrité, idéalisme.

Gaïl
- de 30

Variante anglophone de Gaël. Masculin anglais. *Caractérologie :* sensibilité, médiation, fidélité, conseil, intuition.

Gaïus
- de 30

Variante de Caius, ancien prénom latin issu du grec *gaia*, la terre. *Caractérologie :* communication, générosité, pratique, adaptation, enthousiasme.

Gamiel
- de 30

Dieu est ma récompense (hébreu). *Caractérologie :* relationnel, sympathie, intuition, médiation, réalisation.

Gary
5 500 TOP 2 000

Lance, gouverner (germanique). Masculin anglais. *Variante :* Garry. *Caractérologie :* paix, sagesse, bienveillance, conscience, conseil.

Gaspard
22 000 TOP 50

Gardien du trésor (hébreu). *Variantes :* Caspar, Casper, Gaspar, Jasper. *Caractérologie :* optimisme, communication, créativité, pragmatisme, réalisation.

Gaston
15 000 TOP 300

Accueillant (germanique). Masculin français. Évêque d'Arras, Gaston (ou saint Vaast) aurait été l'instructeur religieux de Clovis avant son baptême. *Caractérologie :* fiabilité, engagement, méthode, ténacité, sens du devoir.

Gatien
3 000 TOP 900

Grâce (latin). *Caractérologie :* sociabilité, réceptivité, diplomatie, résolution, loyauté.

Gaultier
600

Commander, gouverner (germanique). *Variante :* Gaulthier. *Caractérologie :* communication, détermination, enthousiasme, amitié, pratique.

Gauthier
17 000 TOP 300

Commander, gouverner (germanique). Masculin français. *Caractérologie :* stratégie, achèvement, vitalité, attention, action.

Gautier
8 500 TOP 2 000

Commander, gouverner (germanique). Masculin français et occitan. *Caractérologie :* rêve, détermination, humanité, amitié, rectitude.

Gauvain
550 TOP 2 000

Faucon de plaine (gallois). Gawain, le neveu du roi Arthur, est considéré comme l'un des meilleurs chevaliers de la Table ronde. Gauvain est la forme française de ce prénom. *Variantes :* Gavin, Gauvin. *Caractérologie :* optimisme, pragmatisme, réalisation, amitié, communication.

Gaylord
2 000

Gaillard (vieux français). Masculin anglais. On peut estimer que moins de 30 enfants seront prénommés ainsi en 2022. *Variante :* Gaylor. *Caractérologie :* dynamisme, audace, réalisation, analyse, direction.

Gédéon
300

Qui coupe les arbres (hébreu). *Caractérologie :* originalité, énergie, découverte, caractère, audace.

G

Geoffray
1 300

La paix de Dieu (germanique). Masculin français. On peut estimer que moins de 30 enfants seront prénommés ainsi en 2022. *Caractérologie :* relationnel, médiation, intuition, fidélité, décision.

Geoffrey
27 000

La paix de Dieu (germanique). En dehors de l'Hexagone, Geoffrey est répandu dans les pays anglophones. On peut estimer que moins de 30 enfants seront prénommés ainsi en 2022. *Variante :* Gottfried. *Caractérologie :* bienveillance, paix, conscience, sagesse, conseil.

Geoffroy
8 000

La paix de Dieu (germanique). Dans l'Hexagone, Geoffroy est plus traditionnellement usité dans les Flandres. On peut estimer que moins de 30 enfants seront prénommés ainsi en 2022. *Variantes :* Geoffroi, Goeffrey. *Caractérologie :* connaissances, sagacité, originalité, spiritualité, philosophie.

George
1 100 TOP 2 000

Labourer le sol (grec). Prénom anglais et roumain. *Caractérologie :* optimisme, créativité, pragmatisme, communication, sociabilité.

G

Georges
119 000 TOP 300

Labourer le sol (grec). Peu connu par le passé, Georges entame une carrière anglaise sous le règne de George Ier (1714-1727). Ce patronage royal assure le succès du prénom dans le monde anglophone avant de le propulser dans l'Hexagone. Bien qu'il ait atteint son apogée à la fin du XIXe siècle, Georges se maintient parmi les 10 premiers choix français de 1900 à 1929. Une gloire qui fait de lui le 17e prénom le plus attribué du XXe siècle en France. ◇ Soldat romain né en Cappadoce, saint Georges mourut martyr en 303 sous le règne de Dioclétien. Une légende raconte qu'il aurait tué un dragon dans un camp libyen afin de sauver une princesse qui allait lui être sacrifiée. Patron de l'Angleterre, saint Georges a inspiré la création de la croix de saint Georges, récompense attribuée aux plus braves et courageux. George Washington (1732-1799), le premier président des États-Unis, Georges Pompidou (1911-1974), président français, et plusieurs rois d'Angleterre ont illustré ce prénom. Et depuis l'été 2013, un nouvel héritier à la couronne britannique se prénomme George : le fils de Kate Middleton et du prince William. *Variantes :* Georgie, Georgio, Georgy, Jurgen, Jorj. *Caractérologie :* structure, sécurité, persévérance, efficacité, détermination.

Gérald
29 000

Lance, gouverner (germanique). Masculin français et anglais. On peut estimer que moins de 30 enfants seront prénommés ainsi en 2022. *Variantes :* Géralde, Geraldo, Geraldy. *Caractérologie :* sociabilité, réceptivité, diplomatie, réalisation, sympathie.

Gérard
259 000

Lance puissante (germanique). Les troupes normandes de Guillaume le Conquérant ont introduit ce prénom en Angleterre au XIe siècle. Gérard y fait tant d'émules qu'il fera carrière dans l'ensemble des pays anglo-saxons jusqu'au XVIIe siècle. En France comme outre-Manche, Gérard renaît dans les années 1920. Il a culminé dans les 10 premiers rangs français de 1938 à 1950. ◇ Abbé de Brogne au Xe siècle, saint Gérard réforma plusieurs abbayes dans le nord-est de la France. On peut estimer que moins de 30 enfants seront prénommés ainsi en 2022. *Variantes :* Gérardin, Gerardo, Gerbert, Gerhard. Variante alsacienne : Guerard.

Gabin

Fête :
19 février

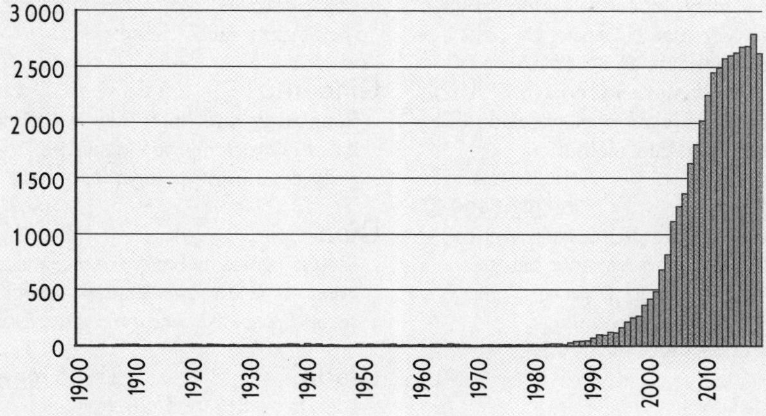

Étymologie
Se rapporte à *Gabinus* « qui vient de Gabium », en latin. Gabium désigne une ancienne ville du Latium, en Italie centrale. Mais l'origine pouvant expliquer l'essor de ce prénom est très différente. Gabin aurait pour ancêtre Gauvain, le neveu du roi Arthur. Chevalier de la Table ronde, Gauvain avait toutes les qualités d'un gentleman et portait souvent l'épée Excalibur. Selon la légende, sa force se trouvait décuplée avec la lumière du soleil. Véhiculée par les légendes arthuriennes au Moyen Âge, la popularité de ce personnage assura au prénom une large diffusion en France et en Grande-Bretagne*.

Gawain réapparaît en Écosse au XVIe siècle et surgit sous la forme de Gabin en Occitanie, notamment en Provence. C'est précisément cette graphie qui renaît dans les années 1980 en France. L'acteur Jean Gabin (1904-1976) a peut-être contribué à son succès, et peu importe que son nom de naissance ait été Jean Alexis Moncorgé. Aujourd'hui, Gabin s'envole avec toute la fougue d'un prénom neuf. Il devrait conforter sa place dans le top 20 national en 2022. Sa progression internationale est encore imperceptible.

Sous le règne de l'empereur Dioclétien au IIIe siècle, **saint Gavino** mourut en martyr avec sa fille en Sardaigne.

Personnage de l'Ancien Testament, **Jabin**, le roi de Hazor (en Galilée), dirige une coalition contre les Israélites. Il est vaincu par les troupes de Josué et la ville est brûlée.

Personne célèbre
Gabin Nuissier, chorégraphe français, né en 1965.

Statistiques
Gabin est le 41e prénom masculin le plus donné en France depuis l'an 2000. Il est attribué à près d'un garçon sur 130 aujourd'hui.

* Gawain était alors l'équivalent anglais de Gauvain. Aujourd'hui, la forme anglophone la plus usitée est Gavin.

G

Caractérologie : décision, achèvement, vitalité, stratégie, réussite.

Géraud
2 000

Lance, gouverner (germanique). Géraud d'Aurillac, comte et fondateur de l'abbaye d'Aurillac, vécut au IXe siècle. On peut estimer que moins de 30 enfants seront prénommés ainsi en 2022. *Caractérologie :* relationnel, médiation, intuition, sympathie, réalisation.

Germain
11 000 TOP 2 000

De même sang (latin). Masculin français. *Variante :* Germano. Variante basque et occitane : German. *Caractérologie :* sécurité, structure, réalisation, persévérance, détermination.

Germinal
300

Période du début du printemps dans le calendrier révolutionnaire. *Caractérologie :* sagacité, sympathie, connaissances, réalisation, spiritualité.

Gérôme
1 300

Nom sacré (grec). Voir Jérôme. On peut estimer que moins de 30 enfants seront prénommés ainsi en 2022. *Caractérologie :* rêve, tolérance, volonté, rectitude, humanité.

Gervais
2 500

Prêt au combat (germanique). Masculin français. On peut estimer que moins de 30 enfants seront prénommés ainsi en 2022. *Caractérologie :* détermination, humanité, rectitude, rêve, réalisation.

Géry
1 100

Diminutif des prénoms formés avec « Ger ». On peut estimer que moins de 30 enfants seront prénommés ainsi en 2022. *Variante :* Gerry. *Caractérologie :* autorité, innovation, ambition, autonomie, énergie.

Ghislain
11 000

Doux (germanique). Masculin français. On peut estimer que moins de 30 enfants seront prénommés ainsi en 2022. *Variantes :* Ghyslain, Gyslain. *Caractérologie :* sympathie, intelligence, méditation, savoir, ressort.

Giacomo
500

Supplanter, substituer (hébreu). Masculin italien. *Caractérologie :* idéalisme, intégrité, altruisme, logique, réussite.

Gian
250

Dieu fait grâce (hébreu). Prénom italien. *Variante :* Gyan. *Caractérologie :* structure, sécurité, persévérance, efficacité, résolution.

Gianni
7 500 TOP 200

Dieu fait grâce (hébreu). Masculin italien. *Variantes :* Gian, Giani, Gianny. *Caractérologie :* idéalisme, décision, réflexion, humanité, fiabilité.

Gidéon
- de 100

Qui coupe les arbres (hébreu). *Caractérologie :* rêve, rectitude, ouverture d'esprit, humanité, caractère.

Gil
3 000

Diminutif des prénoms formés avec Gil. Masculin espagnol, portugais et anglais. On peut estimer que moins de 30 enfants seront prénommés ainsi en 2022. *Caractérologie :* énergie, autorité, ambition, autonomie, innovation.

Gilane
- de 30

Contraction de Gilles et Anne. *Caractérologie :* communication, pragmatisme, détermination, créativité, amitié.

Gilbert
90 000

Promesse brillante (germanique). Évêque de Meaux au XIIe siècle, saint Gilbert

G

Gabriel

Fête :
29 septembre

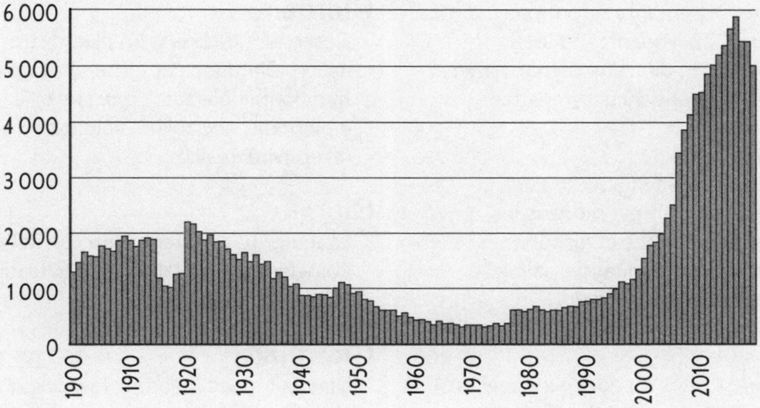

Étymologie
De l'hébreu *gabor* et *el*, « force de Dieu ». Si Gabriel a connu une certaine faveur au Moyen Âge, l'engouement pour ce prénom s'estompe et se déplace de la France aux pays anglophones. Plusieurs siècles d'éclipse partielle lui sont imposés avant qu'il ne renaisse à la fin des années 1990. Il repart alors comme une fusée et décroche le 1er rang parisien de 2007 à 2020, avant de s'imposer au sommet du classement national. Le jaillissement de Raphaël, qui rime avec lui, a favorisé ce retour, mais c'est à l'essor des prénoms de l'Ancien Testament qu'il doit sa gloire.

Comme la plupart des référents bibliques, Gabriel jouit d'une immense notoriété internationale. Bien que sa popularité soit variable selon les pays, il descend rarement en seconde division des classements. En zone francophone, il trône sur les palmarès suisse romand et wallon et n'a pas à rougir de sa position dominante au Québec. Gabriel se prête peu aux variations, mais le diminutif Gaby est attribué dans les deux genres.

La version féminine reprend quant à elle des couleurs. Près de 1 000 petites filles recevront ce prénom cette année. Gabrielle a été propulsée au 13e rang parisien, soit une progression de 18 places en 2 ans.

Gabriel est vénéré dans le judaïsme, le christianisme et l'islam. Dans l'Ancien Testament, il est le messager du ciel qui aide le prophète Daniel à interpréter ses songes. Il apparaît sous la même forme dans le Nouveau Testament pour annoncer à Marie qu'elle va mettre au monde l'Enfant Jésus. Enfin, dans le Coran, **Djibril** (l'équivalent arabe de Gabriel) est considéré comme l'ange porteur d'ordres et de châtiments divins. C'est lui qui révèle le Coran à Mahomet.

L'archange Gabriel est le patron des postiers et de nombreux métiers de la communication.

Statistiques
Gabriel est le 9e prénom masculin le plus donné en France depuis l'an 2000. Il est attribué à près d'un garçon sur 70 aujourd'hui.

fonda deux monastères, l'un dans l'Allier, et l'autre dans le Puy-de-Dôme. En dehors de l'Hexagone, Gilbert est très répandu dans les pays anglophones et en Allemagne. On peut estimer que moins de 30 enfants seront prénommés ainsi en 2022. *Variante :* Wilbert. *Caractérologie :* direction, dynamisme, audace, indépendance, sympathie.

Gilberto
250

Promesse brillante (germanique). Gilberto est très répandu dans les pays hispanophones et lusophones. *Caractérologie :* méditation, savoir, logique, intelligence, cœur.

Gildas
7 000

Chevelure (celte), ou doré (vieil anglais). Prénom breton. On peut estimer que moins de 30 enfants seront prénommés ainsi en 2022. *Variantes :* Gidas, Jildas, Jildaz. *Caractérologie :* connaissances, spiritualité, originalité, réalisation, sagacité.

Gilles
151 000

Bouclier, protection (grec). De nombreuses légendes entourent ce prénom français. Ermite dans le Gard au Ve siècle, saint Gilles fit bâtir un monastère sur l'un des chemins de Compostelle. Depuis, ce lieu est devenu le village de Saint-Gilles-du-Gard. ◊ On dit que l'égide, origine étymologique de Gilles, était le bouclier miraculeux d'Athéna et Zeus. On peut estimer que moins de 30 enfants seront prénommés ainsi en 2022. *Variantes :* Ghiles, Giles, Gille, Gilian, Gillian, Gill. Forme occitane : Geli. *Caractérologie :* cœur, énergie, autorité, innovation, décision.

Gillian
600

De la famille romaine de Iule (latin). Masculin anglais. *Caractérologie :* énergie, bonté, autorité, innovation, détermination.

Gino
5 500 TOP 600

Royal (latin). Masculin italien. *Variantes :* Gine, Ginno. *Caractérologie :* idéalisme, altruisme, intégrité, réflexion, dévouement.

Giordano
- de 100

Descendre (hébreu). En plus d'être italien, Giordano est également un choix traditionnel basque. *Caractérologie :* diplomatie, sociabilité, volonté, réceptivité, réalisation.

Giorgio
450

Labourer le sol (grec). Masculin italien. *Caractérologie :* vitalité, ardeur, leadership, achèvement, stratégie.

Giovanni
10 000 TOP 500

Dieu fait grâce (hébreu). Masculin italien. *Variantes :* Giovani, Giovany, Giovanny, Jovanny. *Caractérologie :* audace, direction, dynamisme, caractère, réussite.

Giovanny
1 100 TOP 2 000

Dieu fait grâce (hébreu). *Caractérologie :* volonté, habileté, réalisation, force, ambition.

Girard
150

Lance puissante (germanique). Dans l'Hexagone, Girard est plus traditionnellement usité en Occitanie, notamment en Provence. *Variante :* Giraud. *Caractérologie :* communication, optimisme, créativité, pragmatisme, réussite.

Gislain
450

Doux (germanique). *Caractérologie :* stratégie, achèvement, cœur, vitalité, décision.

Giulian
2 500 TOP 300

De la famille romaine de Iule (latin). Masculin italien. *Variantes :* Giulian, Giuliano, Giullian. *Caractérologie :* innovation, énergie, ambition, décision, indépendance.

Gaspard

Fête :
28 décembre, 6 janvier

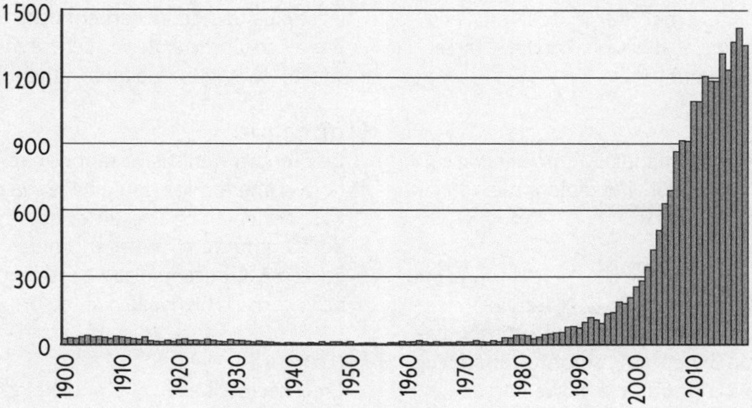

Étymologie
Gaspard se rapporte à *ghizbar*, un nom hébreu d'origine perse signifiant « gardien du trésor ». L'Évangile selon saint Matthieu raconte que des mages venus d'Orient se laissèrent guider par une étoile jusqu'à Bethléem pour honorer Jésus nouveau-né. Au VIe siècle, l'Église nomma ces mages Gaspard, Melchior et Balthazar, mais c'est au XIIe siècle que leur double reconnaissance, liturgique et iconographique, lança la carrière des prénoms.

Gaspard est en faveur du Moyen Âge au début du XIXe siècle, mais il se raréfie ensuite, au point de ne prénommer aucun Français en 1955. Sa renaissance est singulièrement lente jusqu'à la fin des années 1980, où ses attributions frémissent dans la capitale. Il s'est imposé dans les 10 premiers rangs parisiens en 2018 et a intégré dans la foulée le top 50 national.

Dans les peintures du XIIe siècle, Gaspard apparaît sous les traits d'un jeune homme imberbe au teint clair, agenouillé pour offrir l'or à Jésus. À ses côtés, Melchior, le plus âgé des trois, offre l'encens pendant que Balthazar, le roi maure coiffé d'un turban, tend la myrrhe. Ensemble, ils représentent les peuples et les continents connus de l'époque ; l'Asie, l'Europe et l'Afrique. Cet épisode biblique fut également immortalisé par Rubens au début du XVIIe siècle.

Saint Gaspard del Bufalo, évangélisateur italien au XVIIIe siècle, est fêté le 28 décembre.

Personnes célèbres
Gaspard Koenig, écrivain français, né en 1982 ; Gaspard Ulliel, acteur français, né en 1984 ; Gaspard Proust, humoriste français, né en 1976.

Statistiques
Gaspard est le 77e prénom masculin le plus donné en France depuis l'an 2000. Il est attribué à près d'un garçon sur 255 aujourd'hui. Notons que son féminin Gasparine n'a pas été attribué depuis 1927.

Giulio
750 TOP 700

De la famille romaine de Iule (latin). Prénom italien. *Caractérologie :* raisonnement, énergie, autorité, ambition, innovation.

Giuseppe
2 000

Dieu ajoutera (hébreu). Masculin italien. *Caractérologie :* décision, habileté, force, ambition, cœur.

Glen
500

Vallée boisée (irlandais). *Caractérologie :* sociabilité, réceptivité, diplomatie, loyauté, cœur.

Glenn
1 600

Vallée boisée (irlandais). Masculin écossais et anglais. On peut estimer que moins de 30 enfants seront prénommés ainsi en 2022. *Caractérologie :* cœur, méditation, intelligence, savoir, indépendance.

Godard
- de 30

Divinement ferme (germanique). *Caractérologie :* fiabilité, ténacité, méthode, réussite, engagement.

Godefroy
800

La paix de Dieu (germanique). *Variante :* Godefroi. *Caractérologie :* indépendance, volonté, courage, dynamisme, curiosité.

Gohan
200 TOP 2 000

Chouette (celte), riz cuit (japonais). Gohan est également un personnage du manga *Dragon Ball*. *Caractérologie :* rêve, humanité, ouverture d'esprit, rectitude, générosité.

Gonthier
- de 30

Combat, armée (germanique). Dans l'Hexagone, Gonthier est plus traditionnellement usité en Alsace. *Caractérologie :* paix, conscience, bienveillance, sensibilité, action.

Gontran
750

Combat, corbeau (germanique). Roi de Bourgogne de 561 à 592, saint Gontran œuvra pour la paix et la christianisation de la population. Ce prénom rare a traversé les siècles sans pour autant disparaître. Il est plus traditionnellement usité en Provence. *Caractérologie :* achèvement, vitalité, stratégie, résolution, ardeur.

Gonzague
1 600

Ce prénom français se rapporte au nom d'une famille noble italienne du XVIe siècle. On peut estimer que moins de 30 enfants seront prénommés ainsi en 2022. *Caractérologie :* conscience, paix, conseil, bienveillance, cœur.

Goran
900

Croix sacrée (basque). *Caractérologie :* indépendance, audace, direction, dynamisme, résolution.

Gordon
400

Colline triangulaire (anglais). Masculin écossais et anglais. *Caractérologie :* audace, dynamisme, direction, caractère, indépendance.

Gorka
140

Dérivé basque de Georges : labourer le sol (grec). *Caractérologie :* connaissances, spiritualité, philosophie, sagacité, originalité.

Goulven
1 100

Blanc, heureux (celte). Prénom breton. On peut estimer que moins de 30 enfants seront prénommés ainsi en 2022. *Variante :* Goulwen. *Caractérologie :* responsabilité, équilibre, amitié, famille, volonté.

Gracien
- de 30

Grâce (latin). *Variante :* Grace. *Caractérologie :* communication, optimisme, résolution, pragmatisme, sympathie.

G

Graham
- de 100

Maison grise (anglo-saxon), patronyme écossais ancien. Graham est recensé dans les pays anglophones. *Variante :* Grahem. *Caractérologie :* pratique, communication, ressort, réalisation, enthousiasme.

Grant
- de 30

Grand, généreux (anglais). Masculin écossais et anglais. *Caractérologie :* paix, bienveillance, conseil, conscience, décision.

Gratien
600

Grâce (latin). Masculin français. *Variantes :* Gratian, Graziano. *Caractérologie :* loyauté, sociabilité, résolution, réceptivité, diplomatie.

Greg
750

Veilleur, vigilant (grec). Masculin anglais. *Variantes :* Graig, Gregg. *Caractérologie :* direction, audace, indépendance, assurance, dynamisme.

Grégoire
24 000 TOP 600

Veilleur, vigilant (grec). Prénom français. Auteur des *Dialogues* et pape en 590, Grégoire Ier le Grand est l'un des quatre Pères de l'Église d'Occident. Sa popularité nourrit le succès de ce prénom pendant des siècles. Parmi ses successeurs, 15 papes se firent prénommer Grégoire. *Caractérologie :* communication, pragmatisme, optimisme, créativité, sociabilité.

Grégory
90 000 TOP 2 000

Veilleur, vigilant (grec). En dehors de l'Hexagone, Gregory est très répandu dans les pays anglophones. *Variantes :* Gregor, Grégori, Grégorie, Grégorio. *Caractérologie :* dynamisme, courage, charisme, curiosité, indépendance.

Griffin
- de 30

Noble (celte). Masculin anglais. *Variante :* Griffith. *Caractérologie :* responsabilité, équilibre, famille, influence, exigence.

Guénaël
1 600

Blanc, heureux, prince (celte). Prénom breton. On peut estimer que moins de 30 enfants seront prénommés ainsi en 2022. *Variante :* Ganael. *Caractérologie :* loyauté, sympathie, sociabilité, réceptivité, diplomatie.

Guenhaël
250

Blanc, heureux, généreux (celte). Prénom breton. *Caractérologie :* autorité, énergie, ambition, amitié, innovation.

Guénolé
800

Blanc, heureux, valeur (celte). Prénom breton. *Caractérologie :* savoir, indépendance, méditation, intelligence, sympathie.

Guérande
- de 30

Célèbre nom des salines bretonnes de Guérande. *Caractérologie :* optimisme, communication, pragmatisme, sympathie, réalisation.

Guerric
400

Puissant protecteur (germanique). *Caractérologie :* rectitude, sympathie, ouverture d'esprit, rêve, humanité.

Gui
- de 100

Forêt (germanique). Dans l'Hexagone, Gui est plus traditionnellement usité en Occitanie et en Provence. *Caractérologie :* autonomie, autorité, innovation, ambition, énergie.

Guido
450

Guide (latin). Masculin italien. *Caractérologie :* loyauté, raisonnement, adaptabilité, intuition, médiation.

Destin et évolution de la forme composée...

Depuis l'assouplissement de la législation, en 1993, le catalogue des choix composés s'est enrichi de compositions inédites. Certaines sont devenues si célèbres (Lily-Rose, Lou-Anne) qu'elles s'exportent au-delà des frontières. Malgré ce succès, seuls 4 % des prénoms attribués sont des composés. Ce chiffre, en deçà de la réalité (les compositions qui sont données à moins de 3 personnes éludent les recensements), est comparable au niveau d'attribution observé dans les années 1900. Revenons en arrière pour mieux apprécier leur évolution...

Les années 1900-1940

En 1900, on dénombre près de 90 compositions attribuées à plus de 3 personnes en France, soit 5 % des attributions totales. Le répertoire est alors beaucoup plus restreint, et la législation laisse peu de liberté aux parents. Dans ce contexte, on peut s'étonner que la forme composée n'ait pas été plus massivement utilisée pour former des assemblages originaux : les officiers d'état civil, si prompts à refuser les choix peu ordinaires, n'auraient pas pu rejeter l'association de deux grands noms. Mais au début du XXe siècle, le genre composé n'est pas vraiment en faveur. Seuls Marie-Louise et Jean-Baptiste, respectivement placés 45e et 78e, figurent dans les 100 premiers choix français.

Les années 1940-1970

Durant la première partie du XXe siècle, toutes les compositions sont formées de Jean pour les garçons, Marie pour les filles. Anne-Marie, l'unique innovation qui ose placer Anne avant Marie, ne s'envole qu'à la fin des années 1940. C'est précisément à cette époque que l'engouement pour les compositions se précise, portant rapidement Jean-Pierre et Jean-Claude aux 20 premiers rangs du classement. Sans compter la multitude d'assemblages qui les suit de près. Leur envolée se poursuit dans les deux genres et culmine en 1955, où 25 d'entre eux percent dans le top 100, Jean-Pierre et Marie-Christine en tête. Cette décennie historique marque l'apogée du prénom composé.

Dans les années qui suivent, le genre composé décline mais ne disparaît pas. Il bénéficie même d'une certaine prospérité jusque dans les années 1970. Durant cette période, on dénombre 15 à 20 assemblages dans l'élite des classements annuels. Avec plus d'innovations chez les filles : Anne-Sophie prend la tête des duos féminins en 1975, devançant pour la première fois ceux qui incluent Marie. Cela ne trouble en rien Jean-Baptiste qui règne sur les compositions masculines et la dynastie des Jean de 1981 à 2007.

Les années 1980-1990

La décennie 1980 marque le déclin des prénoms assemblés. À l'exception d'Anne-Sophie et de Jean-Baptiste, les compositions s'effacent progressivement du top 100. Elles en disparaissent totalement en 1999 et n'auraient peut-être pas ressurgi si Lou-Ann(e) ne s'était pas imposée dans le top 80 français en 2004. Son succès fait sensation, au point que Louane tout court s'envole rapidement au sommet. Lou-Ann(e) ouvre la voie à Lily-Rose, une nouveauté qui fleurit en France et dans les pays francophones. Dans le même temps, Léo-Paul et Pierre-Louis deviennent des choix chics et originaux, incontournables dans le registre masculin. Nous n'aurions jamais observé ce retour si Pierre, Charles, Paul et Louis, Lou, Lily et Rose ne s'étaient pas rebellés contre Marie et Jean.

G

Les années 2000
Aujourd'hui, Jean-Pierre, Jean-Claude, Marie-Christine et Marie-Claude sont, dans leur immense majorité, grands-parents, témoins d'une autre génération. Jean n'est plus le composant indispensable des compositions, et Marie s'est effacée au profit de Lily, Lou et Rose. Autre évolution majeure, le succès des compositions arabes n'a jamais été aussi éclatant. Particulièrement chez les garçons. Car si Fatimah-Zahra est bien seule au 3e rang des attributions féminines, Mohamed compose 4 d'entre elles dans le top 10 masculin. Depuis que Mohamed-Amine a supplanté Jean-Baptiste en 2008, l'ascension des compositions arabes s'est accélérée. La révolution du genre composé est en marche et elle n'a pas fini de nous surprendre...

Guilhem
8 000 TOP 900 ↘

Protecteur résolu (germanique). Dans l'Hexagone, Guilhem est plus traditionnellement usité en Occitanie. *Caractérologie :* communication, enthousiasme, pratique, ressort, sympathie.

Guilian
250

Doux (germanique). *Caractérologie :* énergie, innovation, résolution, sympathie, autorité.

Guillaume
206 000 TOP 600 ↘

Protecteur résolu (germanique). Ce prénom riche en histoire doit beaucoup à Guillaume le Conquérant (1027-1087), duc de Normandie célèbre pour avoir été roi d'Angleterre. Très courant en France à la fin du Moyen Âge, Guillaume reste un choix prisé jusqu'à la fin du XVIIIe siècle. Il renaît dans les années 1960, alors que Guy tombe en défaveur, et culmine au 3e rang masculin au milieu des années 1980. Il n'a cependant pas disparu des maternités aujourd'hui.

◇ À la mort d'Édouard le Confesseur, Guillaume de Normandie affirma qu'il était le successeur désigné du roi anglais. Mais son cousin Harold, qui revendiquait la même chose, se fit couronner en premier. Guillaume souleva une armée et partit à la conquête du trône anglais. Vainqueur, il se fit couronner en 1066 et devint l'un des souverains les plus puissants de l'Occident. *Variantes :* Guilem, Guilhelm, Guilherme, Guillermo, Guilhaume, Guillemin, Guyllaume, Gwilherm. *Caractérologie :* relationnel, médiation, intuition, réussite, cœur.

Guillem
800 TOP 2 000 →

Protecteur résolu (germanique). Masculin catalan et occitan. *Caractérologie :* originalité, sagacité, connaissances, amitié, spiritualité.

Guirec
450

Ambre (celte). Prénom breton. *Caractérologie :* idéalisme, altruisme, réflexion, sympathie, intégrité.

Gunther
300

Combat, armée (germanique). Masculin allemand. *Variante :* Gunter. *Caractérologie :* communication, pratique, action, enthousiasme, sensibilité.

Gurval
- de 100

Sagesse, bravoure, valeur (celte). Masculin breton. *Caractérologie :* humanité, rêve, rectitude, ouverture d'esprit, réalisation.

Gurvan
2 000

Sagesse (celte). Prénom breton. On peut estimer que moins de 30 enfants seront prénommés ainsi en 2022. *Variantes :*

Gurvann, Gurwan. *Caractérologie :* réceptivité, réalisation, sociabilité, diplomatie, bonté.

Gustave

7 500 TOP 200

Combattant (germanique). Masculin germanique d'origine scandinave, Gustave serait moins connu s'il n'avait pas été porté par une lignée de six rois suédois. La notoriété du deuxième d'entre eux, Gustave II Adolphe (1594-1632), lance la diffusion progressive du prénom en Europe. Il connaîtra, sous ses différentes formes, une certaine vogue au XIXe siècle. En France, il est illustré par deux célébrités qui ont transcendé les siècles, l'écrivain Gustave Flaubert (1821-1880) et le peintre Gustave Courbet (1819-1877). En perte de vitesse au début du XXe siècle, Gustave quitte rapidement le top 40 français. Il bourgeonne depuis peu et pourrait renaître dans les prochaines années.
◊ Gustave II Adolphe le Grand, roi de Suède, fut si respecté pour son génie militaire qu'il fut surnommé « le Lion du Nord ». Les réformes qu'il mit en place et ses interventions durant la guerre de Trente Ans permirent d'élever la Suède au rang des grandes puissances européennes. Il mourut au combat durant la bataille de Lützen le 16 novembre 1632. *Variantes :* Gustav, Gustavo. *Caractérologie :* curiosité, dynamisme, cœur, réussite, courage.

Guy

155 000

Forêt (germanique). Comme d'autres prénoms médiévaux avant lui, Guy a refait surface dans un passé récent. Diffusé par le culte de plusieurs saints, il fut assez fréquent en Europe du Xe au XVe siècle. Après une période de retrait, il renaît à l'aube du XXe siècle, peut-être sous l'impulsion de Guy de Maupassant (1850-1893), et connaît un succès durable dans l'Hexagone (de 1930 à 1960). Guy a été le 39e prénom le plus attribué du siècle dernier en France. On peut estimer que moins de 30 enfants seront prénommés ainsi en 2022. *Caractérologie :* achèvement, vitalité, stratégie, ardeur, leadership.

Guylain

400

Doux (germanique). *Variantes :* Gislain, Guilain, Guilen, Guillain, Guillian, Guislain, Guylian. *Caractérologie :* achèvement, stratégie, décision, vitalité, cœur.

Gweltaz

350

Chevelure (celte). Masculin breton. *Caractérologie :* attention, persévérance, structure, sécurité, cœur.

Gwen

500

Blanc, heureux (celte). Prénom breton. *Variante :* Gwenn. *Caractérologie :* fiabilité, ténacité, engagement, méthode, sens du devoir.

Gwenaël

9 000 TOP 2 000

Blanc, heureux, prince (celte). Prénom breton. *Variantes :* Gwanal, Gwanael, Gwenal, Gwenel, Gwenhaël, Gwennaël. *Caractérologie :* sécurité, efficacité, persévérance, structure, bonté.

Gwendal

6 000

Blanc, heureux, paiement (celte). Prénom breton. On peut estimer que moins de 30 enfants seront prénommés ainsi en 2022. *Caractérologie :* pratique, réalisation, communication, enthousiasme, bonté.

Gwenole

850

Blanc, heureux, valeur (celte). Prénom breton. *Variante :* Gwennole. *Caractérologie :* rectitude, cœur, humanité, ouverture d'esprit, rêve.

Gwenvaël

200

Contraction de Gwenn et Maël. Prénom breton. *Caractérologie :* habileté, force, ambition, amitié, réalisation.

H

Habib
3 000 TOP 900

Aimé, généreux (arabe). *Caractérologie :* structure, persévérance, efficacité, sécurité, honnêteté.

Hadi
550

Qui guide au droit chemin (arabe). *Variantes :* Haddi, Hady. *Caractérologie :* sécurité, efficacité, honnêteté, persévérance, structure.

Hadriel
140 TOP 2 000

La majesté de Dieu (hébreu). *Caractérologie :* pragmatisme, créativité, communication, décision, optimisme.

Hadrien
6 500 TOP 500

La forme latine Adrianus était portée par une famille romaine habitant la ville d'Adria. C'est elle qui a donné son nom à la mer Adriatique et au célèbre empereur Hadrien. Ce prénom est apparu pour la première fois en France en 1972. Surfant sur la vogue d'Adrien, sans pour autant s'envoler, il se fait remarquer au milieu des années 1990. Aujourd'hui, Hadrien est rarement attribué aux nouveau-nés, mais il est connu sous cette orthographe. ◇ Hadrien succède à Trajan en 117 et règne sur l'Empire romain jusqu'en 138. Homme politique brillant et cultivé, il réorganise l'administration et protège son empire des invasions barbares en fortifiant ses frontières. L'Angleterre lui doit notamment la construction du célèbre mur d'Hadrien. Dans la littérature, Hadrien a inspiré un roman de Marguerite Yourcenar et de nombreux récits. *Variante :* Hadrian. *Caractérologie :* découverte, énergie, audace, résolution, originalité.

Hai
\- de 100

Rivière (vietnamien). *Caractérologie :* dévouement, réflexion, altruisme, idéalisme, intégrité.

Haïm
200

La vie (hébreu). *Variante :* Haym. *Caractérologie :* efficacité, persévérance, structure, honnêteté, sécurité.

Hakim
9 500 TOP 700

Qui est juste et sage (arabe). *Variantes :* Hachim, Hakime. *Caractérologie :* conseil, bienveillance, conscience, sagesse, paix.

Halil
900 TOP 2 000

Amitié, loyauté (turc). *Caractérologie :* conseil, conscience, paix, bienveillance, sagesse.

Halim
1 500 TOP 2 000

Indulgent (arabe). *Variantes :* Alim, Halime. *Caractérologie :* intelligence, savoir, méditation, indépendance, sagesse.

Hamed
2 000 TOP 2 000

Digne d'éloges (arabe). *Caractérologie :* structure, persévérance, sécurité, honnêteté, efficacité.

Hamid
3 500 TOP 2 000

Digne d'éloges (arabe). *Variantes :* Hamida, Hamide, Hamidou. *Caractérologie :* vitalité, stratégie, achèvement, ardeur, leadership.

Hamilton
120

Château fort (anglais). *Caractérologie :* réceptivité, sociabilité, diplomatie, sensibilité, raisonnement.

Hamza
14 000 TOP 200

Puissant (arabe). *Variantes :* Amza, Hamsa. *Caractérologie :* méthode, fiabilité, ténacité, engagement, sens du devoir.

Hans
1 700 ↗

Dieu fait grâce (hébreu). Ce prénom allemand est également répandu dans les pays scandinaves et néerlandophones. *Variantes :* Hane, Hänsel. *Caractérologie :* paix, bienveillance, conscience, sagesse, conseil.

Harald
250

Puissant général d'armée (scandinave). Masculin allemand et scandinave. Plusieurs rois du Danemark ont porté ce nom. *Variante :* Hal. *Caractérologie :* ardeur, leadership, achèvement, stratégie, vitalité.

Haris
700 TOP 2 000 ↗

Fils d'Henri (germanique). Haris est plus particulièrement répandu dans les pays anglophones et en Grèce. *Caractérologie :* autonomie, autorité, énergie, innovation, ambition.

Harley
- de 100

La prairie du lièvre (anglais). *Caractérologie :* bienveillance, paix, conscience, amitié, action.

Harold
3 500 TOP 900 →

Puissant général d'armée (scandinave). Masculin anglais. Plusieurs rois d'Angleterre ont porté ce nom. *Variante :* Arold. *Caractérologie :* ténacité, raisonnement, fiabilité, méthode, engagement.

Haroun
3 500 TOP 200 ↑

Forme arabe d'Aaron : esprit (hébreu). *Variantes :* Arun, Arouna, Harouna, Harun. *Caractérologie :* courage, dynamisme, résolution, curiosité, analyse.

Harrison
400 ↘

Fils d'Henri (anglais). Plus courant sous forme de patronyme anglophone. *Variante :* Harris. *Caractérologie :* enthousiasme, communication, adaptation, résolution, pratique.

Harry
5 000 TOP 300 →

Maître de foyer (germanique). Masculin anglais. *Variante :* Hary. *Caractérologie :* intelligence, indépendance, action, savoir, méditation.

Hasan
2 000 TOP 800 ↘

Beau (arabe). *Variantes :* Assan, Assen, Hassane. *Caractérologie :* connaissances, spiritualité, philosophie, sagacité, originalité.

Hassan
5 000 TOP 500 →

Beau (arabe). *Caractérologie :* force, ambition, management, passion, habileté.

Hassen
1 800

Beau (arabe). On peut estimer que moins de 30 enfants seront prénommés ainsi en 2022. *Variantes :* Hassein, Hassene. *Caractérologie :* pragmatisme, communication, créativité, optimisme, sociabilité.

Hatem
1 100 TOP 2 000 ↗

Générosité (arabe). *Variantes :* Atime, Hatim, Hatime. *Caractérologie :* médiation, intuition, fidélité, relationnel, sensibilité.

Hayden
3 500 TOP 200 ↑

Se rapporte au compositeur Josef Haydn (1732-1809). Hayden est également une nouvelle forme d'Aidan. Masculin anglais. *Caractérologie :* réalisation, créativité, pragmatisme, optimisme, communication.

Hector
6 000 TOP 200 ↗

Constant, qui retient (grec). Masculin anglais et français. Époux d'Andromaque et fils du roi Priam, Hector est l'un des héros de la guerre de Troie dans la mythologie grecque. *Caractérologie :* paix, conscience, logique, bienveillance, attention.

H

Hédi

3 500 TOP 700

Qui guide au droit chemin (arabe). *Variantes :* Heddi, Heddy, Hédy. *Caractérologie :* vitalité, stratégie, ardeur, achèvement, leadership.

Heinrich

- de 100

Maître de maison (germanique). Masculin allemand. *Variantes :* Heinrick, Heinz. *Caractérologie :* réceptivité, sociabilité, diplomatie, loyauté, bonté.

Hélian

190

Éclat du soleil (grec). *Caractérologie :* structure, sécurité, persévérance, efficacité, décision.

Hélie

400 TOP 2 000

Le Seigneur est mon Dieu (hébreu). Variante bretonne : Heli. *Caractérologie :* enthousiasme, adaptation, communication, pratique, générosité.

Héliodore

- de 30

Don du soleil (grec). *Variante :* Éléodore. *Caractérologie :* caractère, dynamisme, audace, direction, logique.

Hélios

1 000 TOP 500

Soleil (grec). Dans la mythologie grecque, Hélios est le dieu du Soleil et de la Lumière. *Variantes :* Hélias, Hélio. *Caractérologie :* découverte, énergie, audace, logique, décision.

Helmut

140

Protection, casque (germanique). Masculin allemand. *Variantes :* Hellmut, Hellmuth, Helmi. *Caractérologie :* intelligence, savoir, méditation, indépendance, finesse.

Helori

110

Noble, seigneur, généreux (celte). Prénom breton. *Variante :* Helory. *Caractérologie :* persévérance, structure, logique, efficacité, sécurité.

Hendrick

500

Maître de maison (germanique). *Variantes :* Endrick, Hendrik, Hendrix, Hendryk. *Caractérologie :* humanité, finesse, rêve, rectitude, ouverture d'esprit.

Henri

105 000 TOP 300

Maître de maison (germanique). Sous ses différentes graphies (Henry, Harry, Enrique, Enrico, Heinrich, etc.), ce prénom royal fut porté par quatre rois de France, huit rois anglais et de nombreux souverains castillans et germaniques. Henri est recensé au Moyen Âge, mais il décolle véritablement dans les pays européens au XVIIe siècle. À la fin du XIXe siècle, il est très attribué en France (dans les 5 premiers rangs masculins jusque dans les années 1900). Malgré son déclin subséquent, Henri n'a jamais déserté les maternités. ◇ Surnommé le Vert-Galant en référence à ses nombreuses maîtresses, Henri IV est resté dans l'histoire comme un roi doué d'une grande intelligence politique. Assassiné en 1610 par Ravaillac, un catholique fanatique, il fut pleuré par le peuple envers lequel il avait été généreux. ◇ Le 13 juillet célèbre un empereur germanique du XIe siècle, Henri II, qui œuvra pour la propagation de la foi chrétienne. *Caractérologie :* altruisme, idéalisme, intégrité, réflexion, dévouement.

Henrick

500

Maître de maison (germanique). Dans l'Hexagone, ce prénom est plus traditionnellement usité dans les Flandres. *Variantes :* Henrick, Henrie, Henrik, Henrico, Henriko, Henryk. *Caractérologie :* attention, courage, dynamisme, indépendance, curiosité.

Henrique

1 100

Maître de maison (germanique). *Caractérologie :* originalité, sagacité, connaissances, philosophie, spiritualité.

H

Henry
6 000 TOP 600

Maître de maison (germanique). Henry est très répandu dans les pays anglophones. *Caractérologie :* spiritualité, connaissances, sagacité, originalité, action.

Heol
- de 100

Soleil (breton), vent (grec). *Caractérologie :* ténacité, engagement, fiabilité, méthode, sens du devoir.

Herald
- de 100

Le porteur de nouvelles (anglais). Masculin hongrois. *Caractérologie :* créativité, communication, optimisme, pragmatisme, détermination.

Herbert
650

Soldat glorieux (germanique). Masculin anglais et allemand. *Variantes :* Hébert, Herb, Heribert. *Caractérologie :* méthode, fiabilité, engagement, ténacité, sensibilité.

Herbod
- de 30

Audacieux (germanique). Masculin breton. *Caractérologie :* caractère, méditation, savoir, intelligence, attention.

H

Hercule
- de 30

Gloire majestueuse (grec). *Variantes :* Ercole, Hercules. *Caractérologie :* dévouement, intégrité, altruisme, idéalisme, réflexion.

Hermann
1 600 TOP 2 000

Soldat (germanique). Masculin anglais, allemand et scandinave. *Variantes :* Erman, Hermand, Herman, Hermelin. *Caractérologie :* détermination, audace, dynamisme, direction, indépendance.

Hermès
300

Dans la mythologie grecque, Hermès est le fils de Maia et Zeus. Il est le dieu des Voyageurs et le messager des dieux. Masculin italien et portugais. *Variante :* Ermès. *Caractérologie :* énergie, découverte, audace, décision, originalité.

Hérode
- de 30

Grand roi de Judée en 37 avant J.-C., Hérode a procuré à son royaume un développement économique prospère. Il est à l'origine de la construction de nombreuses villes et monuments historiques que l'on peut encore visiter aujourd'hui. *Caractérologie :* dynamisme, direction, audace, indépendance, assurance.

Hervé
120 000

Fort, combattant (celte). Aveugle de naissance, saint Hervé vécut au VIe siècle. La légende raconte que ce moine breton marchait accompagné d'un loup en guise de guide. Très populaire en Bretagne, saint Hervé est le protecteur des chevaux. On peut estimer que moins de 30 enfants seront prénommés ainsi en 2022. *Variante :* Harvey. Formes bretonnes : Herve, Veig. *Caractérologie :* sécurité, persévérance, efficacité, structure, honnêteté.

Hicham
5 500 TOP 2 000

Celui qui est généreux (arabe). *Variantes :* Icham, Hichame, Hicheme, Ichaï, Ihsan, Ihsane. *Caractérologie :* famille, équilibre, influence, responsabilité, exigence.

Hichem
2 500

Celui qui est généreux (arabe). On peut estimer que moins de 30 enfants seront prénommés ainsi en 2022. *Variantes :* Ichem, Hicheme. *Caractérologie :* audace, indépendance, dynamisme, direction, assurance.

Hilaire
1 500

Joyeux (latin). On peut estimer que moins de 30 enfants seront prénommés ainsi en 2022. *Variantes :* Halari, Hilario.

Hugo

Fête : 1er avril

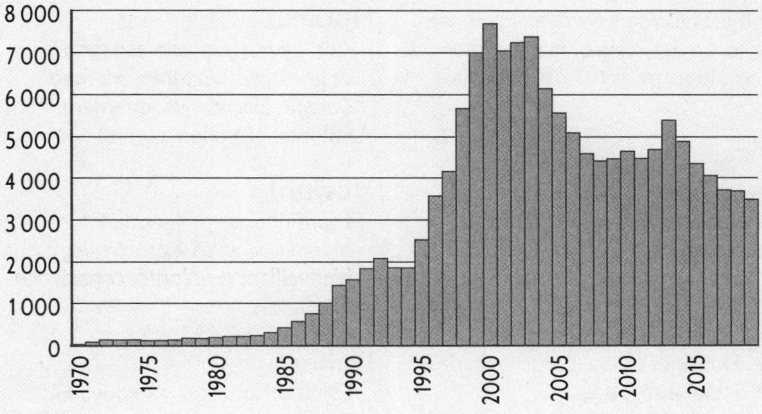

Étymologie

Du germain *hug*, « esprit, intelligence ». Patronyme que l'auteur des *Misérables* a rendu mondialement célèbre, Hugo a pourtant été peu attribué avant les années 1980. Il doit son succès éclair à sa terminaison en « o », sa petite taille (4 lettres) et sa jeunesse. Après s'être imposé au 4e rang du palmarès en 2000, son reflux se précise, mais il devrait se maintenir dans le top 10 français en 2022.

Il est difficile de déterminer si les campagnes publicitaires et l'image sexy de la marque Hugo Boss ont influencé sa redécouverte. Toujours est-il que sa popularité a dépassé celle d'Hugues, un grand nom du Moyen Âge dont on aurait pu attendre la renaissance. Un temps portés par la gloire d'Hugo, les élans d'Ugo sont vite retombés. Ce dernier figure désormais dans le top 500, loin devant Hugolin.

Dans les régions francophones, Hugo est davantage attribué en Romandie qu'au Québec, mais c'est en Belgique qu'il brille le plus. De l'Espagne où il scintille à la 1re place, à la Suède où il occupe le 4e rang, les parents européens cèdent à son charme universel et multilingue.

Hugues Capet est le fondateur de la troisième dynastie des rois de France. De nombreux comtes et ducs illustrèrent ce prénom en France.

Saint Hugues fut évêque de Grenoble, puis bénédictin de La Chaise-Dieu au XIIe siècle.

Personne célèbre

Hugo Chávez, président du Venezuela de 1999 à sa mort en 2013 ; Hugo Desnoyer, artisan boucher et restaurateur français, né en 1971 ; Hugo Lloris, footballeur international français, né en 1986.

Statistiques

Hugo est le 2e prénom masculin le plus donné en France depuis l'an 2000. Il est attribué à près d'un garçon sur 100 aujourd'hui.

H

Caractérologie : détermination, vitalité, stratégie, ardeur, achèvement.

Hippolyte
5 500 TOP 500

Dompteur de chevaux (grec). Masculin français. *Variantes :* Hipolyte, Hippolite, Hippolythe, Hypolite, Hypolyte, Hyppolite, Hyppolyte. *Caractérologie :* raisonnement, idéalisme, altruisme, sensibilité, intégrité.

Hoang
200

Rose (vietnamien). Au Vietnam, la rose est le symbole de l'amour. *Caractérologie :* rêve, générosité, humanité, rectitude, ouverture d'esprit.

Hocine
4 000 TOP 900

Excellence, beauté (arabe). *Variantes :* Hacène, Houcine, Hosni. *Caractérologie :* idéalisme, intégrité, altruisme, raisonnement, réflexion.

Hoel
500

Noble, au-dessus (celte). Prénom breton. *Caractérologie :* ténacité, méthode, fiabilité, engagement, sens du devoir.

Homère
- de 100

Otage, promesse, sécurité (grec). Poète épique grec, auteur de *L'Iliade* et de *L'Odyssée*, Homère aurait vécu au VIIIe siècle avant J.-C. Ses textes occupent une place importante dans la culture classique européenne. *Caractérologie :* autorité, énergie, ambition, innovation, volonté.

Honoré
2 000 TOP 2 000

Honoré (latin). Masculin français. *Variante :* Honorat. *Caractérologie :* communication, pratique, générosité, adaptation, enthousiasme.

Honorin
- de 100

Honoré (latin). *Caractérologie :* pragmatisme, communication, créativité, optimisme, sociabilité.

Horace
250 TOP 2 000

Voir (grec). Masculin français et anglais. *Variantes :* Horacio, Horatio, Otis. *Caractérologie :* découverte, audace, énergie, logique, décision.

Horacio
200

Voir (grec). Masculin espagnol et portugais. *Variante :* Horatio. *Caractérologie :* raisonnement, harmonie, volonté, affection, conseil.

Howard
150

Esprit courageux (germanique). Masculin anglais. *Caractérologie :* paix, bienveillance, volonté, conscience, résolution.

Hubert
38 000

Esprit brillant (germanique). Fils d'un duc d'Aquitaine, au VIIe siècle, Hubert chassait dans la forêt des Ardennes lorsqu'il remarqua une croix plantée entre les bois d'un magnifique cerf. Cet incident, qui le fit s'engager dans la vie monastique, fait également de saint Hubert le patron des chasseurs. En dehors de l'Hexagone, Hubert est plus particulièrement répandu dans les pays anglophones et en Allemagne. On peut estimer que moins de 30 enfants seront prénommés ainsi en 2022. *Variantes :* Huberto, Ubert, Ubertino, Uberto. *Caractérologie :* diplomatie, sociabilité, loyauté, réceptivité, finesse.

Hugo
145 000 TOP 50

Esprit, intelligence (germanique). *Variante :* Ugo. *Caractérologie :* bienveillance, paix, conscience, conseil, sagesse.

Hugolin
130

Esprit, intelligence (germanique). *Variante :* Ugolin. *Caractérologie :* logique, découverte, audace, énergie, action.

Hugues
21 000 TOP 2 000

Esprit, intelligence (germanique). Hugues Capet, fondateur de la troisième dynastie des rois de France au Xᵉ siècle, et saint Hugues, évêque de Grenoble en 1080, illustrèrent ce prénom français. *Variantes :* Hugh, Ugue, Ugues. *Caractérologie :* idéalisme, altruisme, amitié, intégrité, réflexion.

Humbert
300

Esprit brillant (germanique). Masculin anglais et allemand. Forme basque : Umbert. *Caractérologie :* influence, équilibre, famille, responsabilité, sensibilité.

Humberto
250

Esprit brillant (germanique). Masculin espagnol. *Caractérologie :* optimisme, générosité, finesse, raisonnement, pragmatisme.

Huseyin
1 600 TOP 2 000

Beauté (arabe). *Variantes :* Hossein, Hussein. *Caractérologie :* action, sociabilité, diplomatie, amitié, réceptivité.

Huy
- de 100

Projection de lumière, splendide (vietnamien). *Caractérologie :* humanité, rêve, générosité, rectitude, ouverture d'esprit.

Hyacinthe
1 200

Pierre (grec). On peut estimer que moins de 30 enfants seront prénommés ainsi en 2022. *Variantes :* Hyacinth, Hyacinte. *Caractérologie :* enthousiasme, communication, pratique, ressort, finesse.

I

Iago
150 TOP 2 000

Supplanter, talonner (hébreu). Iago est un personnage de la pièce de théâtre *Othello*, de Shakespeare. Masculin écossais, gallois, espagnol et portugais. *Variante :* Yago. *Caractérologie :* dynamisme, courage, indépendance, curiosité, charisme.

Ian
1 900 TOP 700

Dieu fait grâce (hébreu). Ian est une forme irlandaise et écossaise de Jean. *Variantes :* Iain, Iann. *Caractérologie :* paix, conscience, résolution, bienveillance, conseil.

Ianis
1 300 TOP 2 000

Dieu fait grâce (hébreu). Voir Yanis. *Caractérologie :* originalité, spiritualité, sagacité, connaissances, résolution.

Iannis
200

Dieu fait grâce (hébreu). Voir Yanis. *Caractérologie :* communication, pragmatisme, optimisme, créativité, détermination.

Iban
2 000 TOP 2 000

Forme basque de Jean : Dieu fait grâce (hébreu). *Caractérologie :* achèvement, vitalité, détermination, ardeur, stratégie.

Ibrahim
19 000 TOP 100

Forme arabe d'Abraham : père des nations (hébreu). *Caractérologie :* paix, bienveillance, conscience, conseil, sagesse.

Ibrahima
3 500 TOP 400

Forme arabe d'Abraham : père des nations (hébreu). *Caractérologie :* connaissances, spiritualité, originalité, sagacité, philosophie.

Ido
- de 30

Son témoin (hébreu). Dans l'Ancien Testament, Ido est le grand-père du prophète Zacharie. *Caractérologie :* innovation, énergie, autorité, autonomie, ambition.

Idris
3 500 TOP 400

Gouverneur impétueux (gallois), ou variante d'Idriss. *Caractérologie :* dynamisme, curiosité, charisme, indépendance, courage.

Idriss
7 500 TOP 200

Études, connaissance (arabe). *Variantes :* Idrissa, Idrisse, Ydris, Ydriss. *Caractérologie :* conseil, bienveillance, paix, conscience, sagesse.

Ifan
- de 30

Dieu fait grâce (hébreu). Variante galloise de Jean. *Caractérologie :* communication, pragmatisme, optimisme, créativité, décision.

Ignace
1 100

Feu (latin). Masculin français. *Variantes :* Ignaci, Inacio, Ignacy, Ignazio. *Caractérologie :* enthousiasme, pratique, communication, résolution, sympathie.

Igor
3 000 TOP 2 000

Fils, protection (germanique). Igor est très répandu en Russie, en Italie et dans les pays slaves. *Caractérologie :* méthode, ténacité, sens du devoir, fiabilité, engagement.

Ilan
13 000 TOP 200

Arbre (hébreu). En dehors de l'Hexagone, Ilan est très répandu en Israël. *Variantes :* Hilan, Ilane, Ilhan, Illan, Ilann. *Caractérologie :* réflexion, altruisme, idéalisme, intégrité, décision.

Ilario
650 TOP 2 000

Joyeux (latin). Masculin italien et basque. *Variantes :* Hilari, Hilario, Lari. *Caractérologie :* ambition, autorité, innovation, énergie, analyse.

Ilhan
4 500 TOP 400

Arbre (hébreu). *Caractérologie :* passion, force, ambition, décision, habileté.

Ilian
5 500 TOP 400

Ce prénom signifie « le Seigneur est mon Dieu » en hébreu et « qui vient de Dieu » en arabe. Il se rattache, selon toute vraisemblance à Élie, Ilyâs en arabe, reconnu comme prophète dans le judaïsme, le christianisme et l'islam. *Variantes :* Iliane, Iliano, Ylian, Yliane. *Caractérologie :* idéalisme, réflexion, décision, altruisme, intégrité.

Ilias
3 500 TOP 900

Ce prénom signifie « le Seigneur est mon Dieu » en hébreu et « qui vient de Dieu » en arabe. Il se rattache, selon toute vraisemblance à Élie, Ilyâs en arabe, reconnu comme prophète dans le judaïsme, le christianisme et l'islam. *Variantes :* Iliass, Iliasse. *Caractérologie :* indépendance, courage, dynamisme, curiosité, charisme.

Ilies
3 500

Ce prénom signifie « le Seigneur est mon Dieu » en hébreu et « qui vient de Dieu » en arabe. Il se rattache, selon toute vraisemblance à Élie, Ilyâs en arabe, reconnu comme prophète dans le judaïsme, le christianisme et l'islam. On peut estimer que moins de 30 enfants seront prénommés ainsi en 2022. *Variantes :* Iliess, Iliesse. *Caractérologie :* réflexion, idéalisme, altruisme, décision, intégrité.

Ilio
- de 100

Soleil (grec). *Caractérologie :* tolérance, altruisme, rectitude, raisonnement, générosité.

Illan
1 800 TOP 200

Arbre (hébreu), jeunesse (basque). *Caractérologie :* décision, pratique, communication, adaptation, enthousiasme.

Iloan
140

Lumière (celte). Voir Élouan. *Variantes :* Elouann, Elouen, Elouane. *Caractérologie :* logique, bienveillance, paix, conscience, décision.

Ilyan
6 000 TOP 50

Voir Ilian. Masculin russe, anglais, aussi répandu dans les cultures juives. *Caractérologie :* connaissances, sympathie, résolution, sagacité, spiritualité.

Ilyas
6 500 TOP 200

Voir Ilian. *Variantes :* Ilya, Ilyass, Ilyasse. *Caractérologie :* communication, enthousiasme, pratique, générosité, adaptation.

Ilyes
21 000 TOP 100

Voir Ilian. *Variantes :* Illies, Illyes, Ilyess, Ilyesse. *Caractérologie :* résolution, savoir, sympathie, méditation, intelligence.

Imad
3 000 TOP 1 000

Celui qui soutient (arabe). *Variantes :* Imade, Imed. Forme composée : Imad-Eddine. *Caractérologie :* rectitude, générosité, humanité, rêve, tolérance.

Imanol
850

Forme basque d'Emmanuel : Dieu est avec nous (hébreu). *Caractérologie :* raisonnement, ténacité, audace, indépendance, décision.

Imran
11 000 TOP 100

Fleurissant, épanoui (arabe). *Variantes :* Amran, Imrane. *Caractérologie :* autorité, innovation, énergie, ambition, résolution.

Iñaki
350

Feu (latin). *Variante :* Inacio. *Caractérologie :* habileté, ambition, passion, force, décision.

Indiana
- de 100

Divin (latin), nom d'un État américain. Au masculin, ce prénom est apparu en France en 1991, dix ans après le succès retentissant des *Aventuriers de l'Arche perdue* (ou *Indiana Jones*), film de Steven Spielberg. Masculin anglais. *Caractérologie :* spiritualité, connaissances, originalité, résolution, sagacité.

Indy
170

Forme d'India ou Indiana. Masculin anglais et néerlandais. *Caractérologie :* méditation, intelligence, savoir, indépendance, sagesse.

Innocent
180

Innocent (latin). *Caractérologie :* engagement, ténacité, analyse, méthode, fiabilité.

Ioan
300

Dieu fait grâce (hébreu). Ce prénom est plus particulièrement usité au pays de Galles, en Roumanie et dans les pays slaves. *Variante :* Ioanes. *Caractérologie :* créativité, pragmatisme, communication, optimisme, décision.

Ioen
- de 100

If (celte), bien né, jeune guerrier (vieil irlandais), ou forme galloise de Jean. *Caractérologie :* philosophie, sagacité, connaissances, originalité, spiritualité.

Ilyan

Fête :
20 juillet

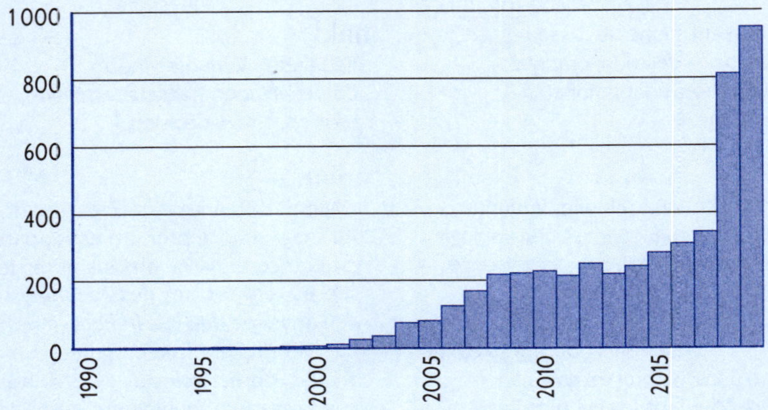

Étymologie

Le prénom Ilyan signifie « le Seigneur est mon Dieu » en hébreu et « qui vient de Dieu » en arabe. Comme pour beaucoup de prénoms sémitiques, il faut chercher ses racines dans les textes sacrés. Il se rattache, selon toute vraisemblance à Élie, Ilyâs en arabe, reconnu comme prophète dans le judaïsme, le christianisme et l'islam.

I

Son apparition récente ne saurait occulter sa croissance exponentielle. Inexistant avant les années 2000, Ilyan dépasse une centaine de naissances en 2006. Il frôle aujourd'hui les 1 500 attributions par an et affiche une croissance de 300 % en 5 ans. Il inaugure en 2022 son entrée dans le top 50.

À ce rythme effréné, il n'est pas étonnant qu'il ait distancé, en une dizaine d'années, ses acolytes étymologiques Ilian et Ilias. Ces deux derniers, qui l'ont pourtant précédé dans les registres de naissance, sont désormais éclipsés en fond de classement. Seul Élias, du haut de ses 700 naissances annuelles moyennes, pourrait prétendre à la compétition. Mais il n'en montre aucune velléité.

Modernisé par un « y » et une terminaison en « n », Ilyan est le parfait exemple d'une translittération d'un prénom sémitique. Sa rime finale n'est pas sans rappeler les noms irlandais, tels Ethan ou Nolan, qui séduisent tant aujourd'hui. Au passage, il est intéressant de noter que *Le Roman du roi Arthur* met en scène un certain Elyan, compagnon de Lancelot et frère de Guenièvre. Les séries et films à succès inspirés de ce récit médiéval (la série *Kaamelot* ou le film *Le Roi Arthur* de Guy Ritchie pour ne citer qu'eux) pourraient encore contribuer à dépoussiérer le prénom qui nous intéresse.

Point de convergence des 3 grandes religions monothéistes, remanié à la mode celtique, ce prénom caméléon n'est qu'au début de sa carrière. En témoigne le succès international de son illustre ancêtre Élie. La version anglophone, Elijah, n'est plus une révélation dans les pays anglo-saxons. Il occupe le haut des tableaux américain, australien, néo-zélandais et commence à inspirer les parents anglais. Elias ravit les premières places dans les contrées germaniques et scandinaves. Les Russes et les Bulgares cèdent également à ses charmes, mais sous la dénomination Elya. La mondialisation touchant aussi l'univers des prénoms, gageons qu'Ilyan se trouvera vite à l'étroit dans nos frontières hexagonales !

Dans l'histoire

Élie de Tishbé est rentré dans la légende d'Israël en se dressant contre le roi Achab et son épouse Jézabel, qui prônaient le culte du Baal. Virulent combattant de l'idolâtrie, il condamna le couple royal ainsi que son peuple et annonça, en châtiment, une terrible sécheresse. Dans le Coran, il est surnommé El Khader (« le verdoyant ») car il finit, dans sa mansuétude, par faire retomber la pluie après 3 années de famine. Dans les Évangiles, le récit de la Transfiguration le met en scène auprès du Christ et de Moïse.

Personnes célèbres

Ilian Evtimov, joueur de basket-ball professionnel franco-bulgare, né en 1983 ; Ilian Perraux, rugbyman français, né en 1992.

Statistiques

Ilyan est le 48e prénom masculin le plus donné en France depuis l'an 2000. Il est attribué à près d'un garçon sur 240 aujourd'hui. De son côté, Élias devrait prénommer un garçon sur 540 et se placer au 116e rang du podium masculin.

Iolan

- de 30

Aube (grec), violette (latin).
Caractérologie : raisonnement, conseil, éthique, conscience, volonté.

Ion

160 TOP 2 000

Dieu fait grâce (hébreu). Masculin roumain et basque. *Caractérologie :* intuition, fidélité, affection, engagement, relationnel.

Iovan

- de 30

Variante d'Ivan : Dieu fait grâce (hébreu). Iovan Iorgovan, l'équivalent d'Hercule dans la mythologie roumaine, est surnommé « fils de Rome » dans les légendes.
Caractérologie : vivacité, raisonnement, culture, liberté, résolution.

Irénée

1 000

Paix (grec). Ce prénom mixte est plus courant au masculin. *Caractérologie :* adaptabilité, intuition, médiation, fidélité, relationnel.

Iris

- de 100

Arc-en-ciel (grec). Masculin anglais, néerlandais, grec et scandinave.
Caractérologie : direction, assurance, audace, indépendance, dynamisme.

Irmin

- de 30

Se rapporte à Irmin, dieu païen (germanique). *Caractérologie :* rectitude, humanité, rêve, ouverture d'esprit, générosité.

Irvin

550

Beau (celte). Masculin anglais.
Variantes : Irvine, Irving, Irwin.
Caractérologie : altruisme, intégrité, idéalisme, dévouement, réflexion.

Isaac

16 000 TOP 50

Rire (hébreu). *Variantes :* Isa, Isaak, Isac.
Caractérologie : éthique, exigence, équilibre, influence, famille.

I

Isaac

Fête :
20 décembre

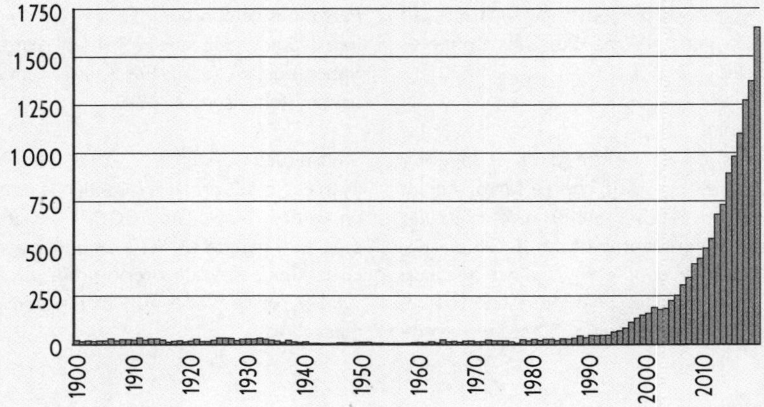

Étymologie

Dans l'Ancien Testament, Isaac est le fils de Sarah et Abraham, premier patriarche du peuple juif. Lorsque Sarah apprend à l'âge de 90 ans qu'elle attend son premier enfant, elle ne peut retenir un rire d'incrédulité, d'où l'origine du prénom Isaac (« rire » en hébreu). Son destin ne fut pourtant pas toujours placé sous le signe de la bonne humeur. En effet, le Livre de la Genèse raconte que Dieu, voulant mettre la foi d'Abraham à l'épreuve, lui demanda d'immoler son fils. Isaac fut épargné *in extremis* par l'Ange qui offrit à sa place un bélier. Le sacrifice de ce fils miraculeux et miraculé inspira les plus grands artistes tels que Rembrandt, Le Caravage ou Chagall.

Ce prénom a connu une certaine faveur auprès des puritains américains au XVIIe siècle et n'est jamais tombé en désuétude dans les pays anglophones. Considéré comme le deuxième patriarche du peuple juif, Isaac a été fréquemment usité dans les communautés hébraïques du monde entier, mais il a été plus particulièrement attribué dans les familles protestantes en France à partir de la Réforme (XVIe siècle). Pour ces raisons, il n'encourait pas les faveurs des familles catholiques, même si des saints chrétiens portent ce nom.

Son engouement actuel dépasse largement les choix communautaires. Car aujourd'hui, les prénoms issus de l'Ancien Testament sont sous les feux de la rampe. Cette mode, venue des États-Unis, a lancé les carrières d'Aaron et Adam. Et voilà qu'aujourd'hui, Isaac semble vouloir réclamer sa part de notoriété. Il faut dire que ces prénoms bibliques cumulent tous les critères du succès. Ils sont courts et apparaissent aux parents, croyants ou non, tant insolites qu'intemporels. Aux États-Unis, Jacob a régné sans partage au 1er rang masculin de 1999 à 2012. Cette tendance anglo-saxonne ferait-elle des émules en France ?

Dans l'Hexagone, le nombre d'attributions de ce prénom a été multiplié par 5 en moins de

10 ans. De sorte qu'Isaac se trouve aujourd'hui propulsé dans le top 30 français et les 10 premiers rangs parisiens. Cette onde se fait ressentir en Suisse romande et au Québec (top 50), et dans une moindre mesure en Belgique francophone (top 70).

Personnes célèbres

Isaac Newton (1642-1727), philosophe et scientifique britannique qui a formulé le premier la théorie de la gravitation universelle et inventé le télescope ; Isaac Asimov (1920-1992), l'un des plus grands écrivains de la littérature de science-fiction ; Isaac Bashevis Singer, prix Nobel de littérature (1902-1991) ; Isaac Stern (1920-2001), célèbre violoniste américain, né en Pologne.

Statistiques

Isaac est le 113e prénom masculin le plus donné en France depuis l'an 2000. Ce prénom est attribué à près d'un garçon sur 200 aujourd'hui.

Isaïe

600 TOP 2 000 ↗

Dieu est mon salut (hébreu). Prophète de l'Ancien Testament, Ésaïe (ou Isaïe) dénonça les pratiques impies du peuple et du roi Manassé. Il mourut martyr sur l'ordre de ce dernier vers 701. *Variantes :* Isaï, Jesaïa. *Caractérologie :* intelligence, savoir, méditation, indépendance, détermination.

Isandro

- de 30

Défense de l'humanité (grec). *Variantes :* Isandre, Isandro, Ysandro. *Caractérologie :* volonté, intégrité, fiabilité, tolérance, idéalisme.

Isao

300 TOP 2 000 ↑

Mérite, exploit (japonais). *Caractérologie :* management, ambition, force, passion, habileté.

Isas

- de 30

Celui qui mérite (japonais). *Caractérologie :* pragmatisme, optimisme, créativité, communication, sociabilité.

Ishak

1 500 TOP 400 ↗

Forme arabe d'Isaac : rire (hébreu). *Caractérologie :* communication, créativité, optimisme, sociabilité, pragmatisme.

Isidore

1 400 TOP 2 000 ↗

Don d'Isis (grec). Masculin anglais et français. *Variantes :* Isidor, Isidoro, Isidro. *Caractérologie :* savoir, intelligence, résolution, méditation, volonté.

Islem

1 600 TOP 500 →

Salut et paix dans la soumission à Dieu (arabe). *Variante :* Islam. *Caractérologie :* méthode, engagement, fiabilité, ténacité, résolution.

Ismaël

21 000 TOP 50 →

Dieu a entendu (hébreu, arabe). Personnage de la Genèse et du Coran, Ismaël est le premier fils d'Abraham. À la demande de son épouse Sarah, qui se croit infertile, Abraham conçoit l'enfant avec Agar, sa servante égyptienne. Mais treize ans plus tard, Sarah et Abraham parviennent à mettre au monde Isaac. Des rivalités surgissent, et pour qu'Isaac n'ait pas à partager son héritage (l'Alliance biblique), Sarah obtient qu'Ismaël et Agar soient chassés. Dieu assure à Abraham qu'il fera d'Ismaël « une grande nation » avant qu'ils soient abandonnés dans le désert. C'est ainsi qu'Ismaël vivra et deviendra l'ancêtre des peuples arabes. Ce prénom est très prisé dans les familles musulmanes ; il est aussi usité dans les familles juives. *Caractérologie :* courage, curiosité, indépendance, dynamisme, détermination.

Ismaïl
8 500 TOP 200

Dieu a entendu (hébreu, arabe). Voir Ismaël. *Variantes :* Esmaël, Ismayil, Ismaïla. *Caractérologie :* humanité, rectitude, générosité, ouverture d'esprit, rêve.

Israël
750 TOP 2 000

Qui débat avec Dieu (hébreu). *Caractérologie :* autorité, innovation, détermination, énergie, ambition.

Issa
8 000 TOP 200

Jésus (arabe), Dieu sauve (hébreu). *Caractérologie :* enthousiasme, communication, pratique, générosité, adaptation.

Issam
5 500 TOP 300

Engagement (arabe). *Variantes :* Isam, Issame. *Caractérologie :* savoir, intelligence, indépendance, méditation, sagesse.

Iulian
- de 100

De la famille romaine de Iule (latin). Masculin roumain. *Caractérologie :* inventivité, ténacité, patience, confiance, famille.

Ivan
8 500 TOP 600

Dieu fait grâce (hébreu). Ivan est très répandu en Russie et dans les pays slaves. *Variante :* Ivann. *Caractérologie :* décision, vision, assurance, dynamisme, autonomie.

Ivo
200

If (celte). Prénom breton. *Variante :* Yvo. *Caractérologie :* dynamisme, audace, direction, indépendance, assurance.

Iwan
800

Forme galloise et bretonne de Jean : Dieu fait grâce (hébreu). *Caractérologie :* diplomatie, sociabilité, réceptivité, loyauté, détermination.

Iyad
3 000 TOP 300

Soutien (arabe). *Caractérologie :* pratique, communication, enthousiasme, réalisation, adaptation.

Izan
- de 100

Fort, ferme (hébreu). Izan est une forme espagnole moderne d'Ethan. *Caractérologie :* énergie, découverte, originalité, détermination, audace.

J

Jack
8 500 TOP 800

Malgré sa ressemblance avec Jacques, Jack est une forme moderne de Jankin, un diminutif de Jean très courant au Moyen Âge dans les pays anglophones. Jack est très en vogue en Angleterre. *Variantes :* Jac, Jacq, Jacmé. *Caractérologie :* sagacité, connaissances, spiritualité, originalité, organisation.

Jacki
1 800

Diminutif de Jack, la forme anglaise de Jacques. On peut estimer que moins de 30 enfants seront prénommés ainsi en 2022. *Caractérologie :* intelligence, indépendance, savoir, méditation, organisation.

Jackie

12 000

Diminutif de Jack, la forme anglaise de Jacques. Masculin anglais et français. On peut estimer que moins de 30 enfants seront prénommés ainsi en 2022. *Caractérologie :* communication, optimisme, pragmatisme, détermination, organisation.

Jackson

800 TOP 2 000 ↗

Fils de Jacques (vieil anglais). Masculin anglais. *Caractérologie :* énergie, autorité, innovation, ambition, organisation.

Jacky

56 000

Diminutif de Jack, la forme anglaise de Jacques. Masculin anglais et français. On peut estimer que moins de 30 enfants seront prénommés ainsi en 2022. *Caractérologie :* audace, découverte, originalité, énergie, gestion.

Jacob

2 000 TOP 400 ↑

Supplanter, talonner (hébreu). L'étymologie de Jacob fait référence aux circonstances de sa naissance : la Bible le décrit tenant le talon de son jumeau Ésaü au moment de leur naissance. Ce prénom biblique est établi de longue date dans les cultures juives, mais les puritains ont également alimenté son succès au XVIIe siècle dans les pays anglophones. Héros de la saga américaine *Twilight*, Jacob a trôné sur le palmarès américain dans les années 2000. Il est répandu dans les pays néerlandophones et scandinaves mais peine encore à décoller en France. ◇ Fils d'Isaac et de Rébecca dans l'Ancien Testament, Jacob rachète à son frère jumeau Ésaü son droit d'aînesse contre un plat de lentilles. Léa et Rachel, ses épouses successives, mettent au monde les futurs patriarches des 12 tribus d'Israël. *Variantes :* Jacobin, Iacob, Iacov. Forme basque : Jacobe. *Caractérologie :* structure, persévérance, sécurité, organisation, efficacité.

Jacques

253 000 TOP 500 ↗

Supplanter, talonner (hébreu). Cette forme française de Jacob se propage à la fin du Moyen Âge et devient très usitée jusqu'au XVIIIe siècle. Jacques se fait plus discret avant de resurgir au début du XXe siècle, s'imposant dans les 10 premiers prénoms de 1926 à 1953. Il est beaucoup plus rare aujourd'hui, mais sa renaissance est à envisager. De son côté, le Jack anglais ne l'a pas attendu pour briller outre-Manche dans les années 1990 et 2000. ◇ Jacques de Molay, le dernier grand maître des Templiers, est célèbre pour avoir lancé une malédiction sur les Capétiens avant de périr sur le bûcher à Paris, en 1314. Deux apôtres du Christ, martyrs à Rome au Ier siècle, portèrent ce prénom. Jacques le Majeur et Jacques le Mineur sont respectivement fêtés les 25 juillet et 3 mai. *Variantes :* Jacque, Jacquelin, Jacquemin, Jacquot, Jaques, Jeacques. Forme bretonne : Kou. Variantes irlandaises : Seamus, Shamus. *Caractérologie :* efficacité, structure, persévérance, sécurité, honnêteté.

Jacquie

600

Supplanter, talonner (hébreu). *Variantes :* Jacqui, Jacquies, Jacquis, Jacquit, Jacquy, Jaquy. *Caractérologie :* communication, résolution, pratique, enthousiasme, adaptation.

Jad

3 000 TOP 200 ↗

Excellent, généreux (arabe). *Caractérologie :* exigence, responsabilité, influence, équilibre, famille.

Jaden

1 700 TOP 400 →

Ce dérivé masculin de Jade, né en France dans les années 2000, désigne une pierre fine de couleur verte. Masculin anglais. *Variante :* Jayden. *Caractérologie :* connaissances, sagacité, originalité, philosophie, spiritualité.

J

Jaï
- de 30

Victorieux (sanscrit). *Caractérologie :* fidélité, intuition, adaptabilité, médiation, relationnel.

Jaime
750

Supplanter, talonner (hébreu). Ce prénom basque est très répandu dans les pays hispanophones et lusophones. *Variantes :* Jaume, Jayme. *Caractérologie :* loyauté, sociabilité, résolution, diplomatie, réceptivité.

Jaky
550

Supplanter, talonner (hébreu). *Variantes :* Jakes, Jaki. Jakie. Forme bretonne : Jak. *Caractérologie :* médiation, adaptabilité, intuition, fidélité, relationnel.

Jalil
1 400 TOP 2 000

Qui est grand (arabe). *Variantes :* Djelal, Djelali, Djeloul, Djelloul, Jalal, Jalale, Jalel, Jallal, Jelal. *Caractérologie :* ambition, management, force, habileté, passion.

Jamal
3 000 TOP 2 000

D'une grande beauté physique et morale (arabe). *Variantes :* Jamale, Jamil, Jémil. *Caractérologie :* ambition, autorité, innovation, autonomie, énergie.

J

Jamel
4 000

D'une grande beauté physique et morale (arabe). On peut estimer que moins de 30 enfants seront prénommés ainsi en 2022. *Caractérologie :* énergie, audace, originalité, découverte, séduction.

James
20 000 TOP 200

Supplanter, talonner (hébreu). Ce prénom anglais est très répandu dans les pays anglophones. *Variantes :* Jame, Jamie, Jammes. *Caractérologie :* optimisme, communication, créativité, pragmatisme, sociabilité.

Jamie
450 TOP 2 000

Supplanter, talonner (hébreu). Masculin écossais et anglais. *Variante :* Jaimie. *Caractérologie :* fidélité, relationnel, intuition, décision, médiation.

Jamy
500

Supplanter, talonner (hébreu). *Variante :* Jammy. *Caractérologie :* sécurité, structure, efficacité, réalisation, persévérance.

Jan
1 400 TOP 2 000

Dieu fait grâce (hébreu). Masculin allemand, néerlandais, suédois, occitan et provençal. *Caractérologie :* sagesse, intelligence, savoir, méditation, indépendance.

Janick
1 600

Dieu fait grâce (hébreu). Prénom breton. On peut estimer que moins de 30 enfants seront prénommés ainsi en 2022. *Variantes :* Janic, Janik, Janis, Janssen. *Caractérologie :* détermination, communication, pratique, enthousiasme, organisation.

Janis
450

Dieu fait grâce (hébreu). Masculin anglais. *Caractérologie :* ambition, passion, habileté, détermination, force.

Janvier
- de 100

Correspond au mois de l'année (latin). *Caractérologie :* sagacité, connaissances, originalité, résolution, spiritualité.

Jany
1 300

Dieu fait grâce (hébreu). On peut estimer que moins de 30 enfants seront prénommés ainsi en 2022. *Variante :* Janny. *Caractérologie :* découverte, audace, énergie, séduction, originalité.

Jao
160

Se rapporte au nom d'une divinité inca. Jao est également une variante de Joao (forme portugaise de Jean), et un prénom malgache qui signifie « respecté ». Jao est répandu au Brésil, au Portugal et à Madagascar. *Caractérologie :* ambition, habileté, force, management, passion.

Jarod

2 500 TOP 600

Celui qui descendra (hébreu). *Caractérologie :* pragmatisme, créativité, communication, sociabilité, optimisme.

Jasmin

550 TOP 2 000

Prénom arabe emprunté au persan signifiant « fleur de jasmin ». En dehors de l'Hexagone, Jasmin est plus particulièrement attribué dans les pays anglophones, germanophones et néerlandophones. *Variantes :* Yasmin, Asmin. *Caractérologie :* pratique, enthousiasme, communication, adaptation, résolution.

Jason

21 000 TOP 500

Dieu sauve (hébreu). En tant que variante du Josué qui abrita Saint Paul à Thessalonique, ce prénom a une origine hébraïque (« Dieu sauve »). Mais dans la mythologie grecque, Jason, dont le nom signifie « guérisseur » en grec ancien, est le leader des Argonautes. Ces derniers sont de jeunes héros élevés, comme lui, par le centaure Chiron. Ils accompagneront Jason dans sa conquête de la Toison d'or et du trône. Ce prénom a émergé au XVIIe siècle dans les pays anglophones. Il brillait dans le top 3 américain dans les années 1970 lorsqu'il a émergé en France. Son pic d'attribution date de 1995. *Variante :* Djason. *Caractérologie :* originalité, énergie, découverte, séduction, audace.

Javier

800

Maison neuve (basque). Masculin espagnol, portugais et occitan. *Caractérologie :* réceptivité, diplomatie, sociabilité, loyauté, décision.

Jawad

3 500 TOP 800

Celui qui est bon et généreux (arabe). *Variantes :* Djawad, Jawade, Jawed. *Caractérologie :* enthousiasme, communication, adaptation, générosité, pratique.

Jay

300 TOP 2 000

Victorieux (sanscrit), diminutif anglophone des prénoms commençant par le préfixe « Ja ». *Caractérologie :* humanité, rêve, générosité, ouverture d'esprit, rectitude.

Jayden

3 000 TOP 200

Ce dérivé masculin de Jade, né en France dans les années 2000, désigne une pierre fine de couleur verte. Masculin anglais et néerlandais. *Variante :* Jaiden. *Caractérologie :* dynamisme, réalisation, indépendance, courage, curiosité.

Jayson

2 500 TOP 700

Dieu sauve (hébreu). *Variantes :* Jaison, Jeason, Jeson, Jeyson. *Caractérologie :* optimisme, pragmatisme, créativité, communication, sociabilité.

Jazz

170

Se rapporte au jazz, style de musique né aux États-Unis à la fin du XIXe siècle. *Caractérologie :* idéalisme, dévouement, intégrité, réflexion, altruisme.

Jean

900 000 TOP 200

Dieu fait grâce (hébreu). L'apôtre Jean et saint Jean-Baptiste ont, dès le Ier siècle, assuré le succès de Jean. Sa diffusion a été renforcée par les nombreux saints, papes et rois porteurs du nom à différents moments de l'histoire. Jean grandit en Orient avant de se propager en Occident chrétien, où il est très attribué au Moyen Âge. Sous ses différentes graphies (John, Juan, Giovanni, Johannes, Jan, Ivan, etc.), il se maintient tout premier ou presque du XIVe au XIXe siècle. En France, sa prééminence est encore incontestée durant la première partie du XXe siècle, où il règne sans interruption jusqu'à ce que Philippe le détrône en 1959. Il est, aujourd'hui encore, le prénom le plus porté en France. ◊ Infatigable prêcheur des foules qui s'amassaient sur les rives du Jourdain, Jean le Baptiste (aujourd'hui Jean-Baptiste) baptisa Jésus et de nombreux convertis dans l'eau du fleuve. Il est le patron des Québécois, des cordeliers, des rémouleurs et des tonneliers. *Caractérologie :* adaptation, pratique, générosité, communication, enthousiasme.

Jean-Baptiste

39 000 TOP 2 000

Forme composée de Jean et Baptiste. Fils de Zacharie et d'Élisabeth, Jean naquit en Palestine au Ier siècle. Infatigable prêcheur des foules qui s'amassaient sur les rives du Jourdain, il baptisa Jésus et de nombreux convertis dans l'eau du fleuve, ce qui lui valut le surnom de Jean le Baptiste (aujourd'hui Jean-Baptiste). Il est le patron des Québécois, des cordeliers, des rémouleurs et des tonneliers. Notons que le vrai nom de Molière était Jean-Baptiste Poquelin. *Caractérologie :* audace, énergie, découverte, résolution, originalité.

Jean-Charles

18 000

Forme composée de Jean et Charles. Masculin français. On peut estimer que moins de 30 enfants seront prénommés ainsi en 2022. *Caractérologie :* paix, bienveillance, conseil, conscience, décision.

Jean-Christophe

30 000

Forme composée de Jean et Christophe. Masculin français. On peut estimer que moins de 30 enfants seront prénommés ainsi en 2022. *Caractérologie :* sagacité, spiritualité, connaissances, sensibilité, raisonnement.

Jean-Claude

135 000

Forme composée de Jean et Claude. Masculin français. On peut estimer que moins de 30 enfants seront prénommés ainsi en 2022. *Caractérologie :* structure, sécurité, efficacité, persévérance, honnêteté.

Jean-Denis

2 000

Forme composée de Jean et Denis. Masculin français. On peut estimer que moins de 30 enfants seront prénommés ainsi en 2022. *Caractérologie :* humanité, rectitude, rêve, détermination, tolérance.

Jean-François

89 000

Forme composée de Jean et François. Masculin français. On peut estimer que moins de 30 enfants seront prénommés ainsi en 2022. *Caractérologie :* savoir, intelligence, méditation, détermination, raisonnement.

Jean-Gabriel

1 400

Forme composée de Jean et Gabriel. Masculin français. On peut estimer que moins de 30 enfants seront prénommés ainsi en 2022. *Caractérologie :* communication, pratique, enthousiasme, sympathie, résolution.

Jean-Jacques

45 000

Forme composée de Jean et Jacques. Masculin français. On peut estimer que moins de 30 enfants seront prénommés ainsi en 2022. *Caractérologie :* connaissances, spiritualité, sagacité, originalité, philosophie.

Jean-Joseph

1 100

Forme composée de Jean et Joseph. Masculin français. On peut estimer que moins de 30 enfants seront prénommés ainsi en 2022. *Caractérologie :* honnêteté, sécurité, structure, efficacité, persévérance.

Les prénoms parisiens

La mairie de Paris a publié la liste des prénoms déclarés à l'état civil entre 2004 et 2020 sur son site Internet **Open Data Paris**. Ci-dessous le classement des 20 prénoms masculins les plus attribués dans la capitale en 2020.

1. Gabriel
2. Adam
3. Raphaël
4. Louis
5. Arthur
6. Victor
7. Mohamed
8. Joseph
9. Isaac
10. Léo
11. Paul
12. Gaspard
13. Léon
14. Noah
15. Alexandre
16. Lucas
17. Augustin
18. Basile
19. Hugo
20. Jules

Depuis 14 ans, Gabriel maintient sa suprématie en occupant la première place. Mais les assauts d'Adam se précisent. Moins de 80 naissances les séparent dans la course au titre. *Fluctuat nec mergitur*, « Il est battu par les flots, mais ne sombre pas », fidèle à la devise de Paris. Raphaël, Louis et Arthur ne sont pas en reste dans cette épreuve d'endurance au sommet.

L'engouement pour les prénoms bibliques date de la fin des années 1990. Et cette année encore, les prénoms de l'Ancien Testament confirment leur hégémonie. En témoignent Gabriel, Adam et Raphaël, qui s'ancrent dans le top 5 parisien. Le rebond de Joseph et le jaillissement d'Isaac (+ 10 places en 2 ans) viennent renforcer cet élan. Courts et intemporels, ces prénoms sont des valeurs sûres pour les parents, croyants ou non, car ils sont chargés d'histoire.

Paris est également une belle mosaïque. Mohamed, marqueur identitaire des familles musulmanes, est mieux placé dans la capitale (7e rang) qu'en province. Restent les prénoms rétro ou de saints (Louis, Léon, Paul, Augustin, Victor) qui font florès parce qu'ils sont classiques et ont une valeur distinctive.

Une soif de nouveaux horizons transparaît également dans le triomphe des choix internationaux. Lucas, Hugo et Alexandre sont de vrais prénoms voyageurs qui évoluent sur plusieurs continents ! Mais comme toujours, la capitale est sélective. Liam, l'étendard des sonorités irlandaises en France, a été admis au palmarès parisien en 2017, mais il n'a tenu qu'un an.

L'engouement pour le rétro, précurseur à Paris, a lancé la carrière nationale de Léon et Basile, mais les tendances nationales influencent également les choix parisiens. Ainsi, Jules et Léo se sont envolés à Paris bien après avoir conquis maintes villes françaises. De là à penser que toute star nationale puisse rayonner dans la capitale, il y a un pas que nous ne franchirons pas. Comme disait un certain Sacha Guitry : « Être parisien, ce n'est pas être né à Paris, c'est y renaître. »

En 2022, certains prénoms préparent leur entrée probable dans l'élite. Alors qu'Augustin a réintégré le top 20, Auguste s'en approche. Au 21e rang, Noé a lui aussi des chances de percer dans l'élite. Le fera-t-il avant Ibrahim qui le suit de près ?

J

Jean-Louis
65 000

Forme composée de Jean et Louis. Masculin français. On peut estimer que moins de 30 enfants seront prénommés ainsi en 2022. *Caractérologie :* sagacité, connaissances, décision, spiritualité, logique.

Jean-Loup
3 000

Forme composée de Jean et Loup. Masculin français. On peut estimer que moins de 30 enfants seront prénommés ainsi en 2022. *Caractérologie :* efficacité, structure, persévérance, sympathie, sécurité.

Jean-Luc
104 000

Forme composée de Jean et Luc. Masculin français. On peut estimer que moins de 30 enfants seront prénommés ainsi en 2022. *Caractérologie :* communication, pratique, enthousiasme, adaptation, générosité.

Jean-Marc
81 000

Forme composée de Jean et Marc. Masculin français. On peut estimer que moins de 30 enfants seront prénommés ainsi en 2022. *Caractérologie :* réceptivité, sociabilité, résolution, diplomatie, loyauté.

Jean-Marie
67 000

Forme composée de Jean et Marie. Masculin français. On peut estimer que moins de 30 enfants seront prénommés ainsi en 2022. *Caractérologie :* engagement, ténacité, méthode, fiabilité, résolution.

Jean-Michel
77 000

Forme composée de Jean et Michel. Masculin français. On peut estimer que moins de 30 enfants seront prénommés ainsi en 2022. *Caractérologie :* stratégie, vitalité, ardeur, décision, achèvement.

Jeannot
1 700

Dieu fait grâce (hébreu). On peut estimer que moins de 30 enfants seront prénommés ainsi en 2022. *Caractérologie :* spiritualité, originalité, sagacité, connaissances, philosophie.

Jean-Pascal
4 500

Forme composée de Jean et Pascal. Masculin français. On peut estimer que moins de 30 enfants seront prénommés ainsi en 2022. *Caractérologie :* indépendance, audace, direction, dynamisme, bonté.

Jean-Patrick
2 000

Forme composée de Jean et Patrick. Masculin français. On peut estimer que moins de 30 enfants seront prénommés ainsi en 2022. *Caractérologie :* intégrité, décision, cœur, idéalisme, altruisme.

Jean-Paul
72 000

Forme composée de Jean et Paul. Masculin français. On peut estimer que moins de 30 enfants seront prénommés ainsi en 2022. *Caractérologie :* ambition, passion, force, habileté, bonté.

Jean-Philippe
43 000

Forme composée de Jean et Philippe. Masculin français. On peut estimer que moins de 30 enfants seront prénommés ainsi en 2022. *Caractérologie :* structure, persévérance, sécurité, sympathie, ressort.

Jean-Pierre
171 000

Forme composée de Jean et Pierre. Elle a brillé dans le top 20 français au milieu des années 1940, alors que le prénom composé connaissait son âge d'or. Jean-Pierre est aujourd'hui la composition masculine la plus portée en France. On peut estimer que moins de 30 enfants seront prénommés ainsi en

2022. *Caractérologie :* relationnel, fidélité, intuition, médiation, décision.

Jean-Sébastien
5 000

Forme composée de Jean et Sébastien. Masculin français. On peut estimer que moins de 30 enfants seront prénommés ainsi en 2022. *Caractérologie :* méditation, savoir, intelligence, indépendance, décision.

Jean-Yves
33 000

Forme composée de Jean et Yves. Masculin français. On peut estimer que moins de 30 enfants seront prénommés ainsi en 2022. *Caractérologie :* diplomatie, sociabilité, réceptivité, loyauté, réalisation.

Jeff
1 500

La paix de Dieu (germanique). Masculin anglais. On peut estimer que moins de 30 enfants seront prénommés ainsi en 2022. *Variante :* Jef. *Caractérologie :* humanité, générosité, rectitude, rêve, tolérance.

Jefferson
1 600

Fils de Jeffrey (anglais). Patronyme porté par Thomas Jefferson, le deuxième président des États-Unis. On peut estimer que moins de 30 enfants seront prénommés ainsi en 2022. *Caractérologie :* vitalité, achèvement, ardeur, stratégie, décision.

Jeffrey
2 500

La paix de Dieu (germanique). On peut estimer que moins de 30 enfants seront prénommés ainsi en 2022. *Variante :* Jeffry. *Caractérologie :* communication, pratique, enthousiasme, adaptation, décision.

Jehan
750 ↘

Dieu fait grâce (hébreu). Masculin français. *Caractérologie :* intuition, relationnel, médiation, adaptabilité, fidélité.

Jeoffrey
1 100

La paix de Dieu (germanique). On peut estimer que moins de 30 enfants seront prénommés ainsi en 2022. *Variante :* Jeoffray. *Caractérologie :* humanité, rectitude, rêve, ouverture d'esprit, décision.

Jérémi
1 300

Dieu élève (hébreu). Masculin hongrois. On peut estimer que moins de 30 enfants seront prénommés ainsi en 2022. *Variantes :* Gérémie, Gérémy, Gérémi, Jéremiah, Jérémias. *Caractérologie :* résolution, responsabilité, famille, influence, équilibre.

Jérémie
30 000 TOP 2 000 →

Dieu élève (hébreu). Peu attribué par le passé, ce prénom biblique connaît une certaine faveur à la fin des années 1980. Il rencontre toutefois moins de succès que la forme anglophone Jeremy et se trouve quatre fois moins porté qu'elle dans l'Hexagone. ◇ Personnage biblique, Jérémie est l'un des trois grands prophètes d'Israël. Il demande à son peuple d'accepter la domination babylonienne comme une épreuve sous peine d'être châtié par Yahvé. Mais il est rejeté par le peuple, et ses oracles se concrétisent lorsque la ville de Jérusalem et le Temple sont détruits. L'immense peine de Jérémie est décrite dans les *Lamentations* de Jérémie (celles-là mêmes qui ont façonné le terme de jérémiades mentionnées dans l'Ancien Testament). *Caractérologie :* relationnel, médiation, intuition, résolution, fidélité.

Jérémy
132 000 TOP 600 ↘

Dieu élève (hébreu). Ce prénom biblique est massivement choisi par les protestants anglais puis américains au XVIIe siècle. Il est très fréquent dans le monde anglophone lorsqu'il apparaît en France dans les années 1960. Son succès rapide lui permet d'éclipser la forme française

Jérémie et de bondir au 4e rang masculin en 1987. Malgré son repli subséquent, il est, aujourd'hui encore, un prénom de choix. *Caractérologie :* structure, persévérance, détermination, sécurité, réalisation.

Jérôme

197 000

Nom sacré (grec). Au Ve siècle, saint Jérôme traduisit de l'hébreu en latin une grande partie de la Bible. Malgré cette production titanesque, le nom du patron des traducteurs inspira peu de parents avant le XIXe siècle. Après avoir fait de timides percées outre-Manche, Jérôme s'élance finalement en France. On le trouve au 6e rang à son point culminant, en 1974, avant son reflux accéléré à la fin du siècle. Il n'est pas apparenté à Jérémy mais a peut-être, par ses premières lettres en commun, favorisé l'essor de ce dernier. On peut estimer que moins de 30 enfants seront prénommés ainsi en 2022. *Variantes :* Gérôme, Géronimo, Girolamo, Jeroen, Jéronime, Jéronimo, Yerom. Forme basque : Jerolin. *Caractérologie :* communication, enthousiasme, volonté, pratique, résolution.

Jerry

1 500

Nom sacré (grec). Masculin anglais. On peut estimer que moins de 30 enfants seront prénommés ainsi en 2022. *Caractérologie :* fiabilité, résolution, méthode, ténacité, engagement.

Jesse

1 200 TOP 2 000

Un présent (hébreu). Jesse est plus particulièrement répandu en Finlande, dans les pays anglophones et aux Pays-Bas. *Variante :* Jess. *Caractérologie :* méthode, fiabilité, ténacité, sens du devoir, engagement.

Jessim

3 000 TOP 400

Grand, majestueux (arabe). *Variante :* Jassim. *Caractérologie :* adaptation, communication, pratique, enthousiasme, résolution.

Jessy

13 000 TOP 700

Un présent (hébreu). Jessy est très répandu dans les pays anglophones. *Variantes :* Djessy, Jessi. *Caractérologie :* équilibre, responsabilité, famille, influence, exigence.

Jésus

1 600

Dieu sauve (hébreu). Ce prénom biblique est très peu répandu en dehors de l'Espagne et du Portugal. *Caractérologie :* loyauté, réceptivité, diplomatie, sociabilité, bonté.

Jibriel

- de 30

Contraction de Jibril et Gabriel. *Caractérologie :* détermination, diplomatie, organisation, sociabilité, réceptivité.

Jibril

3 000 TOP 400

Forme arabe de Gabriel : force de Dieu (hébreu). Voir Djibril. *Variantes :* Gebril, Gibril, Jebril. *Caractérologie :* conseil, bienveillance, organisation, conscience, sagesse.

Jilani

180

Nom du fondateur de la Qadiriya, branche soufie de l'islam créée au XIe siècle en Iraq. *Caractérologie :* dynamisme, direction, détermination, indépendance, assurance.

Jillian

200

De la famille romaine de Iule (latin). Masculin anglais. *Variante :* Jilian. *Caractérologie :* structure, efficacité, persévérance, détermination, sécurité.

Jim

2 500 TOP 2 000

Supplanter, talonner (hébreu). Masculin anglais. *Variante :* Gim. *Caractérologie :* dynamisme, curiosité, courage, charisme, indépendance.

J

Jimmy
35 000 TOP 700

Supplanter, talonner (hébreu). Jimmy est très répandu dans les pays anglophones. *Variantes :* Djimmy, Gimmy, Jimi, Jimy. *Caractérologie :* sagacité, spiritualité, connaissances, réalisation, originalité.

Joachim
10 000 TOP 300

Dieu a établi (hébreu). Roi de Juda au VIe siècle, Joachim complota avec les Égyptiens contre le protectorat babylonien dirigé par Nabuchodonosor. *Variantes :* Akim, Kimo, Joachin, Joackim, Joakim, Joakin, Jochim, Johakim. *Caractérologie :* indépendance, curiosité, analyse, dynamisme, courage.

Joakim
1 500 TOP 2 000

Dieu a établi (hébreu). Masculin scandinave, serbe et macédonien. *Caractérologie :* audace, originalité, énergie, séduction, découverte.

Joan
7 000 TOP 500

Dieu fait grâce (hébreu). Voir Joan au féminin. Masculin catalan et occitan. *Caractérologie :* sens du devoir, engagement, méthode, ténacité, fiabilité.

Joanis
- de 100

Dieu fait grâce (hébreu). *Variante :* Joannis. *Caractérologie :* curiosité, dynamisme, indépendance, courage, détermination.

Joannes
800

Dieu fait grâce (hébreu). Joannes est assez répandu dans les cultures néerlandophones. Formes basques : Joanes, Joanko. *Caractérologie :* conscience, paix, conseil, sagesse, bienveillance.

Joanny
850

Dieu fait grâce (hébreu). *Variantes :* Joannet, Joanni, Joannic, Joannick, Joannin, Joanis, Joannis, Joany. *Caractérologie :* sagesse, méditation, indépendance, savoir, intelligence.

Joao
3 500 TOP 700

Dieu fait grâce (hébreu). João est très répandu au Brésil et au Portugal. *Caractérologie :* originalité, énergie, découverte, séduction, audace.

Joaquim
4 000 TOP 700

Dieu a établi (hébreu). Joaquim est très répandu au Portugal. *Caractérologie :* dynamisme, curiosité, courage, indépendance, logique.

Joaquin
950 TOP 2 000

Dieu a établi (hébreu). Roi de Juda au VIe siècle, Joachim complota avec les Égyptiens contre le protectorat babylonien dirigé par Nabuchodonosor. *Variantes :* Akim, Kimo, Joachin, Joackim, Joakim, Joakin, Jochim, Johakim. *Caractérologie :* bienveillance, conscience, paix, détermination, raisonnement.

Joas
110

Supplanter, talonner (hébreu). *Caractérologie :* altruisme, intégrité, réflexion, idéalisme, dévouement.

Jocelin
700

Étymologie possible : doux prince (germanique). *Caractérologie :* audace, découverte, énergie, analyse, résolution.

Jocelyn
12 000 TOP 2 000

Étymologie possible : doux prince (germanique). Masculin français et anglais. Fils de Judaël, le roi de Domnonée, saint Josse refusa la couronne pour se consacrer à la vie monastique au VIIe siècle. Voir Judicaël. *Variantes :* Jocelin, Joscelyn. *Caractérologie :* adaptation, pratique, communication, amitié, enthousiasme.

Joseph

Fête : 19 mars

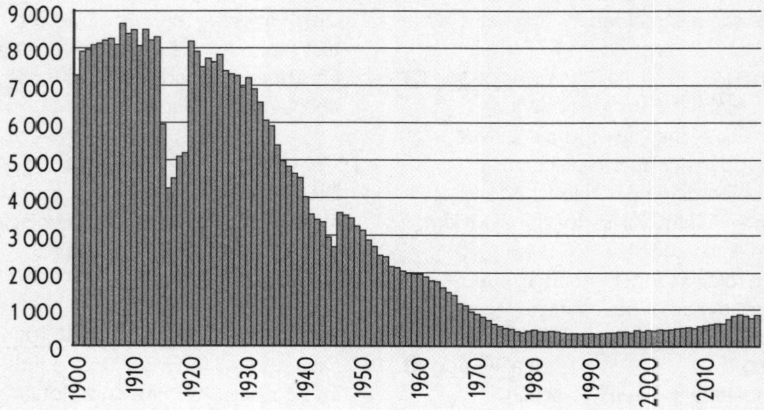

Étymologie

Dans le Livre de la Genèse, il est dit que Jacob et Rachel ont choisi de nommer leur fils Joseph, qui signifie « Dieu ajoutera » en hébreu, car ils espéraient avoir une grande descendance. L'islam considère Joseph (Youssef) comme un prophète et lui consacre une sourate. Enfin, dans le Nouveau Testament, Joseph est l'époux de Marie de Nazareth et le père nourricier de Jésus-Christ.

À tout le moins, ce personnage emblématique des 3 religions monothéistes laissait présager une carrière brillante pour le prénom. C'est surtout à partir de la Réforme protestante, propice à l'expansion des prénoms de l'Ancien Testament, qu'il devient courant. Les puritains anglophones le diffusent sur les terres anglo-saxonnes et plusieurs souverains européens marqueront d'un sceau royal ce prénom (Joseph Ier et II, empereurs d'Autriche, Joseph Bonaparte, Roi de Naples puis d'Espagne). Joseph fait fi des frontières et des modes. C'est ainsi qu'on le retrouve sous de nombreuses graphies (José, Giuseppe, Iosef, Youssef et Josep) dans tous les pays, y compris slaves.

En France, il monopolise les premiers rangs de la fin du XIXe siècle aux années 1900. Il ne quitte le top 10 masculin qu'à la fin de la Première Guerre mondiale. Mais le saint patron des charpentiers n'ira jamais au purgatoire et restera discrètement présent. À partir des années 2000, il reprend son bâton de pèlerin et connaît l'essor qui le propulse dans le top 10 parisien en 2017. Son envol national est moins probant. Il peine, tout comme sa consœur Joséphine, à rebondir dans les 100 premières places.

Les auspices lui sont moins favorables à l'international. Il parvient difficilement à se départir de son côté désuet, y compris dans les pays anglophones, terres traditionnellement acquises. Il figure au 24e rang des attributions aux États-Unis mais y connaît un lent déclin depuis plusieurs années.

Dans l'histoire

Dans l'Ancien Testament, Joseph, le fils préféré de Jacob, est vendu comme esclave par ses frères jaloux. Malgré sa nouvelle condition, Joseph, qui a le don d'interpréter les rêves, est remarqué par le pharaon. Il le nomme gouverneur, ce qui épargne la famine aux Égyptiens. Plus tard, Joseph pardonne à ses frères et renoue avec sa famille.

Personnes célèbres
Joseph Fiennes, acteur anglais, né en 1970 ; Joseph L. Mankiewicz, cinéaste américain (1909-1993) ; Joseph Kessel, aventurier et écrivain (1898-1979) ; Joseph Staline, homme d'État soviétique (1879-1953) ; Joseph Haydn, compositeur autrichien (1732-1809).

Statistiques
Joseph est le 126e prénom masculin le plus donné en France depuis l'an 2000. Il est attribué à près d'un garçon sur 430 aujourd'hui.

Jody
250

Diminutif anglophone de Joseph. Masculin anglais. *Caractérologie :* réalisation, humanité, ouverture d'esprit, rêve, rectitude.

Joé
2 500

Diminutif des prénoms formés avec Jo. Masculin anglais. On peut estimer que moins de 30 enfants seront prénommés ainsi en 2022. *Caractérologie :* optimisme, communication, pragmatisme, créativité, sociabilité.

Joël
124 000 TOP 1 000

Dieu est Dieu (hébreu). Joël est l'un des 12 « petits prophètes » de l'Ancien Testament. Il convainquit le peuple de se repentir de son éloignement de Dieu. Cette pénitence fit cesser la sécheresse et l'invasion de sauterelles qu'il avait prophétisées. Ce prénom français est répandu dans les cultures néerlandophones. *Caractérologie :* famille, éthique, influence, équilibre, exigence.

Joévin
300

Jupiter, jeune (latin). *Caractérologie :* pragmatisme, optimisme, décision, communication, caractère.

Joey
3 000 TOP 1 000

Diminutif anglophone des prénoms formés avec Jo. *Caractérologie :* audace, dynamisme, direction, indépendance, assurance.

Joffrey
7 500

La paix de Dieu (germanique). Masculin français. On peut estimer que moins de 30 enfants seront prénommés ainsi en 2022. *Variantes :* Joeffrey, Jofrey, Joffray, Joffre. *Caractérologie :* structure, persévérance, efficacité, sécurité, résolution.

Johan
34 000 TOP 300

Dieu fait grâce (hébreu). En dehors de l'Hexagone, Johan est très répandu en Allemagne, dans les pays scandinaves et néerlandophones. Il est aussi un prénom traditionnel en Alsace et dans le Pays basque. *Variante :* Johane. *Caractérologie :* pratique, enthousiasme, communication, adaptation, générosité.

Johann
19 000 TOP 700

Dieu fait grâce (hébreu). En dehors de l'Hexagone, Johann est très répandu en Allemagne. *Caractérologie :* force, ambition, habileté, passion, management.

Johannes
650

Dieu fait grâce (hébreu). Johannes est plus particulièrement usité en Allemagne, dans les pays néerlandophones et scandinaves. *Variantes :* Johanes, Johanne, Johannis, Johanny, Johany. *Caractérologie :* curiosité, courage, dynamisme, charisme, indépendance.

John
13 000 TOP 800

Dieu fait grâce (hébreu). Ce prénom est très répandu dans les pays anglophones

J

et en Suède. *Caractérologie :* intuition, médiation, relationnel, fidélité, adaptabilité.

Johnny
15 000 TOP 2 000

Dieu fait grâce (hébreu). Masculin anglais. *Variante :* Johny. *Caractérologie :* énergie, originalité, découverte, audace, séduction.

Jolan
1 900 TOP 2 000

Vallée aux chênes morts (amérindien), variante de Yolan. *Caractérologie :* connaissances, spiritualité, sagacité, originalité, philosophie.

Jon
850 TOP 2 000

Dieu fait grâce (hébreu). Dans l'Hexagone, Jon est plus traditionnellement usité au Pays basque. *Caractérologie :* communication, pratique, enthousiasme, adaptation, générosité.

Jonaël
250 TOP 2 000

Contraction de Jonas et Joël. *Caractérologie :* communication, pragmatisme, optimisme, créativité, sociabilité.

Jonas
8 500 TOP 300

Colombe (hébreu). Grâce à la popularité de l'histoire de Jonas dans la Bible, ce prénom, sous ses différentes formes, est connu dès le Moyen Âge dans la chrétienté. Il devient plus fréquent au XVIIe siècle grâce aux puritains anglophones qui le choisissent massivement. Jonas est bien rare en France jusqu'à son apparition dans les années 1970, et grandit lentement depuis. Il est plus particulièrement répandu dans les pays anglo-saxons, scandinaves et néerlandophones aujourd'hui. ◇ Jonas est un personnage de l'Ancien Testament. Le Coran lui consacre également un chapitre dans la sourate Yunus. Lorsque Dieu ordonne à Jonas de convertir la ville païenne de Ninive, il fuit sa mission en s'embarquant sur un bateau. Mais un violent orage éclate et l'équipage doit jeter Jonas par-dessus bord afin d'apaiser la colère divine. Avalé par une baleine, Jonas se repent et accepte son mandat. L'ordre religieux est promptement rétabli à Ninive et Dieu épargne la ville de ses châtiments. Maints peintres et artistes ont immortalisé ces scènes bibliques. *Variantes :* Jonah, Yonas. *Caractérologie :* découverte, énergie, audace, séduction, originalité.

Jonathan
104 000 TOP 600

Dieu a donné (hébreu). Ce prénom biblique s'est propagé dans les pays anglophones à partir du XVIIe siècle, mais il est longtemps resté inconnu en France. Au début des années 1960, avant son jaillissement, il ne prénomme qu'une poignée de Français chaque année. Qui aurait imaginé qu'il s'élève au 5e rang masculin en l'espace de 15 ans ? Son repli se poursuit aujourd'hui et ne l'a pas fait disparaître. Jonathan est très répandu dans les pays anglophones, germanophones, néerlandophones et scandinaves. ◇ Dans l'Ancien Testament, Jonathan, le fils du roi Saül, est le jeune officier qui repousse l'armée ennemie en tuant le général des Philistins. Son courage, sa générosité et son intelligence sont légendaires. *Variantes :* Janathan, Johnatan, Johnathan, Jonatan, Jonathane, Jonathann, Jonnathan. *Caractérologie :* intuition, médiation, fidélité, finesse, relationnel.

Jonel
- de 30

Dieu fait grâce (hébreu). *Caractérologie :* intuition, relationnel, médiation, fidélité, adaptabilité.

Joram
- de 100

Labourer le sol (grec). *Caractérologie :* optimisme, communication, adaptation, pragmatisme, art.

Joran

700 ↘

Labourer le sol (grec). Joran est plus particulièrement usité dans les pays scandinaves et en Bretagne. *Caractérologie :* structure, sécurité, efficacité, persévérance, décision.

Jordan

54 000 TOP 400 ↘

Descendre (hébreu). Nom anglais désignant le fleuve (Jourdain) dans lequel Jésus-Christ a été baptisé par saint Jean-Baptiste. Ce prénom répandu dans les pays anglophones a connu un pic de popularité en Occitanie dans les années 1990. *Variantes :* Djordan, Jourdain. *Caractérologie :* décision, ambition, force, caractère, habileté.

Jordane

3 000

Descendre (hébreu). On peut estimer que moins de 30 enfants seront prénommés ainsi en 2022. *Variantes :* Djordan, Jordann, Jordhan. *Caractérologie :* persévérance, structure, sécurité, décision, caractère.

Jordi

1 400

Labourer le sol (grec). Dans l'Hexagone, ce prénom catalan est plus traditionnellement usité en Occitanie. On peut estimer que moins de 30 enfants seront prénommés ainsi en 2022. *Variante :* Jorgi. *Caractérologie :* diplomatie, sociabilité, réceptivité, loyauté, bonté.

Jordy

3 000 TOP 2 000 →

Labourer le sol (grec). *Caractérologie :* humanité, rectitude, rêve, ouverture d'esprit, réussite.

Jorge

2 500 ↗

Labourer le sol (grec). Jorge est très répandu dans les pays hispanophones et lusophones. *Caractérologie :* innovation, énergie, autorité, décision, ambition.

Joris

16 000 TOP 600 ↘

Forme néerlandaise de Georges : labourer le sol (grec). Cette forme néerlandaise de Georges est répandue aux Pays-Bas. *Variantes :* Jauris, Jorick, Jorris, Jory, Jorys. *Caractérologie :* ambition, force, habileté, management, passion.

José

49 000 TOP 900 →

Dieu ajoutera (hébreu). En dehors de l'Hexagone, José est très répandu dans les pays hispanophones et lusophones. *Caractérologie :* méthode, fiabilité, sens du devoir, ténacité, engagement.

Joseph

110 000 TOP 100 →

Dieu ajoutera (hébreu). *Variantes :* Josef, Josèphe, Josephus. *Caractérologie :* autorité, innovation, énergie, ambition, autonomie.

Joséphin

- de 30

Dieu ajoutera (hébreu). *Caractérologie :* paix, conscience, bienveillance, détermination, action.

Joshua

11 000 TOP 200 →

Dieu aidera (hébreu). Cette forme anglophone de Josué est très répandue dans les pays anglo-saxons, notamment aux États-Unis. Elle est également populaire dans les cultures juives anglophones. Voir Josué. *Variantes :* Josh, Josiah, Jossua, Josua, Josuah, Josuha. *Caractérologie :* sociabilité, réceptivité, loyauté, bonté, diplomatie.

Josian

1 400

Dieu ajoutera (hébreu). Dans l'Hexagone, Josian est plus traditionnellement usité au Pays basque. On peut estimer que moins de 30 enfants seront prénommés ainsi en 2022. *Caractérologie :* dynamisme, indépendance, curiosité, courage, résolution.

Josias
350 ➔

Dieu me soutient (hébreu). *Caractérologie :* autorité, innovation, autonomie, ambition, énergie.

Josse
350

Étymologie possible : doux prince (germanique). Fils de Judaël, le roi de Domnonée, saint Josse refusa la couronne pour se consacrer à la vie monastique au VIIe siècle. Josse est un prénom breton. *Variante :* Joss. *Caractérologie :* dynamisme, curiosité, indépendance, courage, charisme.

Josselin
5 500

Étymologie possible : doux prince (germanique). Masculin français et breton. On peut estimer que moins de 30 enfants seront prénommés ainsi en 2022. *Variantes :* Josselyn, Judoc. *Caractérologie :* analyse, structure, persévérance, résolution, sécurité.

Josselyn
350

Étymologie possible : doux prince (germanique). *Caractérologie :* relationnel, médiation, fidélité, sympathie, intuition.

J

Josserand
- de 100

Se rapporte à Gauz, divinité teutonne (germanique). *Caractérologie :* équilibre, résolution, famille, responsabilité, volonté.

Josué
4 000 TOP 800 ➔

Dieu aidera (hébreu). Dans l'Ancien Testament, Josué, le successeur de Moïse, guide les Hébreux vers la Terre promise. On rencontre plus souvent ce prénom rare dans les cultures juives francophones. *Variante :* Jossué. *Caractérologie :* indépendance, intelligence, savoir, méditation, sagesse.

Jovan
450 TOP 2 000 ➔

Jupiter, jeune (latin). Dans l'Hexagone, Jovan est plus traditionnellement usité en Bretagne. *Caractérologie :* passion, volonté, habileté, ambition, force.

Joyce
550 ➔

Allégresse (latin). Masculin anglais. *Caractérologie :* ténacité, méthode, engagement, fiabilité, bonté.

Juan
8 000 TOP 700 ➔

Dieu fait grâce (hébreu). Masculin espagnol. *Caractérologie :* autorité, innovation, énergie, autonomie, ambition.

Juanito
500

Dieu fait grâce (hébreu). Masculin espagnol. *Caractérologie :* humanité, rêve, détermination, raisonnement, rectitude.

Jude
1 300 TOP 800 ➔

Loué, félicité (hébreu). Masculin anglais. *Caractérologie :* ténacité, engagement, méthode, fiabilité, sens du devoir.

Judicaël
2 500 TOP 2 000 ↗

Seigneur généreux (celte). Fils aîné de Judaël, le roi de Domnonée, saint Judicaël refusa la couronne et se retira dans le monastère de Gaël. Il dut cependant monter sur le trône lorsque son frère (saint Josse) déclina ce même honneur. Roi des Bretons malgré lui, saint Judicaël gouverna avec sagesse pendant 20 ans. *Variantes :* Jekel, Jezekael, Jikael, Jikel, Judikael. *Caractérologie :* relationnel, intuition, fidélité, médiation, résolution.

Julen
600 TOP 2 000 ↘

De la famille romaine de Iule (latin). Prénom basque. *Caractérologie :* stratégie, vitalité, leadership, ardeur, achèvement.

Jules
96 000 TOP 50 ➔

De la famille romaine de Iule (latin). *Caractérologie :* engagement, fiabilité, méthode, ténacité, sens du devoir.

Jules

Fête :
12 avril

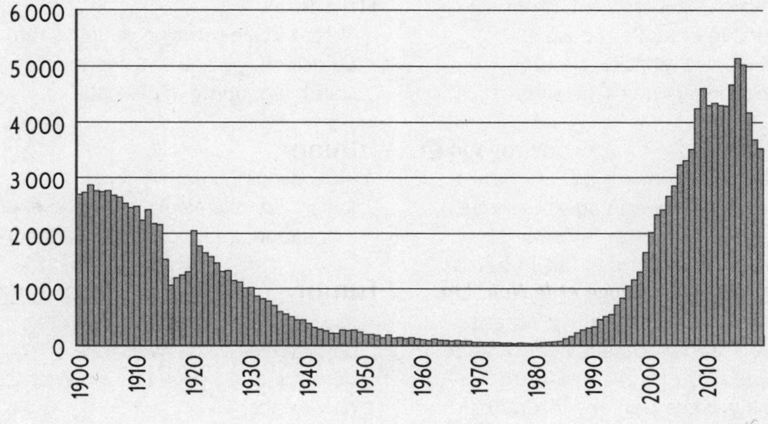

Étymologie

Conformément à ses origines latines, Jules se rapporte à la grande famille romaine de Iule. Usité du temps de Rome à nos jours, ce prénom français a connu des pics de popularité à la Renaissance et au XIXe siècle. Au plus bas de ses attributions dans les années 1970, il est menacé de disparition. Mais le déclin de Julien et la vague des prénoms rétro le font resurgir dans le top 10 français en 2008. Il en est encore proche aujourd'hui.

En dehors de l'Hexagone, ce prénom s'est répandu dans les pays anglophones et aux Pays-Bas à partir de la fin du XIXe siècle. S'il se distingue en Wallonie et Romandie, il reste éclipsé par Julian dans de nombreux pays occidentaux.

Dans l'histoire

Brillant homme d'État romain, **Jules César** (101-44 avant J.-C.) conquit la Gaule et repoussa les frontières de son empire jusqu'au Rhin. Peu après avoir été nommé consul et dictateur à vie, il fut assassiné par des conspirateurs en plein sénat. C'est Brutus, son protégé, qui l'acheva du 23e et ultime coup de poignard.

Saint Jules est le premier pape romain qui choisit ce prénom au IVe siècle. Durant sa papauté, il fit construire de nombreuses églises à Rome et établit la primauté de la capitale italienne sur les autres Églises.

Jules II, le pape qui succéda à Pie III en 1503, restaura la puissance politique des papes en Italie.

Personnes célèbres

Jules Verne, écrivain français (1828-1905), laisse à la postérité *Vingt Mille Lieues sous les mers*, *L'Île mystérieuse* et *Le Tour du monde en quatre-vingts jours*, romans parus dans les années 1870. Jules Renard, écrivain français (1864-1910), est particulièrement célèbre pour sa nouvelle *Poil de carotte*.

Statistiques

Jules est le 13e prénom masculin le plus donné en France depuis l'an 2000. Il est attribué à près d'un garçon sur 110 aujourd'hui.

J

Julian
17 000 TOP 200 ➔

De la famille romaine de Iule (latin). Julian est très répandu dans les pays anglophones, hispanophones et néerlandophones. Dans l'Hexagone, il est plus particulièrement attribué en Occitanie et au Pays basque. *Caractérologie :* ténacité, décision, méthode, engagement, fiabilité.

Julien
294 000 TOP 300 ↘

De la famille romaine de Iule (latin). Encore très méconnu au XIXe siècle, Julien aurait pu rester invisible si Stendhal n'en avait pas fait le héros de son roman *Le Rouge et le Noir*. Un saint légendaire inspira également Gustave Flaubert dans *La Légende de saint Julien l'Hospitalier*, paru en 1877. Mais malgré ces percées littéraires, Julien reste dans l'ombre de Jules dont il est dérivé. Il y restera jusqu'au XXe siècle, où sa glorieuse carrière est comparable à celle de Julian dans les pays anglophones et hispanophones. Julien brille dans les 3 premiers rangs français, de 1979 à 1990, avant de décliner. *Variantes :* Juliann, Juliano, Jullian, Jullien. *Caractérologie :* ambition, force, passion, habileté, détermination.

Julio
1 900 TOP 800 ↗

De la famille romaine de Iule (latin). Julio est très répandu dans les pays hispanophones et lusophones. C'est également un choix traditionnel occitan. *Variante :* Giulio. *Caractérologie :* efficacité, persévérance, raisonnement, sécurité, structure.

Julius
350 ➔

De la famille romaine de Iule (latin). *Caractérologie :* réceptivité, loyauté, sociabilité, bonté, diplomatie.

Junien
- de 30

Mois de juin (latin). *Variantes :* Jun, Junian. *Caractérologie :* autorité, énergie, innovation, ambition, détermination.

Junior
1 500 TOP 700 ➔

Jeunesse (latin). *Variante :* Juvenal. *Caractérologie :* bienveillance, détermination, paix, raisonnement, conscience.

Juste
160

Juste (latin). *Variante :* Just. *Caractérologie :* communication, enthousiasme, pratique, organisation, adaptation.

Justin
13 000 TOP 300 ➔

Juste (latin). Justin est répandu dans les pays anglophones et aux Pays-Bas. Dans l'Hexagone, il est plus traditionnellement usité en Occitanie. *Variantes :* Justinian, Justinien, Justino, Justo, Justyn, Tin. Forme bretonne : Jestin. *Caractérologie :* pragmatisme, optimisme, organisation, résolution, communication.

J

K

Kaan
1 300 TOP 800

Celui qui gouverne (turc). *Caractérologie :* réflexion, idéalisme, altruisme, intégrité, dévouement.

Kader
1 600

Riche, puissant (arabe). On peut estimer que moins de 30 enfants seront prénommés ainsi en 2022. *Variantes :* Kada, Kadda, Kadder. *Caractérologie :* optimisme, pragmatisme, créativité, communication, décision.

Kadir
950

Riche, puissant (arabe). *Caractérologie :* philosophie, connaissances, originalité, sagacité, spiritualité.

Kael
650 TOP 900

Seigneur généreux (celte). *Caractérologie :* réceptivité, diplomatie, sociabilité, loyauté, organisation.

Kaelig
500

Seigneur généreux (celte). Prénom breton. *Caractérologie :* altruisme, détermination, intégrité, idéalisme, bonté.

Kahil
950 TOP 600

Ami, confident (arabe). *Variante :* Kaïl. *Caractérologie :* altruisme, organisation, intégrité, dévouement, réflexion.

Kaï
180 TOP 2 000

Mer (hawaïen), terre (japonais), variante galloise de Caius, et diminutif masculin moderne de Catherine. L'éventuelle origine scandinave de Kai reste à démontrer. *Caractérologie :* pragmatisme, sociabilité, optimisme, créativité, communication.

Kaïs
16 000 TOP 100

Fierté (arabe). *Variantes :* Caïs, Caïss, Kaïss, Kays. *Caractérologie :* méthode, ténacité, fiabilité, engagement, sens du devoir.

Kalvin
1 700 TOP 2 000

Chauve (latin). *Caractérologie :* paix, conscience, bienveillance, organisation, détermination.

Kamel
13 000 TOP 2 000

Parfait, achevé (arabe). Ce prénom est particulièrement répandu dans les cultures musulmanes francophones. *Variantes :* Camal, Camel, Kamal, Kamale, Kamil, Kemal, Kemel, Kemil. *Caractérologie :* famille, responsabilité, influence, équilibre, organisation.

Kan
- de 30

Forme bretonne de Candice : d'un blanc éclatant (latin). *Caractérologie :* leadership, vitalité, achèvement, ardeur, stratégie.

Kane
- de 30

Bataille (celte), beau (gallois), homme, ciel de l'est (hawaïen), argent, cloche (japonais). *Caractérologie :* efficacité, persévérance, structure, sécurité, honnêteté.

Kaori
- de 30

Puissant, fort (japonais). *Caractérologie :* idéalisme, intégrité, réflexion, altruisme, dévouement.

Karan
- de 100 TOP 2 000

Instrument de musique (sanscrit), parent (vieux breton). *Variante :* Karanteg. *Caractérologie :* décision, idéalisme, altruisme, réflexion, intégrité.

Karel
750 TOP 2 000

Pur (grec). Karel est plus particulièrement répandu dans les régions néerlandophones et en Tchéquie. *Caractérologie :* diplomatie, réceptivité, sociabilité, gestion, décision.

Karim
37 000 TOP 500 ↘

Bien né, généreux (arabe). Ce prénom est particulièrement répandu dans les cultures musulmanes francophones. *Variantes :* Carim, Karam, Karem, Karime, Karym. *Caractérologie :* originalité, spiritualité, connaissances, philosophie, sagacité.

Karl
10 000 TOP 600 →

Force (germanique). Karl est répandu en Allemagne. C'est aussi un choix traditionnel flamand. *Variantes :* Karlo, Karlos. *Caractérologie :* éthique, famille, influence, équilibre, organisation.

Kassim
2 500 TOP 200 ↑

Juste (arabe). *Variantes :* Kacem, Kassem, Kazim. *Caractérologie :* humanité, rectitude, générosité, rêve, ouverture d'esprit.

Kaylan
700 TOP 500 ↑

Élancé (irlandais). *Variante :* Kailan. *Caractérologie :* énergie, direction, indépendance, assurance, dynamisme.

K

Kazuo
- de 30

Le premier-né (japonais). *Caractérologie :* intuition, fidélité, organisation, médiation, relationnel.

Keane
- de 100 TOP 2 000

Forme francisée de Cian, de l'irlandais *cian*, « ancien ». *Variantes :* Kéan, Kéann. *Caractérologie :* générosité, idéalisme, rectitude, réflexion, loyauté.

Keanu
200

L'air de la montagne (hawaïen). Keanu est usité à Hawaï, dans les pays anglophones et scandinaves. *Caractérologie :* savoir, indépendance, intelligence, méditation, organisation.

Keith
150

Le vent (celte). Masculin écossais et anglais. *Caractérologie :* vitalité, achèvement, stratégie, ardeur, finesse.

Kelan
200

Élancé (irlandais). *Variante :* Kéalan. *Caractérologie :* intelligence, savoir, méditation, indépendance, gestion.

Kélian
3 000 TOP 1 000 ↘

Contestation ou église (irlandais). *Variantes :* Kealan, Keelan, Keelyan, Kelan, Keliann, Keilan, Kelyan, Keylian. *Caractérologie :* sagacité, connaissances, gestion, spiritualité, décision.

Kelig
250

Seigneur généreux (celte). Prénom breton. *Caractérologie :* passion, force, habileté, ambition, sympathie.

Kelil
- de 30

Parfait (hébreu). Masculin anglais. *Caractérologie :* persévérance, sécurité, structure, efficacité, honnêteté.

Kélio
400 TOP 900 ↑

Fusion de Kélian et de prénoms se terminant en « io » (Élio, Fabio, etc.). *Caractérologie :* méditation, logique, intelligence, savoir, indépendance.

Kellian
950 ↘

Contestation ou église (irlandais). *Caractérologie :* résolution, dynamisme, direction, audace, organisation.

Kelvin
1 800 TOP 2 000 ↘

Petite rivière (celte). Masculin anglais. *Caractérologie :* autorité, ambition, innovation, énergie, autonomie.

Les prénoms chics et bobos

Qu'ils soient attribués par esprit de tradition, par snobisme ou par inspiration spontanée, les prénoms chics ne laissent pas les parents indifférents. Ils sont l'objet de discussions passionnées sur les forums de sites internet de parents. On les retrouve régulièrement dans les livres, dans les magazines et dans les émissions de radio. Non seulement le style chic n'est plus coincé, mais en outre, il est devenu tendance. Mais qu'est-ce qu'un prénom chic au juste ?

Condition indispensable, mais non suffisante : un « bon » prénom chic doit marquer un signe d'appartenance à la haute bourgeoisie et revêt donc des caractéristiques précises. Ainsi, les vieux prénoms, portés par des personnages qui se sont illustrés dans l'histoire, les prénoms aristocrates ou royaux sont toujours des valeurs refuges. De fait, le registre médiéval est l'une des plus grandes sources d'inspiration de prénoms chics (exemples : Amaury, Éloi, Gonzague). D'ailleurs, dans les familles traditionnelles, les prénoms anciens se transmettent encore de génération en génération.

D'une manière générale, les parents qui recherchent un prénom chic pour leur enfant évitent ceux qui figurent dans le top 50 des attributions au moment de la grossesse. Ils se méfient également des petits noms trop modernes ou inventés, et des prénoms qui n'auraient pas été portés par un saint. La coquetterie supplémentaire consiste à choisir un prénom qui n'est pas mentionné dans les calendriers de la Poste. Mais en cas de doute, vous ne vous tromperez jamais en adoptant un prénom royal inusité !

Notre sélection de prénoms chics :
Adhémar, Adrien, Alban, Albéric, Alexis, Amaury, Ambroise, Ancelin, Anselme, Armand, Arthur, Auguste, Aymeric, Basile, Baudoin, Cassien, Célestin, Charles-Édouard, Clément, Côme, Constant, Constantin, Cyriaque, Edgar, Édouard, Éloi, Enguerrand, Étienne, Eudes, Eugène, Évrard, Ferréol, Foulques, Gauthier, Gauvain, Geoffroy, Gildas, Gonzague, Grégoire, Guillaume, Hadrien, Henri, Hubert, Irénée, Jean, Josselin, Lothaire, Louis, Mathurin, Mayeul, Raoul, Rodrigue, Stanislas, Tancrède, Théobald, Thibault, Tugdual, Ulric, Vianney.

Certains prénoms chics peuvent être bobos, et *vice versa*, ce qui rend la distinction difficile. Mais tous les prénoms bobos ne sont pas chics. On les reconnaît avec leur côté titi parisien, artiste et poète, un brin désuet et B.C.B.G.

Voici nos coups de cœur
pour les prénoms bobos du moment :
Achille, Amédée, Anatole, Antonin, Aristide, Arsène, Augustin, Barthélemy, Clovis, Cyprien, Domitien, Émile, Émilien, Félix, Ferdinand, Firmin, Gabin, Gaspard, Gaston, Gustave, Hector, Hippolyte, Honoré, Isidore, Joseph, Léandre, Léonce, Lucien, Marceau, Marcel, Marius, Martin, Octave, Oscar, Séraphin, Théophile, Virgile.

K

Kelyan

4 500 TOP 300

Contestation ou église (irlandais). *Caractérologie :* découverte, sympathie, organisation, courage, découverte.

Kemuel

160

Qui aide Dieu (hébreu). *Caractérologie :* ténacité, engagement, fiabilité, méthode, sens du devoir.

Ken
1 300

Identique (japonais). Diminutif des prénoms formés avec Ken. Ken est plus particulièrement répandu en Australie et au Japon. On peut estimer que moins de 30 enfants seront prénommés ainsi en 2022. *Caractérologie :* pragmatisme, optimisme, communication, créativité, sociabilité.

Kenan
3 000 TOP 400

Beau (celte), terre sainte (araméen). Kénan est l'un des patriarches cités dans le Livre de la Genèse. Prénom breton et turc. *Caractérologie :* ouverture d'esprit, humanité, rêve, rectitude, générosité.

Kendal
200 TOP 2 000

Vallée de la rivière Kent (anglais). Masculin anglais. *Variante :* Kendall. *Caractérologie :* relationnel, intuition, organisation, fidélité, médiation.

Kenji
1 600

Prénom traditionnellement attribué au deuxième garçon au Japon. On peut estimer que moins de 30 enfants seront prénommés ainsi en 2022. *Variante :* Kenjy. *Caractérologie :* sécurité, structure, persévérance, efficacité, résolution.

Kenneth
600

Très beau (irlandais). Masculin anglais et écossais. *Caractérologie :* énergie, audace, originalité, découverte, sensibilité.

Kenny
7 000 TOP 700

Très beau (irlandais). Kenny est répandu en Écosse et dans les pays anglophones. *Variante :* Keny. *Caractérologie :* conscience, conseil, bienveillance, sagesse, paix.

Kent
- de 100

Limite (anglais). Plus courant sous forme de patronyme. *Caractérologie :* audace, découverte, énergie, séduction, originalité.

Kenzi
950 TOP 1 000

Trésor (arabe). *Variante :* Kenzy. *Caractérologie :* diplomatie, sociabilité, attention, réceptivité, loyauté.

Kenzo
14 000 TOP 200

Trésor (arabe). Kenzo est également un prénom japonais ayant de nombreuses significations selon les kanji utilisés (« maison », « trésor », « éléphant » pour ne citer que trois d'entre elles). *Caractérologie :* vitalité, achèvement, stratégie, ardeur, sensibilité.

Kéo
550 TOP 2 000

Se rapporte à Keokuk, chef indien qui vécut dans les années 1830 (Amérique du Nord). *Caractérologie :* méthode, fiabilité, sécurité, détermination, résolution.

Keon
- de 30

Dérivé irlandais d'Ewan et variante moderne de Kian. *Caractérologie :* réflexion, intégrité, dévouement, altruisme, idéalisme.

Keoni
250 TOP 2 000

Dérivé hawaïen de John : Dieu fait grâce (hébreu). *Variante :* Keon. *Caractérologie :* générosité, rectitude, ouverture d'esprit, rêve, humanité.

Keran
1 000 TOP 2 000

Poutre de bois (arménien). *Variantes :* Kerane, Kerann. *Caractérologie :* engagement, ténacité, méthode, fiabilité, détermination.

Kerem
950 TOP 800

Vigne (hébreu), variante turque de Karim. *Caractérologie :* intelligence, sagesse, indépendance, savoir, méditation.

K

Les prénoms par décennie

Les choix de prénoms ont beaucoup évolué en France de 1900 à nos jours. Durant la première partie du XXe siècle, Marie et Jean se sont distingués chaque année à la tête du classement national. On les croyait indéboulonnables. Mais c'était sans compter sur l'effervescence des années 1960. Bien avant que les étudiants ne descendent dans les rues en mai 1968, Philippe avait éclipsé Jean !

Une petite révolution qui marque un point de non-retour : Jean, Philippe, Thierry, Christophe, Stéphane, Sébastien, Nicolas, Julien et Kevin marqueront les dernières décennies du XXe siècle. Leur règne est plus court, et la valse des prénoms s'accélère davantage à partir des années 1990.

Dans les années 2020, Thomas, Enzo et Lucas ont cédé leur trône à Gabriel et Léo… Mais pour combien de temps ?

1900-1909	1910-1919	1920-1929	1930-1939
1. Jean	1. Jean	1. Jean	1. Jean
2. Louis	2. André	2. André	2. Michel
3. Pierre	3. Pierre	3. Pierre	3. André
4. Marcel	4. Marcel	4. René	4. Pierre
5. Henri	5. Louis	5. Roger	5. Claude
6. André	6. René	6. Marcel	6. Jacques
7. Joseph	7. Henri	7. Robert	7. René
8. René	8. Georges	8. Georges	8. Roger
9. Georges	9. Joseph	9. Louis	9. Robert
10. Paul	10. Roger	10. Henri	10. Bernard
11. Maurice	11. Maurice	11. Maurice	11. Marcel
12. Charles	12. Paul	12. Jacques	12. Georges
13. François	13. Robert	13. Joseph	13. Guy
14. Émile	14. Raymond	14. Paul	14. Maurice
15. Albert	15. Albert	15. Raymond	15. Henri
16. Robert	16. Charles	16. Lucien	16. Louis
17. Roger	17. Lucien	17. Michel	17. Joseph
18. Lucien	18. François	18. Albert	18. Gérard
19. Léon	19. Émile	19. François	19. Raymond
20. Eugène	20. Léon	20. Charles	20. Paul

K

1940-1949	1950-1959	1980-1989	1990-1994
1. Jean	1. Jean	1. Nicolas	1. Kevin
2. Michel	2. Michel	2. Julien	2. Thomas
3. Daniel	3. Alain	3. Sébastien	3. Nicolas
4. Bernard	4. Patrick	4. Guillaume	4. Alexandre
5. Gérard	5. Christian	5. Alexandre	5. Maxime
6. Alain	6. Philippe	6. David	6. Julien
7. Jacques	7. Bernard	7. Romain	7. Anthony
8. Claude	8. Daniel	8. Thomas	8. Romain
9. André	9. Gérard	9. Anthony	9. Jérémy
10. Pierre	10. Dominique	10. Cédric	10. Florian
11. Christian	11. Jacques	11. Vincent	11. Guillaume
12. Guy	12. Didier	12. Jérémy	12. Benjamin
13. René	13. Jean-Pierre	13. Jonathan	13. Quentin
14. Jean-Claude	14. Pierre	14. Mathieu	14. Antoine
15. Robert	15. Claude	15. Jérôme	15. Pierre
16. Jean-Pierre	16. Serge	16. Christophe	16. Clément
17. Roger	17. André	17. Mickael	17. Vincent
18. Georges	18. Pascal	18. Damien	18. Jonathan
19. Yves	19. Joël	19. Kevin	19. Mathieu
20. Marcel	20. Guy	20. Benjamin	20. Alexis

1960-1969	1970-1979	1995-1999	2000-2004
1. Philippe	1. Christophe	1. Thomas	1. Thomas
2. Éric	2. David	2. Alexandre	2. Lucas
3. Pascal	3. Stéphane	3. Nicolas	3. Théo
4. Thierry	4. Sébastien	4. Maxime	4. Hugo
5. Patrick	5. Frédéric	5. Quentin	5. Maxime
6. Christophe	6. Laurent	6. Antoine	6. Enzo
7. Jean	7. Olivier	7. Kevin	7. Alexandre
8. Laurent	8. Jérôme	8. Julien	8. Antoine
9. Alain	9. Nicolas	9. Dylan	9. Clément
10. Bruno	10. Éric	10. Lucas	10. Quentin
11. Didier	11. Philippe	11. Valentin	11. Alexis
12. Frédéric	12. Franck	12. Alexis	12. Nicolas
13. Michel	13. Cédric	13. Clément	13. Romain
14. Dominique	14. Fabrice	14. Florian	14. Louis
15. Stéphane	15. Vincent	15. Romain	15. Léo
16. Christian	16. Thierry	16. Anthony	16. Nathan
17. Olivier	17. Arnaud	17. Guillaume	17. Valentin
18. Franck	18. Emmanuel	18. Pierre	18. Mathis
19. Gilles	19. Ludovic	19. Hugo	19. Paul
20. Marc	20. Pascal	20. Benjamin	20. Tom

2005-2009	2010-2014
1. Enzo	1. Lucas
2. Lucas	2. Nathan
3. Nathan	3. Gabriel
4. Mathis	4. Léo
5. Hugo	5. Louis
6. Thomas	6. Hugo
7. Louis	7. Enzo
8. Théo	8. Ethan
9. Tom	9. Jules
10. Raphaël	10. Raphaël
11. Clément	11. Arthur
12. Mathéo	12. Adam
13. Maxime	13. Timéo
14. Léo	14. Nolan
15. Jules	15. Théo
16. Yanis	16. Mathis
17. Gabriel	17. Tom
18. Noah	18. Maël
19. Arthur	19. Noah
20. Ethan	20. Clément

2015-2019
1. Gabriel
2. Raphaël
3. Léo
4. Louis
5. Jules
6. Lucas
7. Adam
8. Hugo
9. Ethan
10. Arthur
11. Maël
12. Liam
13. Nathan
14. Paul
15. Sacha
16. Tom
17. Gabin
18. Noah
19. Nolan
20. Timéo

Kerwan

400 TOP 2 000 ↘

Brun (irlandais). *Variante :* Kervin. *Caractérologie :* intégrité, idéalisme, altruisme, réflexion, résolution.

Keryan

1 000 TOP 2 000 ↘

Dérivé de Kerrien, éponyme d'une commune du Finistère (Bretagne). *Variantes :* Kerian, Keryann, Kyrian. *Caractérologie :* intuition, relationnel, médiation, décision, fidélité.

Kevan

900 TOP 2 000 →

Beau garçon (irlandais). Masculin scandinave et anglais (francisé parfois avec l'accent aigu). *Variantes :* Keven, Keyvan, Kewan. *Caractérologie :* ambition, habileté, management, force, passion.

Kevin

165 000 TOP 400 ↘

Beau garçon (irlandais). Le triomphe de Kevin dans les années 1990 est souvent associé au succès des séries américaines. À tort, car si ces dernières ont fait déferler une vague de prénoms anglophones, Kevin ne figurait (à l'époque) dans aucune d'entre elles. Cherchons plutôt les clés de sa réussite du côté de Kevin Costner. L'acteur américain (et son prénom) montent en popularité en France quelques années avant l'immense succès, en 1990, du western épique *Danse avec les loups*. Le film, co-réalisé et joué par Kevin Costner, renforce la gloire du prénom. Kevin atteint son pic en 1991 avec plus de 14 000 naissances, son record en France. De longue date associé à l'Irlande, Kevin (ou Kévin) se propage dans les pays anglo-saxons au début du XXe siècle avant de gagner l'ensemble de l'Europe. Jaillissant de nulle part, il bondit peu après sa découverte au sommet masculin français, devenant numéro un de 1989 à 1994. Son déclin s'accentue depuis le début des années 2010.

◊ Ermite irlandais au VIe siècle, saint Kevin est le fondateur du monastère de Glendalough, situé près de Dublin. *Variantes :* Keveen, Keevin, Kevine, Kevy, Kewin. *Caractérologie :* indépendance, savoir, méditation, intelligence, sagesse.

Kevyn
750

Beau garçon (irlandais). *Caractérologie :* énergie, originalité, découverte, séduction, audace.

Keyne
- de 100

Beauté, richesse (celte). Masculin anglais. *Caractérologie :* bienveillance, conscience, paix, conseil, sagesse.

Keziah
1 400 TOP 800

Arbuste dont l'écorce produit des épices (hébreu). *Caractérologie :* équilibre, décision, famille, responsabilité, attention.

Khaled
3 000 TOP 2 000

Éternel (arabe). *Caractérologie :* gestion, dynamisme, curiosité, courage, attention.

Khalid
4 000 TOP 900

Éternel (arabe). *Caractérologie :* rectitude, humanité, rêve, ouverture d'esprit, organisation.

Khalil
4 000 TOP 300

Ami fidèle (arabe). *Variantes :* Khallil, Khélil. *Caractérologie :* passion, force, ambition, habileté, organisation.

Kian
250 TOP 2 000

Kian est probablement dérivé de l'irlandais *cian*, « ancien ». Kian est également un prénom perse se rapportant aux quatre éléments de la vie : l'eau, la terre, le feu et l'air. *Variantes :* Cian, Kyan. *Caractérologie :* passion, force, ambition, habileté, décision.

Kieran
1 100 TOP 2 000

Brun (irlandais). Ce prénom irlandais est assez répandu dans les pays anglophones. Dans l'Hexagone, il est particulièrement attribué en Bretagne. *Variantes :* Keir, Keiran. *Caractérologie :* ténacité, résolution, méthode, fiabilité, engagement.

Kilian
11 000 TOP 900

Contestation ou église (irlandais). Voir Kylian. *Caractérologie :* réceptivité, sociabilité, diplomatie, gestion, décision.

Killiam
- de 100

Contestation ou église (irlandais). Voir Kylian. *Caractérologie :* organisation, méthode, engagement, ténacité, fiabilité.

Killian
22 000 TOP 2 000

Contestation ou église (irlandais). Voir Kylian. *Variantes :* Kilan, Kiliane, Kiliann, Killiane, Killiann, Kilien, Killien, Killyan, Kilyan, Kilyann. *Caractérologie :* curiosité, dynamisme, décision, gestion, courage.

Kilyan
2 500 TOP 1 000

Contestation ou église (irlandais). Voir Kylian. *Caractérologie :* rêve, humanité, résolution, sympathie, rectitude.

Kim
1 200

Diminutif anglophone de Kimberly : plaine royale (afrikaans), forme diminutive scandinave de Joachim. On peut estimer que moins de 30 enfants seront prénommés ainsi en 2022. *Caractérologie :* influence, famille, équilibre, responsabilité, exigence.

Kiran
300

Faisceau lumineux (sanscrit), brun (irlandais). Ce prénom est très répandu en Inde. *Variante :* Kyran. *Caractérologie :* force, résolution, ambition, habileté, passion.

K

Kiron

- de 30

Le maître sage (grec). Dans la mythologie grecque, Chiron est le fils de la nymphe Phylire et de Cronos. Centaure pacifique et cultivé, il enseigne la sagesse aux héros Achille, Ulysse, Castor et Pollux. *Caractérologie :* sens du devoir, structure, honnêteté, efficacité, persévérance.

Klaus

160

Victoire du peuple (grec). Masculin allemand et autrichien. *Variante :* Claus. *Caractérologie :* direction, indépendance, audace, dynamisme, organisation.

Kleber

1 400

Bâtisseur (germanique). Patronyme porté par un général français qui s'est particulièrement illustré durant les guerres de la Révolution à la fin du XVIIIe siècle. On peut estimer que moins de 30 enfants seront prénommés ainsi en 2022. *Variante :* Klebert. *Caractérologie :* force, passion, ambition, habileté, management.

Koffi

- de 100

Né un vendredi (Afrique de l'Ouest). *Caractérologie :* réceptivité, loyauté, sociabilité, bonté, diplomatie.

Kolia

- de 100

Voix du Seigneur (hébreu). Kolia est également un diminutif russe de Nicolas. *Variante :* Kolya. *Caractérologie :* optimisme, pragmatisme, communication, organisation, raisonnement.

Konan

- de 100

Loup, chien (irlandais). Dans l'Hexagone, Konan est plus traditionnellement usité en Bretagne. *Variantes :* Conan, Connor, Conor. *Caractérologie :* direction, audace, dynamisme, assurance, indépendance.

Konrad

140

Conseiller courageux (germanique). *Caractérologie :* humanité, rêve, rectitude, détermination, volonté.

Korentin

450 ↓

Ami (celte). *Variante :* Korantin. *Caractérologie :* méditation, intelligence, savoir, indépendance, sagesse.

Kostia

- de 100

Combattant (germanique). Masculin finlandais. *Caractérologie :* adaptation, pratique, enthousiasme, communication, générosité.

Kris

650 ↘

Diminutif des prénoms formés avec « Chris ». Masculin anglais et scandinave. *Variantes :* Kriss, Krys. *Caractérologie :* pragmatisme, optimisme, communication, créativité, sociabilité.

Kristen

400

Messie (grec). Kristen est répandu dans les pays scandinaves. C'est aussi un prénom traditionnel mixte en Bretagne. *Caractérologie :* famille, équilibre, influence, éthique, détermination.

Kurt

650 TOP 2 000 ↗

Conseiller courageux (germanique). Masculin allemand. *Caractérologie :* sagesse, indépendance, intelligence, savoir, méditation.

Kyle

1 700 TOP 500 →

Élancé (irlandais), ou forme diminutive anglophone récente de Kylian. *Caractérologie :* ardeur, stratégie, vitalité, achèvement, sympathie.

Kylian

30 000 TOP 100 →

Contestation ou église (irlandais). Portés par une vague d'inspiration irlandaise, Kylian et ses dérivés ont connu leur apogée

Les prénoms et les séries

Angélique, Arya, Éden, Kelly, Jennifer et Anakin, Brandon, Dylan et Jonathan ont une chose en commun : le succès de ces prénoms a été déterminé par celui de séries télévisées, en majorité américaines. Faisons place aux héros et héroïnes des soap opéras et feuilletons télévisés qui, des années 1960 à nos jours, ont inspiré plus d'un parent...

Angélique, Marquise des anges dans les années 1960

C'est en 1964 que le premier épisode de la saga *Angélique, Marquise des anges* (5 films de Bernard Borderie, adaptés du roman d'Anne Golon, diffusés de 1964 à 1968) apparaît sur les petits écrans. Les aventures romanesques de la belle Angélique de Sancé de Monteloup, surnommée « marquise des Anges » (incarnée par Michèle Mercier), connaissent un succès fulgurant. En une décennie, le prénom sort de l'anonymat et s'impose dans le top 20 féminin (en 1974).

Belle et Sébastien

Ce feuilleton télévisé, écrit et réalisé par Cécile Aubry, est diffusé en 1965. Si son succès n'a aucun effet sur Belle (les premières Françaises prénommées ainsi naîtront 16 ans plus tard), il fait triompher Sébastien en un temps record : ce dernier passe d'un peu plus de 100 attributions à près de 20 000 en 10 ans. Il trônera sur le classement masculin de 1975 à 1979.

Sabrina, Jill et Kelly, de *Drôles de dames* dans les années 1970

À partir des années 1970, le « poste de télévision » fait son entrée dans la majorité des foyers français. Les séries américaines, symboles d'une Amérique moderne, s'invitent dans les salons. Elles connaissent d'énormes succès d'audience. *Drôles de dames*, série télévisée devenue culte, est la première d'entre elles. On y suit les enquêtes de Kelly Garrett, Jill Munroe et Sabrina Duncan, 3 jeunes femmes détectives aussi belles que pétillantes.

On ne le sait pas encore, mais l'avènement des prénoms américains est en marche. Sabrina est l'un des premiers à l'illustrer. Si ce prénom était déjà dans l'air du temps en 1977, l'impact de *Charlie's Angels* (titre en anglais) est immédiat : ses attributions passent de 2 500 à 6 200 naissances en un an, ce qui le propulse au 8e rang national en 1981.

De son côté, Kelly avait déjà atteint son pic de popularité aux États-Unis, mais il était quasi inconnu dans l'Hexagone. Il s'y envole, mais sa terminaison, peu commune dans la culture française (surtout au féminin), ralentit sa diffusion initiale. Il lui faudra le renfort de deux autres Kelly (dans *Santa Barbara* et *Beverly Hills*) pour s'épanouir pleinement, au point d'être porté par près de 25 000 Françaises aujourd'hui.

John, Bobby, Pamela et *Dallas* dans les années 1980

Les jeunes parents ne connaissent pas forcément *Dallas* ou son remake diffusé en 2012, mais en 1981, lorsque le feuilleton télévisé est diffusé dans l'Hexagone, nul n'ignore que J. R. (John Ross Ewing) est le méchant du « monde impitoyable » de Dallas. Le feuilleton, long de 357 épisodes, est suivi par des millions de fidèles.

John et Bobby font des émules, atteignant leur pic français en 1982. Quant à Pamela, c'est la révélation : elle passe de 70 à 1 780 attributions en 2 ans. On note, dans son sillage, l'apparition de noms improbables comme Sue (Sue Ellen), ou Dusty (ce nom signifie « poussiéreux » en anglais). Dans ces seconds rôles, seule Ellie a fait carrière.

Jennifer et Jonathan, *Pour l'amour du risque*

Les succès engendrés par *Dallas* ne sauraient éclipser les prouesses du couple phare de la série *Pour l'amour du risque*. Elle débarquait à peine en France (en 1982) que les courbes de popularité de Jennifer et Jonathan s'emballaient

K

déjà vers le top 20. Un boom éphémère, puisque ce duo a perdu tout son lustre 5 ans plus tard.

Santa Barbara et les premiers pas d'Éden

Si Éden est majoritairement masculin aujourd'hui, c'est au féminin qu'il a commencé sa carrière. Ne cherchons plus les circonstances de sa naissance... C'est à Eden Capwell, l'héroïne plantureuse de *Santa Barbara*, que l'on doit son existence. En 1986, l'année de la diffusion du soap opéra, Éden est attribué pour la première fois à 7 petites filles. Quel chemin parcouru depuis ! La réussite de ce prénom est double : Éden est porté par près de 11 000 Françaises et 18 000 Français aujourd'hui.

Brenda, Brendon, Dylan et *Beverly Hills* dans les années 1990

Alors que la série *Friends* permet à Rachel de rebondir et à Phoebe d'accéder à la célébrité, *Berverly Hills* propulse de nouvelles stars au sommet du classement. Dès sa diffusion, en 1993, les prénoms de ses personnages principaux, Brenda et Brendon, jusqu'alors inexistants, décollent en France. Ils atteignent leur pic de popularité en 1995, mais sont vite éclipsés par Dylan, en référence au jeune héros rebelle et ténébreux Dylan McKay. Le nombre d'attributions de Dylan est multiplié par 10 en 3 ans, ce qui lui permet de s'imposer dans le top 10 national en 1995.

Il y a très longtemps, dans une galaxie lointaine...

N'oublions pas les effets de l'épisode I *La Menace fantôme* de *Star Wars*. Bien qu'il soit sorti sur les grands écrans en 1999, ce film, suivi de 5 autres, se regarde dans l'esprit d'une série. Anakin fait son apparition sur les registres d'état civil en 2000, et Leia, jusqu'alors rarissime, part en orbite. Une réussite de plus pour le réalisateur George Lucas !

Les années 2000, *Twilight* et *Game of Throne*

En 2006, *Grey's Anatomy* lance la carrière d'Izzie, et en 2012, *Twilight* donne des ailes à Esmée, Jacob et Bella. Mais c'est la série *Game of Throne* qui crée le choc planétaire. Contrairement aux exemples précédents, certains des prénoms inventés pour la série n'existaient dans aucun pays. Leur jaillissement mondial ne passe pas inaperçu. En France, Daenerys et Sansa sont recensés pour la première fois en 2012. Arya, qui peinait à exister, est le prénom qui connaît la plus forte croissance aujourd'hui : son nombre d'attributions (environ 800 en 2020) a été multiplié par 6 en 6 ans.

Reste à savoir si Arsène leur volera la vedette dans les années 2020. La série *Lupin*, dont le héros se prénomme ainsi, bat déjà des records d'audience. Elle pourrait braquer les projecteurs sur ce prénom rétro oublié. Avis aux gentlemen !

français au début des années 2000. C'est en évangélisant la Bavière au VIIe siècle que saint Kilian rencontra le duc Gosbert à Wurtzbourg. Celui-ci lui demanda de le baptiser, mais l'affaire était compliquée : Kilian devait au préalable obtenir la séparation du duc et de sa concubine. Cette dernière ne le lui pardonna pas et se vengea en le faisant assassiner. La cathédrale Saint-Kilian de Wurtzbourg est aujourd'hui l'un des sanctuaires romans les plus imposants d'Allemagne. On recense une soixantaine de variantes de ce prénom (Kyllian, Kilian, Killian, Kilyan, Kylliann, Kylyan, Kyliane, Kylien, etc.) dans l'Hexagone. *Caractérologie :* idéalisme, résolution, altruisme, intégrité, sympathie.

Kyllian

9 000 TOP 500

Contestation ou église (irlandais). Voir Kylian. *Caractérologie :* décision, pragmatisme, communication, optimisme, cœur.

Kyran

250

Faisceau lumineux (sanscrit), brun (irlandais). Ce prénom est très répandu en Inde. *Caractérologie :* résolution, équilibre, famille, responsabilité, influence.

L

Ladislas
650

Gouverneur puissant et renommé (slave). Prénom polonais. *Variantes :* Ladislav, Ladix, Lao. *Caractérologie :* découverte, audace, originalité, énergie, séduction.

Laël
450 TOP 2 000 ↗

Dédié à Dieu (hébreu). *Caractérologie :* enthousiasme, pratique, communication, adaptation, générosité.

Laélien
- de 100

Se rapporte à Laelianu, patronyme d'une famille espagnole noble du IIIe siècle. *Caractérologie :* structure, sécurité, persévérance, efficacité, décision.

Lamar
- de 30

Qui vient de la mer (latin). Porté aussi sous forme de patronyme. Masculin anglais. *Caractérologie :* idéalisme, altruisme, intégrité, dévouement, réflexion.

Lambert
1 300

Pays, brillant (germanique). Lambert est plus particulièrement répandu dans les pays anglophones, en Allemagne et dans les régions néerlandophones. On peut estimer que moins de 30 enfants seront prénommés ainsi en 2022. *Variantes :* Lambrecht, Lanbert. *Caractérologie :* vitalité, achèvement, décision, stratégie, gestion.

Lamine
2 000 TOP 700 →

Loyal, digne de confiance (arabe). Lamine est plus particulièrement répandu dans les cultures musulmanes francophones. *Caractérologie :* rêve, détermination, ouverture d'esprit, rectitude, humanité.

Lancelot
1 500 TOP 2 000 ↘

Assistant (vieux français). Masculin anglais et français. Enlevé par la fée Vivianne à la mort de son père, Lancelot devient l'un des chevaliers les plus célèbres de la Table ronde. *Variante :* Lance. *Caractérologie :* gestion, dynamisme, audace, indépendance, direction.

Landry
3 500

Gouverneur (anglais). Masculin anglais. On peut estimer que moins de 30 enfants seront prénommés ainsi en 2022. *Caractérologie :* intuition, relationnel, médiation, réussite, cœur.

Larry
1 000 →

Couronné de lauriers (latin). Masculin anglais. *Variante :* Lary. *Caractérologie :* loyauté, diplomatie, sociabilité, réceptivité, bonté.

Lassana
1 800 TOP 900 →

Beau (arabe). *Variantes :* Alassan, Alassane, Lassane, Lassen. *Caractérologie :* sens du devoir, ténacité, engagement, fiabilité, méthode.

Laszlo
500 TOP 2 000 →

Gouverneur puissant et renommé (slave). Masculin hongrois. *Variante :* Laslo. *Caractérologie :* ténacité, sens du devoir, méthode, fiabilité, engagement.

Laurent
297 000 TOP 2 000 ↘

Couronné de lauriers (latin). Sous ses différentes graphies, Laurent est apparu dans plusieurs pays européens au Moyen Âge, mais il est longtemps resté discret en France. C'est au cœur du XXe siècle qu'il démarre pour de bon. Escortant son féminin Laurence dans son ascension, il se hisse derrière Christophe au 2e rang masculin (en 1968). Après un long déclin, il a sombré au début des années 2000. ◇ Diacre du pape Sixte II au IIIe siècle, saint Laurent distribua le trésor de l'Église aux pauvres plutôt que de le livrer à son persécuteur, l'empereur Valérien. Il mourut martyr sur un gril trois jours après le martyre du pape. Il est le patron des pauvres. *Variantes :* Lars, Laurel, Laurens, Laurentin, Laurentino, Laurentz, Laurenz, Lavr, Lawrence, Lorentz. Forme bretonne : Laorans. *Caractérologie :* détermination, direction, dynamisme, audace, organisation.

Laurian
170

Couronné de lauriers (latin). Prénom roumain. *Caractérologie :* ténacité, méthode, fiabilité, engagement, décision.

Lauric
300 ↘

Couronné de lauriers (latin). *Variantes :* Laurick, Lauris. *Caractérologie :* direction, dynamisme, audace, indépendance, assurance.

Lawrence
500 →

Couronné de lauriers (latin). Cette forme moderne de Laurence est apparue dans les pays anglophones à partir du XVIe siècle. Elle a remplacé Laurence qui est masculin dans les pays de langue anglaise. *Caractérologie :* motivation, rectitude, générosité, humanité, réflexion.

Lazare
1 400 TOP 600 →

Dieu a secouru (hébreu). Masculin français. *Variantes :* Lazar, Lazaro, Lazhar. *Caractérologie :* réflexion, altruisme, intégrité, idéalisme, détermination.

Léandre
13 000 TOP 100 ↗

Homme-lion (grec). Masculin français. *Caractérologie :* originalité, audace, découverte, énergie, décision.

Leandro
7 500 TOP 200 →

Homme-lion (grec). Leandro est particulièrement usité en Italie, dans les pays hispanophones et lusophones. C'est aussi un choix traditionnel basque. *Caractérologie :* conscience, paix, bienveillance, volonté, analyse.

Lee
300 →

Clairière (anglais), poétique (irlandais), force, tranchant, debout (chinois). Lee est également un patronyme chinois très répandu. *Variante :* Li. *Caractérologie :* sens du devoir, méthode, fiabilité, engagement, ténacité.

Leeroy
1 100 TOP 500 →

Clairière du roi (anglais). Masculin anglais. *Caractérologie :* achèvement, vitalité, stratégie, raisonnement, bonté.

Lélio
1 100 TOP 700 ↗

Se rapporte à Laelianu, patronyme d'une famille espagnole noble du IIIe siècle. Prénom italien. *Caractérologie :* force, ambition, passion, habileté, analyse.

Lemuel
- de 100

Consacré à Dieu (hébreu). Ce prénom a été illustré par un roi dans la Bible. *Caractérologie :* découverte, originalité, énergie, audace, séduction.

Lénaïc
1 500 TOP 2 000 →

Éclat du soleil (grec). Dans l'Hexagone, Lenaïc est plus traditionnellement usité en Bretagne. Ce prénom peut s'orthographier avec ou sans tréma. *Variantes :* Lenaïck, Lenaïk. *Caractérologie :* vitalité, stratégie, achèvement, décision, ardeur.

Léni
1 900 TOP 600 →

Lion (latin). Notons que l'étymologie de ce prénom diffère au féminin. *Caractérologie :* ténacité, méthode, engagement, sens du devoir, fiabilité.

L

Lenny
26 000 TOP 100
Lion (latin). Masculin français. *Caractérologie :* indépendance, méditation, intelligence, savoir, bonté.

Léno
- de 100
Éclat du soleil (grec). Masculin italien, occitan et provençal. *Caractérologie :* autorité, innovation, autonomie, énergie, ambition.

Lény
8 500 TOP 300
Lion (latin). Masculin anglais. *Caractérologie :* diplomatie, réceptivité, sociabilité, loyauté, cœur.

Lenzo
3 000 TOP 300
Couronné de lauriers (latin). Masculin italien. *Caractérologie :* rectitude, humanité, finesse, générosité, ouverture d'esprit.

Léo
112 000 TOP 50
Lion (latin). *Caractérologie :* curiosité, charisme, indépendance, dynamisme, courage.

Léon
33 000 TOP 50
Lion (latin). *Variantes :* Léonid, Léonidas, Léontin. Forme occitane : Leon. *Caractérologie :* énergie, innovation, autorité, ambition, autonomie.

L

Léonard
11 000 TOP 200
Lion (latin). Prénom français et anglais. Originaire de Toscane, Léonard de Vinci, peintre, architecte, sculpteur et inventeur génial, termina ses jours près d'Amboise en 1519. Le 6 novembre célèbre la mémoire d'un saint qui fut ermite dans la forêt orléanaise. *Variantes :* Léonar, Leonhard, Loni, Lonni, Lonis, Lony, Lonny. *Caractérologie :* bienveillance, paix, conscience, volonté, raisonnement.

Léonardo
2 000 TOP 500
Lion (latin). Leonardo est très répandu en Italie, dans les pays hispanophones et lusophones. *Caractérologie :* pragmatisme, optimisme, caractère, communication, logique.

Léonce
1 300 TOP 800
Lion (latin). Masculin français. *Variante :* Leoncio. *Caractérologie :* altruisme, idéalisme, intégrité, réflexion, dévouement.

Léonel
750
Lion (latin). *Caractérologie :* ouverture d'esprit, rêve, rectitude, générosité, humanité.

Leonis
350 TOP 2 000
La maison de Léon (vieil anglais). *Caractérologie :* résolution, intuition, médiation, analyse, relationnel.

Léonor
- de 30
Compassion (grec). *Caractérologie :* spiritualité, sagacité, originalité, analyse, connaissances.

Léontin
- de 100
Lion (latin). *Caractérologie :* force, raisonnement, habileté, ambition, passion.

Léo-Paul
1 900 TOP 900
Forme composée de Léo et Paul. Masculin français. *Caractérologie :* direction, audace, indépendance, dynamisme, cœur.

Léopold
8 500 TOP 300
Peuple courageux (germanique). En dehors de l'Hexagone, Leopold est particulièrement répandu dans les pays germanophones et anglophones. *Variantes :* Léopaul, Léopol, Leopoldo. *Caractérologie :* connaissances, sagacité, spiritualité, amitié, volonté.

Leroy
200
Roi (vieux français). Masculin anglais. *Caractérologie :* enthousiasme,

Léo, Léon

Fête : 10 novembre

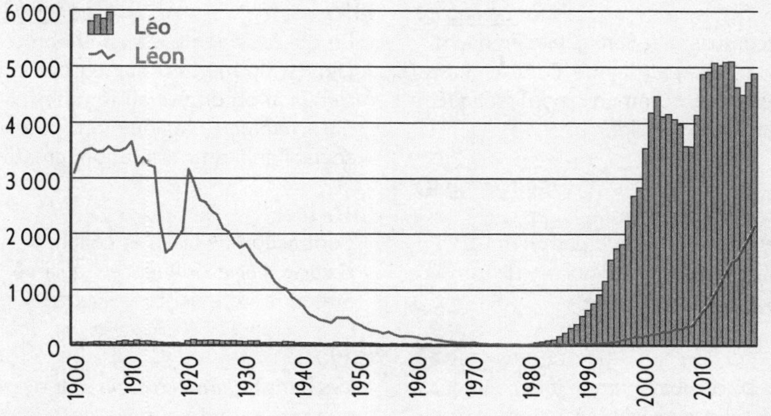

Étymologie

Du latin *leo*, « lion ». Employé sous différentes formes, Léon fut porté par 6 empereurs byzantins, 2 empereurs romains, un roi de Petite Arménie et 13 papes. Il se diffuse dès les premiers siècles dans les pays chrétiens et connaît une grande faveur au Ve siècle, grâce à saint Léon le Grand. Il reste le choix privilégié des Français jusqu'à son effacement dans les années 1940. Ironiquement, c'est à son diminutif Léo qu'il doit sa renaissance actuelle. Après avoir volé la vedette à Léopold, un choix médiéval dont on croyait l'essor imminent, Léon confirme sa percée parisienne (13e rang en 2020). Il n'est pas étonnant qu'il s'élance à l'assaut du top 20 national aujourd'hui.

De son côté, Léo apparaît au XIXe siècle en France après avoir brillé outre-Manche (Leo est la forme anglaise de Léon). Il reste longtemps discret, jusqu'à son décollage dans la décennie 1990. Malgré le repli des juxtapositions de voyelles (Théo, Mathéo), Léo se maintient dans les 5 premiers choix français depuis 2014. Sa discrète présence cachait de grandes ambitions et une surprise. Car c'est Léo, et non pas Raphaël, qui devrait détrôner Gabriel aujourd'hui !

En dehors de l'Hexagone, ce prénom gagne du terrain dans les pays francophones, hispanophones et anglophones, de part et d'autre de l'Atlantique. Il a même repris vigueur en Angleterre, alors que sa gloire semblait consommée. En effet, qu'il est loin, le temps où Tony Blair enflamma la cote de ce prénom en l'attribuant à son fils...

Dans l'histoire

Le pape **saint Léon le Grand** marqua l'histoire en convainquant Attila, le roi des Huns, de renoncer à l'assaut de Rome au Ve siècle. Il obtint ensuite que la population soit épargnée durant le sac de Rome par les Vandales.

Personnes célèbres

Léon Tolstoï, écrivain majeur de la littérature russe (1828-1910) ; Léon Trotsky, révolutionnaire russe assassiné par Staline (1879-1940) ; Léon Blum, chef du gouvernement français sous le Front populaire (1872-1950) ; Léo Ferré, poète et musicien français (1916-1991) ; Leo McCarey, cinéaste américain (1898-1969).

Statistiques

Léo est le 7e prénom masculin le plus donné en France depuis l'an 2000. Il est attribué à près d'un garçon sur 80 aujourd'hui. Léon devrait prénommer un garçon sur 150 et se placer 83e.

L

communication, amitié, pratique, raisonnement.

Lévi
1 300 TOP 600

Qui accompagne (hébreu). Plus fréquent sous forme de patronyme. *Caractérologie :* enthousiasme, communication, pratique, adaptation, générosité.

Levy
1 200 TOP 700

Qui accompagne (hébreu). Plus fréquent sous forme de patronyme. *Caractérologie :* innovation, énergie, ambition, autorité, bonté.

Lewis
2 000 TOP 300

Illustre au combat (germanique). Masculin anglais. *Caractérologie :* séduction, découverte, audace, motivation, originalité.

Liam
37 000 TOP 50

Ce diminutif irlandais de William est également un prénom d'origine hébraïque signifiant « le peuple pour moi ». *Variante :* Lyam. *Caractérologie :* achèvement, vitalité, stratégie, ardeur, leadership.

L

Liborio
- de 100

Liberté (latin). Liborio est plus particulièrement usité dans les pays lusophones. *Caractérologie :* force, passion, ambition, habileté, analyse.

Lilian
26 000 TOP 400

Lys (latin). En dehors de l'Hexagone, Lilian est répandu dans les pays anglophones. *Variantes :* Lilien, Lillian. *Caractérologie :* résolution, communication, optimisme, pragmatisme, créativité.

Lilio
1 000 TOP 500

Variante probable de Lélio. Prénom italien. *Variante :* Lylio. *Caractérologie :* optimisme, communication, élégance, organisation, créativité.

Lilo
300 TOP 2 000

Ce qui est mien est à Lui (hébreu). Lilo est un prénom mixte dont la signification diffère au féminin. *Caractérologie :* logique, optimisme, sociabilité, communication, créativité.

Lilouan
200

Contraction de Lilian et Louan. *Caractérologie :* influence, équilibre, attention, conscience, exigence.

Lilyan
400

Lys (latin). *Caractérologie :* innovation, énergie, autorité, amitié, détermination.

Lin
200

Forêt, pierre précieuse (chinois). *Caractérologie :* achèvement, vitalité, stratégie, leadership, ardeur.

Lino
6 000 TOP 300

Lin (grec). Lino est très répandu en Italie, dans les pays hispanophones et lusophones. *Caractérologie :* curiosité, dynamisme, courage, logique, indépendance.

Lionel
82 000 TOP 1 000

Lion (latin). Masculin français et anglais. *Caractérologie :* sécurité, structure, persévérance, efficacité, logique.

Lionnel
2 000

Lion (latin). On peut estimer que moins de 30 enfants seront prénommés ainsi en 2022. *Caractérologie :* réflexion, altruisme, idéalisme, logique, intégrité.

Lior
600 TOP 800

La lumière est à moi (hébreu). Masculin anglais. *Variante :* Lyor. *Caractérologie :* analyse, humanité, rectitude, rêve, ouverture d'esprit.

Liam

Fête :
10 janvier

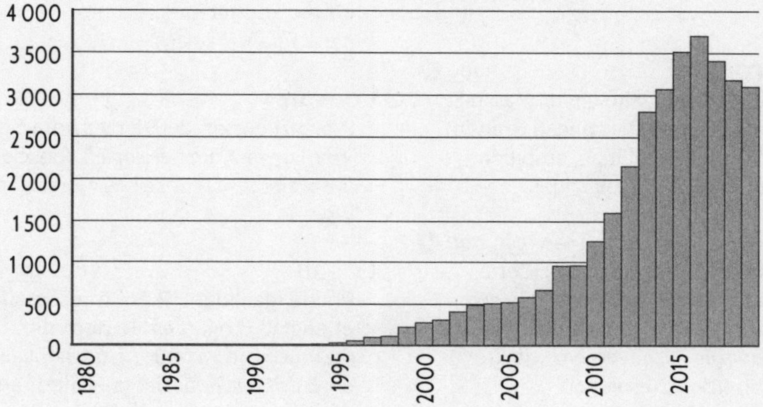

Étymologie

Ce diminutif irlandais de William est aussi un prénom d'origine hébraïque signifiant « le peuple pour moi ». Liam est usité dès le IXe siècle dans les pays anglo-saxons, mais il décolle réellement lorsque Guillaume le Conquérant devient roi d'Angleterre en 1066. Il lance la carrière de William qui se répand en Angleterre avant de gagner le pays de Galles puis l'Irlande. La variante gaélique Uilliam, dans un premier temps, privilégiée, est alors rattrapée par Liam qui s'impose comme le raccourci naturel de William et Uilliam.

Liam disparaît ensuite partout sauf en Irlande, jusqu'à ce que la Grande Famine des années 1840 fasse émigrer des milliers de familles en Grande-Bretagne, aux États-Unis, au Canada et en Australie. Liam se propage dans ces terres d'accueil et devient, dès les années 1930, un prénom à part entière. Mais c'est aujourd'hui que Liam accède à la gloire planétaire : il s'envole dans de nombreux pays européens et brille dans les tout premiers choix américains, scandinaves, australiens et néerlandais.

Il n'est pas en reste en France, où son ascension est fulgurante. Au point que ce prénom, encore inconnu il y a 30 ans, devrait figurer en 13e position en 2022. Avec un temps d'avance, il s'est déjà imposé sur les podiums wallon, québécois et romand.

Dans l'histoire

À la mort d'Édouard le Confesseur, **Guillaume le Conquérant**, qui était alors duc de Normandie, affirma qu'il était le successeur désigné du roi anglais. Mais son cousin Harold le prit de vitesse et se fit couronner à sa place. Guillaume souleva une armée et partit à la conquête du trône anglais. Vainqueur, il se fit couronner en 1066 et devint l'un des souverains les plus puissants de l'Occident.

Personnes célèbres

Liam O'Flaherty, écrivain irlandais (1897-1984) ; Liam Neeson, acteur irlandais, né en 1952 ; Liam Cunningham, acteur et réalisateur irlandais, né en 1961 ; Liam Gallagher, musicien et compositeur anglais d'origine irlandaise, né en 1972 ; Liam McMahon, acteur américain d'origine irlandaise, né en 1976.

Statistiques

Liam est le 46e prénom masculin le plus donné en France depuis l'an 2000. Il est attribué à près d'un garçon sur 120 aujourd'hui. Lyam figure au 152e rang de ce palmarès.

L

Lisandre
250 TOP 2 000

Défense de l'humanité (grec). *Caractérologie :* résolution, ambition, autorité, innovation, énergie.

Lisandro
2 500 TOP 300

Défense de l'humanité (grec). Masculin espagnol. Variante italienne : Lissandro. *Caractérologie :* résolution, ambition, autorité, innovation, énergie.

Lisandru
950 TOP 1 000

Défense de l'humanité (grec). Cette forme corse d'Alexandre est très en vogue sur l'île de Beauté aujourd'hui. *Caractérologie :* achèvement, vitalité, stratégie, ardeur, résolution.

Livio
5 000 TOP 100

Livio est un nom latin qui fut porté par une famille influente de la Rome antique. Dans les pays anglophones, Livia est considéré comme un diminutif d'Olivia. Masculin italien. *Caractérologie :* méthode, ténacité, fiabilité, raisonnement, engagement.

Lloyd
650 TOP 2 000

Cheveux gris (gallois). Masculin anglais. *Caractérologie :* découverte, audace, séduction, énergie, originalité.

Loan
12 000 TOP 300

Lumière (celte). Après être sorti du berceau breton qui l'avait vu naître dans les années 1980, Loan s'est propagé dans toute la France. Aujourd'hui, Loan est essentiellement attribué aux garçons dans l'Hexagone. *Caractérologie :* influence, équilibre, famille, éthique, exigence.

Loann
2 500 TOP 700

Lumière (celte). Voir Loan. Prénom breton. *Caractérologie :* réceptivité, sociabilité, loyauté, diplomatie, bonté.

Loeiz
300

Forme bretonne de Louis : illustre au combat (germanique). *Caractérologie :* efficacité, structure, sécurité, persévérance, analyse.

Loevan
1 900 TOP 600

Prénom breton dérivé de sainte Sève. Voir Loeva. *Caractérologie :* conscience, raisonnement, conseil, caractère, sagesse.

Logan
15 000 TOP 100

Prairie (gaélique). Prénom écossais et anglais. Logan est le nom de marque d'une voiture commercialisée en Europe par Dacia, la filiale roumaine de Renault. *Variantes :* Logann, Loghan. *Caractérologie :* structure, persévérance, sécurité, sympathie, efficacité.

Lohan
5 500 TOP 400

Lumière (celte). Voir Loan. Prénom breton. *Variante :* Lohann. *Caractérologie :* indépendance, courage, curiosité, dynamisme, charisme.

Loïc
103 000 TOP 500

Illustre au combat (germanique). La ressemblance phonétique avec Loïg a fait renaître cette forme provençale de Louis en Bretagne, puis dans l'ensemble de l'Hexagone, à la fin des années 1980. *Variantes :* Lomig, Lowik. *Caractérologie :* logique, optimisme, communication, pragmatisme, créativité.

Loïck
3 000

Illustre au combat (germanique). Voir Loïc. Prénom breton. On peut estimer que moins de 30 enfants seront prénommés ainsi en 2022. *Caractérologie :* énergie, découverte, audace, originalité, raisonnement.

L

Loïk
800 ↘

Illustre au combat (germanique). Voir Loïc. En Bretagne, ce prénom s'orthographie le plus souvent sans tréma. *Variante :* Loïg. *Caractérologie :* fidélité, relationnel, intuition, médiation, analyse.

Loïs
7 500 TOP 300 →

Illustre au combat (germanique). Au masculin comme au féminin, Loïs est plus traditionnellement usité en Occitanie. *Caractérologie :* innovation, autorité, analyse, ambition, énergie.

Lolan
- de 100

Contraction de « lo » et des prénoms se terminant par « lan ». *Caractérologie :* intégrité, idéalisme, altruisme, réflexion, dévouement.

Loman
- de 100

Enfant nu (gaélique). Nom d'un saint irlandais qui vécut au Ve siècle. *Caractérologie :* autonomie, caractère, innovation, énergie, ambition.

Lorenzo
27 000 TOP 200 ↘

Couronné de lauriers (latin). Cette forme italienne de Laurent était quasi inconnue en France avant les années 1990. Elle fait une belle percée actuellement. *Variantes :* Laurenzo, Lenzo, Lorent, Lorenz. *Caractérologie :* équilibre, famille, influence, raisonnement, éthique.

Loric
950 ↘

Couronné de lauriers (latin). *Variante :* Lorick. *Caractérologie :* créativité, optimisme, pragmatisme, communication, raisonnement.

Lorik
1 000 TOP 2 000 →

Petite caille (arménien). *Caractérologie :* fidélité, relationnel, médiation, raisonnement, intuition.

Loris
15 000 TOP 300 ↘

Couronné de lauriers (latin). Masculin français. *Variantes :* Lloris, Lorian, Lorin, Lorrain, Lorry, Lory, Lorys. *Caractérologie :* direction, dynamisme, audace, indépendance, logique.

Lorris
650

Couronné de lauriers (latin). *Caractérologie :* autorité, innovation, énergie, ambition, analyse.

Lothaire
400 ↘

Illustre guerrier (germanique). *Variantes :* Lothar, Luther. *Caractérologie :* connaissances, sagacité, spiritualité, sensibilité, raisonnement.

Lou
3 000 TOP 400 ↗

Illustre au combat (germanique), lumière (celte). En dehors de l'Hexagone, Lou est plus particulièrement répandu dans les pays anglophones. *Caractérologie :* créativité, optimisme, sociabilité, communication, pragmatisme.

Louan
1 300

Lumière (celte). Voir Loan. Prénom breton. On peut estimer que moins de 30 enfants seront prénommés ainsi en 2022. *Variante :* Louen. *Caractérologie :* intégrité, altruisme, idéalisme, dévouement, réflexion.

Louca
3 500 TOP 600 ↘

Lumière (latin). *Caractérologie :* originalité, spiritualité, sagacité, connaissances, philosophie.

Loucas
3 000 TOP 700 ↘

Lumière (latin). *Caractérologie :* leadership, vitalité, stratégie, ardeur, achèvement.

L

Louis

Fête :
25 août

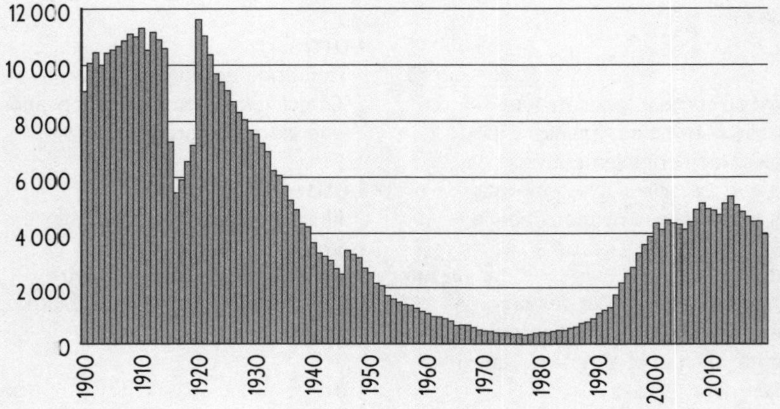

Étymologie

Du germain *hold*, « célèbre », et de *wig*, « combat », d'où le sens : « illustre au combat ». Louis le Pieux, le fils de Charlemagne, était roi d'Aquitaine lorsqu'il fut couronné empereur à Aix-la-Chapelle en 813. Son sacre traça la voie d'une longue dynastie de Louis : 17 rois français portant ce nom se sont succédé jusqu'au XIXe siècle. Mais malgré ce passé prestigieux, Louis n'a guère été attribué en France.

Après avoir battu des records d'impopularité à la fin de la Révolution, à la suite de l'exécution de Louis XVI, le prénom renaît à la fin du XIXe siècle. Il suscite un tel engouement qu'il brille au 2e rang des attributions masculines de 1901 à 1908. Après une période très discrète, Louis renaît dans les années 1990. Il a longtemps tergiversé, mais il brille désormais dans les tops 10 parisien et national.

Comme bien d'autres prénoms chrétiens, Louis cultive une carrière internationale. Il se positionne, aux côtés de Lewis et Luís, dans le top 60 de nombreux pays occidentaux. Dans la sphère francophone, il s'illustre parmi les premiers choix des parents wallons et suisses romands. Il reste plus en retrait au Québec.

Dans l'histoire

Louis IX, plus communément appelé **Saint Louis**, fut roi de France de 1226 à 1270. Passionné par la théologie dès son plus jeune âge, le souverain fit preuve de piété tout au long de sa vie. À l'origine de la construction de la Sainte-Chapelle à Paris, il dirigea plusieurs croisades pour soutenir les royaumes chrétiens d'Orient affaiblis. Il mourut en 1270, lors de la 8e croisade, au pied des remparts de Tunis. Saint Louis est le patron des coiffeurs et des passementiers.

Louis XIV (1638-1715) accéda au trône à l'âge de 5 ans. Afin de le préparer à son règne personnel, le jeune Louis fut placé, durant 18 ans, sous la régence de sa mère, Anne d'Autriche. Conseillé par Colbert, il développa le commerce et réorganisa l'armée, l'administration et les finances du pays. Contemporain de Molière, La Fontaine et Lully, le Roi-Soleil a favorisé le rayonnement des arts et des sciences de la France dans le monde.

Louis Pasteur (1822-1895), chimiste et biologiste français, découvrit le processus de pasteurisation et le vaccin contre la rage au XIXe siècle. Louis Aragon a fondé le mouvement surréaliste français au début du XXe siècle.

La naissance du prince Louis de Cambridge (né le 23 avril 2018) dans la famille royale britannique pourrait aider Louis à revenir sur le trône... des prénoms français. Chronique à suivre...

Statistiques
Louis est le 6e prénom masculin le plus donné en France depuis l'an 2000. Il est attribué à près d'un garçon sur 90 aujourd'hui.

Louis
199 000 TOP 50

Illustre au combat (germanique). *Variantes :* Lewis, Lowie. *Caractérologie :* persévérance, structure, sécurité, efficacité, raisonnement.

Louis-Alexandre
300

Forme composée de Louis et Alexandre. Masculin français. *Caractérologie :* caractère, savoir, intelligence, logique, méditation.

Louis-Marie
1 900

Forme composée de Louis et Marie. Masculin français. On peut estimer que moins de 30 enfants seront prénommés ainsi en 2022. *Caractérologie :* curiosité, dynamisme, courage, caractère, logique.

Louison
4 500 TOP 400

Illustre au combat (germanique). Ce prénom mixte est désormais porté par une majorité de filles. *Caractérologie :* décision, bienveillance, paix, conscience, logique.

Louis-Victor
180

Forme composée de Louis et Victor. Masculin français. *Caractérologie :* direction, dynamisme, audace, organisation, analyse.

Louka
13 000 TOP 200

Lumière (latin). Masculin anglais et grec. *Variante :* Louki. *Caractérologie :* famille, équilibre, influence, responsabilité, gestion.

Loukas
2 000 TOP 500

Lumière (latin). *Caractérologie :* analyse, indépendance, courage, dynamisme, curiosité.

Lounès
2 000 TOP 1 000

Compagnon de fortune (arabe). *Variante :* Lounis. *Caractérologie :* audace, découverte, énergie, originalité, séduction.

Lounis
1 500 TOP 2 000

Compagnon de fortune (arabe). *Caractérologie :* logique, humanité, décision, rectitude, rêve.

Loup
2 500 TOP 400

Loup (latin). Saint Loup, évêque de Troyes en 426, convainquit le redouté Attila d'épargner sa ville du saccage. *Caractérologie :* innovation, autorité, énergie, autonomie, ambition.

Loyd
180

Cheveux gris (gallois). *Caractérologie :* médiation, fidélité, intuition, relationnel, adaptabilité.

Loys
350
Illustre au combat (germanique). *Caractérologie :* vitalité, achèvement, ardeur, stratégie, leadership.

Luan
700 TOP 2 000
Lumière (celte). Voir Loan. *Caractérologie :* enthousiasme, pratique, communication, adaptation, générosité.

Lubin
3 500 TOP 400
Loup (latin). Masculin français. *Caractérologie :* honnêteté, sécurité, persévérance, structure, efficacité.

Luc
57 000 TOP 600
Lumière (latin). Voir le focus sur Lucas. *Caractérologie :* réflexion, intégrité, altruisme, idéalisme, dévouement.

Luca
15 000 TOP 200
Lumière (latin). Voir le focus sur Lucas. *Caractérologie :* dynamisme, audace, direction, indépendance, assurance.

Lucas
175 000 TOP 50
Lumière (latin). *Variantes :* Lucca, Luck, Lucka, Luckas, Lucke. *Caractérologie :* réceptivité, sociabilité, diplomatie, bonté, loyauté.

L

Lucian
750 TOP 2 000
Lumière (latin). Prénom anglais, roumain et occitan. *Caractérologie :* exigence, influence, famille, équilibre, détermination.

Luciano
2 500 TOP 600
Lumière (latin). Luciano est très répandu en Italie et dans les pays hispanophones et lusophones. *Caractérologie :* enthousiasme, communication, résolution, pratique, analyse.

Lucien
59 000 TOP 200
Lumière (latin). La forme latine Lucius s'est diffusée en Orient chrétien et en Occident aux premiers siècles grâce au culte voué à plusieurs saints porteurs du nom. Lucien, la forme française moderne, émerge bien plus tard : elle devient très à la mode à la fin du XIXe siècle, après que Lucien Bonaparte (1775-1840) l'a illustrée. Elle pointe encore au 16e rang français au seuil de son déclin, en 1920. Après une période d'hibernation, Lucien bourgeonne depuis peu et semble prêt à fleurir de nouveau. *Variante :* Lulu. *Caractérologie :* dynamisme, direction, audace, indépendance, assurance.

Lucio
500 TOP 2 000
Lumière (latin). *Variante :* Lucius. *Caractérologie :* raisonnement, volonté, indulgence, influence, harmonie.

Lucky
190
Lumière (latin). *Caractérologie :* idéalisme, dévouement, intégrité, altruisme, réflexion.

Ludovic
121 000 TOP 2 000
Illustre au combat (germanique). Masculin anglais et français. *Caractérologie :* équilibre, influence, famille, exigence, raisonnement.

Ludovick
200
Illustre au combat (germanique). *Variantes :* Ludo, Ludovic, Ludovik. Forme basque : Lodoviko. *Caractérologie :* connaissances, sagacité, spiritualité, originalité, logique.

Ludwig
3 000
Illustre au combat (germanique). Ludwig est plus particulièrement usité en Allemagne et en Alsace. On peut estimer que moins de 30 enfants seront prénommés ainsi en 2022. *Variantes :* Ludwick, Ludwik. *Caractérologie :* ténacité, engagement, méthode, fiabilité, sympathie.

Lucas

Fête :
18 octobre

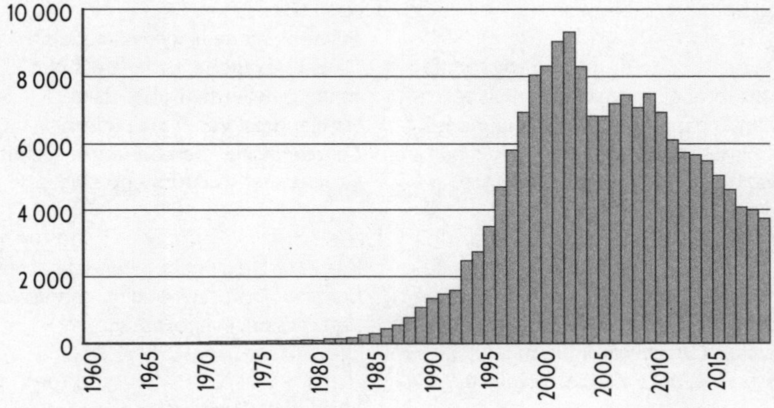

Étymologie
Dérivé de Luc, du latin *lux*, « lumière ». Ce prénom employé au Moyen Âge est longtemps resté dans l'ombre de Luc. Attribué en référence au saint qui en porta le nom, Luc se diffusa dans les pays chrétiens dès les premiers siècles, et traversa l'histoire sans jamais disparaître. Les années 1960 marquent le dernier boom de ses attributions françaises, particulièrement soutenues par le triomphe de Jean-Luc. Son reflux crée une opportunité que Lucas saisit dans les années 1980. Surgissant sous les traits d'un prénom neuf, il se précipite au sommet du classement en 2002. Il trône à maintes reprises sur ce dernier, prêtant ici et là sa couronne à Enzo et Nathan, pour mieux la reprendre ensuite. Aujourd'hui encore, Lucas devrait se maintenir dans les 10 premiers rangs masculins.

Sous ses différentes graphies, Lucas rayonne dans les palmarès de nombreux pays occidentaux. Les parents australiens, américains, canadiens, brésiliens, chiliens, scandinaves, wallons et québécois privilégient l'orthographe française de Lucas, tandis que les Romands et les Italiens se passent plus volontiers du « s » final. Dans les pays slaves, c'est Lukas qui l'emporte, alors qu'en Allemagne, il est dépassé par la popularité de Luca et Luka. En France, ces formes européennes n'ont pas vraiment convaincu.

Saint Luc parcourut la Gaule, l'Italie et la Macédoine dans l'objectif d'évangéliser ces régions. Auteur du troisième des quatre Évangiles, il mourut en martyr au Ier siècle. Il est le patron des peintres.

Saint Lucas, missionnaire dominicain, vécut au Japon au XVIIe siècle.

Personnes célèbres
Lucas Belvaux, acteur et réalisateur belge, né en 1961 ; George Lucas, cinéaste et producteur américain de *Star Wars*, né en 1944 ; Lucas Pouille, champion de tennis français, né en 1994.

Statistiques
Lucas est le 1er prénom masculin le plus donné en France depuis l'an 2000. Il est attribué à près d'un garçon sur 100 aujourd'hui.

L

Luigi
4 000 TOP 2 000

Illustre au combat (germanique). Luigi est très répandu en Italie et en Corse. *Variantes :* Luidgi, Luidji, Luiggi. *Caractérologie :* structure, persévérance, sécurité, honnêteté, efficacité.

Luis
9 000 TOP 300

Illustre au combat (germanique). Luís est très répandu dans les pays hispanophones et lusophones. *Variante :* Luiz. *Caractérologie :* méditation, intelligence, savoir, indépendance, sagesse.

Luka
10 000 TOP 200

Lumière (latin). Luka est répandu en Russie, en Macédoine et dans les pays slaves méridionaux. *Caractérologie :* rectitude, humanité, rêve, organisation, tolérance.

Lukas
9 000 TOP 400

Lumière (latin). Lukas est très répandu en Allemagne, en Autriche et dans les pays scandinaves. *Caractérologie :* dynamisme, audace, direction, indépendance, organisation.

Luke
1 600 TOP 800

Lumière (latin). Luke est très répandu dans les pays anglophones. *Caractérologie :* fiabilité, méthode, engagement, ténacité, sens du devoir.

Lyam
11 000 TOP 100

Voir Liam. Masculin irlandais, français et anglais. *Caractérologie :* réalisation, sagesse, conseil, paix, conscience.

Lydéric
250

Puissant, glorieux (germanique). Dans l'Hexagone, Lydéric est plus traditionnellement usité dans les Flandres. *Variante :* Ludéric. *Caractérologie :* persévérance, sécurité, structure, efficacité, sympathie.

Lyès
2 500 TOP 700

Seigneur Dieu (arabe). *Variante :* Lyess. *Caractérologie :* spiritualité, connaissances, sagacité, originalité, cœur.

Lylian
1 900 TOP 2 000

Lys (latin). *Caractérologie :* direction, dynamisme, audace, résolution, sympathie.

Lyonel
600

Lion (latin). Masculin français. *Caractérologie :* médiation, relationnel, intuition, cœur, fidélité.

Lysandre
1 300 TOP 500

Défense de l'humanité (grec). Masculin français. *Caractérologie :* réalisation, force, ambition, habileté, bonté.

M

M
130

Dans le langage phonétique des textos, M pourrait s'apparenter au verbe aimer. Mais ce prénom est né en 1961, bien avant l'apparition des téléphones portables, et bien avant de devenir le nom de scène du chanteur Matthieu Chedid. D'autres lettres ont depuis fait leur chemin, mais on peut douter que les enfants prénommés A, N ou X fassent trop d'envieux...

Macaire
- de 100

Bienheureux (grec). Masculin français. *Variantes :* Macario, Makari, Makary. *Caractérologie :* dynamisme, curiosité, courage, indépendance, résolution.

Macéo
2 000 TOP 800

Arme médiévale, ou « du domaine de Matthieu » (vieux français). En dehors de l'Hexagone, Maceo est usité dans les pays anglophones. *Variantes :* Mace, Macey, Macy. *Caractérologie :* volonté, innovation, énergie, ambition, autonomie.

Madani
700

De la ville (arabe). *Caractérologie :* équilibre, responsabilité, famille, influence, résolution.

Mady
950 TOP 700

Loué, félicité pour sa droiture (arabe). *Caractérologie :* réalisation, savoir, méditation, intelligence, indépendance.

Maé
6 000 TOP 200

Chef, prince (celte). *Caractérologie :* autorité, innovation, ambition, énergie, autonomie.

Maël
63 000 TOP 50

Chef, prince (celte). *Variantes :* Amaël, Maëlig, Maëlo, Maélio, Mahel, Mel, Mélaine. *Caractérologie :* efficacité, persévérance, structure, sécurité, honnêteté.

Maëlan
2 000 TOP 500

Chef, prince (celte). Prénom breton. *Variantes :* Maëlann, Maëlien. *Caractérologie :* énergie, autorité, innovation, autonomie, ambition.

Maëlig
350

Chef, prince (celte). Ce prénom breton peut également s'orthographier sans tréma. *Caractérologie :* relationnel, intuition, réussite, médiation, cœur.

Maëlo
400 TOP 1 000

Combinaison de Maël et des prénoms se terminant en « o ». *Caractérologie :* ambition, ténacité, direction, énergie, innovation.

Magnus
- de 100

Le grand (latin). Masculin scandinave. *Caractérologie :* communication, bonté, enthousiasme, réalisation, pratique.

Mahdi
2 500 TOP 500

Loué, félicité pour sa droiture (arabe). *Variantes :* Madi, Mady. *Caractérologie :* habileté, force, passion, ambition, management.

Mahé
9 000 TOP 200

Forme bretonne de Mathieu : don de Dieu (hébreu). Mahé est également le nom de l'île principale des Seychelles, dans l'océan Indien. Mahe s'écrit également sans accent. *Variante :* Mazen. *Caractérologie :* humanité, rectitude, rêve, générosité, tolérance.

Maher
1 400 TOP 700

Celui qui excelle (arabe). *Variante :* Mahir. *Caractérologie :* ouverture d'esprit, rectitude, rêve, décision, humanité.

Mahin
- de 30

Puissant, extraordinaire (sanscrit). Masculin indien d'Asie. *Caractérologie :* idéalisme, résolution, réflexion, altruisme, intégrité.

Mahmoud
1 300 TOP 2 000

Digne d'éloges (arabe). *Variante :* Mamoud. *Caractérologie :* pragmatisme, optimisme, créativité, sociabilité, communication.

Maïeul
150

Le mois de mai (latin). *Caractérologie :* intelligence, savoir, méditation, indépendance, détermination.

Maïlan
110

Le féminin de ce prénom, une contraction de Mai Lan, signifie « fleur d'abricot et d'orchidée » en vietnamien.

Au masculin, Maïlan est apparu dans les années 2010 dans l'Hexagone. *Caractérologie :* décision, méthode, famille, fiabilité, résolution.

Maixent
350 ➔

Le plus grand (latin). *Caractérologie :* audace, découverte, énergie, caractère, décision.

Majid
1 500 TOP 2 000 ↘

Noble, glorieux (arabe). *Variantes :* Majdi, Madjid. *Caractérologie :* indépendance, assurance, direction, audace, dynamisme.

Majoric
- de 30

Grand (latin). *Caractérologie :* équilibre, responsabilité, influence, famille, logique.

Malcolm
1 500

Disciple de sainte Colombe (gaélique). Masculin anglais. On peut estimer que moins de 30 enfants seront prénommés ainsi en 2022. *Variante :* Malcom. *Caractérologie :* conseil, bienveillance, sagesse, conscience, paix.

Malek
2 500 TOP 900 ➔

Roi (arabe). *Caractérologie :* responsabilité, famille, équilibre, influence, organisation.

Malik
12 000 TOP 300 ➔

Roi (arabe). *Variantes :* Maelick, Malick, Malike, Melek, Mélih, Mélik. *Caractérologie :* ambition, autorité, organisation, innovation, énergie.

Mallory
650

Prince sage (celte). Masculin anglais. *Variantes :* Malaury, Mallaury. *Caractérologie :* paix, réussite, conscience, bienveillance, logique.

Malo
19 000 TOP 100 ➔

Prince sage (celte). Masculin breton. *Variante :* Malou. *Caractérologie :* curiosité, dynamisme, courage, indépendance, charisme.

Malone
6 500 TOP 200 ↑

Ancien patronyme irlandais signifiant « serviteur de saint John ». *Variante :* Malonn. *Caractérologie :* bienveillance, volonté, paix, conscience, conseil.

Malory
350 ➔

Prince sage (celte). Masculin anglais. *Caractérologie :* pratique, communication, réalisation, enthousiasme, analyse.

Malvin
300

Ami de l'assemblée (celte). Masculin anglais. *Variante :* Malween. *Caractérologie :* stratégie, vitalité, achèvement, ardeur, résolution.

Mamadou
7 000 TOP 300 ➔

Qui vient d'être sevré (arabe). Masculin sénégalais. *Caractérologie :* audace, énergie, découverte, originalité, séduction.

Manao
190

Nom de ville située sur la rive du Rio Negro, au Brésil. *Caractérologie :* passion, force, meneur, achèvement, habileté.

Mandel
- de 30

Amande (germanique). *Caractérologie :* fiabilité, ténacité, engagement, méthode, sens du devoir.

Manech
400 TOP 2 000 ↘

Dieu fait grâce (hébreu), d'une intelligence suprême (sanscrit). *Caractérologie :* vitalité, ardeur, leadership, stratégie, achèvement.

Manéo
120

Contraction de Manuel et Néo. *Caractérologie :* communication, créativité, pratique, optimisme, adaptation.

M

Maël

Fête :
24 mai

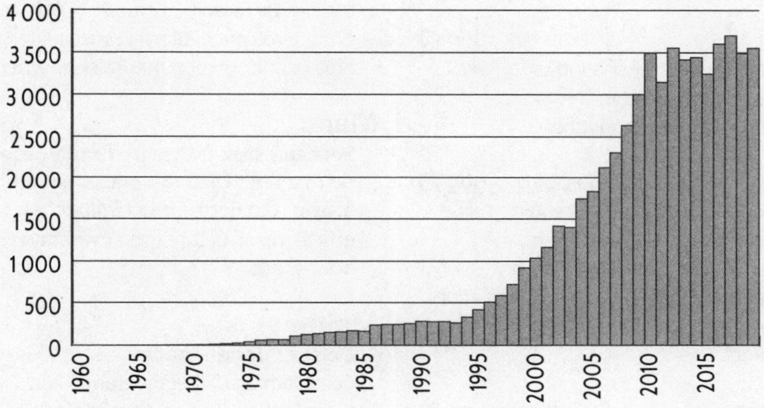

Étymologie
Du celte, « chef, prince ». Maël a longtemps été méconnu en dehors de son Armorique natale. Il le serait encore si la vague des prénoms bretons ne l'avait pas révélé. Parti avec une longueur d'avance sur Mathéo, Maël s'impose dans le top 40 français à la fin des années 1990. Il semble avoir atteint ses limites lorsque l'essor des prénoms bibliques lui redonne des ailes : le « el » de Maël ne rime-t-il pas avec Gabriel et Raphaël ? Fort de ce soutien inespéré, Maël pourrait battre tous ses records dans les 10 premiers rangs nationaux en 2022.

Ce rebond pourrait enciguer le reflux de dérivés féminins qui brillaient encore dans les années 2000. Parmi eux, citons les incontournables Maëlle, Maëlla, Maëlie/Maëly et Maëlys. Au masculin, Amaël, Maëlan, Maëlig et Mel sont restés discrets. Ils doivent envier le destin de Maé, devenu en quelques années l'un des prénoms mixtes les plus attribués en France.

Maël fait peu d'émules à l'international, mais il s'élève dans les tops 30 suisse romand et wallon.

Comme il est coutume de le faire en Bretagne, Mael et ses formes dérivées peuvent s'orthographier sans tréma.

D'origine irlandaise ou galloise, **saint Maël** est le neveu de saint Patrick (le patron des Irlandais) et le frère de Rieg. On sait peu de choses sur ce saint qui vécut au Ve siècle.

Personnes célèbres
Maël de Calan, candidat à la présidence des Républicains, ancien secrétaire national de l'UMP, né en 1980. Martin Leclerc, dit Maël, dessinateur français de bandes dessinées, né en 1976.

Statistiques
Maël est le 24e prénom masculin le plus donné en France depuis l'an 2000. Il est attribué à près d'un garçon sur 100 aujourd'hui. Notons que Louis-Maël, Pierre-Maël, Jean-Maël et Yann-Maël bourgeonnent actuellement en France.

Manfred
500

Homme de paix (germanique). Masculin allemand, néerlandais et anglais. *Caractérologie :* intelligence, méditation, savoir, détermination, volonté.

Mani
650 TOP 2 000

Joyau (sanscrit). Prénom indien d'Asie. *Caractérologie :* énergie, décision, ambition, autorité, innovation.

Mano
800 TOP 2 000

Cœur, esprit (thaïlandais), requin, amoureux passionné (hawaïen), et diminutif hongrois et anglophone d'Emmanuel. *Caractérologie :* méditation, caractère, savoir, indépendance, intelligence.

Manoa
1 700 TOP 600

Reposé, apaisé (hébreu). *Caractérologie :* passion, habileté, volonté, force, ambition.

Manoah
1 000 TOP 800

Reposé, apaisé (hébreu). Dans l'Ancien Testament, Manoah est le père de Samson. *Variante :* Manoa. *Caractérologie :* connaissances, spiritualité, caractère, sagacité, originalité.

M

Manoé
2 000 TOP 300

Contraction d'Emmanuel et Noé. *Caractérologie :* pragmatisme, volonté, optimisme, créativité, communication.

Manoël
500

Contraction d'Emmanuel et Joël. *Variantes :* Manaël, Mano, Manoé, Manolis, Manolito, Manolo. *Caractérologie :* paix, bienveillance, conseil, conscience, caractère.

Manolo
1 100

Dieu est avec nous (hébreu). Prénom espagnol. On peut estimer que moins de 30 enfants seront prénommés ainsi en 2022. *Caractérologie :* savoir, intelligence, ténacité, indépendance, méditation.

Mansour
1 200 TOP 2 000

Victorieux (arabe). *Variante :* Manssour. *Caractérologie :* volonté, sociabilité, diplomatie, réceptivité, raisonnement.

Manu
550

Penseur, sage (sanscrit), forme basque de Manuel : Dieu fait grâce (hébreu), oiseau (tahitien). *Caractérologie :* sécurité, efficacité, structure, persévérance, honnêteté.

Manua
- de 100

L'oiseau porteur de bonheur (tahitien). *Caractérologie :* persévérance, structure, honnêteté, sens du devoir, efficacité.

Manuel
32 000 TOP 1 000

Dieu est avec nous (hébreu). Manuel est très répandu dans les pays germanophones, lusophones et hispanophones. C'est aussi un choix traditionnel basque. *Caractérologie :* pragmatisme, créativité, communication, optimisme, sociabilité.

Mao
850 TOP 500

Cet ancien prénom chinois et japonais a été popularisé au XXe siècle par l'homme politique chinois Mao Zedong, fondateur du maoïsme. Ayant surgit en France dans les années 1990 dans le sillon de Maho, une forme bretonne de Mathieu, Mao s'est également bretonnisé. *Caractérologie :* engagement, fidélité, communication, médiation, intuition.

Maodan
- de 100

Jeune, passionné (breton). *Variantes :* Maodez, Modan, Modanig. *Caractérologie :* volonté, optimisme, pragmatisme, créativité, communication.

Les prénoms de rois

La vogue du rétro a fait renaître bien des prénoms oubliés. Curieusement, cet engouement ne s'est pas propagé aux prénoms royaux masculins qui, à l'exception de Louis, restent peu attribués.

Prenons le temps de revisiter l'histoire sous cet angle particulier. Qui sait... après Charles qui reprend du galon, Henri, François, Jean ou Philippe pourraient bien briguer les faveurs des parents ces prochaines années...

Le répertoire ci-dessous retrace les dynasties successives des rois de France :

Les Carolingiens (715-987)
Pépin le Bref
Charles Ier ou Charlemagne
Louis Ier le Pieux
Charles II le Chauve
Louis II le Bègue
Louis III
Carloman
Charles le Gros
Eudes
Charles III le Simple
Robert Ier
Raoul de Bourgogne
Louis IV d'Outremer
Louis V le Fainéant

Les Capétiens (987-1328)
Hugues Capet
Robert II le Pieux
Henri Ier
Philippe Ier
Louis VI le Gros
Louis VII le Jeune
Philippe II Auguste
Louis VIII le Lion
Louis IX le Saint
Philippe III le Hardi
Philippe IV le Bel
Louis X le Hutin
Philippe V le Long
Charles IV le Bel

Les Valois (1328-1589)
Philippe VI de Valois
Jean II le Bon
Charles V le Sage
Charles VI le Fol
Charles VII le Victorieux
Louis XI
Charles VIII l'Affable
Louis XII Père du peuple
François Ier le Roi-Chevalier
Henri II
François II
Charles IX
Henri III

Les Bourbons (1589-1830)
Henri IV le Vert-Galant
Louis XIII le Juste
Louis XIV le Grand
Louis XV le Bien-Aimé
Louis XVI
Louis XVIII
Charles X

Les Orléans (1830-1848)
Louis-Philippe Ier

Marc
185 000 TOP 400 ➔

Se rapporte à Mars, dieu romain de la Guerre. La forme latine Marcus est fréquente dans la Rome antique, mais Marc et ses différentes graphies (Mark, Marcos, Markus, Marek, etc.) se diffusent longtemps après le martyre de saint Marc l'évangéliste au Ier siècle. Mark monte en faveur auprès des puritains anglophones au XVIIe siècle et devient très attribué dans les années 1960 dans le monde occidental. Dans l'Hexagone, Marc connaîtra un certain succès de 1940 à 1980, suffisant pour le placer au 44e rang des prénoms les plus attribués en France au XXe siècle. *Caractérologie :* habileté, force, management, ambition, passion.

Marc-Alexandre
400

Forme composée de Marc et Alexandre. Masculin français. *Caractérologie :* intuition, médiation, relationnel, volonté, raisonnement.

Marc-Antoine
5 500 TOP 2 000 ↘

Forme composée de Marc et Antoine. Masculin français. *Caractérologie :* énergie, audace, découverte, volonté, analyse.

Marceau
14 000 TOP 50 ↑

Se rapporte à Mars, le dieu romain de la Guerre (latin). Masculin français. *Caractérologie :* ambition, force, passion, habileté, résolution.

Marcel
107 000 TOP 200 ↑

Se rapporte à Mars, le dieu romain de la Guerre (latin). Ce diminutif de Marc a été porté par plusieurs saints, dont saint Marcel, un pape martyrisé au IVe siècle par l'empereur Dioclétien. Malgré sa notoriété, ce prénom tarde à se manifester dans l'Hexagone. Comme s'il avait attendu la naissance de Marcel Proust (1871-1922), ou celle de Marcel Duchamp (1887-1968), Marcel jaillit à la fin du XIXe siècle. Il figure parmi les 10 premiers rangs masculins de 1900 à 1930 et se replie lentement ensuite. Frémissant depuis peu, Marcel est sorti de sa désuétude. Fera-t-il renaître ses formes anciennes Marcus, Marceau et Marcelin ? *Variantes :* Marcian, Marcien, Marcio. *Caractérologie :* intelligence, indépendance, savoir, décision, méditation.

Marcelin
1 200 TOP 2 000 ↑

Se rapporte à Mars, le dieu romain de la Guerre (latin). Masculin français. *Caractérologie :* détermination, enthousiasme, communication, pratique, adaptation.

Marcellin
1 200

Se rapporte à Mars, le dieu romain de la Guerre (latin). Masculin français. On peut estimer que moins de 30 enfants seront prénommés ainsi en 2022. *Variante :* Marcelino. *Caractérologie :* responsabilité, famille, influence, équilibre, résolution.

Marcello
500 ↗

Se rapporte à Mars, le dieu romain de la Guerre (latin). Prénom italien. *Caractérologie :* raisonnement, savoir, méditation, volonté, intelligence.

Marco
7 500 TOP 500 ➔

Se rapporte à Mars, le dieu romain de la Guerre (latin). Marco est très répandu en Italie, dans les pays hispanophones et lusophones. *Variantes :* Marcos, Marko. *Caractérologie :* analyse, courage, dynamisme, curiosité, indépendance.

Marc-Olivier
850

Forme composée de Marc et Olivier. Masculin français. *Caractérologie :* volonté, vitalité, achèvement, stratégie, analyse.

M

Les prénoms composés

Ci-dessous le top 10 des prénoms composés masculins, estimé pour l'année 2022. Le classement a été effectué par ordre décroissant d'attribution.

1. Mohamed-Amine
2. Mohamed-Ali
3. Léo-Paul
4. Mohamed-Lamine
5. Jean-Baptiste
6. Mohamed-Amir
7. Marc-Antoine
8. Pierre-Louis
9. Louis-Gabriel
10. Yazuv-Sélim

En 2008, Mohamed-Amine a tourné une page importante de l'histoire des prénoms composés. D'une part, il a supplanté Jean-Baptiste qui régnait sans partage depuis 1981. D'autre part, sa consécration a conforté la percée des compositions arabes. Aboutissement d'un phénomène d'envergure entamé dans les années 1980, quatre d'entre elles devraient figurer dans le top 10 estimé pour 2022.

Qu'il semble lointain, le temps où Jean était incontournable ! Et pourtant, ce dernier dominait encore le tableau masculin au début des années 2000... Mais cette tendance est toute relative. Au firmament de cette sélection, Mohamed-Amine et Mohamed-Ali ne sont en réalité que 509ᵉ et 647ᵉ dans le classement national, avec respectivement 103 et 76 attributions en 2022.

Par ailleurs, le reflux des compositions traditionnelles ne signifie pas que ces dernières aient totalement disparu. Au demeurant, Mohamed et ses 95 formes composées ne font pas encore le poids face à Pierre, Louis et Paul qui en comptent plus de 350. Pas de quoi inquiéter Jean qui compose à lui seul plus de 260 duos.

Dans le reste du classement, Jean-Baptiste reste une valeur sûre des choix classiques, mais il disparaît du peloton de tête. Un temps pressenti pour relancer la cote du prénom composé moderne, Pierre-Louis perd lui aussi de sa superbe. Dans ce contexte, le rebond de Léo-Paul, concomitant à celui de Léo et Paul, apparaît comme un baroud d'honneur.

À l'abri des regards, mais aux portes du top 10, Paul-Antoine, Paul-Émile, Pierre-Marie, Louis-Marie et Paul-Antoine progressent dans le palmarès. Est-ce l'annonce d'une renaissance d'Antoine ? Ou bien de Marie ? Car Marie, en perte de vitesse dans les composés féminins, semble renaître au masculin. Affaire à suivre...

Retrouvez le quiz sur les prénoms composés interdits dans le carnet bullet détachable en fin d'ouvrage.

Marcus
4 000 TOP 200

Se rapporte à Mars, le dieu romain de la Guerre (latin). Ce prénom romain est plus particulièrement recensé aux Pays-Bas. *Variante :* Markus. *Caractérologie :* optimisme, communication, créativité, sociabilité, pragmatisme.

Marek
500

Se rapporte à Mars, le dieu romain de la Guerre (latin). Prénom polonais et tchèque. *Caractérologie :* pragmatisme, créativité, communication, optimisme, détermination.

Marian
1 400

Celui qui élève (hébreu). Prénom anglais et roumain. On peut estimer que moins de 30 enfants seront prénommés ainsi en 2022. *Caractérologie :* réceptivité, décision, sociabilité, diplomatie, loyauté.

Mariano
1 100 TOP 2 000

Celui qui élève (hébreu). Mariano est très répandu en Italie, dans les pays hispanophones et lusophones. *Variante :* Marianno. *Caractérologie :* détermination, force, ambition, volonté, habileté.

M

Marien
650

Celui qui élève (hébreu). *Caractérologie :* famille, équilibre, responsabilité, influence, décision.

Marin
8 500 TOP 100

Mer (latin). Marin est plus particulièrement usité en Croatie. C'est aussi un choix traditionnel occitan. *Caractérologie :* ambition, décision, autorité, innovation, énergie.

Marino
500

Mer (latin). *Caractérologie :* intelligence, savoir, méditation, résolution, volonté.

Mario
14 000 TOP 700

Celui qui élève (hébreu). Mario est très répandu en Italie, dans les pays hispanophones et lusophones. *Caractérologie :* diplomatie, réceptivité, loyauté, sociabilité, bonté.

Marius
34 000 TOP 50

Voir le focus sur ce prénom. *Variante :* Maryus. *Caractérologie :* humanité, rectitude, rêve, générosité, tolérance.

Mark
2 000 TOP 2 000

Se rapporte à Mars, le dieu romain de la Guerre (latin). Masculin anglais, russe, néerlandais, slovène et hongrois. *Variante :* Marck. *Caractérologie :* connaissances, sagacité, spiritualité, originalité, philosophie.

Marley
3 500 TOP 300

De la terre des lacs (vieil anglais). *Caractérologie :* médiation, relationnel, intuition, réussite, cœur.

Marlon
3 500 TOP 200

Faucon (anglais). Ce prénom est particulièrement recensé aux États-Unis. *Variante :* Marlone. *Caractérologie :* audace, dynamisme, caractère, direction, logique.

Marouane
3 000 TOP 2 000

Roche, quartz (arabe). *Variantes :* Maroin, Maroine, Marouan, Marouen. *Caractérologie :* spiritualité, connaissances, volonté, sagacité, raisonnement.

Martial
26 000 TOP 2 000

Se rapporte à Mars, le dieu romain de la Guerre (latin). Masculin français. *Variantes :* Marcial, Mars, Martel, Marti, Martian, Martie, Marty. *Caractérologie :* intuition, organisation, médiation, relationnel, fidélité.

Martin
59 000 TOP 50

Se rapporte à Mars, le dieu romain de la Guerre (latin). *Variantes :* Marteen,

Marceau

Fête : 16 janvier

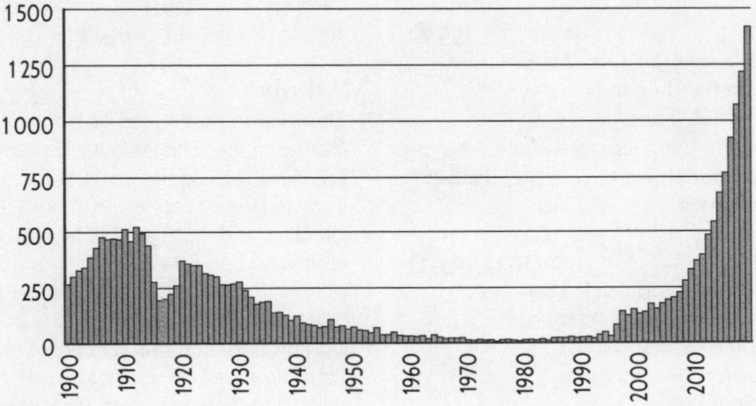

Étymologie

Cette variante de Marcel se rapporte à Mars, dieu romain de la Guerre. Seuls les batailles et les combats réjouissaient cette divinité romaine. Laissant les finesses stratégiques à Minerve, il avait le don de réveiller l'instinct guerrier des combattants. Bon sang ne saurait mentir, Marceau est un conquérant... Et révolutionnaire avec ça ! Présent dans le calendrier républicain (en référence au saule marsault), Marceau est aussi le nom porté par un général héros de l'armée révolutionnaire.

Le prénom reste présent tout au long du XIXe siècle, jusqu'à connaître un pic en 1912, en se classant au 67e rang du classement national. Puis il entame un lent déclin. La vague des rétros et des terminaisons en « o » l'invite à renaître à la fin du siècle. Il le fait d'autant mieux que la renommée du mime Marceau est à son sommet. Depuis la disparition du mime, en 2007, le prénom s'envole encore plus nettement, comme pour lui rendre hommage : Marceau est arrivé aux portes du top 30 et il ne devrait pas en rester là !

Son succès se propagera-t-il aux pays francophones et à l'échelle internationale ?

Son grand cousin Marcel, récemment sorti des oubliettes, s'envole lui aussi. Il vient d'être admis dans le top 150, devant Marcus qui s'en approche. Marcelin (ou Marcellin), Marcial et Marcelo restent quant à eux très discrets.

Personnes célèbres

Marcel Marceau, dit le mime Marceau (1923-2007), a marqué plusieurs générations, tant en France qu'à l'international, en portant son art à une perfection inégalée, grâce à son personnage Bip, Pierrot des temps modernes. Enfin notre sémillante gloire nationale, Sophie Marceau, a choisi ce prénom comme pseudonyme et patronyme.

Marceau Long, haut fonctionnaire et grand serviteur de l'État (1926-2016) ; Marceau Constantin, peintre et dessinateur (1918-2017) ; Marceau Stricanne, Marceau Somerlinck et Marceau Lherminé, nés dans les années 1910-1920, tous trois footballeurs ; Marceau Fourcade, médaillé olympique en 1936.

Statistiques

Marceau est le 138e prénom masculin le plus donné en France depuis l'an 2000. Il est attribué à près d'un garçon sur 225 aujourd'hui.

M

Martino, Marty, Morten. *Caractérologie :* pratique, adaptation, communication, détermination, enthousiasme.

Marvin
12 000 TOP 400 →

Ami de la mer (anglais). Marvin est très répandu dans les pays anglophones. *Variantes :* Marveen, Marvine, Marving. *Caractérologie :* curiosité, dynamisme, courage, décision, indépendance.

Marvyn
1 700 TOP 2 000 →

Ami de la mer (anglais). *Variantes :* Marwen, Marwin. *Caractérologie :* enthousiasme, réalisation, communication, pratique, détermination.

Marwan
7 500 TOP 300 →

Roche, quartz (arabe). *Caractérologie :* intelligence, indépendance, méditation, savoir, résolution.

Marwane
3 500 TOP 900 ↘

Roche, quartz (arabe). *Caractérologie :* communication, pratique, adaptation, enthousiasme, détermination.

M

Maryan
500

Celui qui élève (hébreu). *Variante :* Mary. *Caractérologie :* humanité, rêve, réalisation, rectitude, résolution.

Massimo
950 ↗

Le plus grand (latin). Prénom italien. *Caractérologie :* management, ambition, force, habileté, passion.

Matei
750 TOP 600 →

Don de Dieu (hébreu). Masculin roumain et basque. *Variantes :* Matej, Matvei, Matvey. *Caractérologie :* pragmatisme, communication, décision, optimisme, créativité.

Mateo
20 000 TOP 200 →

Don de Dieu (hébreu). En faveur dans les années 1990, ce prénom venu d'Espagne a lancé la carrière de Mathéo. *Caractérologie :* intégrité, idéalisme, altruisme, réflexion, caractère.

Mathéis
1 300 TOP 900 →

Contraction de Mathéo et Mathis. Mathéis a été recensé pour la première fois dans l'Hexagone en 2008. *Caractérologie :* communication, générosité, détermination, adaptation, émotion.

Mathelin
- de 30

Don de Dieu (hébreu). *Variante :* Matelin. *Caractérologie :* direction, audace, sensibilité, détermination, dynamisme.

Mathéo
55 000 TOP 100 ↘

Don de Dieu (hébreu). Cette forme bretonne de Mathieu est apparue un an après l'émergence de Matteo. L'engouement des Français a été d'autant plus rapide que la vague des prénoms bretons propulsait déjà Maëlys, Lena et Maël vers le sommet. Mathéo s'est répandu dans toute la France pour s'imposer, au sommet de sa carrière, au 10e rang masculin en 2007. *Caractérologie :* ambition, force, caractère, habileté, attention.

Mathias
37 000 TOP 200 ↘

Don de Dieu (hébreu). En dehors de l'Hexagone, Mathias est répandu dans les pays germanophones et scandinaves. *Variante :* Matias. *Caractérologie :* force, habileté, passion, ambition, management.

Mathieu
145 000 TOP 300 ↘

Don de Dieu (hébreu). Doté d'un saint apôtre très célèbre, Mathieu est assez commun au Moyen Âge. Il connaît une faveur accrue au XVIe siècle, durant la

Marius

Fête :
19 janvier

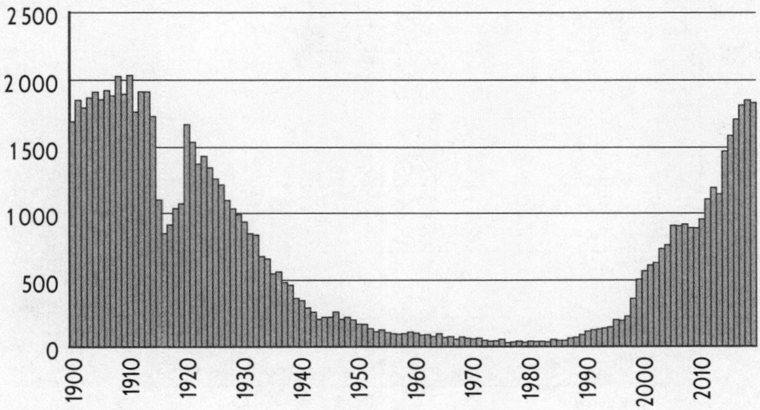

Étymologie

Du latin *maris*, « de la mer ». Marius est également le nom d'un général et homme d'État romain, Caius Marius (157-86 avant J.-C.), connu pour avoir réformé l'armée romaine. Ce patronyme émerge sous forme de prénom au XIXe siècle en France (notamment en Provence) et dans plusieurs pays européens. Il s'affiche au 27e rang national en 1910, son dernier point culminant, avant d'inspirer le premier volet de la trilogie marseillaise *Marius*, *Fanny*, *César* de Marcel Pagnol. Cette pièce de théâtre, jouée dès 1929 à Paris, puis adaptée 2 ans plus tard au cinéma, connaît un vif succès, stoppant temporairement le reflux du prénom en France. Marius rebondit dans l'Hexagone à la fin du XXe siècle, et brille singulièrement plus dans le Nord que dans le Sud. Son intégration dans le top 30 national est acquise.

Dans d'autres pays francophones, Marius fait quelques émules en Wallonie, mais il reste rarissime en Romandie et au Québec. Ailleurs, ce prénom est plus particulièrement répandu dans les pays de l'Est, ainsi que dans les contrées scandinaves et germanophones.

Dans l'histoire

Selon Geoffroy de Monmouth, auteur au XIIe siècle de l'*Histoire des rois de Bretagne*, Marius fut l'un des rois de l'île de Grande-Bretagne (alors appelée Bretagne) durant l'occupation romaine. Fils du roi Arviragus, il vainquit les Pictes de Scythie venus envahir l'île et fit régner la paix et la justice.

Personnes célèbres

Marius Petipa, danseur et chorégraphe français (1822-1910) ; Marius Constant, compositeur et chef d'orchestre français d'origine roumaine (1925-2004) ; Marius Trésor, footballeur international français, né en 1950.

Statistiques

Marius est le 125e prénom masculin le plus donné en France depuis l'an 2000. Il est attribué à près d'un garçon sur 190 aujourd'hui.

Martin

Fête :
11 novembre

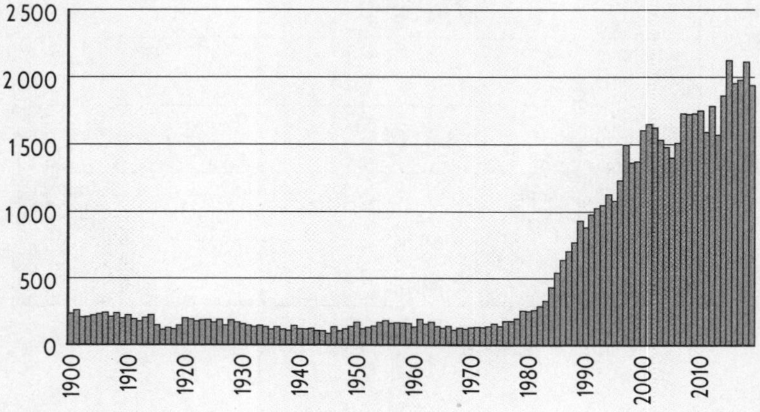

Étymologie

Ce dérivé du latin *martinus* se rapporte à Mars, le dieu romain de la Guerre. Martin est le patronyme le plus répandu en France, mais il est aussi très présent par le nombre de rues et lieux qui portent son nom. C'est l'immense popularité de saint Martin de Tours, évangélisateur de la Gaule au IVe siècle, qui fit prospérer le nom dans toute l'Europe. Au Moyen Âge, avant même d'être porté par une lignée de 5 papes, Martin est déjà très courant.

Après une période de retrait, Martin revient en faveur au XXe siècle dans les pays anglophones, germanophones, slaves et scandinaves. Sans descendre en deçà des 100 attributions annuelles, il végète de longues années en France avant de renaître dans les années 1990. Son ascension, lente mais constante, porte ses fruits : après avoir rejoint l'élite parisienne, il ambitionne l'entrée du top 20 national.

En dehors de l'Hexagone, Martin a commencé sa patiente entreprise de séduction en Wallonie et en Suisse romande. Des deux côtés de l'Atlantique, les parents hispanophones le plébiscitent, notamment en Espagne et au Chili. Cette percée augure peut-être des succès européens à venir...

Dans l'histoire

Le théologien **Martin Luther** (1483-1546) défie le pape en soutenant que la Bible est la seule source légitime d'autorité chrétienne. Banni en 1521 par l'empereur Charles Quint, il traduit la Bible en allemand et s'attelle à la réforme de l'Église. Il est le père du protestantisme.

Pasteur baptiste afro-américain, militant non violent pour les droits des Noirs, **Martin Luther King** (1929-1968) organise des actions pacifiques pour défendre le droit de vote, abolir la ségrégation raciale et lutter contre les inégalités. Il est l'auteur du célèbre *I have a dream*, cœur du discours prononcé le 28 août 1963 à Washington, dans lequel il promeut l'espoir d'une plus grande justice sociale et d'une

M

fraternité entre les communautés. Il reçoit le prix Nobel de la paix en 1964 et meurt assassiné à Memphis en 1968.

Autres personnes célèbres
Martin Heidegger, philosophe allemand (1889-1976) ; Martin Scorcese, réalisateur américain né en 1942 ; Martin Fourcade, biathlète français, quintuple champion olympique, né en 1988.

Statistiques
Martin est le 44e prénom masculin le plus donné en France depuis l'an 2000. Il est attribué à près d'un garçon sur 180 aujourd'hui.

Réforme, avant de se mettre en veille jusqu'à la fin du XXe siècle. Il renaît dans le monde occidental et les pays slaves sous ses nombreuses graphies (Mathew et Matthew en anglais, Matteo en espagnol, Mateo in italien, Matvei en russe, etc.). En France, Mathieu se place 11e en 1986, l'année de son apogée, avant d'être supplanté par Matteo et Mathéo. ◇ Percepteur des impôts au bureau de douane de Capharnaüm (en Galilée), saint Matthieu quitta son travail afin de suivre le Christ. Choisi comme apôtre, il écrivit le premier des quatre Évangiles et partit évangéliser l'Éthiopie. *Caractérologie :* découverte, énergie, audace, décision, attention.

Mathis
83 000 TOP 50 ↘
Don de Dieu (hébreu). Bien qu'il ait prénommé quelques garçons au début du XXe siècle, Mathis est pratiquement inconnu des Français avant les années 1990. C'est alors qu'il émerge avec tout l'attrait d'un prénom neuf, s'imposant comme l'héritier moderne de Mathias et Mathieu. Il bondit au 3e rang du palmarès en 2006, son plus grand coup d'éclat. *Caractérologie :* originalité, spiritualité, connaissances, philosophie, sagacité.

Mathurin
1 900 TOP 2 000 →
Maturité (latin). *Variante :* Maturin. *Caractérologie :* curiosité, courage, décision, dynamisme, attention.

Mathys
27 000 TOP 100 ↘
Don de Dieu (hébreu). Voir Mathis. *Caractérologie :* découverte, énergie, audace, réalisation, originalité.

Matis
6 500 TOP 600 ↘
Don de Dieu (hébreu). *Variantes :* Mathiss, Mathyss, Matiss, Mattis, Matys, Matyss, Matysse. *Caractérologie :* force, passion, ambition, habileté, management.

Matisse
2 500 TOP 900 →
Don de Dieu (hébreu). *Caractérologie :* résolution, originalité, découverte, énergie, audace.

Matt
2 500 TOP 900 ↘
Diminutif anglophone de Mathieu. *Caractérologie :* ouverture d'esprit, humanité, générosité, rêve, rectitude.

Matteo
39 000 TOP 100 →
Don de Dieu (hébreu). Ce prénom italien et corse a percé dans l'Hexagone dans les années 1990. Son succès a promu celui de Mathéo, la forme bretonne de Mathieu, qui s'est rapidement imposée en haut du palmarès masculin. *Variantes :* Mathéos, Mateos. *Caractérologie :* médiation, fidélité, relationnel, intuition, volonté.

Matthéo
3 500 TOP 700 ↘
Don de Dieu (hébreu). *Caractérologie :* direction, audace, dynamisme, attention, caractère.

Matthew
4 500 TOP 400

Don de Dieu (hébreu). Matthew est très répandu dans les pays anglophones. *Variantes :* Mathew, Matt, Matteu, Mattew, Mattie, Matthaeus, Mattheus. *Caractérologie :* rectitude, rêve, humanité, ouverture d'esprit, finesse.

Matthias
15 000 TOP 600

Don de Dieu (hébreu). Matthias est très répandu en Allemagne et en Grèce. *Variantes :* Mattia, Mattias. *Caractérologie :* audace, direction, dynamisme, indépendance, assurance.

Matthieu
80 000 TOP 500

Don de Dieu (hébreu). Percepteur des impôts au bureau de douane de Capharnaüm (en Galilée), saint Matthieu quitta son travail afin de suivre le Christ. Choisi comme apôtre, il écrivit le premier des quatre Évangiles et partit évangéliser l'Éthiopie. Saint Matthieu est le patron des banquiers, des comptables, des douaniers et des inspecteurs des impôts. *Variante :* Mattieu. *Caractérologie :* résolution, savoir, finesse, méditation, intelligence.

M

Matthis
3 000 TOP 2 000

Don de Dieu (hébreu). *Variantes :* Mattis, Matthys, Mattys. *Caractérologie :* rectitude, rêve, tolérance, humanité, générosité.

Maurice
86 000 TOP 2 000

Sombre, foncé (latin). Général de la légion thébaine et martyr au IIIe siècle, saint Maurice est le patron des militaires et des teinturiers. En dehors de l'Hexagone, ce prénom est très répandu dans les pays anglophones. *Variantes :* Mauricio, Maurilio, Moris, Moriss. *Caractérologie :* intelligence, méditation, savoir, décision, indépendance.

Maurin
250

Celui qui élève (hébreu). *Caractérologie :* efficacité, persévérance, structure, détermination, sécurité.

Maverick
550

L'indépendant (anglais). Maverick est essentiellement recensé aux États-Unis et en Irlande. *Variante :* Mavrick. *Caractérologie :* dynamisme, résolution, direction, organisation, audace.

Max
25 000 TOP 300

Le plus grand (latin). Max est répandu dans les pays germanophones, anglophones et scandinaves. C'est aussi un choix traditionnel occitan. Voir Maxime. *Caractérologie :* relationnel, intuition, adaptabilité, médiation, fidélité.

Maxandre
850 TOP 2 000

Contraction de Maxime et Alexandre. *Caractérologie :* force, ambition, résolution, habileté, volonté.

Maxence
60 000 TOP 100

Le plus grand (latin). Attesté au Moyen Âge, ce dérivé de Maxime est très rare jusqu'à son émergence dans les années 1970. Il rencontre alors un engouement qui le propulse dans les 30 premiers rangs nationaux en 2005. Il n'a pas toujours été masculin comme c'est largement le cas aujourd'hui. Un empereur romain portant ce nom fut vaincu en 312 par Constantin, et sainte Maxence, une princesse écossaise, fut assassinée pour sa foi au Ve siècle. *Caractérologie :* diplomatie, réceptivité, sociabilité, loyauté, caractère.

Maxens
1 200 TOP 2 000

Le plus grand (latin). *Variante :* Maxance. *Caractérologie :* persévérance, structure, volonté, sécurité, efficacité.

Maxent
140

Le plus grand (latin). *Variante :* Maxen. *Caractérologie :* volonté, courage, indépendance, curiosité, charisme.

Maxim
3 000 TOP 800

Le plus grand (latin). Maxim est très répandu en Russie. *Caractérologie :* paix, conscience, conseil, bienveillance, sagesse.

Maxime
205 000 TOP 100

Le plus grand (latin). Ce prénom a été porté par trois empereurs romains et de nombreux saints. En dépit de sa postérité historique, il est peu attribué avant la fin des années 1970, époque charnière de son envol français. Il est l'un des 5 prénoms les plus donnés de 1992 à 2000, avant d'être happé par le repli des choix de source romaine (Adrien, Romain, Quentin). Il s'est maintenu dans le top 20 jusqu'au milieu des années 2010. Magnus Clemens Maximus, empereur romain de 383 à 388, établit sa capitale à Trèves et régna sur Rome, la Gaule et l'Espagne. Il fut vaincu par Théodose Ier alors qu'il venait de conquérir l'Italie. Le 14 avril honore la mémoire de saint Maxime, martyr à Rome au IIIe siècle. *Variantes :* Maïme, Maximien, Maximin, Maximino, Maximo, Maxym, Maxyme. *Caractérologie :* médiation, intuition, relationnel, caractère, décision.

Maximilien
10 000 TOP 600

Le plus grand (latin). Prénom français. La forme allemande et anglophone Maximilian est très en vogue en Allemagne actuellement. *Variantes :* Maximilian, Maximiliano, Maximillien. *Caractérologie :* innovation, autorité, énergie, volonté, raisonnement.

Maximin
1 900

Le plus grand (latin). *Caractérologie :* relationnel, intuition, volonté, médiation, détermination.

Mayan
130

Masculin de Mayane, une contraction de Maya et Anne. *Caractérologie :* intégrité, altruisme, réflexion, idéalisme, réalisation.

Mayeul
2 500 TOP 700

Le mois de mai (latin). Prénom breton. *Variantes :* Maïeul, Mayol. *Caractérologie :* réussite, découverte, audace, cœur, énergie.

Maylan
450 TOP 800

Variante moderne de Mylan : aimé du peuple (slave). *Caractérologie :* pratique, communication, amitié, enthousiasme, réalisation.

Mayron
4 000 TOP 200

Myrrhe (araméen). *Variante :* Myron. *Caractérologie :* volonté, dynamisme, curiosité, courage, réalisation.

Medard
250

Fort (germanique). Dans l'Hexagone, ce prénom est plus traditionnellement usité en Occitanie et en Provence. *Caractérologie :* rectitude, ouverture d'esprit, rêve, humanité, détermination.

Meddy
1 400

Le guide éclairé par Dieu (arabe). On peut estimer que moins de 30 enfants seront prénommés ainsi en 2022. *Caractérologie :* influence, équilibre, famille, responsabilité, exigence.

Médéric
2 500

Puissant, fort (germanique). On peut estimer que moins de 30 enfants seront prénommés ainsi en 2022. *Variante :* Médérick. *Caractérologie :* adaptation, pratique, enthousiasme, communication, générosité.

Medhi
4 000 TOP 2 000

Le guide éclairé par Dieu (arabe). *Caractérologie :* adaptation, pratique, générosité, communication, enthousiasme.

Mehdi
45 000 TOP 200

Le guide éclairé par Dieu (arabe). Ce prénom est particulièrement porté dans les cultures musulmanes. *Variantes :* Mehdy, Medhy, Médi, Médy, Mehedi, Meidhi, Meidi, Meidy, Meihdi, Mhedi, Mheidi. *Caractérologie :* enthousiasme, générosité, pratique, communication, adaptation.

Mehmet
3 500 TOP 800

Digne d'éloges (arabe). *Caractérologie :* dynamisme, audace, sensibilité, direction, indépendance.

Meïr
250

Qui apporte la lumière (hébreu). *Caractérologie :* intégrité, altruisme, idéalisme, réflexion, dévouement.

Mel
400

Diminutif international des prénoms formés avec Mel, ou forme diminutive de Maël. *Caractérologie :* communication, optimisme, pragmatisme, créativité, sociabilité.

M

Mélaine
250

Noir, peau brune (grec), ou forme dérivée de Maël. Prénom breton. *Caractérologie :* dynamisme, curiosité, courage, résolution, indépendance.

Melchior
1 100 TOP 900

Roi (persan). Selon la tradition chrétienne, Melchior, l'un des trois Rois mages venus d'Orient, se laissa guider par une étoile jusqu'à Bethléem. Lorsqu'il se présenta devant l'Enfant Jésus, il lui offrit de l'encens pour l'honorer comme roi. *Caractérologie :* relationnel, médiation, intuition, caractère, logique.

Mélio
160 TOP 2 000

Travailleur (germanique). *Caractérologie :* altruisme, volonté, intégrité, idéalisme, raisonnement.

Melville
- de 100

Qui habite sur une mauvaise terre (vieux français). *Variante :* Melvil. *Caractérologie :* idéalisme, réflexion, altruisme, intégrité, dévouement.

Melvin
11 000 TOP 500

Ami de l'assemblée (celte). Melvin est répandu dans les pays anglophones. *Variante :* Melvine. *Caractérologie :* adaptation, communication, pratique, générosité, enthousiasme.

Melvyn
5 000 TOP 600

Ami de l'assemblée (celte). Masculin anglais. *Variante :* Melwin. *Caractérologie :* direction, audace, amitié, dynamisme, indépendance.

Menahem
450 TOP 2 000

Qui conforte (hébreu). *Caractérologie :* découverte, énergie, audace, originalité, séduction.

Mendel
300

Diminutif de Menahem : qui conforte (hébreu). *Caractérologie :* achèvement, vitalité, ardeur, stratégie, leadership.

Mendy
450

Diminutif masculin anglophone de Marie ou d'Emmanuel. Notons que l'étymologie de Mendy diffère au féminin. Forme basque : Mendi. *Caractérologie :* spiritualité, connaissances, originalité, philosophie, sagacité.

Menzo
450 TOP 800

Malgré sa ressemblance avec Enzo, Menzo n'est pas italien. On sait peu de choses sur ce prénom moderne, si ce n'est qu'il est recensé en France et aux États-Unis. *Caractérologie :* dynamisme, volonté, indépendance, audace, assurance.

Meo
- de 100

Diminutif probable de Bartolomeo : fils de Tolomai (araméen). *Caractérologie :* caractère, conscience, paix, conseil, bienveillance.

Meriadec
160

Front (celte). Prénom breton. *Variante :* Meriadeg. *Caractérologie :* fiabilité, ténacité, méthode, engagement, détermination.

Méric
130

Puissant (germanique). *Caractérologie :* communication, créativité, pragmatisme, sociabilité, optimisme.

Merlin
2 000 TOP 600

Forteresse sur la mer (gallois). Dans la légende arthurienne, Merlin, dit l'Enchanteur, est le magicien qui commande les éléments naturels et les animaux. *Caractérologie :* passion, force, ambition, habileté, management.

Merwan
1 500 TOP 2 000

Roche, quartz (arabe). *Variantes :* Merouan, Merouane, Merwane. *Caractérologie :* médiation, relationnel, intuition, fidélité, résolution.

Meryl
350

Celui qui élève (hébreu). Masculin anglais. *Variantes :* Meril, Merryl, Mery, Merry, Meryll. *Caractérologie :* énergie, ambition, autorité, innovation, sympathie.

Messaoud
1 100

Porte-bonheur (arabe). *Caractérologie :* intelligence, savoir, méditation, caractère, indépendance.

Meven
700

Heureux, joyeux (celte). Prénom breton. *Caractérologie :* courage, curiosité, dynamisme, indépendance, charisme.

Michaël
87 000 TOP 500

Qui est comme Dieu (hébreu). En dehors de l'Hexagone, Michael est très répandu dans les pays anglophones. *Variantes :* Micaël, Micha, Micham, Micheal, Miel, Misha, Mitch. *Caractérologie :* résolution, famille, responsabilité, influence, équilibre.

Michel
544 000 TOP 600

Qui est comme Dieu (hébreu). L'immense popularité de saint Michel a alimenté la diffusion du prénom en Orient (9 empereurs byzantins portèrent ce prénom du IXe au XIVe siècle) et en Occident chrétien. Du XIIe siècle au début du XIXe, Michel et ses nombreuses graphies (Michael, Miguel, Michal, Michele, Mikhail, etc.) sont très attribuées en Europe et dans les pays slaves. Dans l'Hexagone, Michel rejaillit dans les années 1920. Il prend tout son temps pour grimper au sommet, précédant Jean au 2e rang masculin en 1947, avant de décliner. Il est le 2e prénom le plus porté dans l'Hexagone aujourd'hui. ◇ Gouverneur des anges de la milice céleste, l'archange Michel représente les forces du bien dans la Bible. De nombreuses légendes auréolent ce saint qui inspira la construction du Mont-Saint-Michel et de maints édifices religieux. Au XIIIe siècle, Louis XI le déclara protecteur du royaume. Saint Michel est le patron de la Normandie, des boulangers, des pâtissiers, des escrimeurs, des parachutistes et des tonneliers. *Caractérologie :* charisme, curiosité, courage, dynamisme, indépendance.

Mickaël
120 000 TOP 500 ↘

Qui est comme Dieu (hébreu). Masculin français. *Variantes :* Mickail, Mickel, Mickey, Mihail, Mikhail, Myckaël. *Caractérologie :* rêve, rectitude, organisation, humanité, détermination.

Miguel
13 000 TOP 600 →

Qui est comme Dieu (hébreu). Miguel est très répandu dans les pays hispanophones et lusophones. C'est aussi un choix traditionnel corse. *Variantes :* Migel, Mikel, Miquel. *Caractérologie :* méthode, engagement, fiabilité, ténacité, bonté.

Mikaël
19 000 TOP 1 000 →

Qui est comme Dieu (hébreu). Mikael est plus particulièrement répandu dans les pays scandinaves. *Variantes :* Mika, Mikaïl, Mikayil, Mikhaël, Miky. *Caractérologie :* équilibre, responsabilité, organisation, famille, détermination.

Mikaïl
3 000 TOP 400 →

Qui est comme Dieu (hébreu). *Caractérologie :* énergie, innovation, ambition, autorité, organisation.

M

Mike
8 500 TOP 1 000 →

Qui est comme Dieu (hébreu). Masculin anglais et néerlandais. *Variantes :* Mick, Micke, Micky, Myke. *Caractérologie :* bonté, sociabilité, réceptivité, diplomatie, loyauté.

Mikel
550 ↗

Qui est comme Dieu (hébreu). Dans l'Hexagone, Mikel est plus traditionnellement usité au Pays basque. *Caractérologie :* découverte, audace, énergie, originalité, séduction.

Milan
11 000 TOP 100 →

Aimé du peuple (slave). Nom de la ville italienne. En dehors de l'Hexagone, Milan est très répandu dans les pays slaves méridionaux. C'est aussi un choix prisé par les parents néerlandophones. *Variantes :* Milane, Milann, Milhane, Milian, Millan. *Caractérologie :* engagement, résolution, méthode, ténacité, fiabilité.

Milano
130

Se rapporte à la ville italienne du même nom. *Caractérologie :* partage, raison, communication, optimisme, détermination.

Miles
200

Militaire (latin). Masculin anglais. *Caractérologie :* structure, persévérance, sécurité, efficacité, résolution.

Milian
250 →

Diminutif d'Emilian ou Maximilian. Voir Émilien et Maximilien. *Caractérologie :* méthode, fiabilité, ténacité, décision, engagement.

Milio
180

Diminutif d'Emilio et patronyme d'origine grecque. Zachos Milios, révolutionnaire devenu célèbre, s'illustra dans la guerre d'indépendance grecque (1821-1830). *Variante :* Mélio. *Caractérologie :* raisonnement, ténacité, précision, organisation, fiabilité.

Milko
- de 100

Paix glorieuse (slave). Masculin slave et italien. *Variante :* Slawomir. *Caractérologie :* conscience, bienveillance, conseil, paix, raisonnement.

Milo
11 000 TOP 100 ↗

Travailleur (germanique). *Variantes :* Milou, Mylo. *Caractérologie :* ténacité, méthode, engagement, fiabilité, analyse.

Milos
250 →

Plaisant (grec). *Caractérologie :* audace, logique, énergie, découverte, originalité.

Milo

Fête :
22 mai

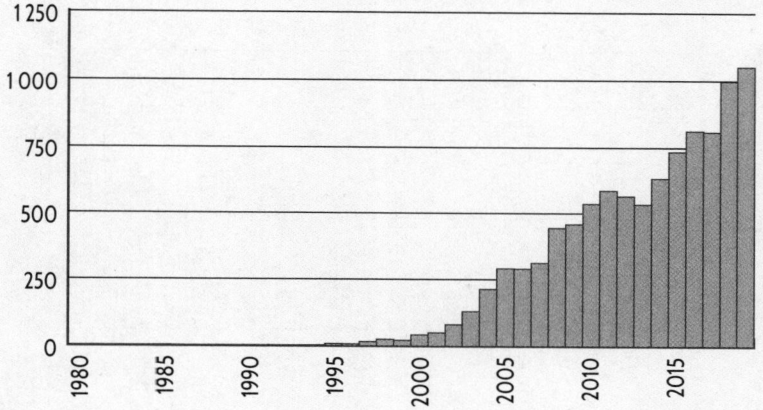

Étymologie

Milo pourrait tirer ses origines du latin *aemilius*, « émule » ou « qui rivalise », s'apparentant ainsi à Émile, dont il fut longtemps considéré comme le diminutif. Il s'est aujourd'hui affranchi de cette filiation et prend son envol comme un prénom à part entière.

L'évocation de Milo nous transporte immédiatement dans l'archipel des Cyclades. C'est en effet sur l'île grecque de Milo ou Milos que fut découverte en 1820 la fameuse Vénus. Cette statue, censée représenter Aphrodite, fait partie des œuvres mythiques exposées au Louvre, au même titre que la *Joconde* ou la *Victoire de Samothrace*.

Cette gloire artistique internationale n'a pourtant pas rejailli sur la carrière de Milo, qui fut tardive. Ce n'est qu'à l'orée du XXIe siècle qu'il fait son apparition dans les annales de l'Insee. Il entame alors une brillante ascension. En 2010, le nombre de petits Milo voyant le jour atteint la barre des 500 naissances. Admis dans le top 100 en 2015, il frappe, 5 ans après, aux portes du top 50. Gageons qu'il y sera accueilli à bras ouverts ! Il vient en effet renouveler, avec ses émules Nino et Tiago, la vague des prénoms courts et italianisants qui propulsa Enzo au sommet.

La Wallonie cède également à son charme, tandis que la Suisse romande et le Québec sont plus circonspects. En Angleterre, aux Pays-Bas, en Suède et en Allemagne, Milo trace son chemin et parvient même à distancer l'anglophone Miles.

Personnes célèbres

Milo Manara, né en 1945, auteur italien de bandes dessinées. C'est aussi le prénom choisi par l'actrice Chiara Mastroianni pour son fils né en 1996.

Statistiques

Milo est le 150e prénom masculin le plus donné en France depuis l'an 2000. Ce prénom est attribué à près d'un garçon sur 310 aujourd'hui.

Mohamed

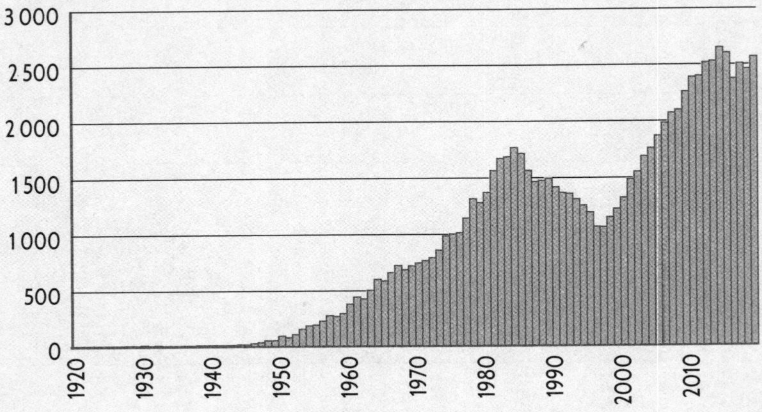

Étymologie

Forme française de Muhammad, prénom arabe qui signifie « digne d'éloges ». Ce prénom doit son immense renommée à l'histoire du prophète fondateur de l'islam. En effet, ce dernier a légué à la postérité une religion et une culture qui ont influencé de nombreuses régions du monde.

Mohamed (désigné sous le nom de Mahomet en français) se répand conjointement à l'expansion de l'islam à partir du VIIe siècle. Traditionnellement attribué à l'aîné des fils, ce prénom devient très populaire dans le monde et les cultures musulmanes. Selon l'*Encyclopédie Britannica*, Mohamed est devenu, sous ses différentes graphies, le prénom le plus porté dans le monde.

En France, il est apparu à la fin des années 1950 et a pris une certaine ampleur au début des années 2000. Il s'affiche au 7e rang parisien en 2020 et évolue dans le top 20 national depuis 2018. Dans le reste de l'Europe, Mohamed brille dans les premiers rangs de plusieurs capitales (notamment Bruxelles et Londres).

Notons qu'il existe aussi de nombreuses compositions à partir de ce prénom. Dans l'Hexagone, Mohamed-Amine et Mohamed-Ali sont les deux prénoms composés les plus donnés aujourd'hui.

Dans l'histoire

Fondateur de l'islam dont il est considéré comme le prophète majeur, **Mahomet** est né vers 570 à La Mecque et mort le 8 juin 632 à Médine. Le Coran relate que Mahomet avait l'habitude de se recueillir dans la grotte Hira lorsqu'en 610, il reçut de l'archange Gabriel ses premières révélations (la parole de Dieu). Bouleversé par cet événement, le fondateur de l'islam tenta de faire adopter à la société mecquoise de nouvelles règles de vie conformes aux versets dictés par l'archange. Mais les notables, hostiles à tout changement, le rejetèrent. Pendant l'Hégire, Mahomet émigra avec une cinquantaine de convertis à Médine, où il s'imposa comme gouverneur. Son autorité religieuse, politique et militaire grandit de telle

M

sorte qu'à la fin de sa vie, l'Arabie fut conquise et que le premier État musulman fut créé.

Personnes célèbres

Mohamed Ali (1942-2016), né sous le nom de Cassius Clay, multiple champion du monde des poids lourds, figure pacifiste de l'opposition à la guerre du Vietnam et du combat pour la reconnaissance de l'égalité des droits des Noirs américains, restera dans l'histoire comme l'un des plus célèbres des champions de boxe et une icône culturelle américaine. **Mohamed el-Baradei**, diplomate et homme d'État égyptien. Il a reçu le prix Nobel de la paix en 2005. **Muhammad Al-Khwarizmi** (780-850), mathématicien, géographe et astrologue, est l'auteur d'écrits qui ont permis, au XIIe siècle, l'introduction de l'algèbre en Europe.

Statistiques

Mohamed est le 33e prénom masculin le plus donné en France depuis l'an 2000. Il est attribué à près d'un garçon sur 135 aujourd'hui.

Milton

- de 100

Celui qui vit dans un moulin (anglais). Masculin anglais. *Caractérologie :* diplomatie, sociabilité, réceptivité, caractère, logique.

Minh

550 TOP 2 000

Intelligent, perspicace (vietnamien). *Caractérologie :* ambition, habileté, passion, force, management.

Miroslav

110

Gloire immense (slave). Prénom slave méridional. *Variante :* Miroslaw. *Caractérologie :* innovation, autorité, énergie, raisonnement, ambition.

Moana

200

Océan (tahitien). *Caractérologie :* achèvement, stratégie, ardeur, vitalité, caractère.

Modeste

350

Timide, discret (latin). *Variante :* Modesto. *Caractérologie :* humanité, rectitude, rêve, caractère, ouverture d'esprit.

Mohamed

90 000 TOP 50

Digne d'éloges (arabe). *Variantes :* Mahamadou, Mahmadou, Mahmad, Mahmed, Mahmoud, Mahmut, Mohamad, Mohammad, Mohammed, Mohamadou, Mouhamad, Mouhamed, Mouhammad, Muhamed, Muhamet. *Caractérologie :* courage, curiosité, indépendance, dynamisme, volonté.

Mohamed-Ali

2 000 TOP 700

Forme composée de Mohamed et Ali. Voir le focus sur les prénoms composés. *Caractérologie :* rectitude, humanité, rêve, logique, caractère.

Mohamed-Amine

4 500 TOP 600

Forme composée de Mohamed et Amine. Voir le focus sur les prénoms composés. *Variantes :* Mohamed-Amin, Mohammed-Amine. *Caractérologie :* intuition, relationnel, médiation, décision, caractère.

Mohammed

10 000 TOP 200

Digne d'éloges (arabe). *Caractérologie :* volonté, intégrité, altruisme, réflexion, idéalisme.

Mohan

170

Plaisant, charmant (sanscrit). Prénom indien d'Asie. *Caractérologie* : équilibre, famille, volonté, responsabilité, influence.

Mohand

1 400

Loué, comblé de louanges (kabyle). On peut estimer que moins de 30 enfants

M

seront prénommés ainsi en 2022. *Caractérologie :* volonté, audace, indépendance, dynamisme, direction.

Moïse
6 500 TOP 800

Sauvé des eaux (hébreu). Dans la Bible, lorsque le pharaon décrète que les nouveau-nés mâles hébreux doivent être tués, Moïse est placé dans un panier d'osier, puis déposé sur le Nil. Recueilli et adopté par la fille du pharaon, Moïse grandit et devient le prophète du peuple hébreu. Il libère son peuple d'Égypte et lui donne la Loi. Selon la tradition biblique, les dix commandements sont remis à Moïse sur le mont Sinaï. *Variantes :* Moïses, Moshé, Musa. *Caractérologie :* intelligence, méditation, savoir, caractère, décision.

Mokhtar
700

Celui qui est juste (arabe). *Variantes :* Moctar, Moktar, Moncef, Mouctar. *Caractérologie :* audace, énergie, découverte, séduction, originalité.

Morad
3 000

Désir (arabe). On peut estimer que moins de 30 enfants seront prénommés ainsi en 2022. *Variante :* Morade. *Caractérologie :* paix, conscience, sagesse, bienveillance, conseil.

Morgan
30 000 TOP 400

Né de la mer (gallois). Morgan est très répandu dans les pays anglophones. C'est aussi un choix breton traditionnel. *Variantes :* Moran, Morane, Morgann. *Caractérologie :* caractère, courage, dynamisme, réussite, curiosité.

Morvan
250

Mer blanche (celte). Prénom breton. *Caractérologie :* diplomatie, caractère, réceptivité, sociabilité, décision.

Mouad
900 TOP 2 000

Protégé par Dieu (arabe). *Variantes :* Moad, Mohad, Mouaad. *Caractérologie :* altruisme, réflexion, idéalisme, intégrité, dévouement.

Moulay
950 TOP 2 000

Roi (arabe). *Caractérologie :* responsabilité, famille, influence, équilibre, réalisation.

Mounir
6 000 TOP 2 000

Celui qui éclaire (arabe). *Variantes :* Monir, Mounire. *Caractérologie :* rêve, humanité, rectitude, analyse, volonté.

Mourad
8 000 TOP 2 000

Désir (arabe). Mourad est attribué dans les cultures musulmanes francophones. C'est également un prénom arménien. *Variantes :* Mourade, Murad. *Caractérologie :* rêve, rectitude, humanité, analyse, tolérance.

Moussa
10 000 TOP 200

Sauvé des eaux (arabe). *Caractérologie :* méditation, savoir, intelligence, sagesse, indépendance.

Moustapha
2 000 TOP 600

Élu le meilleur (arabe). *Variantes :* Mostafa, Mostapha, Mostéfa, Moustafa. *Caractérologie :* conscience, réalisation, organisation, bienveillance, paix.

Muhammed
2 500 TOP 700

Digne d'éloges (arabe). *Variantes :* Muhammad, Muhammet. *Caractérologie :* paix, bienveillance, conscience, sagesse, conseil.

Murphy
- de 100

De la mer (irlandais). *Caractérologie :* réceptivité, sociabilité, ressort, diplomatie, loyauté.

Mustafa
4 000 TOP 700

Élu le meilleur (arabe). *Caractérologie :* rêve, gestion, humanité, rectitude, tolérance.

M

Mustapha
9 000 TOP 2 000 ➔

Élu le meilleur (arabe). *Caractérologie :* idéalisme, altruisme, réalisation, organisation, intégrité.

Mylan
4 500 TOP 200 ➔

Aimé du peuple (slave). Maculin anglais. *Variante :* Mylann. *Caractérologie :* réceptivité, sociabilité, réalisation, diplomatie, bonté.

N

Nabil
12 000 TOP 600 ➔

Noble, honorable (arabe).
Ce prénom est particulièrement répandu dans les cultures musulmanes francophones. *Variantes :* Nabel, Nabile. *Caractérologie :* intuition, médiation, relationnel, résolution, organisation.

Nacer
1 300

Protection, victoire (arabe). On peut estimer que moins de 30 enfants seront prénommés ainsi en 2022. *Variantes :* Naceur, Nassar, Nassir. *Caractérologie :* audace, originalité, énergie, découverte, détermination.

Nacim
1 400 TOP 2 000 ↘

Air frais (arabe). *Caractérologie :* ténacité, fiabilité, engagement, détermination, méthode.

Nadav
- de 30

Généreux (hébreu). *Caractérologie :* conscience, paix, influence, volonté, douceur.

Nadim
550 ↘

Compagnon qui boit (arabe). *Caractérologie :* curiosité, dynamisme, indépendance, courage, décision.

Nadir
5 000 TOP 900 ↘

Précieux, rare (arabe). *Variantes :* Nader, Nadhir, Nadire, Nédir. *Caractérologie :* audace, dynamisme, indépendance, direction, résolution.

Nadjim
400 ↘

Étoile (arabe). *Caractérologie :* famille, équilibre, responsabilité, influence, décision.

Naël
23 000 TOP 50 ➔

Qui a étanché sa soif (arabe), diminutif des prénoms formés avec Naël (Gwenael, Nathanaël, etc.). *Caractérologie :* courage, curiosité, indépendance, dynamisme, charisme.

Nahel
4 000 TOP 200 ↗

Variante de Naël ou Nahil. *Caractérologie :* ténacité, méthode, fiabilité, engagement, sens du devoir.

Nahil
6 000 TOP 200 ↗

Qui a étanché sa soif (arabe). *Variantes :* Naïl, Nahel. *Caractérologie :* passion, détermination, habileté, force, ambition.

Naïm
12 000 TOP 50 ↗

Doux, délicieux (arabe), agréable (hébreu). *Variantes :* Naïme, Nahim. *Caractérologie :* indépendance, direction, audace, dynamisme, détermination.

Najib
1 500

De noble naissance (arabe). On peut estimer que moins de 30 enfants seront prénommés ainsi en 2022. *Caractérologie :* détermination, altruisme, idéalisme, réflexion, intégrité.

Najim
750 ➔

Étoile (arabe). *Variante :* Nejm. *Caractérologie :* fidélité, médiation, relationnel, intuition, détermination.

Nans
1 700 TOP 900 ➔

Forme provençale de Jean. *Caractérologie :* communication, optimisme, pragmatisme, sociabilité, créativité.

Nao
550 TOP 600 ↑

Fleur de pêcher (vietnamien), honnête (japonais). *Caractérologie :* pragmatisme, optimisme, sociabilité, communication, créativité.

Napoléon
- de 100

Nouvelle ville (grec). Général héroïque pendant la Révolution française, Napoléon fut sacré empereur en 1804. Il réforma le pays en créant le Code civil et les préfectures, et mena de nombreuses batailles contre la coalition européenne. Cependant, la grande campagne de Russie et la bataille de Waterloo se soldèrent par de cuisantes défaites. Emprisonné et déporté par les Britanniques sur l'île de Sainte-Hélène, il termina sa vie en exil forcé. *Caractérologie :* réceptivité, sociabilité, diplomatie, loyauté, sympathie.

Narcisse
900

Amour-propre (grec). Masculin français. *Caractérologie :* savoir, intelligence, méditation, indépendance, détermination.

Nasser
4 000 TOP 2 000 ➔

Protection, victoire (arabe). *Variantes :* Naser, Nasr, Nasri. *Caractérologie :* méthode, ténacité, engagement, fiabilité, décision.

Nassim
16 000 TOP 200 ➔

Air frais (arabe). Ce prénom est particulièrement répandu dans les cultures musulmanes francophones. *Variantes :* Nacime, Nasim, Nasime, Nassime. *Caractérologie :* créativité, communication, pragmatisme, optimisme, résolution.

Natale
180

Jour de la naissance (latin). Masculin corse et italien. *Variantes :* Natal, Natalino. Variante basque et occitane : Nadal. *Caractérologie :* force, ambition, habileté, gestion, passion.

Natéo
1 100 TOP 500 ➔

Contraction de Nathan et Théo. *Caractérologie :* énergie, autorité, innovation, autonomie, ambition.

Nathaël
3 500 TOP 400 ➔

Combinaison de Nathan et des prénoms se terminant en « el ». *Caractérologie :* gestion, attention, sagacité, connaissances, spiritualité.

Nathan
114 000 TOP 50 ↘

Il a donné (hébreu). *Variantes :* Natan, Nathalan, Nathane, Nathanel, Nathel, Nattan, Natthan, Nathy, Nethanel. *Caractérologie :* structure, efficacité, sécurité, finesse, persévérance.

Nathanaël
14 000 TOP 200 ➔

Il a donné (hébreu). Nathanaël est répandu dans les pays anglophones. *Variantes :* Natanaël, Nathaël. *Caractérologie :* ténacité, fiabilité, finesse, méthode, organisation.

Nathaniel
1 700 TOP 900 ➔

Il a donné (hébreu). Masculin anglais. *Variante :* Nataniel. *Caractérologie :* pratique, enthousiasme, communication, détermination, sensibilité.

N

Nathan

Fête :
24 août

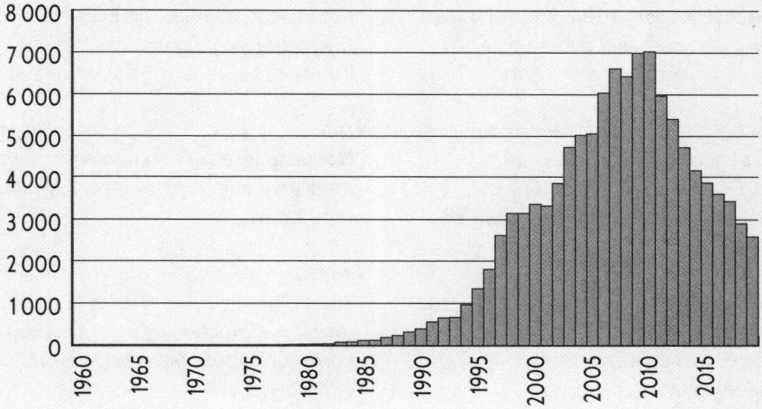

Étymologie
De l'hébreu, « Il a donné ». En dépit de leur origine étymologique commune, il est bien distinct de Nathanaël, prénom porté par le cinquième disciple de Jésus et plusieurs personnages de l'Ancien Testament. Nathan s'est diffusé dans les pays anglophones à partir du XVIe siècle, mais il n'a pas pris racine en France. Redécouvert dans les années 1990, il surfe sur la vague des terminaisons irlandaises (Kylian, Ryan, Evan), et s'envole dans le sillon des prénoms bibliques. Il trône sur le classement 2010, mais chute brutalement ensuite, au risque d'être exclu du top 20 national en 2022.

En dehors de l'Hexagone, Nathan s'illustre dans les tops 50 de nombreux pays européens et anglophones. Mais c'est en zone francophone qu'il a raflé ses plus beaux trophées. Il brille encore dans les tops 20 romand, québécois et wallon.

À noter : il ne faut pas confondre Nathan et Ethan. Malgré une origine hébraïque commune, les significations de ces prénoms sont différentes (voir le focus sur Ethan).

Prophète dans l'Ancien Testament et conseiller du roi David, **Nathan** reproche à ce dernier d'avoir envoyé Urie au front afin d'épouser sa veuve, Bethsabée. Il l'exhorte à écarter son fils aîné du trône au profit de celui qui naîtra de sa nouvelle union. Suivant les injonctions de Nathan, le roi repenti acceptera de sacrer Salomon de son vivant.

Personnes célèbres
Natan Altman (1889-1970), premier illustrateur des *Contes du chat perché* ; Nathan Söderblom (1866-1931), pasteur luthérien suédois qui reçut le prix Nobel de la paix en 1930.

Statistiques
Nathan est le 4e prénom masculin le plus donné en France depuis l'an 2000. Il est attribué à près d'un garçon sur 140 aujourd'hui.

Nathéo
1 400 TOP 600

Contraction de Nathan et Théo. *Caractérologie :* intégrité, altruisme, sensibilité, idéalisme, réflexion.

Navid
130

Bonne nouvelle (persan). *Variante :* Naveed. *Caractérologie :* curiosité, dynamisme, courage, indépendance, résolution.

Nawfel
1 800 TOP 800

Beau et généreux (arabe). *Variante :* Naoufel. *Caractérologie :* philosophie, connaissances, spiritualité, originalité, sagacité.

Nazaire
300

Consacré (hébreu). *Caractérologie :* réceptivité, sociabilité, résolution, diplomatie, loyauté.

Nazim
1 000 TOP 2 000

Celui qui organise, met en ordre (arabe). *Caractérologie :* idéalisme, altruisme, intégrité, réflexion, décision.

Neal
450

Champion (celte). Masculin anglais. *Variantes :* Neals, Nigel, Nygel, Nyls. *Caractérologie :* indépendance, courage, dynamisme, curiosité, charisme.

Néhémie
250

Dieu réconforte (hébreu). *Variante :* Néhémiah. *Caractérologie :* énergie, découverte, audace, séduction, originalité.

Neil
2 500 TOP 500

Champion (celte). Masculin anglais, écossais et irlandais. *Variantes :* Nel, Nélio, Nello. *Caractérologie :* persévérance, efficacité, structure, honnêteté, sécurité.

Nelson
7 500 TOP 600

Fils de Neal (irlandais). Ce prénom est plus particulièrement porté dans les pays anglophones. *Caractérologie :* savoir, intelligence, méditation, indépendance, sagesse.

Némo
250

Nom du capitaine de *Vingt Mille Lieues sous les mers*, de Jules Verne. *Caractérologie :* relationnel, fidélité, intuition, volonté, médiation.

Néo
3 000 TOP 400

Nouveau (grec). *Caractérologie :* savoir, intelligence, indépendance, sagesse, méditation.

Néréo
- de 30

Nom d'un dieu marin dans la mythologie grecque. *Caractérologie :* enthousiasme, communication, pratique, adaptation, générosité.

Nériah
- de 30

Dieu illumine (hébreu). *Caractérologie :* audace, direction, dynamisme, indépendance, décision.

Nessim
1 300 TOP 800

Fleur sauvage (arabe). *Caractérologie :* connaissances, originalité, spiritualité, sagacité, détermination.

Nestor
800

Voyageur, sagesse (grec). Ce prénom est plus particulièrement usité en Macédoine et en Serbie. *Caractérologie :* innovation, autorité, énergie, décision, ambition.

Neven
650 TOP 2 000

Ciel (celte). Prénom breton. *Caractérologie :* responsabilité, influence, famille, équilibre, exigence.

Nicholas
750

Victoire du peuple (grec). Masculin anglais. *Caractérologie :* humanité, décision, rêve, rectitude, logique.

N

Les héros de la littérature

Pourquoi ne pas chercher l'inspiration dans ces œuvres qui vous ont transporté(e) dans un ailleurs fait d'imagination, de chevalerie, d'aventures et de destins hors du commun ? Une bibliothèque suffit à les rendre proches de la main, des yeux et du cœur. Précieux, rares, ou tout simplement évocateurs, les prénoms inspirés par la littérature vous invitent au voyage.

Sans pouvoir prétendre à l'exhaustivité, nous avons commencé pour vous une liste de prénoms qui portent en eux une biographie imaginaire, théâtrale ou romanesque. La source littéraire est intarissable, n'hésitez pas à vous en abreuver !

- Achille, *L'Iliade* d'Homère
- Adrian, *La Tempête* de Shakespeare
- Alban, *Les Bestiaires* d'Henry de Montherlant
- Alexis, *Anna Karénine* de Léon Tolstoï
- Ange, *Deux Cavaliers de l'orage* de Jean Giono
- Aramis, *Les Trois Mousquetaires* d'Alexandre Dumas
- Arsène, personnage récurrent de l'œuvre de Maurice Leblanc
- Arthur, *Perceval ou le conte du Graal* de Chrétien de Troyes
- Augustin, *Le Grand Meaulnes* d'Alain-Fournier
- Aurélien, *Aurélien* de Louis Aragon
- Blaise, *Jazz* de Marcel Pagnol
- Colin, *L'Écume des jours* de Boris Vian
- Dimitri, *Les Frères Karamazov* de Dostoïevski
- Dorian, *Le Portrait de Dorian Gray* d'Oscar Wilde
- Edmond, *Le Comte de Monte-Cristo* d'Alexandre Dumas
- Édouard, *Les Faux-Monnayeurs* d'André Gide
- Émile, *Émile ou de l'éducation* de Rousseau
- Fabrice, *La Chartreuse de Parme* de Stendhal
- Félix, *Le Lys dans la vallée* d'Honoré de Balzac
- Fernand, *Le Comte de Monte-Cristo* d'Alexandre Dumas
- Florent, *Le Ventre de Paris* d'Émile Zola
- Gauvain, *Lancelot ou le Chevalier de la charrette* de Chrétien de Troyes
- Georges, *Bel-Ami* de Guy de Maupassant
- Germain, *La Mare au diable* de George Sand
- Hippolyte, *Phèdre* de Racine
- Horace, *L'École des femmes* de Molière
- Ivanhoé, *Ivanhoé* de Walter Scott
- Jacques, *Jacques le Fataliste* de Diderot
- Joseph, *Un barrage contre le Pacifique* de Marguerite Duras
- Julien, *Le Rouge et le Noir* de Stendhal
- Lancelot, *Lancelot ou le Chevalier de la charrette* de Chrétien de Troyes
- Léandre, *Les Fourberies de Scapin* de Molière
- Léon, *La Modification* de Michel Butor
- Lucien, *Illusions perdues* et *Splendeurs et misères des courtisanes* d'Honoré de Balzac
- Marius et César, dans la *Trilogie marseillaise : Marius, Fanny, César* de Marcel Pagnol
- Michel, *Michel Strogoff* de Jules Verne
- Némo, *Vingt Mille Lieues sous les mers* de Jules Verne
- Nils, *Le merveilleux voyage de Nils Holgersson à travers la Suède* de Selma Lagerlöf
- Octave, *Au Bonheur des Dames* d'Émile Zola
- Oreste, *Andromaque* de Racine
- Paul, *Paul et Virginie* de Bernardin de Saint-Pierre
- Phileas, *Le Tour du monde en quatre-vingts jours* de Jules Verne
- Pierre, *Guerre et Paix* de Léon Tolstoï
- Quentin, *Quentin Durward* de Walter Scott
- Robinson, *Robinson Crusoé* de Daniel Defoe
- Rodrigue, *Le Cid* de Corneille
- Roméo, *Roméo et Juliette* de Shakespeare
- Solal, *Belle du Seigneur* d'Albert Cohen
- Swann, *À la recherche du temps perdu* de Marcel Proust
- Tom, *Les Aventures de Tom Sawyer* de Mark Twain
- Tristan, *Tristan et Iseult*, récit de la littérature médiévale
- Ulysse, *L'Odyssée* d'Homère
- Zadig, *Zadig ou la Destinée* de Voltaire
- Zian, *Premier de cordée* de Roger Frison-Roche

Nicodème
350
Victoire du peuple (grec). *Caractérologie :* audace, énergie, volonté, découverte, analyse.

Nicolas
385 000 TOP 300
Victoire du peuple (grec). De nombreux souverains, plusieurs saints et cinq papes ont porté ce prénom dans les pays chrétiens depuis le XIIe siècle. En France, on le trouve souvent placé dans les premiers rangs, non loin de Jean et Pierre, jusqu'à la fin du XVIIIe siècle. C'est après une longue parenthèse qu'il ressuscite dans les années 1960, faisant tant d'émules qu'il trône sur le palmarès français au début des années 1980. Il reste très attribué jusqu'au début des années 2000. On rencontre plus aisément ce prénom dans le nord de la France, où la tradition de la Saint-Nicolas s'est perpétuée. En dehors de l'Hexagone, Nicolas et ses nombreuses variantes sont très répandus dans le monde occidental, en Russie et dans les pays slaves. ◇ Saint Nicolas est le nom donné à l'évêque de Myre (Turquie) qui manifesta une grande bonté envers les enfants au IVe siècle. ◇ Nicolas Copernic est l'astronome polonais qui démontra en 1543 que la Terre n'est pas le centre de l'Univers et qu'elle tourne autour du Soleil. *Variantes :* Caelan, Nic, Nicaise, Nick, Nickolas, Nicky, Nico, Nicol, Nicolai, Nicolino, Nicolo, Nikita. Formes bretonnes : Kola, Kolaig, Kolaz, Koldo, Nikolaz. *Caractérologie :* dynamisme, audace, direction, logique, décision.

Nidal
550 TOP 2 000
Combat (arabe). *Variante :* Nidhal. *Caractérologie :* résolution, sécurité, persévérance, structure, efficacité.

Niels
3 000 TOP 700
Champion (celte). Niels est répandu dans les pays scandinaves et néerlandophones. *Caractérologie :* découverte, énergie, originalité, résolution, audace.

Nikita
450 TOP 2 000
Victoire du peuple (grec). Masculin russe, ukrainien, biélorusse et macédonien. *Caractérologie :* innovation, ambition, énergie, autorité, résolution.

Nikola
1 500 TOP 2 000
Victoire du peuple (grec). *Variantes :* Nikolas, Nikos. *Caractérologie :* logique, force, décision, ambition, habileté.

Nil
900 TOP 2 000
Voir Neal. Le Nil est, avec l'Amazone, le fleuve le plus long du monde. Plusieurs saints chrétiens ont porté ce nom du IVe siècle (saint Nil du Sinaï) au XVIIe siècle (saint Nil, ermite au mont Athos). *Variantes :* Néala, Nèle. *Caractérologie :* force, habileté, passion, ambition, management.

Nils
7 000 TOP 300
Forme scandinave de Neal ou Nicolas. *Caractérologie :* rectitude, rêve, humanité, ouverture d'esprit, détermination.

Nino
17 000 TOP 100
Dieu fait grâce (hébreu). Masculin italien. *Caractérologie :* savoir, intelligence, méditation, sagesse, indépendance.

Noa
31 000 TOP 100
Reposé, apaisé (hébreu). *Caractérologie :* communication, enthousiasme, adaptation, pratique, générosité.

Noah
58 000 TOP 50
Reposé, apaisé (hébreu). *Variante :* Noha. *Caractérologie :* sociabilité, bonté, réceptivité, diplomatie, loyauté.

Noam
17 000 TOP 200
Sucré, bonheur (hébreu). En dehors de l'Hexagone, Noam est particulièrement

N

répandu dans les pays anglophones et en Israël. *Caractérologie :* savoir, méditation, caractère, intelligence, indépendance.

Noan
2 500 TOP 800

Agneau (celte), ou dérivé d'Oanez (une forme bretonne d'Agnès signifiant « chaste, pur » en grec). Noan connaît un bel essor depuis le début des années 2000. Il est très largement masculin aujourd'hui. *Variantes :* Noann, Nohan, Nohann. *Caractérologie :* vitalité, achèvement, stratégie, ardeur, management.

Noé
43 000 TOP 50

Reposé, apaisé (hébreu). *Caractérologie :* sagacité, spiritualité, connaissances, philosophie, originalité.

Noël
29 000 TOP 2 000

Jour de la naissance (latin). Masculin français et anglais. *Caractérologie :* innovation, autonomie, ambition, autorité, énergie.

Noëlan
190

Fusion de Noël et des prénoms se terminant en « an ». *Variante :* Noëlig. *Caractérologie :* originalité, connaissances, sagacité, philosophie, spiritualité.

Noha
2 500 TOP 900

Esprit, sagesse (arabe), et variante moderne de Noah. *Caractérologie :* intuition, relationnel, fidélité, médiation, adaptabilité.

Noham
11 000 TOP 200

Sucré, bonheur (hébreu). *Caractérologie :* conseil, paix, conscience, bienveillance, caractère.

Nohan
3 000 TOP 500

Agneau (celte), ou dérivé d'Oanez (une forme bretonne d'Agnès signifiant « chaste, pur » en grec). *Caractérologie :* méditation, indépendance, intelligence, savoir, sagesse.

Nolan
48 000 TOP 50

Champion (celte). Si Nolan a été découvert récemment en France, le nom de famille O'Nuallian, « descendant de Nuallan », dont il est dérivé, est ancien. Le père de cette lignée, un seigneur irlandais du IIe siècle, aurait transmis à ses descendants de nombreuses terres. Et c'est au fil des siècles que les propriétaires terriens ont diffusé le patronyme, puis le prénom, à l'ensemble de l'Irlande et des îles Britanniques. Dans l'Hexagone, Nolan a surfé sur la vague irlandaise d'Evan, Killian et Rayan pour s'imposer au 10e rang national en 2013, son apogée. *Variantes :* Nohlan, Nolhan, Nolhann, Nolane, Nollan. *Caractérologie :* bonté, sociabilité, réceptivité, loyauté, diplomatie.

Nolann
7 000 TOP 500

Champion (celte). Nolann est répandu en Irlande et dans les pays anglophones. *Caractérologie :* indépendance, sagesse, savoir, intelligence, méditation.

Nominoe
- de 100

Roi de Bretagne de 830 à 851, Nominoë délivra les Bretons du joug des Francs. Il est considéré comme le père de la nation bretonne. *Caractérologie :* persévérance, structure, efficacité, sécurité, caractère.

Norbert
15 000

Célèbre homme du Nord (germanique). En dehors de l'Hexagone, ce prénom est particulièrement porté dans les pays anglophones et en Allemagne. On peut estimer que moins de 30 enfants seront prénommés ainsi en 2022. *Variantes :*

N

Noah, Noa, Noé

Fête :
10 novembre

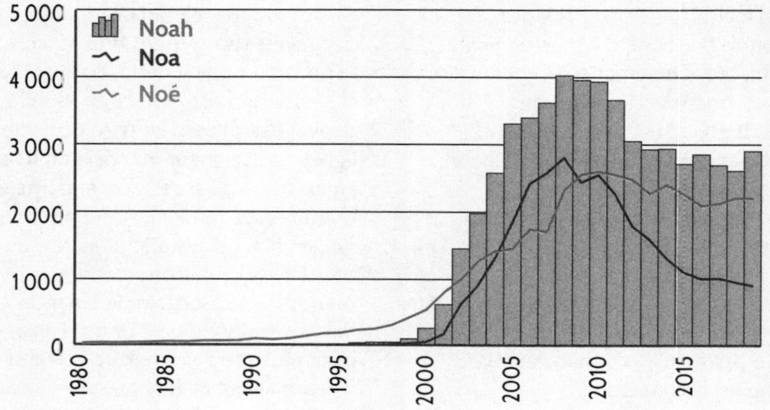

Étymologie

De l'hébreu *noah*, « reposé, apaisé ». Comme nombre de prénoms de l'Ancien Testament (Aaron, Adam, Raphaël), Noé n'a guère été usité avant la fin du XXe siècle en France. C'est en 1993 que ce prénom est pour la première fois attribué à plus de 100 garçons. Son envol ouvre la voie à Noah, qui le rattrape rapidement, pour le dépasser en 2002. La domination de ce dernier est toujours d'actualité, mais elle se réduit : en 2022, Noé pourrait rejoindre Noah dans le top 20 national.

Cette dynamique a nourri l'ascension de Noa. Attribuée pour la première fois à des garçons en 1998, cette variante de Noah a brillé dans le top 30 masculin en 2010 et 2011. Ce succès est encore plus étonnant si l'on considère que ce prénom, féminin* à ses débuts, est masculin dans 82 % de ses attributions aujourd'hui.

Le succès de Noah s'est propagé aux pays francophones. Après avoir été numéro un en Belgique, ce prénom évolue dans les 10 premiers rangs romands et québécois. En dehors de la zone francophone, Noah brille dans les pays scandinaves, germanophones et anglophones. Sa carrière internationale est loin d'être terminée.

Fils de Lamech et descendant de Caïn, **Noé** est l'un des héros de la Bible. Parce qu'il est un homme juste et sincère, Dieu lui permet d'échapper au déluge destiné à noyer les hommes pervertis. Dieu ordonne à Noé de construire une arche et de s'y abriter avec sa famille et un couple de chaque espèce animale. Après plusieurs semaines de navigation sur une mer déchaînée, la tempête se calme et l'arche échoue sur le mont Ararat, en Turquie. Noé libère alors les animaux destinés à peupler la terre. L'histoire de Noé est mentionnée dans plusieurs passages du Coran. À noter : on attribue à Noé l'invention du vin.

* Noa est un prénom féminin au Japon. Il est également répandu en Israël, où il figure parmi les prénoms de filles les plus en vogue aujourd'hui. En France, Noa a été recensé pour la première

N

fois en 1982. Fille de Celofehad dans l'Ancien Testament, **Noa** revendique auprès de Moïse un droit à l'héritage laissé par son père, qui a eu 5 filles et aucun fils. C'est grâce à elle que la loi régissant les successions est modifiée en faveur des femmes.

Statistiques
Noah est le 22e prénom masculin le plus donné en France depuis l'an 2000. Il est attribué à près d'un garçon sur 120 aujourd'hui. Par comparaison, Noé devrait se placer 40e et prénommer un garçon sur 160 (contre un sur 390 pour Noa).

Nobert, Norberto. *Caractérologie :* fidélité, intuition, relationnel, médiation, adaptabilité.

Nordine
8 500

Lumière de la religion (arabe). On peut estimer que moins de 30 enfants seront prénommés ainsi en 2022. *Variantes :* Nordin, Noreddine, Noredine, Norredine. *Caractérologie :* volonté, indépendance, méditation, intelligence, savoir.

Nori
150

Règle, loi (japonais). *Caractérologie :* diplomatie, sociabilité, loyauté, réceptivité, bonté.

Norman
1 700

Homme du Nord (germanique). Masculin anglais. On peut estimer que moins de 30 enfants seront prénommés ainsi en 2022. *Variante :* Normann. *Caractérologie :* optimisme, communication, pragmatisme, résolution, volonté.

Nour
1 300 TOP 900

Lumière (arabe). *Caractérologie :* énergie, découverte, audace, raisonnement, originalité.

Nourdine
1 800

Lumière de la religion (arabe). On peut estimer que moins de 30 enfants seront prénommés ainsi en 2022. *Variantes :* Nour, Nourddine, Nourdin, Nouri, Noury, Nori, Nory, Nuri. *Caractérologie :* direction, dynamisme, audace, volonté, analyse.

Nouredine
900

Lumière de la religion (arabe). *Variantes :* Noureddine, Nouridine, Nourredine, Nourreddine. *Caractérologie :* famille, équilibre, volonté, responsabilité, analyse.

Numa
900 TOP 2 000

Beau, agréable (latin). Ce prénom d'origine romaine fut porté par Numa Pompilius, le deuxième des sept rois traditionnels de Rome, qui transforma et modernisa le calendrier romain (715-673 avant J.-C.). En France, c'est en Provence qu'il est le plus répandu. *Caractérologie :* ténacité, méthode, engagement, sens du devoir, fiabilité.

Nuno
1 300 TOP 2 000

Grand-père ou moine (latin). Ce prénom est particulièrement répandu au Portugal. *Caractérologie :* indépendance, direction, audace, assurance, dynamisme.

O

Oan
140

Diminutif masculin d'Oanez : chaste, pur (grec). Masculin breton. *Variante :* Oanig. *Caractérologie :* pratique, adaptation, enthousiasme, communication, générosité.

Océan
350

Océan (grec). Masculin français et anglais. Fils d'Ouranos et de Gaia dans la mythologie grecque, Océan est l'aîné des Titans. Son union avec sa sœur Téthys engendre 3 000 fils, les Fleuves, et autant de filles, les Océanides (nymphes de la mer et des eaux). *Caractérologie :* médiation, relationnel, adaptabilité, intuition, fidélité.

Octave
5 000 TOP 200

Huitième (latin). Octavius, la forme latine originelle, et son féminin Octavie sont très répandus à l'époque romaine. Traditionnellement, ce nom désignait le huitième enfant né dans une famille. C'est ainsi que le fils adoptif de Jules César se nommait, avant de devenir Auguste, le premier empereur de Rome. En France, ce prénom se manifeste en toute discrétion à la fin du XIXe siècle, et renaît depuis les années 1990. Sa carrière est similaire dans les pays anglo-saxons, où on le trouve plus souvent sous la forme Octavian. Une émulation insuffisante pour éveiller notre Octavien français. *Variantes :* Octavio, Otavio, Ottavio. *Caractérologie :* communication, organisation, optimisme, pragmatisme, volonté.

Octavien
- de 100

Huitième (latin). Masculin français. *Variante :* Octavian. *Caractérologie :* force, achèvement, organisation, raisonnement, leadership.

Odelin
- de 100

Richesse (germanique). *Caractérologie :* dynamisme, courage, volonté, analyse, curiosité.

Odilon
350

Richesse (germanique). *Variante :* Odil. *Caractérologie :* conscience, bienveillance, raisonnement, volonté, paix.

Odin
700 TOP 2 000

Richesse (germanique). Masculin norvégien. *Caractérologie :* responsabilité, famille, volonté, influence, équilibre.

Odon
- de 100

Richesse (germanique). Dans la mythologie scandinave, Odin est le premier des dieux principaux. Il est à la fois le sage, le mage et le roi des dieux. *Caractérologie :* enthousiasme, communication, pratique, volonté, adaptation.

Odran
130

Pâle (irlandais). *Caractérologie :* originalité, spiritualité, connaissances, philosophie, sagacité.

Ogier
- de 100

Richesse, lance (germanique). Ogier est plus traditionnellement usité dans les Flandres. *Variante :* Oger. *Caractérologie :* humanité, rêve, rectitude, tolérance, générosité.

Ohan
- de 30

Diminutif d'Hovannès, une forme arménienne de Jean : Dieu fait grâce (hébreu). *Caractérologie :* sociabilité, loyauté, diplomatie, réceptivité, bonté.

Oihan
1 100 TOP 800

Bosquet, bois (basque). *Caractérologie :* sociabilité, diplomatie, réceptivité, résolution, loyauté.

O

Olaf
120

Ancêtre (vieux norrois). Plusieurs rois danois et suédois ont illustré ce prénom scandinave. En Norvège, Olav V, le père du roi Harald, et plusieurs de leurs aïeux ont également porté ce prénom. *Variante :* Olavant. *Caractérologie :* intelligence, savoir, indépendance, méditation, sagesse.

Olan
150

Variante possible d'Olaf ou Alan. Recensé à la fin du XXe siècle aux États-Unis, Olan est apparu dans l'Hexagone à la fin des années 1990. L'Olan est un grand sommet du massif des Écrins, situé dans les Alpes françaises. *Caractérologie :* paix, affection, conscience, exigence, volonté.

Oleg
- de 100

Sacré (scandinave). *Caractérologie :* pragmatisme, optimisme, cœur, communication, créativité.

Olindo
- de 30

Aube (grec), violette (latin). *Caractérologie :* volonté, responsabilité, équilibre, famille, analyse.

Oliver
1 800 TOP 700

Olive (latin). Une racine scandinave (*olafr*) pourrait également lui conférer le sens d'« ancêtre » en vieux norrois. Masculin anglais. *Caractérologie :* rectitude, humanité, rêve, logique, caractère.

Olivier
260 000 TOP 600

Olive (latin). Une racine scandinave (*olafr*) pourrait également lui conférer le sens d'« ancêtre » en vieux norrois. Compagnon et confident de Roland dans *La Chanson de Roland*, Olivier est attesté dès la fin du XIe siècle en France. Il fait néanmoins plus d'adeptes outre-Manche, où il maintient une visibilité durable (Oliver est aujourd'hui l'un des prénoms les plus portés dans les pays anglophones). Il est encore rare en France lorsqu'il émerge dans les années 1950, mais il parvient au 5e rang masculin au début des années 1970. Son déclin s'accentue depuis quelques années. ◇ Évêque irlandais au XVIIe siècle, saint Olivier Plunket fut faussement accusé d'avoir comploté contre la Couronne anglaise et fut exécuté. *Caractérologie :* idéalisme, altruisme, raisonnement, intégrité, volonté.

Omar
11 000 TOP 200

Le plus haut (arabe), qui prend la parole (hébreu). Sur le point d'assassiner le prophète Mahomet, Omar se rendit compte de son erreur et se convertit. Devenu le second calife de l'islam, il entreprit de conquérir la Palestine, la Mésopotamie, l'Égypte et la Perse avant d'être assassiné en 644 par l'un de ses esclaves. *Caractérologie :* sociabilité, bonté, loyauté, réceptivité, diplomatie.

Omer
3 500 TOP 500

Gerbe de blé (hébreu). Moine normand, saint Omer fut nommé évêque de Thérouanne par le roi Dagobert ; il évangélisa l'Artois et la Flandre au VIIe siècle. *Caractérologie :* équilibre, famille, responsabilité, caractère, influence.

Onésime
120

Utile (grec). Masculin anglais. *Variante :* Onézime. *Caractérologie :* force, ambition, habileté, caractère, décision.

Oracio
- de 100

Voir (grec). *Caractérologie :* raisonnement, culture, vivacité, liberté, caractère.

Orain
- de 30

Au présent (basque). *Caractérologie :* communication, pragmatisme, détermination, créativité, optimisme.

Orazio
- de 100

Forme italienne d'Horace : voir (grec). *Caractérologie :* enthousiasme, générosité, adaptation, pratique, communication.

Orbert
- de 30

Riche (germanique). *Caractérologie :* paix, conscience, sagesse, bienveillance, conseil.

Orel
- de 100

En or (latin). *Variante :* Oriel. *Caractérologie :* force, raisonnement, indépendance, charisme, curiosité.

Oren
500 TOP 2 000

Pin (hébreu). *Variantes :* Aurène, Auren, Oran. *Caractérologie :* sagacité, originalité, connaissances, spiritualité, philosophie.

Orens
- de 30

Levant, orient (latin). Un saint évêque d'Auch porta ce nom au Ve siècle. *Variante :* Orence. *Caractérologie :* aspiration, passion, vitalité, détermination, achèvement.

Oreste
110

Montagneux (grec). *Caractérologie :* énergie, innovation, autorité, décision, ambition.

O

Orfeo
- de 100

Variante italienne et espagnole d'Orphée, le musicien de la mythologie grecque qui descend dans le royaume d'Hadès afin de ramener sa femme, Eurydice, et échoue de peu. *Caractérologie :* découverte, séduction, énergie, audace, originalité.

Orian
250

En or (latin). *Caractérologie :* communication, pratique, résolution, enthousiasme, adaptation.

Oribel
- de 30

En or (latin). Masculin basque. *Caractérologie :* indépendance, savoir, intelligence, logique, méditation.

Oriol
- de 30

En or (latin). *Variante :* Orio. *Caractérologie :* famille, logique, responsabilité, équilibre, influence.

Orion
400 TOP 700

Chasseur géant d'une force et d'une beauté prodigieuses dans la mythologie grecque, Orion fut transformé en amas d'étoiles par Zeus. Cette légende a laissé à la postérité une constellation portant son nom. Orion désigne également une commune française et un chanteur américain célèbre. *Variantes :* Orie, Orien. *Caractérologie :* ambition, habileté, management, force, passion.

Orlan
190

Gloire du pays (germanique). Masculin anglais. *Caractérologie :* paix, bienveillance, résolution, analyse, conscience.

Orlando
1 200

Gloire du pays (germanique). Nom d'une ville de Floride, aux États-Unis. Prénom italien. On peut estimer que moins de 30 enfants seront prénommés ainsi en 2022. *Variante :* Orland. *Caractérologie :* intelligence, savoir, analyse, méditation, volonté.

Orphée
250 TOP 2 000

Prénom mixte révolutionnaire dont l'origine est incertaine. *Variante :* Orfeo. *Caractérologie :* méthode, ténacité, fiabilité, engagement, ressort.

Orso
350 TOP 800

Ours (latin). *Caractérologie :* sécurité, persévérance, efficacité, structure, honnêteté.

Orson
120 TOP 2 000

Ours (latin). *Variante :* Ursin. *Caractérologie :* intégrité, réflexion, idéalisme, décision, altruisme.

Les héros de cinéma

Il n'est pas nécessaire d'être un pur cinéphile ou d'avoir passé toute son adolescence sur les strapontins des salles obscures pour se laisser inspirer par le 7e art. En termes de casting de prénoms, le grand écran nous offre un festival de suggestions ! Qu'il s'agisse de péplums, de la nouvelle vague, de blockbusters ou de Bollywood, libre à vous de choisir l'univers qui vous ressemble.

Voici une sélection non exhaustive de prénoms liés au cinéma, pour rendre hommage à ceux qui nous ont fait rêver. Elle ne se veut nullement objective (c'est le jeu !) et doit être complétée à l'envi par vos propres souvenirs. Comme des albums photos qui ne demandent qu'à être feuilletés, certains personnages n'ont pas pris une ride, et d'autres sont, au contraire, le reflet d'une autre époque. Gros plans sur des prénoms pleins de talent.

- Abel, comme Abel Gance, réalisateur de *Napoléon*
- Antoine, dans *Les Quatre Cents Coups* de François Truffaut
- Baptiste, dans *Les Enfants du Paradis* de Marcel Carné
- César, dans *César et Rosalie* de Claude Sautet
- Charlie, dans *Charlie et la Chocolaterie* de Tim Burton
- Colin, dans *Les Infiltrés* de Martin Scorsese
- Eliott, dans *E. T.* de Steven Spielberg
- Ethan, dans *Mission Impossible* de Brian De Palma
- Ferdinand, dans *Pierrot le Fou* de Jean-Luc Godard
- Forrest, dans *Forrest Gump* de Robert Zemeckis
- Fred, comme Fred Astair
- Guido, dans *Huit et demi* de Federico Fellini
- Gustave, dans *The Grand Budapest Hotel* de Wes Anderson et Hugo Guinness
- Harold, dans *Harold et Maud* de Hal Ashby
- Harry, dans *Harry Potter* de Chris Columbus
- Henry, dans *Le Roi* de David Michôd
- Indiana, dans *Les Aventuriers de l'Arche perdue* de Steven Spielberg
- Jack, dans *Titanic* de James Cameron
- Jacob, dans *Twilight* de Catherine Hardwicke
- Jim, comme Jim Jarmush, réalisateur de *Stranger than Paradise*
- Joel et Ethan Coen, frères et réalisateurs entre autres de *The Big Lebowski*, *Miller's Crossing* et *Inside Llewyn Davis*
- Joseph, dans *Interstellar* de Christopher Nolan
- Julien, dans *Jeux d'enfants* de Yann Samuell
- Léon, dans *Léon* de Luc Besson
- Luke et Owen, dans *Star Wars* de George Lucas
- Marceau, dans *La Règle du jeu* de Jean Renoir
- Max, dans *Mad Max* de George Miller
- Milos, comme Milos Forman, réalisateur notamment de *Ragtime* et *Amadeus*
- Nathan, dans *Le Monde de Nathan* de Morgan Matthews
- Neil, dans *Le Cercle des poètes disparus* de Peter Weir
- Néo, dans *Matrix* de Andy Wachowski
- Nino, dans *Le Fabuleux destin d'Amélie Poulain* de Jean-Pierre Jeunet
- Noé, dans *Noé* de Darren Aronofsky
- Oscar, dans *Oscar et la Dame rose* d'Éric-Emmanuel Schmitt
- Pedro, comme Pedro Almodóvar, réalisateur entre autres de *Talons Aiguilles*, *Femmes au bord de la crise de nerfs* et *Tout sur ma mère*
- Quentin, comme le célèbre réalisateur Quentin Tarantino
- Sami, comme Sami Frey dans *La Vérité* de Henri-Georges Clouzot et *César et Rosalie* de Claude Sautet
- Sandro, dans *L'Avventura* de Michelangelo Antonioni
- Stanley, comme Stanley Kubrick, réalisateur de nombreux films cultes
- Thomas, dans *L'Affaire Thomas Crown* de Norman Jewison
- Victor, dans *Casablanca* de Michael Curtiz
- Vincent, dans *Vincent, François, Paul et les autres* de Claude Sautet
- William, dans *Citizen Kane* d'Orson Welles
- Xavier, comme le héros de la trilogie de Cédric Klapisch, *L'Auberge espagnole*, *Les Poupées russes* et *Casse-tête chinois*

Oscar

Fête :
3 février

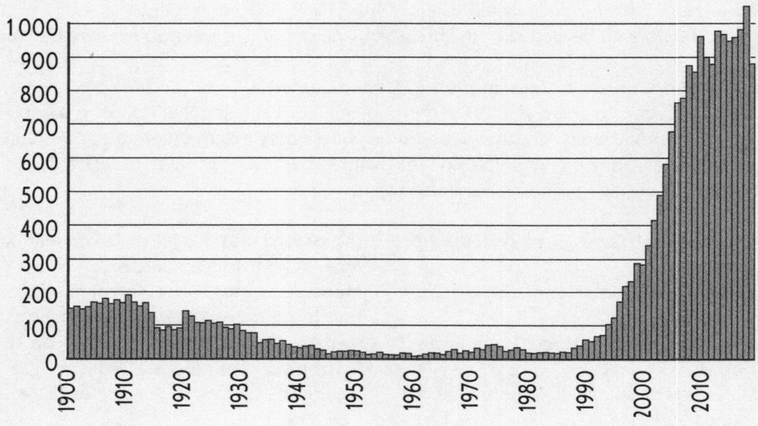

Étymologie

Du germain *ans* (*oss* en vieux norrois), qui se réfère à une divinité nordique, et de *gari*, « lance », d'où la signification « lance divine ». Ce prénom ancien a été très répandu dans les pays scandinaves et en Irlande, où il s'est diffusé à la suite des invasions vikings. Il s'envole dans les pays anglophones au milieu du XVIIIe siècle, porté par le succès de l'écrivain irlandais Oscar Wilde, puis par les écrits de James Macpherson. Le poète écossais prétendit avoir retrouvé et traduit un ensemble de textes appartenant au cycle du poète Ossian. Il affirma qu'Oscar, guerrier héroïque, était le fils d'Ossian et le petit-fils de Fionn Mac Cumhaill, un personnage de la mythologie irlandaise. Bien que leur authenticité ait été mise en doute, ces récits ravivèrent l'intérêt du Vieux Continent pour la mythologie celtique. Napoléon, admirateur des légendes d'Ossian, donna lui-même le prénom d'Oscar à l'un de ses filleuls, lequel devint par la suite roi de Suède et de Norvège (Oscar Ier).

O

Ce prénom royal fait peu d'émules en dehors des pays anglophones et scandinaves. Notons tout de même une percée en Suisse (top 60) et en Wallonie (top 25). Dans l'Hexagone, il est encore loin de soulever l'enthousiasme qu'il suscite à Paris : Oscar stagne dans les 80 premiers rangs nationaux, loin derrière sa 29e place parisienne.

Le 3 février honore la mémoire de **saint Oscar**, ou **Anskaire**, moine picard d'origine saxonne qui évangélisa les pays scandinaves au IXe siècle.

Dans l'histoire

Oscar Ier de Suède, né Joseph François Oscar Bernadotte le 4 juillet 1799 à Paris, fut roi de Suède et de Norvège du 8 mars 1844 à sa mort (à Stockholm, en 1859). Durant son règne, il entreprit des réformes économiques et façonna une alliance avec la France et le Royaume-Uni pour protéger la Scandinavie. Son fils **Oscar II** (1829-1907) fut également roi de Suède et de Norvège jusqu'à la rupture de l'union personnelle entre la Suède et la Norvège, en juin 1905.

Personnes célèbres
Oscar Wilde, l'un des plus célèbres écrivains irlandais (1854-1900) ; Oscar Peterson, pianiste et compositeur de jazz canadien (1925-2007) ; Oscar Niemeyer, architecte brésilien dont la renommée est mondiale (1907-2012) ; Óscar Domínguez, peintre surréaliste espagnol (1906-1957).

Statistiques
Oscar est le 92e prénom masculin le plus donné en France depuis l'an 2000. Il est attribué à près d'un garçon sur 400 aujourd'hui.

Oscar
19 000 TOP 100

Lance divine (germanique). *Variante :* Oskar. *Caractérologie :* sociabilité, réceptivité, diplomatie, loyauté, logique.

Osman
1 600 TOP 900

Jeune serpent (arabe). Osman fonda la dynastie ottomane au XIIIe siècle. *Variante :* Osmane. *Caractérologie :* force, ambition, passion, volonté, habileté.

Ossian
- de 100

Petit faon (celte). Variante possible d'Oisín, héros et poète dans la mythologie irlandaise. Masculin irlandais. *Caractérologie :* décision, dynamisme, curiosité, indépendance, courage.

Oswald
450

Divin, gouverneur (germanique). Masculin anglais. *Variantes :* Osval, Osvald, Osvaldo, Oswaldo. *Caractérologie :* réceptivité, sociabilité, volonté, loyauté, diplomatie.

Othello
- de 30

Riche, prospère (germanique). Othello est le personnage central de la tragédie Othello, écrite vers 1604 par William Shakespeare. *Variante :* Otello. *Caractérologie :* attention, responsabilité, famille, influence, équilibre.

Othman
1 800 TOP 1 000

Jeune serpent (arabe). Troisième calife de l'islam au VIIe siècle, Othman fut le mari de Ruqayya, la fille du prophète Mahomet. C'est sous son califat que la première édition du Coran fut publiée. *Variantes :* Otman, Otmane, Ottman, Outman, Outmane. *Caractérologie :* ambition, force, volonté, habileté, sensibilité.

Othon
- de 100

Riche, prospère (germanique). Forme occitane : Oton. *Caractérologie :* rectitude, humanité, rêve, attention, ouverture d'esprit.

Otto
170 TOP 2 000

Riche, prospère (germanique). Otto est plus particulièrement usité en Allemagne, dans les pays scandinaves et au Pays basque. *Caractérologie :* méditation, intelligence, sagesse, savoir, indépendance.

Oualid
1 800

Nouveau-né (arabe). On peut estimer que moins de 30 enfants seront prénommés ainsi en 2022. *Caractérologie :* ambition, force, passion, analyse, habileté.

Oumar
3 000 TOP 400

Le plus haut (arabe). *Variante :* Oumarou. *Caractérologie :* indépendance, curiosité, dynamisme, analyse, courage.

Ouriel
300

Dieu est ma lumière (hébreu). *Caractérologie :* force, ambition, passion, habileté, analyse.

O

Ousmane
3 000 TOP 400

Jeune serpent (arabe). *Variantes :* Ousman, Usman. *Caractérologie :* savoir, méditation, intelligence, volonté, indépendance.

Oussama
3 000 TOP 1 000

Lion (arabe). *Variantes :* Ousama, Ossama, Oussema. *Caractérologie :* force, ambition, habileté, passion, management.

Ovide
- de 100

Se rapporte à un ancien patronyme romain. Poète latin resté célèbre pour ses *Métamorphoses*, Ovide vécut durant la naissance de l'Empire romain et mourut au début du Ier siècle. Forme basque : Ovidio. *Caractérologie :* direction, audace, volonté, dynamisme, indépendance.

Owen
12 000 TOP 100

Bien né (grec). Owen est très répandu en Irlande. *Variantes :* Owain, Owenn. *Caractérologie :* communication, pratique, enthousiasme, adaptation, générosité.

Ozan
1 000 TOP 2 000

Santé, remède (basque). *Caractérologie :* réceptivité, sociabilité, diplomatie, loyauté, bonté.

P

Pablo
14 000 TOP 100

Petit, faible (latin). Masculin espagnol. *Caractérologie :* autorité, énergie, innovation, ambition, gestion.

Paco
3 500 TOP 400

Forme abrégée de Pater Comunitatis (titre donné à saint François d'Assise et signifiant « père de la communauté » en latin). Paco est également un diminutif espagnol de Pacôme. *Caractérologie :* vitalité, stratégie, ardeur, achèvement, leadership.

Pacôme
3 000 TOP 600

Pacifier (latin). *Caractérologie :* achèvement, stratégie, vitalité, volonté, réalisation.

Palmyr
- de 30

Palmiers (hébreu). *Variantes :* Palmire, Palmyre. *Caractérologie :* structure, efficacité, persévérance, sécurité, réalisation.

Pamphile
- de 100

L'ami de tous (grec). *Caractérologie :* ressort, habileté, force, ambition, réalisation.

Pancrace
- de 30

Qui est tout-puissant (grec). *Caractérologie :* intelligence, méditation, savoir, décision, cœur.

Paol
250

Forme bretonne de Paul : petit, faible (latin). *Caractérologie :* vitalité, achèvement, chef, direction, impétuosité.

Paolo
7 500 TOP 300

Petit, faible (latin). Masculin italien. *Variantes :* Paol, Paolino. Forme bretonne : Paolig. *Caractérologie :* indépendance, courage, curiosité, dynamisme, charisme.

Paris
250

Dans la mythologie grecque, Pâris provoque la guerre de Troie en enlevant Hélène, épouse de Ménélas. *Caractérologie :* rectitude, humanité, rêve, générosité, ouverture d'esprit.

Les anticotes

Nous avons sélectionné des prénoms anticotes qui ont connu leurs heures de gloire à différentes périodes du XXe siècle.

Les anticotes du début du XXe siècle (1900-1929)
Adolphe, Alfred, Alphonse, Casimir, Claude, Désiré, Edgard, Edmond, Fernand, Gervais, Honoré, Jean-Marie, Marie, Maurice, Noël, Norbert, Raoul, Raymond, René, Roland, Valéry, Walter, Yvon.

Les anticotes de la période 1930-1949
André, Bernard, Claude, Fernand, Gérard, Gilbert, Guy, Jean-Claude, Jean-Pierre, Noël, Robert, Roger, Roland, Yves.

Les anticotes de la période 1950-1979
Bertrand, Carlos, Cyrille, Didier, Erick, Fabrice, Farid, Francis, François-Xavier, Gérald, Gildas, Gilles, Hervé, Hubert, Jacky, Jean-Christophe, Jean-François, Jean-Jacques, Jean-Louis, Jean-Luc, Jean-Marc, Jean-Michel, Jean-Paul, Jean-Philippe, Jean-Pierre, Jean-Yves, Jérôme, Pascal, Patrice, Régis, Roger, Serge, Stéphane, Wilfried.

Les anticotes de la période 1980-1999
Anthony, Aurélien, Cédric, Christophe, Damien, David, Fabien, Frank, Frédérick, Ghislain, Harold, Hervé, Jérôme, Kevin, Loïc, Ludovic, Mathieu, Mickaël, Nicolas, Olivier, Patrick, Renaud, Rodolphe, Sébastien, Sylvain, Thierry, Yannick.

Les anticotes en 2022
Les prénoms phares des années 2000 sont toujours d'actualité. Si vous recherchez des prénoms démodés, voici un top 20 à rebours reprenant des prénoms qui sont massivement portés (par plus de 120 000 Français), mais qui devraient être attribués moins de 30 fois dans l'Hexagone. Le nombre estimé d'attributions est indiqué entre parenthèses.

1. Hervé (2)
2. Didier (3)
3. Gérard (3)
4. Jérôme (7)
5. Bernard (8)
6. Guy (8)
7. Roger (8)
8. Gilles (9)
9. Pascal (9)
10. Patrice (9)
11. Claude (10)
12. René (10)
13. Fabrice (11)
14. Serge (11)
15. Thierry (13)
16. Yves (16)
17. Christophe (18)
18. Sylvain (21)
19. Dominique (25)
20. Frédéric (26)

Notons que la moyenne d'âge des porteurs de ces prénoms n'a pas influencé leur popularité de la même manière. Ainsi, les Fabrice sont en moyenne âgés d'une cinquantaine d'années, mais en 2022, ce prénom devrait être autant donné que les René dont la moyenne d'âge dépasse les 70 ans.

Parsam

- de 30

Fils des jeûnes (arménien). *Caractérologie :* dynamisme, curiosité, réussite, courage, indépendance.

Pascal

278 000

De l'hébreu *pesach*, « passage », en référence à la fête juive célébrant la libération des juifs d'Égypte. Aux premiers temps du christianisme, ce nom était attribué aux enfants nés durant la période de Pâques. Bien qu'il soit porté par deux papes au Moyen Âge, ce prénom reste rare en France jusqu'au milieu du XXe siècle. Il s'envole dans les années 1950 et atteint le 2e rang français en 1962, son point culminant. On peut estimer que moins de 30 enfants seront prénommés ainsi en 2022. *Variantes :* Pascale, Pascalino, Pascual, Pasqual, Pasqualino. Variante basque et bretonne : Paskal. *Caractérologie :* intelligence, indépendance, méditation, savoir, sagesse.

Patric

800

Noble personne (latin). *Caractérologie :* ténacité, organisation, méthode, fiabilité, engagement.

P

Patrice

122 000

Noble personne (latin). On peut estimer que moins de 30 enfants seront prénommés ainsi en 2022. *Caractérologie :* altruisme, intégrité, résolution, idéalisme, sympathie.

Patrick

346 000 **TOP 2 000**

Noble personne (latin). *Caractérologie :* famille, équilibre, influence, organisation, éthique.

Patxi

650 **TOP 2 000**

Forme basque de François : libre, français (latin). *Caractérologie :* sagacité, connaissances, spiritualité, philosophie, originalité.

Paul

190 000 **TOP 50**

Petit, faible (latin). *Variantes :* Havel, Pau, Paulien, Paulino, Paulo, Paulus, Pavel, Pavlo, Pol. *Caractérologie :* dynamisme, curiosité, charisme, courage, indépendance.

Paul-Alexandre

400

Forme composée de Paul et Alexandre. Masculin français. *Caractérologie :* achèvement, réalisation, vitalité, stratégie, analyse.

Paul-Antoine

1 100

Forme composée de Paul et Antoine. Masculin français. On peut estimer que moins de 30 enfants seront prénommés ainsi en 2022. *Caractérologie :* réceptivité, sociabilité, diplomatie, cœur, logique.

Paul-Émile

800

Forme composée de Paul et Émile. Masculin français. *Caractérologie :* structure, sécurité, réalisation, persévérance, sympathie.

Paul-Étienne

150

Forme composée de Paul et Étienne. Masculin français. *Caractérologie :* énergie, cœur, découverte, audace, décision.

Paul-Henri

1 000

Forme composée de Paul et Henri. Masculin français. *Caractérologie :* audace, énergie, découverte, sympathie, ressort.

Paulin

3 000 **TOP 500**

Petit, faible (latin). Masculin hongrois et occitan. ◇ Poète latin du Ve siècle, Paulin de Nole consacra sa vie à la foi. *Variantes :* Paulien, Paulino, Polin. *Caractérologie :* audace, direction, détermination, amitié, dynamisme.

Paulo

4 000

Petit, faible (latin). Masculin portugais et espagnol. On peut estimer que moins

Paul

Fête : 29 juin

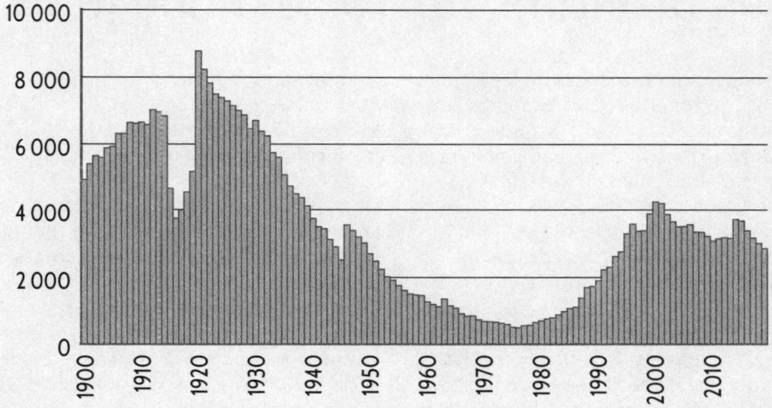

Étymologie

Du latin *paulus*, « petit, faible ». Usité en Asie Mineure et en Gaule dès les premiers siècles, Paul concurrence brièvement la forme latine Paulus avant de s'éclipser. Il renaît au XIIIe siècle dans les pays chrétiens, mais sa diffusion prend toute son ampleur durant la Réforme, au XVIe siècle, puis à la fin du XIXe siècle. Après une période de défaveur entamée dans les années 1920, Paul reprend des couleurs. Il occupe le 11e rang parisien et renoue avec les sommets au niveau national.

En dehors de l'Hexagone, Paul figure dans les deux premiers choix allemands et autrichiens, mais son absence des palmarès européens est surprenante. Ancré dans le top 10 espagnol, Pablo viendra-t-il lui prêter main-forte ? En attendant mieux, cette version hispanophone a rebondi au 71e rang masculin. Elle devance largement Paulin qui prénomme une centaine de Français chaque année.

Dans l'histoire

De nombreux rois, saints et papes ont porté ce prénom. Juif de Tarse (en Turquie) et citoyen romain au Ier siècle, **saint Paul** fut d'abord connu sous le nom hébraïque de Saül. Il combattit le christianisme naissant avec ferveur avant qu'une révélation ne l'incite à se convertir. Devenu apôtre de Jésus, il répandit la foi hors de Judée en évangélisant l'Asie Mineure et la Grèce. La profondeur de sa réflexion et sa doctrine en font l'un des premiers théologiens du christianisme.

Poète latin au Ve siècle, **Paulin de Nole** consacra sa vie à la foi. Il est fêté le 11 janvier.

Personnes célèbres

Paul Cézanne, peintre français (1839-1906) ; Paul Gauguin, peintre et sculpteur français (1848-1903) ; Paul Klee, peintre suisse (1879-1940) ; Paul Bocuse (1926-2018), chef cuisinier français ; Paul McCartney, chanteur anglais, ancien membre des Beatles, né en 1942 ; Paul Auster, écrivain américain, né en 1947 ; Paul Pogba, joueur de football international français, né en 1993.

Statistiques

Paul est le 17e prénom masculin le plus donné en France depuis l'an 2000. Il est attribué à près d'un garçon sur 130 aujourd'hui. De son côté, Pablo devrait prénommer un garçon sur 370.

Pratiques d'attribution des prénoms de 1900 à nos jours

Depuis l'assouplissement de la législation, en 1993, le répertoire des prénoms s'est élargi d'un tiers. Une expansion qui s'explique par l'arrivée massive de prénoms nouveaux et par la multiplication de variantes en tout genre. Qu'ils soient régionaux ou venus d'ailleurs, anciens ou inventés, ces prénoms originaux participent du désir des parents de donner une identité unique à leurs enfants.

Tant de changements en un peu plus d'un siècle... Nos arrière-grands-parents n'auraient jamais pu rêver avoir un tel embarras du choix ! Il faut dire que l'on recensait 20 fois moins de prénoms attribués en 1900 qu'aujourd'hui.

La diversité, reflet de notre société moderne

En termes de diversité, la situation entre les deux époques est incomparable. En 1900, les têtes d'affiche Marie et Jean prénommaient respectivement une fille sur 5 et un garçon sur 12. Mais cette année, Emma et Jade, les stars du tableau féminin, devraient être attribuées à moins d'une fille sur 90. Fini le temps où un petit nom pouvait être porté par 3 enfants dans une même classe !

Le graphique ci-dessous illustre cette évolution. Le net fléchissement des courbes à partir de 1966 correspond à un assouplissement de la loi du 11 germinal an XI (loi Bonaparte) qui imposait aux parents une liste de prénoms tirés de différents calendriers et de personnages de l'histoire ancienne. L'instruction ministérielle de 1966 élargit en effet la liste des choix recevables aux prénoms tirés de la mythologie, aux prénoms régionaux, aux diminutifs et aux variations. En 1993, la loi Bonaparte est abolie. L'État laisse alors une liberté de choix quasi illimitée aux parents. Le stock des prénoms s'élargit dans les deux genres, ce qui explique la fusion des courbes à l'aube des années 2000.

Évolution du poids des 10 prénoms les plus attribués en pourcentage d'attributions, de 1900 à 2020

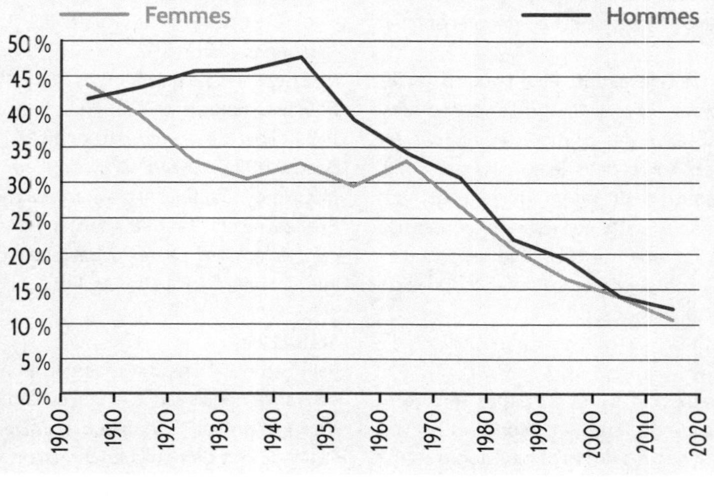

Le poids croissant des prénoms rares
Aujourd'hui, Marie n'est attribué que dans 0,3 % des naissances, et la plupart des prénoms donnés sont très rares. Parmi les 32 000 prénoms recensés dans le fichier de l'Insee, seuls 1 850 ont été attribués à 50 enfants ou plus cette année. Conséquence logique, le nombre de prénoms très répandus se réduit comme peau de chagrin. Seuls Marie, Jean et Michel sont encore portés par plus de 500 000 individus. Des témoins du temps passé qui ne laisseront pas d'héritiers aussi massivement portés...

de 30 enfants seront prénommés ainsi en 2022. *Caractérologie :* diplomatie, sociabilité, réceptivité, loyauté, bonté.

Pavel
600 TOP 1 000

Petit, faible (latin). Cette forme slave de Paul est particulièrement répandue en Bulgarie. *Caractérologie :* sociabilité, réceptivité, diplomatie, cœur, réussite.

Pedro
4 500 TOP 2 000

Petit caillou (grec). Masculin espagnol et portugais. *Variantes :* Pedre, Peet, Peidro, Peire, Peit, Peitro, Peo. *Caractérologie :* fiabilité, ténacité, engagement, méthode, volonté.

Peio
800 TOP 2 000

Petit caillou (grec). Prénom basque. *Caractérologie :* rectitude, humanité, tolérance, idéalisme, générosité.

Pépin
150

Déterminé (germanique). *Caractérologie :* équilibre, responsabilité, famille, influence, exigence

Perceval
180

Perce la vallée (vieux français). Héros des légendes arthuriennes, Perceval fut élevé par sa mère dans une forêt isolée. Un jour, il croisa cinq chevaliers aux armures étincelantes et en fut bouleversé. Il se rendit à la cour du roi Arthur pour y être adoubé, et s'illustra dans d'innombrables aventures chevaleresques. *Variantes :* Perce, Percy. *Caractérologie :* innovation, autorité, réalisation, énergie, bonté.

Periclès
- de 30

Entouré de gloire (grec). *Caractérologie :* conscience, paix, bienveillance, détermination, bonté.

Peter
5 000 TOP 900

Petit caillou (grec). Masculin anglais, allemand et scandinave. *Variantes :* Petri, Petro, Petrus. Forme corse : Petru. *Caractérologie :* innovation, autonomie, autorité, énergie, ambition.

Peyo
450 TOP 2 000

Petit caillou (grec). Prénom breton. *Variante :* Peio. *Caractérologie :* sagacité, spiritualité, originalité, philosophie, connaissances.

Pharell
1 400 TOP 500

Courageux (irlandais). *Variante :* Pharel. *Caractérologie :* idéalisme, sympathie, altruisme, ressort, intégrité.

Phil
- de 100

Qui aime les chevaux (grec). *Caractérologie :* ouverture d'esprit, rêve, action, rectitude, humanité.

Philbert
- de 100

Qui aime les chevaux (grec). *Variante :* Filbert. *Caractérologie :* attention, idéalisme, intégrité, altruisme, action.

P

Philéas
600 TOP 2 000

Qui aime (grec). *Variante :* Phile. *Caractérologie :* intelligence, action, méditation, savoir, cœur.

Philémon
850

Affectueux, amical (grec). Philémon apparaît, avec son épouse Baucis, dans un mythe grec repris dans les *Métamorphoses* d'Ovide. Après avoir vécu une vie paisible et humble, Philémon et Baucis meurent ensemble et sont transformés en arbres aux feuillages emmêlés. Forme basque : Filemon. *Caractérologie :* raisonnement, sociabilité, réceptivité, volonté, diplomatie.

Philibert
950

Très brillant (germanique). *Caractérologie :* action, humanité, rêve, sensibilité, rectitude.

Philip
1 300

Qui aime les chevaux (grec). Prénom anglais, scandinave et néerlandais. On peut estimer que moins de 30 enfants seront prénommés ainsi en 2022. *Variantes :* Philipe, Philipp, Philippo, Phillip. *Caractérologie :* savoir, intelligence, méditation, indépendance, ressort.

Philippe
467 000 TOP 2 000

Qui aime les chevaux (grec). Ce vieux prénom fut illustré par plusieurs saints, six rois de France, cinq rois d'Espagne et un roi macédonien, Philippe II, le père d'Alexandre le Grand (382-386 avant J.-C.). Saint Philippe, l'un des premiers apôtres de Jésus, prêcha l'Évangile en Grèce et en Asie Mineure jusqu'à un âge avancé. Sous ses différentes graphies (Philip, Felipe, Filippo, etc.), ce prénom est très attribué dans les pays chrétiens durant et après le Moyen Âge. Après une période de retrait au XIXe siècle, Philippe revient de plus belle en France dans les années 1950. Il détrône Jean en 1959 et se maintient 1er jusqu'en 1964. Son déclin s'est accéléré depuis la fin des années 1980, mais il est aujourd'hui le 3e prénom le plus porté en France. *Caractérologie :* énergie, innovation, autorité, amitié, action.

Pierre
419 000 TOP 200

Petit caillou (grec). Si Pierre est l'un des prénoms les plus attribués en France du XVe au XXe siècle, il n'a guère eu l'occasion de devancer Jean, son plus grand rival. Faute de mieux, il s'est souvent contenté des deuxièmes rangs. Sa rébellion survient en 1981 : alors que Jean poursuit son reflux, Pierre se redresse et le dépasse. Il réintègre le top 20 masculin à la fin des années 1980 et ne le quittera qu'au début des années 2000. ◇ Le premier pape, une centaine de saints et de nombreux rois ont porté ce prénom très courant dans le monde occidental. Simon est le nom originel de l'apôtre qui devint saint Pierre. Jésus choisit ce nom pour lui en référence à la mission dont il fut investi, celle de bâtir des églises « solides comme de la pierre ». L'immense popularité de saint Pierre participa à la diffusion du nom en Orient chrétien, puis en Occident. Il fut, sous ses nombreuses graphies, largement attribué au Moyen Âge, et dans un passé plus récent, porté par deux empereurs du Brésil et nombre de rois européens. Trois tsars russes, dont le fondateur de la ville de Saint-Pétersbourg (Pierre le Grand), ont également illustré ce prénom. *Caractérologie :* habileté, ambition, management, passion, force.

Pierre-Adrien
500

Forme composée de Pierre et Adrien. Masculin français. *Caractérologie :* courage, dynamisme, curiosité, réussite, décision.

P

Pierre-Alexandre
3 000

Forme composée de Pierre et Alexandre. Masculin français. On peut estimer que moins de 30 enfants seront prénommés ainsi en 2022. *Caractérologie :* réalisation, sociabilité, réceptivité, diplomatie, analyse.

Pierre-Alexis
900

Forme composée de Pierre et Alexis. Masculin français. *Caractérologie :* paix, analyse, bienveillance, conscience, sympathie.

Pierre-Antoine
4 000

Forme composée de Pierre et Antoine. Masculin français. On peut estimer que moins de 30 enfants seront prénommés ainsi en 2022. *Caractérologie :* indépendance, dynamisme, curiosité, résolution, courage.

Pierre-Emmanuel
3 000

Forme composée de Pierre et Emmanuel. Masculin français. On peut estimer que moins de 30 enfants seront prénommés ainsi en 2022. *Caractérologie :* sociabilité, réceptivité, diplomatie, amitié, réalisation.

Pierre-François
1 700

Forme composée de Pierre et François. Masculin français. On peut estimer que moins de 30 enfants seront prénommés ainsi en 2022. *Caractérologie :* pragmatisme, optimisme, logique, cœur, communication.

Pierre-Henri
2 000

Forme composée de Pierre et Henri. Masculin français. On peut estimer que moins de 30 enfants seront prénommés ainsi en 2022. *Caractérologie :* ardeur, action, achèvement vitalité, stratégie.

Pierre-Jean
3 000

Forme composée de Pierre et Jean. Masculin français. On peut estimer que moins de 30 enfants seront prénommés ainsi en 2022. *Caractérologie :* réceptivité, décision, diplomatie, loyauté, sociabilité.

Pierre-Louis
6 000 TOP 2 000

Forme composée de Pierre et Louis. Masculin français. *Caractérologie :* enthousiasme, communication, sympathie, pratique, analyse.

Pierre-Loup
300

Forme composée de Pierre et Loup. Masculin français. *Caractérologie :* intégrité, sympathie, altruisme, idéalisme, analyse.

Pierre-Luc
600

Forme composée de Pierre et Luc. Masculin français. *Caractérologie :* stratégie, vitalité, achèvement, amitié, ardeur.

Pierre-Marie
3 500

Forme composée de Pierre et Marie. Masculin français. On peut estimer que moins de 30 enfants seront prénommés ainsi en 2022. *Caractérologie :* humanité, rectitude, décision, rêve, réussite.

Pierre-Olivier
2 000

Forme composée de Pierre et Olivier. Masculin français. On peut estimer que moins de 30 enfants seront prénommés ainsi en 2022. *Caractérologie :* achèvement, vitalité, stratégie, logique, caractère.

Pierre-Yves
9 000

Forme composée de Pierre et Yves. Masculin français. On peut estimer que moins de 30 enfants seront prénommés ainsi en 2022. *Caractérologie :* savoir, intelligence, méditation, détermination, réalisation.

Pierric
1 300

Petit caillou (grec). On peut estimer que moins de 30 enfants seront prénommés ainsi en 2022. *Caractérologie :* paix, bienveillance, conseil, conscience, sympathie.

Pierrick
18 000

Petit caillou (grec). Masculin français. On peut estimer que moins de 30 enfants seront prénommés ainsi en 2022. *Variantes :* Perick, Perig, Pieric, Pierick, Pierig, Pierrig, Pierrik. *Caractérologie :* force, habileté, passion, ambition, bonté.

Pierrot
1 800

Petit caillou (grec). On peut estimer que moins de 30 enfants seront prénommés ainsi en 2022. *Variantes :* Perin, Pier, Piet, Pieter, Pierce, Pierino, Pierrino, Piero. *Caractérologie :* réceptivité, bonté, sociabilité, loyauté, diplomatie.

Pietro
1 100 TOP 2 000

Petit caillou (grec). Prénom italien. *Caractérologie :* intuition, médiation, relationnel, fidélité, adaptabilité.

Pio
450 TOP 300

Pieux (latin). Masculin italien et portugais. *Caractérologie :* persévérance, efficacité, sécurité, structure, honnêteté.

Placide
180

Placide, calme (latin). *Variante :* Placido. *Caractérologie :* audace, énergie, découverte, sympathie, réalisation.

Pol
1 600

Petit, faible (latin). Pol est plus traditionnellement usité en Irlande, en Écosse et en Bretagne. On peut estimer que moins de 30 enfants seront prénommés ainsi en 2022. *Caractérologie :* savoir, intelligence, méditation, indépendance, sagesse.

Preston
900 TOP 800

Domaine, bien du prêtre (anglais). Masculin anglais. *Caractérologie :* vitalité, ardeur, achèvement, détermination, stratégie.

Priam
500 TOP 500

Dans la mythologie grecque, Priam est le dernier roi de Troie. *Caractérologie :* pragmatisme, créativité, communication, optimisme, réalisation.

Primael
- de 100

Charismatique, prince (celte). Prénom breton. *Variante :* Primel. *Caractérologie :* sociabilité, réceptivité, réalisation, diplomatie, sympathie.

Primo
130

Premier (latin). Prénom italien. *Caractérologie :* force, ambition, habileté, management, passion.

Prince
700 TOP 700

En premier (latin). Plus courant sous forme de patronyme. Masculin anglais. *Caractérologie :* sociabilité, réceptivité, diplomatie, sympathie, loyauté.

Priscillien
- de 100

Ancien (latin). *Caractérologie :* rectitude, humanité, rêve, amitié, détermination.

Prosper
1 300

Avec bonheur (latin). Masculin anglais et français. *Variante :* Prospert. *Caractérologie :* ambition, passion, force, habileté, décision.

Prudent
- de 100

Prudent (latin). *Caractérologie :* achèvement, vitalité, ardeur, stratégie, bonté.

P

Q

Qaïs
160

Fierté (arabe). *Caractérologie :* direction, audace, dynamisme, indépendance, assurance.

Qassim
1 400 TOP 300

Gracieux, qui redistribue (arabe). *Caractérologie :* paix, bienveillance, exigence, conscience, volonté.

Quang
150

Lumière, glorieux (vietnamien). *Caractérologie :* bienveillance, paix, conseil, amitié, conscience.

Quentin
127 000 TOP 300

Cinquième (latin). Quentin a connu la gloire dans les pays anglo-saxons au XIXe siècle, puis en France dans les années 1990. Citoyen romain, saint Quintinus se convertit au christianisme et partit évangéliser la Gaule au IIIe siècle. C'est en sa mémoire que Saint-Quentin, la capitale de la haute Picardie, porte son nom. *Variantes :* Kentin, Quantin, Quentyn, Quinten, Quinten, Quintino. *Caractérologie :* dynamisme, indépendance, sensibilité, direction, audace.

Quincy
190

Cinquième (latin). Masculin anglais. *Variantes :* Quincey, Quinto. *Caractérologie :* ambition, sympathie, force, habileté, ressort.

Quintilien
- de 30

S'inspirant de Cicéron, Quintilien fut rhéteur dans la Rome antique au Ier siècle. *Caractérologie :* diplomatie, loyauté, réceptivité, sociabilité, sensibilité.

Quirin
- de 100

Citoyen romain (latin). Plusieurs saints des premiers siècles ont porté ce nom. *Caractérologie :* originalité, spiritualité, connaissances, philosophie, sagacité.

Quoc
200

Nation (vietnamien). *Caractérologie :* relationnel, adaptabilité, intuition, médiation, fidélité.

R

Rabah
3 000

Jardin (arabe). On peut estimer que moins de 30 enfants seront prénommés ainsi en 2022. *Variantes :* Raba, Rabbah, Rabia, Rabih. *Caractérologie :* enthousiasme, pratique, communication, adaptation, générosité.

Rachid
18 000 TOP 2 000

Bien guidé, qui a la foi (arabe). Ce prénom est particulièrement répandu dans les cultures musulmanes francophones. *Variantes :* Rached, Rachide. *Caractérologie :* savoir, intelligence, sagesse, indépendance, méditation.

Rafael
21 000 TOP 100

Dieu a guéri (hébreu). Rafael est particulièrement répandu dans les pays hispanophones, scandinaves et germanophones. C'est aussi un choix traditionnel basque et catalan. *Caractérologie :* intelligence, savoir, méditation, analyse, résolution.

Rafik
1 500

Ami, tranquillité (arabe). On peut estimer que moins de 30 enfants seront prénommés ainsi en 2022. *Caractérologie :* intégrité, altruisme, idéalisme, réflexion, dévouement.

Rahim
850 TOP 600

Qui pardonne (arabe). *Caractérologie :* structure, persévérance, sécurité, efficacité, honnêteté.

Raimond
- de 100

Qui conseille avec sagesse (germanique). *Variantes :* Raimon, Raimondo, Raimundo, Ramond. *Caractérologie :* diplomatie, réceptivité, décision, sociabilité, caractère.

Rainier
- de 100

Conseil, décision (germanique). Dans l'Hexagone, Rainier est plus traditionnellement usité dans les Flandres et en Occitanie. *Variantes :* Régnier, Reiner. *Caractérologie :* réceptivité, sociabilité, résolution, diplomatie, loyauté.

Ralph
1 500 TOP 2 000

Loup renommé (germanique). Masculin anglais. *Variantes :* Ralf, Rolph, Rolphe. *Caractérologie :* audace, dynamisme, direction, action, indépendance.

Rami
1 200 TOP 2 000

Habileté (arabe). *Variante :* Ramy. *Caractérologie :* audace, découverte, énergie, originalité, séduction.

Ramiro
110

Ce nom espagnol aurait des racines wisigothes et signifierait « grand juge ». Masculin espagnol et basque. Forme basque : Erramir. *Caractérologie :* sociabilité, réceptivité, diplomatie, loyauté, bonté.

Ramon
1 100

Qui conseille avec sagesse (germanique). Masculin espagnol, italien, occitan et catalan. On peut estimer que moins de 30 enfants seront prénommés ainsi en 2022. *Caractérologie :* résolution, intelligence, savoir, méditation, volonté.

Ramsès
- de 100

Nom de plusieurs pharaons d'Égypte ancienne. *Caractérologie :* optimisme, pragmatisme, créativité, communication, décision.

Ramzi
1 900

Important (arabe). On peut estimer que moins de 30 enfants seront prénommés ainsi en 2022. *Variante :* Ramzy. *Caractérologie :* fiabilité, ténacité, méthode, engagement, sens du devoir.

Randy
1 800 TOP 2 000

Loup renommé (germanique). Masculin anglais. *Variantes :* Randolf, Randolph. *Caractérologie :* habileté, décision, ambition, force, réussite.

Rankin
- de 30

Bouclier, protection (vieil anglais, celte). Masculin écossais et irlandais. *Caractérologie :* fiabilité, ténacité, engagement, méthode, résolution.

Raoul
7 500 TOP 2 000

Loup renommé (germanique). Masculin français. *Variantes :* Raouf, Raoulin, Raul. Forme occitane : Raolf. *Caractérologie :* persévérance, structure, sécurité, logique, efficacité.

R

Raphaël

Fête :
29 septembre

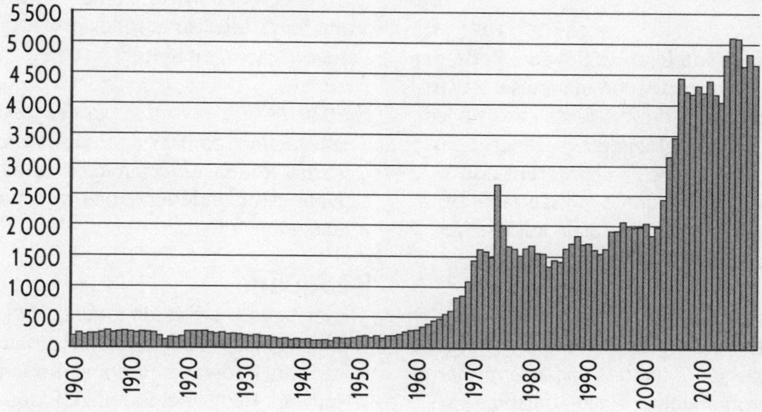

Étymologie

De l'hébreu *rephaël*, « Dieu a guéri ». Attribué en nombre constant mais modeste, ce prénom intemporel est longtemps resté discret dans les pays occidentaux. En France, à l'exception d'un pic d'attribution isolé en 1974, Raphaël est relativement peu répandu jusqu'en 2000, où sa croissance l'entraîne vers le sommet. L'essor des prénoms bibliques et la popularité du joueur de football Raphaël Varane ont sans doute joué en sa faveur. Aujourd'hui, ce prénom brille dans les tops 5 parisien et national.

Raphaël s'est hissé dans l'élite des classements romands, wallons et québécois. De son côté, Rafael a ses partisans dans les pays d'Amérique latine ainsi qu'au Portugal. Cette variante est même parvenue au seuil du top 60 français. Au féminin, la percée de Raphaëlle se fait attendre.

Ange de la guérison dans la Bible, **Raphaël** guérit le père de Tobie de la cécité et délivre Sara du démon qui l'a rendue veuve à 7 reprises, le soir de ses noces. Il est le patron des voyageurs.

Peintre et architecte, **Raphaël** (de son vrai nom Raffaello Sanzio) est l'un des plus célèbres peintres italiens de la Renaissance. La grâce et la beauté de ses Madones qui l'ont rendu si célèbre, font toujours référence. Il meurt en 1520 à l'âge de 37 ans.

Personnes célèbres

Raphaël Enthoven, professeur de philosophie, animateur de télévision et de radio, né en 1975 ; Raphaël Haroche, chanteur français, né en 1972 ; Raphaël Ibañes, ancien international français de rugby, né en 1973 ; Raphaël Imbert, saxophoniste de jazz, chef d'orchestre et compositeur, né en 1974 ; Rafael Nadal, joueur de tennis professionnel espagnol, né en 1981 ; Raphaël Varane, joueur de football international français, né en 1993.

Statistiques

Raphaël est le 10e prénom masculin le plus donné en France depuis l'an 2000. Il est attribué à près d'un garçon sur 80 aujourd'hui. Rafael devrait prénommer un garçon sur 300 et figurer au 65e rang de ce palmarès.

Raphaël
142 000 **TOP 50**

Dieu a guéri (hébreu). *Caractérologie :* ressort, sympathie, intelligence, méditation, savoir.

Rayan
39 000 **TOP 50**

Contraction de Ryan et Rayane. Porté par une vague d'inspiration irlandaise, Rayan émerge à la fin du XXe siècle et s'impose dans les 40 premiers rangs français en 2008. Ses origines lui confèrent une identité multiculturelle indissociable de son succès, encore tangible aujourd'hui. *Caractérologie :* courage, dynamisme, indépendance, curiosité, résolution.

Rayane
11 000 **TOP 400**

Beau, désaltéré (arabe), variante moderne de Ryan. *Variantes :* Raïan, Raïane, Rayann, Rayanne, Rayen, Reyan, Reyane. *Caractérologie :* innovation, énergie, autorité, ambition, détermination.

Rayhan
950

Beau, désaltéré (arabe), petit roi (irlandais). *Variantes :* Rahyan, Raïan, Raïhan, Raïhane. *Caractérologie :* persévérance, détermination, sécurité, action, structure.

R

Raymond
77 000 **TOP 2 000**

Qui conseille avec sagesse (germanique). Originaire de Catalogne, saint Raymond fut le conseiller du pape Grégoire IX au XIIIe siècle. Chef des dominicains, il écrivit plusieurs essais sur la théologie. En dehors de l'Hexagone, Raymond est très répandu dans les pays anglophones. *Variantes :* Ray, Raymon, Raymondo, Remon, Remond. *Caractérologie :* altruisme, idéalisme, intégrité, volonté, réalisation.

Raynald
2 500

Qui conseille avec sagesse (germanique). On peut estimer que moins de 30 enfants seront prénommés ainsi en 2022. *Variante :* Raynal. *Caractérologie :* communication, pratique, réussite, enthousiasme, cœur.

Razi
- de 30

Mon secret (araméen). *Caractérologie :* altruisme, idéalisme, réflexion, dévouement, intégrité.

Réda
5 500 **TOP 700**

Satisfaction, plénitude (arabe). *Variantes :* Rédha, Rhéda. *Caractérologie :* audace, dynamisme, indépendance, direction, résolution.

Rédouane
2 500 **TOP 2 000**

Satisfaction, plénitude (arabe). *Variantes :* Radoin, Radoine, Radouan, Radouane, Radwan, Radwane, Rédoine, Rédouan, Redwan, Redwane, Ridouan, Ridouane, Ridvan, Ridwan, Ridwane. *Caractérologie :* volonté, analyse, sociabilité, diplomatie, réceptivité.

Réginald
750

Qui conseille avec sagesse (germanique). Masculin anglais et allemand. *Caractérologie :* méditation, cœur, savoir, intelligence, réussite.

Régis
54 000

Royal (latin). Masculin français. Regis est également un choix traditionnel occitan et provençal. On peut estimer que moins de 30 enfants seront prénommés ainsi en 2022. *Caractérologie :* persévérance, structure, résolution, sécurité, efficacité.

Réhan
450

Basilic (arabe). *Caractérologie :* bienveillance, paix, conscience, conseil, détermination.

Réjan
- de 100

Roi (latin). *Variante :* Réjean. *Caractérologie :* pragmatisme, créativité, communication, optimisme, résolution.

Les prénoms oubliés

Cette sélection rassemble des petits noms qui furent en faveur au début des années 1900. Après avoir sombré dans l'oubli, ces pépites retrouvent des couleurs. Certaines, comme Anatole, Félix ou Augustin, reprennent discrètement le chemin de l'école. D'autres, comme Léo, Louis, Jules ou Victor, s'ébattent déjà dans les cours de récréation !

Achille, Aimé, Albert, Alfred, Anatole, André, Antoine, Auguste, Augustin, Camille, Célestin, Charles, Edgar, Edmond, Émile, Ernest, Eugène, Félix, Fernand, François, Gaston, Georges, Gustave, Henri, Jacques, Jean, Joseph, Jules, Léon, Léopold, Louis, Lucien, Marcel, Marius, Maurice, Oscar, Paul, Pierre, Philémon, René, Robert, Roger, Théodore, Théophile, Victor, Victorin.

D'autres perles au côté suranné ne méritent pas le désintérêt qui les accable aujourd'hui.

Ci-dessous des prénoms qui furent attribués à une poignée d'enfants au tout début du XXe siècle... avant de disparaître des registres d'état civil. Avis aux amateurs...

Alphonse, Ancelin, Armand, Arsène, Casimir, Clovis, Donatien, Élie, Émilien, Félicien, Ferdinand, Firmin, Fleury, Germain, Grégoire, Guislain, Hector, Honoré, Hugues, Irénée, Isidore, Jaquelin, Marcelin, Mathurin, Maximin, Octave, Pépin, Rosaire, Saturnin, Séraphin, Urbain, Valéry.

Rémi
80 000 TOP 500

Rameur (latin). Rémi se rapporte aux Rèmes, le nom du peuple qui vivait dans la région de Reims. C'est dans la basilique rémoise que l'évêque Remi fit baptiser Clovis et ses troupes. Notons que ce prénom français peut être orthographié sans accent. Forme basque : Remigio. *Caractérologie :* tolérance, rêve, rectitude, humanité, générosité.

Rémy
60 000 TOP 800

Rameur (latin). Masculin français. *Caractérologie :* connaissances, sagacité, spiritualité, philosophie, originalité.

Rénald
2 000

Qui conseille avec sagesse (germanique). On peut estimer que moins de 30 enfants seront prénommés ainsi en 2022. *Variantes :* Reinald, Rénal. *Caractérologie :* décision, altruisme, idéalisme, intégrité, réflexion.

Renaldo
400

Qui conseille avec sagesse (germanique). Masculin espagnol et portugais. *Variantes :* Reinaldo, Reinhard, Reinold. *Caractérologie :* paix, bienveillance, conscience, caractère, logique.

Renan
2 000

Petit phoque (irlandais). Prénom breton. On peut estimer que moins de 30 enfants seront prénommés ainsi en 2022. *Variante :* Reunan. *Caractérologie :* savoir, intelligence, méditation, indépendance, décision.

Renato
900 TOP 2 000

Renaître (latin). Renato est particulièrement répandu en Italie, en Corse et dans les pays hispanophones et lusophones. Forme occitane : Renat. *Caractérologie :* ambition, autorité, innovation, énergie, détermination.

Renaud
23 000

Qui conseille avec sagesse (germanique). Masculin français. On peut estimer que moins de 30 enfants seront prénommés ainsi en 2022. *Variantes :* Renauld, Renaut, Reno. *Caractérologie :* rêve, rectitude, humanité, ouverture d'esprit, résolution.

René
146 000

Renaître (latin). La forme latine Renatus fut assez populaire dans les pays chrétiens au Moyen Âge. Elle se raréfie au XVIIe siècle, alors que saint René Goupil est tué par des Iroquois juste après s'être signé devant eux. Plusieurs ducs de France, un comte de Provence, un roi napolitain et le célèbre physicien et philosophe français René Descartes (1596-1650) ont donné une grande notoriété au prénom. Pour autant, ce dernier ne prend pas de véritable essor avant la fin du XIXe siècle. Il s'illustre dans les 5 premiers rangs dans les années 1920 et prend tout son temps pour se faire oublier ensuite. On peut estimer que moins de 30 enfants seront prénommés ainsi en 2022. *Caractérologie :* conscience, conseil, bienveillance, paix, sagesse.

R

Renzo
550

Diminutif de Lorenzo : couronné de lauriers (latin). Masculin italien. *Variante :* Renso. *Caractérologie :* responsabilité, équilibre, exigence, famille, influence.

Reuben
- de 100

« C'est un fils ! » (hébreu). *Caractérologie :* loyauté, réceptivité, diplomatie, bonté, sociabilité.

Reuel
- de 30

Ami de Dieu, terre rouge (hébreu). Ce nom hébraïque est porté par plusieurs figures de l'Ancien Testament. *Caractérologie :* intelligence, méditation, sagesse, savoir, indépendance.

Reymond
150

Qui conseille avec sagesse (germanique). *Caractérologie :* sécurité, caractère, persévérance, efficacité, structure.

Reynald
5 000

Qui conseille avec sagesse (germanique). Masculin français. On peut estimer que moins de 30 enfants seront prénommés ainsi en 2022. *Variantes :* Reynal, Reynaldo, Reynaud, Reynold. *Caractérologie :* savoir, intelligence, méditation, réalisation, sympathie.

Rhys
- de 30

Héros (gallois). *Caractérologie :* intelligence, ressort, indépendance, méditation, savoir.

Riad
3 000 TOP 900

Jardin (arabe). *Variantes :* Riade, Riadh, Riyadh. *Caractérologie :* découverte, originalité, audace, énergie, séduction.

Ricardo
3 000 TOP 2 000

Puissant gouverneur (germanique). Ricardo est très répandu dans les pays hispanophones et lusophones. *Variantes :* Ricard, Riccardo. *Caractérologie :* courage, logique, indépendance, curiosité, dynamisme.

Richard
70 000 TOP 2 000

Puissant gouverneur (germanique). Masculin anglais et français. *Variante :* Rick. *Caractérologie :* connaissances, originalité, sagacité, philosophie, spiritualité.

Rida
1 400

Satisfaction, plénitude (arabe). On peut estimer que moins de 30 enfants seront prénommés ainsi en 2022. *Variante :* Ridha. *Caractérologie :* audace, énergie, séduction, originalité, découverte.

Les internationaux

Le tableau ci-dessous propose une sélection de prénoms francophones et leurs équivalents anglophones et hispanophones. Cette sélection sera utile aux parents qui souhaitent trouver un prénom dont l'orthographe ou la prononciation reste identique dans de nombreuses régions du monde.

Prénom francophone	Prénom anglophone	Prénom hispanophone
Aaron	Aaron	Aaron
Adam	Adam	Adam
Adrien	Adrian	Adrían
Alexandre	Alexander	Alejandro
Charles	Charles	Carlos
Daniel	Daniel	Daniel
Ethan	Ethan	Izan
Évan	Évan	Ivan
Gabriel	Gabriel	Gabriel
Henri	Henry	Enrique
Hugo	Hugo	Hugo
Jacques	Jack	Diego, Jaime
Jérémie, Jérémy	Jeremy	Jeremías
Joseph	Joseph	José
Jules	Jules	Julio
Julien	Julian	Julián
Léo	Leo	Leo
Liam	Liam	Liam
Louis	Lewis, Luis	Luis
Lucas	Lucas, Luke	Lucas
Marc	Mark	Marcos, Marco
Martin	Martin	Martín
Michel	Mickael	Miguel
Nathan	Nathan	Natán
Nicolas	Nicholas	Nicolás
Noah	Noah	Noah
Nolan	Nolan	Nolan
Oscar	Oscar	Óscar
Paul	Paul	Pablo
Raphaël	Raphael	Rafael
Rayan, Ryan	Ryan	Ryan
Robin	Robin	Roberto
Ruben	Ruben	Ruben
Samuel	Samuel	Samuel
Simon	Simon	Simon
Théo	Theo	Téo
Thomas	Thomas	Tomás
Tom	Tom	Tom
Victor	Victor	Victor, Victoriano
William	William	William
Zacharie, Zachary	Zachary	Zacarías

Rigobert
400

Brillant, gloire (germanique). *Caractérologie :* honnêteté, sécurité, structure, persévérance, efficacité.

Riley
700 TOP 700

On sait peu de choses sur ce patronyme anglophone devenu prénom. Riley est mixte, à dominante féminine aux États-Unis, et masculine outre-Manche. En France, il est essentiellement masculin. Depuis le début des années 2000, Riley s'est popularisé en devenant le nom d'un Pokémon. *Caractérologie :* amitié, conscience, paix, bienveillance, conseil.

Rinaldo
170

Qui conseille avec sagesse (germanique). Prénom italien. *Caractérologie :* caractère, énergie, autorité, innovation, logique.

Rino
250

Renaître (latin). Masculin italien. *Caractérologie :* sociabilité, réceptivité, loyauté, diplomatie, bonté.

Ritchy
500

Puissant gouverneur (germanique). *Variantes :* Ricci, Rich, Richie, Ritchie, Rick, Ricky, Ritchi. *Caractérologie :* fidélité, relationnel, intuition, ressort, médiation.

Riwal
160

Roi, valeur (celte). Prénom breton. *Caractérologie :* réflexion, détermination, intégrité, altruisme, idéalisme.

Riwan
850

Roi, valeur (celte). Prénom breton. *Variante :* Rywan. *Caractérologie :* décision, diplomatie, sociabilité, loyauté, réceptivité.

Riyad
3 000 TOP 400

Serein, épanoui (arabe). *Caractérologie :* réalisation, pratique, enthousiasme, communication, adaptation.

Roald
- de 30

Qui conseille avec sagesse (germanique). Masculin anglais. *Caractérologie :* curiosité, dynamisme, courage, logique, indépendance.

Roan
500 TOP 2 000

Voir Rohan. *Caractérologie :* pragmatisme, optimisme, sociabilité, communication, résolution.

Robert
142 000 TOP 2 000

Brillant, gloire (germanique). Deux rois de France et trois rois d'Écosse ont porté ce prénom très répandu en France et en Angleterre au Moyen Âge. Le père de Guillaume le Conquérant se nommait ainsi, tout comme son contemporain Robert de Molesme, le saint qui fonda l'ordre de Cîteaux au XIe siècle. Ce prénom ne disparaît pas après la période médiévale, mais son dernier coup d'éclat remonte aux années 1920, 10 premiers choix français (jusqu'en 1939). Bien qu'il ait disparu des maternités dans les années 1980, Robert, Roberto et leurs dérivés sont très répandus dans le monde occidental aujourd'hui. *Variantes :* Rob, Robbie, Robby, Rober, Robertino, Roby. *Caractérologie :* bienveillance, conscience, conseil, paix, sagesse.

Roberto
3 500

Brillant, gloire (germanique). Roberto est répandu dans les pays hispanophones, lusophones et en Italie. On peut estimer que moins de 30 enfants seront prénommés ainsi en 2022. *Caractérologie :* sociabilité, communication, optimisme, créativité, pragmatisme.

Robin
53 000 TOP 50

Brillant, gloire (germanique). *Variantes :* Roban, Robyn. *Caractérologie :* sécurité,

R

structure, persévérance, efficacité, honnêteté.

Robinson
1 300 TOP 2 000

Fils de Robin (anglais). Masculin anglais et français. *Caractérologie :* connaissances, sagacité, décision, spiritualité, originalité.

Rocco
750

Reposé (germanique), Il est Guide (hébreu). Prénom italien. *Caractérologie :* ouverture d'esprit, rectitude, raisonnement, humanité, rêve.

Roch
1 600 TOP 2 000

Reposé (germanique), Il est Guide (hébreu). Masculin français. *Caractérologie :* vitalité, achèvement, stratégie, ardeur, raisonnement.

Rocky
300

Rocheux (anglais). *Caractérologie :* analyse, intégrité, altruisme, idéalisme, réflexion.

Roderick
110

Glorieux, puissant (germanique). *Caractérologie :* relationnel, intuition, médiation, volonté, raisonnement.

Rodney
450

Glorieux, puissant (germanique). Masculin anglais. *Caractérologie :* idéalisme, altruisme, intégrité, réflexion, caractère.

Rodolphe
20 000

Loup renommé (germanique). Masculin français. *Variantes :* Rodolf, Rodolfo, Rodolph, Rolf. *Caractérologie :* optimisme, communication, pragmatisme, volonté, raisonnement.

Rodrigo
1 100 TOP 800

Glorieux, puissant (germanique). Masculin italien et espagnol. *Caractérologie :* audace, séduction, énergie, découverte, originalité.

Rodrigue
7 500 TOP 2 000

Glorieux, puissant (germanique). Masculin français. *Variantes :* Rodriguez. Forme basque : Ruy. *Caractérologie :* raisonnement, connaissances, sagacité, spiritualité, volonté.

Roger
123 000

Lance glorieuse (germanique). Ce prénom médiéval s'est propagé en Angleterre lors de la conquête normande. Du IXe au XVIIe siècle, il a été porté par plusieurs saints et un célèbre philosophe anglais (Roger Bacon, 1214-1294). En France comme outre-Manche, il est fréquent à la fin du Moyen Âge et resurgit épisodiquement au cours des siècles suivants. Son dernier coup d'éclat remonte au milieu des années 1920, où il culmine devant Robert au 5e rang français. On peut estimer que moins de 30 enfants seront prénommés ainsi en 2022. *Variantes :* Roge, Rogelio, Rogerio, Ruggero. Forme occitane : Rotger. *Caractérologie :* rêve, humanité, générosité, rectitude, tolérance.

Rohan
1 300 TOP 900

En ascension, bois de santal (sanscrit), roux (irlandais). Ce prénom est très répandu en Inde. *Variantes :* Roan, Roann, Roanne, Rowan. *Caractérologie :* diplomatie, réceptivité, sociabilité, loyauté, résolution.

Roland
67 000 TOP 2 000

Gloire du pays (germanique). Ce prénom médiéval a connu sa dernière renaissance au milieu du siècle dernier. En dehors de l'Hexagone, il est plus particulièrement recensé dans les pays anglophones. *Variantes :* Rolan, Rolando, Roldan. *Caractérologie :* direction, audace, dynamisme, logique, caractère.

Robin

Fête :
30 avril

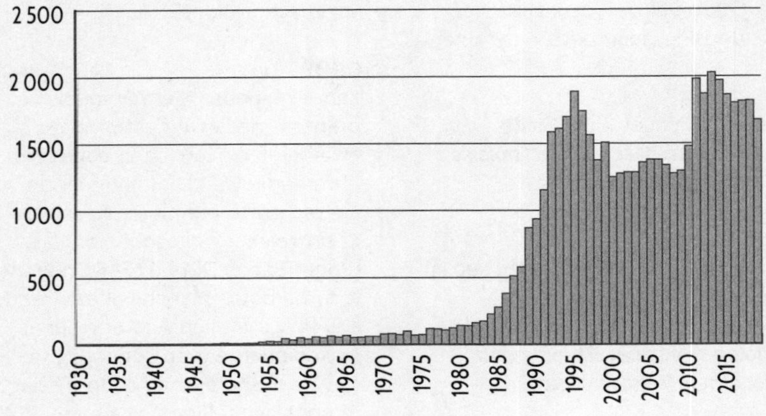

R

Étymologie

Ce diminutif de Robert est attesté en France au Moyen Âge, mais il rencontre beaucoup plus de succès outre-Manche. Il y est déjà répandu au XVe siècle, lorsque des contes et ballades populaires diffusent les exploits de Robin des Bois, le célèbre brigand défenseur des pauvres. Au début du XXe siècle, Robin renaît en Angleterre et aux États-Unis, où il émerge au féminin. Avec sa variante Robyn, nouvelle pour les années 1930, il prénomme une proportion croissante de filles. Il ne lui faut guère de temps pour devenir mixte dans les deux pays, puis changer de genre outre-Atlantique. Au milieu des années 1960, Robin s'impose au 25e rang des prénoms féminins américains, son dernier point culminant. Comment expliquer ce changement de sexe si récent ? Il est possible qu'en pleine Seconde Guerre mondiale, les parents américains aient voulu donner à leurs filles un prénom évoquant la grâce et la gaieté du rouge-gorge, car cet oiseau répond lui aussi au nom anglais de *robin*.

Dans un genre comme dans l'autre, Robin chute dans les classements anglophones, et c'est au masculin qu'il décolle en France. Il se cantonne pour le moment dans le top 40 national. Il s'est attiré les grâces de nos voisins wallons et suisses puisqu'il figure dans les 30 premières places. Sous forme de patronyme, Robin est très répandu dans les pays de langue anglaise. Il est assez fréquent dans l'Hexagone, et bien connu grâce à l'humoriste française Muriel Robin.

Littérature

La première référence à Robin des Bois a été faite par William Langland dans *Piers Plowman* (*Pierre le laboureur* en français), un poème allégorique de plus de 7 000 vers composés entre 1360 et 1387. Robin est également le fidèle acolyte de Batman, un personnage de fiction créé par Bob Kane et Bill Finger, qui parut pour la première fois dans *Detective Comics* en 1939, et dont les aventures ont inspiré de nombreux films.

Personnes célèbres

Robin Gibb, musicien britannique, fondateur des Bee Gees (1949-2012) ; Robin Cook, médecin et écrivain américain, né en 1940 ; Robin Williams, acteur américain (1951-2014) ; Robin Renucci, acteur français, né en 1956 ; Robin Wright, actrice américaine, née en 1966 ; Robin McKelle, chanteuse de jazz américaine, née en 1976.

Statistiques
Robin est le 52e prénom masculin le plus donné en France depuis l'an 2000. Il est attribué à près d'un garçon sur 210 aujourd'hui.

Rolland
4 000

Gloire du pays (germanique). Masculin anglais. On peut estimer que moins de 30 enfants seront prénommés ainsi en 2022. *Caractérologie :* méthode, ténacité, volonté, fiabilité, analyse.

Romain
186 000 TOP 400

Romain (latin). Romain, ou Roman, fut porté par quatre empereurs byzantins, un pape et un saint qui fonda les monastères du mont Jura au Ve siècle. Malgré ce passé riche en histoire, Romain peine à se manifester avant la fin du XXe siècle en France. Il s'élance comme un prénom neuf à la fin des années 1960 pour briller au 3e rang masculin en 1987-1988. Bien qu'il ait passé le flambeau à Roman et Romane, il reste un choix prisé par les parents aujourd'hui. *Caractérologie :* connaissances, spiritualité, sagacité, décision, caractère.

Roman
8 500 TOP 400

Romain (latin). Roman est particulièrement attribué en Allemagne, en Occitanie et dans les pays slaves et anglophones. *Variantes :* Romane, Romann, Romano, Romin. *Caractérologie :* sagacité, connaissances, détermination, spiritualité, volonté.

Romaric
5 000

Célèbre, puissant (germanique). Masculin français. On peut estimer que moins de 30 enfants seront prénommés ainsi en 2022. *Variantes :* Romarick, Romary. *Caractérologie :* curiosité, courage, dynamisme, indépendance, logique.

Romarin
- de 30

Se rapporte au romarin, plante dont le nom signifie « rosée de mer » (latin). *Caractérologie :* intelligence, savoir, méditation, décision, caractère.

Roméo
11 000 TOP 100

De Rome (latin). Roméo est très répandu en Italie. *Caractérologie :* pratique, enthousiasme, adaptation, communication, volonté.

Romuald
19 000

Glorieux gouverneur (germanique). En dehors de l'Hexagone, Romuald est particulièrement usité en Pologne. On peut estimer que moins de 30 enfants seront prénommés ainsi en 2022. *Variante :* Romualdo. *Caractérologie :* créativité, raisonnement, pragmatisme, communication, optimisme.

Ronald
3 000

Qui conseille avec sagesse (germanique). Masculin anglais. On peut estimer que moins de 30 enfants seront prénommés ainsi en 2022. *Variante :* Ron. *Caractérologie :* dynamisme, audace, direction, logique, caractère.

Ronaldo
300

Qui conseille avec sagesse (germanique). *Caractérologie :* connaissances, volonté, spiritualité, analyse, sagacité.

Ronan
16 000 TOP 1 000

Petit phoque (irlandais). Dans l'Hexagone, Ronan est plus particulièrement attribué

R

en Bretagne. *Caractérologie :* vitalité, achèvement, stratégie, ardeur, décision.

Ronel
- de 100

Chant de Dieu (hébreu). Nom d'une commune située dans le département du Tarn, en France. *Caractérologie :* autorité, énergie, innovation, ambition, raisonnement.

Rony
1 500

Qui conseille avec sagesse (germanique). Ce diminutif de Ronald est connu dans les pays anglophones. On peut estimer que moins de 30 enfants seront prénommés ainsi en 2022. *Variantes :* Ronnie, Ronny. *Caractérologie :* idéalisme, réflexion, intégrité, altruisme, dévouement.

Roque
- de 100

Reposé (germanique), Il est Guide (hébreu). *Caractérologie :* méthode, ténacité, raisonnement, engagement, fiabilité.

Rosan
550

Rose (latin). *Caractérologie :* méthode, fiabilité, engagement, ténacité, détermination.

Rosario
650

Rose (latin). *Variantes :* Rosaire, Rosalio, Roscoe, Roselin, Rosemond. *Caractérologie :* énergie, séduction, audace, découverte, originalité.

Roselin
- de 30

Rose (latin). *Caractérologie :* sociabilité, décision, logique, réceptivité, diplomatie.

Roshan
150

Lumière brillante (persan), éclairé (sanscrit). *Caractérologie :* adaptation, pratique, communication, générosité, enthousiasme.

Ross
- de 100

Cheval (germanique), promontoire (gaélique). Masculin écossais et anglais. *Caractérologie :* ambition, force, habileté, management, passion.

Rowan
450 TOP 2 000

En ascension, bois de santal (sanscrit), roux (irlandais). Ce prénom est également dérivé du patronyme irlandais O'Ruadhán (« descendant de Ruadhán »). *Caractérologie :* achèvement, vitalité, résolution, stratégie, ardeur.

Roy
700 TOP 2 000

Roi (latin). Masculin anglais. *Variante :* Rex. *Caractérologie :* sécurité, persévérance, efficacité, honnêteté, structure.

Ruben
15 000 TOP 200

« C'est un fils ! » (hébreu). Ce prénom biblique est établi de longue date dans les cultures juives. Il doit sa carrière internationale à l'engouement des puritains anglais et américains au XVIIe siècle. C'est dans les années 1990, après avoir percé en Europe et dans les pays hispanophones, que Ruben décolle en France, avec un succès limité. Dans le Livre de la Genèse, Ruben, fils de Jacob et Léa, est l'ancêtre d'une des douze tribus d'Israël. Épris de justice, il défend son demi-frère Joseph en convaincant ses frères de le vendre comme esclave plutôt que de le tuer. Ruben perdra néanmoins son droit d'aînesse pour avoir séduit l'une des concubines de son père. *Caractérologie :* équilibre, famille, éthique, influence, exigence.

Rubens
850

« C'est un fils ! » (hébreu). *Caractérologie :* sagacité, connaissances, spiritualité, organisation, résolution.

Ruddy
3 000

Loup renommé (germanique). Masculin anglais. On peut estimer que moins de 30 enfants seront prénommés ainsi en 2022. *Caractérologie :* rectitude, générosité, humanité, ouverture d'esprit, rêve.

Rudolphe
400

Loup renommé (germanique). *Variantes :* Rudolf, Rudolph. *Caractérologie :* caractère, rectitude, humanité, logique, rêve.

Rudy
20 000 TOP 1 000

Loup renommé (germanique). Rudy est très répandu dans les pays anglophones. *Variantes :* Rody, Rudi. *Caractérologie :* énergie, découverte, audace, séduction, originalité.

Rufino
- de 30

Roux (latin), rouge (basque). Masculin italien, espagnol et portugais. *Variantes :* Ruffin, Rufin. *Caractérologie :* intuition, médiation, relationnel, fidélité, analyse.

Rufus
- de 30

Roux (latin). *Caractérologie :* raisonnement, efficacité, sécurité, structure, persévérance.

Rui
1 700

Loup renommé (germanique). On peut estimer que moins de 30 enfants seront prénommés ainsi en 2022. *Caractérologie :* adaptation, communication, enthousiasme, pratique, générosité.

Rupert
- de 30

Brillant, gloire (germanique). Masculin allemand, néerlandais, anglais et occitan. *Caractérologie :* habileté, ambition, amitié, force, passion.

Russell
- de 100

Comme un renard (anglo-saxon). *Variantes :* Russ, Russel. *Caractérologie :* spiritualité, résolution, sagacité, originalité, connaissances.

Ryad
4 000 TOP 700

Jardin (arabe). *Caractérologie :* enthousiasme, réalisation, pratique, communication, adaptation.

Ryan
19 000 TOP 300

Petit roi (irlandais). Porté par une vague d'inspiration irlandaise, Ryan a connu son apogée dans le top 80 français au début des années 2000. Il est très répandu en Irlande et dans les Pays-Bas. Saint Rhian, abbé gallois dont on sait peu de choses, aurait donné son nom à Llanrhian, un petit village du Pembrokeshire (pays de Galles). *Variantes :* Raïan, Rian, Riane, Rihan, Riyan, Ryane, Ryann, Ryhan. *Caractérologie :* structure, efficacité, persévérance, sécurité, détermination.

S

S

Saad
2 000 TOP 700

Heureux, que le destin favorise (arabe), l'aide de Dieu (hébreu). *Variantes :* Saadi, Saaïd, Saïdi. *Caractérologie :* originalité, philosophie, connaissances, spiritualité, sagacité.

Sabin
170

Habitant d'Italie centrale (latin). *Variantes :* Sabien, Sabino. *Caractérologie :* décision, rectitude, rêve, humanité, ouverture d'esprit.

Sabri
5 000 TOP 900

Calme et patient (arabe). *Variantes :* Sabir, Sabri. *Caractérologie :* ténacité, fiabilité, engagement, sens du devoir, méthode.

Sacha
53 000 TOP 50

Défense de l'humanité (grec). *Caractérologie :* découverte, énergie, séduction, audace, originalité.

Saël
550 TOP 2 000

Conciliant (arabe). *Caractérologie :* direction, indépendance, dynamisme, audace, assurance.

Sahel
550 TOP 900

Conciliant (arabe). *Variante :* Sahil. *Caractérologie :* idéalisme, altruisme, dévouement, intégrité, réflexion.

Saïd
12 000 TOP 500

Heureux, que le destin favorise (arabe). Saïd est particulièrement répandu dans les cultures musulmanes francophones. *Variantes :* Sadi, Sadio, Saïdou. *Caractérologie :* sagesse, conscience, bienveillance, conseil, paix.

Salah
4 000 TOP 900

Bon, vertueux (arabe). *Caractérologie :* indépendance, charisme, courage, curiosité, dynamisme.

Salem
1 800 TOP 2 000

Pur, intact, en sécurité (arabe). *Caractérologie :* audace, découverte, originalité, énergie, séduction.

Salim
9 500 TOP 400

Pur, intact, en sécurité (arabe). *Variantes :* Aslam, Salime, Salimou, Salman, Salmane, Slimen. *Caractérologie :* idéalisme, altruisme, intégrité, dévouement, réflexion.

Salomon
900 TOP 2 000

Paix (hébreu). En dehors de l'Hexagone, Salomon est particulièrement usité dans les pays scandinaves. *Variantes :* Soliman, Solomon, Solly. *Caractérologie :* vitalité, stratégie, achèvement, ardeur, caractère.

Salvador
1 400 TOP 800

Sauveur (latin). Prénom espagnol. *Variante :* Salvator. *Caractérologie :* diplomatie, réceptivité, sociabilité, loyauté, raisonnement.

Salvatore
3 500 TOP 2 000

Sauveur (latin). Salvatore est très répandu en Italie. Forme corse : Salvadore. *Caractérologie :* énergie, découverte, audace, volonté, analyse.

Sam
6 000 TOP 300

Son nom est Dieu (hébreu). De diminutif anglophone à prénom à part entière, Sam a fait son chemin : il est désormais attribué dans toutes les cultures judéo-chrétiennes. *Caractérologie :* bienveillance, conscience, paix, conseil, sagesse.

Samba
1 900 TOP 700

Le deuxième-né (soninké). Le soninké est une langue parlée en Afrique de l'Ouest. *Caractérologie :* rêve, humanité, rectitude, ouverture d'esprit, générosité.

Sami
14 000 TOP 300

Son nom est Dieu (hébreu), élevé, admirable (arabe). C'est en tant que diminutif de Samuel que Sami a d'abord pris son envol en France dans les années 1960. Avec le temps, les origines arabes de Sami ont fait de lui un prénom en vogue dans les cultures musulanes francophones. *Caractérologie :* paix, conscience, sagesse, bienveillance, conseil.

S

Sacha

Fête :
22 avril

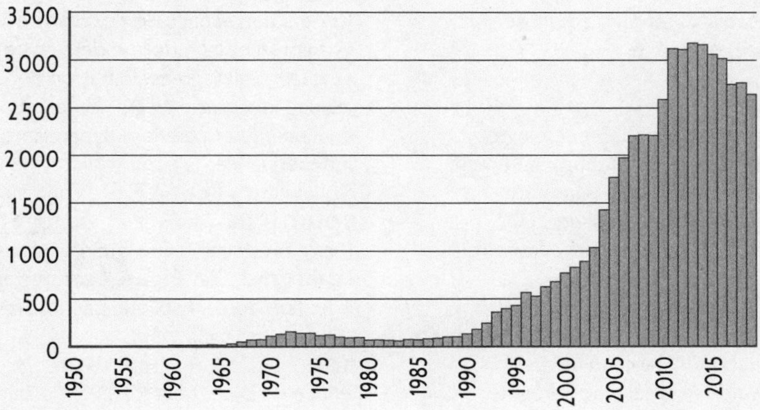

Étymologie

Du grec *alexein*, « repousser, défendre », et *andros*, « homme », d'où la signification « défense de l'humanité ». Cette forme russe d'Alexandre s'est propagée en Europe au début du XXe siècle et en France à partir des années 1960. Son meilleur ambassadeur fut Sacha Guitry, dramaturge dont les pièces de théâtre connaissent un succès persistant. Ce prénom a grandi dans l'ombre d'Alexandre, étoile du top 10 français de 1982 à 2002, avant de s'affirmer davantage. Il bénéficie aujourd'hui d'une position acquise dans les tops 25 national et parisien.

Dans la sphère francophone, Sacha est inconnu au Québec, mais il est en vogue en Wallonie. Quant à Sasha, la forme préférée des anglophones, elle est essentiellement féminine dans les pays de langue anglaise. Sa faveur est née dans les années 1930 grâce à Sasha, la princesse russe du roman *Orlando*, de Virginia Woolf. En France, cette graphie mixte se féminise, contrairement à Sacha qui est masculin dans 98 % de ses attributions.

À noter : Sy, le diminutif anglophone de Sacha, est porté par moins de 10 Françaises.

Personnes célèbres

Sacha Guitry (de son vrai nom Alexandre Georges-Pierre Guitry), comédien, acteur, dramaturge et metteur en scène, né à Saint-Pétersbourg en 1885 et mort à Paris en 1957 ; Sacha Distel, guitariste, compositeur et chanteur français d'origine russe (1933-2004) ; Sacha Noam Baron Cohen, acteur et humoriste britannique, né en 1971 ; Sacha Judaszko, comédien et humoriste français, né en 1978.

Statistiques

Sacha est le 31e prénom masculin le plus donné en France depuis l'an 2000. Il est attribué à près d'un garçon sur 135 aujourd'hui. De son côté, Sasha devrait prénommer un garçon sur 700 (contre une fille sur 1 000) et se placer au 206e rang du podium masculin.

Samir
16 000 TOP 600

Conversation intime pendant la nuit (arabe). Ce prénom est particulièrement répandu dans les cultures musulmanes francophones. *Variantes :* Samire, Samyr, Sémir. *Caractérologie :* responsabilité, famille, équilibre, influence, exigence.

Sammy
1 400

Son nom est Dieu (hébreu), élevé, admirable (arabe). Voir Sami. On peut estimer que moins de 30 enfants seront prénommés ainsi en 2022. *Caractérologie :* vitalité, achèvement, ardeur, stratégie, réalisation.

Samson
1 200 TOP 2 000

Soleil (hébreu). Masculin anglais. *Caractérologie :* idéalisme, intégrité, réflexion, volonté, altruisme.

Samuel
88 000 TOP 50

Son nom est Dieu (hébreu). *Caractérologie :* ambition, passion, force, habileté, management.

Samy
17 000 TOP 300

Son nom est Dieu (hébreu), élevé, admirable (arabe). Voir Sami. Samy est très répandu dans les pays anglophones. *Caractérologie :* structure, sécurité, persévérance, efficacité, réussite.

Sandro
8 500 TOP 200

Défense de l'humanité (grec). Sandro est très répandu en Italie. *Caractérologie :* vitalité, achèvement, stratégie, volonté, résolution.

Sandy
2 000

Défense de l'humanité (grec). Masculin anglais. On peut estimer que moins de 30 enfants seront prénommés ainsi en 2022. *Caractérologie :* altruisme, réalisation, idéalisme, intégrité, réflexion.

Sanjay
300

Triomphant (sanscrit). Prénom indien d'Asie. *Caractérologie :* connaissances, sagacité, philosophie, originalité, spiritualité.

Santiago
1 500 TOP 500

Contraction espagnole de *santo* (« saint ») et Iago (forme dérivée de Jacques). Santiago est le patron de l'Espagne. *Caractérologie :* curiosité, courage, détermination, dynamisme, indépendance.

Saphir
400 TOP 2 000

Pierre précieuse bleue (grec), ambassadeur (arabe). Masculin anglais. *Caractérologie :* ambition, force, habileté, passion, ressort.

Sariel
- de 30

Prince de Dieu (hébreu). Dans la tradition juive, Sariel est un archange préposé aux esprits des hommes qui pèchent contre l'Esprit. *Caractérologie :* énergie, innovation, ambition, autorité, détermination.

Sarkis
- de 100

Servir (latin). Masculin arménien. *Caractérologie :* audace, découverte, séduction, énergie, originalité.

Sasha
9 500 TOP 200

Défense de l'humanité (grec). En dehors de l'Hexagone, Sasha est très répandu en Russie. *Variante :* Sascha. *Caractérologie :* optimisme, créativité, pragmatisme, sociabilité, communication.

Saturnin
300

Saturne (latin). *Variante :* Saturnino. *Caractérologie :* achèvement, stratégie, gestion, décision, vitalité.

Saül
750 TOP 700

Demandé par Dieu (hébreu). Désigné par le prophète Samuel, Saül devint le premier roi d'Israël. Ce prénom biblique

Samuel

Fête : 20 août

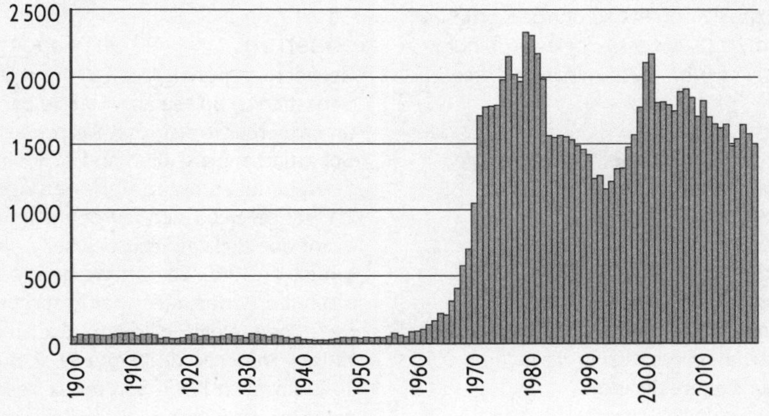

Étymologie

De l'hébreu *Shemuel*, « Son nom est Dieu ». Classique et intemporel dans les pays anglophones, où il s'est répandu à partir de la Réforme (XVIIe siècle), ce prénom peine à s'imposer en France. Après une première tentative ratée dans les années 1960, il décolle dans les premiers rangs parisiens en 2006, puis dans le top 50 français. D'aucuns y verront les signes d'un nouveau départ : Samuel ne rime-t-il pas avec Gabriel et Raphaël ? En arborant leur « el » (« Dieu » en hébreu), ce trio est porté par la vague des prénoms bibliques. Aujourd'hui, il s'affiche dans le top 30 parisien et le top 50 national.

Samuel n'a pas attendu sa renaissance française pour triompher dans d'autres pays. Après avoir franchi des sommets en terres francophones, il se maintient dans les 30 premiers rangs québécois, romands et wallons. Il est aussi répandu dans les pays anglophones, hispanophones, lusophones, en Pologne, en Tchéquie en Slovaquie et dans les pays scandinaves. Sans exagération, sa diffusion est planétaire. Malgré ses 3 lettres très tendance, son diminutif Sam ne décolle pas. Il devrait tout juste prénommer 230 Français en 2022.

Samuel, premier grand juge et prophète, désigna Saül comme le premier roi d'Israël, puis David à sa succession. Deux livres de la Bible portent son nom.

Personnes célèbres

Samuel Beckett (1906-1989), romancier irlandais et auteur de *En attendant Godot*, a reçu le prix Nobel de littérature en 1969. **Samuel Morse** (1791-1872), physicien américain, est l'inventeur du code morse, système de télécommunication abandonné par la marine en 1999.

Statistiques

Samuel est le 45e prénom masculin le plus donné en France depuis l'an 2000. On peut estimer qu'il sera attribué à un garçon sur 240 aujourd'hui.

S

est établi de longue date dans les cultures juives. *Caractérologie :* ardeur, achèvement, leadership, vitalité, stratégie.

Sauveur
1 300

Sauveur (latin). On peut estimer que moins de 30 enfants seront prénommés ainsi en 2022. *Caractérologie :* ambition, habileté, passion, détermination, force.

Saverio
190

Maison neuve (basque). *Caractérologie :* décision, ambition, force, habileté, caractère.

Savinien
250

Habitant d'Italie centrale (latin). *Variantes :* Savin, Savino. *Caractérologie :* optimisme, pragmatisme, créativité, communication, décision.

Sayan
650 TOP 800

Prénom indien et sri-lankais qui pourrait signifier « lien, ami précieux ». *Variante :* Sayane. *Caractérologie :* équilibre, bienveillance, confiance, influence, responsabilité.

S

Scipion
- de 30

Baguette de bois (latin). *Caractérologie :* fiabilité, méthode, analyse, sympathie, ténacité.

Scott
1 600 TOP 800

Écossais (celte). Masculin écossais et anglais. *Variante :* Scotty. *Caractérologie :* dynamisme, curiosité, courage, indépendance, organisation.

Sean
2 500 TOP 2 000

Forme irlandaise de Jean : Dieu fait grâce (hébreu). Cette forme irlandaise de Jean est assez répandue dans les pays anglophones. *Caractérologie :* enthousiasme, communication, pratique, adaptation, générosité.

Sébastian
1 700 TOP 1 000

Respecté, vénéré (grec). Masculin anglais, allemand, scandinave, espagnol et occitan. *Variante :* Sebastiano. *Caractérologie :* rectitude, humanité, décision, ouverture d'esprit, rêve.

Sébastien
293 000 TOP 700

Respecté, vénéré (grec). La forme latine Sebastianus, portée au Ve siècle par un empereur romain, est l'ancêtre du Sebastian anglais, allemand, scandinave et espagnol en usage au Moyen Âge. En France, Sébastien fait peu d'émules avant que *Belle et Sébastien* soit diffusé en 1965. Le nombre de ses attributions, décuplées par le succès de la série télévisée, le propulse au 1er rang masculin de 1975 à 1979, puis au 2e jusqu'en 1985. Son reflux s'est accentué au début du IIIe millénaire.

◇ Capitaine dans l'armée de Dioclétien au IIIe siècle, saint Sébastien fut battu à mort par ses soldats lorsque ceux-ci découvrirent qu'il était chrétien. Il est le patron des prisonniers. Ce prénom fut également porté par un roi du Portugal au XVIe siècle. *Caractérologie :* ténacité, méthode, fiabilité, engagement, détermination.

Sélim
6 000 TOP 400

Pur, intact, en sécurité (arabe). *Variante :* Célim. *Caractérologie :* structure, persévérance, sécurité, détermination, efficacité.

Selyan
1 600 TOP 500

Lune (grec). *Variante :* Celyan. *Caractérologie :* persévérance, structure, sécurité, efficacité, bonté.

Semih
1 500 TOP 2 000

Généreux, magnanime (arabe). *Variante :* Semy. *Caractérologie :* intégrité, idéalisme, altruisme, résolution, réflexion.

Septime
- de 100

Septième (latin). *Caractérologie :* paix, décision, bienveillance, conscience, réussite.

Séraphin
1 300 TOP 2 000

Ardent (latin). Masculin français. *Variante :* Seraphino. *Caractérologie :* action, rectitude, humanité, rêve, décision.

Serge
157 000

Servir (latin). Ce nom porté par une puissante famille romaine se diffuse en Orient après le martyre de saint Serge de Rafasa, officier romain décapité pour sa foi en Syrie au IVe siècle. Au fil des siècles, Serge et ses différentes graphies deviennent très fréquents en Grèce et dans la chrétienté orthodoxe. Au XVe siècle, le moine Serge de Radonège devient le saint patron de la Russie, ce qui propulse Sergei au sommet des attributions. Et c'est sous l'influence de l'immigration russe, au début du XXe siècle, que Serge émerge en Europe. Peu après son envol en Italie, dans les pays hispanophones et lusophones (Sergio), Serge s'élance en France dans les années 1950. Il s'impose rapidement dans les 20 premiers rangs, mais s'évapore à la fin du siècle. On peut estimer que moins de 30 enfants seront prénommés ainsi en 2022. *Variantes :* Serges, Sergei, Sergio, Serguei. *Caractérologie :* idéalisme, altruisme, réflexion, décision, intégrité.

Sergio
3 000 TOP 2 000

Servir (latin). Sergio est très répandu dans les pays hispanophones, lusophones et en Italie. En France, il est plus traditionnellement usité en Corse. *Variante :* Serjio. *Caractérologie :* direction, audace, dynamisme, indépendance, résolution.

Servan
300

Qui est respectueux (celte). Prénom breton. *Caractérologie :* méditation, indépendance, savoir, intelligence, détermination.

Seth
300 TOP 2 000

Dieu a désigné (hébreu). Masculin anglais. *Caractérologie :* savoir, méditation, intelligence, indépendance, finesse.

Sevan
1 900 TOP 800

Nom d'un lac d'Arménie (arménien). *Caractérologie :* méditation, indépendance, savoir, sagesse, intelligence.

Seven
200

Sept (anglais), variante de Sevan (arménien). Masculin anglais. *Caractérologie :* relationnel, adaptabilité, médiation, intuition, fidélité.

Séverin
1 500

Grave, sérieux (latin). Masculin français. Dans l'Hexagone, Severin a été plus traditionnellement attribué en Occitanie. On peut estimer que moins de 30 enfants seront prénommés ainsi en 2022. *Variantes :* Sever, Séverian, Severino. *Caractérologie :* réceptivité, décision, sociabilité, loyauté, diplomatie.

Seymour
- de 30

Qui vit près de la mer (anglais). Masculin anglais. *Caractérologie :* force, ambition, habileté, réussite, logique.

Shad
170

Bataille, guerrier (celte). Masculin anglais. *Caractérologie :* charisme, courage, dynamisme, curiosité, indépendance.

Shaï
350
Don, présent (hébreu). *Caractérologie :* ambition, énergie, innovation, autonomie, autorité.

Shane
300
Dieu fait grâce (hébreu). *Caractérologie :* intuition, fidélité, adaptabilité, médiation, relationnel.

Shawn
1100 TOP 2 000
Dieu fait grâce (hébreu). *Variantes :* Shan, Shaun, Shun. *Caractérologie :* relationnel, adaptabilité, intuition, fidélité, médiation.

Sheldon
450 TOP 2 000
Colline protégée (vieil anglais). Masculin anglais. *Caractérologie :* découverte, énergie, originalité, audace, volonté.

Sidi
1300
Habitant de Sidon (latin), lion (arabe). On peut estimer que moins de 30 enfants seront prénommés ainsi en 2022. *Variantes :* Sid, Sidy. Forme composée rare mais en forte croissance : Sidi-Mohamed. *Caractérologie :* audace, énergie, originalité, séduction, découverte.

Sidney
1400
Habitant de Sidon (latin). Patronyme anglais ancien. Prénom anglophone. Sidon, l'une des plus vieilles cités de la Phénicie, aurait été fondée par Canaan, le petit-fils de Noé. Cette ville au destin exceptionnel surmonta la destruction infligée par les Perses (en 343) puis par les Assyriens (en 677). Située sur la côte libanaise, Sidon est appelée Sayda aujourd'hui. On peut estimer que moins de 30 enfants seront prénommés ainsi en 2022. *Variante :* Saens. *Caractérologie :* persévérance, structure, sécurité, réussite, décision.

Sidoine
300
Habitant de Sidon (latin). *Caractérologie :* communication, caractère, enthousiasme, pratique, décision.

Siegfried
900
Victoire, paix (germanique). Siegfried est très répandu en Allemagne. *Variantes :* Siegfrid, Siegrid, Sigfried. *Caractérologie :* direction, audace, caractère, dynamisme, réussite.

Silas
1200 TOP 500
Demander (araméen). Masculin anglais. *Caractérologie :* bienveillance, conscience, paix, conseil, sagesse.

Silvain
600
Forêt (latin). *Variantes :* Seva, Silvano, Silver, Silvin, Silvino. Forme bretonne : Sev. *Caractérologie :* dynamisme, courage, curiosité, détermination, indépendance.

Silvère
1100
Forêt (latin). On peut estimer que moins de 30 enfants seront prénommés ainsi en 2022. *Caractérologie :* ouverture d'esprit, rectitude, humanité, rêve, décision.

Silvio
1200
Forêt (latin). Prénom italien, espagnol et portugais. On peut estimer que moins de 30 enfants seront prénommés ainsi en 2022. *Variante :* Silbio. *Caractérologie :* audace, énergie, découverte, originalité, raisonnement.

Simao
550 TOP 2 000
Qui est exaucé (hébreu). Ce prénom est particulièrement répandu au Portugal. *Caractérologie :* optimisme, communication, créativité, pragmatisme, sociabilité.

S

Le top 100 du XXe siècle

Les prénoms de ce palmarès sont classés par ordre décroissant d'attribution. Jean, Pierre et Michel sont les trois prénoms masculins les plus attribués du siècle dernier.

1. Jean
2. Pierre
3. Michel
4. André
5. Philippe
6. René
7. Alain
8. Jacques
9. Bernard
10. Marcel
11. Louis
12. Daniel
13. Roger
14. Robert
15. Claude
16. Christian
17. Georges
18. Henri
19. Patrick
20. François
21. Gérard
22. Christophe
23. Joseph
24. Nicolas
25. Paul
26. Maurice
27. Laurent
28. Frédéric
29. Éric
30. Julien
31. Pascal
32. Stéphane
33. Sébastien
34. David
35. Thierry
36. Olivier
37. Raymond
38. Guy
39. Dominique
40. Alexandre
41. Didier
42. Marc
43. Yves
44. Charles
45. Serge
46. Bruno
47. Vincent
48. Antoine
49. Lucien
50. Jérôme
51. Jean-Pierre
52. Albert
53. Guillaume
54. Thomas
55. Gilbert
56. Franck
57. Gilles
58. Francis
59. Jean-Claude
60. Émile
61. Denis
62. Romain
63. Anthony
64. Cédric
65. Maxime
66. Joël
67. Kevin
68. Hervé
69. Patrice
70. Fabrice
71. Roland
72. Sylvain
73. Emmanuel
74. Arnaud
75. Mathieu
76. Ludovic
77. Benoît
78. Jérémy
79. Fernand
80. Benjamin
81. Mickaël
82. Jean-Luc
83. Damien
84. Xavier
85. Léon
86. Eugène
87. Fabien
88. Clément
89. Gabriel
90. Adrien
91. Florian
92. Jean-François
93. Jonathan
94. Alexis
95. Lionel
96. Gaston
97. Loïc
98. Michaël
99. Jean-Marc
100. Victor

Siméo
500 TOP 2 000

Contraction de Simon et Théo. *Caractérologie :* spiritualité, indépendance, volonté, connaissances, originalité.

Siméon
3 000 TOP 400

Qui est exaucé (hébreu). Simeon est répandu en Russie, en Bulgarie et en Serbie. *Caractérologie :* pragmatisme, communication, optimisme, détermination, volonté.

Simon
79 000 TOP 100

Qui est exaucé (hébreu). Ce nom mentionné dans l'Ancien Testament est très ancien. Il fut porté par Simon Macchabée, gouverneur juif de la Judée et fondateur de la dynastie des Hasmonéens au IIe siècle avant J.-C. Il fut également porté par plusieurs saints, dont deux apôtres. Simon se diffuse au Moyen Âge, connaît une envolée durant la Réforme, et maintient ses attributions dans les pays de culture judéo-chrétienne jusqu'au XIXe siècle. Son retour français est tardif, et somme toute modeste, puisqu'il ne dépasse pas le 35e rang masculin à son pic (au début des années 1990). ◇ Simon est le nom originel de l'apôtre qui devint saint Pierre. Jésus choisit ce nom pour lui en référence à la mission dont il fut investi, celle de bâtir des églises « solides comme de la pierre ». Apôtre de Jésus lui aussi, saint Simon, appelé le « zélote », aurait prêché l'Évangile en Perse avant de mourir martyr. Dans l'Ancien Testament, Simon, le fils de Jacob et Léa, est le fondateur d'une des 12 tribus d'Israël. ◇ Général et homme d'État sud-américain, Simon Bolívar combattit pour l'indépendance des colonies espagnoles d'Amérique. Il est le libérateur du Venezuela, de la Colombie, de l'Équateur et du Pérou. *Variantes :* Shimon, Siméo, Simson, Syméon, Symon. *Caractérologie :* résolution, méditation, savoir, volonté, intelligence.

Sinan
1 200 TOP 2 000

Protecteur (arabe). *Caractérologie :* pratique, communication, décision, enthousiasme, adaptation.

Sinclair
120

Se rapporte à Saint-Clair, nom de plusieurs villages français. Patronyme écossais assez courant. *Caractérologie :* sécurité, structure, efficacité, résolution, persévérance.

Sirius
200 TOP 2 000

Se rapporte au nom de l'étoile principale de la constellation du Grand Chien. Vue de la Terre, Sirius est l'étoile la plus brillante du ciel après le Soleil. *Caractérologie :* originalité, séduction, courage, dynamisme, énergie.

Sixte
400 TOP 2 000

Le sixième (latin). *Caractérologie :* audace, découverte, résolution, énergie, originalité.

Slimane
2 500 TOP 2 000

Intact, d'origine (arabe). *Variantes :* Slim, Sliman. *Caractérologie :* ambition, innovation, autorité, détermination, énergie.

Sloan
1 000 TOP 2 000

Guerrier (celte). Masculin anglais. *Caractérologie :* spiritualité, sagacité, philosophie, connaissances, originalité.

Smaïl
1 800

Diminutif d'Ismaïl : Dieu a entendu (hébreu, arabe). *Variantes :* Smaël, Smaïn, Smaïne. *Caractérologie :* idéalisme, altruisme, dévouement, intégrité, réflexion.

Soan
10 000 TOP 100

Variante moderne de Soen et Sohan, forme de Jean usitée dans les îles Wallis-et-Futuna. Vainqueur de l'émission

S

Nouvelle Star en 2009, Julien Decroix, dit Soan, a sans doute contribué au décollage fulgurant de ce prénom. *Variantes :* Soane, Soann, Soen, Sohann, Sohane. *Caractérologie :* engagement, méthode, ténacité, sens du devoir, fiabilité.

Socrate
- de 100

Salut et force (grec). Socrate, philosophe de la Grèce antique (Ve siècle avant J.-C.), n'a laissé aucun écrit. Il est connu par les témoignages de ses contemporains et les écrits de son disciple Platon. *Caractérologie :* humanité, rectitude, analyse, rêve, résolution.

Soen
1 800 TOP 400

Forme cornouaillaise et bretonne d'Yves, étoile (japonais) et variante moderne de Soan. *Variante :* Sowen. *Caractérologie :* habileté, ambition, management, passion, force.

Sofian
6 000 TOP 2 000

Dévoué (arabe). *Caractérologie :* innovation, ambition, autorité, énergie, détermination.

Sofiane
24 000 TOP 300

Dévoué (arabe). Ce prénom est particulièrement répandu dans les cultures musulmanes francophones. *Variantes :* Saufiane, Sofyan, Sofyane. *Caractérologie :* bienveillance, paix, conscience, conseil, résolution.

Sofien
1 200

Dévoué (arabe). On peut estimer que moins de 30 enfants seront prénommés ainsi en 2022. *Variantes :* Sofiene, Sofienne, Sofyen. *Caractérologie :* audace, énergie, originalité, découverte, détermination.

Sohan
9 500 TOP 50

Étoile (arabe), beau, magnifique (sanscrit). *Variantes :* Soane, Soann, Soen, Sohann, Sohane. *Caractérologie :* ambition, force, management, passion, habileté.

Soïg
- de 100

Forme bretonne de François : libre, français (latin). *Caractérologie :* énergie, originalité, séduction, audace, découverte.

Sol
- de 100 TOP 2 000

Soleil (latin), et diminutif anglophone de Solomon. *Caractérologie :* dynamisme, audace, indépendance, assurance, direction.

Solal
4 000 TOP 300

Celui qui fraie un chemin (hébreu). *Caractérologie :* courage, curiosité, dynamisme, charisme, indépendance.

Solan
1 100 TOP 700

Solennel (latin). *Variantes :* Solane, Solann. *Caractérologie :* philosophie, originalité, connaissances, sagacité, spiritualité.

Sonny
2 500 TOP 2 000

Fils, garçon (anglais). Masculin anglais. *Caractérologie :* bienveillance, conscience, conseil, paix, sagesse.

Sony
1 400

Fils, garçon (anglais). Masculin anglais. On peut estimer que moins de 30 enfants seront prénommés ainsi en 2022. *Variante :* Soni. *Caractérologie :* dynamisme, audace, assurance, direction, indépendance.

Sophian
1 000

Dévoué (arabe). *Variantes :* Sophiane, Sophien. *Caractérologie :* action, audace, dynamisme, détermination, direction.

Sorel
150

Sorbier (allemand). Masculin anglais. *Caractérologie :* exigence, influence, famille, équilibre, patience.

Les graines de stars

Nous nous intéressons de plus en plus au monde du spectacle et cet intérêt se répercute sur les prénoms que nous donnons à nos enfants. Nous les appelons comme nos vedettes préférées, mais aussi, parfois, comme leurs propres bébés.

Voici un bouquet de prénoms choisis par des people pour leur fils :

- Aaron chez Robert De Niro
- Adam chez David Pujadas
- Alessio chez Florian Thauvin et Charlotte Pirroni
- Alexander chez Amal et George Clooney
- Andrea chez Nicolas Devauchelle
- Andy chez Marilou Berry
- Angus chez Romain Bardet
- Archie chez Meghan Markle et le prince Harry
- Arthur chez Pippa Middleton
- Arzhel chez Alain Ducasse
- August chez la princesse Eugénie
- August chez Mark Zuckerberg
- Ayden chez Nicolas Batum
- Balthazar chez Clémentine Célarié
- Charlie chez Alice Taglioni
- Darius chez Claude Berri
- Ennis chez Kirsten Dunst
- Enzo chez Flavie Flament et Benjamin Castaldi
- Ethan chez Dany Boon
- Étienne chez Louise Bourgoin
- Evan chez Bruce Springsteen
- Félix chez Philippe Vandel et Dorothée Olliéric
- Gabin chez Karl Zéro
- Gabriel chez Benjamin Castaldi
- Gaspard chez Jean-Louis Murat
- George chez Kate Middleton et le prince William
- Giacomo chez Sting
- Gustave chez Clémentine Célarié
- Hippolyte chez Blandine Bury et Nicolas Herman
- Isaac chez Virginie Ledoyen
- Isaiah chez Christina Milian et M. Pokora
- Jack chez Vanessa Paradis et Johnny Depp
- Jazz chez Ana Girardot
- Joseph-Ali chez Brahim Asloum
- Kelyan chez Noémie Lenoir et Claude Makelele
- Léo chez Laura Smet
- Léon chez Jamel Debbouze
- Léonard chez Élodie Gossuin
- Léopold chez Michel Field

S

- Liam chez Calista Flockhart et Harrison Ford
- Lino chez Cécile de France
- Louis chez Kate Middleton et le prince William
- Luca chez Zinédine Zidane
- Lucien chez Serge Gainsbourg et Bambou
- Maël chez Yoan Gourcuff et Karine Ferri
- Mahé chez Maud Fontenoy
- Malo chez Samuel Étienne
- Marcel chez Guillaume Canet et Marion Cotillard
- Marin chez Nolwenn Leroy
- Mathis chez Joey Star
- Maxim chez Natalia Vodianova et Antoine Arnault
- Maximilian chez Andrea Casiraghi
- Milann chez Nabilla Benattia et Thomas Vergara
- Milo chez Lucie Lucas
- Nathan chez Anne-Sophie Pic
- Nino chez Clovis Cornillac
- Noah chez Laurent Koscielny
- Noé chez Émilie Broussouloux et Thomas Hollande
- Orlando chez Laetitia Casta
- Oscar chez Patrick Bruel
- Pablo chez Vincent Perez et Karine Silla
- Raoul chez Romane Bohringer et Philippe Rebot
- Raphaël chez Juliette Binoche
- River chez Joaquin Phoenix
- Roan chez Sharon Stone
- Roman chez MC Solaar
- Romeo chez Sylvie Téllier
- Ruben chez Raphaël Varane
- Sacha chez Laurent Delahousse
- Sam chez Tiger Woods
- Samuel chez Jennifer Garner et Ben Affleck
- Santiago chez Eva Longoria
- Saul chez Joséphine Drai
- Sean chez Pascal Obispo
- Simon chez Jean Dujardin
- Souleiman chez Leïla Bekhti
- Tadéo chez Julie Gayet
- Thiago chez Lionel Messi
- Tristan chez Thierry Henry
- Ulysse chez Mathilda May et Gérard Darmon
- Vasco chez Amélie Etasse
- Victor chez Thierry Lhermitte
- Winter chez Alanis Morissette et Mario Souleye
- Yannis chez Grand Corps Malade

Soren
4 000 TOP 300 ➔

Grave, sérieux (latin). Soren est très répandu dans les pays scandinaves. *Caractérologie :* leadership, vitalité, achèvement, stratégie, détermination.

Sosthène
350

Celui dont la force est préservée (grec). Forme corse : Sostene. *Caractérologie :* conseil, conscience, paix, sensibilité, bienveillance.

Soufiane
3 500 TOP 2 000 ➘

Dévoué (arabe). *Variantes :* Soufian, Souphiane, Soufien. *Caractérologie :* humanité, décision, rectitude, rêve, logique.

Souhéil
700 TOP 1 000 ➔

Préparer, faciliter un projet (arabe). *Variantes :* Sohaïl, Sohéil, Souhaïl, Souhayl. *Caractérologie :* résolution, ambition, force, analyse, habileté.

Souleymane
4 000 TOP 300 ➔

Sain, intact, en sécurité (arabe). *Variantes :* Soleiman, Souleiman, Soulemane, Souleyman, Souliman, Soulimane, Sulayman, Suliman. *Caractérologie :* ténacité, fiabilité, méthode, volonté, réalisation.

S

Sovan
- de 100

Or (cambodgien). *Variante :* Sovann. *Caractérologie :* achèvement, vitalité, stratégie, ardeur, volonté.

Spencer
170 TOP 2 000

Qui distribue des provisions (anglais). Masculin anglais. *Variante :* Spence. *Caractérologie :* habileté, détermination, force, ambition, bonté.

Stan
3 000 TOP 500 ➔

Diminutif des prénoms formés avec Stan. Masculin anglais et néerlandais. *Caractérologie :* altruisme, réflexion, idéalisme, intégrité, dévouement.

Stanislas
15 000 TOP 600 ➔

Forme francisée de Stanislav : commandeur glorieux (slave). *Variantes :* Stanis, Stanislav, Stanislawa, Stany, Stanyslas. *Caractérologie :* famille, décision, gestion, équilibre, responsabilité.

Stanislaw
250

Commandeur glorieux (slave). *Caractérologie :* direction, dynamisme, décision, audace, gestion.

Stanley
3 000 TOP 600 ➔

Clairière rocailleuse (anglais). Masculin anglais. *Caractérologie :* famille, équilibre, organisation, responsabilité, bonté.

Steeve
10 000

Couronné (grec). En dehors de l'Hexagone, ce prénom est particulièrement porté dans les pays anglophones. On peut estimer que moins de 30 enfants seront prénommés ainsi en 2022. *Variantes :* Steave, Steeves. *Caractérologie :* sécurité, efficacité, persévérance, structure, honnêteté.

Steeven
3 500

Couronné (grec). On peut estimer que moins de 30 enfants seront prénommés ainsi en 2022. *Variante :* Steevens. *Caractérologie :* idéalisme, dévouement, altruisme, intégrité, réflexion.

Steevy
700

Couronné (grec). *Variantes :* Steevie, Stevie, Stevy. *Caractérologie :* responsabilité, famille, équilibre, influence, réussite.

Stefan
2 500 TOP 1 000 ➚

Couronné (grec). Stefan est très répandu en Allemagne, en Scandinavie et dans les

Les prénoms des tempêtes

Changement climatique ou pas, chaque année, des tempêtes se déchaînent aux quatre coins du monde. Les médias relayent alors des alertes dont les noms gracieux (Amélie, Gloria, Hervé, Ciara, etc.) ne sont pas le fruit du hasard ou de la créativité d'un météorologue isolé, loin de là…

Les scientifiques ont constaté que la population est beaucoup plus attentive aux consignes de sécurité quand la menace est clairement identifiée et nommée. L'annonce d'une tempête qui porte un prénom courant est davantage prise au sérieux. C'est là raison pour laquelle un typhon balayant le Japon se nommera Noru ou Usagi, tandis qu'un ouragan australien sera appelé Kate ou Jack.

Au niveau mondial, l'OMM (Organisation météorologique mondiale) fait autorité et établit des listes qui suivent l'ordre alphabétique et respectent des critères de parité (alternance de prénoms masculins et féminins). Six listes alphabétiques sont utilisées en rotation chaque année (la liste de 2022 sera ainsi reprise en 2028). Mais si un cyclone est particulièrement dévastateur, son nom est retiré de la liste. Ainsi, Martin et Owen vont remplacer Matthew et Otto, qui ont laissé un souvenir ravageur de Cuba au Costa Rica en 2016.

Figurez-vous qu'en 2020, l'Organisation météorologique mondiale, a dû recourir à l'alphabet grec (Alpha, Beta, Gamma…) pour baptiser des nouvelles tempêtes tropicales. L'activité cyclonique, particulièrement intense cette année-là avait épuisé la liste.

En Europe, depuis 2017, ce sont les agences météorologiques nationales qui établissent les listes. Afin de limiter et harmoniser les propositions, deux groupes ont été créés : Irlande/Royaume-Uni/Pays-Bas d'un côté et France/Espagne/Portugal/Belgique de l'autre.

Présentées chaque année, ces nomenclatures respectent les critères de parité et l'alphabet (à l'exception de Q, U, X, Y ou Z, car il semblerait que ces initiales soient moins prolixes en prénom). La première tempête de la saison commencera par un A, et en toute logique, l'ordre alphabétique sera déroulé pour les suivantes. Le premier pays balayé par la perturbation météorologique aura le privilège de la baptiser. Quel que soit son parcours, elle ne changera plus de prénom. Ciara, ou Alex plus récemment, nous ont ainsi promenés sur les littoraux européens. L'Allemagne et la Norvège ont gardé leur propre système d'appellation. Ainsi, la tempête Ciara (février 2020) s'appelait Sabine outre-Rhin et Elsa en Norvège.

Pour ajouter à la confusion, depuis 2002, l'Institut météorologique de Berlin propose au grand public d'acheter le nom d'un futur phénomène météorologique sur le site « Adopt a vortex ». Les dépressions coûtent environ 240 € et les anticyclones, moins fréquents et plus étalés dans le temps, justifient un tarif plus élevé (360 €). Voilà une idée originale de cadeau de naissance pour votre futur bébé ! Mais attention, il faudra assumer les variations de pressions atmosphériques !

pays slaves méridionaux. C'est aussi un choix traditionnel basque. *Caractérologie :* intuition, fidélité, relationnel, médiation, adaptabilité.

Stellio

- de 100

Étoile (latin). *Variante :* Stelio. *Caractérologie :* relationnel, décision, médiation, intuition, logique.

Sten
- de 100

Caillou (suédois). Masculin scandinave. *Caractérologie :* efficacité, sécurité, honnêteté, persévérance, structure.

Stéphan
12 000

Couronné (grec). Masculin allemand. On peut estimer que moins de 30 enfants seront prénommés ainsi en 2022. *Variantes :* Stéfane, Stefano, Stéphann, Stéphanne. *Caractérologie :* médiation, fidélité, intuition, finesse, relationnel.

Stéphane
292 000 TOP 1 000

Couronné (grec). De nombreux saints, plusieurs papes et souverains ont porté ce prénom très répandu dans les pays occidentaux. Sous ses différentes graphies (Stephan, Stefan, Stephen), il s'épanouit dans les pays chrétiens, grecs et latins, dès les premiers siècles. Mais à la fin du Moyen Âge, Stéphane est progressivement remplacé par Étienne, une forme française du prénom apparue après lui. Stéphane devient très rare en France jusqu'au milieu xxe siècle. Il rejaillit alors, avec toute la fougue d'un prénom neuf, pour rejoindre les premiers rangs masculins dans les années 1970. Loin devant Étienne, Stéphane trône sur le classement français à deux reprises. Il reste visible jusqu'à la fin du siècle avant de sombrer dans l'abîme. *Caractérologie :* savoir, indépendance, méditation, intelligence, finesse.

Stephen
6 000

Couronné (grec). Masculin anglais. On peut estimer que moins de 30 enfants seront prénommés ainsi en 2022. *Variantes :* Stefen, Steffen. *Caractérologie :* paix, bienveillance, conscience, conseil, finesse.

Stevan
900

Couronné (grec). Ce prénom est plus particulièrement répandu en Serbie et dans les pays anglophones. *Caractérologie :* altruisme, idéalisme, intégrité, réflexion, dévouement.

Steve
22 000 TOP 2 000

Couronné (grec). En dehors de l'Hexagone, ce prénom est particulièrement porté dans les pays anglophones. *Variantes :* Steves, Stive, Stivy, Styve. *Caractérologie :* vitalité, achèvement, leadership, stratégie, ardeur.

Steven
33 000 TOP 900

Couronné (grec). Steven est très répandu dans les pays anglophones. *Variantes :* Steveen, Stevenn, Stewen, Stiven. *Caractérologie :* structure, persévérance, sécurité, efficacité, honnêteté.

Stevens
1 800

Couronné (grec). Masculin anglais. On peut estimer que moins de 30 enfants seront prénommés ainsi en 2022. *Caractérologie :* découverte, audace, originalité, énergie, séduction.

Stevenson
- de 100

Fils de Steven (anglais). Masculin anglais. *Caractérologie :* sagacité, connaissances, caractère, originalité, spiritualité.

Stig
- de 30

Le grand marcheur (scandinave). *Caractérologie :* assurance, audace, dynamisme, direction, indépendance.

Stuart
140

Qui prend soin (anglais). Ancien patronyme écossais. *Variante :* Stewart. *Caractérologie :* rectitude, humanité, rêve, ouverture d'esprit, gestion.

Styven
400

Couronné (grec). *Caractérologie :* influence, équilibre, famille, responsabilité, réalisation.

Suleyman
1 100 TOP 800 ↗

Sain, intact, en sécurité (arabe). *Caractérologie :* sociabilité, réceptivité, diplomatie, cœur, réussite.

Suliac
- de 100

Soleil (celte). Masculin breton. *Variante :* Suliag. *Caractérologie :* sociabilité, diplomatie, loyauté, réceptivité, bonté.

Sullivan
6 500 TOP 2 000 ↘

Champ retourné sur une colline (vieil anglais). Patronyme anglophone assez répandu. *Variante :* Sulivan. *Caractérologie :* fidélité, médiation, intuition, relationnel, détermination.

Sully
1 800

Nom de plusieurs villes et lieux du monde. Sully est également porté aussi sous forme de patronyme. On peut estimer que moins de 30 enfants seront prénommés ainsi en 2022. *Caractérologie :* achèvement, vitalité, ardeur, leadership, stratégie.

Sullyvan
1 800

Champ retourné sur une colline (vieil anglais). On peut estimer que moins de 30 enfants seront prénommés ainsi en 2022. *Variante :* Sulyvan. *Caractérologie :* altruisme, idéalisme, intégrité, réalisation, sympathie.

Sulpice
- de 100

Aide (latin). *Caractérologie :* structure, persévérance, sécurité, amitié, détermination.

Sunny
650 ↘

Ensoleillé (anglais). Masculin anglais. *Caractérologie :* amitié, créativité, optimisme, communication, pragmatisme.

Sven
1 300 TOP 2 000 →

Jeunesse (scandinave). Prénom suédois et néerlandais. *Variantes :* Svenn, Swen. *Caractérologie :* bienveillance, paix, sagesse, conscience, conseil.

Swan
4 500 TOP 200 ↗

Cygne (anglais). Prénom anglais. *Caractérologie :* générosité, pratique, enthousiasme, communication, adaptation.

Swann
5 000 TOP 200 →

Cygne (anglais). Masculin anglais. *Caractérologie :* achèvement, vitalité, stratégie, ardeur, leadership.

Swany
300 TOP 2 000 ↑

Cygne (anglais). *Variante :* Swanny. *Caractérologie :* dynamisme, indépendance, direction, assurance, audace.

Sydney
750 ↘

Habitant de Sidon (latin). Patronyme anglais ancien. Masculin anglais. *Caractérologie :* relationnel, intuition, fidélité, médiation, réalisation.

Sylvain
123 000 TOP 2 000 ↘

Forêt (latin). Prénom français. Dans la mythologie romaine, Sylvain était le dieu des Forêts et des Champs. *Caractérologie :* pratique, communication, cœur, réussite, enthousiasme.

Sylvère
1 300

Forêt (latin). On peut estimer que moins de 30 enfants seront prénommés ainsi en 2022. *Variantes :* Sylve, Sylver. *Caractérologie :* connaissances, sagacité, cœur, réussite, spiritualité.

Sylvestre
2 000

Habitant de la forêt (latin). On peut estimer que moins de 30 enfants seront prénommés ainsi en 2022. *Variantes :* Silvester, Silvestre, Sylvester. *Caractérologie :* énergie, autorité, innovation, réalisation, sympathie.

Sylvian
550

Forêt (latin). *Variantes :* Sylvano, Sylvin. *Caractérologie :* communication, optimisme, réalisation, pragmatisme, bonté.

Sylvio
1 600

Forêt (latin). Prénom italien. On peut estimer que moins de 30 enfants seront prénommés ainsi en 2022. *Caractérologie :* enthousiasme, communication, réalisation, raisonnement, pratique.

Symphorien
- de 100

Unir, porter (grec). *Caractérologie :* intelligence, savoir, méditation, réalisation, volonté.

T

Tadeusz
300

Courageux (grec). *Variantes :* Tadéo, Tadeus, Tadeuz, Thadeus, Thadeusz. *Caractérologie :* organisation, responsabilité, équilibre, famille, finesse.

Tahar
1 900

Pureté, innocence (arabe). On peut estimer que moins de 30 enfants seront prénommés ainsi en 2022. *Variantes :* Taher, Tahir. *Caractérologie :* pratique, communication, enthousiasme, adaptation, générosité.

Tal
- de 100

Rosée (hébreu). *Caractérologie :* famille, équilibre, responsabilité, influence, organisation.

Talha
500 TOP 2 000

Fleur d'acacia (arabe). *Caractérologie :* conscience, paix, bienveillance, conseil, gestion.

Tam
- de 30

Centre, cœur, esprit (vietnamien). *Caractérologie :* connaissances, philosophie, sagacité, spiritualité, originalité.

Tan
- de 100

Nouveau (vietnamien). *Caractérologie :* achèvement, leadership, stratégie, vitalité, ardeur.

Tancrède
700

Noble paix (germanique). *Caractérologie :* sagacité, spiritualité, organisation, détermination, connaissances.

Taner
170

Lumière du matin (turc). *Caractérologie :* efficacité, structure, sécurité, persévérance, résolution.

Tanguy
18 000

Chien ou guerrier de feu (celte). Masculin français et breton. On peut estimer que moins de 30 enfants seront prénommés ainsi en 2022. *Variante :* Tangui. *Caractérologie :* savoir, intelligence, méditation, organisation, bonté.

Tao
4 500 TOP 300

Voie, méthode, création (chinois), respectueux de ses parents (vietnamien). *Caractérologie :* ouverture d'esprit, rectitude, humanité, rêve, générosité.

Taran
- de 30

Paradisiaque (sanscrit), tonnerre (breton). Se prononce « Tarane ». Taran est

Variations orthographiques et inventions

Les inventions enrichissent chaque année le patrimoine français des prénoms. Qu'elles se traduisent par l'apparition de nouvelles consonances ou par la combinaison de plusieurs prénoms, elles sont de plus en plus prisées par les parents.

La plupart des combinaisons sont vouées à rester uniques et anonymes. Cependant, une poignée d'entre elles parviennent chaque année à se diffuser. C'est le cas de Danaël (Daniel et Maël), Timaé (variante de Timaël ou combinaison de Tim et des prénoms se terminant par « aé »), Lilwenn (Lily et Nolwenn) et Anaé (Anne et Hanaé) ou Kaëlys (Kaëlia et Maëlys), qui ont acquis une notoriété nationale.

Autre procédé utilisé, le recours aux variations : il est devenu très fréquent ces 20 dernières années. L'opération est simple : l'orthographe du prénom est altérée, mais sa prononciation reste inchangée. Aucun prénom répandu n'échappe à cette pratique. Même les plus improbables. Avec leurs 3 lettres, Léo, Tom, Éva et Zoé auraient pu sembler hors d'atteinte, et pourtant... leurs homonymes Lého, Tome, Eeva et Zoey ne cessent de grandir, gonflant le cortège des Maëll, Enzzo, Anays, Camill et Mannon, pour ne citer que les plus visibles d'entre eux. Notons qu'avec 1 300 naissances estimées pour 2022, Mya obtient la palme de la plus forte progression.

Dans ce contexte, on ne s'étonne plus que de nouveaux venus fassent tant d'émules en se couvrant de gloire. Comme Rihana, qui, en l'espace d'une décennie, s'est retrouvée affublée d'une quinzaine de variantes. Ou Aïdan, dont les dérivés se multiplient en France et dans les pays anglophones. Reste Kylian qui détient, avec plus de 50 graphies, le nombre record des altérations.

Le phénomène des inventions n'est pas nouveau et les prénoms difficiles à porter existent depuis belle lurette. Pour autant, un prénom excentrique, une variante orthographique peu commune ou difficile à prononcer sont le plus souvent portés comme un fardeau. Ils condamnent l'individu à épeler l'orthographe précise du prénom tout au long de la vie. Enfin, les moqueries d'enfants ou d'adultes sont rarement tendres. Elles peuvent causer des dégâts psychologiques et créer un réel handicap sur le long terme.

En Angleterre, en 2019, un sondage révélait qu'un parent sur 7 regrettait le prénom choisi pour son enfant. Parmi ces parents, 14 % envisageaient même de le faire modifier officiellement ! Leur première cause de regret était la trop grande popularité du prénom, mais les prénoms jugés très inhabituels ou difficiles à épeler étaient également mis en cause... Le sondage a été réalisé par **Channelmum.com** auprès de 2 000 Britanniques.

Ces conclusions ne font que renforcer ce que nous venons d'évoquer. D'où la nécessité pour les parents de se poser les bonnes questions avant de faire leur choix de prénom !

très répandu en Inde. *Caractérologie :* altruisme, intégrité, réflexion, résolution, idéalisme.

Tarek

2 500 **TOP 2 000**

Étoile du matin (arabe). *Caractérologie :* innovation, autorité, énergie, résolution, ambition.

T

Tarik
3 500 TOP 2 000 ↘

Étoile du matin (arabe). *Variantes :* Tarak, Tarick, Tariq. *Caractérologie :* découverte, énergie, originalité, audace, séduction.

Tayeb
1 200

De nature calme et bienveillante (arabe). On peut estimer que moins de 30 enfants seront prénommés ainsi en 2022. *Caractérologie :* passion, force, habileté, ambition, management.

Taylor
1 000 TOP 800 →

Tailleur (anglais). Patronyme anglais ancien. Masculin anglais. *Caractérologie :* autorité, énergie, organisation, innovation, analyse.

Tayron
1 300 TOP 500 →

Du comté d'Eoghan (irlandais). Masculin anglais. *Caractérologie :* pratique, communication, enthousiasme, adaptation, résolution.

Ted
500

Don de Dieu (grec). *Caractérologie :* intuition, médiation, adaptabilité, relationnel, fidélité.

Teddy
23 000 TOP 900 ↘

Don de Dieu (grec). Ce prénom est plus particulièrement répandu aux États-Unis. *Variantes :* Teddie, Tedy, Theddy. *Caractérologie :* ténacité, méthode, fiabilité, engagement, sens du devoir.

Teiki
- de 100

Le roi des dieux rêveurs (tahitien). *Caractérologie :* rectitude, rêve, humanité, générosité, ouverture d'esprit.

Télémaque
- de 30

Combat à distance (grec). *Caractérologie :* rectitude, gestion, rêve, attention, humanité.

Télio
1 300 TOP 400 ↗

Dérivé de Téliau, nom du saint qui fonda au VIe siècle le monastère de Llandav (pays de Galles), dont il fut évêque. Téliau (aussi orthographié Télo) est le patron de plusieurs villages bretons. *Variantes :* Teilo, Téliau, Télo, Thélau, Théliau, Thélio, Tilio. *Caractérologie :* intelligence, savoir, méditation, indépendance, logique.

Telmo
- de 100

Protection divine (germanique). Masculin espagnol et portugais. *Caractérologie :* médiation, relationnel, intuition, fidélité, volonté.

Téo
10 000 TOP 300 ↘

Dieu (grec). Téo est particulièrement répandu en Italie et dans les pays hispanophones. *Caractérologie :* efficacité, sécurité, persévérance, structure, honnêteté.

Teoman
350 ↘

Nom du chanteur et compositeur turc Fazli Teoman. On trouve également Téoman écrit avec l'accent aigu. *Caractérologie :* originalité, audace, découverte, énergie, caractère.

Térence
3 000 TOP 1 000 →

Tendre, gracieux (grec). Masculin anglais. *Variantes :* Terrence, Therence. *Caractérologie :* indépendance, sagesse, méditation, savoir, intelligence.

Terry
3 500

Tendre, gracieux (grec). Masculin anglais. On peut estimer que moins de 30 enfants seront prénommés ainsi en 2022. *Variantes :* Tery, Therry, Théry. *Caractérologie :* séduction, énergie, découverte, originalité, audace.

Teva
750 ➔

Grand voyageur (tahitien). Écrit avec un accent, Téva signifie également « fruit de la nature » en hébreu. *Caractérologie :* optimisme, pragmatisme, communication, sociabilité, créativité.

Thaddée
250 ↗

Courageux (araméen). *Variantes :* Thad, Thade, Thadée. *Caractérologie :* sensibilité, sociabilité, réceptivité, loyauté, diplomatie.

Thaï
- de 100

Plusieurs (vietnamien). *Caractérologie :* fidélité, relationnel, adaptabilité, intuition, médiation.

Thaïs
1 100 TOP 700 ↘

En grec, *thais* signifie « lien, bandage ». Voir Thaïs au féminin. *Caractérologie :* pratique, adaptation, communication, enthousiasme, générosité.

Thanh
350

Fin, clair, couleur bleue ou muraille (idée de solidité), achevé (vietnamien). *Caractérologie :* responsabilité, équilibre, famille, influence, sensibilité.

Thao
1 100 TOP 500 ↗

Respectueux de ses parents (vietnamien). Nom d'une ethnie autochtone de Taïwan parlant le thao. *Caractérologie :* vitalité, achèvement, stratégie, ardeur, leadership.

Théau
800

Dieu (grec). *Caractérologie :* innovation, autorité, énergie, sensibilité, organisation.

Thècle
- de 30

Gloire de Dieu (grec). *Caractérologie :* stratégie, vitalité, ardeur, achèvement, attention.

Théo
125 000 TOP 50 ↘

Dieu (grec). *Caractérologie :* communication, pragmatisme, optimisme, créativité, attention.

Théobald
- de 100

Peuple courageux (germanique). Théobald est plus particulièrement usité dans les pays anglophones, en Allemagne et en Alsace. *Variantes :* Téobald, Théobaldo. *Caractérologie :* sécurité, persévérance, structure, caractère, attention.

Théoden
130

Théoden est un personnage de fiction. Il est le roi de Rohan dans *Le Seigneur des Anneaux*, de Tolkien. Dans l'Hexagone, les premières attributions de Théoden ont été recensées en 2004. *Caractérologie :* volonté, finesse, stratégie, vitalité, attention.

Théodore
7 000 TOP 300 ➔

Don de Dieu (grec). Deux papes, deux empereurs et de nombreux saints ont illustré ce prénom. Soldat romain chrétien au IIIe siècle, saint Théodore mourut martyr à Amasée, en Asie Mineure. Théodore est un prénom anglais et français. *Variantes :* Fedor, Feodor, Téodor, Téodore, Téodoric, Téodorick, Téodoro, Theodor, Théodoric. *Caractérologie :* altruisme, volonté, intégrité, idéalisme, finesse.

Théodose
- de 30

Don de Dieu (grec). Théodose Ier le Grand est le dernier empereur qui régna sur un Empire romain unifié. Il fonda la dynastie théodosienne qui vit fleurir les premiers empereurs d'Orient. *Caractérologie :* dynamisme, direction, sensibilité, indépendance, volonté.

Théodosio
- de 30

Don de Dieu (grec). *Variantes :* Téodosio, Théodose. *Caractérologie :* relationnel, intuition, attention, médiation, caractère.

T

Théodule
110

Serviteur de Dieu (grec). *Caractérologie :* diplomatie, loyauté, volonté, sociabilité, écoute.

Théophane
1 300

Apparition divine (grec). On peut estimer que moins de 30 enfants seront prénommés ainsi en 2022. *Variante :* Téophane. *Caractérologie :* diplomatie, réceptivité, sociabilité, attention, loyauté.

Théophile
8 000 TOP 500 →

Qui aime Dieu (grec). Masculin français. *Variantes :* Téophile, Théofil, Théophil. *Caractérologie :* habileté, force, ambition, analyse, finesse.

Théotime
1 400 TOP 2 000 →

Honorer Dieu (grec). *Variantes :* Théotim, Théotine. *Caractérologie :* attention, courage, caractère, curiosité, dynamisme.

Thiago
5 000 TOP 100 ↗

Forme lusophone de Tiago. *Variante :* Thyago. *Caractérologie :* équilibre, famille, responsabilité, influence, action.

T

Thibaud
15 000 TOP 2 000 ↘

Peuple courageux (germanique). *Variantes :* Thibauld, Thiébaud, Thiebault, Thiébaut, Thuriau, Thybault, Tibald, Tibaud, Tibauld, Tibault. *Caractérologie :* sociabilité, réceptivité, diplomatie, organisation, loyauté.

Thibault
54 000 TOP 200 ↘

Peuple courageux (germanique). Masculin français. *Caractérologie :* pratique, communication, enthousiasme, adaptation, organisation.

Thibaut
36 000 TOP 400 ↘

Peuple courageux (germanique). Masculin français. *Caractérologie :* intégrité, idéalisme, réflexion, gestion, altruisme.

Thiefaine
200

Apparition divine (grec). *Variante :* Tiephaine. *Caractérologie :* énergie, sensibilité, découverte, détermination, audace.

Thierry
267 000

Gouverneur du peuple (germanique). Un roi des Francs et un saint fondateur de l'abbaye du Mont-d'Or (près de Reims) ont porté ce nom au VIe siècle. Malgré sa notoriété, Thierry peine à se diffuser en France. C'est au cœur du XXe siècle qu'il s'élance de nouveau, avec tant de vigueur qu'il lui faut moins d'une décennie pour atteindre l'élite des attributions. Le succès du feuilleton télévisé *Thierry la Fronde*, diffusé en 1963, a indéniablement soutenu son accession au trône (en 1965). On peut estimer que moins de 30 enfants seront prénommés ainsi en 2022. *Variantes :* Thierno, Tierry. *Caractérologie :* sécurité, persévérance, structure, ressort, finesse.

Thiery
950

Gouverneur du peuple (germanique). *Caractérologie :* structure, persévérance, sécurité, ressort, finesse.

Thiméo
2 500 TOP 500 ↘

Honorer Dieu (grec). *Caractérologie :* intelligence, volonté, savoir, méditation, sensibilité.

Thom
400 ↘

Ananas, parfumé (vietnamien), diminutif anglophone de Thomas. *Caractérologie :* médiation, intuition, relationnel, fidélité, adaptabilité.

Thomas
272 000 TOP 100 ↘

Jumeau (araméen). Ce vieux prénom doit sa notoriété au fait qu'il fut porté par de nombreux saints. Attribué

Théo

Fête :
9 novembre

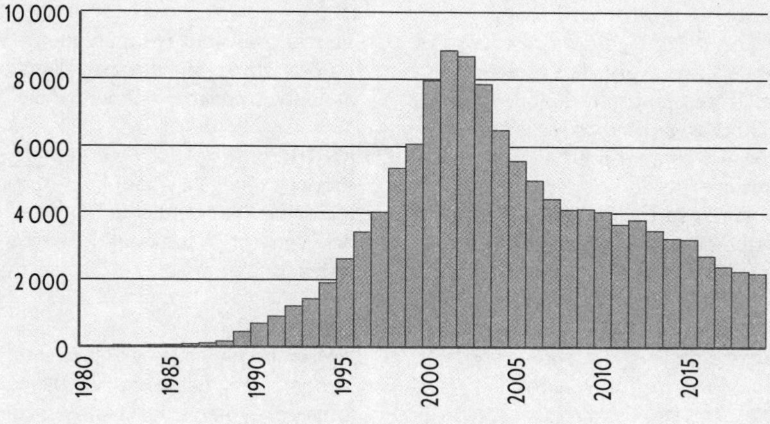

Étymologie
Du grec *theos*, « Dieu ». Si Théo est un prénom à part entière, il fut longtemps utilisé comme diminutif de Théodore (Théophane, Théotime, etc.). Ces prénoms de tradition grecque se sont diffusés en Europe à partir du XVIe siècle. Ils doivent leur côté rétro au pic d'attribution français qui les distingua au XIXe siècle.

À la fin des années 1980, l'essor des prénoms courts fait pour la première fois surgir Théo dans l'Hexagone. Il prend l'avantage sur Théodore d'autant plus aisément que ce dernier est au plus bas de sa popularité. Dès lors, sa carrière est lancée. Théo brille dans les 3 premiers rangs masculins de 2000 à 2003 et se maintient, aujourd'hui encore, dans le top 30 national.

L'essor de Théo a donné un nouvel élan à Timothée et Théotime, dont Timéo a brièvement bénéficié. Malgré son incursion dans le top 50 féminin en 2016, Théa n'a pas convaincu. Elle a cependant entraîné dans son sillage des variantes créatives comme Théoxane, Théonie et Théotine.

Théo a séduit de nombreux parents francophones et évolue en haut des tableaux suisse romand et wallon. Mais son succès se mesure également dans les pays scandinaves, hispanophones, lusophones et anglophones. Ce qui n'empêche pas Théodore de briller dans les tops 20 anglais et canadien.

Soldat de l'armée romaine au temps de Maximien (vers 303), **saint Théodore** fut martyrisé à Amasée (Turquie) après avoir déclaré sa foi et incendié un temple païen dédié à la déesse Rhéa. Théodore est le patron des soldats.

Personnes célèbres
Theodore Roosevelt, président des États-Unis de 1901 à 1909, qui reçut le prix Nobel de la paix en 1906 ; Théodore Géricault (1791-1824), peintre français auquel on doit *Le Radeau de la Méduse*.

Statistiques
Théo est le 5e prénom masculin le plus donné en France depuis l'an 2000. Il est attribué à près d'un garçon sur 165 aujourd'hui.

T

depuis des siècles dans les pays anglophones, Thomas n'émerge pas en France avant les années 1980. De quelle manière comble-t-il son retard ! Propulsé par une croissance fulgurante, il s'impose au 1er rang français en 1996. Il gardera sa couronne pendant six ans avant de s'effacer graduellement au profit du jeune Tom. Saint Thomas, apôtre de Jésus au Ier siècle, est célèbre pour avoir douté de la résurrection du Christ avant de lui proclamer sa foi. Il est le patron des architectes et des maçons. Saint Thomas d'Aquin vécut au XIIIe siècle. Auteur de la *Somme théologique*, il est considéré comme l'un des plus grands théologiens de l'histoire chrétienne. Il est le patron des universités. *Variante :* Thoma. *Caractérologie :* ténacité, méthode, fiabilité, sens du devoir, engagement.

Thomy
170

Jumeau (araméen). *Caractérologie :* rectitude, humanité, rêve, générosité, ouverture d'esprit.

T

Thony
450

Inestimable (latin), fleur (grec). *Caractérologie :* innovation, énergie, autorité, sensibilité, ambition.

Thyméo
2 000 TOP 400

Honorer Dieu (grec). *Caractérologie :* sensibilité, curiosité, dynamisme, courage, volonté.

Tiago
21 000 TOP 50

Diminutif du prénom espagnol Santiago, contraction de *santo* (« saint ») et Iago (Jacques en français, lui-même dérivé de Jacob). *Variante :* Tyago. *Caractérologie :* intelligence, méditation, spiritualité, savoir, sensibilité.

Tibère
- de 100

Autel, lieu saint (anglais). *Variantes :* Tiber, Tibor. *Caractérologie :* curiosité, courage, dynamisme, charisme, indépendance.

Tibo
750 TOP 2 000

Peuple courageux (germanique). *Caractérologie :* dynamisme, direction, assurance, audace, indépendance.

Tidiane
1 500 TOP 600

Prénom sénégalais dont l'origine est inconnue. *Caractérologie :* vitalité, achèvement, détermination, stratégie, ardeur.

Tifenn
180

Apparition divine (grec). Masculin breton. *Variante :* Thiphaine. *Caractérologie :* courage, dynamisme, charisme, curiosité, indépendance.

Tilian
300

Combatif (germanique). *Variantes :* Tylan, Tylian, Tilien. *Caractérologie :* organisation, médiation, volonté, fidélité, relationnel.

Tilio
2 000 TOP 400

Dérivé de Téliau, nom du saint qui fonda au VIe siècle le monastère de Llandav (pays de Galles), dont il fut évêque. Téliau (aussi orthographié Télo) est le patron de plusieurs villages bretons. Telo, évêque de Llandav (pays de Galles) au VIe siècle, est le patron de plusieurs villages bretons (Landeleau, Leuhan, Saint-Thélo et Montertelot). *Variantes :* Till, Tillo, Tylio. *Caractérologie :* intuition, relationnel, médiation, raisonnement, adaptabilité.

Tim
6 500 TOP 300

Honorer Dieu (grec). Tim est très en vogue dans les pays germanophones, anglophones et néerlandophones. *Caractérologie :* paix, bienveillance, conseil, conscience, sagesse.

Timaé
750 TOP 400

Variante de Timaël, combinaison de Tim et des prénoms se terminant par « aé ». *Caractérologie :* optimisme, partage, détermination, dialogue, adaptation.

Timaël
1 300 TOP 600

Contraction de Timéo et Maël. Timaël a été attribué pour la première fois dans l'Hexagone en 1999. *Variante :* Tymaël. *Caractérologie :* conscience, organisation, conseil, paix, bienveillance.

Timao
350 TOP 1 000

Variante possible de Timéo, ou contraction du préfixe « Ti » et « Mao ». *Caractérologie :* sécurité, structure, persévérance, honnêteté, efficacité.

Timéo
43 000 TOP 50

Comme Timothée, Timéo tire ses origines du grec *timè*, « tenir en honneur », et *theos*, « Dieu », d'où le sens : « honorer Dieu ». Le premier Timéo de France naît en 1998, au moment où Théo s'envole vers les cimes du classement. Figure de proue des terminaisons en « éo », Théo aspire Mathéo, Hugo et Léo dans son sillage, puis fait renaître ses ancêtres Timothée, Théodore et Théotime. Timéo s'est imposé dans le top 20 français en 2007 et s'y est maintenu durant 10 ans. *Variantes :* Thiméo, Thyméo, Timo. *Caractérologie :* vitalité, achèvement, caractère, ardeur, stratégie.

Timo
600

Honorer Dieu (grec). Masculin allemand, scandinave, espagnol, italien et néerlandais. *Caractérologie :* communication, pragmatisme, sociabilité, optimisme, créativité.

Timothé
14 000 TOP 200

Honorer Dieu (grec). Masculin français. *Caractérologie :* idéalisme, finesse, volonté, intégrité, altruisme.

Timothée
21 000 TOP 200

Honorer Dieu (grec). Disciple de Paul au Iᵉʳ siècle, saint Timothée fut martyrisé à Éphèse (en Turquie). Timothée est un prénom français. *Variantes :* Timmy, Timon, Timoté, Timotei, Timotéo, Thimoté, Thimotée, Thimothé, Timothey, Tymothé. *Caractérologie :* dynamisme, curiosité, courage, attention, caractère.

Timothy
2 500 TOP 2 000

Honorer Dieu (grec). Masculin anglais. *Variante :* Timoty. *Caractérologie :* réceptivité, ressort, loyauté, diplomatie, sociabilité.

Timour
250 TOP 2 000

De grande taille (hébreu). *Variante :* Timur. *Caractérologie :* paix, conseil, bienveillance, conscience, analyse.

Tino
3 500 TOP 300

Diminutif des prénoms se terminant par « Tino ». Masculin italien. *Caractérologie :* sens du devoir, structure, honnêteté, efficacité, persévérance.

Titien
- de 100

Honorable (grec). *Caractérologie :* énergie, originalité, découverte, audace, séduction.

Tito
250

Honorable (grec). Masculin italien, espagnol et portugais. *Caractérologie :* autorité, innovation, énergie, autonomie, ambition.

Titouan
21 000 TOP 300

Petit Antoine (occitan). Malgré ses racines occitanes, Titouan est essentiellement attribué en Bretagne aujourd'hui. Bon

T

Tiago

Fête :
25 juillet

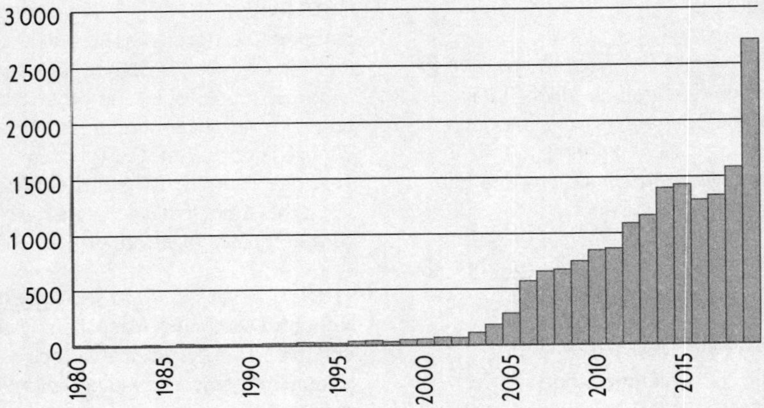

Étymologie

Tiago est un diminutif du prénom espagnol Santiago, contraction de *santo* (« saint ») et Iago (Jacques en français, lui-même dérivé de Jacob). Signifiant « talonner » ou « supplanter » en hébreu, Jacques, dit Le Majeur, forme avec Jean et Pierre le groupe des disciples les plus proches de Jésus.

Le pèlerinage de Compostelle, en Galice, ville où aurait été transporté son corps, est depuis le IXe siècle, l'un des plus fréquentés d'Europe. Apôtre et martyr, saint Jacques est représenté en pèlerin, portant le signe de la coquille et le bâton à la main. Il est le saint patron de l'Espagne et de la Galice.

Fortement lié à l'histoire de la péninsule ibérique, il n'a pas franchi les frontières pyrénéennes avant les années 1970. Durant les Trente Glorieuses, la France attira, par sa prospérité, les populations espagnoles et portugaises. Cette migration économique a permis la naissance de quelques Tiago dans l'Hexagone. Cependant, cette première génération ne suscita que peu d'engouement et ne dépassa jamais plusieurs dizaines de naissance par an.

Récemment, ce prénom, en véritable pèlerin, a franchi toutes les stations du chemin du succès. Il devrait être admis dans le cénacle du top 10 français en 2022. Son nombre de naissances a plus que doublé en 4 ans. Même phénomène en Belgique, où les Wallons lui ont offert la 8e place au panthéon des prénoms en 2019, lui faisant gravir 23 rangs en une seule année.

Il ne s'agit pas d'un miracle. Avec sa juxtaposition de voyelle, sa terminaison en « o » et sa concision, Tiago concentre quelques atouts du prénom tendance. Autre effet d'aubaine : la chanson de Kendji Girac. Ce nouveau représentant de la gipsy pop remporte tous les succès en 2018, avec le single *Tiago*, véritable hymne à l'amitié. Voilà qui devrait parer d'un attrait bohème ce prénom internationalement répandu. Il est abonné aux tops 5 dans plusieurs pays d'Amérique du Sud.

À noter : Thiago et Tyago, ses 2 variantes, suscitent également l'intérêt des parents, mais sont loin de lui faire de l'ombre. Quant à ses prénoms de référence, Iago et Santiago, il les distance allègrement.

Personnes célèbres

Thiago de Mello, poète brésilien, né en 1926 ; Tiago Monteiro, pilote automobile portugais, né en 1976 ; Tiago Cardoso, footballeur portugais, né en 1981 ; Thiago Alcântara, footballeur espagnol au Liverpool FC, né en 1991.

Statistiques

Tiago est le 74e prénom masculin le plus donné en France depuis l'an 2000. Il est attribué à près d'un garçon sur 110 aujourd'hui. De son côté, Thiago devrait prénommer un garçon sur 440 et se placer au 82e rang du podium masculin.

nombre de parents choisissent ce prénom en hommage au navigateur et artiste Titouan Lamazou. *Caractérologie :* direction, dynamisme, audace, raisonnement, détermination.

Titus

- de 30

Qui rend honneur (latin). Ce prénom romain est plus traditionnellement usité en Corse. *Variante :* Tiziano. *Caractérologie :* ambition, force, habileté, passion, gestion.

Tiziano

900 TOP 2 000

Qui rend honneur (latin). Prénom italien. *Caractérologie :* engagement, finesse, fiabilité, ténacité, responsabilité.

Tobias

1 800 TOP 400

Dieu est bon (hébreu). Tobias est particulièrement répandu dans les pays scandinaves et aux Pays-Bas. *Variantes :* Tobie, Toby. *Caractérologie :* sociabilité, pragmatisme, communication, créativité, optimisme.

Tobie

- de 100

Dieu est bon (hébreu). *Caractérologie :* influence, famille, responsabilité, exigence, équilibre

Todd

- de 100

Renard (anglais). *Caractérologie :* spiritualité, connaissances, originalité, philosophie, sagacité.

Tom

86 000 TOP 50

Jumeau (araméen). Ce vieux prénom, recensé en Angleterre dès le XIIIe siècle, est très répandu dans les pays anglophones. En 1876, *Les Aventures de Tom Sawyer*, roman de Mark Twain dont Tom est le jeune héros, a contribué à sa popularité. En France, c'est dans les années 1980 que ce diminutif moderne de Thomas commence sa carrière. Porté par la vogue des choix courts et sa jeunesse, il s'est imposé dans le top 20 national en 2002. *Caractérologie :* pragmatisme, créativité, optimisme, sociabilité, communication.

Tomas

1 900 TOP 900

Jumeau (araméen). Masculin écossais, espagnol, portugais, scandinave et tchèque. *Variantes :* Toma, Tomaso, Tomi. *Caractérologie :* découverte, énergie, audace, originalité, séduction.

Tomislav

- de 100

Jumeau (araméen). Tomislav est particulièrement répandu en Croatie et en Pologne. *Caractérologie :* communication, pratique, enthousiasme, organisation, analyse.

Tommy

5 500 TOP 500

Jumeau (araméen). Ce prénom est particulièrement recensé aux États-Unis. *Caractérologie :* originalité, audace, énergie, découverte, séduction.

Tomy
1 700 TOP 2 000

Jumeau (araméen). Masculin anglais. *Caractérologie :* énergie, ambition, innovation, autonomie, autorité.

Toni
2 500 TOP 2 000

Inestimable (latin), fleur (grec). Toni est particulièrement usité dans les pays germanophones, anglophones, en Italie et en Provence (Tòni). *Caractérologie :* persévérance, sécurité, honnêteté, efficacité, structure.

Tony
50 000 TOP 400

Inestimable (latin), fleur (grec). Tony est répandu dans les pays anglophones. *Variantes :* Tonio, Tonny. *Caractérologie :* diplomatie, sociabilité, réceptivité, loyauté, bonté.

Toufik
2 000

Succès, harmonie (arabe). On peut estimer que moins de 30 enfants seront prénommés ainsi en 2022. *Variantes :* Tofik, Toufic, Toufike. *Caractérologie :* raisonnement, ambition, autorité, énergie, innovation.

T

Toussaint
1 300

« Tous les saints » (latin). On peut estimer que moins de 30 enfants seront prénommés ainsi en 2022. *Caractérologie :* pratique, enthousiasme, communication, analyse, résolution.

Trevis
450

Le passeur (vieux français). Masculin anglais. *Variante :* Travis. *Caractérologie :* pragmatisme, créativité, communication, optimisme, résolution.

Trévor
350

Grande victoire (gallois). Ce prénom gallois est usité dans les pays anglophones. C'est aussi un choix traditionnel breton. *Caractérologie :* force, ambition, habileté, passion, caractère.

Tristan
41 000 TOP 300

Révolte, tumulte (celte). Ce prénom médiéval, rendu célèbre par la légende de *Tristan et Iseut*, est peu usité jusqu'à la fin du XXe siècle. Il renaît dans les pays anglophones (particulièrement aux États-Unis) et en France, où il atteint le 50e rang en 2001. Malgré son déclin subséquent, Tristan est encore un prénom de choix aujourd'hui. ◇ Chevalier de la Table ronde, Tristan était éperdument amoureux d'Iseut la blonde, mais il dut se résoudre à épouser Iseut aux blanches mains. Le récit de cette passion tragique a transcendé les siècles et inspiré nombre de poètes et musiciens. *Caractérologie :* diplomatie, sociabilité, décision, loyauté, réceptivité.

Trystan
1 500

Révolte, tumulte (celte). Voir Tristan. On peut estimer que moins de 30 enfants seront prénommés ainsi en 2022. *Caractérologie :* altruisme, intégrité, réflexion, détermination, idéalisme.

Tuan
150

Talent, savoir (vietnamien). *Caractérologie :* organisation, intuition, relationnel, médiation, fidélité.

Tugdual
650

Peuple, valeur (celte). Prénom breton. *Caractérologie :* dynamisme, curiosité, courage, gestion, réussite.

Tullio
- de 30

Se rapporte au patronyme italien Tullius. Masculin italien. *Variante :* Tulio. *Caractérologie :* stratégie, achèvement, vitalité, raisonnement, ardeur.

Txomin
250 ↘

Qui appartient au Seigneur (latin). *Caractérologie :* dynamisme, curiosité, indépendance, caractère, courage.

Ty
- de 100

Bâtisseur de maisons (anglais). *Caractérologie :* humanité, ouverture d'esprit, rêve, rectitude, générosité.

Tyler
2 500 TOP 400 →

Bâtisseur de maisons (anglais). Masculin anglais. *Caractérologie :* force, ambition, passion, habileté, bonté.

Tylian
1 100 TOP 1 000 ↘

Puissance, combat (germanique). *Caractérologie :* humanité, détermination, rectitude, amitié, rêve.

Tylio
1 400 TOP 300 ↗

Variante moderne de Tilio. Voir ce prénom. *Caractérologie :* raisonnement, résolution, résilience, générosité, indulgence.

Tyméo
5 000 TOP 300 ↘

Honorer Dieu (grec). Masculin français. *Caractérologie :* influence, caractère, équilibre, famille, responsabilité.

Tyron
1 800 TOP 700 ↘

Du comté d'Eoghan (irlandais). *Variante :* Tyrone. *Caractérologie :* relationnel, médiation, intuition, adaptabilité, fidélité.

Tyson
650 TOP 2 000 →

Braises (vieux français). *Variante :* Tayson. *Caractérologie :* adaptation, pratique, communication, générosité, enthousiasme.

U

Ugo
11 000 TOP 500 ↘

Esprit, intelligence (germanique). Masculin italien. *Caractérologie :* spiritualité, connaissances, sagacité, originalité, philosophie.

Ugolin
- de 100

Esprit, intelligence (germanique). Dans l'Hexagone, Ugolin a été plus traditionnellement usité en Occitanie et en Provence. *Caractérologie :* logique, cœur, conscience, bienveillance, paix.

Ulric
600

Puissance (germanique). Masculin anglais. Dans l'Hexagone, Ulric est plus traditionnellement usité en Occitanie. *Variante :* Ulrico. *Caractérologie :* altruisme, réflexion, dévouement, intégrité, idéalisme.

Ulrich
2 500

Puissance (germanique). En dehors de l'Hexagone, Ulrich est plus particulièrement usité en Allemagne. On peut estimer que moins de 30 enfants seront prénommés ainsi en 2022. *Variantes :* Uli, Ulrick, Ulrik, Ulrike, Ulrique. *Caractérologie :* ambition, force, management, habileté, passion.

Ulysse
8 000 TOP 200 ↗

Courroucé (latin). Héros de la mythologie grecque, Ulysse est l'un des personnages principaux de *L'Iliade* et de *L'Odyssée*. Habile et ingénieux, Ulysse invente le stratagème du cheval de Troie qui cause la perte de la ville. Dans *L'Odyssée*, Homère relate le voyage semé d'embûches qu'Ulysse doit surmonter pour regagner Ithaque, sa patrie. Ulysse est un prénom français. *Variantes :* Ulisse, Ulix, Ulyxes. *Caractérologie :* fidélité, relationnel, intuition, médiation, cœur.

Umberto
450

Esprit brillant (germanique). Masculin italien. *Variantes :* Umbert, Umbertino. *Caractérologie :* sécurité, persévérance, structure, volonté, raisonnement.

Umea
- de 30

Enfant (basque). *Caractérologie :* ténacité, méthode, engagement, sens du devoir, fiabilité.

Urbain
900

De la ville (latin). *Variante :* Urban. *Caractérologie :* organisation, résolution, médiation, relationnel, intuition.

Uriel
500 **TOP 900**

Dieu est ma lumière (hébreu). Prénom breton. *Variantes :* Uriah, Urias. *Caractérologie :* médiation, intuition, fidélité, relationnel, adaptabilité.

V

Vaclav
- de 30

Gloire immense (slave). Masculin tchèque. *Caractérologie :* méditation, savoir, intelligence, sagesse, indépendance.

Vadim
3 000 **TOP 500**

Règne glorieux (slave). Ce prénom russe est répandu dans les pays slaves et en Roumanie. *Caractérologie :* structure, sécurité, persévérance, efficacité, honnêteté.

Vahe
200

Le meilleur (prénom arménien d'origine iranienne). *Caractérologie :* intégrité, altruisme, idéalisme, réflexion, dévouement.

Valentin
106 000 **TOP 50**

Vaillant (latin). Le 14 février célèbre la mémoire de saint Valentin, un prêtre romain martyrisé par l'empereur Claudius au IIIe siècle. Le culte dont il fit l'objet répandit le nom parmi les premiers chrétiens. Il se raréfia ensuite, et le pape qui choisit ce nom au IXe siècle ne put enrayer son reflux. Valentin renaît au moment où un conte médiéval folklorique, *Valentin et Orson*, le remet au goût du jour (au XIIIe siècle). Il se propage alors à l'Angleterre, où l'on trouve Valentine attribué dans les deux genres, et se manifeste plus irrégulièrement en France jusqu'à la fin du XXe siècle. En 1996, Valentin s'est hissé au 12e rang masculin après un jaillissement soudain. Il jouit d'une certaine popularité aujourd'hui. ◇ L'origine de la Saint-Valentin, la fête des amoureux, remonte au XVe siècle et à l'idée reçue que les oiseaux s'accouplent à ce moment-là. *Variantes :* Valentino, Valence, Valens. Forme basque : Balentin. *Caractérologie :* méditation, savoir, organisation, intelligence, résolution.

Valentino
1 600 **TOP 700**

Vaillant (latin). Prénom italien. *Caractérologie :* méthode, logique, ténacité, caractère, fiabilité.

Valère
2 000

Valeureux (latin). *Caractérologie :* rêve, humanité, tolérance, rectitude, décision.

Valérian
2 500 TOP 500

Valeureux (latin). Masculin français. *Caractérologie :* direction, indépendance, audace, dynamisme, résolution.

Valérien
120

Valeureux (latin). *Caractérologie :* courage, curiosité, détermination, indépendance, dynamisme.

Valéry
4 500

Valeureux (latin). Prénom russe. On peut estimer que moins de 30 enfants seront prénommés ainsi en 2022. *Variantes :* Valéri, Valeriano. Formes basques : Balere, Baleri. *Caractérologie :* intuition, relationnel, sympathie, médiation, réalisation.

Valmont
- de 100

Protection du gouverneur (germanique). *Variantes :* Valmon, Valmond. *Caractérologie :* gestion, connaissances, spiritualité, caractère, sagacité.

Valter
160

Commander, gouverner (germanique). *Caractérologie :* bienveillance, paix, organisation, détermination, conscience.

Van
550

Bourg (arménien). Au Vietnam, Van est traditionnellement attribué comme deuxième prénom pour indiquer le sexe (masculin) de l'individu. *Caractérologie :* innovation, énergie, ambition, autorité, autonomie.

Vania
- de 100

Diminutif russe d'Ivan (Jean en français) : Dieu fait grâce (hébreu). *Variante :* Vanya. *Caractérologie :* médiation, relationnel, intuition, fidélité, résolution.

Vartan
- de 100

Rose (arménien). *Caractérologie :* persévérance, structure, résolution, sécurité, efficacité.

Vasco
700 TOP 2 000

Masculin espagnol, italien et portugais. Dérivé possible de Velasco. Ce patronyme espagnol, en usage au Moyen Âge, signifierait « corbeau » en basque. Vasco de Gama, grand navigateur portugais, est le premier Européen qui arriva aux Indes par voie maritime en contournant le cap de Bonne-Espérance, en 1498. *Caractérologie :* responsabilité, volonté, exigence, confiance, sagesse.

Vassili
600

Roi (grec). *Variantes :* Vasili, Vassilis, Vassily, Wassily. *Caractérologie :* ambition, autorité, innovation, énergie, autonomie.

Veli
200

Frère (finnois), gardien (turc). *Caractérologie :* enthousiasme, pratique, communication, adaptation, générosité.

Venceslas
250

Gloire immense (slave). *Caractérologie :* direction, indépendance, audace, dynamisme, assurance.

Veran
- de 30

Vrai (latin), foi (slave). Masculin serbe. Dans l'Hexagone, Veran a été plus traditionnellement usité en Occitanie. *Variante :* Verano. *Caractérologie :* responsabilité, équilibre, famille, détermination, influence.

Vianney
4 500 TOP 2 000

Se rapporte à Jean-Marie Vianney, curé d'Ars qui fut canonisé au XXe siècle. *Caractérologie :* idéalisme, intégrité, altruisme, réussite, décision.

Victor

Fête :
21 juillet

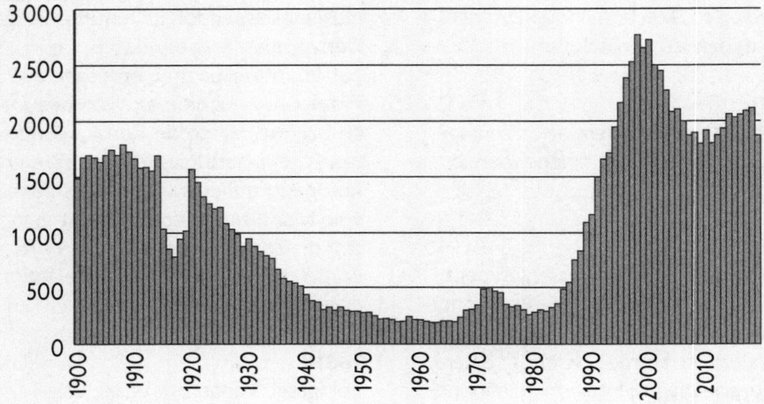

Étymologie

Victor, « vainqueur » au sens littéral en latin, ne saurait faire mentir ses origines. Trois papes et plusieurs saints ont arboré ce prénom conquérant. Répandu aux premiers temps du christianisme, il se raréfia au Moyen Âge. Soldat chrétien au IIIe siècle, **saint Victor** mourut en martyr à Marseille.

À la fin du XVIIIe siècle, quand la Rome antique fascine artistes et esthètes, Victor retrouve sa couronne de laurier et séduit de part et d'autre de l'Atlantique. Porté par Victor Hugo (1802-1885), sa figure tutélaire, il ne quittera pas les sommets pendant plus d'un siècle.

Simple concordance des temps ou persistance de l'aura de l'écrivain après sa mort, Victor restera dans le top 30 français jusqu'à la veille de la Première Guerre mondiale. Il se fera ensuite oublier pendant plusieurs décennies avant de revenir dans les années 1990. Son parcours national est accidenté, à l'opposé de la constance qu'il affiche dans le top 20 parisien depuis plus de 10 ans. Mais aujourd'hui, Victor semble prêt à repartir à l'assaut du classement français. Il devrait figurer dans les 30 premiers rangs nationaux en 2022.

Sa popularité s'étend bien au-delà de la francophonie. Il est en effet très courant dans les pays hispanophones, anglophones et lusophones.

International par nature, vainqueur par étymologie, ayant traversé les siècles sans perdre de sa superbe, intemporel ou rétro, suivons de près ce champion hors catégorie !

Personnes célèbres

Victor Hugo (1802-1885), dramaturge, poète, romancier et homme politique engagé contre la peine de mort et la défense des valeurs républicaines ; Victor Grignard (1871-1935), prix Nobel de chimie ; Victor Fleming (1889-1949), réalisateur de cinéma américain ; Vittorio

V

De Sica (1901-1974), acteur et réalisateur italien ; Victor Vasarely (1906-1997), plasticien hongrois naturalisé français ; Victor Pecci, tennisman paraguayen, né en 1955.

Statistiques
Victor est le 36e prénom masculin le plus donné en France depuis l'an 2000. Ce prénom est attribué à près d'un garçon sur 190 aujourd'hui.

Vicente
1 000

Qui triomphe (latin). Prénom espagnol. *Variante :* Vicenzo. *Caractérologie :* influence, équilibre, famille, responsabilité, exigence.

Victor
82 000 TOP 50

Victorieux (latin). ◇ Soldat chrétien au IIIe siècle, saint Victor mourut martyr à Marseille. *Variantes :* Bittor, Viance, Vic, Vicky, Victoric, Victorice, Viktor, Vitor. *Caractérologie :* famille, équilibre, influence, éthique, raisonnement.

Victor-Emmanuel
190

Forme composée de Victor et Emmanuel. Masculin français. *Caractérologie :* idéalisme, caractère, altruisme, intégrité, logique.

Victorien
4 000 TOP 2 000

Victorieux (latin). Masculin français. *Variantes :* Victorino, Victorio, Vittorio. *Caractérologie :* spiritualité, volonté, sagacité, connaissances, analyse.

Victorin
300

Victorieux (latin). *Caractérologie :* intuition, volonté, médiation, analyse, relationnel.

Vijay
- de 100

Victoire (sanscrit). Vijay est très répandu en Inde. *Caractérologie :* réalisation, fiabilité, méthode, ténacité, engagement.

Vincent
213 000 TOP 600

Qui triomphe (latin). Vincent a été porté par plusieurs saints aux premiers siècles, mais c'est le culte voué à saint Vincent de Saragosse, martyr espagnol au IVe siècle, qui propage ce nom. Sous ses différentes formes, il devient plus fréquent en Europe à la fin du Moyen Âge, puis au XIXe siècle au moment où vécut Vincent van Gogh (1853-1890). En perte de vitesse durant plusieurs décennies, Vincent renaît au cœur du XXe siècle et s'impose dans les 10 premiers rangs français au début des années 1980. Loin d'avoir disparu, ce prénom intemporel est encore volontiers choisi par les parents. ◇ Prêtre au XVIIe siècle, saint Vincent de Paul consacra sa vie aux œuvres caritatives. Il fonda plusieurs confréries de charité pour aider les pauvres, et la congrégation de la Mission pour la formation des prêtres. *Variantes :* Vince, Vincente, Vinny, Viny. *Caractérologie :* équilibre, influence, famille, exigence, éthique.

Vincenzo
2 000 TOP 2 000

Qui triomphe (latin). Prénom italien. *Caractérologie :* rêve, rectitude, humanité, logique, caractère.

Vinh
120

Glorieux, honorable (vietnamien). *Caractérologie :* stratégie, leadership, vitalité, achèvement, ardeur.

Virgil
2 000

Qui porte une canne (latin). Prénom anglais et roumain. On peut estimer que moins de 30 enfants seront prénommés ainsi en 2022. *Caractérologie :* curiosité, courage, dynamisme, indépendance, charisme.

V

Virgile
7 000 TOP 900

Qui porte une canne (latin). Masculin français. *Variantes :* Virgyl, Virgilio. *Caractérologie :* indépendance, direction, audace, cœur, dynamisme.

Virginien
- de 30

Pur, vierge (latin). *Variante :* Virginio. *Caractérologie :* force, stratégie, chef, ardeur, vie.

Vital
700

Vie (latin). Dans l'Hexagone, Vital est plus traditionnellement usité en Occitanie. *Caractérologie :* dynamisme, audace, indépendance, direction, gestion.

Vito
850 TOP 2 000

Victorieux (latin). *Caractérologie :* pratique, enthousiasme, communication, générosité, adaptation.

Vittorio
500

Victorieux (latin). Prénom italien. *Caractérologie :* intuition, fidélité, médiation, adaptabilité, relationnel.

Vivian
1 800

Vivant (latin). Vivian est répandu dans les pays anglophones et scandinaves. C'est aussi un choix traditionnel occitan et provençal. On peut estimer que moins de 30 enfants seront prénommés ainsi en 2022. *Caractérologie :* dynamisme, curiosité, courage, résolution, indépendance.

Vivien
9 500 TOP 2 000

Vivant (latin). Masculin français. *Caractérologie :* intégrité, idéalisme, altruisme, dévouement, réflexion.

Vladan
- de 100

Combinaison de Vlad, diminutif ancien de Vladimir, et du son « an », terminaison de nombreux prénoms. Masculin slave. *Caractérologie :* rectitude, humanité, rêve, ouverture d'esprit, générosité.

Vladimir
2 500 TOP 2 000

Règne glorieux (slave). Vladimir est particulièrement répandu en Russie et dans les pays slaves. *Caractérologie :* sagacité, spiritualité, connaissances, philosophie, originalité.

Voltaire
- de 100

Prénom révolutionnaire et pseudonyme de l'écrivain et philosophe français François-Marie Arouet (1694-1778). *Caractérologie :* pratique, enthousiasme, volonté, communication, analyse.

W

Waclaw
- de 100

Gloire immense (slave). Masculin tchèque. *Caractérologie :* altruisme, idéalisme, intégrité, dévouement, réflexion.

Waël
5 500 TOP 300

Celui qui cherche refuge dans la spiritualité (arabe). *Variantes :* Waïl, Wahil. *Caractérologie :* courage, curiosité, indépendance, dynamisme, charisme.

Wahib
600

Charitable (arabe). *Variantes :* Ouahib, Waheb. *Caractérologie :* spiritualité, connaissances, détermination, sagacité, sensibilité.

Wahid
750 ↘

Unique (arabe). *Variantes :* Ouaïd, Ouahid. *Caractérologie :* intégrité, idéalisme, réflexion, altruisme, décision.

Walbert
- de 30

Mur consolidé (germanique). Masculin anglais. *Caractérologie :* rectitude, organisation, rêve, humanité, détermination.

Waldemar
- de 100

Illustre commandeur (scandinave). *Variante :* Valdemar. *Caractérologie :* dynamisme, indépendance, curiosité, courage, détermination.

Waldo
- de 30

Celui qui a arraché sa victoire (scandinave). *Caractérologie :* innovation, ambition, autorité, énergie, volonté.

Walid
12 000 TOP 500 ↘

Nouveau-né (arabe). *Variantes :* Walide, Wallid. *Caractérologie :* structure, persévérance, efficacité, sécurité, détermination.

Wallace
170

Du pays de Galles (anglais). Masculin anglais et écossais. *Caractérologie :* pragmatisme, optimisme, sociabilité, communication, créativité.

Wallerand
- de 100

Qui gouverne, corbeau (germanique). Des rois goths portèrent ce nom qui se répandit au Moyen Âge. *Caractérologie :* altruisme, idéalisme, intégrité, dévouement, réflexion.

Walter
5 000 ↗

Commander, gouverner (germanique). Walter est particulièrement répandu en Allemagne, dans les pays anglophones et scandinaves. *Variante :* Walther. *Caractérologie :* connaissances, sagacité, organisation, spiritualité, résolution.

Waly
250 ↑

Du pays de Galles (anglais). Masculin anglais. *Variantes :* Wali, Wally. *Caractérologie :* méditation, indépendance, cœur, savoir, intelligence.

Wandrille
650 ↘

Nom de saint dont l'étymologie est inconnue. *Caractérologie :* stratégie, résolution, achèvement, ardeur, vitalité.

Warren
6 000 TOP 300 →

Qui protège les jardins (germanique). Warren est très répandu dans les pays anglophones. *Variante :* Waren. *Caractérologie :* sagacité, connaissances, spiritualité, originalité, décision.

Wassil
950 TOP 2 000 →

Maturation spirituelle (arabe). *Variante :* Wacil. *Caractérologie :* intuition, relationnel, médiation, fidélité, détermination.

Wassim
13 000 TOP 100 →

Beau, gracieux (arabe). *Variantes :* Wacim, Wasim, Wassime. *Caractérologie :* communication, pragmatisme, créativité, optimisme, décision.

Wayne
600 TOP 2 000 →

Qui construit des wagons (anglais). Masculin anglais. *Caractérologie :* originalité, énergie, audace, séduction, découverte.

Wen
- de 30

Culture, écriture (chinois). *Caractérologie :* paix, harmonie, éthique, conscience, influence.

Wenceslas
500

Gloire immense (slave). *Caractérologie :* sociabilité, diplomatie, loyauté, bonté, réceptivité.

Wendel
- de 100

Marcheur (germanique). Masculin allemand, néerlandais et grec. *Variante :* Wendelin. *Caractérologie :* idéalisme, intégrité, altruisme, réflexion, dévouement.

Wendy
450 TOP 2 000

Branche fine (germanique). Masculin anglais. *Caractérologie :* ardeur, vitalité, achèvement, stratégie, leadership.

Werner
650

Armée protectrice (germanique). Werner est particulièrement répandu en Allemagne, aux Pays-Bas et dans les pays scandinaves. *Variante :* Wernert. *Caractérologie :* médiation, relationnel, fidélité, adaptabilité, intuition.

Wesley
5 000 TOP 400

Prairie de l'Ouest (anglais). Wesley est répandu dans les pays anglophones. *Caractérologie :* ambition, habileté, cœur, force, passion.

Wilfrid
7 000

Déterminé à amener la paix (germanique). On peut estimer que moins de 30 enfants seront prénommés ainsi en 2022. *Variantes :* Vilfrid, Wielfried, Wilf, Wilfred. *Caractérologie :* intégrité, altruisme, volonté, idéalisme, raisonnement.

Wilfried
13 000

Déterminé à amener la paix (germanique). Masculin allemand. On peut estimer que moins de 30 enfants seront prénommés ainsi en 2022. *Caractérologie :* dynamisme, courage, raisonnement, curiosité, volonté.

Wilhem
750

Protecteur résolu (germanique). Masculin allemand. *Variantes :* Wilhelm, Willelm, Willem, Willen. *Caractérologie :* savoir, intelligence, méditation, indépendance, sagesse.

Willem
1 200

Protecteur résolu (germanique). Willem est plus particulièrement recensé aux Pays-Bas aujourd'hui. On peut estimer que moins de 30 enfants seront prénommés ainsi en 2022. *Caractérologie :* relationnel, sympathie, amitié, intuition, médiation.

William
70 000 TOP 200

Protecteur résolu (germanique). Dans sa conquête du trône anglais, Guillaume le Conquérant (1027-1087) a lancé la brillante carrière de William. Cette forme anglaise de Guillaume est devenue, avec John, un prénom classique très populaire dans les pays anglo-saxons. Voir Guillaume. *Variantes :* Vili, Viliam, Wiliam, Will, Willyam, Wylliam. *Caractérologie :* savoir, méditation, intelligence, indépendance, décision.

Williams
2 500 TOP 2 000

Protecteur résolu (germanique). Masculin anglais. *Caractérologie :* force, ambition, passion, résolution, habileté.

Willis
130

Protecteur résolu (germanique). *Caractérologie :* communication, détermination, adaptation, pratique, enthousiasme.

Willow
120

Saule (anglais). Ce prénom est exclusivement féminin dans les pays anglophones. *Caractérologie :* ténacité, raisonnenent, fiabilité, méthode, engagement.

W

Willy
16 000 TOP 2 000

Protecteur résolu (germanique). En dehors de l'Hexagone, Willy est plus particulièrement porté dans les pays anglophones et en Suisse alémanique. *Variantes :* Willi, Willie, Willys. *Caractérologie :* rectitude, humanité, rêve, ouverture d'esprit, sympathie.

Wilmer
- de 30

Volonté, renommée (germanique). Masculin anglais. *Caractérologie :* stratégie, achèvement, vitalité, leadership, ardeur.

Wilson
2 500 TOP 2 000

Fils de William (anglais). Plus fréquent sous forme de patronyme anglophone. *Variante :* Williamson. *Caractérologie :* diplomatie, raisonnement, détermination, sociabilité, réceptivité.

Windy
- de 100

Venteux (anglais), ou variante de Wendy. *Caractérologie :* communication, optimisme, créativité, pratique, adaptation.

Winfried
- de 30

Ami de la paix (germanique). Masculin allemand. *Variante :* Winfrid. *Caractérologie :* sagacité, connaissances, spiritualité, volonté, originalité.

Winston
130

Pierre de joie (anglais). Masculin anglais. *Caractérologie :* responsabilité, famille, équilibre, influence, décision.

Winter
- de 100

Hiver (anglais). Masculin anglais. *Caractérologie :* ambition, force, management, passion, habileté.

Wissam
1 900 TOP 900

Honoré de médailles (arabe). *Variantes :* Ouisam, Ouissam, Wisam. *Caractérologie :* pratique, communication, enthousiasme, détermination, adaptation.

Wissem
2 000 TOP 700

Honoré de médailles (arabe). *Variantes :* Ouisem, Ouissem, Wisem. *Caractérologie :* sagacité, spiritualité, connaissances, originalité, décision.

Wit
- de 30

Vie (polonais), blanc (néerlandais). Wit est plus particulièrement usité en Pologne et aux Pays-Bas. *Variante :* Dewitt. *Caractérologie :* connaissances, spiritualité, philosophie, sagacité, originalité.

Wladimir
650

Règne glorieux (slave). *Variantes :* Waldi, Waldimir. *Caractérologie :* passion, force, habileté, résolution, ambition.

Wladislaw
200

Gouverneur puissant et renommé (slave). Prénom polonais. *Variantes :* Vladislas, Vladislav, Vladislaw, Wadislas, Wadislav, Wadyslas, Wadyslaw, Wladislas, Wladislav, Wladyslaw. *Caractérologie :* énergie, originalité, découverte, audace, décision.

Wolf
- de 100

Loup (germanique). Dans l'Hexagone, Wolf est plus traditionnellement usité en Alsace. *Variantes :* Wolff, Wulf. *Caractérologie :* médiation, fidélité, relationnel, adaptabilité, intuition.

Wolfgang
500

Loup qui avance (germanique). Masculin allemand. *Variante :* Wolfang. *Caractérologie :* persévérance, sécurité, structure, efficacité, cœur.

Woody
120

Règne glorieux (slave). Masculin anglais. *Caractérologie :* audace, direction, indépendance, dynamisme, volonté.

Les prénoms autour du monde

Les effets de la globalisation n'épargnent pas les prénoms. De Melbourne à Washington, en passant par Paris, les stars du moment partent à la conquête de vastes empires. Ainsi, Adam, Ethan, Gabriel, Léo, Liam, Lucas (Luca, Lukas), Noah et Oscar rencontrent un succès retentissant en Europe et dans les pays anglophones. Chez les filles, c'est à l'échelle planétaire qu'Alice (Alicia), Anna, Emma, Eva (Ava), Julia, Mia, Olivia, Sophia (Sofia) et Victoria se propagent. Dans le même temps, la décote des stars d'hier prend des ampleurs inédites. Ainsi, après avoir longtemps brillé, Nathan, Thomas, Lily et Lucie (Lucy) accusent une décroissance généralisée dans de nombreux pays.

L'engouement pour les prénoms venus d'ailleurs est l'une des dynamiques de cette globalisation. Il permet la diffusion de prénoms oubliés, de choix inédits, inventés ou débusqués à l'autre bout du monde. Les parents désireux de trouver la perle rare ont d'autant plus de facilité qu'Internet leur ouvre toutes les frontières. Cette liberté s'est traduite par l'essor de prénoms hindous, perses et indiens d'Amérique (exemples : Cheyenne, Indira) aux États-Unis comme en Angleterre. En France, cette quête d'exotisme a introduit des nouveautés chinoises (Meï, Tao), indiennes (Uma, Mani, Rohan), japonaises (Ken, Hanaé), slaves (Milan, Vadim, Mila, Tania), scandinaves (Liv, Solveig, Nils, Sven) et tahitiennes (Teva, Moana). Sans oublier l'arrivée d'innombrables succès européens.

Au milieu de cette déferlante, la vague des prénoms anglo-américains est toujours puissante, mais l'influence des choix européens est devenue incontournable. La percée de petits noms italiens (Clara, Giulia, Enzo, Nino), espagnols (Inès, Lola, Pablo) et irlandais (Aïdan, Evan, Liam, Nolan) n'est pas uniquement observée dans leurs terres d'origine. Ils se répandent dans toute l'Europe et bien au-delà (outre-Atlantique notamment).

Évidemment, tous les prénoms ne s'exportent pas n'importe où. Les succès de Maëlys, de Camille, Romane et Manon n'ont guère fait d'émules en dehors des contrées francophones. Il est vrai que ces sonorités sont spécifiquement françaises. Reste que pour s'adapter à un pays d'accueil, de petits moyens font souvent l'affaire. Pour s'épanouir en terres hispanophones, Anna se déleste souvent d'un « n ». Pour séduire les parents anglophones, quoi de plus simple pour Nicolas que d'arborer un « h » ? Il arrive aussi qu'un prénom change du tout au tout. C'est le cas d'Ethan qui s'est transformé en Izan pour conquérir l'Espagne. Une stratégie qui porte ses fruits.

W

Wulfran

110

Loup, corbeau (germanique). *Variante :* Wulfram. *Caractérologie :* curiosité, dynamisme, courage, résolution, analyse.

Wyatt

2 500 TOP 300

Combat, courage (germanique). Se rapporte également à un ancien patronyme anglo-saxon. *Caractérologie :* force, passion, management, ambition, habileté.

X

Xabi
550 ↘

Maison neuve (basque). *Caractérologie :* idéalisme, intégrité, altruisme, réflexion, dévouement.

Xan
600 TOP 2 000 →

Dieu fait grâce (hébreu). Prénom basque. *Caractérologie :* pragmatisme, optimisme, créativité, sociabilité, communication.

Xanti
- de 30

Dérivé basque de Jacques ou Diego. *Variante :* Xanthie. *Caractérologie :* audace, énergie, originalité, résolution, découverte.

Xavier
100 000 TOP 900 ↘

Maison neuve (basque). Jésuite missionnaire au XVIe siècle, saint François-Xavier partit, à la demande du pape Paul III, prêcher en Indes orientales et au Japon. Il est le patron des missionnaires. Ce prénom français est plus traditionnellement usité au Pays basque et en Occitanie. *Variantes :* Jabier, Xabier, Xaver, Xidi. *Caractérologie :* connaissances, sagacité, spiritualité, détermination, volonté.

Xian
- de 30

Sophistiqué, compétent (chinois). *Caractérologie :* détermination, créativité, adaptation, optimisme, communication.

Ximun
140

Forme basque de Simon : qui est exaucé (hébreu). *Caractérologie :* volonté, idéalisme, tolérance, résolution, rectitude.

Xuan
- de 100

Printemps, jeunesse (vietnamien). *Caractérologie :* famille, équilibre, responsabilité, influence, exigence.

Y

Yaacov
170

Supplanter, talonner (hébreu). *Caractérologie :* méthode, engagement, fiabilité, réussite, ténacité.

Yacine
15 000 TOP 400 ↘

Se rapporte aux premières lettres de la 36e sourate du Coran (arabe). Ce prénom est particulièrement porté dans les cultures musulmanes. *Variante :* Yacin. *Caractérologie :* communication, enthousiasme, pratique, résolution, sympathie.

Yaël
4 500 TOP 400 →

Forme basque et bretonne de Joël : Dieu est Dieu (hébreu). Au féminin, Yaël est un prénom biblique dont l'étymologie est différente. *Caractérologie :* connaissances, spiritualité, sagacité, originalité, bonté.

Yago
140

Forme espagnole de Jacques : supplanter, talonner (hébreu). *Caractérologie :* communication, générosité, pratique, adaptation, enthousiasme.

X

Yahya
2 000 TOP 400
Il vivra (arabe). *Variante :* Yahia. *Caractérologie :* responsabilité, influence, équilibre, famille, exigence.

Yamine
1 300 TOP 900
Prénom arabe emprunté au persan signifiant « fleur de jasmin ». *Variante :* Yamin. *Caractérologie :* persévérance, décision, structure, sécurité, réussite.

Yan
5 000 TOP 2 000
Ce dérivé basque de Jean est également un patronyme chinois et un nom qui signifie « hirondelle ». *Caractérologie :* sécurité, persévérance, efficacité, structure, honnêteté.

Yanaël
550 TOP 2 000
Combinaison de Yan et des prénoms se terminant par « aël ». *Caractérologie :* amitié, invention, fiabilité, engagement, ténacité.

Yani
1 200 TOP 2 000
Dieu fait grâce (hébreu). *Caractérologie :* efficacité, persévérance, détermination, structure, sécurité.

Y

Yanick
2 000
Dieu fait grâce (hébreu). On peut estimer que moins de 30 enfants seront prénommés ainsi en 2022. *Caractérologie :* humanité, rectitude, sympathie, rêve, résolution.

Yanis
61 000 TOP 100
Dieu fait grâce (hébreu). Après avoir embrassé maints prénoms européens, les Français ont découvert cette forme grecque de Jean. Un engouement tardif puisque Yanis ne dépasse même pas le seuil des 70 naissances avant 1988. Peu importe, puisque son essor est fulgurant : Yanis atteint le 11e rang du classement masculin en 2007 avant de se faire plus discret. *Variantes :* Yanice, Yaniss, Yanisse, Yannice. *Caractérologie :* découverte, audace, énergie, résolution, originalité.

Yanko
- de 30
Dieu fait grâce (hébreu). *Caractérologie :* optimisme, pratique, communication, adéquation, partage.

Yann
84 000 TOP 400
Dieu fait grâce (hébreu). Masculin français et breton. *Variante :* Yane. *Caractérologie :* humanité, rectitude, tolérance, générosité, rêve.

Yanni
600 TOP 2 000
Dieu fait grâce (hébreu). *Caractérologie :* humanité, résolution, rectitude, générosité, détermination.

Yanni
600 TOP 2 000
Dieu fait grâce (hébreu). *Caractérologie :* altruisme, idéalisme, intégrité, réflexion, décision.

Yannick
81 000 TOP 2 000
Dieu fait grâce (hébreu). Masculin français et breton. *Variantes :* Yaneck, Yanek, Yanic, Yanik, Yaniv, Yannic, Yannik. *Caractérologie :* curiosité, dynamisme, courage, sympathie, résolution.

Yannig
400
Dieu fait grâce (hébreu). Prénom breton. *Caractérologie :* intelligence, savoir, indépendance, décision, méditation.

Yannis
14 000 TOP 700
Dieu fait grâce (hébreu). Voir Yanis. *Caractérologie :* direction, dynamisme, indépendance, audace, détermination.

Yao
- de 100
Né un jeudi (akan). Ce prénom d'Afrique de l'Ouest est principalement recensé au

Ghana, au Togo et en Côte d'Ivoire. Yao est également un patronyme et un nom qui fut porté par un roi légendaire chinois au IIIe siècle avant J.-C. *Caractérologie :* curiosité, charisme, indépendance, dynamisme, courage.

Yasin

3 000 TOP 700

Se rapporte aux premières lettres de la 36e sourate du Coran (arabe). *Variante :* Yasine. *Caractérologie :* énergie, détermination, découverte, audace, originalité.

Yasser

2 500 TOP 500

Riche (arabe). *Variante :* Yacer. *Caractérologie :* bienveillance, conscience, conseil, paix, détermination.

Yassin

5 000 TOP 500

Se rapporte aux premières lettres de la 36e sourate du Coran (arabe). *Caractérologie :* bienveillance, paix, conseil, conscience, décision.

Yassine

20 000 TOP 200

Se rapporte aux premières lettres de la 36e sourate du Coran (arabe). Ce prénom est particulièrement répandu dans les cultures musulmanes francophones. *Caractérologie :* sociabilité, diplomatie, réceptivité, décision, loyauté.

Yassir

1 700 TOP 700

Riche (arabe). *Caractérologie :* autonomie, autorité, innovation, énergie, ambition.

Yasuo

- de 30

Calme, pacifique (japonais). *Caractérologie :* humanité, rectitude, rêve, ouverture d'esprit, générosité.

Yazid

3 500 TOP 400

Le meilleur (arabe). *Variante :* Yazide. *Caractérologie :* intuition, ressort, médiation, relationnel, réalisation.

Yehiel

- de 100

Que le Seigneur vive (hébreu). *Caractérologie :* audace, direction, dynamisme, action, bonté.

Yéhouda

140

Remercier (hébreu). *Caractérologie :* savoir, intelligence, volonté, méditation, réalisation.

Yen

- de 30

Paix, hirondelle (vietnamien). *Caractérologie :* achèvement, vitalité, ardeur, stratégie, leadership.

Yeram

- de 30

Bande d'oiseaux (arménien). *Caractérologie :* habileté, force, détermination, réalisation, ambition.

Yeraz

- de 30

Rêve (arménien). *Caractérologie :* communication, décision, pragmatisme, optimisme, action.

Ylan

5 500 TOP 300

Arbre (hébreu). Masculin français. *Variante :* Ylann. *Caractérologie :* connaissances, spiritualité, sagacité, originalité, bonté.

Ylenzo

400 TOP 900

Combinaison de la lettre Y et du prénom Lenzo. Ce nouveau prénom est en vogue dans les cultures gitanes francophones aujourd'hui. *Caractérologie :* tolérance, sagacité, amitié, bonté, caractère.

Ylias

200

Qui vient de Dieu (arabe), le Seigneur est mon Dieu (hébreu). *Caractérologie :* sociabilité, communication, pragmatisme, créativité, optimisme.

Ylies

1 500 TOP 2 000

Qui vient de Dieu (arabe), le Seigneur est mon Dieu (hébreu). *Variante :* Yliess.

Caractérologie : savoir, méditation, intelligence, sympathie, résolution.

Yoah
- de 30

Dieu, frère (hébreu). *Caractérologie :* structure, sécurité, persévérance, efficacité, honnêteté.

Yoan
16 000 TOP 800

Dieu fait grâce (hébreu). Masculin espagnol (cubain), bulgare, basque et breton. *Caractérologie :* autorité, ambition, autonomie, énergie, innovation.

Yoann
42 000 TOP 900

Dieu fait grâce (hébreu). Dans l'Hexagone, Yoann est plus traditionnellement usité en Bretagne et au Pays basque. *Variantes :* Ioannis, Yoane. *Caractérologie :* paix, bienveillance, conscience, sagesse, conseil.

Yoanne
400

Dieu fait grâce (hébreu). *Caractérologie :* sociabilité, loyauté, réceptivité, diplomatie, bonté.

Yoav
170

Dieu, père (hébreu). *Caractérologie :* humanité, ouverture d'esprit, rêve, réalisation, rectitude.

Yoël
700 TOP 2 000

Dieu est Dieu (hébreu). *Caractérologie :* pragmatisme, communication, créativité, optimisme, sympathie.

Yohan
24 000 TOP 800

Dieu fait grâce (hébreu). Masculin français et basque. *Caractérologie :* rectitude, tolérance, générosité, rêve, humanité.

Yohann
22 000 TOP 1 000

Dieu fait grâce (hébreu). Masculin français. *Variantes :* Yohanan, Yohane, Yohanne. *Caractérologie :* dynamisme, courage, indépendance, curiosité, charisme.

Yolan
750

Aube (grec), violette (latin). *Variante :* Yoland. *Caractérologie :* méthode, ténacité, engagement, sympathie, fiabilité.

Yon
300

Colombe (hébreu). *Caractérologie :* humanité, rectitude, rêve, ouverture d'esprit, générosité.

Yonaël
- de 30

Variante de Jonaël. *Caractérologie :* humanité, rectitude, bonté, idéalisme, ouverture d'esprit.

Yonah
- de 100 TOP 2 000

Colombe (hébreu). *Caractérologie :* réflexion, rêve, partage, fiabilité, intégrité.

Yonathan
400

Dieu a donné (hébreu). *Caractérologie :* finesse, vitalité, achèvement, stratégie, ardeur.

Yonel
170

Diminutif de Lionel, variante de Jean ou des prénoms commençant par « Yon ». *Variante :* Yonnel. *Caractérologie :* bonté, passion, force, humour, vivacité.

Yoni
4 000 TOP 700

Diminutif de Yonathan : Dieu a donné (hébreu). Masculin français. *Variantes :* Yona, Yonni, Yony. *Caractérologie :* rectitude, humanité, rêve, générosité, tolérance.

Yoram
250

Nom sacré (grec). *Caractérologie :* rectitude, rêve, ouverture d'esprit, humanité, réalisation.

Yoran
300

Dieu est exalté (hébreu). *Caractérologie :* dynamisme, audace, direction, décision, indépendance.

Yori - de 100
Fiable, digne de confiance (japonais). *Caractérologie :* sens du devoir, ténacité, méthode, engagement, fiabilité.

Yorick 900
Labourer le sol (grec). Dans l'Hexagone, Yorick est plus traditionnellement usité au Pays basque. *Variantes :* Yorik, Yorrick. *Caractérologie :* idéalisme, altruisme, analyse, intégrité, réflexion.

Yoris 400
Variante de Joris ou combinaison de prénoms présentant ces sonorités (exemples : Yohan et Loris). *Caractérologie :* courage, séduction, indépendance, charisme, curiosité.

Youcef 6 000 TOP 400
Forme arabe de Joseph : Dieu ajoutera (hébreu). *Caractérologie :* optimisme, créativité, cœur, pragmatisme, communication.

Youen 900
Forme bretonne d'Yves : if (celte). *Variantes :* Yoen, Youn. *Caractérologie :* habileté, passion, ambition, force, cœur.

Youenn 1 900 TOP 2 000
Forme bretonne d'Yves : if (celte). *Caractérologie :* méthode, cœur, ténacité, engagement, fiabilité.

Younes 18 000 TOP 200
Proche de Dieu (arabe). Ce prénom est particulièrement répandu dans les cultures musulmanes francophones. *Variantes :* Yunus, Younus. *Caractérologie :* idéalisme, cœur, réflexion, intégrité, altruisme.

Youness 3 000 TOP 800
Proche de Dieu (arabe). *Variantes :* Younesse, Younous, Youns, Younsse. *Caractérologie :* autorité, innovation, énergie, amitié, ambition.

Youri 3 000 TOP 700
Forme francisée de Yuri, l'équivalent russe de Georges. *Variantes :* Iouri, Youry. *Caractérologie :* méditation, intelligence, raisonnement, savoir, indépendance.

Youssef 19 000 TOP 100
Forme arabe de Joseph : Dieu ajoutera (hébreu). Youssef est particulièrement répandu dans les cultures musulmanes francophones. *Variantes :* Yossef, Yousef, Youssaf. *Caractérologie :* sociabilité, réceptivité, diplomatie, loyauté, bonté.

Youssouf 3 000 TOP 300
Forme arabe de Joseph : Dieu ajoutera (hébreu). *Caractérologie :* conscience, bienveillance, conseil, paix, sagesse.

Yovan 200
Dieu fait grâce (hébreu). *Caractérologie :* dynamisme, volonté, réalisation, courage, curiosité.

Yoven - de 30
Dieu fait grâce (hébreu). *Caractérologie :* réflexion, intégrité, fiabilité, ténacité, communication.

Yrian - de 30
Labourer le sol (grec). Cette forme suédoise de Jurian (Georges en français) a été attestée dès le début du XVe siècle en Suède. *Caractérologie :* méthode, patience, détermination, confiance, créativité.

Yrieix - de 100
Rayon (latin). Plusieurs communes françaises et un saint ayant vécu

Y

au VIe siècle se sont nommés ainsi. *Caractérologie :* rectitude, réflexion, dévouement, idéalisme, altruisme.

Yun
- de 100

Dieu fait grâce (hébreu). Dans l'Hexagone, ce prénom est plus traditionnellement attribué en Bretagne. *Caractérologie :* conscience, conseil, bienveillance, paix, sympathie.

Yunus
1 200 TOP 700

Forme arabe de Jonas : colombe (hébreu). *Caractérologie :* innovation, ambition, énergie, cœur, autorité.

Yuri
500 TOP 1 000

Forme russe de Georges : labourer le sol (grec). Ce prénom est très répandu en Russie. *Caractérologie :* direction, indépendance, audace, dynamisme, assurance.

Yusuf
4 000 TOP 300

Forme arabe de Joseph : Dieu ajoutera (hébreu). *Caractérologie :* relationnel, intuition, fidélité, adaptabilité, médiation.

Y

Yvain
500

If (celte). Masculin français et breton. *Caractérologie :* force, ambition, réussite, habileté, décision.

Yvan
21 000 TOP 2 000

Dieu fait grâce (hébreu). Yvan est répandu dans les pays slaves et anglophones. *Variante :* Yvani. *Caractérologie :* vitalité, achèvement, ardeur, stratégie, réussite.

Yvane
200

Dieu fait grâce (hébreu). *Caractérologie :* méthode, engagement, fiabilité, réalisation, ténacité.

Yvann
1 800 TOP 2 000

Dieu fait grâce (hébreu). *Caractérologie :* structure, efficacité, persévérance, sécurité, réalisation.

Yvelin
- de 30

If (celte). *Variante :* Ivelin. *Caractérologie :* équilibre, famille, responsabilité, influence, cœur.

Yves
139 000

If (celte). Yves s'est diffusé en Bretagne dès le Moyen Âge en raison du culte voué à Yves Hélori de Kermartin (1250-1303), son saint patron. Avocat de profession, il se rendit populaire en défendant brillamment les plus pauvres avant de devenir prêtre. Yves est sorti de son berceau breton au début du XXe siècle et s'est progressivement diffusé dans l'Hexagone. Il s'est imposé dans les 10 premiers rangs masculins à la fin des années 1940. À l'image d'Yves Saint Laurent (1936-2008), Yves est spécifiquement français. On peut estimer que moins de 30 enfants seront prénommés ainsi en 2022. *Variantes :* Iv, Ivelin, Ioen, Yvelin, Yven, Wanig. *Caractérologie :* force, ambition, passion, réussite, habileté.

Yves-Marie
1 100

Forme composée de Yves et Marie. Masculin français. On peut estimer que moins de 30 enfants seront prénommés ainsi en 2022. *Caractérologie :* rectitude, humanité, rêve, résolution, réalisation.

Yvon
25 000

If (celte). Masculin français et breton. On peut estimer que moins de 30 enfants seront prénommés ainsi en 2022. *Variantes :* Ivon, Ivonig, Yvonic, Yvonick, Yvonnic, Yvonnick. *Caractérologie :* persévérance, structure, efficacité, sécurité, caractère.

Ywan
- de 100

If (celte), bien né, jeune guerrier (vieil irlandais), ou forme galloise de Jean. Voir Evan. *Variantes :* Iv, Ivelin, Ioen, Yvelin, Yven, Ywann, Wanig. *Caractérologie :* humanité, fiabilité, rêve, bienveillance, intégrité.

Z

Zacharia
750 TOP 2 000

Dieu se souvient (hébreu). Attribué dans le Pays basque et les pays de cultures musulmanes, ce prénom d'origine hébraïque est plus multiculturel qu'il n'y paraît. *Variantes :* Sakaria, Zacharias, Zackaria, Zaccharia. *Caractérologie :* structure, persévérance, efficacité, sécurité, honnêteté.

Zacharie
4 500 TOP 400

Dieu se souvient (hébreu). Un pape du VIIIe siècle et plusieurs saints ont illustré ce prénom. Saint Zacharie, le père de saint Jean-Baptiste, est fêté le 5 novembre. ◊ Dans l'Ancien Testament, Zacharie le Prophète fait accélérer la reconstruction du temple de Jérusalem. *Variantes :* Zaccharie, Zachari, Zakarie. *Caractérologie :* stratégie, vitalité, ardeur, achèvement, détermination.

Zachary
2 500 TOP 600

Dieu se souvient (hébreu). Masculin anglais. *Variantes :* Zacchary, Zackary. *Caractérologie :* direction, audace, dynamisme, indépendance, action.

Zack
1 600 TOP 400

Dieu se souvient (hébreu). *Caractérologie :* courage, dynamisme, indépendance, curiosité, organisation.

Zadig
550 TOP 2 000

Dérivé de Pascal : passage (hébreu). Zadig est également le personnage central de *Zadig ou la Destinée*, un conte philosophique de Voltaire resté célèbre, publié pour la première fois en 1747. *Caractérologie :* ressort, diplomatie, sociabilité, réceptivité, réalisation.

Zahir
500

Rayonnant (arabe). *Variantes :* Zaher, Zaïr, Zohir. *Caractérologie :* achèvement, vitalité, ardeur, leadership, stratégie.

Zaïd
800 TOP 900

L'ascète (arabe). *Variante :* Zayd. *Caractérologie :* méthode, ténacité, engagement, fiabilité, sens du devoir.

Zaïm
500 TOP 2 000

Le chef (arabe). *Caractérologie :* dynamisme, curiosité, charisme, originalité, courage.

Zak
200 TOP 2 000

Dieu se souvient (hébreu). *Caractérologie :* loyauté, réceptivité, sociabilité, diplomatie, bonté.

Zakaria
12 000 TOP 200

Forme arabe de Zacharie : Dieu se souvient (hébreu). *Variantes :* Zakari, Zakariya, Zakarya. *Caractérologie :* ténacité, méthode, fiabilité, sens du devoir, engagement.

Zakary
750 TOP 2 000

Dieu se souvient (hébreu). Zakary est plus particulièrement usité dans les pays anglophones. *Caractérologie :* énergie, innovation, ambition, autorité, action.

Zaki
500

Intelligent, pur (arabe). *Variante :* Zéki. *Caractérologie :* réceptivité, sociabilité, loyauté, diplomatie, bonté.

Zao
- de 100

Commencement, construction (chinois). Prénom mixte. Zao Wou-Ki (1920-2013), peintre et graveur chinois de renommée internationale, naturalisé français en 1964, a peut-être contribué à l'émergence de ce prénom. Dans les deux genres, Zao est apparu dans les registres d'état civil français à partir de 2009. *Caractérologie :* humilité, harmonie, exigence, influence, éthique.

Zaven
180 TOP 2 000

Prénom arménien d'origine iranienne signifiant « aide ». *Caractérologie :* originalité, audace, séduction, énergie, découverte.

Z

Zayn
1 300 TOP 200

Beau (arabe). *Variante :* Zaïn. *Caractérologie :* enthousiasme, pratique, adaptation, communication, générosité.

Zébulon
- de 30

Exalté (hébreu). *Caractérologie :* découverte, audace, énergie, originalité, attention.

Zélio
- de 100 TOP 2 000

Se rapporte au patronyme italien Azeglio. Massimo d'Azeglio (1798-1866), issu d'une famille de marquis, fut homme d'État, écrivain et peintre italien. Il termina sa carrière en dirigeant la galerie Sabauda de Turin. Une commune de la province de Turin porte désormais le nom d'Azeglio en sa mémoire. *Caractérologie :* ténacité, logique, fiabilité, méthode, engagement.

Zeno
- de 100

Hospitalier (grec). *Caractérologie :* responsabilité, famille, équilibre, exigence, influence.

Zenon
150

Hospitalier (grec). *Caractérologie :* sociabilité, bonté, réceptivité, diplomatie, loyauté.

Zéphirin
- de 100

Vent doux (grec). Voir Zéphyr. *Variante :* Zéphyrin. *Caractérologie :* paix, conscience, conseil, bienveillance, action.

Zéphyr
450 TOP 900

Personnification du vent de l'ouest dans la mythologie grecque, vent doux dans *L'Iliade* et *L'Odyssée* d'Homère, Zéphyr est chargé d'histoire. Mais en tant que prénom, il traverse les siècles discrètement. Une poignée d'attributions ici et là, comme dans les années 1900. Mais il frémit aujourd'hui et grandit, avec son frère Zéphyrin, dans le sillon des prénoms de la nature. Dans l'Hexagone, Zéphyr est plus traditionnellement usité au Pays basque. *Variante :* Zéphir. *Caractérologie :* audace, indépendance, dynamisme, ressort, direction.

Ziad
1 900 TOP 500

Croissance (arabe). *Caractérologie :* ténacité, fiabilité, méthode, engagement, sens du devoir.

Zian
500 TOP 2 000 ↘

Élégant (arabe). Prêtre de l'Église orthodoxe roumaine, Arsénie Boca (1910-1989), né Zian Boca, est considéré comme l'un des maîtres spirituels de la Roumanie. Zian est le héros du roman de Frison-Roche *Premier de cordée*. Son succès n'a pas eu d'impact immédiat sur le prénom puisque le premier Zian de France est né en 1993, 50 ans après la date de parution du livre. *Caractérologie* : curiosité, dynamisme, découverte, séduction, audace.

Zidane
400 ↘

Ce patronyme a été enregistré en tant que prénom à l'état civil pour la première fois en 1948. *Caractérologie* : courage, dynamisme, curiosité, indépendance, détermination.

Zied
650 →

Croissance (arabe). *Caractérologie* : habileté, ambition, passion, force, management.

Ziggy
130

Diminutif allemand et anglophone de Siegfried : victoire, paix (germanique). *Caractérologie* : médiation, autonomie, intuition, ambition, audace.

Zinedine
2 000 TOP 2 000 →

L'emblème de la religion (arabe). *Variantes* : Zine, Zineddine. Forme composée : Zine-Eddine. *Caractérologie* : curiosité, dynamisme, indépendance, courage, charisme.

Zlatko
- de 100

Doré (slave). Masculin slave méridional. *Caractérologie* : structure, persévérance, sécurité, efficacité, gestion.

Zoël
- de 30

Vie (grec). *Caractérologie* : méthode, ténacité, sens du devoir, fiabilité, engagement.

Zola
- de 100 TOP 2 000

Ce patronyme porté par Émile Zola, le célèbre écrivain français (1840-1902), est un prénom usité dans les pays anglophones depuis le XIXe siècle. « Calme », d'après sa signification en zoulou, il est également recensé en Afrique du Sud. Dans l'Hexagone, Zola a été attribué pour la première fois à des garçons en 1988 et à des filles en 1998. *Caractérologie* : réflexion, idéalisme, intégrité, dévouement, altruisme.

Zoran
800 →

Fleur, blancheur lumineuse (arabe). Prénom slave méridional. *Caractérologie* : diplomatie, loyauté, réceptivité, détermination, sociabilité.

Zuri
- de 30

Blanc (basque). *Caractérologie* : diplomatie, loyauté, réceptivité, sociabilité, bonté.

Zyad
1 400 TOP 700 →

Croissance (arabe). *Variantes* : Ziyad, Ziyed, Zyed. *Caractérologie* : relationnel, connaissances, fidélité, réalisation, médiation.

Annexes

Les prénoms par départements

Chaque année, les classements par départements affichent des différences avec le palmarès national. Si l'on retrouve généralement les stars françaises dans les 10 premiers rangs, nombre de prénoms créent la surprise. En 2019, Ambre s'invite au 1er rang de nombreux départements et brille aux côtés d'Emma, Louise, Alice, Jade et Lina. Au masculin, Malo est en tête dans les Côtes-d'Armor et nulle part ailleurs. À contre-courant de leur reflux général, Kylian et Enzo se maintiennent en Guyane française et en Lozère. De leur côté, Elena et Tiago font figure de pionniers : ils raflent la mise dans les Hautes-Alpes (Elena), dans les Ardennes et en Haute-Saône (Tiago) alors qu'ils viennent tout juste de percer dans le top 20 national.

Dans les îles françaises d'outre-mer, Jade, Mia/Mya et Ethan trustent les premiers rangs. Les prénoms régionaux se distinguent tant bien que mal. Ainsi, Malo et Maëlys obtiennent leurs meilleurs classements en Bretagne tandis que Oihan, Eneko, Enea, Enaia et Nahia se maintiennent dans les 50 premiers rangs basques. C'est en Corse que les prénoms issus des traditions tirent leur épingle du jeu. Confortée par Livia et Lesia, Ghjulia trône au 1er rang féminin. Au masculin, Lisandru (2e), Andria (6e) et Marc'Andria (11e), quasi inconnus en dehors de l'île de Beauté, affichent leur singularité. Il n'empêche que dans l'ensemble des départements, le top 3 gagnant est le plus souvent composé d'une ou plusieurs de nos stars nationales.

Ci-dessous les palmarès des départements français. Les prénoms ont été classés par ordre décroissant d'attribution selon la dernière édition (2020) du fichier des prénoms de l'Insee.

01 - Ain

1. Louise	**1.** Lucas
2. Mia	**2.** Léo
3. Lina	**3.** Noah
4. Emma	**4.** Arthur
5. Julia	**5.** Liam
6. Rose	**6.** Jules
7. Zoé	**7.** Enzo
8. Jade	**8.** Ethan
9. Juliette	**9.** Tiago
10. Alice	**10.** Gabriel

02 - Aisne

1. Emma	**1.** Raphaël
2. Jade	**2.** Léo
3. Ambre	**3.** Arthur
4. Julia	**4.** Tiago
5. Louise	**5.** Jules
6. Rose	**6.** Maël
7. Léna	**7.** Hugo
8. Lola	**8.** Louis
9. Louna	**9.** Gabin
10. Alice	**10.** Nathan

03 - Allier

1. Emma	1. Léo
2. Alice	2. Gabriel
3. Jade	3. Louis
4. Chloé	4. Gabin
5. Julia	5. Maël
6. Louise	6. Paul
7. Anna	7. Raphaël
8. Mila	8. Hugo
9. Lucie	9. Jules
10. Adèle	10. Tiago

04 - Alpes-de-Haute-Provence

1. Julia	1. Kaïs
2. Emy	2. Léo
3. Lina	3. Aaron
4. Anna	4. Adam
5. Chloé	5. Gabriel
6. Louna	6. Timéo
7. Luna	7. Enzo
8. Manel	8. Ethan
9. Mila	9. Milo
10. Nina	10. Raphaël

05 - Hautes-Alpes

1. Elena	1. Ethan
2. Alice	2. Raphaël
3. Jade	3. Evan
4. Julia	4. Gabriel
5. Léa	5. Louis
6. Lola	6. Maël
7. Louise	7. Arthur
8. Manon	8. Lucas
9. Nina	9. Marius
10. Chloé	10. Léo

06 - Alpes-Maritimes

1. Lina	1. Gabriel
2. Victoria	2. Léo
3. Emma	3. Adam
4. Mia	4. Raphaël
5. Giulia	5. Louis
6. Alice	6. Arthur
7. Jade	7. Liam
8. Louise	8. Aaron
9. Anna	9. Nathan
10. Léa	10. Hugo

07 - Ardèche

1. Emma	1. Gabriel
2. Elena	2. Adam
3. Louise	3. Jules
4. Julia	4. Léo
5. Nina	5. Éden
6. Léna	6. Timéo
7. Mia	7. Liam
8. Mila	8. Sacha
9. Emmy	9. Arthur
10. Louna	10. Léon

08 - Ardennes

1. Emma	1. Tiago
2. Jade	2. Arthur
3. Alice	3. Léo
4. Lola	4. Sacha
5. Louise	5. Louis
6. Mia	6. Éden
7. Rose	7. Gabin
8. Ambre	8. Maël
9. Lina	9. Tom
10. Zoé	10. Liam

09 - Ariège

1. Ambre
2. Louise
3. Alice
4. Luna
5. Inaya
6. Jeanne
7. Julia
8. Emma
9. Léna
10. Léonie

1. Nathan
2. Léo
3. Tiago
4. Jules
5. Hugo
6. Lucas
7. Maël
8. Raphaël
9. Timéo
10. Tom

10 - Aube

1. Louise
2. Jade
3. Mia
4. Rose
5. Ambre
6. Léna
7. Alice
8. Anna
9. Elena
10. Jeanne

1. Léo
2. Gabriel
3. Jules
4. Hugo
5. Maël
6. Raphaël
7. Arthur
8. Noah
9. Paul
10. Aaron

11 - Aude

1. Louise
2. Mia
3. Anna
4. Mila
5. Alice
6. Rose
7. Ambre
8. Jade
9. Emma
10. Léonie

1. Raphaël
2. Gabriel
3. Léo
4. Louis
5. Maël
6. Lucas
7. Tiago
8. Hugo
9. Jules
10. Arthur

12 - Aveyron

1. Ambre
2. Emma
3. Léna
4. Louise
5. Iris
6. Agathe
7. Chloé
8. Mila
9. Rose
10. Julia

1. Gabriel
2. Maël
3. Léon
4. Hugo
5. Jules
6. Arthur
7. Lucas
8. Raphaël
9. Léo
10. Louis

13 - Bouches-du-Rhône

1. Lina
2. Emma
3. Jade
4. Elena
5. Giulia
6. Chloé
7. Anna
8. Léa
9. Romy
10. Alice

1. Léo
2. Gabriel
3. Raphaël
4. Adam
5. Mohamed
6. Éden
7. Hugo
8. Louis
9. Maël
10. Arthur

14 - Calvados

1. Jade
2. Louise
3. Rose
4. Ambre
5. Alice
6. Chloé
7. Mila
8. Adèle
9. Manon
10. Emma

1. Léo
2. Raphaël
3. Louis
4. Jules
5. Sacha
6. Lucas
7. Arthur
8. Maël
9. Gabriel
10. Gabin

15 - Cantal

1. Jade	1. Raphaël
2. Anna	2. Louis
3. Louise	3. Gabin
4. Clémence	4. Marius
5. Emma	5. Timéo
6. Julia	6. Hugo
7. Mila	7. Augustin
8. Adèle	8. Lucas
9. Ambre	9. Maël
10. Manon	10. Arthur

16 - Charente

1. Emma	1. Arthur
2. Alice	2. Gabriel
3. Jade	3. Jules
4. Rose	4. Lucas
5. Mila	5. Gabin
6. Louise	6. Louis
7. Camille	7. Tiago
8. Ambre	8. Marius
9. Lola	9. Noah
10. Zoé	10. Raphaël

17 - Charente-Maritime

1. Louise	1. Léo
2. Jade	2. Tiago
3. Lou	3. Arthur
4. Mia	4. Gabriel
5. Mila	5. Gabin
6. Emma	6. Hugo
7. Chloé	7. Jules
8. Lola	8. Louis
9. Rose	9. Liam
10. Anna	10. Paul

18 - Cher

1. Louise	1. Jules
2. Léna	2. Tiago
3. Juliette	3. Louis
4. Lou	4. Lucas
5. Mila	5. Raphaël
6. Alice	6. Gabriel
7. Chloé	7. Léo
8. Elena	8. Gabin
9. Julia	9. Liam
10. Lola	10. Maël

19 - Corrèze

1. Louise	1. Léo
2. Chloé	2. Louis
3. Emma	3. Gabriel
4. Jade	4. Léon
5. Lola	5. Enzo
6. Mila	6. Gabin
7. Mia	7. Jules
8. Alice	8. Nathan
9. Anna	9. Maël
10. Clémence	10. Tiago

20 - Corse

1. Ghjulia	1. Baptiste
2. Livia	2. Lisandru
3. Anna	3. Raphaël
4. Chloé	4. Antoine
5. Elena	5. Gabriel
6. Victoria	6. Andria
7. Aya	7. Adam
8. Emma	8. Amir
9. Lara	9. Léo
10. Lesia	10. Louis

21 - Côte-d'Or

1. Alice	1. Arthur
2. Jade	2. Léo
3. Emma	3. Gabriel
4. Louise	4. Jules
5. Julia	5. Gabin
6. Anna	6. Louis
7. Camille	7. Maël
8. Manon	8. Paul
9. Rose	9. Léon
10. Mila	10. Noé

22 - Côtes-d'Armor

1. Jade	1. Malo
2. Louise	2. Arthur
3. Rose	3. Hugo
4. Anna	4. Raphaël
5. Emma	5. Lucas
6. Ambre	6. Liam
7. Inès	7. Jules
8. Adèle	8. Léo
9. Chloé	9. Noé
10. Mia	10. Tom

23 - Creuse

1. Chloé	1. Lucas
2. Jade	2. Arthur
3. Célestine	3. Paul
4. Clémence	4. Sacha
5. Lise	5. Hugo
6. Manon	6. Léo
7. Olivia	7. Marius
8. Rose	8. Tiago
9. Zoé	9. Éden
10. Léna	10. Jules

24 - Dordogne

1. Jade	1. Léo
2. Louise	2. Gabriel
3. Mila	3. Raphaël
4. Léa	4. Gabin
5. Mia	5. Louis
6. Ambre	6. Théo
7. Chloé	7. Arthur
8. Lola	8. Lucas
9. Léna	9. Maël
10. Emma	10. Tiago

25 - Doubs

1. Emma	1. Jules
2. Jade	2. Gabriel
3. Rose	3. Léo
4. Alice	4. Louis
5. Louise	5. Hugo
6. Anna	6. Arthur
7. Agathe	7. Aaron
8. Julia	8. Adam
9. Jeanne	9. Tiago
10. Léa	10. Nathan

26 - Drôme

1. Alice	1. Léo
2. Lina	2. Maël
3. Jade	3. Lucas
4. Julia	4. Tiago
5. Mila	5. Paul
6. Louise	6. Raphaël
7. Zoé	7. Gabriel
8. Anna	8. Léon
9. Rose	9. Liam
10. Chloé	10. Louis

27 - Eure

Filles	Garçons
1. Emma	1. Gabriel
2. Louise	2. Maël
3. Jade	3. Hugo
4. Mya	4. Louis
5. Alice	5. Lucas
6. Chloé	6. Raphaël
7. Lina	7. Ethan
8. Mia	8. Jules
9. Rose	9. Léo
10. Iris	10. Liam

28 - Eure-et-Loir

Filles	Garçons
1. Louise	1. Lucas
2. Emma	2. Gabriel
3. Julia	3. Noah
4. Jade	4. Paul
5. Ambre	5. Hugo
6. Léna	6. Jules
7. Mia	7. Léo
8. Chloé	8. Ethan
9. Lina	9. Raphaël
10. Louna	10. Tiago

29 - Finistère

Filles	Garçons
1. Jade	1. Léo
2. Inès	2. Lucas
3. Louise	3. Arthur
4. Rose	4. Raphaël
5. Adèle	5. Hugo
6. Lou	6. Gabriel
7. Emma	7. Louis
8. Anna	8. Maël
9. Léa	9. Malo
10. Camille	10. Nathan

30 - Gard

Filles	Garçons
1. Lina	1. Léo
2. Emma	2. Gabriel
3. Mia	3. Maël
4. Lola	4. Adam
5. Louise	5. Jules
6. Louna	6. Amir
7. Julia	7. Liam
8. Inès	8. Aaron
9. Jade	9. Ethan
10. Alice	10. Gabin

31 - Haute-Garonne

Filles	Garçons
1. Emma	1. Léo
2. Jade	2. Raphaël
3. Alice	3. Gabriel
4. Louise	4. Lucas
5. Mila	5. Louis
6. Lina	6. Arthur
7. Anna	7. Mohamed
8. Chloé	8. Léon
9. Léa	9. Jules
10. Inès	10. Maël

32 - Gers

Filles	Garçons
1. Lola	1. Gabriel
2. Ambre	2. Arthur
3. Louise	3. Robin
4. Chloé	4. Léo
5. Inès	5. Aaron
6. Mia	6. Louis
7. Alice	7. Maël
8. Anna	8. Hugo
9. Emma	9. Nino
10. Léa	10. Baptiste

33 - Gironde

1. Emma	1. Raphaël
2. Louise	2. Gabriel
3. Alice	3. Léo
4. Jade	4. Louis
5. Juliette	5. Arthur
6. Anna	6. Jules
7. Rose	7. Lucas
8. Mila	8. Paul
9. Chloé	9. Hugo
10. Elena	10. Maël

34 - Hérault

1. Emma	1. Léo
2. Jade	2. Raphaël
3. Mila	3. Gabriel
4. Lina	4. Arthur
5. Rose	5. Jules
6. Alice	6. Adam
7. Mia	7. Lucas
8. Anna	8. Amir
9. Louise	9. Mohamed
10. Léna	10. Maël

35 - Ille-et-Vilaine

1. Emma	1. Raphaël
2. Louise	2. Arthur
3. Jade	3. Louis
4. Alice	4. Léo
5. Rose	5. Lucas
6. Adèle	6. Malo
7. Agathe	7. Gabriel
8. Juliette	8. Hugo
9. Chloé	9. Maël
10. Inès	10. Jules

36 - Indre

1. Mia	1. Jules
2. Chloé	2. Hugo
3. Jade	3. Tiago
4. Mila	4. Léo
5. Alice	5. Liam
6. Anna	6. Noé
7. Léna	7. Raphaël
8. Julia	8. Louis
9. Louise	9. Lucas
10. Emma	10. Nolan

37 - Indre-et-Loire

1. Louise	1. Gabriel
2. Emma	2. Arthur
3. Jade	3. Louis
4. Alice	4. Raphaël
5. Chloé	5. Léo
6. Ambre	6. Lucas
7. Mila	7. Paul
8. Inès	8. Tiago
9. Adèle	9. Hugo
10. Juliette	10. Jules

38 - Isère

1. Emma	1. Léo
2. Mila	2. Gabriel
3. Louise	3. Raphaël
4. Lina	4. Louis
5. Jade	5. Lucas
6. Chloé	6. Adam
7. Elena	7. Maël
8. Mia	8. Arthur
9. Anna	9. Liam
10. Alice	10. Jules

39 - Jura

1. Louise	1. Hugo
2. Léa	2. Jules
3. Ambre	3. Léo
4. Jade	4. Louis
5. Nina	5. Maël
6. Anna	6. Gabin
7. Mia	7. Nathan
8. Adèle	8. Nolan
9. Agathe	9. Paul
10. Julia	10. Léon

40 - Landes

1. Alice	1. Louis
2. Juliette	2. Léo
3. Chloé	3. Tiago
4. Rose	4. Hugo
5. Ambre	5. Arthur
6. Jade	6. Gabriel
7. Louise	7. Lucas
8. Manon	8. Martin
9. Agathe	9. Raphaël
10. Charlotte	10. Maël

41 - Loir-et-Cher

1. Jade	1. Hugo
2. Ambre	2. Léo
3. Emma	3. Gabriel
4. Louise	4. Jules
5. Mia	5. Lucas
6. Camille	6. Ethan
7. Chloé	7. Arthur
8. Inès	8. Gabin
9. Julia	9. Louis
10. Juliette	10. Maël

42 - Loire

1. Jade	1. Jules
2. Emma	2. Léo
3. Louise	3. Arthur
4. Inaya	4. Gabin
5. Lina	5. Lucas
6. Lola	6. Maël
7. Alice	7. Raphaël
8. Inès	8. Gabriel
9. Mia	9. Louis
10. Rose	10. Ethan

43 - Haute-Loire

1. Julia	1. Antoine
2. Louise	2. Enzo
3. Alice	3. Jules
4. Ambre	4. Mathis
5. Léa	5. Timéo
6. Léna	6. Valentin
7. Camille	7. Léo
8. Chloé	8. Maël
9. Jeanne	9. Arthur
10. Lucie	10. Louis

44 - Loire-Atlantique

1. Louise	1. Maël
2. Alice	2. Arthur
3. Emma	3. Gabriel
4. Jade	4. Léo
5. Inès	5. Raphaël
6. Rose	6. Lucas
7. Mila	7. Jules
8. Chloé	8. Louis
9. Adèle	9. Liam
10. Juliette	10. Paul

45 - Loiret

1. Louise	1. Gabriel
2. Lina	2. Léo
3. Emma	3. Arthur
4. Jade	4. Hugo
5. Agathe	5. Louis
6. Ambre	6. Raphaël
7. Inaya	7. Jules
8. Alice	8. Noé
9. Chloé	9. Adam
10. Rose	10. Lucas

46 - Lot

1. Alice	1. Raphaël
2. Emma	2. Liam
3. Jade	3. Nolan
4. Jeanne	4. Lucas
5. Nina	5. Tiago
6. Anna	6. Léo
7. Chloé	7. Louis
8. Louna	8. Marius
9. Adèle	9. Arthur
10. Juliette	10. Tom

47 - Lot-et-Garonne

1. Alice	1. Gabriel
2. Emma	2. Louis
3. Manon	3. Gabin
4. Jade	4. Léo
5. Julia	5. Tiago
6. Inaya	6. Adam
7. Léna	7. Raphaël
8. Mia	8. Hugo
9. Mila	9. Jules
10. Louna	10. Ethan

48 - Lozère

1. Ambre	1. Enzo
2. Jade	2. Jules
3. Chloé	3. Gabriel
4. Emma	4. Lucas
5. Mila	5. Marceau
6. Camille	6. Nolan
7. Léa	7. Aurelien
8. Maëlys	8. Maël
9. Léna	9. Malo
10. Louna	10. Milo

49 - Maine-et-Loire

1. Louise	1. Maël
2. Rose	2. Raphaël
3. Jade	3. Léo
4. Alice	4. Louis
5. Adèle	5. Arthur
6. Ambre	6. Lucas
7. Chloé	7. Gabriel
8. Agathe	8. Jules
9. Inès	9. Gabin
10. Anna	10. Tiago

50 - Manche

1. Jade	1. Jules
2. Alice	2. Louis
3. Rose	3. Maël
4. Louise	4. Raphaël
5. Emma	5. Gabin
6. Anna	6. Hugo
7. Ambre	7. Lucas
8. Mia	8. Timéo
9. Agathe	9. Gabriel
10. Lola	10. Léo

51 - Marne

Filles	Garçons
1. Louise	1. Gabriel
2. Jade	2. Léo
3. Emma	3. Jules
4. Alice	4. Raphaël
5. Ambre	5. Maël
6. Rose	6. Hugo
7. Iris	7. Arthur
8. Mia	8. Adam
9. Lou	9. Louis
10. Camille	10. Paul

52 - Haute-Marne

Filles	Garçons
1. Emma	1. Léo
2. Jade	2. Tiago
3. Alice	3. Tom
4. Louna	4. Arthur
5. Louise	5. Jules
6. Maëlys	6. Louis
7. Mia	7. Timéo
8. Chloé	8. Hugo
9. Inès	9. Liam
10. Léa	10. Nathan

53 - Mayenne

Filles	Garçons
1. Emma	1. Raphaël
2. Louise	2. Jules
3. Jade	3. Sacha
4. Alice	4. Maël
5. Ambre	5. Lucas
6. Rose	6. Marceau
7. Adèle	7. Malo
8. Camille	8. Tiago
9. Léna	9. Tom
10. Inès	10. Léo

54 - Meurthe-et-Moselle

Filles	Garçons
1. Alice	1. Léo
2. Louise	2. Jules
3. Rose	3. Louis
4. Jade	4. Gabriel
5. Emma	5. Raphaël
6. Lina	6. Tom
7. Eva	7. Arthur
8. Mia	8. Paul
9. Camille	9. Tiago
10. Chloé	10. Maël

55 - Meuse

Filles	Garçons
1. Ambre	1. Jules
2. Alice	2. Léo
3. Anna	3. Maël
4. Chloé	4. Hugo
5. Jade	5. Éden
6. Agathe	6. Gabin
7. Mya	7. Louis
8. Romane	8. Nathan
9. Emy	9. Paul
10. Iris	10. Tiago

56 - Morbihan

Filles	Garçons
1. Alice	1. Arthur
2. Jade	2. Maël
3. Anna	3. Raphaël
4. Mila	4. Léo
5. Adèle	5. Gabriel
6. Emma	6. Malo
7. Léonie	7. Gabin
8. Léa	8. Hugo
9. Louise	9. Lucas
10. Ambre	10. Louis

57 - Moselle

Filles	Garçons
1. Louise	1. Léo
2. Emma	2. Gabriel
3. Jade	3. Raphaël
4. Lina	4. Hugo
5. Alice	5. Louis
6. Mila	6. Jules
7. Léa	7. Liam
8. Lucie	8. Lucas
9. Elena	9. Ethan
10. Anna	10. Noah

58 - Nièvre

Filles	Garçons
1. Emma	1. Gabriel
2. Jade	2. Jules
3. Mia	3. Noah
4. Alice	4. Arthur
5. Léa	5. Léo
6. Léna	6. Louis
7. Camille	7. Liam
8. Lola	8. Raphaël
9. Louise	9. Tiago
10. Anna	10. Enzo

59 - Nord

Filles	Garçons
1. Jade	1. Raphaël
2. Emma	2. Louis
3. Louise	3. Gabriel
4. Alice	4. Léo
5. Inès	5. Arthur
6. Lina	6. Adam
7. Chloé	7. Hugo
8. Ambre	8. Jules
9. Jeanne	9. Maël
10. Mia	10. Éden

60 - Oise

Filles	Garçons
1. Jade	1. Gabriel
2. Emma	2. Raphaël
3. Louise	3. Hugo
4. Lina	4. Jules
5. Rose	5. Louis
6. Alice	6. Lucas
7. Ambre	7. Léo
8. Elena	8. Tiago
9. Mia	9. Adam
10. Anna	10. Arthur

61 - Orne

Filles	Garçons
1. Emma	1. Raphaël
2. Lola	2. Arthur
3. Alice	3. Louis
4. Jade	4. Tiago
5. Ambre	5. Hugo
6. Louise	6. Léo
7. Rose	7. Gabin
8. Léa	8. Gabriel
9. Adèle	9. Noah
10. Camille	10. Paul

62 - Pas-de-Calais

Filles	Garçons
1. Jade	1. Louis
2. Emma	2. Léo
3. Louise	3. Raphaël
4. Ambre	4. Hugo
5. Alice	5. Jules
6. Capucine	6. Gabin
7. Manon	7. Maël
8. Julia	8. Gabriel
9. Zoé	9. Tom
10. Léa	10. Martin

63 - Puy-de-Dôme

1. Alice	1. Arthur
2. Jade	2. Louis
3. Louise	3. Gabriel
4. Emma	4. Gabin
5. Anna	5. Léo
6. Mila	6. Tom
7. Chloé	7. Raphaël
8. Rose	8. Hugo
9. Agathe	9. Lucas
10. Léna	10. Tiago

64 - Pyrénées-Atlantiques

1. Louise	1. Léo
2. Alice	2. Jules
3. Emma	3. Louis
4. Elaia	4. Lucas
5. Manon	5. Tiago
6. Mila	6. Hugo
7. Anna	7. Gabriel
8. Jade	8. Martin
9. Jeanne	9. Raphaël
10. Julia	10. Baptiste

65 - Hautes-Pyrénées

1. Mila	1. Gabriel
2. Alice	2. Louis
3. Chloé	3. Jules
4. Emma	4. Léo
5. Mia	5. Lucas
6. Margot	6. Hugo
7. Louise	7. Maël
8. Agathe	8. Noah
9. Alix	9. Sacha
10. Ambre	10. Raphaël

66 - Pyrénées-Orientales

1. Jade	1. Léo
2. Julia	2. Adam
3. Mia	3. Gabriel
4. Anna	4. Maël
5. Elena	5. Liam
6. Lina	6. Jules
7. Louise	7. Mohamed
8. Léa	8. Lucas
9. Emma	9. Aaron
10. Lola	10. Hugo

67 - Bas-Rhin

1. Emma	1. Léo
2. Louise	2. Arthur
3. Alice	3. Gabriel
4. Chloé	4. Louis
5. Lina	5. Hugo
6. Léa	6. Lucas
7. Anna	7. Jules
8. Jade	8. Maël
9. Eva	9. Adam
10. Elena	10. Antoine

68 - Haut-Rhin

1. Lina	1. Léo
2. Emma	2. Hugo
3. Elena	3. Adam
4. Louise	4. Liam
5. Chloé	5. Arthur
6. Lucie	6. Jules
7. Alice	7. Nathan
8. Jade	8. Lucas
9. Juliette	9. Gabin
10. Léonie	10. Gabriel

69 - Rhône

1. Lina	1. Adam
2. Emma	2. Léo
3. Louise	3. Mohamed
4. Jade	4. Arthur
5. Chloé	5. Gabriel
6. Alice	6. Hugo
7. Ambre	7. Lucas
8. Léa	8. Louis
9. Romy	9. Paul
10. Elena	10. Raphaël

70 - Haute-Saône

1. Rose	1. Tiago
2. Zoé	2. Arthur
3. Jade	3. Jules
4. Julia	4. Léo
5. Louise	5. Enzo
6. Anna	6. Gabriel
7. Inès	7. Lucas
8. Mia	8. Gabin
9. Adèle	9. Hugo
10. Lina	10. Raphaël

71 - Saône-et-Loire

1. Louise	1. Gabriel
2. Emma	2. Arthur
3. Mila	3. Jules
4. Jade	4. Lucas
5. Ambre	5. Hugo
6. Alice	6. Léo
7. Mia	7. Louis
8. Rose	8. Gabin
9. Agathe	9. Maël
10. Iris	10. Sacha

72 - Sarthe

1. Jade	1. Gabriel
2. Louise	2. Raphaël
3. Ambre	3. Léo
4. Alice	4. Louis
5. Rose	5. Tiago
6. Emma	6. Maël
7. Inès	7. Paul
8. Lola	8. Ethan
9. Mila	9. Hugo
10. Agathe	10. Sacha

73 - Savoie

1. Léa	1. Léo
2. Julia	2. Gabriel
3. Jade	3. Lucas
4. Louise	4. Louis
5. Mila	5. Léon
6. Emma	6. Gabin
7. Lina	7. Sacha
8. Nina	8. Ethan
9. Ambre	9. Jules
10. Alice	10. Liam

74 - Haute-Savoie

1. Mia	1. Léo
2. Emma	2. Gabriel
3. Alice	3. Adam
4. Léa	4. Lucas
5. Louise	5. Raphaël
6. Ambre	6. Hugo
7. Léna	7. Liam
8. Mila	8. Louis
9. Chloé	9. Arthur
10. Lina	10. Noah

75 - Paris

1. Louise	1. Gabriel
2. Jeanne	2. Adam
3. Emma	3. Raphaël
4. Alice	4. Arthur
5. Chloé	5. Louis
6. Inès	6. Mohamed
7. Alma	7. Victor
8. Anna	8. Léon
9. Charlotte	9. Paul
10. Léa	10. Isaac

76 - Seine-Maritime

1. Louise	1. Raphaël
2. Emma	2. Léo
3. Rose	3. Arthur
4. Jade	4. Hugo
5. Alice	5. Gabriel
6. Ambre	6. Jules
7. Lina	7. Maël
8. Inès	8. Tiago
9. Léa	9. Adam
10. Julia	10. Lucas

77 - Seine-et-Marne

1. Emma	1. Gabriel
2. Léa	2. Léo
3. Chloé	3. Ethan
4. Alice	4. Maël
5. Jade	5. Raphaël
6. Louise	6. Liam
7. Ambre	7. Lucas
8. Lina	8. Adam
9. Léna	9. Nathan
10. Mia	10. Noah

78 - Yvelines

1. Emma	1. Gabriel
2. Louise	2. Raphaël
3. Chloé	3. Lucas
4. Jade	4. Léo
5. Lina	5. Adam
6. Inès	6. Noah
7. Mila	7. Arthur
8. Alice	8. Ethan
9. Julia	9. Mohamed
10. Léa	10. Liam

79 - Deux-Sèvres

1. Ambre	1. Léo
2. Emma	2. Gabin
3. Jade	3. Louis
4. Louise	4. Paul
5. Julia	5. Hugo
6. Lola	6. Jules
7. Alice	7. Raphaël
8. Léna	8. Martin
9. Agathe	9. Arthur
10. Chloé	10. Tiago

80 - Somme

1. Jade	1. Léo
2. Ambre	2. Gabriel
3. Emma	3. Gabin
4. Julia	4. Raphaël
5. Louise	5. Arthur
6. Rose	6. Jules
7. Alice	7. Hugo
8. Inès	8. Maël
9. Jeanne	9. Tiago
10. Lou	10. Louis

81 - Tarn

1. Jade
2. Alice
3. Emma
4. Louise
5. Chloé
6. Jeanne
7. Lola
8. Nina
9. Rose
10. Julia

1. Louis
2. Lucas
3. Jules
4. Tiago
5. Gabriel
6. Léo
7. Arthur
8. Nathan
9. Baptiste
10. Enzo

82 - Tarn-et-Garonne

1. Jade
2. Lina
3. Léa
4. Anna
5. Emma
6. Alice
7. Lou
8. Louise
9. Chloé
10. Julia

1. Louis
2. Adam
3. Jules
4. Liam
5. Gabriel
6. Hugo
7. Raphaël
8. Arthur
9. Léo
10. Nathan

83 - Var

1. Emma
2. Giulia
3. Lina
4. Elena
5. Jade
6. Louise
7. Mia
8. Anna
9. Chloé
10. Lou

1. Léo
2. Gabriel
3. Raphaël
4. Jules
5. Louis
6. Aaron
7. Adam
8. Ethan
9. Maël
10. Paul

84 - Vaucluse

1. Lina
2. Louise
3. Elena
4. Alice
5. Emma
6. Inaya
7. Anna
8. Inès
9. Mia
10. Nour

1. Adam
2. Gabriel
3. Amir
4. Mohamed
5. Léo
6. Théo
7. Hugo
8. Jules
9. Raphaël
10. Tiago

85 - Vendée

1. Rose
2. Louise
3. Jade
4. Ambre
5. Emma
6. Mila
7. Agathe
8. Chloé
9. Juliette
10. Léa

1. Gabriel
2. Jules
3. Léo
4. Lucas
5. Hugo
6. Paul
7. Louis
8. Gabin
9. Raphaël
10. Arthur

86 - Vienne

1. Jade
2. Alice
3. Ambre
4. Emma
5. Julia
6. Agathe
7. Léa
8. Adèle
9. Lola
10. Lucie

1. Gabriel
2. Raphaël
3. Léo
4. Lucas
5. Louis
6. Liam
7. Arthur
8. Tiago
9. Timéo
10. Ethan

87 - Haute-Vienne

1. Louise	1. Arthur
2. Emma	2. Léo
3. Jade	3. Lucas
4. Camille	4. Hugo
5. Lucie	5. Louis
6. Léa	6. Gabriel
7. Léonie	7. Maël
8. Chloé	8. Paul
9. Juliette	9. Raphaël
10. Agathe	10. Gabin

88 - Vosges

1. Jade	1. Maël
2. Rose	2. Jules
3. Alice	3. Léo
4. Emma	4. Arthur
5. Anna	5. Hugo
6. Mia	6. Gabriel
7. Lucie	7. Timéo
8. Chloé	8. Louis
9. Elena	9. Lucas
10. Léa	10. Tom

89 - Yonne

1. Jade	1. Léo
2. Mila	2. Tiago
3. Mia	3. Jules
4. Chloé	4. Raphaël
5. Emma	5. Arthur
6. Julia	6. Hugo
7. Louise	7. Louis
8. Luna	8. Lucas
9. Iris	9. Tom
10. Léa	10. Adam

90 - Territoire de Belfort

1. Emma	1. Léo
2. Louise	2. Mohamed
3. Jade	3. Louis
4. Lina	4. Lucas
5. Mia	5. Adam
6. Louna	6. Arthur
7. Anna	7. Gabriel
8. Mila	8. Enzo
9. Alice	9. Hugo
10. Léna	10. Jules

91 - Essonne

1. Jade	1. Mohamed
2. Emma	2. Raphaël
3. Lina	3. Lucas
4. Inès	4. Gabriel
5. Léa	5. Ethan
6. Mila	6. Adam
7. Chloé	7. Liam
8. Sarah	8. Léo
9. Elena	9. Maël
10. Mia	10. Tiago

92 - Hauts-de-Seine

1. Lina	1. Adam
2. Inès	2. Gabriel
3. Emma	3. Raphaël
4. Louise	4. Arthur
5. Chloé	5. Lucas
6. Léa	6. Léo
7. Alice	7. Louis
8. Jade	8. Mohamed
9. Sofia	9. Paul
10. Eva	10. Noah

93 - Seine-Saint-Denis

1. Lina	1. Mohamed
2. Inès	2. Adam
3. Nour	3. Ibrahim
4. Inaya	4. Ismaël
5. Sarah	5. Amir
6. Sofia	6. Rayan
7. Aya	7. Isaac
8. Aicha	8. Ilyan
9. Assia	9. Gabriel
10. Eva	10. Imran

94 - Val-de-Marne

1. Emma	1. Adam
2. Léa	2. Gabriel
3. Inès	3. Lucas
4. Lina	4. Mohamed
5. Inaya	5. Raphaël
6. Chloé	6. Léo
7. Jade	7. Noah
8. Eva	8. Ismaël
9. Mila	9. Liam
10. Louise	10. Aaron

95 - Val-d'Oise

1. Lina	1. Adam
2. Emma	2. Mohamed
3. Jade	3. Gabriel
4. Inès	4. Raphaël
5. Léa	5. Ismaël
6. Chloé	6. Léo
7. Mia	7. Liam
8. Sofia	8. Lucas
9. Inaya	9. Ethan
10. Sarah	10. Rayan

971 - Guadeloupe

1. Jade	1. Ethan
2. Lya	2. Noah
3. Mia	3. Liam
4. Thaïs	4. Jayden
5. Inaya	5. Raphaël
6. Emma	6. Gabriel
7. Maina	7. Lyam
8. Aliyah	8. Kylian
9. Anaïs	9. Lucas
10. Léa	10. Nathan

972 - Martinique

1. Jade	1. Noah
2. Mya	2. Ethan
3. Eva	3. Lyam
4. Mia	4. Nathan
5. Thaïs	5. Nolan
6. Emma	6. Théo
7. Inaya	7. Gabriel
8. Inès	8. Evan
9. Léa	9. Liam
10. Lya	10. Kylian

973 - Guyane française

1. Esther	1. Kylian
2. Alicia	2. Ethan
3. Sarah	3. David
4. Victoria	4. Arthur
5. Anaïs	5. Samuel
6. Eva	6. Emmanuel
7. Inaya	7. Ismaël
8. Jade	8. Nathan
9. Léa	9. Gabriel
10. Luna	10. Daniel

974 - Réunion

1. Mia	1. Ethan
2. Inaya	2. Gabriel
3. Jade	3. Liam
4. Marie	4. Lyam
5. Emma	5. Raphaël
6. Mya	6. Aaron
7. Inès	7. Théo
8. Louna	8. Noah
9. Léa	9. Maël
10. Léna	10. Éden

Suivez les dernières statistiques
de l'INSEE publiées fin 2021
en scannant cette page
sur l'application lisez! disponible sur
l'App Store et Google Play.

Prénoms en fête

« À la Sainte-Catherine, tout bois prend racine ! » Ce dicton, bien connu des jardiniers, nous rappelle que le mois de novembre est propice aux plantations. Et justement, chaque année, on fête la Sainte-Catherine le 25 novembre. Mais à quand remonte cette tradition de fête du prénom ?

Une tradition qui remonte au Moyen Âge

C'est durant le haut Moyen Âge que le nom de baptême correspondant au saint du jour de naissance devient progressivement le nom principal des personnes. Du XIIIe au XIXe siècle, les noms chrétiens devenus prénoms s'imposent. Ils peuvent être transmis par le parrain ou la marraine, ou choisis en fonction du saint correspondant au jour de naissance de l'enfant dans le calendrier établi par l'Église. Pour les parents, cette pratique était une façon de placer l'enfant sous la protection du saint, et de lui suggérer un modèle à suivre.

Qu'en est-il de nos jours ?

Aujourd'hui, ces traditions ne sont plus d'actualité, mais on fête encore les prénoms en France et dans d'autres pays, comme en Europe de l'Est et dans les pays hispanophones. Redécouvrons d'un peu plus près les prénoms du calendrier des saints en France. Vous serez peut-être surpris par certains prénoms oubliés. Et qui sait... le saint du jour de naissance de votre enfant vous inspirera peut-être une idée de prénom !

A

Aaron	♂	1er juillet
Abel	♂	5 août
Abélard	♂	5 août
Abraham	♂	20 décembre
Achille	♂	12 mai
Adam	♂	16 mai
Adélaïde	♀	16 décembre
Adèle	♀	24 décembre
Adeline	♀	20 octobre
Adrian	♂	8 septembre
Adriana	♀	8 septembre
Adrien	♂	8 septembre
Adrienne	♀	8 septembre
Agathe	♀	5 février
Aglaé	♀	14 mai
Agnès	♀	21 janvier
Aidan	♂	23 août
Aimé	♂	13 septembre
Aimée	♀	20 février
Alain	♂	9 septembre
Alan	♂	9 septembre ou 27 novembre
Alaric	♂	29 septembre
Alban	♂	22 juin
Albane	♀	22 juin
Albanie	♀	22 juin
Albert	♂	15 novembre
Albin	♂	1er mars
Aldo	♂	17 septembre
Aldric	♂	7 janvier
Alex	♂	22 avril
Alexa	♀	17 février
Alexandra	♀	20 mars
Alexandre	♂	22 avril
Alexandrine	♀	2 avril
Alexane	♀	17 février
Alexia	♀	17 février
Alexis	♂	17 février
Alexy	♂	17 février
Alfred	♂	15 août
Alice	♀	16 décembre
Alicia	♀	16 décembre
Aliénor	♀	25 juin
Aline	♀	20 octobre

Alison ♀ .... 16 décembre
Alix ♀ .... 9 janvier
Alix ♂ .... 9 janvier
Alizée ♀ .... 16 décembre
Aloïs ♂ .... 25 août
Alphonse ♂ .... 1er août
Alyssa ♀ .... 16 décembre
Amadéo ♂ .... 30 mars
Amanda ♀ .... 9 juillet
Amandine ♀ .... 9 juillet
Amaury ♂ .... 9 août
Amaya ♀ .... 13 septembre
Ambre ♀ .... 7 décembre
Ambroise ♂ .... 7 décembre
Amédée ♂ .... 30 mars
Amélia ♀ .... 19 septembre
Amélie ♀ .... 19 septembre
Ana ♀ .... 26 juillet
Anaëlle ♀ .... 26 juillet
Anaïs ♀ .... 26 juillet
Anastasia ♀ .... 10 mars, 15 avril
Anastasie ♀ .... 10 mars, 15 avril
Anatole ♂ .... 3 février
André ♂ .... 30 novembre
Andrea ♂ .... 30 novembre
Andréa ♀ .... 9 juillet
Andrée ♀ .... 9 juillet
Ange ♂ .... 5 mai
Angel ♂ .... 27 janvier
Angéla ♀ .... 27 janvier
Angèle ♀ .... 27 janvier
Angelina ♀ .... 27 janvier
Angeline ♀ .... 27 janvier
Angélique ♀ .... 27 janvier
Angelo ♂ .... 27 janvier
Anita ♀ .... 26 juillet
Anna ♀ .... 26 juillet
Annabella ♀ .... 26 juillet
Annabelle ♀ .... 26 juillet
Annaïg ♀ .... 26 juillet
Anne ♀ .... 26 juillet
Anselme ♂ .... 21 avril
Anthéa ♀ .... 5 octobre
Anthime ♂ .... 27 avril
Anthony ♂ .... 13 juin
Antoine ♂ .... 13 juin
Antoinette ♀ .... 27 octobre
Antonia ♀ .... 28 février
Antonin ♂ .... 5 mai
Antonio ♂ .... 13 juin
Antony ♂ .... 13 juin
Apolline ♀ .... 9 février
Ariane ♀ .... 18 septembre
Arielle ♀ .... 1er octobre
Armand ♂ .... 23 décembre
Armande ♀ .... 23 décembre
Armel ♂ .... 16 août
Armelle ♀ .... 16 août
Arnaud ♂ .... 10 février
Arno ♂ .... 10 février
Arthur ♂ .... 15 novembre
Astrée ♀ .... 27 novembre
Astrid ♀ .... 27 novembre
Aubin ♂ .... 1er mars
Aude ♀ .... 18 novembre
Audran ♂ .... 7 février
Audrey ♀ .... 23 juin
Auguste ♂ .... 7 octobre
Augustin ♂ .... 28 août
Augustine ♀ .... 28 août
Aure ♀ .... 4 octobre
Auregane ♀ .... 15 janvier
Aurel ♂ .... 20 juillet
Aurèle ♂ .... 20 juillet
Aurélia ♀ .... 15 octobre
Aurélie ♀ .... 15 octobre
Aurélien ♂ .... 16 juin
Auriane ♀ .... 4 octobre
Aurore ♀ .... 4 octobre ou 13 décembre
Austin ♂ .... 28 août
Auxane ♀ .... 3 septembre
Ava ♀ .... 6 septembre
Axel ♂ .... 21 mars
Axelle ♀ .... 21 mars
Aymeric ♂ .... 4 novembre
Aya ♀ .... 18 avril

B

Balthazar ♂ .... 6 janvier
Baptiste ♂ .... 24 juin
Barbara ♀ .... 4 décembre
Barnabé ♂ .... 11 juin
Barthélemy ♂ .... 24 août
Basile ♂ .... 2 janvier
Bastien ♂ .... 20 janvier
Baudouin ♂ .... 17 octobre
Béatrice ♀ .... 13 février
Beatrix ♀ .... 29 juillet
Bénédicte ♀ .... 16 mars
Benjamin ♂ .... 31 mars
Benoît ♂ .... 11 juillet
Béranger ♂ .... 26 mai
Bérangère ♀ .... 26 mai
Bérenger ♂ .... 26 mai
Bérengère ♀ .... 26 mai
Bérénice ♀ .... 4 février ou 4 octobre
Bernadette ♀ .... 18 février
Bernard ♂ .... 20 août
Berthe ♀ .... 4 juillet
Bertille ♀ .... 6 novembre
Bertrand ♂ .... 6 septembre
Béryl ♀ .... 29 juin
Bianca ♀ .... 3 octobre

Bilal ♂ .... Pas de fête connue
Blaise ♂ .... 3 février
Blanche ♀ .... 3 octobre
Blandine ♀ .... 2 juin
Boris ♂ .... 2 mai
Brenda ♀ .... 16 mai
Brendan ♂ .... 16 mai
Briac ♂ .... 18 décembre
Brian ♂ .... 18 décembre
Brice ♂ .... 13 novembre
Brieuc ♂ .... 1er mai
Brigitte ♀ .... 23 juillet
Bruna ♀ .... 6 octobre
Brunelle ♀ .... 6 octobre
Bruno ♂ .... 6 octobre
Bryan ♂ .... 18 décembre

C

Calista ♀ .... 14 octobre
Calixte ♀ .... 14 octobre
Camélia ♀ .... 14 juillet ou 5 octobre
Cameron ♂ .... 14 juillet
Camille ♀ .... 14 juillet
Camille ♂ .... 14 juillet
Candice ♀ .... 3 octobre
Candy ♀ .... 3 octobre
Capucine ♀ .... 5 octobre
Carine ♀ .... 24 mars, 7 novembre
Carl ♂ .... 2 mars, 4 novembre
Carla ♀ .... 17 juillet
Carole ♀ .... 17 juillet
Caroline ♀ .... 17 juillet
Casimir ♂ .... 4 mars
Cassandre ♀ .... Pas de fête connue
Catherine ♀ .... 24 mars ou 25 novembre
Cathy ♀ .... 24 mars ou 25 novembre
Cécile ♀ .... 22 novembre
Cécilia ♀ .... 22 novembre
Cédric ♂ .... 7 janvier
Céleste ♀ .... 19 mai
Célestin ♂ .... 19 mai
Célestine ♀ .... 19 mai
Célia ♀ .... 22 novembre
Célian ♂ .... 21 octobre
Célie ♀ .... 22 novembre
Céline ♀ .... 21 octobre
César ♂ .... 15 avril
Chaïma ♀ .... Pas de fête connue
Chantal ♀ .... 12 décembre
Charlène ♀ .... 17 juillet
Charles ♂ .... 2 mars, 4 novembre
Charley ♂ .... 2 mars, 4 novembre
Charlie ♀ .... 2 mars, 4 novembre
Charlie ♂ .... 2 mars, 4 novembre
Charline ♀ .... 17 juillet
Charlotte ♀ .... 17 juillet
Charly ♂ .... 2 mars, 4 novembre
Charlyne ♀ .... 17 juillet
Chiara ♀ .... 11 août
Chloé ♀ .... 5 octobre (date admise)
Chris ♂ .... 21 août
Christelle ♀ .... 24 juillet
Christian ♂ .... 12 novembre
Christiane ♀ .... 24 juillet
Christina ♀ .... 24 juillet
Christine ♀ .... 24 juillet
Christophe ♂ .... 21 août
Christopher ♂ .... 21 août
Chrystal ♀ .... 24 juillet
Chrystel ♀ .... 24 juillet
Cindy ♀ .... 9 juin
Claire ♀ .... 11 août
Clara ♀ .... 11 août
Clarisse ♀ .... 12 août
Claude ♀ .... 15 février
Claude ♂ .... 15 février
Claudette ♀ .... 15 février
Claudia ♀ .... 15 février
Claudie ♀ .... 15 février
Claudine ♀ .... 15 février
Cléa ♀ .... 13 juillet
Clélia ♀ .... 13 juillet
Clémence ♀ .... 21 mars
Clément ♂ .... 23 novembre
Clémentine ♀ .... 23 novembre
Cléo ♂ .... 19 octobre
Clio ♀ .... 4 juin
Clothilde ♀ .... 4 juin
Clotilde ♀ .... 4 juin
Clovis ♂ .... 25 août
Colette ♀ .... 6 mars
Colin ♂ .... 6 décembre
Coline ♀ .... 6 décembre
Colleen ♀ .... 6 décembre
Colombe ♀ .... 31 décembre
Colombine ♀ .... 31 décembre
Colyne ♀ .... 6 décembre
Côme ♂ .... 26 septembre
Conrad ♂ .... 26 novembre
Constance ♀ .... 23 septembre
Constant ♂ .... 23 septembre
Constantin ♂ .... 21 mai
Coralie ♀ .... 18 mai

Coraline ♀ .... 18 mai
Corentin ♂ .... 12 décembre
Corentine ♀ .. 12 décembre
Corinne ♀ .... 18 mai
Cynthia ♀ .... 9 juin
Cyprien ♂ ... 16 septembre
Cyriaque ♂ .... 8 août
Cyrielle ♀ .... 18 mars
Cyril ♂ .... 18 mars
Cyrille ♂ .... 18 mars

D

Daisy ♀ .... 5 octobre
Damien ♂ .... 26 septembre
Dan ♂ .... 11 décembre
Dana ♀ .... 11 décembre
Daniel ♂ .... 11 décembre
Danièle ♀ .... 11 décembre
Danielle ♀ .... 11 décembre
Danny ♂ .... 11 décembre
Dany ♂ .... 11 décembre
Daphné ♀ .... 5 octobre
Daphnée ♀ .... 5 octobre
Dauphine ♀ .. 26 novembre
Dave ♂ .... 29 décembre
David ♂ .... 29 décembre
Davy ♂ ...... 20 septembre
Debbie ♀ ..... 21 septembre
Débora ♀ .... 21 septembre
Déborah ♀ .. 21 septembre
Delphine ♀ ... 26 novembre
Denis ♂ .... 9 octobre
Denise ♀ .... 15 mai
Diana ♀ .... 9 juin
Diane ♀ .... 9 juin
Didier ♂ .... 23 mai
Diego ♂ .... 23 mai
Dimitri ♂ .... 26 octobre
Dimitry ♂ .... 26 octobre
Dolorès ♀ .... 15 septembre
Dominique ♀ .... 8 août
Dominique ♂ .... 8 août
Domitien ♂ .... 7 mai
Domitille ♀ .... 7 mai
Donald ♂ .... 15 juillet
Donatien ♂ .... 24 mai
Donatienne ♀ .... 24 mai
Donovan ♂ .... 15 juillet
Dora ♀ .... 11 février
Doria ♀ .... 25 octobre
Dorian ♂ .... 25 octobre
Doriane ♀ .... 25 octobre
Dorine ♀ .... 11 février
Doris ♀ .... 25 octobre
Dorothée ♀ .... 6 février
Doryan ♂ .... 25 octobre
Dustin ♂ .... 21 juin
Dylan ♂ ... Pas de fête connue

E

Éden ♀ ♂ ..... 1er novembre
Eddy ♂ .... 5 janvier
Edgar ♂ .... 8 juillet
Édith ♀ .... 16 septembre
Edmond ♂ ... 20 novembre
Edmonde ♀ . 20 novembre
Édouard ♂ .... 5 janvier
Edwige ♀ .... 16 octobre
Edwin ♂ .... 12 octobre
Églantine ♀ .... 5 octobre
Éléa ♀ .. Pas de fête connue
Éléna ♀ .... 18 août
Éléonore ♀ .... 25 juin
Élia ♀ .... 20 juillet
Élian ♂ .... 20 juillet
Éliane ♀ .... 20 juillet
Élias ♂ .... 20 juillet
Élie ♂ .... 20 juillet
Élina ♀ .... 20 juillet
Éline ♀ .... 18 août
Eliot ♂ .... 20 juillet
Eliott ♂ .... 20 juillet
Élisa ♀ .... 17 novembre
Élisabeth ♀ ... 17 novembre
Élise ♀ .... 17 novembre
Élisée ♀ .... 14 juin
Ella ♀ .... 1er février
Elliot ♂ .... 20 juillet
Elliott ♂ .... 20 juillet
Élodie ♀ .... 22 octobre
Éloi ♂ .... 1er décembre
Éloïse ♀ .... 15 mars
Élouan ♂ .... 28 août
Elsa ♀ .... 17 novembre
Émeline ♀ .... 27 octobre
Émelyne ♀ .... 27 octobre
Émeraude ♀ .... 29 juin
Émerence ♀ ...... 23 janvier
Émeric ♂ ...... 4 novembre
Émie ♀ .... 19 septembre
Émile ♂ .... 22 mai
Émilia ♀ ...... 19 septembre
Émilie ♀ ...... 19 septembre
Émilien ♂ ..... 12 novembre
Émily ♀ .... 19 septembre
Emma ♀ .... 19 avril
Emmanuel ♂ 25 décembre
Emmanuelle ♀ 25 décembre
Emmeline ♀ .... 27 octobre
Emmy ♀ ...... 19 septembre
Emy ♀ .... 19 septembre
Enguerrand ♂ .. 25 octobre
Enora ♀ .... 14 octobre
Enza ♀ .... 13 juillet
Enzo ♂ .... 13 juillet

Éric ♂ .... 18 mai
Erik ♂ .... 18 mai
Erika ♀ .... 18 mai
Ernest ♂ .... 7 novembre
Ernestine ♀ ... 7 novembre
Erwan ♂ .... 19 mai
Erwann ♂ .... 19 mai
Erwin ♂ .... 25 avril
Estéban ♂ .... 26 décembre
Estée ♀ .... 1er juillet
Estelle ♀ .... 11 mai
Esther ♀ .... 1er juillet
Ethan ♂ .... 7 mars
Étienne ♂ ..... 26 décembre
Eudelin ♂ ..... 19 novembre
Eudes ♂ ...... 19 novembre
Eudoxie ♀ .... 1er mars
Eugène ♂ .... 13 juillet
Eugénie ♀ .... 7 février
Eulalie ♀ .... 12 février ou 10 décembre
Éva ♀ .... 6 septembre
Évaëlle ♀ .... 24 mai ou 6 septembre
Evan ♂ .... 3 mai
Ève ♀ .... 6 septembre
Éveline ♀ ...... 6 septembre
Évelyne ♀ ..... 6 septembre
Even ♂ .... 3 mai
Evrard ♂ .... 14 août
Ewen ♂ .... 3 mai

F

Fabian ♂ .... 20 janvier
Fabien ♂ .... 20 janvier
Fabienne ♀ .... 20 janvier
Fabio ♂ .... 20 janvier
Fabiola ♀ ...... 27 décembre
Fabrice ♂ .... 22 août
Fanny ♀ .... 6 janvier ou 4 octobre
Fanta ♀ .... 5 novembre
Fantin ♂ .... 30 août
Fantine ♀ .... 30 août
Fany ♀ .... 6 janvier ou 4 octobre
Faustine ♀ .... 15 janvier
Félicia ♀ .... 10 mai
Félicie ♀ .... 10 mai
Félicien ♂ .... 9 juin
Félicienne ♀ .... 10 mai
Félicité ♀ .... 7 mars
Félix ♂ .... 12 février
Ferdinand ♂ .... 30 mai
Fernand ♂ .... 27 juin
Fernande ♀ .... 27 juin
Firmin ♂ .... 11 octobre
Flavie ♀ .... 12 mai
Fleur ♀ .... 5 octobre
Flora ♀ .... 24 novembre
Flore ♀ .... 5 octobre
Florence ♀ .... 1er décembre
Florent ♂ .... 4 juillet
Florentin ♂ ...... 24 octobre
Florentine ♀ .... 24 octobre
Florestan ♂ .... 5 octobre
Florian ♂ .... 4 mai
Floriane ♀ .... 4 mai
Florie ♀ .... 5 octobre
Florine ♀ .... 1er mai
France ♀ .... 9 mars
Francesca ♀ .... 9 mars
Francesco ♂ .... 24 janvier, 4 octobre
Francine ♀ .... 9 mars
Francis ♂ .... 24 janvier, 4 octobre
Franck ♂ .... 24 janvier, 4 octobre
François ♂ .... 24 janvier, 4 octobre
Françoise ♀ .... 9 mars
Freddy ♂ .... 18 juillet
Frédéric ♂ .... 18 juillet
Frederick ♂ .... 18 juillet
Frédérique ♀ .... 18 juillet

G

Gabin ♂ .... 19 février
Gabriel ♂ ..... 29 septembre
Gabriella ♀ .. 29 septembre
Gabrielle ♀ .. 29 septembre
Gaël ♂ .... 17 décembre
Gaëlle ♀ .... 17 décembre
Gaétan ♂ .... 7 août
Gaétane ♀ .... 7 août
Garance ♀ .... 5 octobre
Gary ♂ .... 5 décembre
Gaspard ♂ ... 28 décembre, 6 janvier
Gaston ♂ .... 6 février
Gatien ♂ .... 18 décembre
Gauthier ♂ .... 9 avril
Gautier ♂ .... 9 avril
Geneviève ♀ .... 3 janvier
Geoffrey ♂ .... 8 novembre
Geoffroy ♂ .... 8 novembre
Georges ♂ .... 23 avril
Georgette ♀ .... 15 février
Georgie ♀ .... 15 février
Gérald ♂ .... 5 décembre
Géraldine ♀ ... 5 décembre
Gérard ♂ .... 3 octobre
Germain ♂ .... 28 mai
Germaine ♀ .... 15 juin

Ghislain	♂	10 octobre
Ghislaine	♀	10 octobre
Gianny	♂	24 juin
Gilbert	♂	7 juin
Gilberte	♀	11 août
Gildas	♂	29 janvier
Gilles	♂	1er septembre
Gina	♀	3 janvier
Ginger	♀	7 janvier
Gino	♂	16 juin
Giovanni	♂	24 juin
Gisèle	♀	7 mai
Giulia	♀	8 avril
Gladys	♀	29 mars
Glenn	♂	11 septembre
Gontran	♂	28 mars
Gonzague	♂	21 juin
Goulven	♂	1er juillet
Grace	♀	21 août
Grégoire	♂	3 septembre
Grégory	♂	3 septembre
Guénaelle	♀	3 novembre
Guibert	♂	7 juin
Guilaine	♀	10 octobre
Guilhem	♂	28 mai
Guillaume	♂	10 janvier
Guillemette	♀	10 janvier
Gurvan	♂	3 mai
Gustave	♂	7 octobre
Guy	♂	12 juin
Gwen	♀	21 février
Gwenael	♂	3 novembre
Gwenaelle	♀	3 novembre
Gwendal	♂	18 janvier
Gwendoline	♀	14 octobre
Gwenn	♀	21 février
Gwladys	♀	29 mars

H

Habib	♂	27 mars
Hadrien	♂	8 septembre
Hanna	♀	26 juillet
Harold	♂	1er novembre
Harry	♂	13 juillet
Heidi	♀	16 octobre
Helena	♀	18 août
Hélène	♀	18 août
Héloïse	♀	15 mars
Henri	♂	13 juillet
Henriette	♀	13 juillet
Henry	♂	13 juillet
Herbert	♂	20 mars
Hermance	♀	25 septembre
Hermine	♀	9 juillet
Hervé	♂	17 juin
Hilarie	♀	13 janvier
Hilary	♀	13 janvier
Hilda	♀	17 novembre
Hildegarde	♀	17 septembre
Hippolyte	♂	13 août
Honoré	♂	16 mai
Honorine	♀	27 février
Hortense	♀	11 janvier ou 5 octobre
Howard	♂	16 mai
Hubert	♂	3 novembre
Hugo	♂	1er avril
Hugues	♂	1er avril
Huguette	♀	1er avril
Humbert	♂	25 mars
Hyacinthe	♂	17 août

I

Ida	♀	13 avril
Igor	♂	5 juin
Ilian	♂	20 juillet
Illoa	♀	18 août
Ilona	♀	18 août
Inaya	♀	7 février
Inès	♀	10 septembre
Ingrid	♀	2 septembre
Inna	♀	20 janvier
Ioan	♂	24 juin
Iphigénie	♀	9 juillet
Irène	♀	5 avril
Iris	♀	4 septembre
Irma	♀	24 décembre
Isaac	♂	20 décembre
Isabelle	♀	22 février
Isaline	♀	22 février
Isaure	♀	4 octobre
Iseult	♀	22 février
Isidore	♂	4 avril
Ivan	♂	24 juin
Ivana	♀	30 mai

J

Jack	♂	3 mai, 25 juillet
Jackie	♀	8 février
Jacky	♂	3 mai, 25 juillet
Jacob	♂	20 décembre
Jacqueline	♀	8 février
Jacques	♂	3 mai, 25 juillet
Jade	♀	29 juin
James	♂	3 mai, 25 juillet
Jan	♂	24 juin
Jane	♀	30 mai
Janice	♀	30 mai
Janine	♀	30 mai
Jasmine	♀	5 octobre
Jason	♂	12 juillet
Jean	♂	24 juin
Jean-Baptiste	♂	24 juin
Jeanne	♀	30 mai

Jeff ♂ .... 8 novembre
Jefferson ♂ .... 8 novembre
Jeffrey ♂ .... 8 novembre
Jenna ♀ .... 30 mai
Jennifer ♀ .... 3 janvier
Jenny ♀ .... 3 janvier
Jérémie ♂ .... 1er mai
Jérémy ♂ .... 1er mai
Jérôme ♂ .... 30 septembre
Jerry ♂ .... 30 septembre
Jessica ♀ .... 4 novembre
Jessie ♀ .... 4 novembre
Jessy ♀ .... 4 novembre
Jessy ♂ .... 4 novembre
Jim ♂ .... 3 mai, 25 juillet
Jimmy ♂ .... 3 mai, 25 juillet
Joachim ♂ .... 26 juillet
Joan ♂ .... 24 juin
Joanna ♀ .... 30 mai
Joanne ♀ .... 30 mai
Jocelyn ♂ .... 13 décembre
Jocelyne ♀ .... 13 décembre
Jodie ♀ .... 5 mai
Joël ♂ .... 13 juillet
Joëlle ♀ .... 13 juillet
Joey ♂ .... 13 juillet
Joffrey ♂ .... 8 novembre
Johann ♂ .... 24 juin
Johanna ♀ .... 30 mai
Johanne ♀ .... 30 mai
John ♂ .... 24 juin
Johnny ♂ .... 24 juin
Jonas ♂ .... 21 septembre
Jonathan ♂ .... 1er mars
Jordan ♂ .... 13 février
Jordane ♀ .... 13 février
Jordane ♂ .... 13 février
Jordi ♂ .... 23 avril
Jordy ♂ .... 23 avril
Joris ♂ .... 23 avril
José ♂ .... 19 mars
Josée ♀ .... 19 mars
Joseph ♂ .... 19 mars
Joséphine ♀ .... 19 mars
Josette ♀ .... 19 mars
Joshua ♂ .... 1er septembre
Josiane ♀ .... 19 mars
Josselin ♂ .... 13 décembre
Josseline ♀ .... 13 décembre
Josué ♂ .... 1er septembre
Joy ♀ .... 13 décembre
Joyce ♀ .... 13 décembre
Judicael ♂ .... 17 décembre
Judith ♀ .... 5 mai
Jules ♂ .... 12 avril
Julia ♀ .... 8 avril
Julian ♂ .... 2 août
Juliana ♀ .... 8 avril
Juliane ♀ .... 8 avril
Julie ♀ .... 8 avril
Julien ♂ .... 2 août
Juliette ♀ .... 30 juillet
Juline ♀ .... 8 avril
Juste ♂ .... 14 octobre
Justin ♂ .... 1er juin
Justine ♀ .... 12 mars

K

Kaïa ♀ .... 24 mars ou 25 novembre
Karelle ♀ .... 24 mars ou 7 novembre
Karen ♀ .... 24 mars ou 7 novembre
Karine ♀ .... 24 mars ou 7 novembre
Karl ♂ .... 2 mars ou 4 novembre
Katell ♀ .... 24 mars ou 25 novembre
Kathia ♀ .... 24 mars ou 25 novembre
Kathleen ♀ .... 24 mars ou 25 novembre
Kathy ♀ .... 24 mars ou 25 novembre
Katia ♀ .... 24 mars ou 25 novembre
Katy ♀ .... 24 mars ou 25 novembre
Kelian ♂ .... 8 juillet
Kelly ♀ .... 8 juillet
Kenny ♂ .... 11 octobre
Kenza ♀ .... Pas de fête connue
Ketty ♀ .... 24 mars ou 25 novembre
Kevin ♂ .... 3 juin
Kiara ♀ .... 11 août
Kilian ♂ .... 8 juillet
Killian ♂ .... 8 juillet
Klervi ♀ .... 3 octobre
Kristel ♀ .... 24 juillet
Kylian ♂ .... 8 juillet
Kyllian ♂ .... 8 juillet

L

Ladislas ♂ .... 27 juin
Laeticia ♀ .... 18 août
Laetitia ♀ .... 18 août
Lalie ♀ .... 12 février ou 10 décembre
Lana ♀ .... 18 août
Landry ♂ .... 10 juin
Lara ♀ .... 26 mars ou 1er décembre
Larissa ♀ .... 26 mars

Laura ♀ .... 10 août
Laurane ♀ .... 10 août
Laure ♀ .... 10 août
Laureen ♀ .... 10 août
Laureline ♀ .... 10 août
Lauren ♀ .... 10 août
Laurena ♀ .... 10 août
Laurence ♀ .... 10 août
Laurène ♀ .... 10 août
Laurent ♂ .... 10 août
Laurette ♀ .... 10 août
Lauriane ♀ .... 10 août
Laurie ♀ .... 10 août
Laurine ♀ .... 10 août
Laury ♀ .... 10 août
Lauryn ♀ .... 10 août
Lauryne ♀ .... 10 août
Lazare ♂ .... 23 février
Léa ♀ .... 22 mars
Léana ♀ .... 10 novembre
Léandre ♂ .... 27 février
Léane ♀ .... 10 novembre
Lena ♀ .... 18 août
Lenaïc ♂ .... 18 août
Lenaïg ♀ .... 18 août
Léo ♂ .... 10 novembre
Léocadie ♂ .... 9 décembre
Léon ♂ .... 10 novembre
Léonard ♂ .... 6 novembre
Léonie ♀ .... 10 novembre
Léonore ♀ .... 25 juin
Léontine ♀ .... 10 novembre
Léopold ♂ .... 15 novembre
Léopoldine ♀ .... 15 novembre
Lexane ♀ .... 17 février
Lia ♀ .... 27 juillet
Liam ♂ .... 10 janvier
Liane ♀ .... 27 juillet
Lila ♀ .... 27 juillet
Lili ♀ .... 27 juillet
Lilian ♂ .... 27 juillet
Liliane ♀ .... 27 juillet
Lilou ♀ .... 15 mars
ou 27 juillet
Lily ♀ .... 27 juillet
Lina ♀ .... 27 janvier
Linda ♀ .... 28 août
Line ♀ .... 27 janvier
Lio ♀ .... 27 juillet
Lionel ♂ .... 10 novembre
Lisa ♀ .... 17 novembre
Lise ♀ .... 17 novembre
Lison ♀ .... 17 novembre
Livia ♀ .... 5 mars
Loan ♀ .... 28 août
Loan ♂ .... 28 août
Loana ♀ .... 28 août
Loane ♀ .... 28 août
Loïc ♂ .... 25 août
Loïck ♂ .... 25 août
Loïs ♂ .... 25 août
Loïse ♀ .... 15 mars
Lola ♀ .... 15 septembre
Lolita ♀ .... 15 septembre
Lorène ♀ .... 10 août
Lorenzo ♂ .... 10 août
Lorette ♀ .... 10 août
Loriane ♀ .... 10 août
Lorine ♀ .... 10 août
Loris ♂ .... 10 août
Lorraine ♀ .... 10 août
Lou ♀ .... 15 mars
Lou ♂ .... 25 août
Lou-Anne ♀ .... 28 août
Louane ♀ .... 28 août
Louis ♂ .... 25 août
Louisa ♀ .... 15 mars
Louise ♀ .... 15 mars
Louison ♂ .... 25 août
Louison ♀ .... 15 mars
Louka ♂ .... 18 octobre
Loup ♂ .... 29 juillet
Louna ♀ .... 9 juin
Luc ♂ .... 18 octobre
Luca ♂ .... 18 octobre
Lucas ♂ .... 18 octobre
Luce ♀ .... 13 décembre
Lucia ♀ .... 13 décembre
Lucie ♀ .... 13 décembre
Lucien ♂ .... 8 janvier
Lucienne ♀ .... 8 janvier
ou 13 décembre
Lucile ♀ .... 13 décembre
Lucille ♀ .... 13 décembre
Lucy ♀ .... 13 décembre
Ludivine ♀ .... 14 avril
Ludovic ♂ .... 25 août
Ludwig ♂ .... 25 août
Luigi ♂ .... 25 août
Luis ♂ .... 25 août
Luna ♀ .... 9 juin
Luka ♂ .... 18 octobre
Lydia ♀ .... 3 août
Lydie ♀ .... 3 août
Lynda ♀ .... 28 août
Lysiane ♀ .... 17 novembre

M

Maddy ♀ .... 22 juillet
Madeleine ♀ .... 22 juillet
Madeline ♀ .... 22 juillet
Madison ♀ .... 14 mars
Maé ♀ .... 24 mai
Maël ♂ .... 24 mai
Maëliss ♀ .... 24 mai
Maëlle ♀ .... 24 mai
Maëlwenn ♀ .... 24 mai

Maëlys ♀ … 24 mai
Maeva ♀ … 30 octobre
Magali ♀ … 16 novembre
Magalie ♀ … 16 novembre
Magdalena ♀ … 22 juillet
Maguy ♀ … 16 novembre
Mahaut ♀ … 14 mars
Maï ♀ … 15 août
Maia ♀ … 15 août
Maïana ♀ … 26 juillet ou 15 août
Maïlys ♀ … 15 août
Maïna ♀ … 15 août
Maïté ♀ … 15 août
Maïwenn ♀ … 15 août
Malaury ♀ … 15 novembre
Malcolm ♂ … 9 juin
Mallaury ♀ … 15 novembre
Malo ♂ … 15 novembre
Malorie ♀ … 15 novembre
Malory ♀ … 15 novembre
Malory ♂ … 15 novembre
Malvina ♀ … 5 octobre
Mandy ♀ … 23 décembre
Manel ♀ … 25 décembre
Manoël ♂ … 25 décembre
Manon ♀ … 15 août
Manuel ♂ … 25 décembre
Manuela ♀ … 25 décembre
Manuella ♀ … 25 décembre
Marc ♂ … 25 avril
Marceau ♂ … 16 janvier
Marcel ♂ … 16 janvier
Marcelin ♂ … 6 avril
Marceline ♀ … 17 juillet
Marcelle ♀ … 31 janvier
Marco ♂ … 25 avril
Mareva ♀ … 15 août ou 6 septembre
Margaux ♀ … 16 novembre
Margot ♀ … 16 novembre
Marguerite ♀ … 16 novembre
Maria ♀ … 15 août
Mariam ♀ … 15 août
Mariane ♀ … 26 mai
Marianne ♀ … 26 mai
Marie ♀ … 15 août
Marielle ♀ … 15 août
Marilou ♀ … 15 mars ou 15 août
Marilyn ♀ … 15 août
Marilyne ♀ … 15 août
Marin ♂ … 3 mars
Marina ♀ … 20 juillet
Marine ♀ … 20 juillet
Marion ♀ … 15 août
Marius ♂ … 19 janvier
Marjolaine ♀ … 16 novembre
Marjorie ♀ … 16 novembre
Marlène ♀ … 22 juillet
Martha ♀ … 29 juillet
Marthe ♀ … 29 juillet
Martial ♂ … 30 juin
Martin ♂ … 11 novembre
Martina ♀ … 30 janvier
Martine ♀ … 30 janvier
Mary ♀ … 15 août
Maryam ♀ … 15 août
Maryline ♀ … 15 août
Maryne ♀ … 20 juillet
Maryse ♀ … 15 août
Matéa ♀ … 21 septembre
Mateo ♂ … 21 septembre
Mathéis ♂ … 21 septembre
Mathéo ♂ … 21 septembre
Mathias ♂ … 14 mai
Mathieu ♂ … 21 septembre
Mathilda ♀ … 14 mars
Mathilde ♀ … 14 mars
Mathis ♂ … 21 septembre
Mathurin ♂ … 14 mars
Matisse ♂ … 21 septembre
Matteo ♂ … 21 septembre
Matthew ♂ … 21 septembre
Matthias ♂ … 14 mai
Matthieu ♂ … 21 septembre
Maud ♀ … 14 mars
Maude ♀ … 14 mars
Maurane ♀ … 15 août
Maureen ♀ … 15 août
Maurice ♂ … 22 septembre
Maurine ♀ … 15 août
Max ♂ … 14 avril
Maxence ♂ … 26 juin
Maxence ♀ … 20 novembre
Maxime ♂ … 14 avril
Maximilien ♂ … 14 août
Maximin ♂ … 29 mai
May ♀ … 16 novembre ou 15 août
Mayeul ♂ … 11 mai
Maylis ♀ … 15 août
Médard ♂ … 8 juin
Médéric ♂ … 29 août
Megan ♀ … 16 novembre
Mégane ♀ … 16 novembre
Mélaine ♀ … 6 janvier
Mélanie ♀ … 26 janvier ou 31 décembre
Mélany ♀ … 26 janvier ou 31 décembre
Melchior ♂ … 6 janvier
Mélina ♀ … 21 septembre
Mélinda ♀ … 21 septembre
Méline ♀ … 21 septembre
Mélisande ♀ … 21 septembre
Mélisandre ♀ … 21 septembre

Mélissa ♀ .... 21 septembre
Mélodie ♀ .... 1er octobre
Mélody ♀ .... 1er octobre
Mercedes ♀ . 24 septembre
Meriem ♀ .... 15 août
Meryem ♀ .... 15 août
Meryl ♀ .... 15 août
Mia ♀ .... 15 août
Michaël ♂ .... 29 septembre
Michaëlle ♀ .. 29 septembre
Michel ♂ ...... 29 septembre
Michèle ♀ .... 29 septembre
Micheline ♀ .... 19 juin
Michelle ♀ ... 29 septembre
Mickaël ♂ ... 29 septembre
Miguel ♂ .... 29 septembre
Mikaël ♂ ...... 29 septembre
Mike ♂ .... 29 septembre
Mila ♀ .... 16 septembre
Miléna ♀ .... 15 août
ou 18 août
Milène ♀ .... 15 août
ou 18 août
Milo ♂ .... 22 mai
Mina ♀ .... 10 janvier
Mireille ♀ .... 15 août
Moïra ♀ .... 15 août
Moïse ♂ .... 4 septembre
Mona ♀ .... 27 août
Monica ♀ .... 27 août
Monique ♀ .... 27 août
Morane ♀ .... 16 mai
Morgan ♀ .... 8 octobre
Morgan ♂ .... 8 octobre
Morgane ♀ .... 8 octobre
Muriel ♀ .... 15 août
Murielle ♀ .... 15 août
Mylène ♀ .... 15 août
ou 18 août

Myriam ♀ .... 15 août
Myrtille ♀ .... 5 octobre

N

Nadège ♀ .... 18 septembre
Nadia ♀ ...... 18 septembre
Nadine ♀ .... 18 février
ou 18 septembre
Nancy ♀ .... 26 juillet
Naomi ♀ .... 21 août
Naomie ♀ .... 21 août
Narcisse ♂ .... 29 octobre
Nastasia ♀ .... 27 juillet
Natacha ♀ .... 26 août
Nathalie ♀ .... 27 juillet
Nathan ♂ .... 24 août
Nathanaël ♂ .... 24 août
Nathanaëlle ♀ ...... 24 août
Nelly ♀ .... 18 août
Nelson ♂ .... 3 février
Nestor ♂ .... 26 février
Nicolas ♂ .... 6 décembre
Nicole ♀ .... 6 décembre
Niels ♂ .... 6 décembre
Nikita ♀ .... 6 décembre
Nils ♂ .... 6 décembre
Nina ♀ .... 15 décembre,
14 janvier ou 16 septembre
Ninon ♀ .... 15 décembre
Noah ♂ .... 10 novembre
Noan ♀ .... 21 janvier
Noé ♂ .... 10 novembre
Noël ♂ .... 25 décembre
Noélie ♀ .... 25 décembre
Noéline ♀ ..... 25 décembre
Noëlle ♀ .... 25 décembre
Noëllie ♀ ...... 25 décembre
Noémie ♀ .... 21 août
Nolan ♂ .... 6 décembre

Nolwen ♀ .... 6 juillet
Nolwenn ♀ .... 6 juillet
Nora ♀ .... 25 juin
Norbert ♂ .... 6 juin
Nour ♀ .... 13 décembre

O

Océane ♀ ...... 2 novembre
Octave ♂ ..... 20 novembre
Octavie ♀ .... 20 novembre
Odette ♀ .... 20 avril
Odile ♀ .... 14 décembre
Olga ♀ .... 11 juillet
Olivia ♀ .... 5 mars
Olivier ♂ .... 12 juillet
Olympe ♀ ..... 17 décembre
Ombeline ♀ .... 21 août
Ophélie ♀ .... 18 juin
Orane ♀ .... 4 octobre
Oriane ♀ .... 4 octobre
Orlane ♀ .... 13 mai
Ornella ♀ .... 18 août
Oscar ♂ .... 3 février
Othon ♂ .... 2 janvier
Otto ♂ .... 2 janvier

P

Pablo ♂ .... 29 juin
Pacôme ♂ .... 9 mai
Paola ♀ .... 26 janvier
Paolo ♂ .... 29 juin
Pascal ♂ .... 17 mai
Pascale ♀ .... 17 mai
Pascaline ♀ .... 17 mai
Patrice ♂ .... 17 mars
Patricia ♀ .... 17 mars
Patrick ♂ .... 17 mars
Paul ♂ .... 29 juin
Paula ♀ .... 26 janvier

Paule ♀ .... 26 janvier
Paulette ♀ .... 26 janvier
Paulin ♂ .... 11 janvier
Pauline ♀ .... 26 janvier
Peggy ♀ .... 16 novembre
Pénélope ♀ .... 18 août
Perle ♀ .... 16 novembre
Perrine ♀ .... 31 mai ou 29 juin
Peter ♂ .... 29 juin
Pétronille ♀ .... 31 mai
Philémon ♂ .... 22 novembre
Philibert ♂ .... 3 mai
Philippe ♂ .... 3 mai
Philippine ♀ .... 3 mai
Philomène ♀ .... 10 août
Pierre ♂ .... 29 juin
Pierrick ♂ .... 29 juin
Placide ♂ .... 5 octobre
Pol ♂ .... 12 mars
Prescilia ♀ .... 16 janvier
Prescillia ♀ .... 16 janvier
Prisca ♀ .... 18 janvier
Priscilla ♀ .... 16 janvier
Priscillia ♀ .... 16 janvier
Prosper ♂ .... 25 juin
Prudence ♀ .... 6 avril ou 6 mai

Q

Quentin ♂ .... 31 octobre
Quitterie ♀ .... 22 mai

R

Rachel ♀ .... 15 janvier
Rachelle ♀ .... 15 janvier
Rafaël ♂ .... 29 septembre
Ralph ♂ .... 7 juillet
Ramon ♂ .... 7 janvier
Randy ♂ .... 21 juin
Raoul ♂ .... 7 juillet
Raphaël ♂ .... 29 septembre
Raphaëlle ♀ .... 23 février
Raquel ♀ .... 15 janvier
Raymond ♂ .... 7 janvier
Raymonde ♀ .... 7 janvier
Rébecca ♀ .... 23 mars
Régine ♀ .... 7 septembre
Régis ♂ .... 16 juin
Réjane ♀ .... 7 septembre
Rémi ♂ .... 15 janvier
Rémy ♂ .... 15 janvier
Renan ♂ .... 1er juin
Renato ♂ .... 19 octobre
Renaud ♂ .... 17 septembre
Renaude ♀ .... 17 septembre
René ♂ .... 19 octobre
Renée ♀ .... 19 octobre
Reynald ♂ .... 17 septembre
Rhoda ♀ .... 23 août
Richard ♂ .... 3 avril
Rita ♀ .... 22 mai
Robert ♂ .... 30 avril
Roberte ♀ .... 30 avril
Roberto ♂ .... 30 avril
Robin ♂ .... 30 avril
Roch ♂ .... 16 août
Rodolphe ♂ .... 21 juin
Rodrigue ♂ .... 13 mars
Roger ♂ .... 30 décembre
Roland ♂ .... 15 septembre
Rolande ♀ .... 13 mai
Romain ♂ .... 28 février
Roman ♂ .... 28 février
Romane ♀ .... 28 février
Romaric ♂ .... 10 décembre
Romée ♀ .... 25 février
Roméo ♂ .... 25 février
Romuald ♂ .... 19 juin
Romy ♀ .. 23 août ou 25 février
Ronan ♂ .... 1er juin
Rosa ♀ .... 23 août
Rosalie ♀ .... 4 septembre
Rosane ♀ .... 23 août
Rose ♀ .... 23 août
Roseline ♀ .... 17 janvier
Roselyne ♀ .... 17 janvier
Rosie ♀ .... 23 août
Rosine ♀ .... 11 mars
Rozen ♀ .... 30 août
Ruben ♂ .... 22 août
Ruby ♀ .... 29 juin
Rudy ♂ .... 21 juin
Ruth ♀ .... 3 juillet
Ryan ♂ .... 8 mars

S

Sabine ♀ .... 29 août
Sabrina ♀ .... 29 août
Sacha ♀ .... 20 mars
Sacha ♂ .... 22 avril
Safia ♀ .... 25 mai
Sahra ♀ .... 9 octobre
Sally ♀ .... 9 octobre
Salomé ♀ .... 22 octobre
Salomée ♀ .... 22 octobre
Salomon ♂ .... 25 juin
Sam ♂ .... 20 août
Samantha ♀ .... 20 août
Sammy ♂ .... 20 août
Samson ♂ .... 28 juillet
Samuel ♂ .... 20 août
Samuelle ♀ .... 20 août
Samy ♂ .... 20 août
Sandie ♀ .... 20 mars
Sandra ♀ .... 20 mars
Sandrine ♀ .... 2 avril

Sandy ♀ 20 mars
Sara ♀ 9 octobre, 24 mai
Sarah ♀ 9 octobre
Sasha ♀ 20 mars
Sasha ♂ 22 avril
Saturnin ♂ 29 novembre
Scott ♂ 28 juillet
Sean ♂ 24 juin
Sébastien ♂ 20 janvier
Segal ♂ 18 octobre
Ségolène ♀ 24 juillet
Séléna ♀ 25 septembre
Selma ♀ 21 avril
Séraphin ♂ 12 octobre
Séraphine ♀ 9 septembre
Serge ♂ 7 octobre
Servane ♀ 1er juillet
Séverin ♂ 27 novembre
Séverine ♀ 27 novembre
Shania ♀ 30 mai
Sibel ♀ 9 octobre
Sibylle ♀ 9 octobre
Sidonie ♀ 21 août
Siméon ♂ 18 février
Simon ♂ 28 octobre
Simone ♀ 19 février
Sixtine ♀ 3 avril
Sofia ♀ 25 mai
Soizic ♀ 9 mars ou 5 novembre
Solange ♀ 10 mai
Solena ♀ 25 septembre
Solène ♀ 25 septembre
Solenn ♀ 25 septembre
Solenne ♀ 25 septembre
Soline ♀ 17 octobre
Sonia ♀ 25 mai
Sophia ♀ 25 mai
Sophie ♀ 25 mai
Stacie ♀ 10 mars, 15 avril
Stacy ♀ 10 mars, 15 avril
Stanislas ♂ 11 avril
Stecy ♀ 10 mars, 15 avril
Steeve ♂ 26 décembre
Steeven ♂ 26 décembre
Stefan ♂ 26 décembre
Stella ♀ 11 mai
Stéphane ♂ 26 décembre
Stéphanie ♀ 2 janvier ou 26 décembre
Stephen ♂ 26 décembre
Sterenn ♀ 21 octobre
Stessy ♀ 10 mars, 15 avril
Steve ♂ 26 décembre
Steven ♂ 26 décembre
Suzanne ♀ 11 août
Suzie ♀ 11 août
Suzy ♀ 11 août
Sven ♂ 26 février
Svetlana ♀ 20 mars
Sybille ♀ 9 octobre
Sydney ♀ 21 août
Sydney ♂ 21 août
Sylvain ♂ 4 mai
Sylvaine ♀ 4 mai
Sylvestre ♂ 31 décembre
Sylvette ♀ 4 mai
Sylvia ♀ 5 novembre
Sylviane ♀ 5 novembre
Sylvie ♀ 5 novembre

T

Talia ♀ 27 juillet
Tamara ♀ 1er mai
Tanguy ♂ 19 novembre
Tania ♀ 12 janvier
Tatiana ♀ 12 janvier
Téa ♀ 11 février
Teddy ♂ 9 novembre
Téo ♂ 9 novembre
Terence ♂ 21 juin
Terry ♂ 21 juin
Tess ♀ 1er ou 15 octobre
Tessa ♀ 1er ou 15 octobre
Thadée ♀ 28 octobre
Thaïs ♀ 8 octobre
Théa ♀ 11 février
Théana ♀ 11 février
Thelma ♀ 21 avril
Théo ♂ 9 novembre
Théodora ♀ 11 février
Théodore ♂ 9 novembre
Théophile ♂ 13 octobre
Théotime ♂ 16 mai
Théoxane ♀ 24 janvier
Thérésa ♀ 1er ou 15 octobre
Thérèse ♀ 1er ou 15 octobre
Thibaud ♂ 8 juillet
Thibaut ♂ 8 juillet
Thierry ♂ 1er juillet
Thomas ♂ 28 janvier, 3 juillet
Tiago ♂ 25 juillet
Tifany ♀ 6 janvier
Tifenn ♀ 6 janvier
Tiffanie ♀ 6 janvier
Tiffany ♀ 6 janvier
Tim ♂ 26 janvier
Timéa ♀ 26 janvier
Timéo ♂ 26 janvier
Timothé ♂ 26 janvier
Timothée ♂ 26 janvier
Timothy ♂ 26 janvier
Tina ♀ 24 juillet ou 28 août
Tiphaine ♀ 6 janvier

Tiphanie ♀ .... 6 janvier
Tiphany ♀ .... 6 janvier
Titouan ♂ .... 13 juin
Tom ♂ ... 28 janvier, 3 juillet
Tommy ♂ .... 28 janvier, 3 juillet
Tony ♂ .... 13 juin
Tracy ♀ .... 1er octobre ou 15 octobre
Tristan ♂ .... 12 novembre
Trixie ♀ .... 13 février
Trystan ♂ .... 12 novembre
Typhaine ♀ .... 6 janvier
Tyrone ♂ .... 1er octobre

U

Ugo ♂ .... 1er avril
Ulrich ♂ .... 10 juillet
Urbain ♂ .... 19 décembre
Uriel ♂ .... 1er octobre
Urielle ♀ .... 1er octobre
Ursula ♀ .... 29 mai ou 21 octobre
Ursule ♀ .... 29 mai ou 21 octobre

V

Vadim ♂ .... 15 juillet
Valentin ♂ .... 14 février
Valentine ♀ .... 25 juillet
Valère ♂ .... 1er avril
Valérian ♂ .... 1er avril
Valériane ♀ .... 1er avril
Valérie ♀ .... 28 avril
Valéry ♂ .... 1er avril
Vanessa ♀ .... 4 février
Venceslas ♂ ... 28 septembre
Véra ♀ .... 18 septembre
Vérane ♀ .... 11 novembre
Véronique ♀ .... 4 février
Vicky ♀ .... 15 novembre
Victoire ♀ .... 15 novembre
Victor ♂ .... 21 juillet
Victoria ♀ .... 15 novembre
Victorien ♂ .... 23 mars
Victorine ♀ .... 23 mars
Vincent ♂ .... 22 janvier, 27 septembre
Vincente ♀ .... 4 juin
Violaine ♀ .... 5 octobre
Violette ♀ .... 5 octobre
Virgil ♂ .... 5 mars
Virgile ♂ .... 5 mars
Virginie ♀ .... 7 janvier
Vital ♂ .... 28 avril
Viviane ♀ .... 2 décembre
Vivien ♂ .... 10 mars
Vladimir ♂ .... 15 juillet

W

Walter ♂ .... 9 avril
Wanda ♀ .... 17 avril
Wandrille ♀ .... 22 juillet
Wassily ♂ .... 2 janvier
Wendy ♀ .... 17 avril
Werner ♂ .... 19 avril
Wilfrid ♂ .... 12 octobre
Wilfried ♂ .... 12 octobre
Wilhem ♂ .... 10 janvier
William ♂ .... 10 janvier
Willy ♂ .... 10 janvier
Winnie ♀ .... 5 janvier
Winona ♀ .... 5 janvier
Wladimir ♂ .... 15 juillet

X

Xavier ♂ .... 3 décembre
Xavière ♀ .... 3 décembre

Y

Yaël ♀ .... 13 juillet
Yaël ♂ .... 13 juillet
Yaëlle ♀ .... 13 juillet
Yan ♂ .... 24 juin
Yanis ♂ .... 24 juin
Yann ♂ .... 24 juin
Yannick ♂ .... 24 juin
Yannis ♂ .... 24 juin
Ylona ♀ .... 18 août
Yoan ♂ .... 24 juin
Yoanie ♀ .... 30 mai
Yoann ♂ .... 24 juin
Yohan ♂ .... 24 juin
Yohann ♂ .... 24 juin
Yolaine ♀ .... 11 juin
Yolande ♀ .... 11 juin
Yolène ♀ .... 11 juin
Youcef ♂ .... 19 mars
Youri ♂ .... 23 avril
Youssef ♂ .... 19 mars
Ysabel ♀ .... 22 février
Ysaline ♀ .... 22 février
Yvain ♂ .... 19 mai
Yvan ♂ .... 24 juin
Yves ♂ .... 19 mai
Yvette ♀ .... 13 janvier
Yvon ♂ .... 19 mai
Yvonne ♀ .... 19 mai

Z

Zacharie ♂ .... 5 novembre
Zachary ♂ .... 5 novembre
Zakaria ♂ .... 5 novembre
Zélia ♀ .... 17 octobre
Zélie ♀ .... 17 octobre
Zéphir ♂ .... 26 août
Zéphirin ♂ .... 26 août
Zoé ♀ .... 2 mai